KB240239

조선 사회 이렇게 본다

조선 사회 이렇게 본다

초판 제1쇄 발행 2010. 9. 7.
초판 제3쇄 발행 2011. 12. 1.

지은이   조선사회연구회
펴낸이   김경희
펴낸곳   ㈜지식산업사
        본사•경기도 파주시 교하읍 문발리 520-12
           전화 (031)955-4226•4227 팩스 (031)955-4228
        서울사무소•서울시 종로구 통의동 35-18
           전화 (02)734-1978 팩스 (02)720-7900
        인터넷한글문패   지식산업사
        인터넷영문문패   www.jisik.co.kr
        전자우편   jsp@jisik.co.kr
        등록번호   1-363
        등록날짜   1969. 5. 8.

책값은 뒤표지에 있습니다.

ISBN 978-89-423-1139-2 93910

이 책을 읽고 지은이에게 문의하고자 하는 이는
지식산업사 전자우편으로 연락 바랍니다.

조선 사회 이렇게 본다

조선사회연구회 지음

지식산업사

　1989년에 우리는 조선사회연구회를 결성하였다. 내게 지도를 받는 한국학대학원 조선시대전공 박사과정 학생들의 연수를 위해서였다. 지도를 받는 학생 수가 많은데다가, 같은 조선시대지만 주제가 현격하게 달라서 혼자 지도하기가 어려웠다. 그래서 선·후배들이 집단으로 지도하는 방법을 택하였다. 수강생이 아닌 사람들도 원하면 회원이 될 수 있었다. 한 학기에 한 번씩 여름방학과 겨울방학에 1박 2일로 장소를 정해 발표·토론하고 친목을 도모하는 방식이었다. 한국학대학원 제1회 졸업생인 최봉영(한국항공대) 교수를 회장으로 영입하여, 한국학중앙연구원을 비롯해 경·향 각지를 돌아다니면서 연수를 하였다. 많은 발표와 토론을 하였다.

　그리하여 올해로 20주년을 맞이하였다. 이제는 회원 가운데 두세 사람을 제외하고는 대부분이 박사학위를 받았고, 또 중견연구자가 되어 학계에서 활동하고 있다. 그리고 나도 이미 정년을 해 교직을 떠난 상태다. 그래서 학회 창립 20주년을 기념하기 위해 '조선 사회 이렇게 본다'라는 주제로 조그만 책 하나를 내기로 하였다. 그 동안 회원들의 연구를 바탕으로 조선시대를 바라보는 관점을 한데 모아 보기 위해서다. 정치·경제, 사회·문화, 외교·국방, 사상·교육 등 네 분야로 나누어 각자의 전공과 가까운 주제를 골라 200자 원고지 50, 60매씩 쓰기로 하였다. 주석이 없는 논설들이다.

이것은 회원 각자가 그동안 연구해 온 주제들을 일반인이 읽기 좋게 풀어서 서술함으로써 조선시대에 관한 우리의 생각도 정립하고, 아울러 다른 사람들의 반향도 알아볼 수 있는 시금석이 될 것이다. 물론 몇 개의 주제를 가지고 조선시대 전체를 조명하기는 어렵지만, 우선 가능한 대로 자유롭게 하나의 관점을 제시해 본 것이다. 강호 제현의 질정을 바란다.

끝으로 글을 써 주신 회원 여러 분에게 고마움을 전하고, 출판 사정이 어려운데도 이 책을 출간해 주신 지식산업사 김경희 사장에게도 감사를 드린다.

2009년 7월 일
한국역사문화연구원장 이성무

차례

3부 ■ 외교와 국방

1부
정치와 경제

사대부란 무엇인가

이 성 무

한국역사문화연구원장

본래 조선시대에서 사대부는 문관관료를 의미하였다. 문관 4품 이상을 대부(大夫), 문관 5품 이하를 사(士)라 하였다. 이것은 문산계(文散階)에 그대로 반영되어 문관 4품 이상을 대부, 문관 5품 이하를 낭(郎)으로 구분하고 있다. 또한 사는 상사(上士), 중사(中士), 하사(下士)로 나누기도 한다. 그러나 당시가 문치주의 국가였기 때문에 사대부라 하면 문·무 관료 모두를 가리키기도 하였다. 더 나아가서 조선 후기에는 문·무 관료뿐 아니라 포의(布衣)의 독서인(讀書人)까지 사의 범주에 포함시켰다. 박지원(朴趾源)이 말한 "독서왈사 종정왈대부 유덕위군자"(讀書曰士 從政曰大夫 有德爲君子)의 '사'가 그것이다. 따라서 사림(士林)은 '사대부지림'(士大夫之林)의 준말이다.

본래 선진(先秦)시대에는 천자(天子), 제후(諸侯), 경(卿), 대부(大

夫), 사(士)의 봉건적 위계 속에서 대부와 사가 제후의 가신군(家臣群)을 의미하였다. 따라서 이때에는 사대부(士大夫)라는 개념보다는 대부·사라는 개념이 쓰였다. 신분이 다른 사와 대부를 합쳐 일컫는 사대부라는 용어는 쓰이지 않았다. 이때의 '사'는 경·대부 밑에 있던 제후의 가신이나 전사(戰士) 등 하위 귀족계급을 의미하였고, 전국시대 이후에 형성된 사인층(士人層)을 가리키는 것은 아니었다.

그러나 전국시대에 이르면서 문학유세지사(文學遊說之士), 임협지사(任狹之士)로 불리는 새로운 사인층이 등장하기 시작하였다. 이들은 개인의 능력으로 관료가 된 사람들로서, 신분적으로 구분되어 있던 경·대부·사와는 아주 다른 집단이었다. 세습적인 신분질서가 무너지고 자유로운 계층이동 속에서 '사대부'라는 용어가 생기게 된 것이다. 이때의 사대부는 서민과 하급서기를 제외한 모든 문·무 관료를 가리켰다. 한·당대에는 문·무 관료군을, 송대에는 문관 관료 중심의 문·무 관료와 광범한 포의의 독서인층을 사대부라 불렀다. 전자가 귀족주의에 바탕을 두었는 데 비해 후자는 관료주의에 바탕을 두었다고 할 수 있다.

물론 사대부라 하면 문관 관료만 가리킬 수도 있고, 문·무 관료를 다 가리킬 수도 있었으나, 서민에 대칭되는 문·무 관료를 다 일컫는 것이 보통이었다. 이는 사가 고대의 전사(戰士) 또는 무사(武士)를 가리켰다가 나중에 문사(文士)를 가리키게 된 것과도 무관하지 않다. 역사 발전에 따라 무사가 지배하던 사회에서 문사가 지배하는 사회로 이행하는 과정에서 사대부라는 용어도 의미하는 내용이 달라진 것이다.

한대(漢代)의 사대부는 사족(士族), 대족[大姓], 관료(官僚), 진신(縉紳), 호우(豪右), 강종(强宗), 무인(武人)을 포괄하는 개념으로 쓰였고, 남북조시대에는 유·불·도의 전반적인 교양을 갖춘 지배층을 사대부라 하기도 하였다. 그러나 송대에 이르면 사대부는 문·무 관료 집단뿐 아니라 유교 교양을 갖춘 포의의 독서인층까지를 포괄하는 개념으로 쓰였다.

당말(唐末)에 이르면 주변 민족의 할거로 중앙 통제가 약화되어 귀족정치가 밑바닥에서부터 무너지고, 오대(五代)에 들어와서는 무인들이 세운 10개의 나라들이 저마다 부국강병을 실시하기 위해 문인들을 기용하지 않을 수 없었다. 이 문인들 가운데에는 기왕에 관료를 지낸 사람도 있었지만 포의의 독서인들도 많이 포함되어 있었다. 오히려 시간이 갈수록 포의 출신이 관료 출신보다 많아지게 되었다. 관료사회에 새로운 피가 흘러들어온 것이다.

이러한 추세는 송대(宋代)에 이르러 더욱 확산되었다. 송 태조는 당말·오대(五代)의 무인정치의 혼란을 극복하고 천자 중심의 전제권을 확립하기 위해 문치주의 정치를 선언하였다. 흥학정책(興學政策)을 써 관학과 사학을 장려하였다. 이는 독서인층을 양산하는 온상이 되었다. 국가에서는 이들에게 처사(處士)의 사호(賜號)를 내려 부역을 면제해 주기도 하고, 과거시험을 볼 수 있는 길을 활짝 열어주었다.

독서인층이 늘어가자 서적의 수요가 증가해 제지술과 인쇄술이 발달하였다. 돈 있는 토호들은 많은 책을 수장하고, 가난한 독서인층이 이를 빌려보거나 필사할 수 있게 하였다. 그리하여 더욱 많은 독서인들이 관직에 나갈 수 있게 되었다. 이러한 분위기는 독서인층을 존중하는 사회풍조를 만들어 고급 관료들도 포의의 독서인들과 통혼하는 것을 꺼리지 않게 되었다.

송대의 문치주의와 독서인층의 대두는 농업기술의 발달과도 깊은 관계가 있다. 송조는 양자강 남쪽, 즉, 강남지방을 차지하고 있었다. 이에 강남지방이 개발되면서 강남농법이 발달하고, 이를 바탕으로 새로운 자영농이 부를 축적해 중·소지주로 성장하였다. 이 중·소지주층에서 독서인층이 성장한 것이다.

고려는 호족세력을 누르고 양반관료국가를 확립하려 하였다. 그리하여 호족을 향리로 격하시키고, 과거제도를 실시해 중앙집권적 문치주의 국가를 만들려 하였다. 처음에는 당 문화의 영향을 많이 받았으나 원나라에 복속되면서부터 원을 통해 주자학 등 송 문화를 접하게 되었다. 그리하여 당 문화에 익숙한 구귀족과 송 문화에 익숙한 신흥 사대부의 대립이 생겼다. 그리고 신흥 사대부들은 고려 말의 내우외환을 틈타 새로이 성장한 신흥 무장세력과 힘을 합해 고려를 대신해 조선을 세웠다.

따라서 조선의 집권사대부들은 기득권층이 되었다. 이들은 집권 과정에서 지방사족을 우익으로 삼기 위해 이들을 양반으로 편입시켰다. 이에 지방사족은 주자학을 깊이 연구해 과거시험을 거쳐 중앙 정계로 진출하였다. 이들이 이른바 사림이다. 이들은 도학을 일으켜 사림정치의 이론적 근거를 정립하였다. 이기심성론(理氣心性論)이 그것이다.

사림은 도학을 통해 집권명분을 세웠다. 도학은 존덕성(尊德性)과 도문학(道問學)을 중시하였다. 존덕성은 도덕적 수양을 실천하는 것이고, 도문학은 그 이론적 근거를 궁구하는 것이었다. 처음에는 원나라 실천유학의 영향을 받아 쇄소응대진퇴지절(灑掃應對進退之節)과 같은 《소학》의 실천윤리와 절의(節義)가 중시되었으나, 뒤에는 퇴계(退溪), 율곡(栗谷)과 같은 성리학자들에 의해 이기심성론(理氣心性論), 4단7정론(四端七情論), 인심도심설(人心道心說) 등의 도학이 이론적으로 연구되었다. 남명(南冥)은 전자의 대표요, 퇴계는 후자의 대표다.

이와 같이 사(士)는 역사적으로 군사(軍士), 무사(武士)에서, 조사(朝士), 문사(文士)를 의미하였다가 16세기 이후에는 독서인층을 가리키는 '선비'를 의미하게 되었다. 석봉(石峯) 한호(韓濩)의 《천자문》에 '사'(士)를 '선배 사'라고 한 것이 그 증거다. '선배'(先輩)는 이미 유교 교양을 습득한 도학자를 뜻한다. 이 '선배'가 발음이 변해 '선비'가 된 것이다. '선비'는 유교 교양을 습득하고, 도덕적 수양이 되어 있으며, 출처(出處)가 분명하고, 청렴(淸廉) 강개(慷慨)한 도학자를 의미한다. 조선 사회는 이러한 선비들이 정치 주체가 되고 사회 지배층이 되었던 사회였다고 생각한다.

선비들의 사림정치에서는 도학(道學)과 도통(道統)이 중시되었다. 도학은 실천이 중요하지만 그 근거가 되는 이기심성론(理氣心性論)이 아울러 중시되었다. 이것은 선비들뿐 아니라 국왕도 예외가 아니었다. 군주일심만화지본(君主一心萬化之本)이기 때문이다. 중앙집권적 양반관료체제에서 국왕은 모든 권력의 핵심이었기 때문에 더욱 그러하였다. 그래서 퇴계는 《성학십도》(聖學十圖)를, 율곡은 《성학집요》(聖學輯要)를 지어 군덕(君德) 함양에 힘썼다. 그리고 도통을 확립해 선비가 지향해야 할 도학자의 표상을 세웠다. 5현(金宏弼, 鄭汝昌, 趙光祖, 李彦迪, 李滉)이 그들이었다. 이들은 1610년(광해군 2)에 문묘(文廟)에 종사되었다.

이러한 선비의 도학정신은 국가가 위기에 처하였을 때는 충군애국(忠君愛國)으로 나타났다. 이들은 주자학을 정학(正學)으로 여기고, 그 밖의 사상은 이단(異端)으로 여겼다. 이들은 정학을 지키기 위해 목숨을 걸기도 하였다. 위정척사(衛正斥邪)가 그것이다. 국왕이나 독재자가 이단을 부양하면 이들은 목숨을 걸고 배척하였다. 더구나 한말에 서구 제국주의 세력이 침략해 오자 의병을 일으키거나 자살하는 사람도 있었다. 물론 이 때문에 서세동점(西勢東漸)의 시국에 세계 정세에 적절하게 대응하지 못해 나라를 잃고 말았지만, 그 충군애국 정신은 높이 평가할 만하다.

그러면 지금 우리는 조선시대 선비정신에 견줄 만한 사상을 가지고 있는가? 기껏해야 설익은 서구사상을 우리의 사상인 양 운위하고 있지 않는가? 외래사상을 배격하거나 경시하는 것이 아니라 그 외래사상도 우리의 토착사상과 조화될 때 힘을 발휘할 수 있음을 잊어서는 안 될 것이다. 그런 의미에서 현대의 입장에서 전통사상의 재해석과 재정립이 필요한 때라고 생각한다.

참고문헌

《연암집》(燕岩集)

양종국, 〈송대 사대부사회의 형성과정과 발전형태에 관한 연구〉, 고려대 대학원
　　　박사학위논문, 1992.
이성무, 《조선초기 양반연구》, 일조각, 1980.
──, 《한국의 과거제도》(개정증보판), 집문당, 1994.
──, 〈여말선초의 사대부〉, 《조선양반사회연구》, 일조각, 1995.

余英寺, 《中國知識階層史論》(古代編), 臺北: 聯經出版事業公司, 1980.

당쟁의 어제와 오늘

이 성 무
한국역사문화연구원장

1. 당쟁이란 무엇인가

당쟁(黨爭)이란 붕당(朋黨)이 갈려 서로 다투는 것을 말한다. 이건창(李建昌)의 《당의통략》(黨議通略)에 나오는 '붕당지쟁'(朋黨之爭)이라는 말의 준말이다.

그러면 붕당이란 무엇인가? '붕'(朋)이란 친구나 벗을 의미한다. 보통의 친구나 벗을 말하는 것이 아니라 '도'(道)를 같이 하거나 같은 '스승'[師] 밑에서 배운 학우(學友)를 '붕'이라 한다. '동도왈붕'(同道曰朋), '동사왈붕'(同師曰朋)이라 한 것이 그것이다.

그러면 '당'(黨)이란 무엇인가? '당'은 편당(偏黨)이나 파당(派黨)을 의미한다. 자기를 따르는 사람은 받아들이고 자기를 따르지 않는 사람은 배척하는 것이 '당'이다. 그렇다면 '붕'은 좋은 뜻이지만 '붕당'은 나쁜 뜻일 수밖에 없다. 그러므로 붕당은 일정한 주의 주장이나 정강을 내세워 대립하는 현대의 정당과는 다르다. 붕당은 혈연

(血緣), 지연(地緣), 학연(學緣)을 바탕으로 하고 있었다.

일부 학자들은 조선시대에 붕당이라는 용어는 썼지만 당쟁이라는 용어는 쓰지 않았다는 것과, 당쟁이란 말이 일본인이 쓰기 시작한 것이라는 이유를 들어 당쟁을 '붕당정치'(朋黨政治)로 바꾸어 써야 한다고 주장한다. 그러나 당쟁이라는 말은 붕당이 서로 갈려 싸운다는 일반명사일 뿐이다. 그리고 붕당 자체도 좋은 뜻이 아닐진대 당쟁을 붕당정치로 바꾸어 쓴다고 긍정적인 의미가 부여되는 것도 아니다.

이런 점으로 미루어 보아 '붕당정치'보다는 '사림정치'가 적당한 용어라고 생각한다. '사림정치'는 사림이 정치 주체가 되어 수행하는 16세기 이후의 정치체제를 의미하기 때문이다. 그리고 당쟁은 사림정치의 부산물로 보는 것이 좋을 것 같다.

2. 당쟁을 어떻게 볼 것인가

사림파는 훈구파라는 강력한 상대세력이 있을 때는 단결하였다. 그러나 선조 조에 훈구세력이 무너지고 사림세력이 정권을 차지하자 사림이 자체 분열해 붕당이 생기고 붕당 간에 당쟁이 치열해졌다. 그러므로 당쟁은 사림정치의 부산물로 보아야 한다. 당쟁이 유독 조선 후기에만 있었던 것도 그러한 역사적 배경 때문이다.

일제 학자들은 당쟁이 분열적인 한국민의 민족성 때문에 일어났다고 한다. 그러면 5천년 역사 가운데 하필이면 조선 후기 200년 동안에만 당쟁이 있었을까? 이 질문에 답하지 못하는 한 민족성론은 허구일 수밖에 없다.

또한 당쟁처럼 처절한 정쟁이 없었다고도 한다. 적당(敵黨)이나 그에 가까운 사람들까지 일망타진한 행위를 세계사에서 찾아볼 수 없다고 한다. 물론 강인한 가족주의적인 전통에서 부모의 원수는 나의 원수라고 생각한 것은 사실이다. 학연을 앞세워 자기 스승만이 옳고 다른 사람의 스승은 그르다고 생각한 것도 사실이다. 그러나 이것은 붕당의 속성일 뿐이다.

동서고금을 막론하고 권력투쟁은 더러운 것이다. 단 무치주의의 정쟁과 문치주의의 정쟁은 다르다. 무치주의에서는 무력으로 상대 세력을 무찌르기 때문에 통쾌해 보이고, 문치주의에서는 이론으로써 싸우다 보니 말이 많을 수밖에 없다. 또한 문치주의에서는 기록 문화가 발달해 시시콜콜한 내용이 다 기록으로 남는다.

그러나 당쟁에서 죽은 사람은 겨우 10여 명에 지나지 않고 나머지는 정계에서 물러나게 할 뿐이다. 면직·파직·귀향 따위가 그것이다. 쫓겨난 사람들은 정권에 재도전 할 수도 있다. 반면에 무치주의의 영웅들은 죄 없는 농민들까지 끌어다 한꺼번에 죽게 한다. 사람을 많이 죽일수록 영웅의 칭호를 받는다. 그러니 당쟁으로 많은 사람이 죽었다는 것도 사실이 아니다.

그렇다고 반대로 당쟁을 미화할 필요도 없다. 당쟁도 추잡한 권력투쟁이고 보면 더럽기는 마찬가지다. 온갖 수단을 다 동원해 상대당을 넘어뜨리거나 헐뜯기 일쑤다. 그럴싸한 명분도 정쟁에서 이기기 위한 궤변이기도 하다. 사림정치의 틀이 좋은 것이라 해서 그 부작용으로 일어난 당쟁도 긍정적이라 하는 것은 어불성설이다.

3. 당쟁과 지연

한국의 고대에는 고구려·백제·신라의 삼국이 각립(角立)되어 있었다. 신라가 삼국을 통일하였다고는 하지만 만주 땅을 잃어버린 꼴이 되었다. 그리고 신라 말에는 다시 신라·후고구려·후백제로 분립되었다. 신라는 영남(嶺南)세력, 후고구려는 기호(畿湖)세력, 후백제는 호남(湖南)세력이 기반이었다. 그러므로 이러한 분립상태는 오랜 역사를 가진 셈이다. 완전히 다른 나라의 체질을 가지고 있었다고도 할 수 있다.

후삼국은 다시 기호세력인 고려에 의하여 재통일되었다. 고려는 정신적으로 기호계인 후고구려를 계승하고 실제적으로는 신라를 계승하였다. 이때 신라는 고려에 귀순하였지만 후백제는 고려에 저항하다가 멸망하였다. 그리하여 고려는 기호계의 국가로서 신라의 영남세력은 받아들였으나 호남세력은 정권에서 철저히 소외시켰다. 고려 태조 왕건이 자손들에게 남긴 〈훈요십조〉(訓要十條)에 "차령(車嶺) 이남 공주강(公州江) 바깥 사람은 산형·지세가 개성을 향해서 등을 지고 있으니 인심도 또한 그럴 것이다. 이곳 사람들을 관리로 쓰지 말라"고 못 박은 것이다. 그리하여 왕건의 해군기지가 있던 나주 사람 일부를 제외하고는 호남세력이 정권에서 완전히 소외되었다. 이때부터 정권은 천여 년 동안 기호세력 차지가 되었고, 영남세력은 야당으로 참여하는 형국이 되었다.

고려의 집권층은 크게 왕건을 따라 다니면서 전공을 세운 공신계열, 왕건을 지지한 중부지방의 호족(豪族)세력, 고려에 귀부(歸附)한 신라귀족(진골·6두품)세력으로 구성되었다. 여기에 중국의 중앙집권적 문치주의를 배우기 위해 귀화한 중국인들을 일부 기용하였다. 이 가운데 영남세력은 일찍부터 중국문화를 받아들였기 때문에 지식인으로서 큰 역할을 하였다. 최치원(崔致遠), 최승로(崔承老), 김부식(金富軾) 등이 대표적인 사람이었다. 이들은 기회 있을 때마다 정권에 도전하였으나 실패하고 말았다. 김부식은 윤언이(尹彦頤)에게, 고려말의 정몽주(鄭夢周)는 이방원(李芳遠)에게 패배하였다.

이 점은 조선시대에도 마찬가지다. 정도전(鄭道傳)은 이방원에게, 김종직(金宗直)과 김일손(金馹孫)은 한명회(韓明澮)와 신숙주(申叔舟)에게, 조광조(趙光祖; 기호계이나 제자들은 영남계가 많았음)는 남곤(南袞)과 심정(沈貞)에게 패하였다.

선조조에 사림정치가 실시되면서 영남계의 동인이 한때 우세하여 정권을 잡은 적은 있었다. 그러나 동인이 남인과 북인으로 분파되어 영남 남인계(경상좌도)의 류성룡(柳成龍)은 임진왜란의 책임을 지고 물러났으며, 영남 북인계(경상우도)의 정인홍(鄭仁弘)은 서인계의 인조반정으로 몰려났다. 그리하여 인조반정 이후에는 영남세력이 쫓겨나고 다시 기호계의 서인이 한말까지 계속적으로 정권을 차지하였다.

인조의 서인정권은 북인들이 일당독재를 하다가 사분오열된 것을 보고 자체 분열을 막기 위해 기호계의 남인세력과 소북세력을 야당으로 끌어들였다. 그리하여 정권을 안정시키는 데 성공하였다. 그러나 현종조의 예송(禮訟)으로 서인과 남인의 치열한 정쟁이 벌어졌다. 이때 같은 기호계 외척세력인 김석주(金錫胄)는 남인을 지원해 송시열의 사림계 서인세력을 일망타진하였다. 서인 내부에 외척의 한당(漢黨)과 사림의 산당(山黨)이 대립한 것이다. 한당은 서울 사람들이고 산당은 충청도 사람들이었다. 이 틈을 이용해 허적 등의 기호계 남인이 몇 차례 정권을 차지한 적은 있으나, 이는 숙종의 왕권강화책의 일환으로 신료세력을 서로 치고받게 해 약화시킨 부산물이었다.

그러나 결국 경신환국으로 기호계 남인조차 정계에서 쫓겨나고 말았다. 정권은 완전히 서인이 독차지하게 되었다. 그러자 서인이 분열해 노론과 소론으로 갈려 치열한 당쟁을 벌였다. 영조·정조 연간의 탕평책은 이 두 세력을 조정해 정치적 안정을 꾀하려는 정책이었다.

반면, 탕평책이 당쟁을 이완시키는 데는 성공하였으나 탕평당을 중심으로 하는 외척세력이 성장해 19세기의 파행적인 세도정치가 자행되어 나라를 망하게 하고 말았다. 이때 외척세력은 기호계 서인 가운데서도 안동김씨·풍양조씨·전의이씨·여흥민씨 등 서울 사람들이 독주하고 있었다. 국왕이나 관료의 독주를 막고 부정부패를 감시하던 사림정치의 틀도 무너졌다. 이에 외척세력은 관직을 팔아먹고 백성을 착취하는 데 급급해 서세동점(西勢東漸)에 적절히 대처하지 못하였다. 극도로 보수화한 이들은 결국 나라를 망쳐버리고 만 것이다.

4. 토지조사사업과 영·호남 지주

　　서세동점의 물결을 타고 일제는 한국을 식민지화하였다. 그들은 이른바 신고제도(申告制度)를 실시해 양반지주들과 야합하였다. 일반 농민이 볼 수 없는 《관보》(官報)에 몇 월 몇 일까지 자기 땅을 신고하라고 한 것이다. 이에 무지한 농민들은 하루아침에 땅을 잃고 임노동자로 떨어지거나 만주로 살길을 찾아 떠나지 않을 수 없었다.

　　지주 가운데에는 영남계와 호남계가 많았다. 기호계는 정권을 차지하고 있었기 때문에 재산이 많으면 사찰대상이 되고 청백리(淸白吏) 반열에 낄 수 없었다. 정권을 가지고 있으면 경제는 저절로 해결되었기 때문에 기호계는 토지에 대한 집착이 적었다. 이에 비해 실세(失勢)한 영남계와 호남계는 땅을 끌어안고 있어야만 하였다. 이것이 결국 기호계의 몰락으로 연결되었다. 국권을 잃어버리자 집권세력인 기호세력이 망한 것이다. 영·호남 지주들은 자식을 일본유학 시킨 다음 정치에 가담시켰다. 소외지역이었던 서북지방 사람들은 일찍이 기독교를 받아들여 근대화에 앞장섰다. 중인들도 보수적인 양반보다는 근대화에 기여하였다.

　　그러나 광복 이후 선거제도가 도입되자 인구집중 지역인 영·호남이 각광을 받게 되었다. 서울의 인구가 급증하기는 하였지만 지방 사람들로 가득 찼다. 영·호남 지주의 자식들은 일제시대에 동경 유학을 하는 것이 누구보다 유리하였고, 농업자본을 산업자본으로 전환하는 데도 앞장서서 경제력을 가지게 되었다. 기호계인 이승만(李

承晩)은 이 가운데 영남세력과 일제 관리들을 기반으로 정권을 유지하였다. 영남계 재벌이 많이 나오고 일제 잔재를 청산할 수 없었던 것도 그 때문이다. 호남계의 한민당은 소외되었다. 그리하여 5·16 이후 영남정권이 필연적으로 등장하게 된 것이다. 이에 정계는 영남계 여당과 호남계 야당의 대결구도로 바뀌었다. 그러나 호남계가 기호계(충청도)와 연합해 호남정권을 탄생시켰다. 영남계의 분열과 기호계의 호남계 지원이 초래한 결과라 할 수 있다.

이와 같이 지연을 바탕으로 한 지방색은 역사적으로 쉽게 극복될 수 없는 걸림돌이다. 말로는 이구동성으로 지방색을 타파해야 한다고 하지만, 아직도 이를 청산하지 못한 까닭도 여기에 있다. 이 어려운 숙제를 풀기 위해서는 앞으로도 많은 시간과 노력이 필요할 것으로 보인다.

5. 당쟁과 학연

당쟁은 학연과도 밀접한 관계가 있다. 고려 말에도 이른바 좌주문생제(座主門生制)가 있었다. 과거의 시험관인 좌주(座主=恩門)와 그 시험에 합격한 문생(門生)은 마치 부자간과 같은 긴밀한 유대를 맺고 있어서 학벌과 붕당을 이루는 근거가 되었다. 그리하여 조선이 건국되자 좌주문생제는 혁파되었다.

그러나 좌주문생제는 엄밀한 의미에서 학연은 아니다. 단지 제도적으로 과거시험관과 합격자의 정치적 유대관계일 뿐이다. 물론 좌주가 경영하는 사립학교에서 배운 제자들이 과거시험에 많이 합격할 수 있는 여지는 있었다. 이는 과거가 공정하게 실시된다면 문제가 되지 않는다. 귀족들이 교육과 과거를 독점하였던 구시대의 산물일 뿐이다.

당쟁과 학연이 긴밀한 관계를 맺는 것은 사림정치 이후의 일이다. 조선 전기에는 이색(李穡), 권근(權近), 변계량(卞季良), 노수신(盧守愼)으로 이어지는 기호계의 관학파(官學派=詞章派)와 이색(李穡)−길재(吉再)−김숙자(金叔滋)−김종직(金宗直)−김굉필(金宏弼)−조광조(趙光祖)로 이어지는 영남계의 사학파(私學派=經學派)로 나누어졌다. 그러다가 16세기 이후 사림정치가 실시되면서부터 기호계의 화담(花潭) 서경덕 계열, 율곡(栗谷) 이이 계열, 우계(牛溪) 성혼 계열과 영남계의 퇴계(退溪) 이황 계열, 남명(南冥) 조식 계열로 나누어졌다.

이 가운데 화담학통은 여러 당으로 분파되었지만 율곡학통은 서인 가운데 노론 계열, 우계학통은 서인 가운데 소론 계열, 퇴계학통은 동인 가운데 남인 계열, 남명학통은 동인 가운데 북인 계열의 근간을 이루었다. 이들은 스승의 학설이나 정치적 입장을 묵수(墨守)해 의복이나 의식(儀式)을 달리하였으며, 점점 혼인도 같이 하지 않았다. 부모나 스승의 원수는 자기의 원수여서 가문 간에 대대로 대립하였다. 학통을 바꾸는 것은 반역행위로 여겨져 절대로 축에 끼워주지 않았다. 부모나 스승의 억울한 일은 끝까지 투쟁해 신원(伸寃)을 받아내야 하였고, 뚜렷한 조상이나 스승은 서원(書院)이나 사우(祠宇)를 세워 모실 뿐 아니라 문자로 적어 널리 홍보하였다. 그 가운데 뛰어난 사람은 성균관 문묘(文廟)에 종사(從仕)시키고자 온갖 노력을 다하였다. 그리고 스승의 학설을 비판하는 행위는 용납되지 않았다. 가족주의·지역주의에 바탕을 둔 정치적 사회적 투쟁의 일환이었다.

그러나 궁극적인 목적은 정권을 둘러싼 권력투쟁에 있었다. 상대당을 넘어뜨리기 위해 사건을 조작하거나 상대방의 약점을 물고 늘어졌으며, 자기들의 잘못은 끝까지 덮어두기에 급급하였다. 이렇게 되고서야 당쟁이 심해지지 않을 수 없다. 처절한 당쟁은 학연이라는 패거리를 중심으로 전개되었다. 이것이 조선시대 당쟁의 특징이요 현대의 정당과 다른 점이다.

6. 사림정치의 틀

사림정치는 중간관료들이 언론권과 인사권을 분점(分占)하고 있었던 것이 특징이다. 고려시대부터 조선 초기까지는 재상들이 언론권과 인사권을 독점하고 있었다. 물론 인사권은 국왕의 전유물이었지만 신료세력이 강한 당시에는 실제적인 인사권은 재상에게 있었다. 언론권도 재상들이 왕권을 견제하는 데 동원되었다.

그러나 사림세력이 성장하면서부터 재상들의 언론권·인사권을 견제해야 한다는 목소리가 높아졌다. 재상들에게 위압을 받던 국왕도 이를 지지하였다. 사림세력을 이용해 재상세력을 견제하기 위해서였다. 그리하여 사헌부·사간원·홍문관 등 언론 3사(言論三司)의 하위직에 사림들을 기용하고, 이들로 하여금 언론권을 장악하게 해 훈구파 재상들의 부정·부패와 비리를 공격하게 하였다. 그리고 이조·병조의 과장·계장급인 정랑(正郎)과 좌랑(佐郎) 각 3명에게 당하관(3품 이하 관료)의 인사권을 부여해 재상들의 인사권 독점을 방지하게 하였다. 이들을 전랑(銓郎)이라 하며, 이들의 인사권을 당하통청권(堂下通淸權)이라 한다.

전랑을 비롯한 중간관료들은 자기의 후임자를 스스로 선택하는 자천권(自薦權)을 가지고 있었다. 때로는 여러 사람이 투표하여 후보자를 정하는 회천권(回薦權)을 가지기도 하였다. 사관(史官)을 뽑는 한림회천권(翰林回薦權)이 그 예다.

전랑은 특히 대간(臺諫)을 추천하는 권한이 있었다. 따라서 대간의 언론은 전랑의 지휘를 받아야만 하였다. 재상들이 잘못할 경우 전랑은 대간을 시켜 이들을 공격하였다. 그러나 재상 가운데 이조·병조의 판서·참판·참의는 전랑의 직속상관이라, 전랑은 이들의 지휘를 받지 않을 수 없었다. 이러한 삼각관계가 당시의 정치를 건강하게 유지할 수 있게 한 틀이었다. 상호 예속의 미묘한 관계를 유지시킨 것이다.

대간들은 여론을 주도하는 언론의 대표격인 감주(監主)의 지휘를 받았다. 감주는 3사의 대표로서 전랑의 눈치를 보아야 하고, 전랑은 조광조와 같은 주론자(主論者)의 지휘를 받아야 하였다. 주론자는 뒤에 산림(山林)으로 바뀌었다. 아무런 벼슬이 없어도 산림은 사림의 여론을 지휘하는 고려시대 국사(國師)와 같은 역할을 하였다.

이러한 사림정치의 틀이 유지되는 한 정치는 이론적으로 건강하게 운영될 수 있었다. 그러나 현실은 그렇지 않았다. 사림 사이에 동인·서인·남인·북인의 붕당이 생기고 붕당 간에 치열한 당쟁이 일어나자, 전랑이나 산림이 특정한 붕당의 이익을 대변하게 되었다. 그러므로 정권을 차지하려면 우선 전랑이나 감주, 산림에 자기 당 사람을 심었다. 동·서 분당이 전랑 자리를 둘러싸고 생긴 것이나, 집권당이 산림을 독차지하게 된 것도 그 때문이다.

이것은 분명 이상적인 사림정치의 틀에서 보면 부작용이었다. 부작용이기는 하였지만 이는 권력의 속성이기도 하다. 권력은 독점하려는 특성이 있고, 이 때문에 권력투쟁은 필연적으로 일어나게 마련이다. 권력을 독점한 붕당은 반드시 분열하였다.

그렇다고 인조의 서인정권처럼 자기 당의 분열을 막기 위해 남인을 관제야당으로 만들었다가 숙종조에 치열한 당쟁을 불러일으키는 것도 달가운 일은 아니었다. 그리하여 권력의 독점을 둘러싼 당쟁은 파노라마처럼 계속되게 마련이다. 붕당 간의 조정을 위해 탕평책을 써 보았으나 이것도 미봉책에 불과하였다. 결국 정국은 노론 외척 일당독재의 세도정치로 치닫고 말았다.

7. 당쟁의 실상

당쟁은 사림정치의 부산물이라 하였다. 사림정치의 틀은 훌륭한 것이었으나 실상은 그렇지 못하였다. 상대 세력인 훈구세력이 무너지자 사림세력 내부에 분파가 생겼다. 처음에는 선배와 후배 사이에 균열이 생겼다. 외척 심의겸(沈義謙)이 사림 편을 들어 사림이 정권을 잡았으나 후배 사림들은 선배 사림들을 깨끗하지 못하다고 공격하였다. 심의겸과 그의 추종자들이 훈구의 때가 묻은 분자들이라는 것이다. 이로부터 이준경(李浚慶)이 죽을 때 예언한 것처럼 붕당의 조짐이 보이기 시작하였다. 후배 사림들은 스스로를 군자(君子)라 하고 선배 사림을 소인(小人)이라 하여 배격하였다. 이는 결국 1575년(선조 8)에 사림세력이 동인과 서인으로 갈리는 계기가 되었다.

이후 청년당인 동인이 우세하였다. 동인은 영남세력이 우위에 있었다. 동인이 우세해지자 임진왜란의 책임 문제를 둘러싸고 동인은 남인과 북인으로 갈렸다. 남인은 퇴계학통, 북인은 남명학통이 주류였다. 경상좌도를 대표하는 류성룡은 일본과 화친한 책임을 지고 물러났고, 의병을 일으킨 경상우도의 정인홍 등이 정권을 차지하였다. 전자를 남인이라 하였고 후자를 북인이라 하였다. 서인은 실세를 만회하기 위해 정여립의 모반사건을 조작하였으나 뜻을 이루지 못하였다.

북인은 광해군을 지지해 집권하였으나 학통이 다양해 대북(大北), 소북(小北), 골북(骨北), 육북(肉北), 중북(中北)으로 핵분열 하였다. 또한 적장자가 아닌 광해군은 집권명분이 약해 친형인 임해군(臨海君)과 적장자인 영창대군(永昌大君)을 죽이고 서모인 인목대비(仁穆大妃)를 서궁(西宮)에 유폐하는 등, 인륜에 어긋나는 짓을 감행하였다. 권력을 위해서는 동기간도 죽이고 어머니도 쫓아낼 수 있다는 사례이기도 하다. 이것은 서인에게 반정 명분을 제공하였다. 인륜을 저버리고 후금과 타협함으로써 조선왕조의 가장 큰 명분인 존명사대(尊明事大)를 어겼다는 것이 그 죄목이었다.

인조반정은 조선 정치사에서 여러 가지 의미를 가진다. 기호계가 정권을 되찾아 이후 계속 권력을 독차지한 것이다. 그리고 정권을 안정시키기 위해 기호남인을 관제야당으로 영입하였다. 북인이 권력을 독차지하였다가 자체 분열한 어리석음을 범하지 않기 위해서였다. 또한 반정공신 회맹(會盟)에서 숭용산림(崇用山林), 무실국혼(毋失國婚)을 결의하였다. 정권을 잡으려면 사림의 여론을 존중하고 왕비 자리를 빼앗겨서는 안 된다는 것이었다. 서인이 산림(山林)을 장악하고 외척으로서 정권을 손아귀에 넣은 요체이기도 하였다.

남인은 관제야당에 불과하였지만 현종조의 예송(禮訟)으로 서인의 강력한 경쟁자로 부상하였다. 남인은 약세를 의식해 국왕 편을 들었다. 서인은 사대부례(士大夫禮)를 내세워 국왕도 사대부와 같은 예를 행해야 한다는 데 비해, 남인은 왕조례(王朝禮)를 내세워 왕실의 특수성을 강조하였다. 전자는 송시열을 대표로 하는 서인의 주장인 데 비해 후자는 윤휴를 대표로 하는 남인의 주장이었다. 예론은 이론적으로 전개되었지만 궁극적인 목표는 정권을 차지하는 데 있었다. 따라서 예론은 곧 당쟁으로 비화되었다. 효종의 서모인 조대비(趙大妃)가 효종이나 효종비를 위해 1년복을 입느냐 3년복을 입느냐는 시시콜콜한 논쟁이었으나, 이것이 왕통(王統), 적통(嫡統)과 밀접한 관계가 있었기 때문에 정쟁의 주제가 된 것이다. 이로부터 서인과 남인은 극악한 원수지간이 되었고, 당쟁은 치열해 가기만 하였다.

예송 때문에 서인은 정권을 잃고 남인이 집권하였다. 그러나 여기에는 같은 서인이면서 송시열의 사림세력과 이해를 달리하는 김석주 등 외척의 지원이 주효하였다. 국왕도 남인 편을 들 수밖에 없었다.

그러나 숙종은 이지러져 가는 왕권을 강화하기 위해 의도적으로

서인과 남인을 충돌시켰다. 이것이 숙종조의 잦은 정권교체[換局]의 실상이었다. 서인과 남인의 충돌은 결과적으로 기호남인의 몰락을 초래하였다. 정국이 경색되어 가자 체제 자체가 무너질 위기를 맞게 되었다. 이때 제기된 것이 국왕을 중심으로 당파간에 대타협을 이루는 황극탕평론(皇極蕩平論)이었다. 하지만 이것은 당파 자체를 타파한 것은 아니었다. 국왕조차도 그러한 힘이 없었기 때문이다.

영·정조의 탕평책은 서인의 분파인 노론과 소론의 알력을 무마하는 데는 성공하였으나 탕평당이 외척으로 성장해 19세기 이후 외척 세도정치를 초래하고 말았다. 뿐만 아니라 사림정치의 틀조차 무너지고 말았다. 노론 가운데서도 안동김씨 등 일부 서울의 외척가문이 국정을 독단하여 나라가 망한 것이다.

8. 당쟁과 오늘의 정치

조선왕조가 일제에 병탄되어 스스로 근대화하는 데 실패하였다. 그리고 광복 후에도 서구문화 지상주의에 매몰되어 각종 제도는 서구화하였으나 전근대적인 의식은 그대로 남아 있었다. 미국과 소련의 강력한 영향 때문에 분단의 애환을 겪어야 하였고, 자율적인 근대화에 걸림돌이 되었다.

정치에서도 마찬가지다. 남한의 경우 이승만 정권이 양반지주들과 일제 관리들을 온존시켰기 때문에 국민의식이 크게 달라진 것이 없었다. 농지개혁은 양반지주를 산업자본가로 탈바꿈하는 데 이용되었으며, 반민특위는 유야무야 되고 말았다. 근대화에 필요한 전근대적인 의식의 청산을 제대로 하지 못한 것이다.

박정희 대통령은 최고회의 의장 시절에 쓴 《국가와 혁명과 나》에서 당파싸움을 "세계에서도 드물 만큼 소아병적이고 추잡한 것이었다"고 비판하고, 이승만 정권과 장면 정권을 다 같이 "이조의 당파정치의 전통을 이어 받은 봉건적 수구세력"으로 규정해 이를 타도하는 것을 '5·16혁명'의 명분으로 내걸었다. 즉 조선의 양반정치-한민당-자유당-민주당 계열을 당파적 이해관계에 집착하는 봉건정치 세력이라 매도한 것이다.

그러면 그 이후에는 달라진 것이 있는가? 지방색은 과연 청산되었는가? 박정희·노태우 정권은 경상좌도, 전두환 정권은 경상우도, 김영삼 정권은 경상우도도 경상좌도도 아닌 경상도 바닷가 정권이었다. 영남계의 경상도가 남·북도로 갈려 다툰 형국은 동인이 남인과 북인으로 갈려 다툰 것과 무엇이 다른가? 거기다가 기호계의 충청도를 박대해 호남정권을 탄생시켰다. 기호계인 서인의 인조반정이 아닌 호남계인 김대중 정권의 선거혁명이 일어났을 뿐 별 차이는 없다. 근대화 과정에서 대두한 서북계는 연고지가 없어 학계와 종교계를 차지하고 있었던 것이 다르다면 다른 점이다. 기호계가 저조한 대신 영남계·호남계·서북계가 약진하고 있는 것이다. 북한도 동북계의 함경도와 서북계의 평안도가 대결하고 있다고 한다.

정치 행태는 어떤가? 자유민주주의를 받아들여 시민의식이 성장하였다고는 하지만, 아직도 혈연·지연·학연이 끈끈하게 남아 있다. 대구사범·경북고 출신이 어떻고, 경기고·서울고 출신이 어떻고, 경남고·부산상고 출신이 어떻고, 목포상고·광주일고·전주고 출신이 어떻고 하는 말은 무엇인가? 정권과 학벌이 아직도 문제되고 있다는 뜻이 아닌가? 이는 이이·성혼·서경덕계가 어떻고, 이황·조식계가 어떻고 하는 학통의 구별과 얼마나 다른 것인가?

조선시대에는 한 번 내건 당명은 바꾸지 않았다. 물론 구성원의 이동은 있었으나 고지식할 정도로 당파를 고수하였다. 그런데 지금은 정치적인 이해관계에 따라 당명을 식은 죽 먹듯 고친다. 조선시대에는 당쟁을 하더라도 의리와 명분을 내세웠지만 지금은 어떤가? 보수와 진보의 뚜렷한 구별도 없고, 정강이 별로 다른 것도 아닌데 이해관계에 따라 이합집산하고 유력자 뒤에 줄서기에 바쁘지 않은가? 조선시대에는 적어도 문과에는 합격해야 정치에 참여할 수 있었고, 스스로 도덕적 수양이 되어 있어야 남을 다스릴 수 있다는 유교 명분을 지키려 애썼다. 그러나 지금은 어떤가? 돈·계보·줄서기로 정치인이 되는 경우가 많지 않은가?

조선시대에는 유덕자(有德者)의 세상이라 덕이 없으면 정치에 나설 수 없는 것으로 되어 있었고, 한말·일제시대에는 잃어버린 국권을 되찾기 위하여 유지자(有志者)가 지도자가 될 수 있었으나, 지금은 유력자(有力者)의 세상이라 돈 있고 '빽' 있는 사람이 정치 지도자가 될 수 있다. 그러므로 지금은 덕이고 뜻이고 하는 것은 정치와 무관하다. 정치에 돈이 왔다 갔다 하고, 힘 있는 사람 뒤에 줄서는 철새정치가 고작이다. 줄을 잘못 서면 다음 정권에서 살아남을 수 없다. 그러니 줄서기가 계속될 수밖에 없다. 그러면 권력의 정점에 있던 사람은 어찌되나? 마찬가지로 다른 사람과 타협을 하지 못하면 감옥에 가게 마련이다. 역대 대통령 출신이 비운의 종말을 맞거나 감옥에 간 것은 그 때문이 아닌가 한다.

당파란 자기가 좋아하는 사람은 끌어들이고 자기가 싫어하는 사람은 배격하는 정파를 의미한다. 이는 전근대적인 당쟁의 속성이다. 지금의 정치는 어떤가? 영남정권이 들어서면 영남계로 싸바르고, 호남정권이 들어서면 호남계로 싸바르지 않는가? 이것은 죽인다고 해도 바뀌지 않는다. 그러고서야 민주주의를 말하고 시민정신을 말할 수 있겠는가?

상대 당을 넘어뜨리기 위해서는 수단과 방법을 가리지 않는 것이 당쟁의 또 다른 속성이다. 사건을 조작하기도 하고, 남의 약점을 속속들이 파헤치기도 하고, 감찰기관을 통해 사찰을 해 위협하기도 하고, 이해관계로 꾀기도 한다. 요즈음 정국은 이와 무관한가 생각해볼 일이다.

당쟁에서는 ‘역모’를 둘러씌우거나 비리를 까발리는 수법을 많이 썼다. 국왕을 배반하고 살아남을 수 없는 것이 왕조국가의 특성이기 때문이다. 지금은 어떤가? ‘반공’을 명분으로 하는 국가보안법이나 ‘친일’로 대변되는 반민족행위는 ‘역모’와 어떻게 다른 것인가? ‘성동격서’(聲東擊西)의 방법도 과거나 지금이나 많이 쓰이는 방법 가운데 하나다.

그렇다면 당쟁의 유습이 지금까지 청산되지 않은 것이 아닌가? 오히려 조선시대의 당쟁에서는 의리와 명분이라도 내세우고 일정한 논의 과정이라도 있었지만 지금은 어떤가? 의리도, 명분도, 논의 과정도 없지 않은가? 정당의 정강도 특별히 다른 것이 없지 않은가? 이해관계에 따라 집산하고 오늘의 주장을 내일 뒤바꾸지 않는가?

우리의 정치 실상이 이렇다고 한다면 조선의 당쟁을 욕하기 전에 먼저 오늘의 정치 행태에 대해 반성해야 할 것이다. 우리는 경제발전 덕분으로 중산층은 견고해지고 국민의식은 높아져 가고 있지만, 정치만은 낙후된 채로 남아 있다는 비판의 소리가 높다. 지금의 정치는 마치 세도정치 시대와도 같이 자의적이다. 옳고 그른 것도 없고 주의 주장도 뚜렷하지 않으며, 오직 당리당략에 의해서만 행동하지 않는가? 정치인들의 맹성이 필요할 때다. 이는 국민의 힘으로 바로 잡을 수밖에 없는 부분이다.

참고문헌

김용덕, 《한국사의 탐구》, 을유문화사, 1971.
———, 《당쟁신론》, 을유문화사, 1984.
———, 《한국사수록》, 을유문화사, 1984.
이건창, 《당의통략》(黨議通略), 여강출판사, 1983.
이성무, 〈조선후기 당쟁연구의 방향〉, 《조선양반사회연구》, 일조각, 1995.
이태진, 《조선 정치사의 재조명》, 범조사, 1985.
정만조, 〈16세기 사림계 관료의 붕당론〉, 《한국학논총》 12, 1989.

細井肇, 《朋黨士禍の檢討》, 自由討論社, 1921.
幣原坦, 《韓國政爭志》, 三省堂, 1907.

조선의 왕실

신 명 호
▌부경대 사학과 교수

1. 이성계의 조선 창업과 의빈(議賓) 제도

조선왕조 건국의 정당성을 노래한 〈용비어천가〉(龍飛御天歌)는 '해동육룡이 나르샤 일마다 천복이시니 고성(古聖)이 동부(同符)하시니'라는 내용으로 시작된다. 여기서 해동육룡이란 세종대왕의 여섯 조상, 즉 목조·익조·도조·환조·태조·태종을 의미한다. 이들 6명이 하는 일마다 하늘의 복을 받아 마침내 조선왕조를 창업한 것이 마치 중국 주나라가 건국되는 과정과 똑같다는 주장이었다. 즉 조선왕조의 창업이 주나라의 창업과 그 내용과 형식에서 동일하게 천명에 의한 것임을 노래한 것이 〈용비어천가〉였다.

주나라 무왕은 은나라를 멸망시킨 뒤 은나라의 후손 미자(微子)를 송나라에 봉하고 제사를 잇도록 하였다고 한다. 또한 은나라의 종묘는 천자의 종묘에서 제후국의 종묘로 강등시키기는 하였지만 존속시켰다고도 한다.

그렇다면 조선을 창업한 태조 이성계는 고려왕조의 종묘 또는 고려왕조의 왕족들을 어떻게 하였을까? 〈용비어천가〉의 내용을 그대로 신뢰한다면 조선왕조의 건국시조인 태조 이성계는, 주나라의 건국시조인 무왕이 은나라의 종묘와 은나라의 왕족들을 처리한 방식대로 따랐다고 생각할 수 있다. 그렇다면 조선왕조의 건국시조인 태조 이성계는 정말로 그렇게 하였을까? 이와 관련하여 야사에는 이렇게 끔찍한 이야기가 전한다.

고려의 왕씨가 망하매 여러 왕씨를 섬으로 추방하였다. 신하들이 의논하여 모두 말하기를, '그들을 제거하지 않으면 반드시 후환이 있을 것이니 죽여 없애는 것만 같지 못합니다.'고 하였다. 그러나 명분 없이 죽이기는 어려우므로 잠수 잘하는 사람으로 하여금 배를 갖추도록 하고, 여러 왕씨들을 유인해 말하기를, '지금 교서(敎書)가 내려 여러분을 섬 속에 두어 서인(庶人)으로 만들라 하신다.' 하니, 여러 왕씨가 대단히 기뻐서 다투어 배에 올랐다. 배가 해안을 떠나자 잠수하는 뱃사람이 들어가 배 밑을 뚫었다. 모르는 사이에 배 밑으로 물이 새어들어 배 반턱이 잠길 때에, 본래 왕씨와 잘 아는 어떤 스님이 있어서 해안가에 서서 손을 들어 물에 빠져 들어가는 왕씨를 불렀다. 왕씨가 시를 지어 스님을 불러 말하기를, '노 젓는 한 소리 푸른 바다 밖에 비록 스님이 있은들 어이하랴' 하였다. 스님이 통곡하고 돌아갔다.(《연려실기술》 태조조 기사본말조)

조선의 건국시조 태조 이성계는 조선을 건국한 다음 고려의 왕족들을 바다에 모조리 빠져 죽였다는 뜻이다. 그렇다면 정말로 고려의 왕족들은 한 명도 살아남지 못하고 씨 몰살 되었을까? 이와 관련하여 《연려실기술》에는 '왕씨를 바다 속에 빠뜨려 죽인 뒤에 태조 이성계의 꿈에 왕의 복장을 한 고려 태조 왕건이 나타나서 분한 목소리로 이르기를, 내가 삼한을 통합하여 백성들에게 공이 있거늘 네가 내 자손을 멸하였으니 곧 오래지 않아 도리어 보복이 있을 것을 너는 알라고 하였다. 태조 이성계가 놀라 깨어 이내 왕씨의 족보에 적혀 있는 한 장의 부분을 사면하였다'는 내용이 있다. 이로 본다면 태조 이성계는 고려의 왕과 가까운 친족들을 바다에 빠뜨려 죽이고 먼 친족들은 살려 두었음을 알 수 있다. 하지만 이것은 살려 주고 싶어서 그런 것이 아니라 두려워서 그런 것이었다.

실제 내막이야 어떠하든, 조선의 건국시조 태조 이성계는 고려의 왕족을 일부 살려 두어 고려 왕실의 제사를 잇도록 하였다. 태조 이성계는 그렇게 한 명분을 바로 주나라의 무왕이 은나라를 멸망시킨 후 미자를 송나라에 분봉하여 제후로 삼고 그로 하여금 은나라의 제사를 잇게 하였던 것에서 찾았다.

이처럼 전 왕조의 후손을 살려주고 그로 하여금 제사를 받들게 하는 제도를 의빈(議賓) 제도라고 하였다. 그러면 의빈 제도란 무엇일까?

의빈이란 전통시대 중국과 우리나라에서 국가적으로 특별히 대우하는 손님이란 의미였다. 이렇게 전통시대에 국가적으로 특별히 대우하는 대상이 여덟 가지여서 이를 팔의(八議)라고 하였다. 의빈은 팔의의 하나였던 것이다.

팔의 제도는 보통 팔의법(八議法)이라고 하였는데, 구체적인 내용이 《주례》(周禮)에 실려 있다. 《주례》에는 팔의를 팔벽(八辟)이라고 하였으며, 팔벽에 관해 "이팔벽 려방법 부형벌"(以八辟 麗邦法 附刑罰)이라고 하였다. 이 구절에 대하여 정현(鄭玄)은 '벽(辟)'을 법(法)'으로, '려(麗)'를 부(附)'로 보아 '팔벽(八辟)'을 팔법(八法)'으로 파악하였다. 가공언(賈恭彦)은 이 구절을 《예기》(禮記)의 '형불상대부'(刑不上大夫)와 관련시켜 "이 팔벽(八辟)의 대상자들은 형서(刑書)에 해당되지 않으므로 이들이 범죄 하는 일이 있으면 의논해야 한다. 의논해서 그 범죄 사실을 파악한 다음에 방법(邦法)과 형벌(刑罰)에 붙인다"고 해설하였다. 즉 팔벽은 팔의에 해당하는 대상자 여덟 가지에 해당하는 법으로서 《주례주소》(周禮注疏)에 나타난 그 내용 및 범위는 다음과 같았다.

> 가. 의친지벽(議親之辟) : 친은 왕의 친족으로 오복친(五服親) 및 외친유복자(外親有服者)가 이에 해당
>
> 나. 의고지벽(議故之辟) : 고는 왕의 오랜 친구
>
> 다. 의현지벽(議賢之辟) : 현은 덕행이 있는 사람
>
> 라. 의능지벽(議能之辟) : 능은 도예(道藝)가 있는 사람
>
> 마. 의공지벽(議功之辟) : 공은 훈공을 세운 사람
>
> 바. 의귀지벽(議貴之辟) : 귀는 주나라 대부 이상 및 한나라 흑수(黑綬)인 현령 육백석 이상
>
> 사. 의근지벽(議勤之辟) : 근은 온 힘을 다해 국가를 섬기는 사람
>
> 자. 의빈지벽(議賓之辟) : 빈은 전 왕조의 제사를 받드는 후손으로 제후에 봉해진 사람.(《周禮注疏》 秋官, 小司寇條)

가공언(賈恭彦)은 위의 팔벽 가운데 '가'의 의친에서부터 '사'의 의근까지는 제후국에서도 시행할 수 있고, '자'인 의빈은 오직 천자

국에서만 시행할 수 있다고 해설을 달고 있다. 그러나 조선조의 경우에는 신라와 고려의 봉사후손(奉祀後孫)들을 의빈으로 대우하여 팔의 전체를 포괄하였다. 위에서 살펴본 바와 같이 팔의에 해당되는 사람들은 왕족, 공신, 고급관료 및 관료제도의 운영에 크게 기여하는 사람들로서 이들이 바로 왕조체제의 핵심세력들이었다고 할 수 있다.

이 팔벽이 팔의로 명칭이 바뀌어 위진남북조시대에 정식으로 입법되기에 이르렀고, 이어서 《당률》(唐律)과 《대명률》(大明律)에도 계승되었다. 《대명률》에서 '팔의' 조항은 이 법전의 총칙에 해당하는 명례(名例)에 실려 있다.

조선은 건국 후 《대명률》을 공식적인 형법으로 이용하였으므로, 자연 팔의법 규정도 적용되었다. 다만 조선의 팔의법이 《대명률》에 규정된 팔의 관련 조항을 준용하였다고는 하지만, 여기에 조선의 실정에 맞게 약간의 가감이 덧붙어져서 이용되었다.

조선의 건국시조 태조 이성계가 팔의 가운데 의빈 제도를 활용하여 고려의 왕씨를 책봉하고 그로 하여금 제사를 잇게 한 내용이 바로 태조의 즉위교서에 다음과 같이 실려 있다.

왕씨의 후손인 왕우(王瑀)에게 기내(畿內)의 마전군(麻田郡)을 주고, 귀의군(歸義君)으로 봉하여 왕씨의 제사를 받들게 하고, 그 나머지 자손들은 외방에 편리한 데에 따라 거주하게 하고, 그 처자와 동복(童僕)들은 그전과 같이 한곳에 모여 살게 하고, 소재관사(所在官司)에서 힘써 구휼하여 안정된 처소를 잃지 말게 할 것이다.(《태조실록》권 1, 1년 7월 정미조)

조선이 건국되면서 고려 종묘는 허물어지고 수많은 왕씨들이 죽음을 당하였다. 이는 왕조교체의 격랑 속에서 피하기 힘든 일이었다. 왕조교체는 이전 왕조에 대하여 헤아릴 수 없는 악선전과 증오를 불러일으키곤 한다. 그러므로 자칫하면 이전 왕조의 모든 것을 부정하고 이전 왕조의 왕족을 씨 몰살 시킬 수도 있다. 그런 극단과 참화를 막기 위한 것이 이른바 팔의 가운데 의빈 제도였다. 그것이 조선왕조 창업기에 왕우를 귀의군으로 책봉하여 마전 즉 오늘날의 연천에 세워진 숭의전(崇義殿)의 제사를 받들도록 하는 결과를 가져왔다. 이런 면에서 숭의전은 고려시대의 종묘를 계승한 조선시대 왕씨들의 사당이었다고 할 수 있다.

2. 고려 말 《대명률》의 수용과 팔의법(八議法)

팔의법 가운데 의빈 제도는 이전 왕조의 왕족들을 보호하기 위한 제도로 이용되었다. 반면 의친(議親)은 현 왕조의 왕족들을 예우하기 위한 제도로 활용되었다. 조선시대의 팔의법은 《경국대전》에서 《대명률》을 공식적인 형률(刑律)로 쓴다고 명시함으로써 공식적으로 적용, 이용될 수 있었다. 이는 조선 건국의 주도세력인 고려 말의 신진 사대부들이 중국의 법전을 광범위하게 참조하여 국가제도를 재정비한 결과였다.

전통시대 한국사의 법률제도에 중국의 법전이 막대한 영향을 끼쳤던 것은 조선이나 고려 모두 마찬가지였다. 고려 때에도 형법의 경우에는 당률(唐律)을 채택하는 등, 당나라의 제도가 법률제도뿐만 아니라 문물제도 전반에 걸쳐서 광범위한 영향력을 행사하고 있었다.

팔의법을 예로 들 경우, 《당률소의》(唐律疏義)에 '팔의'(八議) 조항이 규정되어 있으므로 고려시대에도 팔의에 관련된 규정이 있었을 것이라 예상된다. 그러나 현재 고려율에 관한 구체적인 자료가 남아 있지 않고, 또한 《고려사》 형법지(刑法志)에서도 팔의법에 관한 내용을 찾아볼 수 없으므로 현재로서는 이를 확인할 길이 없다.

그러나 고려 말의 유학자들 사이에 팔의의 개념이 퍼져 있던 것은 분명하다. 그것은 고려 말에 이숭인을 변호하는 권근의 상소문에 "자고로 의현(議賢), 의능(議能), 의공(議功)의 법이 있어서 현명한 사람과 유능한 사람은 혹시 실수하는 것이 있더라도 그 현명함과 유능함을 의논하여 말감(末減)을 따랐으니 이는 사람들로 하여금 모두 현명함과 유능함에 힘쓰게 하려고 그런 것입니다"라는 표현 속에서 찾아볼 수 있다. 그렇지만 고려시대에 팔의 관련 조항이 법조문화 되었는지 또는 준용되었는지는 여전히 불분명하다.

조선조의 경우, 정도전은 그의 《조선경국전》(朝鮮經國典)에서 팔의법을 '충후지지'(忠厚之至)라고 평가하여, 이 법이 조선의 실정에도 적용될 수 있음을 강력하게 시사해 주고 있다. 그러나 유감스럽게도 《조선경국전》에는 팔의법에 대하여 더 이상의 언급을 하지 않았으므로, 이 법이 정도전에 의해 어떤 식으로 구체화되었는지 알 수 없다.

《조선왕조실록》에서 팔의법에 관련된 최초의 기록은 태종 8년 10월 경인조의 기사에 나타난다. 이에 따르면 당시 태종의 처남인 민씨 형제들을 처벌하는 것과 관련하여, 형조 좌참의 윤규 등은 민씨 형제들이 비록 《대명률》에 규정된 팔의에 해당하지만 십악대죄(十惡大罪)를 범하였을 경우에는 이의 대상이 되지 않는다는 요지의 언급을 하고 있다. 팔의에 관련된 두 번째의 기록도 태종 8년에 나타나는데, 이는 태종 8년 12월 계미조의 권근의 상서에서 나오고 있다. 즉 권근은 그의 상서문에서 "국가의 훈척에게 만약 과실이나 범죄 사실이 있다면, 팔의법으로 용서하고 사면해 줍니다" 하였다. 따라서 조선 건국 직후부터 팔의의 해당자가 관련된 형사사건에서 《대명률》의 팔의 관련 규정이 적용되고 있었던 것은 분명하다고 하겠다. 결국 조선시대의 팔의법이란 구체적으로 말해서 《대명률》의 규정을 의미한다고 하겠다.

《대명률》은 당률을 바탕으로 편찬된 명나라의 법률서였다. 이 《대명률》은 우왕 14년(1388)에 이성계가 위화도회군으로 정권을 장악하면서 고려의 실용법전으로 이용되기 시작하였다. 이성계를 비롯한 신진 사대부들은 친명정책을 내걸고 있었기 때문이다.

조선이 건국된 이후에는 《대명률》이 공식적인 형법서로 이용되었고, 그 결과 《경국대전》 형전 맨 앞의 '용률조'(用律條)에 '용대명률'(用大明律)이라는 규정이 들어가게 되었다. 이처럼 《대명률》이 조선의 형법으로 이용됨에 따라 《대명률》에 규정된 팔의 조항들이 공식적으로 적용, 이용될 수 있었다.

3. 의친(議親) 제도의 수용과 왕족의 범위

조선시대 왕실의 범위와 예우 등에 관한 사항은《대명률》에 규정된 팔의법 가운데 의친(議親)을 기준으로 하였다. 의친은 왕실의 일정범위의 친족을 그 대상으로 하고 있으며, 범위는 오복(五服)을 기준으로 하였다. 이와 같이 일정 범위의 왕족을 팔의에 포함시키는 것을 정당화하기 위해서 친친(親親)의 논리가 동원되었다.

조선시대 의친의 대상에는 왕의 친족, 대왕대비와 왕대비의 친족, 왕비의 친족, 세자빈의 친족이 들어갔는데, 중국의《대명률》에 규정된 의친의 범위는 황제와 황후의 친족에 따라 다음과 같이 각기 다르게 구별되었다.

> 의친(議親)은 황가(皇家)의 단문이상친(袒免以上親)과 태황태후와 황태후의 시마(緦麻)이상친과 황후의 소공(小功)이상친과 황태자비의 대공(大功)이상친이 포함된다.(《大明律》1, 名例, 八議條)

위의 내용을 구체적으로 살펴보면 다음과 같다. 먼저 황가(皇家)의 단문(袒免) 이상친은 현 황제를 기준으로 볼 때 황제의 고조의 형제, 증조의 종형제, 조의 재종형제, 부의 삼종형제, 그리고 황제 자신의 사종형제를 의미하였다. 여기서 황제의 경우에는 동5대조 10촌 이내가 의친의 대상자였음을 알 수 있다.

태황태후와 황태후의 시마(緦麻) 이상친은 태황태후 또는 황태후의 증조의 형제, 조의 종형제, 부의 재종형제, 그리고 자신들의 삼종형제를 지칭하므로 이들의 경우에는 동고조 8촌 이내가 의친이 되는 셈이었다.

황후의 소공(小功) 이상친은 황후의 조의 형제, 부의 종형제, 그리고 자신의 재종형제가 해당되었다. 그러므로 황후의 경우에는 동증조 6촌 이내가 의친이 되었다.

황태자비의 대공(大功) 이상친은 황태자비의 부의 형제, 그리고 자신의 종형제이므로 동조 4촌 이내가 의친에 해당되었다.

이 같은 중국의 의친 제도가 조선에 수용되어 적용되면서 다양한 측면에서 변용이 일어났다. 먼저 의친의 범위가 《대명률》에서는 현왕의 동성유복친(同姓有服親)에 대해서만 명확하게 규정한 것에 비하여, 조선에서는 여기에다 이성유복친(異姓有服親)과 선왕유복친(先王有服親)의 범위까지도 구체화하였다. 또한 《대명률》에서는 의친의 범위가 오복으로만 표현되었지만 조선에서는 사안에 따라 어느 때는 의친으로, 어느 때는 오복(五服)으로, 또 어느 때는 촌수(寸數)로 표현되기도 하였다. 이는 사안에 따라 적용되는 친족의 범위가 중국의 의친과 다를 경우 그것을 명백히 표시하기 위한 필요에서 취한 조치였다.

《대명률》의 의친을 조선의 실정에 맞게 활용한 예는 돈녕부의 경우에 잘 나타난다. 왕친(王親)의 경우 《대명률》에서는 "황가 단문이상친"(皇家袒免以上親)으로 규정되었던 것이 《경국대전》에서는 "동성(同姓) 10촌 이성(異姓) 6촌 이상"으로 바뀌었고, 외척의 경우 《대명률》의 "태황태후황태후 시마이상친(太皇太后皇太后 緦麻以上親)

황후 소공이상친(皇后小功以上親) 황태자비 대공이상친(皇太子妃
大功以上親)"이 《경국대전》에서는 "왕비는 동성 8촌 이성 4촌 친족,
세자빈은 동성 6촌 이성 3촌 친족, 선왕비도 같다"는 규정으로 바뀌
었다. 이는 돈녕부의 규정이 《대명률》의 의친 조항을 참조하면서도,
이성친과 선왕유복친을 명시하고 조선의 실정에 맞게 왕친과 외척
의 범위를 조정한 결과였다.

그런데 조선시대 의친의 범위는 중국의 의친이 오복으로만 규정
된 것에 비해 대수(代數)로 환산되어 계산됨으로써 대폭적으로 늘
어나게 되었다. 왕친과 외척의 범위가 대수로 환산되기 시작한 것은
성종대 이후부터였다. 이는 조선 초기의 왕실이 의친을 참고하여 정
비되고, 또 의친에는 반드시 선왕의 친족을 포함시킴으로써 현왕의
친족과 뒤섞이는 혼란을 피하기 위한 필요에서 나타났다. 촌수나 오
복이 대수로 환산되기 시작한 것은 《경국대전》이 반포된 성종 이후
인 것으로 보인다. 촌수나 오복이 대수로 환산된 결과 의친의 범위
는 대폭 늘어났고, 그것은 곧 왕실의 범위가 대폭 늘어나는 결과를
초래하였다.

이처럼 조선시대 의친의 범위는 대수로 환산되어 대폭 늘어났다.
공식적으로 국가적 예우를 받는 일정 범위의 왕실구성원들, 즉 의친
은 왕의 후손인 전주이씨 왕족과 왕비, 세자빈, 선왕비의 외척가문
으로 구성되었다. 이들 왕족과 외척은 국가로부터 형사상, 경제상,
행정상, 군사상의 특권을 보장받음으로써 신분 재생산이라는 면에
서 누구보다 유리한 입장을 갖게 되었다. 특히 전주이씨의 왕족은
4대까지 벼슬이 금지된 반면, 외척은 그런 제한이 전혀 없었으며,

사위들은 본인만 벼슬이 금지됨으로써 전주이씨 왕족에 비해 외척
과 외손가문이 훨씬 유리한 입장에 있었다. 이는 중국에 비해 외척
양반가문의 기반과 영향력이 강한 반면 왕실의 기반과 영향력이 상
대적으로 약하였던 조선의 현실에서 나타난 결과였다.

참고문헌

《고려사》, 《태조실록》, 《태종실록》
《조선경국전》(朝鮮經國典; 下, 名例條)
《연려실기술》(燃藜室記述; 태조조 기사본말조)
《주례주소》(周禮注疏; 秋官小司寇條)
《당률소의》(唐律疏議; 1, 名例八議條)
《대명률》(大明律; 1, 名例八議條)

신명호, 《조선초기 왕실편제에 대한 연구—의친제의 정착을 중심으로》, 한국정신
　　　　문화연구원 한국학대학원 박사학위논문, 1999.
원창애, 〈조선후기 선원보첩류의 편찬체제와 그 성격〉, 《장서각》 17, 2007.
────, 〈조선후기 돈녕보첩 연구〉, 《조선시대사학보》 48, 2009.
이성무, 〈《경국대전》의 편찬과 《대명률》〉, 《조선양반사회연구》, 일조각, 1995.

조선 왕실 친인척 관리

원 창 애
한국학중앙연구원 선임연구원

1. 왕실 친인척이란

왕실 친인척은 왕의 친족과 혼인으로 맺어진 인척이다. 왕의 친족 범위는 법제적으로 왕의 9촌까지로, 오복친 제도에 근거를 둔 것이다. 오복친 제도에 따르면, 성손(姓孫)의 경우 4세손에서 친진(親盡)하고 5세에 이르면 상복을 입지 않는 단문친(袒免親)이 된다. 보편적으로 4세 친진이 되면 친족이 아니라고 여겼으나, 왕실에서는 5세손 단문친까지 친족 범위에 들었다. 외손의 경우 단문친은 없고 시마친까지 있는데, 외손자가 여기에 해당된다. 따라서 왕의 친족은 성손은 5세손까지, 외손은 외손자까지다. 왕의 인척은 혼인을 통해서 맺어지는 왕비 친족을 말한다. 왕비 친족은 왕의 친족 범위와는 달리 왕비 동성친의 8촌, 이성친의 5촌까지다.

왕실 친인척은 관직에 나갈 수 없었고, 예우 차원에서 봉작제가 시행되었다. 왕실 친인척에게 봉작만 주어지는 것은 왕실 친인척의 부귀와 안전 때문이라고 여겼다. 왕실 친인척에게 봉작하여 지위를 높이고, 그 지위에 합당한 녹봉을 지급하여 부유하게 하며, 관직을 맡기지 않아 그들을 안전하게 한다는 것이다. 만약 왕실 친인척이 관직에 나아가면 책임질 일이 생기게 된다. 왕이 왕실 친인척의 허물에 대하여 모른 척하면 법을 어기는 것이고, 허물을 다스리면 친인척에게 베푸는 사적인 은혜를 베풀지 못하게 되어 합당하지 않다는 것이다. 그러므로 왕실 친인척에게는 관직을 맡기지 않는 것이 친인척과 돈목하는 길이라고 여겼다.

봉작제가 왕실 친인척 모두를 대상으로 실시되지는 않았다. 왕실 친인척에 대한 예우는 친족 관계의 친소(親疎)에 따라 달리 적용되었다. 고려시대에는 공(公), 후(候), 백(伯)과 같은 봉작이 주어졌으나, 조선시대에는 종반직과 의빈직 등이 주어졌다. 왕의 성손은 친진되는 4세손까지 대군·군·도정·정·부정·수·부수 등의 종친부 관직에 제수되었다. 왕의 부마는 의빈부 관직인 위(尉)에, 세자의 딸에게 장가를 든 손녀사위는 부위(副尉), 첨위(僉尉)에 제수되었다. 종친부나 의빈부는 직무가 없는 왕실 예우 부서로서 녹봉만 주어졌다. 왕비의 친족 가운데 봉작 대상이 되는 이는 왕비의 부친으로, 부원군에 제수되었다.

왕의 성손으로 종반직이 주어지지 않는 5세손 이하는 문과 응시가 허락되었고, 관직에 나갈 수 있었다. 종반직과 의빈직 대상이 아닌 왕의 외손이나 왕비 친족 역시 관직에 나아가는 데에 아무런 제약이 없었다. 이들에게는 왕실 친인척에 대한 예우로 돈녕부 관직 제수나 특수 병종인 족친위 입속이 가능하였다.

2. 왕실 친인척 관리 기구

조선시대에 왕실 친인척을 관리하던 관부는 종부시(宗簿寺)와 돈녕부(敦寧府)다. 종부시는 고려시대에는 전중성(殿中省), 전중시(殿中寺), 종정시(宗正寺), 종부시(宗簿寺) 등으로 다양하게 불리었고, 왕실 보첩을 관장하였다. 조선시대에는 종부시에서 《선원보첩》을 편찬하는 일뿐만 아니라 종실의 허물과 잘못을 규찰하는 임무를 추가로 맡았다. 종부시의 기능은 중국 송나라의 제도에 따른 것이다. 중국도 한나라 이래로 종정시에서 황실 보첩 편찬과 황실 친족의 잘못을 규찰하는 일을 맡았다. 송에 이르러서는 종학(宗學)을 종정시에 귀속시켜 황실 친족의 교육까지 책임지게 하여, 허물을 규찰하는 기능을 더욱 강화하였다. 조선에서는 송나라의 종정시 기능을 종부시에 그대로 적용하려 하였다. 1439년(세종 21)에는 송나라 제도를 바탕으로 〈종친규찰사목〉을 마련하였다. 〈종친규찰사목〉의 내용을 보면 다음과 같다.

  - 종친의 허물과 잘못을 대간과 형조가 이미 알고 있는데 종부시에서 미처 알지 못했다면 종부시에 조회하고, 조사하여 보고하게 할 것.
  - 종친 소송은 종부시에 알리고, 종부시에서는 중앙 각 관사와 지방 감사에게 조회할 것. 노비·전토 등에 관한 것은 종부시에서 문서를 살펴보고 사리가 명백하면 중앙과 지방의 담당관에게 조회하여 판단하게 한다. 그 결과 입안이 작성된 후에는 입안 내용을 종부시에 알린다.
  - 중앙과 지방에서 종친의 소송 판결에 있어 종친이 잘못된 판결이라

고 소를 올리려면, 반드시 잘못 판결된 내용의 핵심을 기록하여 고장
(告狀)을 제출한다. 종부시는 그 부서에서 판결한 입안(立案)과 고장
을 살펴서 오결이 명백하면, 전례에 의하여 문서를 보내서 개정하게
하고, 사헌부에 보고하여 죄를 주도록 할 것.
- 종친과 소송하는 자가 있으면 종부시에 고하면 이 예(例)에 의하여
  시행하고, 만일 거짓된 소송을 하는 자가 있으면 사헌부에 보고하여
  죄줄 것.
- 종친 소송의 경우 중앙과 지방의 관리는 종부시의 조회가 없다면 수
  리하지 말 것.
- 종친이 비리 소송에서 변명하고 불복(不服)하다가 마침내 사실이
  드러나면 종부시에서 알려서 죄를 청할 것.
- 종친이 소송할 때에 종부시에 불공한 언사를 쓰면, 피혐(避嫌)하지
  말고 사실을 조사하여 보고하여 죄 주기를 청할 것.
- 종친의 반당(伴黨)과 구사(丘史)가 불법한 일이 있으면, 종부시에서
  는 즉시 고신(栲訊)을 행하고 법에 의하여 죄를 논한다. 중앙과 지방
  의 노비가 범행한 것도 모두 검거할 것.
- 중앙과 지방의 관리들은 종부시에서 조회한 일에 대하여 일을 지체
  하면, 종부시에서는 보고하여 유사(攸司)에게 내려 추고(推考)할 것.
- 종부시에서 종친의 과실과 비리 소송을 알면서도 일의 진상을 조사하
  지 않은 것은 사헌부에서 사실을 조사하여 법에 의하여 죄를 논할 것.
- 대소 관원과 종친 사이에 예에 어긋나는 일이 있으면 종부시는 곧
  보고하여, 유사에 내려 추고하여 죄줄 것.
- 종부시 소윤(少尹) 이하가 돌아가며 전례에 따라 종학을 규찰할 것.
- 종친의 각 저택(邸宅)에 혹 간사하고 아첨하는 무리가 있어 드나들
  며 폐단을 일으키니, 차첩(差貼)을 받은 반당(伴黨) 이외에 간사한
  무리들이 드나드는 것을 허락하지 말 것.

〈종친규찰사목〉의 내용은 종친 소송, 종친과 종친이 거느린 반당・구사・노비 등의 비리 규찰로 요약될 수 있다. 종친 소송은 규찰이라는 측면보다는 종친이 직접 소송에 참여하지 않더라도 종부시에서 조종하여 왕실의 위신을 지키게 하려는 데 초점이 있다. 종실의 지위를 믿고 무례한 종친이나 종친 가속이 저지르는 비리에 대해서도 바로 법을 처결하는 관사에서 처리하지 않고 종부시를 거치게 하는 것도 종실에 대한 예우라고 볼 수 있다. 그러므로 종부시의 도제조 2인은 종친 가운데 존속친(尊屬親)이 담당하게 되어 있다. 종실의 문제를 해결하는 데 가장 영향력이 있는 종친이 종부시 도제조를 맡아서 종실의 문제는 종실 안에서 처리하게 한 것이다.

종부시가 종실 근친을 관리하는 부서라고 한다면, 돈녕부는 종실의 원친・외손・왕실 인척의 부서라고 할 수 있다. 돈녕부는 조선시대에 신설된 관부다. 돈녕부는 1414년(태종 14)에 처음 설치되었다. 돈녕부는 태조의 후손이 아닌 종친으로 봉군되지 못한 자, 외척 그리고 왕실의 외손이 속한 관사로 규정되었다. 태종이 돈녕부를 설치한 동기는 다분히 정치적이다. 태종은 1412년에 태조의 방계 친족과 외척을 위해서 증설하였던 관직을 혁파하고, 이들에게 돈녕부 관직을 제수하였다. 돈녕부는 명목상으로 친친(親親)의 도리를 다하기 위해 설치된 정1품아문이다. 그러나 돈녕부는 정1품아문임에도 소속 관청이나 직사(職事)가 없는 예우 관부였다.

세종은 1437년(세종 19)에 돈녕직 제수 대상을 법제화하고, 돈녕부의 업무를 부과하였다. 돈녕부에서는 왕실 친족의 친소(親疎)를 파악하여 종부시에 조회하고, 돈녕직을 그만둔 기간, 돈녕직을 받은 연월 등을 이조와 병조에 알렸다. 즉 돈녕부의 기능은 왕실 친족의 친소와 파계 진위를 파악하여 돈녕직 제수 대상을 판별하고, 이들이 고루 돈녕직에 서용되도록 관리하는 것이다.

또한 돈녕직에 제수되지 못한 이들을 위해 세조대에 족친위(族親衛)가 설치되었다. 족친위 입속 대상으로는 왕의 종성(宗姓) 단문친과 이성(異姓) 시마친 이상, 왕비 친족 시마친 이상, 세자빈 친족 기친(朞親)이다. 족친위 입속 대상자 관리에서 종성은 종부시에서, 왕의 이성친, 왕비 및 세자빈 친족은 돈녕부에서 하도록 하였다. 족친위 입속 대상에는 왕실 친족 첩자들도 포함되었다. 왕·왕비 이성친 가운데에는 왕실 친족이면서 족친위 입속 대상자에 들지 못한 부류가 있다. 족친위 입속 대상에 왕친·왕비친의 이성친은 시마친까지만 해당되어, 이성친으로 오복친에 들지 못하는 5·6촌이 있다. 국가에서는 이들을 동성 단문친의 예에 따라 충순위에 입속되게 하였다.

왕실 친족을 위한 특수 병종인 족친위가 따로 설치되고, 충순위 입속까지 법제화함으로써 돈녕부의 기능은 돈녕 관직 제수를 위해서뿐만 아니라 족친위·충순위 입속 대상자 관리로까지 확대되었다. 돈녕부에서 왕실 친족을 관리하는 일은 비단 돈녕직, 특수병종인 족친위 입속에만 국한된 것은 아니었다. 돈녕부에서는 왕실 친족의 예우로 국역을 면제하는 복호(復戶) 대상을 병조에 조회해야 입안이 지급되었다.

돈녕부의 주된 기능이 돈녕직·족친위·충순위 입속 대상자, 그리고 왕실 친족 예우 대상자들을 파악하여 해당 관청에 통보하는 것이다. 돈녕부에서는 이러한 업무를 수행하기 위해서 왕과 왕비의 친족 자료를 만들어야 하였다. 왕의 친족은 종부시 주관으로 1412년 (태종 12)부터 《종친록》과 《유부록》이 식년마다 작성되었기 때문에 근거 자료를 마련할 수 있었을 것이다. 그러나 왕비 친족의 경우는 보단자(保單子)와 족도(族圖)로 대상자를 파악하였다. 1471년(성종 2) 돈녕부에서는 왕비 친족 가운데 관직이 높고 명망이 있는 자로 하여금 《족친촌수록》을 마련하게 하여 돈녕부에 비치하고, 그 자손들은 3년마다 성적하게 하여 후손을 살피자는 주청을 하였다. 그러므로 1471년 이후에는 돈녕부에서도 식년마다 《돈녕보첩》이라는 보첩 작성이 주요 기능으로 자리 잡았다.

3. 왕실 친인척 명단—왕실 보첩

종부시와 돈녕부는 왕실 친인척이 합당한 예우를 받도록 관리하는 관부로서 보첩 작성이 주요 업무였다. 왕실 친인척을 수록한 보첩류는 왕실의 혈통과 근원을 밝히는 것이기도 하지만, 종부시나 돈녕부에서 왕실의 친소 관계, 파계의 진위를 밝히기 위해서 비치하는 자료로서 기능하기도 한다. 종부시에서는 다양한 왕실 보첩류를 편찬하고 관리와 보관을 하였다.

중국 종정시에서 편찬하는 보첩류는 첩(牒), 보(譜), 도(圖), 적(籍) 등으로 분류되었다. 황위에 등극한 황제의 재위기간, 정령, 상벌, 호구, 풍·흉 등 상서로운 일들을 기재한 옥첩(玉牒), 황제의 동성친을 복제에 의거하여 친소를 정리한 《속적》(屬籍), 황실 계통의 시조와 시조의 자손들의 지위를 기록한 《종번경계록》(宗藩慶系錄),

황실 본종(本宗)의 계통을 특별히 그린 《선원적경도》(璿源積慶圖), 황실 남녀의 족성, 혼인, 관작, 공죄, 생사를 기록한 《선원유보》(璿源類譜) 등 5종의 보첩을 편찬하였다. 조선에서도 이와 유사한 보첩류들이 작성되었다. 종부시와 돈녕부에서 편찬한 보첩류들을 정리하면 다음과 같다.

1) 어첩(御牒)

《어첩》은 종부시에서 편찬한 보첩으로, 왕위를 계승한 왕의 계통을 기록하였다는 점에서는 중국의 옥첩(玉牒)과 유사한 점이 있으나 체재는 전혀 다르다. 조선 왕실의 직계 선조인 시조 이한(李翰)으로부터 직계 17세 이양무(李陽茂), 그리고 추존된 목조 이후로 조선 역대 왕의 가문을 열거한 것이다. 시조로부터 17세 이양무까지는 이름과 관직 등을, 목조 이후에는 왕과 왕비의 휘호, 자녀(대군·공주·군·옹주)의 이름, 봉군명이 기재된다. 자녀 가운데 공주·옹주는 부마의 이름과 관직명도 함께 기재된다. 《어첩》은 왕실 핵심 구성원인 왕과 왕비, 그리고 그들 자녀만 간략하게

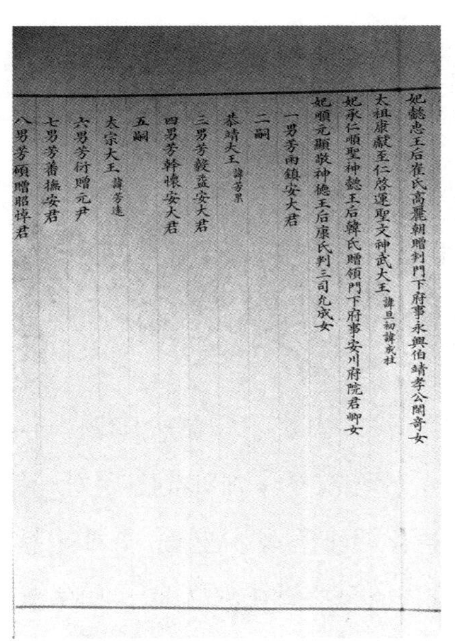

그림 1. 《조선국보》

적은 것이다.《어첩》과 편찬체재는 같으나, 보첩명을 달리하는 것들도 있다. 숙종대 초기에 작성된 것으로 보이는《조선국보》(朝鮮國譜), 1681년(숙종 7) 이후로 필사되기 시작한《국조어첩》(또는《국조보첩》),《선원세계》(璿源世系),《선원세계록》 등이 그것이다.

2) 팔고조도

〈팔고조도〉는 왕의 혈통과 왕위 계승 계통을 밝히는 것으로, 왕의 내·외 4조부모(四祖父母)를 계통적으로 기재한 것이다. 〈팔고조도〉는 양반가에서도 작성하는데, 본인의 내·외 4조부모의 부계와 모계를 모두 기재한다. 양자인 경우에는 양부모와 생부모를 함께 기재한다. 이처럼 내·외 4조의 부계와 모계, 양부모와 생부모를 모두 기재하는 것은 〈팔고조도〉가 본인의 혈통을 상세하게 밝히는 데 목적이 있기 때문이다.

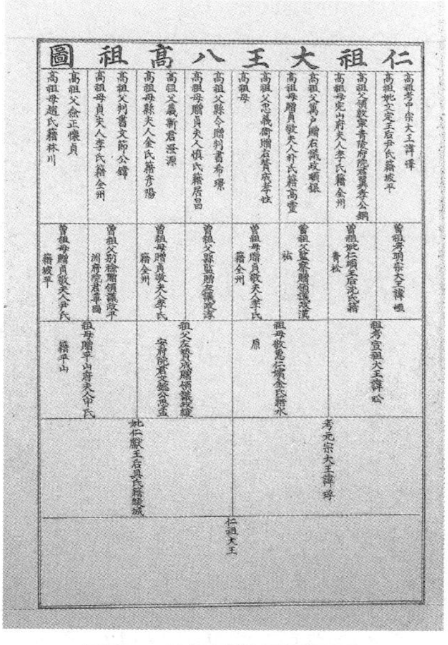

왕의 〈팔고조도〉는 왕 자신의 혈통을 상세하게 밝히는 것과 더불어 왕위 계승 계통을 보여준다는 점이 특징적이다. 조선은 왕위가 적장자에게 상속되는 것이 원칙이나, 그렇지 않은 경우들이 더러 있다. 왕비의

그림 2. 〈인조대왕 팔고조도〉

소생이기는 하나 장자가 아닌 경우, 서자인 경우, 양자인 경우 등이 있다. 〈팔고조도〉를 작성할 때 문제가 되는 것은 서자인 경우와 양자인 경우다. 양자인 경우에는 왕의 생부모를 기재한 〈팔고조도〉와 양부모를 기재한 〈팔고조도〉 2건이 작성되었다. 양자인 경우 혈통을 밝히기 위해 2건의 〈팔고조도〉가 작성되는 것은 당연하다. 이는 양반가에서도 마찬가지다. 그러나 양반가 〈팔고조도〉에서 볼 수 없는 것은 왕이 서자인 경우다. 이러한 경우 생모가 기재되는 〈팔고조도〉와 왕비가 어머니로 기재되는 〈팔고조도〉가 작성된다. 생모가 기재되는 것은 혈통을 밝히는 것이나, 왕비가 어머니로 기재되는 것은 양모의 개념이 아니라 왕위 계승 계통을 밝히기 위한 것이다.

왕의 〈팔고조도〉는 종부시에서 편찬하였다. 편찬시기는 영조대 이전까지는 왕의 사후였을 것으로 추정된다. 1735년(영조)에 선왕들의 〈팔고조도〉를 살펴서 공식적으로 왕의 〈팔고조도〉 체재를 정하였다. 첫째, 형제가 왕위를 계승하여 〈팔고조도〉가 같은 경우 제작하지 않았다. 예를 들면, 정종과 태종의 경우는 부모가 같으니 〈팔고조도〉도 같았다. 정종의 〈팔고조도〉는 제작하지 않고 태종의 〈팔고조도〉만 편찬하였다. 그러나 영조는 형제가 왕위를 계승한 경우라도 따로 왕의 〈팔고조도〉를 제작하도록 하였다. 둘째, 양자이거나 서자로 왕위를 계승한 경우 생부모에 대한 〈팔고조도〉를 부록으로 작성하였다. 예를 들면 선조의 경우가 그러하다. 생부모에 대한 〈팔고조도〉를 〈사친팔고조도〉(私親八高祖圖)라 하여 왕들의 〈팔고조도〉 맨 뒤에 부록하였다.

영조는 부록하였던 〈사친팔고조도〉를 왕의 〈팔고조도〉와 함께

두도록 하였다. 즉 생부모나 생모가 따로 있는 경우 2장의 〈팔고조
도〉를 작성하도록 한 것이다. 셋째, 왕의 재위기간 동안 왕의 〈팔고
조도〉를 편찬하도록 하였다. 영조는 자신의 형인 경종의 〈팔고조
도〉와 자신의 〈팔고조도〉를 자신의 재위기간에 편찬하도록 하였다.
이것이 전례가 되어 정조 이후에는 왕의 등극하면 바로 왕의 〈팔고
조도〉를 편찬하게 하였다.

3) 선원계보기략

《선원계보기략》은 1679년(숙종 5) 종부시가 처음 간행한 보첩이
다. 이 보첩은 어첩, 팔고조도, 역대 왕의 자손록(족보)으로 구성되
어 있다. 《선원계보기략》은 100회 이상 증보된 보첩이다. 처음에는
중종의 세계(世系)부터 이후 왕들의 세계만 수록하였으나, 1760년
(영조 36) 이후로는 《태조자손록》부터 역대 왕의 자손록을 다 갖추
었다. 또한 1872년(고종 9)부터는 추존된 목조 · 익조 · 도조 · 환조
의 자손록까지 수록하였다.

이 보첩의 특징은 조선 역대 왕의 친족만 수록되었다는 점이다.
왕의 동성 친족은 단문친인 5세손까지, 이성친 즉 외손은 시마친인
외손자까지 수록되었다. 《선원계보기략》은 선조의 12남 인흥군(仁
興君)의 둘째아들 이간(李偘)이 지어 올린 《선원보략》(璿源譜略)을
바탕으로 한 것이다. 그러므로 《선원계보기략》의 자손록이 중종대
세계(世系)로부터 시작되기는 하지만, 《선조자손록》이 상세하다.
《선원계보기략》이 계속 간행되면서 《선조자손록》만 증보되는 결
과를 가져와, 1책이었던 《선원계보기략》이 7책으로까지 늘어났다.

영조는 《선원계보기략》이 개인 가문의 족보가 아니라는 점을 들어 수록 대수를 왕의 친족으로 제한하고, 역대 왕의 자손록을 모두 수록하게 하였다.

《선원계보기략》은 조선 후기 양반가의 족보 편찬체재를 답습하여 간행된 왕실 보첩이다. 《선원계보기략》의 편찬체재는 '내상외략(內詳外略)의 원칙에 충실하여 남계는 왕의 5세손까지, 여계는 왕의 2세손까지 수록되어 있다. 왕친에 대한 기재 내용도 양반가의 보첩과 마찬가지로 생몰년월일·직역·처계·묘소 등을 기본적으로 수록하였다.

4) 선원속보

《선원속보》는 1867년(고종 4) 종친부가 처음 간행한 왕실 대동보다. 《선원속보》는 《선원계보기략》이나 《선원록》과 같이 조선 역대 왕의 자손록이 아니라, 조선 역대 왕자(대군·군)의 자손록이라고 할 수 있다. 추존된 목조·익조·도조·환조의 아들을 포함한 조선의 왕자 101명이 파조(派祖)가 되는 족보다. 편찬체재는 《선원계보기략》의 체재를 따르는 것을 원칙으로 하였다. 그럼에도 18세기 이후 양반가의 족보 체재와 유사하다. 이 시기에는 양반가에서는 '내상외략 원칙에 따라 외손을 기재하지 않고, 딸의 경우 사위 이름만 기재하는 경우가 보편화되었다. 《선원속보》 역시 이러한 체재에 따라 여계는 생략하고 사위 이름만 기재하는 방식을 따랐다.

《선원속보》는 서(序)에 해당하는 조선 역대 왕의 세계를 담은 《선원세계》 1책과 101파의 파보로 구성되어 있다. 1867년에 간행된

《선원속보》의 총 책수는 알 수가 없다. 그 뒤 1900·1902년에 걸쳐 《선원속보》가 중간되었는데, 이때에는 《선원속보》 파보의 잘못된 부분을 수정하고, 기록되지 못한 자손들을 입력하는 것 외에 왕실 직계가 아닌 방계의 파보 2종도 《선원합보》라는 이름으로 함께 간행되었다. 1867년 간행된 《선원속보》의 성격이 왕실의 대동보라고 한다면, 1900·1902년에 중간된 《선원속보》는 전주이씨 《대동보》다. 중간된 《선원속보》는 《선원세계》 1책과 115파의 파보 458책이다. 115파 가운데 왕자군은 113파이고, 2파는 왕실의 방계 파보로 시중공파와 평장사파의 파보다.

5) 선원록

《선원록》은 3년에 한 번 식년에 종부시가 선원세계단자를 받아 작성하였다. 《선원록》의 체재는 1412년(태종 12)에 마련되었다. 태종은 《선원록》에는 왕실의 선조를, 《종친록》에는 종실의 남자를, 《유부록》은 종실의 여자와 서얼을 수록하게 하였다. 왕실 선조를 수록하여 《선원록》이라 한다고 하였으나, 현존하는 자료에는 《선원선계록》이라는 이름으로 남아 있다.

《선원선계록》에는 시조 이한으로부터 태조·태조비까지만 수록되어 있다. 역대 왕의 자손록은 《종친록》과 《유부록》으로 나누어 작성되었다. 《종친록》과 《유부록》 수록 대상의 구분이 명확하지 않다. 태종이 의도한 대로라면, 《종친록》에는 종친 가운데 대군과 그의 적자 계통만 수록되고, 《유부록》에는 여계 즉 공주·옹주 계통과 종친 가운데도 서자 계통이 실려야 한다. 그러나 실제로 《종친

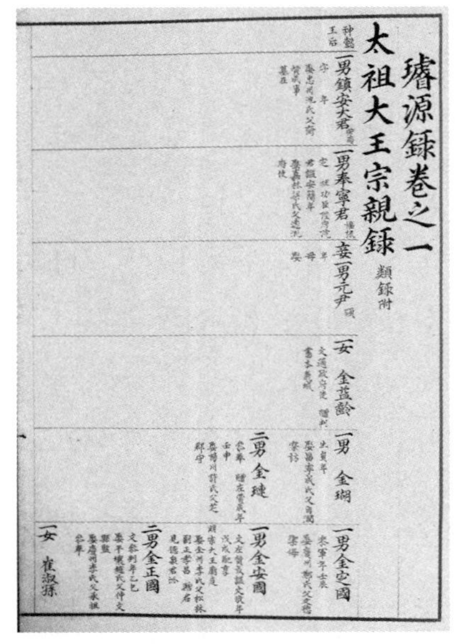

그림 3. 《선원록》

록》과 《유부록》이 그러한 체재로 편찬되었는지는 알 수 없다. 현존하는 《종친록》과 《유부록》은 조선 전기에 작성된 것은 아니다. 1637년(인조 17) 전란으로 소실된 보첩 대신 태백산 사고본을 등사한 것이다.

《종친록》과 《유부록》 편찬체재의 기본 원칙은 적·서와 남·녀를 구별한다는 점이다. 자녀를 수록할 때 적자인지 서자인지를 먼저 구별하고, 적자 내의 아들·딸, 서자 내의 아들·딸을 구분해 놓았다. 따라서 대군·공주·군·옹주 등으로 기재된다. 이러한 편찬체재는 태종이 제시한 《선원록》의 편찬체재에서 기인된 것으로 보인다. 태종은 보첩에 적서와 남녀를 구분하여 기재하고, 보첩명도 《종친록》과 《유부록》으로 달리하게 하였다.

왕실에서 적서를 구분하고, 서자도 생모(生母) 양인 신분인 서자와 생모 천인 신분인 얼자의 구분을 명확히 하는 것은 종반직 제수와 관계가 있기 때문이다. 종반직의 등급은 적자·서자·얼자에 따라 차등화되어 있다. 또한 종친인 경우에는 서얼에게 신분제가 적용되지 않으나, 종친의 대수를 다한 이후에는 생모의 신분에 따라 신

분이 결정된다. 그러므로 왕
실에서의 적·서, 서·얼의
구분은 엄격할 수밖에 없다.
따라서 양반가의 족보와 달
리 《선원록》에 '첩자' '첩녀'
를 밝히고, 생모의 신분과
이름까지 기재한다.

《종친록》과 《유부록》은
이런 원칙이 있으므로 기재
내용이 양반가와 다를 수밖
에 없다. 《종친록》과 《유부
록》의 기재 내용은 적·서,

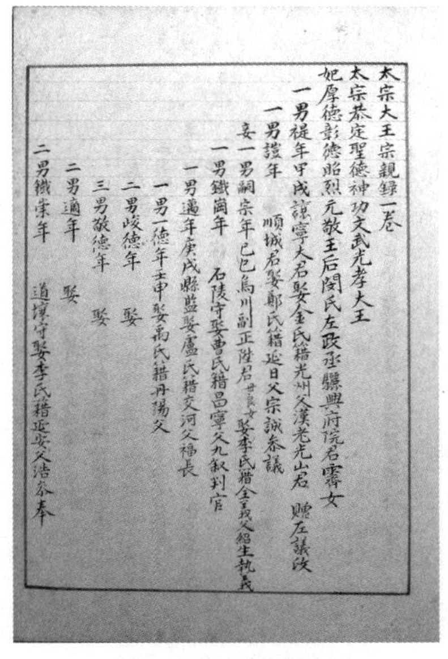

그림 4. 《태종대왕종친록》

이름, 출생연도, 봉작명(혹은 관직), 생모(生母), 배우자 등이다. 이름
은 자·녀 모두 적게 되어 있다. 양반가의 족보에는 딸 대신 사위
이름을 적는다. 조선 전기 족보인 《안동권씨성화보》에 따르면, 딸
이름 대신 "여부(女夫) ○○○"라는 표현이 나온다. 그런데 《유부록》
에는 딸 이름이 기재되어 있다. 이름이 확인되지 않은 경우는 비워두
었다. 사위는 배우자로 따로 기재되었는데, 이름과 관직을 적는다.
조선시대에는 여자의 이름이 기록되는 경우는 특별한 경우가 아니
면 드물다. 보첩에 딸의 이름이 기재되는 것은 왕실보첩 특히 《선원
록》에서만 볼 수 있다. 《종친록》과 《유부록》은 기재 형식도 양반가
의 족보와는 다르다. 양반가의 족보는 중국 족보의 영향으로 한 면을
가로로 5, 6칸을 나누고 그 칸에다 수록 대상자와 내용을 적는다.(〈그

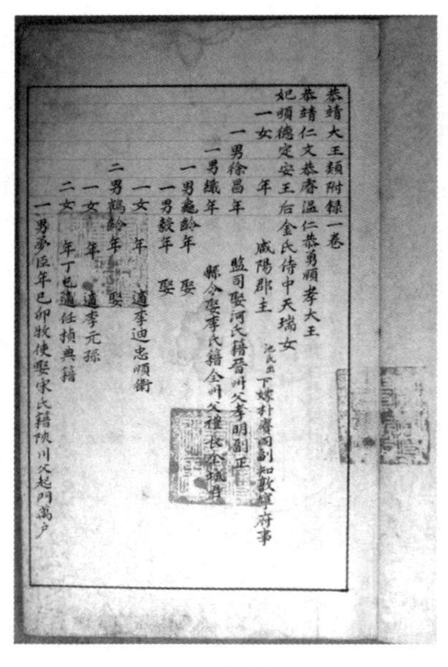

그림 5. 《공정대왕유부록》

림 3〉 참조) 《종친록》과 《유부록》은 〈그림 4〉, 〈그림 5〉와 같이 가로로 7줄을 그어 대수를 표시할 수 있게 하고, 대수에 따라 한 칸씩 내려가면서 내용을 세로로 기재하고 있다.

이러한 《종친록》과 《유부록》의 편찬체재는 1681년(숙종 7) 《선원록》으로 개수되면서 변화되었다. 《종친록》과 《유부록》을 통합하여 《선원록》이라 개칭하였다. 기재 순서는 《종친록》을 먼저 기재하고, 뒤에 《유부록》을 기재하였다. 이 뿐만 아니라 기재 형식, 기재 내용, 수록 범위가 달라졌다. 《선원록》 편찬체재의 변화는 조선 후기 양반가 족보 편찬체재에 영향을 받은 것이다.

우선 기재 형식이 양반가의 족보 형식으로 바뀌었다. 대수에 따라 한 칸씩 내려서 내용을 세로로 기재하는 것보다 가로를 줄을 그어 칸에 기재하는 것이 알기 쉽다는 이유로 기재 형식을 바꾸었다.

기재 내용도 '내상외략'이라 하여 남계(男系)는 상세히 기재하고, 여계(女系)는 간략하게 적는다는 원칙이 적용되었다. 이 원칙은 수록 대수의 차별화로 나타났다. 《종친록》과 《유부록》에는 남계든 여계든 수록 대수가 동일하게 왕의 6세손까지였다. 그러나 개수된

《선원록》은 남계의 수록 대수가 여계와 같을 수는 없다고 하여 남
계는 왕의 9세손까지로 늘였다. 또한 딸은 따로 표기하지 않고 사위
이름을 대신 기재하였다.

6) 돈녕보첩

《돈녕보첩》은 유일하게 돈녕부에서 작성한 보첩이며, 왕친와 왕
비친을 수록한 보첩이다. 《돈녕보첩》은 성종대부터 작성된 것으로
추정되나, 조선 전기 《돈녕보첩》은 현존하지 않는다. 양란으로 전
부 소실되었기 때문이다. 《돈녕보첩》이 다시 작성되기 시작한 것은
1648년(인조 26)이다. 돈녕부에서 돈녕직과 족친위 대상자를 이조·
병조에 보고할 때 근거할 자료가 없어 《돈녕보첩》의 작성을 청하였
다. 이로 인하여 다시 식년마다 《돈녕보첩》이 작성되기 시작하였다.

《돈녕보첩》은 《종친록》과 《유부록》처럼 세로로 기재되었고, 대
왕 편과 왕후 편으로 구성되었다. 기재 내용은 등재 인물의 차서,
이름, 직역이었다. 차서와 직역은 이들이 돈녕직 대상인지 족친위
대상인지 파악하는 근거가 되었다. 《돈녕보첩》은 왕실의 혈통을 기
록하기 위한 보첩이 아니라 돈녕부 공문서 성격이 강하여 돈녕부
관할 대상자 위주로 수록되었다. 따라서 다른 선원보첩류에 비해 수
록 인원이 적고, 차서도 출생순으로 정리되지 않은 경우가 많다.

《돈녕보첩》 대왕 편의 수록 대상은 동성친 9촌, 이성친 6촌 이내
다. 조선 후기에 촌수와 대수를 동일시하여 《돈녕보첩》 대왕 편에
는 왕의 동성친 9세손, 이성친 6세손까지 수록하였다. 다만 왕의 모
든 친족이 수록되는 것이 아니라 족친위 입속 대상자와 돈녕직 대상

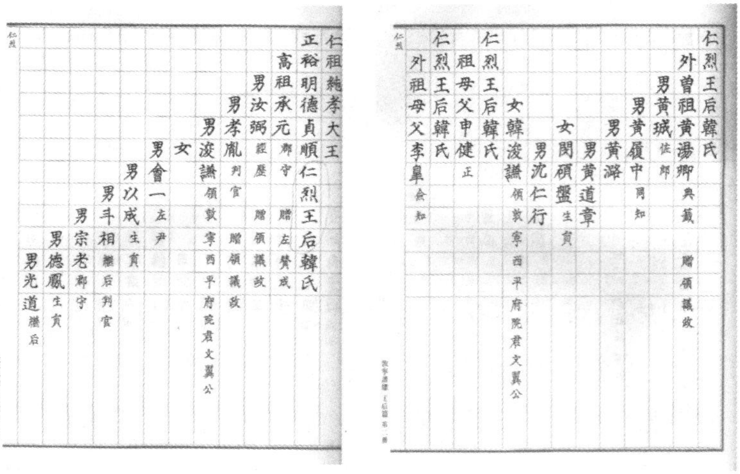

仁祖純孝大王
正裕明德貞順仁烈王后韓氏
高祖承元 郡守 贈左贊成
男汝弼 經歷 贈領議政
男孝胤 判官 贈領議政
男浚謙 領敦寧西平府院君文翼公
女
男會一 左尹
男以成 生員
男斗相 繼后判官
男宗老 郡守
男德顯 生員
男光道 繼后

仁烈王后韓氏
外曾祖黃湯卿 典籤 贈領議政
男黃琡 佐郞
男黃履中 同知
男黃[illegible]
男黃道章
女閔碩[illegible] 生員
男沈仁行
女韓浚謙 領敦寧西平府院君文翼公
仁烈王后韓氏
祖母父申健 正
仁烈王后韓氏
外祖母父李皐 僉知

그림 6. 《돈녕보첩》 왕후 편

자 위주로 싣고 있어서 《선원록》과는 차별된다.

《돈녕보첩》 왕후 편은 왕비·세자빈의 친족을 수록하고 있다. 왕비의 친족은 동성친 8촌, 이성친 5촌까지며, 세자빈 친족은 동성친 6촌, 이성친 3촌까지다. 1648년(인조 26)에 작성되기 시작한 《돈녕보첩》 왕후 편은 매우 소략하고, 친족의 수록 원칙이 없었다. 주로 부계 친족을 중심으로 왕후의 아버지나 왕후의 조부 또는 증조부를 기점으로 왕후의 직계 친족이 주로 수록되었다.

그러다 영조대에 왕후의 친족 수록 원칙이 세워졌다. 1739년(영조 15)부터 이러한 원칙이 적용되어 《돈녕보첩》 왕후 편이 제작되었다. 왕후의 친족은 부계·모계·조모계·외조모계가 수록되었다. 부계는 고조부로부터 왕후의 8촌인 왕후 남자 형제들의 6세손까지, 모계는 외증조부로부터 왕후의 5촌인 외종질까지, 조모계는 조모부로부터 왕후까지, 외조모계는 외조모부로부터 왕후의 어머니까지 해당되었다.

《돈녕보첩》왕후 편 말미에 세자빈 친족도 수록된다. 세자빈은 거의 왕비로 책봉되기 때문에 일시적으로 《돈녕보첩》에 실린다. 그러나 남편이 세자로서 사망한 경우에는 영원히 세자빈으로 남게 되어 《돈녕보첩》 왕후 편 말미에 실린다. 정조는 계속 세자빈으로 남게 된 이들의 보첩을 《돈녕보첩》 왕후 편에서 따로 떼어내어 《세자빈보첩》을 만들게 하였다.

7) 왕비세보

《왕비세보》는 1681년(숙종 7) 종부시에서 《선원록》을 수정하면서 함께 작성한 왕비 보첩이다. 이 보첩은 일종의 세계도다. 즉 왕비의 직계 선조 내외를 수록하고 있다. 즉 왕비의 혈통 유래를 밝히는 성격을 가진 보첩이다. 《왕비세보》에 수록된 선조 내외 대수가 왕비마다 다른데, 그것은 왕비 가문의 성쇠와 조선시대 족보 편찬 경향과 관련이 있다. 즉 현달한 왕비 가문은 가계 기록이 일찍부터 시작되었기 때문에 수록 대수가 많다. 또한 족보 편찬이 일반화되지 않았던 조선 전기에는 선대 세계가 10대조 이상으로 기록된 경우는 그리 많지 않다. 조선 전기 왕후로서 10대조 이상의 세계가 기재된 경우는 태종비 원경왕후(여흥민씨), 문종비 현덕왕후(안동권씨), 세조비 정희왕후(파평윤씨), 덕종비 소혜왕후(청주한씨), 선조 계비 인목왕후(연안김씨) 등이다. 단종비 정순왕후(여산송씨)와 중종비 단경왕후(거창신씨)의 경우도 10대조 이상의 세계가 수록되어 있기는 하지만, 17세기 이후에 왕후 칭호를 받았기 때문에 조선 후기에 《왕비

세보》에 수록된 것으로 보인다. 반면 족보 편찬이 활성화되기 시작하는 17세기 이후 황후·왕비 세계는 거의가 10대조 이상의 세계가 수록되고 있으며, 20대조 이상의 세계가 수록되는 황후·왕비 가문도 있다.

《왕비세보》에서만 볼 수 있는 독특한 부분은 왕비 선대 내외의 비지(碑誌)를 수록한다는 점이다. 특히 왕비 어머니의 비지를 싣도록 한 것은 흥미롭다. 이것은 황후·왕비의 친가뿐만 아니라 외가 가문에 대해서도 상세히 밝히려는 의도가 있었기 때문으로 여겨진다. 그러나 왕비 어머니 비지가 많이 전해지지 않아서인지 일부 비지만 수록되어 있다. 왕비 어머니의 비지가 실린 경우는 세조비 정현왕후, 성종 계비 정현왕후, 인조 계비 장렬왕후, 숙종 계비 인현왕후, 영조 계비 정순왕후, 고종비 명성왕후 등이다.

참고문헌

《조선왕조실록》(朝鮮王朝實錄), 《승정원일기》(承政院日記)
《구당서》(舊唐書), 《신당서》(新唐書), 《송사》(宋史)
《조선국보》(朝鮮國譜), 《선원계보기략》(璿源系譜記略), 《선원속보》(璿源續譜)
《선원록》(璿源錄), 《돈녕보첩》(敦寧譜牒), 《왕비세보》(王妃世譜)

신명호, 《조선초기 왕실편제에 대한 연구—의친제의 정착을 중심으로》, 한국정신
　　　문화연구원 한국학대학원 박사학위논문, 1999.
원창애, 〈조선후기 선원보첩류의 편찬체제와 그 성격〉, 《장서각》 17, 2007.
―――, 〈조선후기 돈녕보첩 연구〉, 《조선시대사학보》 48, 2009.

양반과 토지, 그리고 세금

김 재 명
원광대 역사교육과 교수

1. 두 가지 땅을 가진 양반

조선 초기의 양반은 보통 성격이 다른 두 가지 땅을 가지고 있었다. 하나는 사유지(私有地)였고 다른 하나는 수조지(收租地)였다. 어떤 형태로든 관직 세계에 포함된 양반이라면 대부분 그러하였다. 물론 관직과 전혀 거리가 먼, 그래서 신분만 양반인 경우는 사정이 달랐다. 사유지는 가졌을지 모르나 수조지는 없었다.

사유지는 글자 그대로 개인이 소유권을 가진 토지였다. 따라서 자유로이 사고팔 수도 있고, 남에게 거져 줄 수도 있으며, 자손에게 상속할 수도 있었다. 그리고 양반뿐 아니라 보통의 양인(良人), 즉 일반 백성도 이를 소유할 수 있었다. 심지어 노비(奴婢)까지 이런 땅을 가질 수 있었다. 그래서 고려 때부터 민전(民田)으로 불리어 왔다. 하지만 대개의 경우 개별 백성의 민전보다는 양반이 소유한 민전의 규모가 훨씬 컸다.

그런데 이렇게 많은 땅을 가졌지만 양반이 직접 농사짓지는 않았다. 고금을 막론하고 지체 높고 땅 많은 부자가 몸소 경작할 리 없었다. 아니 오히려 힘든 농사를 짓지 않기 위해 많은 땅을 가지고자 애썼던 것이다. 사실 벼슬살이를 위한 과거 공부에 힘써야 했던 만큼 그럴 겨를도 없었다. 그의 땅을 경작할 사람은 따로 있었다.

이른바 솔거노비(率居奴婢)가 이에 안성맞춤이었다. 그러고도 일손이 딸리면 머슴을 고용하거나 품삯을 주고 일꾼을 사기도 하였다. 하지만 가진 땅이 워낙 많으면 이런 방법으로도 경영이 불가능하였다. 어쩔 수 없이 이웃의 영세 농민이나 외거노비(外居奴婢) 등에게 소작을 줄 수밖에 없었다. 집에서 먼 곳, 특히 다른 고을에 토지가 있는 경우는 더욱 그러하였다. 대신 땅을 빌려준 대가로 생산량의 반을 거두어 가질 수 있었다. 병작반수(並作半收) 하는 소작료가 바로 이것이다.

한편 수조지는 이러한 사유지와 실체가 전혀 다른 토지였다. 특정 토지 자체가 아니라 그곳에서 1/10의 세금을 거둘 수 있는 권리만 국가가 보장한 땅이었다. 보통 과전(科田)이라 불렸는데, 관료집단인 양반이 왕에게 충성하고 나라에 봉사한 것에 대한 경제적 반대급부로 주어졌다. 그러나 이런 과전이 흔히 말하는 녹봉이었던 것은 아니다. 관직 종사에 대한 대가로서 녹봉은 따로 있었다. 녹봉과는 별개로 그들의 넉넉한 경제생활을 도와주기 위해 추가로 얹어준 것이었다. 이른바 과전법(科田法) 규정은 바로 이런 수조지로서의 과전을 양반 관료에게 나누어 주기 위해 마련한 법적 장치였다.

이렇게 해서 받은 수조지, 즉 과전은 양반 가계에 매우 중요한 경제적 기반이 되었다. 7품 벼슬의 양반만 하더라도 연간 25결의 과전에서 50석의 미곡 수입이 보장되었다. 몇 년 뒤 5품으로 승진하면 과전의 규모와 세수는 2배로 늘어났다. 그리고 훗날 정승에라도 오르게 되면 무려 300석까지 거둘 수 있었다. 결코 적다고 할 수 없는 아주 쓸 만한 수입이었다.

그런데 과전이 진정 쓸 만하였던 이유는 따로 있었다. 우선 현직에서 물러난 뒤에도 양반은 이를 계속 차지하며 세금을 거두었다. 또한 죽은 뒤에는 아내와 자식에게 수신전(守信田)과 휼양전(恤養田)의 이름으로 전수(傳授)할 수 있었다. 그러다 그 자식이 과거를 거쳐 관직에 나아가면 다시 과전으로 이름을 바꾸게 된다. 결국 양반이 한 번 벼슬에 나아가 과전을 받게 되면 자손 대대로 세습[世傳]하면서 계속 그 권리를 행사할 수 있었던 것이다. 그래서 과전은 흔히 세록(世祿)으로 간주되기도 하였다. 관료 자신은 물론 그 후손들까지 대대로 받을 수 있는 녹봉으로 인식되었다. 다만 사유지와 달리 이를 사고팔거나 남에게 양도할 수는 없었다.

그러기에 양반은 오히려 과전이야말로 대대로 가문을 유지할 수 있는 가장 확실하고도 안전한 경제적 기반으로 인식하였다. 물론 이 밖에 녹봉이나 사유지와 같은 또 다른 수입원이 있었지만 이보다는 못하였다. 녹봉의 경우, 현직자에게만 주는 것이어서 후손 때까지는 물론 퇴직 후의 경제생활에도 별로 도움이 될 수 없었다. 그리고 매매가 자유로운 사유지의 경우는 혹 무능하거나 방탕한 자손이라도 나오게 되면 일거에 탕진할 위험성을 안고 있었다. 그리고 보면 자손에게 세전은 가능해도 남에게 매매할 수 없었기에 더욱 안전한

자산이자 수입원이 바로 수조지로서의 과전이었다.

이른바 ‘사전’(私田)의 폐해를 맹공하며 이의 혁파를 역설하였던 조선 초의 양반들이 결국 전시과(田柴科)와 별반 다르지 않는 과전법 제정에 기꺼이 합의한 것도 실은 이 같은 과전의 매력 때문이었다. 누군들 이토록 좋은 것을 내가 가질 수 있는데, 어디 그리 쉽게 포기할 수 있겠는가?

2. 세금, 낼 사람과 받을 사람이 직접 만나면 탈이 난다

고려 말에 극심하였던 사전 폐해의 핵심은 규정을 넘는 지나치게 많은 수취였다. 수확의 1/10만 거두어야 할 과전에서 이러저러한 이유와 방법으로 절반을 훨씬 넘는 착취가 이루어진 것이다. 땅은 하나인데 수조권을 가진 양반이 네댓인 경우가 있고, 일 년에 두세 번씩 세금을 거두어 가기도 하였다. 결국 농민이 유리도산하게 되자 연쇄적으로 국가는 재정난에 직면하였고, 양반 관료 또한 생활에 위협을 받기에 이르렀다. 이에 선초의 양반들은 과전법을 제정하면서 수조지인 과전에서 병작반수를 엄히 금지하였다.

이와 함께 농민생활을 좀 더 안정시키기 위해 재해가 들면 손실 정도에 따라 세금을 깎아주는 규정도 만들었다. 이른바 ‘답험손실’(踏驗損實) 규정을 두어 1분(分)의 손실(損失)이 생길 때마다 그에 상응하는 비율의 세금을 감면토록 한 것이다. 그러면서 현장에 나가 손실의 정도를 직접 조사하는 답험을 수령과 양반 관료에게 맡겼다. 국가가 세금을 거두는 공전(公田)에서는 수령 책임 아래 향리(鄕吏)

와 위관(委官)이 답험하고[官踏驗], 과전을 비롯한 사전에서는 수조 권자인 양반(보통 '田主'로 통칭)이 답험하여 손실을 결정하도록[私踏驗] 일임하였던 것이다.

이것이 문제였다. 양반(실제로는 대리인)이 답험하기 위해 농민과 직접 접촉하는 과정에서 각종 폐해가 야기된 것이다. 손실을 제대로 인정하지 않는 경우가 많았고, 혹 유리한 산정을 받을 수 있을까 하여 향응을 접대해도 허사였다. 접대비만 날리기 일쑤였다. 심지어 대리인으로 나온 수조노(收租奴)가 뇌물 상납을 강요하기까지 하였다. 애초 양반의 양식을 믿은 것이 잘못이었다. 성현(聖賢)의 학문을 배우는 사대부이기에 재물 앞에서도 정도(正道)에 충실할 것으로 생각한 순진한 발상이었거나, 그렇지 않음을 알면서도 농민을 위한다고 생색만 낸 교묘한 속임수였던 것이다.

이처럼 불공정한 답험이 계속되자 농민의 불만은 자못 커져 갔다. 이에 세종이 첫 번째 해결책을 제시하였다. 사전에서의 사답험을 관답험으로 전환시킨 것이다. 하지만 이것 또한 그리 성과를 거두지는 못하였다. 수조권자인 양반 관료와 답험 관계자들의 협잡 때문이었다.

원칙적으로 관답험은 수령이 직접 행하도록 되어 있었다. 그러나 이는 현실적으로 불가능하였다. 그래서 대개는 향리나 사족(士族) 출신의 위관으로 하여금 대행하게 하였다. 그런데 향리와 어울리기를 꺼린 청망(淸望)한 사족들은 이를 기피하였고, 그 결과 위관의 질이 떨어졌다. 그러면서 이들 향리·위관이 전주와 결탁하고 협잡하여 일방적으로 전주에게 유리하도록 답험하기 일쑤였다. 하긴 전주뿐 아니라 수령·위관이 모두 양반인데 농민의 편을 들 리가 없었다. 여기에다 문서를 조작해 농민에게 부담을 전가하는 향리의 농간이 더해졌고, 답험에 따른 향응 접대의 부담 또한 여전하였다. 농민의 불만은 결코 줄어들지 않았다.

세종도 이러한 문제점을 잘 알고 있었다. 또한 문제의 본질은 답험하는 사람에 따라 세액이 달라질 수 있는 정율세법(定率稅法)에 있음을 알았다. 그래서 사전에서 관답험을 시행한 지 얼마 되지 않아서 곧 정액세법(定額稅法)인 공법(貢法)의 도입을 모색하였다. 매년 내야 할 세액이 정해져 있다면 답험도 필요 없고 그에 따른 폐단도 없어진다고 본 것이다. 옳은 생각이었다.

그러나 이를 시행함에 있어 세종은 매우 신중하게 접근하였다. 오랜 기간에 걸쳐 하나씩 단계적으로 풀어갔다. ‘공법의 장단점을 논하라’는 책문(策問)을 통해 공법 시행의 의지를 천명한 뒤, 1430년(세종 12)의 조당(朝堂) 논의를 시작으로 1489년(성종 20)의 전국적 시행에 이르기까지 무려 60년이나 걸렸다. 그 사이 17만 명의 농민과 관료를 대상으로 한 전국적인 여론조사와 공법상정소(貢法祥定所) 설치, 시행안 마련, 시험적 실시 등을 거쳐 공법을 확정하고도 한꺼번에 시행하지 않고 시행지역을 단계적으로 확대해 간 것이다. 연분구등(年分九等)과 전분육등(田分六等)을 핵심으로 하는 공법은 이런 과정을 거쳐 비로소 역사의 전면에 모습을 드러냈다.

과전법 규정에 내재된 본원적 모순의 하나는 바로 이렇게 해결되어 갔다. 공법의 시행으로 수조권자인 양반이 납세자인 농민을 직접 접촉할 수 있는 통로의 하나를 차단함으로써 농민에 대한 양반의 사적이고도 불법적인 지배를 약화시켰다. 그러나 이것만으로 이들의 접촉이 완전히 단절된 것은 아니다. 양반 전주에 의한 전세(田稅)의 직접 수취를 인정하였으므로 전세를 거두고 납부하는 마지막 단계에서 둘은 접촉하지 않을 수 없었다.

이때 양반 전주의 농민 침탈이 자행되기 일쑤였다. 전세 남징(濫徵)이 자주 일어난 것이다. 검인된 것보다 큰 말을 쓰는가 하면, 전주가 직접 말질을 하기도 하였다. 시탄(柴炭)과 꿀 등의 잡물까지 남징하는 경우도 허다하였다. 이런 문제는 직전법(職田法) 시행 이후에 더욱 심해졌다. 재직할 때에만 수조권을 행사할 수 있었으므로 퇴임 뒤를 생각하여 농민 수탈에 극성을 부렸기 때문이다. 이에 따라 농민의 불만이 높아지고 반발이 거세지면서 양반 전주와 농민의 대립은 점점 격화되어 갔다. 어떻게든 대안을 찾아야 하였다.

그런데 이 같은 문제는 기본적으로 양반과 농민의 직접적인 접촉, 즉 전세의 직접 수취를 인정한 데서 비롯되었다. 따라서 문제 해결책 역시 이를 단절시키는 것에서 찾아야 했고, 그러자니 전세의 수취과정에 관이 개입해야만 하였다. 그리고 마침내 1470년(성종 1)에 정부는 과전의 전세를 관(官)에서 거두어 양반 전주에게 나누어주는 이른바 관수관급제(官收官給制)를 시행하였다.

이에 따라 농민은 소정의 전세를 직접 경창(京倉)에 납부하였다. 더 이상 양반 전주, 아니 그 대리인인 수조노의 남징과 횡포에 시달리지 않게 된 것이다. 반면 양반은 오랫동안 누려온 사적 농민 지배의 매력을 상실하고 말았다. 이제 양반에게 과전은 수조지가 아니라 녹봉과 다름없는 보너스일 뿐이었다. 양반은 불만이었지만 농민은 크게 환영하였다. 나아가 과전뿐 아니라 공신전(功臣田)과 별사전(別賜田) 같은 다른 사전의 전세와 초가(草價)까지 관수관급 할 것을 요구하였고, 연차적으로 실행되었다.

3. 양반, 한 가지 땅을 빼앗기다

과전법에는 답험손실 외에도 또 하나의 제도적 모순이 있었다. 수신전과 휼양전을 매개로 과전의 세전을 인정한 것이다. 이로 인해 머지않아 과전 부족 현상이 나타났고, 연이어 이를 해결하기 위한 제도의 개편이 뒤따랐다.

여말(麗末)에 사전 개혁을 주도한 조준(趙浚)은 과전법 규정을 마련하면서 과전을 비롯한 사전의 경기 내 지급 원칙을 천명하였다. 과거 외방(外方)에 지급한 사전의 폐해를 거울삼아 이를 반복하지 않기 위해서였다. 왕도에서 가까운 경기에 사전을 두면 전주의 불법을 통제하기 쉬울 뿐 아니라, 총량 규제를 통해서 사전이 무제한으로 확대될 가능성을 근원적으로 막을 수 있다고 생각한 것이다. 하지만 이런 조준도 사전 폐해의 더 중요한 요인인 이의 세전성(世傳性)에 대해서는 눈을 감았다. 아니 고려의 전시과에는 없던 세전 규정을 수신전·휼양전의 이름으로 명문화시켜 놓기까지 하였다. 물론 자신을 포함한 양반 관료의 이익과 직결된 사항이기 때문이다.

그러나 이렇게 본질적인 모순이 은폐된 개혁에 문제가 생기지 않을 리 없었다. 시행에 들어간 지 채 10년이 되지 않아 양반 관료들 사이에 대립과 갈등이 불거진 것이다. 경기 사전이 포화되고 양반이 과전을 제대로 받지 못하는 현상은 이미 태조 말부터 시작되었다. 게다가 시간이 지나도 개선될 여지는 별로 없었다. 한 번 지급된 과전이 세전되고 회수되지 않음으로써 새로 관료가 되는 양반들에게 줄 수조지 확보가 사실상 어려웠기 때문이다. 겨우 범죄자를 비롯한 무자격자의 과전이나 수신전·휼양전을 신고하여 받을 수는 있었으나[陳告遞受] 이 또한 가능성은 크지 않았다. 오히려 양반들 사이의 갈등과 반목만 키웠을 뿐이다. 과전을 받지 못한 젊은 양반들의 불만이 들끓었다.

이러한 불만은 결국 양반의 수조지 지배력을 약화시켰다. 전말은 이러하였다. 태종 일대에 걸쳐 왕과 공신 출신의 원로 양반들은 과전을 포함한 사전 일부의 하삼도(下三道) 이급(移給) 문제를 놓고 오랫동안 첨예하게 대립하였다. '조운(漕運) 문제 해결'과 '쌀값 폭등, 겸병 우려'가 양측의 논거였다. 이때 대간(臺諫)을 중심으로 한 젊은 양반들은 태종의 편을 들어 그 말년에 이의 시행을 관철시켰다. 원로들의 과다한 사전 보유가 과전 부족의 주된 요인이라 여기고 어떻게든 이를 흔들어 보고자 한 것이다. 이후 14년이 지난 1431년(세종 13) 공법 시행 논의에 즈음하여 사전은 군신(君臣) 합의로 다시 경기로 환급되었다. 하지만 이 같은 일련의 변화를 겪으면서 수조지에 대한 양반의 질적 지배력은 점점 약화되어 갔다. 수조지의 잦은 이급으로 경작농민에 대한 자의적 수탈과 같은 불법적인 지배가 어렵게 된 것이다.

한편 국왕을 도와 원로 양반들의 기득권을 흔들었던 젊은 양반들에게는 약간의 소득이 있었다. 일련의 변화 끝에 세종 13년 새로운 급전법(給田法)이 시행되면서 과전을 받을 기회가 종전보다 좀 더 공평하고 균등하게 주어진 것이다. 하지만 그에 상응하는 대가를 치러야 했다. 신진과 원로 양반 모두 규정보다 훨씬 적은 양의 과전을 받는 데 만족해야 했다. 과전이 영세화한 것이다. 건국 이래 역대 왕들이 꾸준히 추진한 사전 억제 시책에 따라 사전의 총량이 늘어날 수 없었기 때문이다. 실제로 세종대 후반에는 태종 초에 비해 1만 6천여 결 정도의 과전이 감축된 것으로 나타난다.

그러다가 세조 때에 이르러 과전을 포함한 사전의 규모는 다시 팽창하였다. 과전 때문이 아니라 세조 정권의 성립에 공헌한 공신에게 두 차례 공신전을 지급한 결과였다. 이제까지 견지해 온 사전 억제의 기조가 흔들린 것이다. 그러자 하급 관료인 젊은 양반들이 불만을 쏟아냈다. 같은 사전인데 공신전만 주고 과전 지급에는 인색한 데 대한 반발이었다. 응당 받아야 할 과전을 적게 받거나 받지 못할 이유가 없다고 생각한 것이다. 어떻게든 대책을 마련해야 했다.

1466년(세조 12), 왕은 드디어 직전법 시행이라는 카드를 꺼내 들었다. 퇴직 양반에 대한 과전 지급을 중단하고 수신전과 휼양전을 회수하여 '직전'(職田)이라는 이름으로 현직 양반에게 재분급한 것이다. 마침내 출발 때부터 안고 있던 '세전성'이란 과전법의 모순이 해소된 순간이었다. 일찍이 알고 있었으나 권력을 쥔 양반이 바로 이해 당사자였기에 그 누구도 손대지 못하였던 본질적인 문제를 비로소 해결한 것이다. 폭력으로 수립된 세조 정권이었기에 가능한 작업이었다.

직전법 실시로 액수가 좀 줄기는 하였으나 이제 젊은 양반도 수조지를 제대로 받을 수 있게 되었다. 하지만 공짜가 아니었다. 훗날의 복지를 포기한 대가였다. 그동안 양반 가계를 대대로 굳건히 지켜주던 국가적 보장책이 완전히 사라진 것이다. 앞으로는 퇴직 후의 생활과 후손 복지를 위한 보장책을 어떻게든 양반 스스로 찾아야 했다. 막막하지 않을 수 없었다.

이에 일부 양반이 중심이 되어 과전 부활을 모색하였다. 대체로 젊은 양반들이었다. 한때 과전을 받지 못해 야단이던 젊은 양반의 생각이 직전을 받고는 달라졌다. 이제 직전을 받았으니 예전처럼 세전시키고 싶었던 것이다. 하지만 실패하였다. 왕은 물론 같은 편일 줄 알았던 원로 양반들이 적극 반대하였기 때문이다. 사실 이들 원로 대부분은 직전 외에도 공신전·별사전 등의 막대한 수조지를 보유하고 대토지까지 사유한 농장주(農莊主)였다. 그러므로 과전의 폐지에 따른 타격이 젊은 양반만큼 크지 않았고, 이의 부활에도 긍정적이지 않았다. 오히려 국정 운영을 책임진 원로의 입장에서 과전이 부활하면 재현될 여러 가지 폐단을 더 우려하였던 것이다.

직전 농민에 대한 수탈을 강화한 것도 양반이 찾은 자구책의 하나였다. 퇴직한 뒤를 대비하여 재직하는 동안 좀 더 많은 부를 축적하고자 한 것이다. 하지만 이것마저 여의치 않았다. 과중한 수탈로 인해 농민 불만이 폭증하자 이를 빌미삼아 전세의 관수관급을 실시하였기 때문이다. 게다가 기휼미(飢恤米)나 전비(戰備) 마련을 이유로 직전에서 거둔 전세를 공수(公收)한 경우도 많았다. 수조지로서의 가치를 상실한 직전이 녹봉적 가치까지 잃게 된 것이다.

이제 직전(과전)은 더 이상 양반의 생활기반이 될 수 없었다. 그러면서 양반 또한 어느덧 뼈대는 있으나 실질이 없는 형해화(形骸化)된 유물로 여기고 있었다. 그러다 1556년(명종 11) 이마저도 폐지되고, 관료에게 충성의 대가로 수조지를 주는 제도는 역사의 무대에서 완전히 사라졌다. 이렇게 해서 양반은 개국 초부터 가지고 있던 두 가지 땅 가운데 하나를 결국 빼앗기고 말았다.

4. 그러나 앉아서 굶고 있을 양반이 아니다

수조지로서의 과전을 빼앗긴 양반에게 이제 남은 것은 사유지뿐이었다. 물론 녹봉이 있기는 하였지만 그리 넉넉한 편이 아니었고, 그나마도 현직에 있을 때에만 받을 수 있었다. 퇴직하거나 아직 관직에 발을 딛지 못한 양반에게는 그림의 떡이었다. 어떻게든 사유지를 활용해 살아가지 않으면 안 되었다. 선택의 여지가 없었다.

방법은 의외로 간단하였다. 사유지를 확대하면 되는 일이었다. 더 많은 사유지를 확보하여 소작을 줄 수만 있다면 늘어나는 지대(地代) 수입으로 직전 소멸에 따른 감소분을 충분히 메울 수 있었다. 지주-소작(地主-小作) 경영을 할 수 있는 여건도 꽤 성숙되어 있었다. 개국 이후 농업 기술이 꾸준히 발전하여 생산력이 한층 높아졌기 때문이다. 잉여가 증가하면서 소작농민의 유치도 쉬워졌고, 토지를 마련하는 데 투입된 자본의 빠른 회수도 가능해진 것이다. 이제 땅만 있으면 되었다.

이에 많은 양반이 사유지 확대에 적극 나섰다. 다양한 방법이 있었지만 매득(買得), 개간(開墾), 고리대(高利貸)가 주류를 이루었다.

그동안 축적한 부를 바탕으로 남의 땅을 사들이기도 하고, 가난한 농민에게 고리의 빚을 주고는 그의 땅을 가로채기도 하였다. 또한 신전(新田) 개간에도 열을 올렸다. 특히 서해안 지방의 해택지(海澤地) 개간에 힘을 쏟았다. 강변이나 해안에 제언(堤堰)과 방조제를 쌓아 대규모 간척지를 개간한 것이다. 이렇게 확보한 사유지를 자기 땅이 전혀 없거나 적은 농민에게 소작을 주고 병작반수 하여 재산을 늘려갔다. 직전 폐지를 전후한 시기의 양반, 특히 윤원형(尹元衡)을 필두로 한 권신과 척신 등 16세기의 힘 있는 양반이 보인 행태였다.

그런데 눈치 빠른 양반들은 이보다 한발 앞서 움직였다. 조금씩 강화되는 사전 억제책을 보고 머지않아 과전이 없어질 것을 예견하였고, 과전이 직전으로 바뀌자 결국에는 이것마저 사라질 것으로 확신하였다. 그러고는 이에 대비해 기회 있을 때마다 미리 사유지를 확대해 갔다.

세종 초에 단행된 토지 매매 제한의 해제와 왜구 소탕 및 북방 개척 이후 적극 추진된 개간 장려책이 좋은 기회였다. 매매와 개간을 통한 사유지 확대가 합법적으로 가능해진 것이다. 고전적 수법인 고리대도 마다하지 않았다. 왕실이 앞장섰다. 이른바 '내수사장리'(內需司長利)가 그것이다. 그러니 종친과 공신이라 하여 빠질 리 없었다. 힘 있고 정책 정보에 빠른 유력 양반인 만큼 미리 대책을 마련하였던 것이다. 이들에게 과전과 직전의 소멸은 별로 문제되지 않았다. 과전 부활을 반대하고 직전 폐지에 반발하지 않았다 해서 조금도 이상할 게 없다.

그러나 양반이라 해서 모두 이렇게 할 수 있는 것은 아니었다. 애초 가진 재산도 많지 않고 벼슬살이도 제대로 하지 못한 빈궁한 양반, 특히 시골 양반은 아예 그럴 엄두도 못 내었다. 오히려 힘 있는 서울 양반들이 사유지를 확대하는 과정에서 영세 농민과 함께 희생되기도 하였다. 자칫하면 양반 신분까지 잃을 위기에 처하는 경우도 많았다.

이런 양반에게 남은 선택은 오직 하나였다. 살아남으려면 열심히 공부해서 관직으로 진출하는 수밖에 없었다. 과전은 없어졌지만 녹봉은 남아 있었으며, 권력을 이용한 합·불법적인 부(富)의 축적이 가능하였기 때문이다. 따라서 벼슬을 얻기 위해 악을 쓰며 공부하고 치열하게 싸우지 않으면 안 되었다. 관직 획득을 위한 투쟁으로서 사화(士禍)와 당쟁(黨爭)이 격화되지 않을 수 없었다.

참고문헌

김태영, 《조선전기토지제도사연구》, 지식산업사, 1983.

이경식, 《조선전기토지제도연구》, 일조각, 1986.

———, 《조선전기토지제도연구 Ⅱ》, 지식산업사, 1998.

이성무, 《조선초기 양반연구》, 일조각, 1980.

이재룡, 《조선초기사회구조연구》, 일조각, 1984.

한영우, 《다시찾는 우리역사》, 경세원, 2004.

———, 〈태종·세종조의 대사전시책〉, 《한국사연구》 3, 1969.

조선 초기 외관과 외방사신

임 선 빈

한국학중앙연구원 전임연구원

지방자치제가 시행되고 있는 오늘날에는 지역주민을 대표하는 자치단체장과 의원(국회의원, 광역자치의원, 기초자치의원)을 주민의 손으로 직접 뽑는다. 민주주의 사회에서는 국민이 주인이기 때문에 모든 권력이 국민으로부터 나온다. 따라서 중앙만이 아니라 지방도 중앙과 동등하게 중요하며, 중앙집권화보다는 지방분권사회가 바람직한 모습으로 여겨진다. 그러나 우리가 이와 같은 제도에 익숙해진지는 그리 오래되지 않았다.

전근대시기 왕조사회에서는 나라의 주인은 황제나 국왕이었고, 따라서 권력의 원천은 황제나 국왕에게 있다고 생각하였다. 또한 황제나 국왕이 거주하는 중앙이 중요하였다. 따라서 그 시대가 지향한 모습은 지방분권이 아니고 중앙의 권력이 어떻게 하면 지방 구석구석까지 잘 미칠 수 있는가가 중요 관건이었다. 중앙집권체제가 잘

유지되는 사회를 더 발전된 사회로 생각하였으므로, 중앙집권화는 당시의 궁극적 과제였다.

중세에는 유럽사회도 중앙집권화를 추구하였다. 정치사적으로 로마제국이 무너진 뒤, 수백 개의 소국으로 나누어 있던 유럽이 수십 개의 근대국가로 통합되어 가는 과정이 유럽 중세의 역사라고 한다. 그러나 유럽 절대왕정의 중앙집권화는 근대 시민사회가 도래하면서 한계에 부딪히게 되었다. 유럽의 중세사회도 중앙집권화를 추구하였지만, 성공하지 못한 채 지방분권이 요구되는 민주사회가 도래한 것이다. 민주사회의 꽃인 지방자치와 지방분권이 중앙집권사회보다 발전된 모습이라고까지 생각하였다. 그러나 동아시아의 역사적 경험은 이와 달랐다.

중국은 일찍이 진나라가 천하를 통일한 뒤, 중앙에서 지방에 관인을 직접 파견하는 군현제를 실시하였다. 군현제는 이후 중국 역대왕조의 지방통치방식으로 채택되어 2천 년 이상 시행되었다. 진시황제를 비난하는 왕조에서조차도 지방통치방식은 군현제를 받아들였다. 이와 같은 중국의 군현제는 이웃한 우리나라에서도 일찍부터 도입되었고, 지방 군현에 근무하는 관인을 중앙에서 파견하여 중앙집권체제를 도모하였다.

1. 상주외관의 파견

중앙에서 지방에 관리를 파견하는 제도는 고대국가 때부터 시행되었다. 삼국시대에 중국의 군현제를 부분적으로 도입하면서 고구려는 도사(道使; 處閭近支), 백제는 군장(郡將), 신라는 군태수(郡太守) 등을 두었으며, 이후 욕살·방령·군주 등도 파견하였다. 통일신라시대에는 총관(摠管)·도독(都督)·태수·현령 등이 있었다. 그러나 중앙관료의 파견을 통한 본격적인 중앙집권화 과정은 고려와 조선시대에 추진되었다.

고려시대 초기에는 지방의 호족세력이 강대해 외관을 제대로 파견하지 못하였다. 983년(성종 2) 전국에 12목을 설치하면서 이곳에 상주외관을 파견하기 시작하였고, 이후 꾸준히 증설하였다. 《고려사》〈지리지〉에 따르면 501개의 주현(州縣) 가운데에서 129개의 고을에 중앙의 외관이 파견되고 있었다. 그러나 아직 중앙에서 외관을 파견하지 못한 속현(屬縣)이 372개에 이르렀고, 이곳은 외관이 파견된 129개의 영군(領郡)에 예속되어 있었다.

고려시대 주현에 파견된 상주외관으로는 행정구역의 장인 유수·도호부사·목사·지군사(知郡事)·지현사(知縣事)·진장(鎭將)이 있었고, 보조관으로는 부유수·부사(副使)·판관·사록(司錄)·장서기(掌書記)·법조(法曹)·의사(醫師)·문사(文師)·위(衛)·부장(副將) 등이 있었다. 이러한 고려시대의 상주외관은 조선시대의 상주외관과는 존재양태가 달랐다. 흔히 한 고을에 장관과 속관이 함께 근무하고 있었고, 경관직을 지닌 채 외방에 파견되었으며, 녹봉도 반은 경창에서 지급받는 등 경관과 외관의 운영이 명료하게 분화되어 있지 않은 상태였다. 따라서 《고려사》〈백관지〉에는 따로 외관직이 설정되지 않았고 외직(外職)이 설정되었으며, 여기에는 다음과 같이 상주외관만이 아니라 일시적으로 지방에 파견되어 업무를 수행하고 돌아오는 사신들도 포함되어 있다.

> 금유(今有)·조장(租藏), 병마사(兵馬使), 행영병마사(行營兵馬使), 전운사(轉運使), 안무사(安撫使), 안렴사(按廉使), 감창사(監倉使), 염문사(廉問使), 권농사(勸農使), 찰방사(察訪使), 계점사(計點使), 지휘사(指揮使), 절제사(節制使), 도통사(都統使), 서경유수관(西京留守官), 동경유수관(東京留守官), 남경유수관(南京留守官), 단련사(團練使)·도단련사(都團練使)·자사(刺使)·관찰사, 대도호부, 제목(諸牧), 대도독부(大都督府), 중도호부(中都護府), 방어진(防禦鎭), 주(州)·군(郡) 제현(諸縣), 제진(諸鎭), 관역사(舘驛使), 구당(勾當), 유학교수관(儒學敎授官)

이와 같이 후대의 상주외관과 사안에 따라 임시 설치된 직책, 즉 권설직(權設職)으로 경관에 해당하는 외방사신(外方使臣)을 함께 외직으로 설정하여 취급한 것은 고려시대의 직제상 경·외관직이 미분화되어 있던 상태의 반영이라고 할 수 있다.

조선 초에는 고려 말의 군현제가 그대로 계승되었으나, 태종·세종대를 거치면서 전정을 기준한 군현분정, 명실을 고려한 군현정비, 읍호의 체계화 등이 이루어지면서 부윤부, 대도호부, 목, 도호부, 군, 현령관, 현감관 체제로 정립되었다.

태종 때에는 규모가 큰 고을인 부윤·대도호부사·목사가 파견되는 고을 외에는 주(州) 자를 띤 60여 개의 부(府)·군·현의 고을명을 모두 산(山), 천(川) 등으로 바꾸었다. 이로써 조선시대에는 목 이상의 큰 고을은 고을명에 주로 '주' 자를 썼고, 도호부 고을과

군·현 고을의 이름에는 '산, '천' 자를 많이 썼다. 이러한 고을 명칭은 대체로 오늘날까지도 그대로 이어지고 있다. 또한 고려 중기에 등장하여 조선 초기에 100여 고을 이상의 속현에 파견되고 있던 감무를 현감으로 바꾸어 종6품관으로 승격시켰다. 나아가 고을의 면적, 인구 규모 등을 고려하여 대대적인 군현의 통폐합을 실시하고, 상주하는 외관인 수령을 정비된 전국의 모든 고을에 파견하기에 이른다. 이와 같이 조선 초기에 이르면, 중앙집권을 강화하기 위해 군현제를 정비하면서 수령의 수도 증가하고 수령의 권한도 증대되었다.

조선 건국 후 여러 차례 개편을 거쳐 《경국대전》에 수록된 수령의 정원은 부윤(종2품) 4명, 대도호부사(정3품) 4명, 목사(정3품) 20명, 도호부사(종3품) 44명, 군수(종4품) 82명, 현령(종5품) 34명, 현감(종6품) 141명으로 총 329명이었다. 조선 초기에는 전시대에 비해 수령뿐만 아니라 전임외관 전체의 수도 대폭 늘어났다. 그리하여 《경국대전》의 외관직 수는 문관직의 경우 종9품 이상 종2품까지의 품계가 총 795명이었고, 전임 무관직 외관은 종6품 이상 종2품까지 103명이었으며, 문관 외관이 무관 외관을 겸직한 문무 겸임 관리는 총 387명이었다.

2. 조선 초기 외관의 직제

외관은 경관(京官)에 대비되는 개념이다. 조선 초기 외관으로는 8도에 파견된 관찰사, 전국 각 고을에 파견된 목민관인 수령 말고도,

교통기관 전속 관원인 찰방·역승·도승, 관찰사나 목민관의 보좌관에 해당하는 경력·도사·판관·교수·훈도·심약·검률·역관 및 병사·수사·만호 등의 무직(武職)이 있었다. 조선 초기는 이들 외관직이 경관직에 상응하는 법전의 직제로 확립된 시기다.

원래 여말 김지(金沚)가 편찬한 《주관육익》에 수령직의 품질(品秩)은 정해져 있었다고 여겨지지만, 이 규정이 그대로 지켜진 것이 아니었다. 실제로는 외관직에 부임할 수 있는 관원의 품계 범위를 정해 놓고 그 품계 범위에 속하는 관원이 외관직에 부임하였다. 따라서 같은 고을에 부임하는 수령직의 명칭도 부임하는 외관원의 품계에 따라 달리 불렸다.

건국 초에는 도호부와 목에 부임하는 수령이 정2품이면 '영'(領)자를, 3품이면 '판'(判)자를 사용하고, 4품이 부임하면 '부사'(副使)라 하였는데, 태종 12년부터는 실차(實差)가 아니라면, 정2품 이하는 판모주목사사(判某州牧使事), 정3품은 판모군사(判某郡事)·판모현사(判某縣事), 종3품은 지모군사(知某郡事)·지모현사(知某縣事)로 하였다. 나아가 세종 5년부터는 현령과 현감을 포폄하여 가자할 때 현령·현감이 4품 산관 가자에 해당하면 지현사로 승격시키고, 현령·현감이 3품 산관 가자에 해당하면 판현사로 승격시키고 있다. 따라서 같은 군·현에 부임하는 수령도 각기 관원의 품계에 따라 판○○군사·지○○군사·○○군수, 판○○현사·지○○현사·○○현령·○○현감 등으로 달리 불렸다. 앞서 도호부와 목에 사용하던 4품 부사는 모두 3품 이상으로 충당·임명하면서 사용하지 않았는데, 세종 9년에 이르면 한때 부사제(副使制)를 다시 실시하고 있다. 이는 세종조에 순자법(循資法)을 실시하면서부터 3품의 수효가 적었으므로, 제수할 즈음에 직차가 서로 맞지 않아, 다시 건국 초기의 제도에 따라 목과 도호부에 보낼 수령으로 만약 3품이 없으면 4품을 임명하여 보내면서 부사라고 일컫게 한 것이다. 아마 당시에 순자법만 실시되고 행수법이 실시되지 않은 상태에서 나온 궁여지책으로 여겨진다.

그러나 세종조 전반기에 경·외관 통계법(通計法)의 실시, 순자법의 강화 등으로 경·외관 인사 운영의 형식상 통일이 이루어지면서, 1431년(세종 13)에 이르러 《주관육익》(周官六翼)에 근거하여 외관직의 관계가 고정(固定)될 수 있었다. 그리하여 모든 수령의 직질이 종2품(유수부·부윤부), 정3품(대도호부·목), 종3품(도호부), 종4품(지군사), 종5품(판관·현령), 종6품(현감)으로 상정되었다. 이후 지군사는 1466년(세조 12) 《경국대전》 편찬에 수반된 관제정비에 따라 오늘날 우리에게 익숙한 군수로 개칭되었다. 한편 조선시대 관직명에 사용되던 '지'(知; 맡을 지)자는 오늘날까지도 '도지사' 명칭에 포함되어 사용되고 있다.

외관직은 실제 운영에서 세종조 중엽에도 여전히 경관직에 비해 차별되었고, 관원들은 외관직을 기피하였다. 이를 해결하기 위해 1440년(세종 22) 수령을 거치지 않은 자의 승진 규제가 실시되었고, 1443년에는 경관직에 실시하던 행수법(行守法)의 외관직 확대 실시가 이루어졌다. 행수법은 외관직 관계의 고정으로 야기된 관원의 관계와 관직의 관계가 일치하지 않는 불편을 해소하기 위해 실시되었다.

행수법의 실시로 관계가 관직에서 분리 독립되자, 관제 운영의 기준이 관직보다는 관계를 중시하게 되면서 당상관의 개념도 관계를 기준으로 하였다. 원래 조선 건국 초 외관원(外官員)은 수령은 물론 관찰사조차도 당상관의 개념이 관계를 기준으로 하지 않았으므로, 재상에 해당하는 경관직을 지니고 부임하지 않는 한, 당상관이 아닌 참상관(參上官)이었다. 그러나 당상관이 관계를 기준으로 하게 되면서 문종조 이후에는 수령을 포함한 외관직도 당상관에 참여할 수 있게 되었다. 당상외관의 등장은 법제상으로도 당상외관과 당상관이 아닌 외관의 구분을 가져왔다. 또한 이 시기에는 당상외관의 등장과 짝하여 참봉·훈도·심약·검률·역승·도승 등의 참외(參外)외관은 《경국대전》의 규정과 같은 종9품으로 정리되었으니, 이와 같은 현상은 외관 관계의 확대과정이라고 할 수 있다.

요컨대 수령직과 같은 외관직의 품계가 조선 건국 초부터 제정되었던 것은 아니다. 처음에는 외관직의 품계가 고정되지 않았고 일정 범위만 제시되어 있었다. 따라서 같은 관직도 부임하는 외관원의 품계에 따라 명칭이 달라지기도 하였다. 그런데 세종 후반기 이후 외관직의 품계가 제정되고, 나아가 관계가 관직과 분리되어 관계를 기준으로 한 인사 운영이 이루어지면서 《경국대전》의 외관직 품계가 마련되었다.

원래 고려 말에서 조선 초에는 참상관뿐이었던 수령직이 당상관의 범위가 확대되고 개념이 변하게 됨에 따라, 큰 고을 수령직의 경우 당상관이 맡기도 하였고, 따라서 《경국대전》에는 당상 수령이 등장하게 되었다. 《경국대전》의 외관직은 경관직과는 달리 주로 정품보다는 종품으로 구성되었으며, 문관의 경우 당상관·참상관·참하관으로 이루어졌고, 무관의 경우에는 참하관은 없이 당상관과 참상관으로 이루어졌다.

《경국대전》 외관직의 종류와 관계

官階	吏典 외관직	兵典 외관직	비 고
종2품	觀察使·府尹	兵馬節度使	
정3품	大都護府使·牧使	水軍節度使〈折衝〉	堂上·堂下官의 구분
종3품	使(崇義殿)·都護府使	兵馬虞候·兵馬僉節制使·水軍僉節制使	
정4품		水軍虞候	
종4품	守(崇義殿)·庶尹·郡守	兵馬同僉節制使·水軍萬戶·兵馬萬戶	
종5품	令(崇義殿)·都事·判官·縣令		
정6품		兵馬評事	
종6품	監(崇義殿)·察訪·縣監·敎授	兵馬節制都尉	이상 參上官
종9품	參奉·訓導·譯學訓導·倭學訓導·審藥·檢律·驛丞·渡丞		參上(外)官

3. 8도 관찰사를 통한 외관 통솔

조선시대 외관의 직제에서 가장 높은 관직은 관찰사였다. 관찰사는 전국의 8도에 파견되었다. 오늘날까지 남아 있는 광역 지방제도인 도제는 고려시대부터 시작되었다. 고려 초기 도의 기원은 사신 파견 대상으로 나오는 6도에서 찾을 수 있으나, 995년(성종 14)의 개편으로 10도제로 바뀌었다. 이 10도는 당제를 모델로 하였으며, 신라의 9주를 토대로 편성되었다고 한다. 10도에 파견된 사신은 전운사였다. 이 10도제가 소멸하면서 현종조 이후에는 계수관을 매개로 도가 설정되기 시작하여, 계수관 고을의 머리글자를 조합하여 붙인 '주도'(州道)라는 이름이 등장하였으며, 14도, 7도, 11도, 5도, 6도, 8도, 9도 등의 사례를 찾을 수 있다. 《고려사》〈지리지〉는 안찰사 파견으로 형성된 5도(양광도·경상도·전라도·교주도·서해도)와 양계를 기준으로 수록된 것이다. 이 고려의 5도 양계가 조선 초기에 8도제로 발전하였다.

조선시대 8도의 명칭은 경기를 제외하면 모두 도내의 큰 고을인 계수관을 매개로 불리었다. 이와 같은 도명의 사용은 중국에서는 찾을 수 없는 우리나라만의 독특한 명명방식이었다. 조선시대 8도제의 8이라는 숫자도 중국 한족보다는 북방 유목민족들과 친근한 숫자였다고 한다. 선비의 팔국과 팔주국, 만주의 팔기 등이 있으며, 북위 호족지배층인 훈신8성(勳臣八姓)이나 백제의 대성8족(大姓八族)에서도 8이라는 숫자를 찾을 수 있다. 이와 같이 8은 북방민족이 좋아하는 숫자이기도 하였다.

조선 초기에 8도에 파견된 관찰사는 고려 말기에 처음 등장하였다. 고려시대에는 지방 각 도에 주로 시종(侍從), 낭관(郞官)으로 4품에서 6품의 안찰사나 안렴사를 임명하여 파견하였으나, 1388년(창왕 즉위년)에 이르러 삼성(三省)과 중추원(中樞院) 양부(兩府)의 대신이 도관찰출척사로 파견되어 품계가 높아졌다. 또 6개월마다 교체되던 것을 1년 임기제로 정착시켰다. 또한 1389년(공양왕 1)에는 구전관(口傳官)의 형식으로 발령하던 것을 제수(除授)라는 정식 임명절차를 밟도록 개혁하였으며, 1390년에는 사무기구로 경력사(經歷司)를 설치해 경력과 도사(都事)라는 수령관(首領官)을 두어 조선시대 관찰사제의 기본이 마련되었다. 이 수령관제도는 원나라에서 시작되었다.

그러나 조선 태종대에 이르기까지 관찰사제는 확고히 정착되지 못하였다. 양계(兩界)에는 관찰사 대신 도순문사(都巡問使)가 파견되었고, 나머지 6도의 경우에도 1392년에서 1401년(태종 1) 사이에 몇 차례나 안렴사로 환원되었다가 다시 복구되는 변동을 보였다. 그 뒤 1414년에 양계 지방이 동북면·서북면에서 영길도(永吉道)·평안도로 개칭되어 도제(道制)에 편입되는 것을 계기로 1417년에 이 지역에도 도관찰출척사가 파견되었다. 이에 비로소 전국에 걸쳐 일률적인 관찰사제가 확립되었다.

조선 초기 관찰사의 정식명칭은 도관찰출척사겸감창안집전수권농관학사제조형옥병마공사(都觀察黜陟使兼監倉安集轉輸勸農管學事提調刑獄兵馬公事)라는 긴 직함이었다. 이 직함에서 보듯 관찰사의 기능에는 관찰출척이라는 본래의 기능 말고도 감창·안집·전수·권농·관학·형옥·병마 등의 업무가 포함되었는데, 이는 대개 고려시대에는 각각 별도의 사신을 파견하여 수행하던 업무였다. 조선 초기의 관찰사는 도내의 행정·군사·사법을 관장하고 부사·목사·군수·현령·현감 등의 외관을 감독하였다. 조선 초기에는 관찰사제가 확립되면서 관찰사는 중앙의 행정관서와 지방 수령 사이에서 연계적 역할을 담당한 매우 중요한 행정장관이자 군사지휘관으로 자리 잡았다.

여말에 등장하는 관찰사에게는 종전의 안찰사나 안렴사보다 훨씬 큰 권한과 지위가 부여되었다. 1388년에 종전의 안렴사를 파하고 도관찰출척사를 보냈는데, 이 도관찰출척사는 양부대신(兩府大臣)으로 파견되었고, 교서(敎書)와 부월(斧鉞)이 지급되었다. 교서와 부월을 지급한 것은 관찰사에게 한 방면(方面)의 전제권을 부여한 것이라 하겠다. 교서의 내용에 따르면 관찰사에게는 한 방면의 절대권한이 위임되었는데, 그 가운데에도 관내 외관에 대한 출척권(黜陟權)과 직단권(直斷權)은 관찰사의 가장 중요한 권한이라 할 수 있다.

관찰사의 기능은 크게 보아 지방관에 대한 규찰과 지방장관의 두 가지 기능을 수행하였다. 수령이나 첨사(僉使), 만호(萬戶), 찰방(察訪) 등 외관의 근무 상태에 대한 관찰사의 규찰은 이들의 근무성적 고과에 기준이 되었으며, 지방관의 탐학 등은 풍문을 듣고서 탄핵할 수 있는 권한도 가졌다. 따라서 관찰사는 수령 등과는 상피(相避)해야 하였다. 또한 관찰사는 도내의 행정 및 군사 업무를 통제 지휘할 권한을 갖고 있었다. 도내 수령에 대한 지휘권은 물론이고 병마절도사(兵馬節度使), 수군절도사(水軍節度使)의 직책을 모두 겸해서 따로 병마·수군절도사가 두어지는 도에서도 군사에 대한 통제권을 행사하였다. 관찰사는 중요한 정사에 대해서는 중앙의 명령에 따라 행하였지만, 관할하고 있는 도에 대해서 도의 장관으로서 경찰권·사법권·징세권 등을 행사하여 지방행정상 절대적 권력을 지녔다.

4. 외방사신을 통한 외관직 통제와 보완

조선 초기의 중앙집권화는 외관의 기능에만 의존하지 않고, 수시로 국왕의 명을 받든 사신을 파견하였다. 국왕의 명을 받들고 심부름을 가는 신하는 봉명사신(奉命使臣)이라고 한다. 그런데 봉명사신에는 외국에 파견되는 사신과 국내의 지방에 파견되는 사신이 있었다. 이 가운데 지방, 즉 외방에 파견되는 사신을 '외방사신'이라 한다. 실록에 외방사신이라는 용어가 처음 보이는 시기는 1409년(태종 9)이다. 이후 실록이나 《경국대전》에서는 외방에 나가는 사신을 '외방사신, 외방대소사신(外方大小使臣), 외방제도사신(外方諸道使臣), 제도대소사신(諸道大小使臣), 외방각도대소사신(外方各道大小使臣), 제도봉명사신(諸道奉命使臣)' 등으로 표현하였다. 외방이라는 용어는 경(京)·외(外), 중(中)·외(外)와 같이 서울이나 중앙에 대한 상대 개념으로 오늘날의 지방과 같은 의미다.

조선시대에는 지방이라는 표현보다 오히려 외방이라는 표현이 더 널리 사용되었다. 외방사신은 중앙에서 국왕의 명을 받들고 국내의 외방에 파견되는 사신의 총칭이므로, 그 실체는 이전부터 다양하게 존재하였다. 《고려사》〈백관지〉에는 외직조에 조선시대의 외관만 아니라 권설직으로 외방에 파견되는 사신까지 포함하고 있다. 이는 고려시대의 외직이 조선시대의 외관직처럼 경관직에 상응하는 직제로 성립되지 않았기 때문이다.

조선 초기의 실록이나 《경국대전》에는 외방사신의 범주에 흔히

《경국대전》의 외관직에 해당하는 관찰사, 수·륙절제사(절도사) 등도 포함되었다. 이는 이들의 성격이 외방사신에서 외관으로 넘어가는 과도기였기 때문이다. 외방사신과 외관의 중간에 위치한 성격이었으므로, 이들을 '사신적 외관'이라고 할 수 있다. 이들에게는 외방사신과 마찬가지로 봉사인(奉使印)이 지급되었으나 《경국대전》에서는 외관직에 수록되었다. 이러한 성격 때문에 사신적 외관은 조선 초기의 여러 가지 문헌에서 경우에 따라서는 외방사신의 범주에 포함되어 있다.

조선 초기 외방사신의 종류는 매우 다양하였다. 외방사신은 외방 실정 파악과 외관 기능 보완 및 통제를 위해 파견되었고, 파견 지역, 파견 목적과 기능, 관품(官品)에 따라 사신의 명칭도 달라졌다. 관품을 주된 기준으로 하여 분류할 때 제사(諸使; ○○使), 경차관(敬差官), 별감(別監)으로 나누어진다. 이 가운데 제사와 별감은 고려시대부터 있었지만, 경차관은 조선 초기에 처음 등장한다.

조선 태조조부터 수시로 파견되던 제사는 세조·성종조에 이르러 체찰사와 순찰사의 기능이 세분되어 다양해지고 권위도 하락하면서 이들을 품계 기준으로 구분하는 의식이 나타났다. 체찰사와 순찰사의 기능 변화는 1488년(성종 19)의 품계에 따라 칭호를 달리 부르는 규정, 즉 수품칭호(隨品稱號) 규정을 만들게 하였다. 1492년(성종 23)에 편찬된 《대전속록》에서는 그동안의 제사에 해당하던 봉명재상을 정1품은 도체찰사, 종1품은 체찰사, 정2품은 도순찰사, 종2품은 순찰사, 3품은 찰리사라고 품계에 따라 달리 부르고 있다.

1396년(태조 5)부터 파견되기 시작한 경차관은 조선 초기에 처음 등장하는 외방사신으로, 고려시대나 중국에서는 같은 명칭을 찾아볼 수 없다. 기능상으로는 고려시대 찰방의 후신이라고 할 수 있고, 명칭은 중국 명나라에서 황제가 파견하던 사신을 흠차관(欽差官)이라고 부른 것에 상응하여 제후격인 국왕이 보내는 사신의 의미로 경차관이라고 일컫게 된 것이다. 경차관은 원래 참상관 외방사신을 지칭하는 일반 명사로, 그 종류와 기능은 매우 다양하였다. 경차관은 제사와 품계의 차이만 지닐 뿐 기능에서는 엄격하게 구분되지 않는다. 제사가 고위직으로서 좀 더 포괄적인 기능을 지닌 데 비해, 참상관인 경차관은 좀 더 전문성을 지닐 수 있었다. 그러나 실제는 구분되지 않고 국왕 및 중앙 정부의 필요에 따라 적절하게 제사와 경차관을 보낼 수 있었다.

별감은 고려시대부터 있었던 외방 출사직의 하나였다. 고려시대의 별감은 1105년(예종 즉위년) 군사 지휘를 위하여 참상관을 동계행영별감(東界行營別監)에 제수한 것으로 미루어, 그 이전에 비롯된 것으로 추측된다. 이 시기 이후 고려시대에는 국왕의 명령을 각도에 고지하기 위한 제도로 선지별감(宣旨別監)·왕지별감(王旨別監)·왕지사용별감(王旨使用別監), 몽고군을 방어하기 위해 산성에 파견된 산성별감(山城別監)·산성방호별감(山城防護別監), 안렴사를 도와 지방을 통치한 별감, 원나라의 일본 정벌 당시 설치된 둔전의 경영에 필요한 농우·농구·식량 등을 조달하기 위해 지방에 파견한 농무별감(農務別監), 각 도의 인구를 점검하기 위한 계점별감(計點別監), 권세가가 점탈한 토지·인구 등을 쇄환하기 위한 쇄권별감(刷卷別監), 국왕 등의 질병이나 천재소멸·마장제사(馬場祭祀) 등을 위해 지방에 파견된 외산기은별감(外山祈恩別監)·마장제고별감(馬場祭告別監) 등이 운영되었다.

그런데 조선 초기에 이르면 경차관의 등장으로 별감은 고려시대에 비하여 종류가 크게 줄었으며, 그 기능도 점차 특수 업무를 띤 것으로 보인다. 또한 제사와 경차관이 관품에 의해 구분되었듯이 별감의 관품도 4품 이하로 정리되었다. 그리하여 기능에 따라 중요한 업무에는 4품 이하가 파견되었으나 간단한 업무에는 5품 이하나 6품 이하가 파견되었다.

이와 같이 조선 초기 외방사신인 제사와 경차관·별감 등은 기능을 달리한 것이라기보다는 품계에 따른 구분이었다. 동일한 기능을 수행하는 외방사신이라도 그 품계에 따라 명칭을 제사·경차관·별감 등으로 달리하였다. 이들 사신의 명칭도 사신의 기능에 따라 구분되어 명명되기도 하고, 파견된 지역에 따라 구분되어 명명되기도 하였다. 파견지역과 사신의 기능이 함께 고려된 명칭인 경우에는 파견지역, 사신의 기능, 사신명 등의 순서로 명명되었으니, 경상도군용점고사(慶尙道軍容點考使), 충청도양전경차관(忠淸道量田敬差官), 전라좌도점마별감(全羅左道點馬別監) 등이 그 예다.

요컨대 조선 초기에는 고려시대의 외방사신 가운데 일부는 외관으로 편입되고, 새로이 다양한 제사와 경차관이 등장하여 활성화되었다. 특히 1396년(태조 5)에 경차관이 등장하면서 태종·세종조에는 경차관이 외방사신의 중심이 되었다. 제사와 별감의 기능은 점차 축소되고 이를 경차관이 대체해 가면서 기능에 따른 사행(使行)의 종류는 더욱 다양해졌으며, 경차관이나 행대감찰 가운데 일부의 사행은 항례화(恒例化)하면서 법전에도 기록되는 등 제도화하였다. 세종조 말 이후에는 중앙관료군의 고품계화와 외관의 고품계화에 상응하여 외방사신도 고품계화하여 (도)체찰사·(도)순찰사·분대어사 등의 파견이 증가하였다. 나아가 성종조에 이르러서는 국왕의 시종신으로 임명되는 어사가 등장하였다. 이와 같은 변화는 중앙 정계의 변화와도 밀접한 관련을 갖는다.

조선 초기 사회는 고려시대 수백 년 동안 추구되어온 중앙집권화정책의 산물로서, 외관직제의 성립은 고려 전기의 지방지배방식과는 달리 이제 외관을 매개로 한 지방지배의 완성이었다고 할 수 있다. 군현제는 이전부터 실시되어 왔지만, 외관직제는 조선 초기에 이르러 정비되어, 《경국대전》에서는 경관직에 상응하는 외관직이 설정될 수 있었다. 그런데 《경국대전》의 외관직제는 조종성헌존중의 원칙을 고수하던 조선왕조에서 왕조 말기까지 존중되고 통용됨으로써 조선왕조의 성격을 규정하는 또 하나의 변수로 작용한다. 즉조선 초기의 외관제는 이후 부분적인 손질만 이루어졌을 뿐 기본틀이 변하지 않았고, 면리제도와 같은 운영상의 보완을 통해 18세기에 이르면 국가의 지방지배와 중앙집권력은 더욱 강화되었다. 이와 같은 조선왕조의 중앙집권화 정도는 전근대시기의 역사에서 보기 드문 사례다.

참고문헌

김순남, 〈조선초기 경차관과 외관〉, 《한국사학보》 18, 2004.

———, 《조선초기 체찰사제 연구》, 경인문화사, 2007.

김윤곤, 〈여대의 안찰사제도와 그 배경〉, 《교남사학》 1, 1985.

변태섭, 《고려정치제도사연구》, 일조각, 1971.

이수건, 〈조선초기 군현제 정비와 지방통치체제〉, 《한국중세사회사연구》, 일조각, 1984.

이장우, 〈조선초기의 손실경차관과 양전경차관〉, 《국사관논총》 12, 1990.

이존희, 《조선시대지방행정제도연구》, 일지사, 1990.

이혜옥, 〈고려시대의 수령제도연구〉, 《사원》 21, 1985.

이희권, 〈고려의 군현제도와 지방통치정책〉, 《고려사의 제문제》, 삼영사, 1986.

임선빈, 〈조선초기 외관제도 연구〉, 한국정신문화연구원 박사학위논문, 1997.

———, 〈여말선초 경·외관직 분화와 사신적 외관의 전임외관화〉, 조선사회연구회, 《조선시대의 사회와 사상》, 1998.

———, 〈조선초기 '외방사신'에 대한 시론〉, 《조선시대사학보》 5, 1998.

장병인, 〈조선초기의 관찰사〉, 《한국사론》 4, 1978

정현재, 〈조선초기의 경차관에 대하여〉, 《경북사학》 1, 1979.

최선혜, 〈고려말·조선초 지방세력의 동향과 관찰사의 파견〉, 《진단학보》 78, 1994.

———, 〈고려말·조선초 관찰사론의 전개와 중앙집권체제의 정비〉, 《국사관논총》 76, 1997.

최진열, 〈북조시대 사직의 출현과 그 의의 ― 북조 사직의 시론적 고찰〉, 《중국고대사연구》 14.

하현강, 《고려지방제도의 연구》, 한국연구원, 1978.

한문종, 〈조선전기의 대마도경차관〉, 《전북사학》 14, 1992.

대한제국, 전통과 현대의 연결고리

이 민 원
동아역사연구소장, 원광대 초빙교수

1. 대한제국은 조선왕조 말의 한 나라인가

한국의 역대 왕조는 대체로 500년 이상 장기 지속되었다. 고구려·백제·신라 등이 그렇고, 고려도 그에 버금간다. 그러나 예외도 있다. 19세기 말에 등장한 대한제국은 겨우 13년 동안 주권이 유지되었다. 1897년에 출범한 대한제국은 1910년 일본에게 국권을 잃었다. 단기간 존재하다 보니 정부의 정책이나 제도의 변화, 내외의 사건이 갖는 의미와 내막도 정확히 파악하기가 난해하다. 그래서인지 대한제국은 나라도 아니며 고종이 무슨 황제냐고 주장하는 이들이 없지 않다.

이런 사정을 반영하듯 지난 한 세기 동안 대한제국은 '이조말(李朝末), 조선말, 한말(韓末), 구한말(舊韓末), 구한국(舊韓國)' 등으로 혼용되거나 '조선 말의 대한제국'이라고도 일컬어졌다. '민족사의 주체성 확립', '식민사관 청산' 등의 구호가 난무하는 가운데서도 한국의 역사 교과서나 역사부도·역사연표 등에서 대한제국은 은연 중 존재가 부정되어 왔다. 오늘날에야 많이 수정되고 인식도 바뀌었지만, 여전히 아쉬운 구석은 있다. 역사가들 가운데에도 대한제국을 조선이라 일컫는 경우가 흔하고, 일본학자들은 조선이란 명칭을 즐겨 쓰며, 북한 역사서에는 대한제국이 증발하고 없다.

그 원인으로는 여러 가지로 생각해 볼 수 있다. 일본은 1910년 당시 '대한'이라는 국호를 지우고 '조선'으로 대체하였다. 그 뒤 총독부는 한국인들에게 식민사관을 주입하였다. 한편, 해방 이후 북한은 '조선민주주의인민공화국'을 국호로 정하고, 계급사관에 입각한 역사해석을 통해 전통왕조에 대한 비판에 열중하였다. 식민사관과 계급사관의 공통점이다. 이 모두 한국의 역사와 전통에 대한 부정적 인식으로 치환되면서 대한제국 역시 한국인들 스스로에 의해 부정의 대상이 되었다.

그러나 아무리 그렇다고 해도 본질적 의문은 남는다. 19세기 말에 와서 500년 동안 지속된 조선왕조의 이름과 군주의 존호를 바꾸어가면서, 구태여 '대한'의 제국을 선포한 까닭은 무엇일까. 과거처럼 대한제국을 부정할 경우 여러 문제가 발생한다. 우선 나라의 '족보'(族譜)가 계통이 서지 않는다. '조선→대한제국→ 대한민국'의 연계성이 단절되기 때문이다. 국제법적으로는 대한제국 칙령 41호(1900)에 의한 독도의 영토편입 조치, 이범윤을 간도관리사로 파견(1903)하여 간도를 관리한 주체를 지워버리는 논리적 모순도 발생한다. 나아가 일본의 대한제국 병탄 이후 36년간의 식민통치 하에 한국인들이 입은 유형·무형의 손실 배상을 일본 측에 주장할 자격도 스스로 방기하는 격이 된다. 이 모두 감상적 역사인식이 갖는 맹점이기도 하다.

2. 황제국과 왕국의 차이는 무엇인가

광무 원년 시월 십이 일은 조선 사기에서 몇 만 년을 지내더라도 제일 빛나고 영화로운 날이 될지라. 조선이 몇 천 년을 왕국으로 지내어 가끔 청국에 속하여 속국대접을 받고 청국에 종이 되어 지낸 때가 많더니…… 이달 십이 일에 대군주 폐하께서 조선 사기 이후 처음으로 대황제 위에 나아가시고 그날부터는 조선이 다만 자주독립국뿐이 아니라 자주독립한 대황제국이 되었으니…… 어찌 조선인민이 되어…… 감격한 생각이 아니 나리오.(《독립신문》)

이 글을 쓴 이는 윤치호다. 그는 대한제국기의 앞서가던 지식인으로 '의회정치'를 추구하던 인물이다. 그런 이가 황제 즉위를 '조선 역사에서 제일 빛나고 영화로운 날'이라고 의미를 부여하였다. 왜 그랬을까. 먼저 조선과 중국의 오랜 역사를 감안해 볼 필요가 있다.

전통시대의 동양에서 황제란 천명을 받아 세상을 다스리는 자를 뜻하였다. 그래서 천자(天子)라고 불렀다. 하늘은 황천상제(皇天上帝)가, 땅은 그 아들인 황제가 다스린다는 논리다. 이런 황제 칭호를 동양에서 처음 사용한 이는 진시황이다. 중국 천하를 통일한 진왕(秦王) 정(政)은 삼황오제(三皇五帝)에서 '황(皇)'과 '제'(帝)를 취하여 스스로 '황제'라 칭하였다. 이후 중국의 역대 군주는 모두 황제라 칭하였다.

그러나 한국사에는 고대국가가 등장한 이래 대부분의 군주가 왕을 칭하였다. 가장 중요한 이유는 중국 황제의 존재 때문이다. 전통시대에 동양 각국은 대부분 중국의 제후국이었다. 각국 군주는 중국 황제의 책봉을 받았다. 그래서 각국에 왕이 즉위하면 중국의 황제에게 고하고 인신(印信)과 고명(誥命)을 받았다. 요컨대 직인(職印)과 임명장을 받았던 것이다.

각국의 왕은 중국에 사대와 조공을 하였고, 왕들끼리는 형제처럼 지내야 하였다. 황제의 요구가 그랬던 것이다. 명 태조의 즉위조서에도 그러한 요구가 잘 드러난다. 그러나 중국에 새 왕조가 등장하면, 주변국은 새로운 국제질서에 대항하느냐 복종하느냐의 갈림길에 놓이게 된다. 물론 대부분의 주변 국가는 새 천자국의 압도적인 군사력과 문화적 위력 앞에 선택의 여지가 없었다. 다소 예외가 없었던 것은 아니지만, 조선과 일본, 유구, 안남, 섬라, 점성, 소문다라, 말래카, 실론 등이 그랬고, 명나라 서북부 지역 국가들도 그랬다. 여기서 형성된 구도가 '사대교린체제'였다.

사대교린체제는 나름의 기능이 있었다. 중국은 이를 통하여 동아시아의 질서를 주도하여 갔고, 자국의 안정을 도모할 수 있었다. 각국도 중국 중심의 '천조예치체계'(天朝禮治體系)에 들어가면 반대급부가 있었다. 중국의 천자에게 도전하지만 않는다면 대외적 안보와 정권의 안정을 보장받을 수 있었다. 게다가 조공무역의 이익과 중화의 선진 문물을 향유할 수 있었다. 사대교린체제는 이렇게 중국과 주변국의 타협으로 출발하여 동아시아 국제관계의 틀로 정착된 것이다.

그 결과 조선 등은 특별한 시기를 제외하고는 명과 청에 사대와 조공을 하였다. 매년 중국의 달력[冊曆]을 받아왔고, 연호도 단기(檀紀)나 서기(西紀)가 아닌 중국의 연호를 썼다. 조선 국왕의 교지나 각 가문의 족보·비문 등에도 홍무·가정·강희·옹정 등 명과 청의 연호가 어김없이 등장한다. 나라의 격이 다르니 군주의 존호도 달랐다. 이징옥 등 반란군의 우두머리가 한때 황제를 칭하였던 사실이 있지만, 조선 군주는 누구도 황제 칭호를 쓰지 못하였다.

동아시아에서 바로 이런 구조가 무너진 것은 19세기 말이다. 서세동점으로 사대교린체제 대신 새로운 국제질서가 자리 잡은 결과였고, 조선의 대외관도 물론 바뀐 결과다. 아편전쟁과 난징(南京)조약, 청일전쟁과 시모노세키(下關)조약이 외적 상황을 조성한 것이라면, 실학자들의 화이관 탈피와 개화사상가들의 '만국공법'(국제법)적 사고 등은 내적 조건의 성장을 의미한다. 영은문(迎恩門) 자리에 독립문이 들어서고, 고종이 환구단(圜丘壇)에서 황제로 즉위한 것도 사실은 그 결과다.

3. 황제 즉위는 자주독립의 상징 조성

청·일 모두 황제·천황을 칭하는데 우리만이 왕을 칭하여 스스로 비하할 이유가 없으며, 황제가 없으면 독립도 없다는 일반인의 인식을 고려할 때, 칭제건원은 반드시 필요하다.(《장지연전서》)

위암 장지연은 《황성신문》의 주필로서 애국계몽운동과 항일언론의 선봉에 섰던 대표적 언론인이다. 그는 황제 즉위의 필요성을 일반인의 의식 수준을 감안해 위와 같이 피력하였던 것이다.

대한제국 선포에서 핵심은 '칭제건원'(稱帝建元)과 국호(國號) 제정이다. 칭제건원은 군주의 존호를 황제로 변경하고 자국의 연호를 스스로 쓴 것을 말한다. 아울러 국호 제정은 나라의 이름을 새로 정한 것을 말한다. 요컨대 고종이 황제에 오르고, 광무(光武)라는 연호를 택한 것, 나아가 조선이라는 나라 이름을 대한으로 변경한 것을 말한다.

칭제건원 추진에는 '황제가 없으면 독립도 없다'는 일반의 인식이 고려되었다. 장지연·정교 등은 '역사적 경험으로 미루어 볼 때 조선인들은 왕(당시는 대군주)이란 황제보다 낮으며, 왕이란 황제에게 종속적인 존재로 생각해 왔다. 그래서 황제 칭호는 우리 군주가 누구에게든 독립적이며 아무에게도 낮은 존재가 아님을 백성들에게 확인시켜 줄 최선의 수단이라고 판단하였다.

그러나 보수유생들은 생각이 달랐다. '서구의 예에 따라 존호(尊號)를 변경하는 것은 짐승[禽獸]의 제도를 취하는 것'이며, '소중화의 나라에서 칭제를 하는 것은 망령되이 스스로를 높이려는 행위'(妄自尊大)라 비판하였다. 신지식인들도 보는 각도가 달랐다. '한 나라의 독립을 보장해 주는 것은 국가의 힘이지 군주의 존호가 아니다. 외국 군대가 왕궁을 유린하고 국모를 살해하는 상황에서 황제 칭호가 무슨 의미가 있는가. 아무도 알아주지 않을 행사에 재정을 낭비하기보다 국정을 개선하여 독립의 기초를 닦는 일이 급하다'는 입장이었다.

장지연 등은 보수유생들의 주장을 '망령된 주장으로 일고의 가치

도 없다'고 비판하였고, 신지식인들의 논리에는 '청·일 모두 황
제·천황을 칭하는데, 우리만이 왕(당시 대군주폐하)을 칭하여 스스
로 비하할 이유가 없다. 황제가 없으면 독립도 없다는 일반인의 인
식을 고려할 때, 칭제건원은 반드시 필요하다'고 반박하였다.

이후 새 연호가 광무(光武)로 확정되고, 황제존호 채택건도 결정
을 보았다. 새 국호는 고종과 대신들의 논의에서 확정되었다. 국호
를 '대한'으로 정한 논리는 이랬다. '우리나라는 마한·진한·변한
등 원래의 삼한을 아우른 것이니 큰 한(韓), 곧 대한(大韓)이라는 이
름이 적합하고, 조선은 옛날 기자(箕子)가 봉(封)해졌을 때의 이름
이니 당당한 제국의 명칭으로 합당하지 않다.'

이렇게 하여 한국사상 초유의 황제국, 대한제국이 탄생하였다. 황
제 즉위와 대한제국 선포의 중요한 목적은 국민 일반의 국권의 자주
와 나라의 독립에 대한 의식 환기에 있음을 보여준다. 칭제건원에
소극적 자세였던 서재필·윤치호 등도 이후 내외에 그 의미를 홍보
하였다.

4. 대한제국 선포는 대외적 주권 선언

우리는 오늘 국왕이 서대문 밖 영은문 터에 독립문을 건립할 것을
결정했다는 사실을 경하한다.…… 이 문은 다만 중국으로부터의 독립
을 의미하는 것이 아니라 일본·러시아로부터 그리고 모든 구주열강
으로부터 독립을 의미하는 것이다.(*The Independent*, 1896.6.20.)

대한제국의 성립을 전후한 시기에 범세계적으로 만연한 것은 힘의 논리였다. 세계의 '문명한' 강대국들은 자유와 평등을 부르짖었다. 그러나 군함과 대포를 앞세워 약소한 나라의 문호를 개방시키고 식민지를 확보해 갔다. 그곳에 상품을 쏟아 부었다. 이때 등장한 유행어가 '상품이 국경을 넘어가지 못하면 군대가 국경을 넘어간다!'는 말이었다.

조선도 예외일 수 없었다. 청일전쟁 이후 몇 년 동안은 열강의 청국 분할이 본격화되어 그 여파가 조선에 미쳤다. 나라의 왕후가 일본의 공권력에 살해당하는 사태까지 있었다. 그런가 하면 누천년 지속된 남성의 상투가 하루아침에 땅에 떨어지는 사태가 발생하였다. 전국의 유생과 지방민이 단발령에 반발하여 조야를 뒤숭숭하게 하는가 하면, 위기에 처한 군주는 외국공사관으로 탈출해야 하는 상황이었다.

대한제국 선포에 관한 일부 연구에서는 '아관파천 이후 조선의 관건이 청국으로부터의 독립[對淸獨立]'이라고도 한다. '중화세계적 황제의 창출로 대한제국이 만국공법 체제 하의 제국으로 변모하는 데는 많은 논리적 문제가 있는 상태에서 이를 해결하지 못하고 일본의 보호국으로 된 것'이라고도 한다. 그러나 이것은 한국의 실상을 잘 이해하지 못한 주장이라 생각한다.

청일전쟁 이후 일본과 러시아의 견제 아래 한국의 현실은 절망적이었다. 청국은 이미 한국에 별다른 영향력을 행사할 수가 없었다. 관념상으로는 청국으로부터의 자주독립(自主獨立)이었지만, 현실적으로는 일본·러시아로부터의 독립[對日露獨立], 즉 러시아와 일본

등의 내정 간섭으로부터 벗어나는 일이었다. 대한제국 선포는 소중화의식으로부터 탈피하자는 것을 명분으로 내세우고 있지만, 실상은 일본과 러시아로부터 나라의 자주권을 행사하자는 의미의 선언이었다.

사실 당시의 국제상황을 놓고 볼 때 대한제국 선포 전후는 나라의 장래가 절망적이었던 때다. 한국과 같은 세계의 약소국이 제국주의 시대의 파고를 넘기에는 너무나 국력이 미약하였다. 당시의 약소국들과 세계 열강의 국력을 비교해 보면 그 점이 명료해진다. 열강 가운데 후진국이었던 러시아와 일본의 병력 수치만도 러일전쟁 무렵을 비교해 보면 한국과 거의 100배 안팎의 격차가 있었다. 거기에 재정규모와 군사기술, 물자의 수송수단 등을 감안하면 더 비교할 여지가 없다.

이런 상황에서도 대한제국 정부는 각종의 새로운 정책을 추진하였다. 군주권의 안정을 추구하면서 재정·군사·토지·식산·교육·조세 등 각 분야의 개혁을 시도하였다. 그러나 일본의 차관공세로 한국의 재정은 국채보상운동 당시에 보듯 부채만 1300만 엔으로 늘었다. 군사제도도 무관학교가 설치되고 징병제가 시도되는 등 꾸준히 개선을 시도하였지만, 일본의 방해가 따랐다. 1907년 군대해산 당시 한국군 병력은 8천여 명밖에 안 되었다. 무기 역시 10년 동안 개선되지 못하였다. 전국에 공·사립 교육기관이 설립되지만, 나라의 운명은 멸망 일보직전까지 간 뒤였다.

당시 정부·지식인·농민·유생들의 다양한 대응은 바로 그런 한계구조 속에서 펼쳐진 것이다. 이들의 간절한 염원은 국가의 보전

이었다. 대한제국의 선포와 개혁에는 그 시대 상하의 그런 절실함이
배어 있었다. 이는 독립문·독립신문·독립협회에 담긴 상징성과
같다.

5. 조선왕국·대한제국·대한민국의 연속성

> 悠久한 歷史와 傳統에 빛나는 우리 大韓民國은 3·1運動으로 建立
> 된 大韓民國臨時政府의 法統과 不義에 抗拒한 4·19民主理念을 繼
> 承하고, 祖國의 民主改革과 平和的 統一의 使命에 입각하여 正義·人
> 道와 同胞愛로써 民族의 團結을 공고히 하고…….(《대한민국헌법》
> 전문)

《대한민국헌법》 전문에서는 3·1운동의 결과 탄생한 대한민국
임시정부의 법통을 내세우고 있다. 사실 대한민국은 대한민국임시
정부의 정체를 잇고 있고, 국호·국기·국가·국화 등 국가 상징도
그대로 계승하고 있다. 이 점에서 대한민국이 대한민국임시정부의
법통을 잇고 있다고 주장하는 것은 타당하게 받아들여진다.

여기서 한 가지 더 고려할 것은 대한민국임시정부와 대한제국의
관계다. 정체는 군주국과 민주국으로 서로 다르지만, 국가의 상징은
모두 같으며, 역사지리와 문화적 정서는 모두 이어가고 있다. 이 점
에서 대한민국임시정부는 대한제국을, 대한민국은 대한민국임시정
부의 정통을 이어가고 있다는 해석이 가능하다. 요컨대 대한제국→
대한민국임시정부→대한민국으로 국가의 정통이 이어지고 있다는
뜻이다.

잘 아는 바와 같이 1919년 고종이 붕어하자 한 달여 뒤인 3월 1일부터 거족적인 만세운동이 펼쳐졌다. 3·1운동이 일어난 배경에는 일본의 무단통치와 그에 대한 한민족의 국권회복에 대한 열망이 있었다. 만세운동의 주요 계기는 윌슨의 민족자결주의, 러시아혁명, 2·8독립선언 등이 흔히 거론된다. 그러나 그와 함께 더욱 중요한 계기로 강조될 만한 일은 태황제 고종의 돌연한 죽음, 요컨대 독살에 의한 폭붕(暴崩)설이었다. 독살설의 진위는 현재까지도 미궁에 빠져 있지만, 고종이나 명성황후 모두 일본에게 희생되었다고 인식된 것만은 분명하다.

주목할 점은, 이 사건에 대한 한국인의 인식과 그것이 미친 영향이다. 하나는 고종의 폭붕에 자극을 받은 한국인들이 고종의 장례일에 즈음하여 독립만세운동을 펼쳤고, 그 결과 국내외에 여러 개의 임시정부가 탄생하였고, 그것이 상해의 대한민국임시정부로 귀결된 점이다. 또 하나는 고종의 폭붕이 3·1운동의 준비와 전개과정에서 중요한 요소로 작용하였을 뿐 아니라, 대한민국임시정부의 탄생과정에서 민주공화제 노선을 택하는 데 일정한 작용을 한 점을 들 수 있다.

3·1운동이 중요한 의미를 부여받는 근거는 거족적인 만세운동이라는 것, 운동의 결과 민주공화제의 대한민국임시정부가 탄생하였다는 점에 있다. 《대한민국헌법》에서 3·1운동과 대한민국임시정부의 법통(法通)을 언급하고 있는 중요한 이유도 그런 역사적 평가에 따른 것이다. 이렇게 보면 고종의 폭붕은 전제군주 시대에 대한 향수를 버리고, 민주공화제 시대의 도래를 보장하게 된 중요한

전환점이기도 하였다.

이렇게 볼 때 대한제국 존재의 의미는 새롭게 다가온다. 대한제국은 조선왕국과 대한민국(대한민국임시정부 포함)을 이어주는 고리다. 형식논리에 따라 부연하면 이렇다.

대한제국의 대외적 형태는 자주(독립)국이고, 조선왕국은 번속국인 점에서 다르다. 그러나 대한제국과 조선왕국의 정체는 전제군주국인 점에서 같다. 한편 대한제국은 전제군주국이고 대한민국은 민주공화국인 점에서 다르지만, 형태상 자주독립국인 점은 같다. 바꾸어 말하면 조선왕국과 대한민국은 정치체제와 독립성 여부가 모두 다르지만, 대한제국은 조선왕국과 전제군주국인 점에서는 정체가 같고, 대한민국과는 독립국이라는 점에서 대외적 국가 주권의 형태가 같다.

대한제국은 정체 면에서 조선왕국의 군주국 유산을 이어가면서, 대한민국에는 자주독립국의 유산을 넘겨주고 있다. 대한제국은 중국 중심의 세계체제에서 오늘날의 국제법체제로 이어지는 과도기에 존재한 한국사상의 한 나라였던 것이다.

6. 전통의 계승과 단절 — 대한제국 다시보기

역사에 기록될 가장 중요한 일을 증언한다. 광무황제는 일본에 항복한 적이 결코 없다. 긍종하여 신성한 국체를 더럽힌 적도 결코 없다. 휜 적은 있으나 끝내 굴복하지 않았다. 생명의 위협을 무릅쓰고…… 만국평화회의에 호소하였으나 효과가 없었다.…… 그는 고립무원의

군주였다. 한국인 모두에게 고한다. 황제가 보인 불멸의 충의를 영원히 간직하라.(헐버트)

최근 해외에서 입수한 대한제국의 황제어새(皇帝御璽)가 국립고궁박물관에 전시되어 많은 관심을 모았다. 국새는 주권자의 권위를 상징한다. 그러나 지난 세기에 사라졌다 돌아온 국새만큼이나 한국의 근현대사는 굴곡이 많았다. 그러다 보니 많은 몰이해의 대상이었던 것이 대한제국이다. 내막도 잘 모르는 상태에서 대한제국의 존재를 비하하고 그 시대인들의 무력함을 지탄하는 것이 역사가들의 전유물처럼 인식되기도 한다. 그것은 한국의 역사를 비하한 일본의 식민사관, 그리고 '혁명'을 정당화하고자 전통 매도에 열중하였던 계급사관식 논리와 전혀 다를 게 없다.

물론 지난 세기를 성찰해 보자는 차원이라면 비판적 관찰은 필요하다. 그러나 풍요로운 현대인들이 '한국사상 가장 혹독한 시대'에 직면하였던 100년 전 한국인들이 처한 한계구조를 객관적으로 비교하기도 전에 경쟁적으로 비판에 열중한 것은 순서가 잘못된 것 같다. 일본제국이 약탈하고 남은 '대한제국의 곳간'을 한국인들 스스로가 덩달아 불태운 행위처럼 보인다.

그러나 국가나 개인이나 아무리 노력해도 상황의 구속성으로 인해 불우할 때가 있다. 주관적 조건과 객관적 상황에 대한 인식이 미흡한 상태에서 '심판'부터 하자는 것은 '문화혁명' 당시의 공자비판과 홍위병식 인민재판을 연상시킨다. 현대의 주요 국가들을 보면, 대체로 앞 시대를 매도하며 요란한 구호 속에 혁명적 단절을 꾀한

나라는 실패하였다. 수많은 사람들이 이념의 노예가 되어 자국인들에 의해 숙청되고 처형되었다. 그러나 앞 시대의 역사와 전통을 존중하고 계승하고자 노력한 나라는 많은 인내와 시련을 요하였지만, 산업화와 민주화에도 성공적이었다.

참고문헌

강만길, 〈대한제국의 성격〉, 《창작과 비평》 48, 1978.

김준엽, 〈대한민국 임시정부 법통에 관한 학술대회 — 기조연설〉, 《동아일보》 1987년 2월 23일자.

송병기, 〈광무개혁연구 — 그 성격을 중심으로〉, 《사학지》 10, 1976.

이구용, 〈대한제국의 성립과 열강의 반응〉, 《강원사학》 1, 1985.

이민원, 〈칭제논의의 전개와 대한제국의 성립〉, 《청계사학》 5, 1988.

―――, 〈대한제국의 성립과정과 열강과의 관계〉, 《한국사론》 64, 1989.

―――, 〈대한제국의 성립〉, 《한국사 42 — 대한제국》, 국사편찬위원회, 1999.

―――, 《한국의 황제》, 대원사, 2001.

―――, 〈조선왕국의 종언과 대한제국〉, 《조선시대의 정치와 제도》, 집문당, 2003.

이태진, 《일본의 대한제국 강점》, 까치글방, 1995.

최문형, 《제국주의 시대의 열강과 한국》, 민음사, 1990.

한영우, 《대한제국은 근대국가인가》, 푸른역사, 2006.

黃枝連, 《東亞的禮義世界 – 中國封建王朝與朝鮮半島關係形態論》, 北京 : 中國人民大學出版社, 1994.

John King Fairbank ed., *The Chinese World Order–Traditional China's Foreign Realtions*, Cambridge, Massachusetts : Harvard University Press, 1968.

2부
사회와 문화

조선시대 신분구성과 그 특성

이 성 무
한국역사문화연구원장

조선의 사회신분은 대체로 양반(兩班), 중인(中人), 양인(良人), 천인(賤人)으로 나눈다. 그러나 논자에 따라서는 양반·양인·천인으로 나누는 사람도 있고(이상백), 양반과 양인 사이에 중인을, 양인과 천인 사이에 신양역천(身良役賤)을 넣는 사람도 있다(천관우). 더욱 심하게는 조선 초기에는 양인·천인만 있었다는 사람도 있다(한영우).

1. 양 반

양반이란 조회에서 남쪽을 보고 앉은 국왕의 동쪽에 서는 문반(文班)과 서쪽에 서는 무반(武班)의 두 반열(班列)이라는 뜻을 가지고 있었다. 그러나 가족을 중심으로 하는 강력한 공동체 기반을 가진 고려·조선 사회에서는 관직을 가진 당사자뿐 아니라 그 가족구성원까지도 일정한 특권을 가졌다. 세관(世官)으로서 음직(蔭職)과 세록(世祿)으로서 과전(科田)이 대표적인 예다.

한국은 신라통일 이후에 정복왕조가 한 번도 들어선 적이 없기 때문에 귀족세력이 강하다. 그리고 삼국의 무치(武治)주의가 고구려·백제의 멸망으로 살아남기 위해 중국의 문치(文治)주의로 바뀌는 과정에서 봉건제는 실시될 수 없었고, 그 유제로서 세관과 세록이 중앙집권적 문치주의 내부에 남게 된 것이다. 그러므로 고려 일대에 한 일은 지방에 반(半)독립적인 무적 기반을 가지고 있는 호족(豪族)들을 일면 억압하고, 일면 과거(科擧)나 서리직(胥吏職)을 통해 충량한 중앙의 관료로 전환시키는 데 500년이 걸렸다. 그리하여 조선 초기에는 세계에서 유례가 없는 국왕을 정점으로 하는 중앙집권적 문치주의 국가가 이룩되었다. 고려시대부터 지배층으로 대두하기 시작한 양반귀족이 조선 초기에 와서 지배층으로서 확고한 기반을 가지게 된 것도 그 때문이다. 여말선초의 새로운 지배층으로 대두한 것은 고려의 귀족과는 성향이 다른 송나라 이후의 학자관료인 사대부(士大夫)였다.

사대부정권은 그들의 기반을 확충하기 위해 지방사족을 자기의 우익으로 편입하고 새로운 정권에 비협조적이거나 사족으로서 자질이 부족한 기술관·향리·서리·양반서얼 등을 중인층으로 격하시키고, 사족만 양반으로 확립하는 데 성공하였다. 그리하여 모든 제도를 주자학 사상에 입각해 양반에게 실제적으로 유리한 방향으로 운영하였다. 유교의 민본주의에 입각해 공평하게 제정된 법제조차도 사실상 양반에게 유리하도록 실행한 것이다. 모든 자유민[良身分]이면 다 임용될 수 있는 관직을 양반·중인·양인·천인이 할 수 있는 직종으로 나눈다든지, 비양반 계층에게 서서히 과전이나 녹봉을 지급하지 않는다든지, 군역을 공평하게 물리지 않는다든지, 어려운 한자를 상용함으로써 지식을 독점하는 등, 하나하나 다 들 수 없는 불평등을 초래하게 하였다. 사대부는 지식인이기 때문에 얼마든지 겉은 그럴듯하지만 실행 면에서는 차별이 나게 할 수 있었다. 늘 민본(民本)을 내세워 환과고독(鰥寡孤獨)을 우선하여 살피고, 흉년이 오면 죽을 쑤어 먹이고, 백성들의 억울한 일을 풀어주기 위해 암행어사를 보내는 등 그럴듯한 시책을 내세운다. 이것이 양반 사대부 문화의 속성이다. 지배층으로서 정권을 유지하려면 선정을 베풀어야 하는데, 이해관계는 언제나 사적인 영역으로 기운다.

그들은 이러한 중앙집권적 문치주의를 합리화하기 위해 주자학적인 도학(道學)을 내세운다. 지배자가 되기 위해서는 도덕적 수양이 필수고, 이는 국왕도 예외가 아니다. 양반은 노비에게 일을 대신 시키고 왕도정치를 구가하면서 권력을 차지한다. 도덕률에 익숙하고 학문에 뛰어난 사람이 아니면 지배자가 될 수 없는 체제였다. 이론과 실제를 갖춘 고도의 통치술을 선보인다.

그러므로 법제만 믿고 현실을 도외시하면 진실을 간파할 수 없다. 법으로는 양천(良賤)이 가장 큰 신분 구분인 듯 보이나, 실제로는 양반과 비양반 사이의 지배-피지배 관계가 더 중요하다. 점점 더 그런 방향으로 가고 있다. 어느 때고 지배층은 있게 마련이고, 지배층이 권력을 가지는 한 불평등은 따르게 마련이다.

신분은 사회적인 불평등 현상이다. 그런 의미에서 신분은 사회의
식이다. 나는 상대방과 다르다는 의식이다. 이는 양반과 비양반 사
이에만 있는 것이 아니다. 양반 내부에서도 서로 다름을 강조한다.
양반은 다르고 높은 이권을 계속 가지고 싶고, 자손에게 물려주려
한다. 세신(世臣), 세록(世祿), 세족(世族)이라는 말이 있는 것도 그
때문이다. 이를 위해서는 왕실이나 명족(名族)과 혼인을 트고, 당파
를 만들어 권력투쟁을 해야 한다. 조선시대사를 이해하려면 이러한
양반의 실체를 밝혀야 한다. 공평하였다고 말하는 것은 사대부의 속
임수에 넘어가는 것이다.

양반이 되는 기준은 우선 시조 이외에 현조(顯祖)가 있어야 하고,
가계 안에 과환(科宦), 학행(學行), 과거급제자가 많아야 하고, 왕실
이나 훌륭한 양반가문과 혼맥을 유지해야만 하였다. 4조(四祖; 父·
祖·曾祖·外祖) 안에 현관(顯官; 9품 이상 문·무관)을 지낸 사람이
있어야 양반이라는 관념도 이러한 사정을 말해 주는 것이라 하겠다.

물론 지배층인 양반도 변화한다. 내부의 세력관계와 국제정세에
따라 지배층도 변화한다. 사대부정권이 좀 더 광범한 사림세력에게
헤게모니를 넘겨주고, 사림의 당쟁으로 사림정치가 쇠퇴해져 외척
세력이 대두한다. 그러다가 서세동점의 물결에 유연하게 대처하지
못해 나라가 망하기도 한다. 역사는 바로 이 변화를 읽어내야 한다.

2. 중 인

중인은 양반도 상인(常人)도 아닌 그 중간층을 말한다. 이러한 신

분계층으로서 중인의 개념은 조선 후기에 널리 쓰였고, 그 이전에는 쓰이지 않은 것은 사실이다. 그러나 그러한 신분층은 이미 조선 초기 신분 재편성 과정에서 새로운 신분으로서 등장하였다. 양반층이 고려시대부터 형성되기 시작해 조선 초기에 확립되었듯이, 중인층도 조선 초기부터 형성되기 시작해 조선 후기에 확립되었다고 할 수 있다. 중인이라는 용어가 언제 많이 쓰였느냐도 중요하겠지만, 언제부터 중인층이 실질적으로 생겨나기 시작하였느냐도 중요하다. 조선 초기에 양반층이 확립되었다는 것은 이때부터 양반의 중인에 대한 차별대우가 현격해지기 시작하였다는 뜻이다.

신분 개념으로서 양반·중인은 법제적인 용어는 아니며, 하나의 사회적 불평등 의식으로써 구별되는 신분구분일 뿐이다. 그러므로 이들 신분층의 분계선을 지나치게 명확히 설정하는 것은 어려운 일이다.

중인층이 양반층에 의해 차별받기 시작한 것은 이미 고려 후기부터다. 과전법(科田法)에서 서리(胥吏)의 과전이 빠지는가 하면, 잡과(雜科)와 명경과(明經科)를 통한 향리의 면역도 금지되었다. 태종조에는 중서(中庶)로 분류되는 서얼(庶孽)이 차대(差待)되기 시작하였으며, 1445년(세종 27)에는 향리의 외역전(外役田)이 몰수되었다. 향리에게는 녹봉(祿俸)조차 주지 않았으며, 80퍼센트의 향리가 군현 개편과 원악향리(元惡鄕吏) 처벌법에 따라 다른 군현으로 인사이동 되었다. 서리와 향리에게는 방갓[方笠]을 씌우거나 푸른 옷을 입혀 차별하였다. 그리고 15세기 후반기부터는 중인 가운데서도 가장 지위가 높은 기술관(技術官)조차 차별하기 시작하였다.

15세기 후반기에 이르러 중인층 가운데에서 가장 높은 지위에 있던 기술관들조차 양반들로부터 차별대우를 받았으니, 이때부터 중인층이 생겨나기 시작하였다고 보아도 좋을 것이다.

고려의 귀족들은 왕건의 통일사업에 따라다닌 공신들, 항복한 신라 귀족들, 과거와 서리직을 통해 중앙관료가 된 호족(향리)의 자손들로 구성되었다. 그러나 공신들은 광종개혁으로 많이 제거되었고, 신라 귀족도 과거를 통해 중앙관료가 되었으니, 고려의 귀족은 과거나 음서를 거쳐 출세한 문관관료, 무인정권 때 성장한 무인세력, 원나라 지배시대에 등장한 부원배(附元輩)로 구성되어 있었다. 그런데 무신정권 때 새로이 등장한 사대부들이 새로운 정치세력으로서 고려 말에 내우외환으로 성장한 신흥 무장들과 힘을 합해 조선왕조를 건국하였다. 고려시대에는 지방의 무적인 향리세력을 누르고 중앙집권적 관료제를 확립하기 위해 너무 많은 사람들을 관직세계에 끌어들였다. 그래서 관료사회는 포화상태에 이르렀다. 이렇게 비대해진 관료사회의 군살을 빼고, 사대부가 정치주체가 되는 건강한 사회를 만들기 위해 양반들은 기술관·서리·향리·역리·군교·서얼 등을 하급 지배신분층으로 격하시키고, 스스로 상급 지배신분층으로서 각종 특권을 누린 것이다.

양반은 중인층에게 복잡한 행정실무와 대민업무를 일임함으로써 수기치인(修己治人)과 왕도정치(王道政治)를 구가할 수 있었다. 그러나 중인층도 양반정권에 기생하면서 행정권력을 누리는가 하면, 전문지식과 소관업무를 통해 부를 축적하고 양반의 사회적 차별을 극복하기 위해 부단히 애썼다. 또한 이들은 이들만의 깔끔한 생활양

식과 중인문화를 길러 근대화에 앞장설 수 있었던 것이다. 제1계층
이 실패하면 경험과 실력이 있으면서도 차별대우를 받던 제2계층이
다음 세상의 주인이 되게 마련이기 때문이다.

3. 양 인

양인에는 광의의 양인과 협의의 양인이 있다. 광의의 양인은 천인
을 뺀 모든 자유민을 뜻하고, 협의의 양인은 광의의 양인 가운데에
서 양민(良民), 상인(常人), 상민(常民), 평민(平民)으로 불리는 평상
인(平常人)을 뜻한다. 이처럼 양인이 광의와 협의로 갈려 혼란스럽
기 때문에 필자는 광의의 양인을 양신분(良身分), 협의의 양인을 양
인, 또는 상인으로 부를 것을 제안한 바 있다. 사료에는 양천(良賤)
으로만 표기될 때가 많다.

그러면 같은 양신분 안에서 양반·중인과 양인을 어떤 기준으로
구분하였는가? 문지(門地)의 높고 낮음에 따라 구별하였다. 문지를
따지는 데는 독서(讀書), 관직(官職), 과거(科擧), 도학(道學), 혼맥
(婚脈) 등이 문제되었다. 고려시대부터 오랜 관직경쟁에서 이긴 지
주요 노비주가 양반이 되고, 그만 못한 사람들이 중인이 되고, 경쟁
에서 진 사람들이 양인으로 남았다. 그러므로 양반이 되려면 조상
가운데에 적어도 4조 안에 현관이 있어야만 한다는 통념이 있었다.
그렇지 않으면 중인이나 양인으로 격하되었다. 혼인도 비양반과 하
면 양반신분을 유지하지 못하였다. 반대로 과거, 입공(立功) 등을 통
해 양인에서 양반으로 올라갈 수도 있었다.

한편 관직에는 양반만이 할 수 있는 관직과 중인·양인·천인이 할 수 있는 관직이 따로 있었다. 이들 관직은 관계(官階)도 달랐다. 양인은 자유민이기 때문에 문·무과를 통해 양반으로, 잡과를 통해 중인으로 올라갈 수 있었다. 그러나 그렇게 수월한 것은 아니었다. 《경국대전》에는 양인이 과거에 응시하지 못한다는 규정은 없다. 또 응시할 수 있다는 명문(明文)도 없다. 그러니 응시자격은 있는 것으로 보아야 한다. 그러나 경제력이 취약하고, 교육여건이 나쁜 양인의 과거응시는 양반보다 불리하였다. 문과합격자의 평균 합격연령을 보면 39, 40세였다. 그러니 5세부터만 따져도 35년은 공부해야 문과에 급제할 수 있는데, 경제력이 취약한 양인들이 버텨내겠는가? 양반자제는 집에 책도 있고 가르칠 선생도 있지만, 양인자제들은 그렇지 못하다. 향교나 4학에 가면 무료로 공부할 수 있다고 하지만, 조선 건국 초기를 제외하고 향교가 교육기관으로서 제대로 기능하였는가? 그래서 양반자제들은 향교에 가지 않고, 서당이나 서원 같은 사학(私學)에 갔다는 것은 잘 알려진 사실이다. 그래도 간혹 과거에 합격하는 양인자제들이 있기는 하였을 것이다. 어느 논자는 그런 사례를 10여 건 찾아내어 양인이 양반과 전혀 차이가 없었다는 증거로 내세우지만, 그런 경우는 그리 많지 않았고 특별하였기 때문에 실록에 특기된 것으로 보아야 할 것이다.

4. 천 인

천인은 본래 전쟁포로·범죄자·채무자 등 비자유민이었다. 이들의 직업은 노비(奴婢), 부곡인(部曲人), 광대(廣大), 기생(妓生), 백정(白丁) 등 다양하나 노비가 대부분이었다. 부곡인은 부곡이 해방되면서 양인이 되었고, 재인(才人)과 화척(禾尺) 등 신양역천(身良役賤)들은 보충군(補充軍)을 통해 종양(從良)될 수 있었기 때문에 천인의 대부분은 노비로 이루어지게 되었다.

그러나 노비는 양반을 떠나서는 설명이 곤란하다. 노비주는 대부분 양반이었다. 물론 비양반 신분도 노비를 소유할 수 있고, 심지어 노비도 노비를 소유할 수 있었다. 그러나 본래의 노비주는 권력을 가진 양반이라 할 수 있다. 노비는 양반의 사회적 권위와 경제적 여유를 제공해 주는 생활근거였다. 노비의 봉사가 있음으로 해서 양반은 생산노동에 직접 종사하지 않고 독서와 수기치인(修己治人)에만 힘써 조선 사회의 지배층으로서 군림하고 양반문화를 건설할 수 있었다.

토지가 사방에 널려 있던 고려시대에는 노비가 오히려 더 중요한 재산이었다. 고려시대에 토지보다 인정(人丁)을 더 평가한 것도 그 때문이다. 고려의 양반들은 후삼국이 통일된 뒤 더 이상 정복전쟁이 없어 노비를 조달할 수 없게 되었다. 그래서 창안한 것이 노비세전법(奴婢世傳法)이다. 노비의 소생은 노비가 된다는 법이다.

천자수모법(賤者隨母法)에 따라 노비의 소생은 어머니의 상전 소유로 되었다. 짐승과 마찬가지다. 단 노취양녀(奴娶良女)는 금지되어 있었다. 그러나 양반들은 금법을 어기고 이를 통해 노비인구를 늘렸다. 그리하여 일천즉천(一賤則賤)의 상태가 되었다. 이에 노비수는 급증해 인구의 절반 이상이 되었다. 이는 국가의 공민(公民)이 줄어드는 것이었다. 이러한 상태가 극심해진 결과 고려왕조는 망하였다. 조선 초기에 이를 시정하기 위해 노비종부법(奴婢從父法)을 만들었던 것은 잘 알려진 사실이다.

양반은 노비에 대한 지배권을 강화하기 위해 법제적으로 이들을 천인화하고, 양반과 노비의 관계를 하늘과 땅, 위와 아래, 지배와 피지배관계로 묶어 놓았다. 노비는 소와 말처럼 매매·상속·증여될 수 있었다. 따라서 노비가 상전에게 대항하거나 양반여자를 간(奸)하는 경우에는 극형에 처하도록 하였다. 그리고 노비가 상전의 말을 듣지 않을 때에는 형살(刑殺)을 제외한 사형(私刑)을 가해도 무방하였다. 《경국대전》에 노비 조항을 형전(刑典)에 수록한 것도 그 때문이었다.

양반이 양반 구실을 하려면 노비를 많이 소유하여야만 하였다. 양반은 사권(私權)의 기반으로서 사유지와 사노비를 소유하였다. 노비가 있음으로 해서 대가세족(大家世族)이 있을 수 있고, 대가세족이 중외에 포열되어 있음으로써 양반정권의 기반이 튼튼해질 수 있다는 것이 당시 양반들의 생각이었다. 양성지(梁誠之)는 원(元)이 고려의 노비제를 없애려 할 때 권부(權溥)와 이제현(李齊賢) 등이 이를 막아서 다행이고, 이시애난(李施愛亂) 때에도 함경도에 세신(世臣)이 있었더라면 그렇게 쉽게 무너지지 않았을 것이라고 하였다. 그리고 노주관계는 군신관계로 파악하고 있었다. 이를 통해 조선 양반의 사권(私權)과 국가의 공권(公權) 간의 상호보완적인 관계를 알 수 있다.

참고문헌

김영두, 〈조선 전기 도통론(道統論)의 전개와 문묘종사(文廟從祀)〉, 서강대 대학
　　　원 박사학위논문, 2006.
송준호, 〈조선시대 문과에 관한 연구〉, 프린트, 1975. 6.
――――, 〈조선의 양반제를 어떻게 이해할 것인가〉,《조선사회사연구》, 일조각,
　　　1987.
이성무,《조선초기 양반연구》, 일조각, 1980.
――――,《조선양반사회연구》, 일조각, 1995.
――――, 〈양반과 양천제〉,《한국역사의 이해 1》, 집문당, 2002.
――――, 〈조선의 양반사회〉,《한국역사의 이해 5》, 집문당, 2004.
――――, 〈조선초기 문과의 응시자격〉,《한국과거제도사》(대우학술총서 인문사회
　　　과학 99), 민음사.
――――, 〈조선초기 신분사연구의 재검토〉,《역사학보》102.

의사, 중인으로 살아가기

이 남 희

원광대 한국문화학과 교수

1. 중인(中人)으로서 의사

우리 사회에서 대학 입시는 전 국민의 관심사라 해도 좋을 것이다. 오늘날 각 대학의 의대나 한의대는 높은 입학 성적을 보여주고 있으며, 또 그만큼 우수한 인재들이 모여드는 곳으로 여겨진다. 심지어 대학을 다니고 있거나 아니면 이미 졸업하고서도 의사와 한의사가 되기 위해 다시 입학하는 경우도 없지 않다. 대졸자들의 취업 문제와 더불어 그러한 추세는 한층 더 심해질 것으로 보인다.

몇 해 전 텔레비전에서 방영되어 국민 드라마가 되었을 뿐만 아니라 한류 열풍을 가져온 〈대장금〉(大長今), 그 주인공 역시 여자 의사가 되어 조선시대 최고 의녀의 길을 걸었다. 드라마가 방영되는 동안, 그리고 그 뒤에도 과연 대장금이 실존하였던 인물인가 하는 질문을 필자는 여러 차례 받았다. 《조선왕조실록》에서는 대장금(장금)과 관련하여 9건 기사가 확인된다. 1515년(중종 10)부터 1544년

(중종 39)까지의 기록에서, 실존 인물인 대장금은 최고의 의녀로서 자신의 직분을 다하고 있다. 1522년 9월 5일에는 대비전의 증세가 쾌차하자 의원들과 함께 쌀과 콩을 각 10섬(한 섬은 열 말로 약 180리터)씩 하사받는 장면도 나타난다.

그러면 조선시대 의사들의 사회적 지위는 어떠하였는가, 학문으로서 의학의 위상은 어떠하였는가, 어떤 사람들이 어떤 과정을 거쳐서 의사가 될 수 있었는가, 그들은 관직세계에서 어디까지 올라갈 수 있었는가, 그리고 그들의 세계에 고유한 특성으로는 어떤 점들이 있었는가 하는 측면에 대해서 살펴보기로 하자.

《조선왕조실록》에는 다음과 같은 흥미로운 기사가 실려 있다. 단종 때에 의원들의 자질이 좋지 못하고, 의원을 지망하는 사람도 부족하자 왕이 "학식이 뛰어나고 영리한 양반집 자제 10명을 뽑아 의원으로 교육시키라"는 지시를 내렸다.(《단종실록》 즉위년 9월 9일) 그리하여 나이 어리고 영리한 양반집 자제들을 선발하여 습독관(習讀官)이라 이름하고 여러 의학서를 공부시켜 벼슬을 주었다.

그런데 조선시대는 오늘날과는 달리 의사들의 사회적 지위는 보잘것없었다. 의술을 천한 것으로 여기는 풍습이 만연하던 시절이었다. 아무리 왕의 명령이라지만, 사기가 저하된 습독관들이 의술을 익히고도 그만두거나, 다른 직업을 구하기 위해 과거에 응시하는 사례가 빈번하였다. 폐단이 심각해지자 세조는 "습독관이 과거에 합격해도 본업으로 되돌려 보내고, 의약 공부를 게을리 하거나, 이 직업에서 손을 떼려고 엿보는 사람은 죄를 주어야 한다"는 의학 제조(지금의 보사부장관)의 보고를 받고 그대로 시행하도록 하였다.(《세조실

록》4년 3월 20일)

조선시대 의사들의 사회적 지위가 어느 정도였는지를 잘 보여주는 사례라고 하겠다. 실제로 국가의 일관된 의학 장려책에도 불구하고 양반 자제들은 직업으로 의사가 되고자 하지 않았다. 왜냐하면 의관은 양반과 양인 사이에 위치한 중간신분층, 즉 중인(中人)이었기 때문이다. 중인 신분에는 의관들 외에 통역관, 음양관, 율관, 산원(算員), 화원(畵員), 악원(樂員) 등도 해당되었다. 오늘날로 치자면 외교관, 과학자, 법조인, 회계사, 화가, 음악가 등 사회적 지위가 높은, 그래서 누구나 선망하는 전문 직종에 속한다. 하지만 100여 년 전만 해도 그들은 양반에게 차별대우 받던 중인 신분일 뿐이었다. 그들은 하위 지배신분층으로 국가의 각종 행정실무와 실용기술을 담당하고 있었다. 말하자면 하위 실무 관료층으로 그 위에 양반 사대부가 있었다.

2. 잡학(雜學)으로서 의학

조선시대의 경우, 양반 사대부의 학문으로서 유학(儒學)은 모든 학문의 으뜸이었다. 그것은 마치 중세 유럽에서 신학(神學)이 차지하고 있던 위상에 비견되었다. 유교는 한편으로는 모든 인간이 교육의 대상이라는 평등주의를 내세우고 있으나, 다른 한편으로 공자와 맹자는 항상 사람을 지배층과 피지배층으로 나누어 설명하고, 지배층인 군자의 가르침에 주목하였다. 귀속적인 것이 아니라 학문을 함으로써 누구나 지배층이 될 수 있다는 신분 상승의 지향성을 보여주었지만, 지배층과 피지배층의 엄격한 구분 또한 부인하지 않았다. 그리고 정신노동자와 육체노동자를 분리하여 정신노동자가 육체노동자를 지배하는 것을 당연하게 보았다. 게다가 '군자불기'(君子不器)라 하여 전문적인 기술이나 기능 교육을 지배층 양반이 배워야 할 것으로는 보지 않았다.

그런 만큼 조선시대의 양반 지배층은 유교를 근간으로 하는 보편적인 교육과 훌륭한 교양인을 지향하고 있었다. 사헌부 대사헌(종2품) 채수 등이 올린 다음의 상소문은 당시 '신분관'을 잘 전해준다.

하늘이 백성을 내시고 이를 나누어 사민(四民)을 삼으셨으니, 사농공상(士農工商)이 각각 자기의 분수가 있습니다. 선비는 여러 가지 일을 다스리고, 농부는 농사에 힘쓰며, 공장은 공예(工藝)를 맡고, 상인은 물화(物化)를 상통시키는 것이니, 뒤섞여서는 안 되는 것입니다. 만약에 사대부가 농사에 힘쓰고, 농부가 여러 가지 일을 다스리려 한다면, 어찌 거슬리고 어지러워 성취할 수 있겠습니까. 지금 전하께서 의원과 역관을 권려하고자 하시어 그 재주에 정통한 자를 특별히 발탁하여 동반과 서반에 쓰려고 하시는데, 저희들은 그 이유를 알 수 없습니다. 성왕(聖王)이 사람을 쓰는 것은 목수가 나무를 쓰는 것과 같아서 대소, 장단을 각각 그 재목에 마땅하게 해야 합니다. 약한 나무는 동량(棟樑)이 될 수 없고, 큰 재목은 빗장과 문설주가 될 수 없습니다. 이제 의원과 역관으로 하여금 의술이나 통역의 일을 더욱 정진하게 하지 않고 사대부의 벼슬을 시키고자 하시니, 농부에게 서사(庶事)를 다스리고 약한 재목으로 동량에 쓰려 함과 무엇이 다르겠습니까. 귀천이 길이 달라서 서로 뒤섞일 수 없으니, 뒤섞여서는 안 되는 것이 명백합니다.(《성종실록》 13년 4월 15일)

의학은 사람의 목숨과 직결되는 분야였던 만큼 그 중요성은 예나 지금이나 다를 바 없었다. 그러나 의학은 어디까지나 잡학(雜學) 그 일부를 구성할 따름이었다. 양반 사대부들은 유교적인 직업관에 따라서 기술학을 천시하고 기술과 관련된 학문을 잡학이라 하여 차대하였다.

그래서 의학에 대한 교육은 서울은 담당 관청에서, 지방은 지방 관청에서 실시하였다. 서울은 전의감에서 담당하고, 지방에서는 부·대도호부·목·도호부·군·현에 이르기까지 의학 생도를 양성하였다. 구체적으로는 전의감에 50명, 혜민서에 30명을 두었으며, 지방의 부·대도호부·목에 각 14명(부에는 2명을 더 둔다), 도호부에 12명, 군에 10명, 현에 8명씩을 두었다.(《경국대전》 예전 생도조)

그런데 잡학 내부에도 차이가 있었다. 잡학 가운데에서 과거, 다시 말해 잡과 시험이 설행되었던 것은 역과·의과·음양과·율과뿐이었다. 나머지는 취재(取才)만 있었다. 따라서 역관·의관·음양관·율관의 경우에는 기술관 가운데서도 상급기술관이었으며 — 그 가운데서도 의관은 의역중인(醫譯中人)이라고 하여 상급기술관 중에서도 최상급에 해당되었다 — 취재만 있었던 산원·화원·악원 등은 하급기술관에 속하였다.

1) 국가시험으로서 의과

의사가 되는 데에는 크게 두 갈래 길이 있었다. 취재와 의과였다.

취재는 말 그대로 실무능력을 시험하는 것으로 취재에 합격하면 체아직(임시직)에 임명되었다. 하지만 공식적으로 국가가 인정하는 의사가 되기 위해서는 자격시험이라 할 수 있는 의과에 합격하는 것이 필요하였다. 의사로 출세하기 위해서는 역시 의과 시험을 통과해야만 하였다. 의과 출신자들의 진출이 우선되었다. 종6품 주부(主簿) 이상의 고위 의료 관직은 의과 합격자만 임명될 수 있었다.

의과 시험은 조선 건국 이후 실시되었다. 1397년(태조 6)에 처음 시행되어 1894년(고종 31) 갑오경장으로 폐지될 때까지 총 233회 시행되었다. 평균 2.2년에 1회 의과가 설행된 셈이다. 의과 제도에 관해 법전은 다음과 같이 규정하고 있다.(《경국대전》 이전 제과 및 예전 제과조)

의과는 양반들이 응시하였던 문과와는 달리 대과·소과의 구별이 없는 단일과로서, 식년시(式年試)와 증광시(增廣試)에만 설행되었다. 식년시는 3년에 한 번씩 식년(子·卯·午·酉年이 들어 있는 해)에 시행되는 정기시험이며, 증광시는 국가에 경사가 있을 때 특별히 실시되었던 부정기시험을 말한다. 의과는 초시와 복시 두 단계만 있고, 왕 앞에서 시험 치는 전시(殿試)는 없었다. 초시는 식년 전해 가을에 전의감의 주관 아래 실시되었고, 복시는 식년 봄에 전의감 제조와 예조 당상관의 주관 아래 실시되었다.

선발인원은 초시에서 18명, 최종시험인 복시에서 9명을 뽑았다. 그런데 법 규정대로 9명을 선발한 경우는 거의 없으며, 19세기 이전까지는 대체로 정원에 미치지 못하였다. 왜 그랬을까. 이는 의학의 특성상 정원대로 반드시 뽑아야 하는 것이 아니라 의술이 우수한

자들을 뽑았기 때문이다.

법전에 규정된 시험과목을 보면, 초시와 복시 모두 《찬도맥》(纂圖脈), 《동인경》(銅人經), 《화제지남》(和劑指南)을 외우게 하고, 《직지방》(直指方), 《득효방》(得效方), 《부인대전》(婦人大全), 《창진집》(瘡疹集), 《태산집요》(胎産集要), 《구급방》(救急方), 《화제방》(和劑方), 《본초》(本草), 《경국대전》(후기에는 《대전회통》)을 강론하게 하였다. 각 과목은 성적에 따라 통(通), 약(略), 조(粗)로 채점하여 통은 2분, 약은 1분, 조는 반분으로 계산하여 분수가 많은 사람을 뽑았다.

의과에 합격하면 예조인(禮曹印)이 찍힌 백패(白牌)를 수여한 뒤 1등은 종8품, 2등은 정9품, 3등은 종9품계를 수여하였다. 이미 품계를 가진 자에게는 그 품계에서 1계를 더 올려주고, 올린 품계가 응당 받아야 할 품계와 같을 경우에는 1계를 또 올려주었다. 참고로 덧붙이자면, 양반들이 응시하던 문과의 경우 1등 합격자에게는 정7품직을 수여하였으며, 원래 관품을 가지고 있던 자에게는 4계를 더 올려주었다.

의관들은 국가의 의료사업을 담당하게 되었다. 그런데 의료 관청에 따라 진료 받는 사람들의 신분이 각각 달랐다. 내의원에서는 왕실의 진료나 제약을 담당하였으며, 때로 왕명에 따라 대신들의 의료에도 종사하였다. 전의감에서는 왕실 및 조정의 신하들의 의료뿐만 아니라 일반 백성이나 병졸들의 의료도 담당하였다. 혜민서에서는 주로 일반 서민들의 의료활동을 맡았으며, 활인서에서는 도성 안의 전염병 환자와 빈민 및 죄수들의 진료활동에 종사하였다. 지방의 의

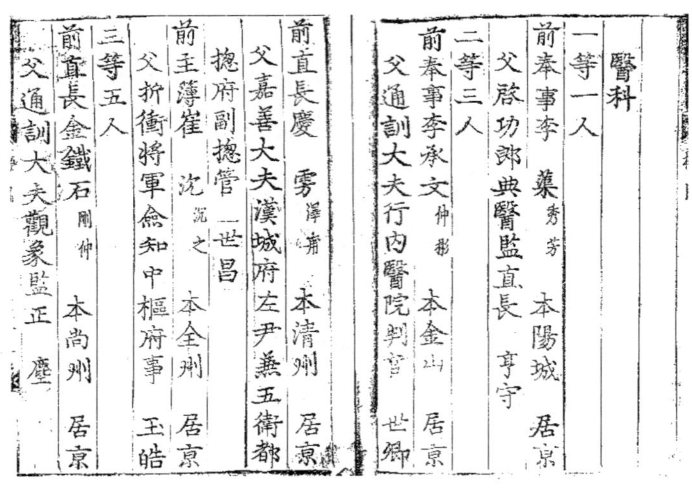

《의과방목》(의과 합격자 명부)

료는 의학생도가 파견되어 맡기도 하였다.

2) 의사로 출세하기

조선시대에 설행된 233회의 의과 시험 가운데에서 현재 명단이 확인된 합격자는 1,548명에 이른다. 대부분이 17세기 이후의 합격자들이다. 현존하는 의과 합격자 명부인 《의과방목》(醫科榜目)을 토대로 합격자들 본인과 그들의 가계를 개략적으로 알 수 있다. 《의과방목》에는 시험에 관한 사항은 물론이고, 합격자와 그 가계 구성원의 성명, 본관, 거주지, 전력, 경력 등의 사항까지 기재되어 있기 때문이다. 연대기, 법전 등의 자료에서는 잘 드러나지 않기 때문에, 《의과방목》과 그들의 족보 등을 이용해서 의원들의 관로 진출 양상, 사회적 지위, 그리고 혼인 양상 등을 알 수 있다.

의관들은 기본적으로 한품 거관법(限品去官法)에 따라 관로가 제한되어 있어서, 계속적인 승진이 보장되지 않았다. 법규상으로는 최고 정3품 당하관까지 올라갈 수 있었다. 그들은 당상관으로 승진할 수 없었던 것이다. 하지만 당상관에 오른 예가 없지 않았다.

실제로 의원들에게는 직능에 따라 당상관으로 승급할 수 있는 기회가 자주 주어졌다. 우선 왕의 최측근에서 보좌하였기 때문에 승진할 수 있는 기회가 많았다. 왕이나 왕실 구성원의 병을 낫게 하였을 경우 특별히 승진시켜 주는 예가 빈번하였던 것이다.

《동의보감》으로 유명한 허준(許浚)의 경우, 선조의 어의로서 1604년(선조 37) 호성공신(扈聖功臣)에 봉해졌으며, 1606년에는 정1품 보국숭록대부(輔國崇祿大夫)에 올랐다. 이에 대해 조정에서는 예로부터 임금의 병을 고친 사람들이 하나둘이 아닌데, 숭자중질(崇資重秩)이 이같이 심한 것이 없다고 하면서 허준의 가자(加資) 개정을 여러 차례 주장하였다. 선조는 받아들이지 않았다. 그러나 빗발치는 상소에 결국 보국숭록대부 가자를 개정하였다. 허준과 같은 당대의 명의도 중인이라는 신분의 제한을 벗어날 수는 없었던 것이다.

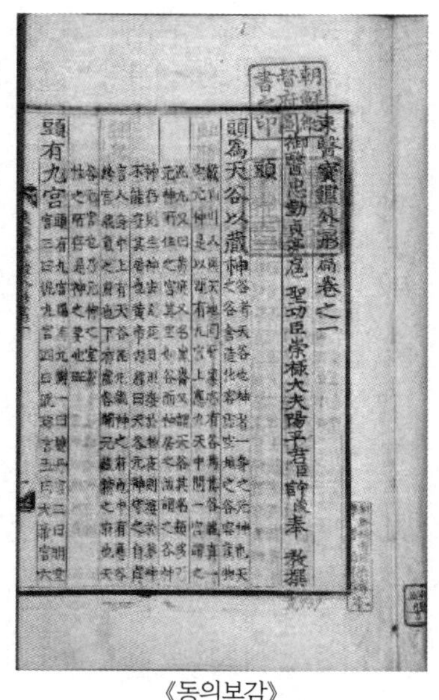

《동의보감》

의원들의 제도에 벗어나는 고품계화는 자주 조정의 논란을 불러왔다. 1494년(성종 25) 대신들은 2품은 재상의 직급인데 의공(醫工)의 미천한 자에게 제수하고 있으며, 자헌대부·가정대부·가선대부는 재상의 직질인데 함부로 의원과 같은 용렬하고 천한 무리에게 제수하는 것을 비판하였다. 기본적으로 양반관료들은 기술직의 중요성을 인식하고 있었으나, 그들을 양반 현직에 서용하는 것에 강력하게 반대하였다. 그것은 마치 농민이나 악공이 중요하다 하여 그들을 양반직에 서용하는 것과 같다고 하였다. 집을 지을 때 나무의 종류를 가려서 사용하듯이, 사람도 지체(地體)에 맞게 가려서 써야 한다는 것이 그들의 생각이었다.

이러한 논의 끝에 기술관에 대해 일정한 제한조치를 필요로 하게 되었다. 현종조에 의원이 정1품에 오르는 것을 개정하게 되었으며, 이어 법령이 마련되었다. 《속대전》 이전 경관직조의 "의관·역관은 정1품 보국숭록대부의 자품에 승급하지 못한다"는 법규가 그것이다. 이는 의원의 고품계화에 대한 양반 사대부층의 일정한 견제조치라고 하겠다.

따라서 의원들의 실질적 관직은 참상관직(6품에서 종3품)에 집중되어 있었다. 의과 합격자의 약 70퍼센트는 참상관까지 승급하였으며, 당상관직(정3품에서 정1품)으로 진출한 경우도 15퍼센트나 되었다. 그런데 그들 15퍼센트조차도 대부분 동반직이 아니라 서반직인 중추부(中樞府) 당상관직으로 나아갔을 뿐이다. 중추부는 서반 정1품아문으로, 문무당상관으로 맡은 직임이 없는 자를 우대하는 의미로 임명하는 예우 관서였다. 그러니까 일종의 명예로 중추부 당상관직을 제수하였으며, 그것도 단기적으로 운영하였다. 즉 의원에게는 동반 당상관직을 허용하지 않았다는 점을 주목해야 할 것이다. 의원들에게 급료가 지급되지 않는 명예직 품계에서는 당상관까지 승급하도록 허용한 반면, 관직이라는 실직에는 제한을 가하였던 것이다.

한편으로 의원은 때로 지방 수령으로도 진출하였다. 다른 역관, 음양관, 율관 상급 기술관도 지방관으로 진출할 수 있었지만, 의원이 제일 많았다. 그래서 숙종 연간에는 경기도 수령 자리는 의관들이 으레 맡는 자리가 될 정도였다 한다. 하지만 본인이 지방관으로 진출하였다 하더라도, 그 자손들은 다시 기술직에 종사하는 경향을 보여주었다. 지방관으로 진출하였다고 해서 양반층으로 신분 상승한 것이 아니었다. 그래서 자손 대에서는 다시 기술직으로 돌아왔던 것이다.

3) 여자 의사, 의녀

의사에 남자만 있었던 것은 아니다. 〈대장금〉을 통해서도 알 수 있듯이 여자도 의사가 될 수 있었다. 바로 의녀가 그들이다. 누가 의녀가 되었으며, 또 의녀는 어떠한 활동을 하였을까. 의녀는 부인들의 질병을 구호하고 진료하기 위하여 두었다. 의녀 제도는 1406년(태종 6) 3월 16일 검교한성윤(檢校漢城尹) 지제생원사(知濟生院事) 허도(許道)의 건의에 따라 처음 설치되었다. 부인들이 병이 있는데 남자 의원이 진맥하고 치료하게 되면, 혹 부끄러움을 머금고 나와서 그 병을 보이기를 즐겨하지 아니하여 사망에 이르게 되니, 창고나 궁사(宮司)의 동녀(童女) 수십 명을 골라서, 맥경(脈經)과 침구(鍼灸)의 법을 가르쳐서, 이들로 하여금 치료하게 해달라는 것이었다.

남녀칠세부동석(男女七歲不同席)이라는 사회적 분위기 탓에 부인들은 자신의 병을 남자 의원에게 진단 받기를 꺼렸다. 그래서 제생원에서 의녀를 따로 뽑아 진료하게 하였다. 남녀의 자유로운 접촉을 기피하던 시대였던 것이다. 하지만 양가집 규수들의 경우에는 당연히 의업에 종사하고자 하지 않았다. 때문에 창고나 궁사 소속 비녀(婢女)들 가운데에서 동녀(童女), 어린 여자아이들을 뽑았을 뿐만 아니라, 지방 관아 소속 여비(女婢)들 가운데 영리한 동녀를 선발, 침구술(鍼灸術)과 약이법(藥餌法)을 가르쳐서 부인들의 병을 치료하게 하였다.

의녀는 양반 여성들에게 특별히 필요한 직종이었던 만큼 장려책이 시행되곤 하였다. 1434년(세종 16) 의녀를 권장하기 위해 1년에 두 번씩 쌀을 내리게 하였다. 그리고 성종 9년(1478)에는 예조에서 의녀를 권장하기 위하여 성적에 따라 내의(內醫), 간병의(看病醫), 초학의(初學醫) 세 등급으로 나누어 권장의 법을 달리하였다. 이들은 방서(方書), 진맥, 명약(命藥), 점혈(點血) 등 의료 업무에 종사하였다. 하지만 사회적 신분과 대우는 천류(賤流)에 속한 기녀나 노비 계층의 그것과 크게 다르지 않았다.

4. 의사들의 세계 들여다보기

이처럼 의사들은 조선시대 전반에 걸쳐 상급 기술관이기는 하였지만 양반 중심의 사회에서는 어쩔 수 없는 차별이 계속되었다. 역대 왕들은 의학의 중요성을 인식하고 끊임없이 그들의 중요성을 강조하곤 하였다. 그래서 3품 거관(去官)에도 불구하고, 대신들의 견제와 차대에도 불구하고 그들은 고위 품계와 관직을 제수받기도 하였다. 실제로 의과 합격 뒤, 일반적으로 명예직인 품계에서는 10명 가운데 9명이 당상관으로 승급할 수 있었으며, 관직에서는 10명 가운데 7명이 참상관까지 진출하였다.

이렇게 의사들이 고위직에 오를 수 있었던 주요 계기는 왕과 왕실 측근에서 의료를 맡았던 데서 찾을 수 있다. 병을 치유한 공로로 포상을 받거나 고위관품에 제수되는 사례가 많았기 때문이다. 예컨대 1412년(태종 12) 중궁의 해산을 도운 상하 의원들에게 쌀 10섬과 5섬을 내렸다.(검교한성윤 양홍달, 검교참의 양홍적, 전 판전의감사 조청은 10섬, 전의감주부 김토, 부사직 이헌은 5섬) 또한 1470년(성종 1) 대왕대비는 성종이 편치 않을 때에 의원 김상진과 박종서가 숙직하여 공이 있다 하여 상을 내렸다.

1494년(성종 25) 원손(元孫) 탄생을 맞아 의원 송흠과 김홍수에게도 특별히 자급을 올려 포상하였다. 이에 대해 조정에서는 불가함을 지적하였다. 단지 출산을 도운 공로로 갑자기 높은 품계에 올랐으니 물정에 맞지 않는다는 것이다. 성종은 원손 탄생이라는 국가의 경사를 맞아 가자한 것이며, 그들은 의술에 정통하여 오랫동안 내의의 임무를 맡아온 것으로, 단지 오늘의 출산만을 도운 공로로 포상한 것은 아니라 하였다. 다음 달 조정에서는 이미 당상관으로 승진된 이들에게 재상의 직위인 종2품 가선대부와 가정대부 제수를 철회할 것을 요청하였다. 그러나 성종은 들어주지 않았다.

하지만 늘 즐거운 포상과 승진만 있었던 것은 아니다. 의료 시술이 잘못되었을 경우 책임 추궁을 면치 못하였다. 왕을 치료하다 문제가 되었을 경우, 심한 경우 목숨을 잃기도 하였다. 1420년(세종 2) 전의감 정(正; 정3품 당하관으로 최고 실무책임자) 정종하는 상왕인 태종의 입직(入直) 명령에 응하지 않았다 하여 대역죄로 재산 몰수는 물론이고 자신마저 참형에 처해졌다. 1452년(단종 즉위년) 문종이 죽자 의원 변한산·노중례·전순의 등은 국문을 받았다. 그래서 내의원에서는 왕실에 시약할 때, 후에 사고가 나도 책임이 돌아오지 않도록 극약 처방을 피하고, 보약 같은 약재 위주로 처방하였다는 이야기가 전해진다.

오늘날 대표적인 전문 직종으로 꼽히는 의사지만, 조선시대가 그들에게 부여한 사회적 지위는 높지 않았다. 인간의 목숨을 다룬다는 직무는 높이 평가되었지만, 신분적으로는 중인층에 속하였다. 의학 전공이라는 특수성 때문에 그들은 독특한 하나의 계층을 형성하였고, 일정한 사회적 차대는 그들 사이의 결속을 촉진시키기도 하였다.

따라서 그들은 독자적인 하나의 계층으로서 자의식을 가질 수 있었으며, 그러한 유대감은 19세기에 활발하게 편찬된 중인 족보, 특히 《의과팔세보》, 《의팔세보》, 《의역주팔세보》 등에서 볼 수 있다. 팔세보(八世譜)란 일반 족보처럼 시조나 중시조를 기점으로 후손을 기술하는 것이 아니라, 본인을 기점으로 조상을 거슬러 올라가는 형식을 취한다. 따라서 본인을 상단으로 하여 아래로 부친, 조부, 증조부, 고조부 등 8대조를 차례로 기재하였다. 그리고 하단에는 외조부와 처부를 적어, 모두 11단으로 구성되어 있다.

그러한 전문적 지식을 바탕으로 하는 동류의식, 그들 사이의 혼인을 통한 신분적 유대의 강화, 그리고 의료직 등 기술직을 대물림하는 세전성이 의사들의 세계를 특징짓고 있다. 그들의 세전성은 "의원이 3대가 되지 않으면 그 약을 먹지 말라"는 《조선왕조실록》의 정형화된 문구에 그대로 드러난다.

그래서 조선 후기에 접어들면 사회 전반적으로 신분의 동요와 해체와 같은 현상이 두드러졌지만, 그들의 경우 세전과 통혼을 통해 오히려 사회적 이동이 정형화되는 모습을 보여주었다. 사회적 유동성 속의 비유동성이라고 하겠다.

5. 서양 의학의 도입과 변모

19세기 말 서세동점이 조선 말기 사회에 가져다 준 급격한 사회 변동과 더불어 의원들의 세계도 크게 변모하였다. 어쩌면 그 변화가 가장 두드러졌는지도 모르겠다. 우선 오랫동안 의원들의 선발 통로로 기능하였던 의과 시험은 1894년(고종 31) 갑오경장으로 폐지되었다. 조선시대 500년 동안 지속되었던 충원 형식 자체가 없어진 것이다. 더욱 큰 변화는 서양에서 전래된 서양 의학의 도입에 다름 아니었다. 전혀 다른 새로운 의학이 등장한 것이다.

과학과 실험으로 무장한 서양 의학 앞에서 종래의 전통적인 의학은 점차 '한의학'으로 불리고, 그 위상 또한 부차적인 의학으로 밀려나게 되었다. 물론 서양 의학의 도입이 일사천리로 이루어진 것은 아니었다. 양이(洋夷), 즉 서양 오랑캐의 학문이자 동시에 기술이었기 때문이다. 새로운 의료장비와 시술 앞에서 때로는 겁을 먹기도 하였고, 때로는 거부반응을 보이기도 하였다. 선교사가 운영하는 병원은 아이를 잡아먹는 소굴로 여겨지기도 하였다.

하지만 실제 치료과정에서, 특히 부상당한 군인의 외상 치료에서 효과를 드러내기 시작하면서, 서양 의학이 차지하는 위상과 비중은 급격히 높아갔다. 호러스 알렌(Horace Newton Allen)이 세운 제중원(濟衆院)은 우리나라 최초의 서양식 병원이라 할 수 있겠다. 거기서는 서양 의료 선교사가 활동하였으며, 이어 한국인 학생에게 서양 의학 교육을 실시하였다. 전국 각지에서 비슷한 성격의 선교병원이 설립되었다. 1899년 설립한 관립 의학교는 1902년부터 서양 의학을 연마한 졸업생을 정기적으로 배출하였다.

그와 더불어 종래 중인 신분이었던 의사들의 사회적 지위와 위상 또한 급격하게 변하였다. 양반 사회를 근간으로 하는 조선 사회와 신분제는 해체되었지만, 사람의 목숨을 다룬다는 의학의 중요성은 변하지 않았기 때문이다. 당시 일각에서는 전통 의학의 맥을 고집하는 사람도 없지는 않았지만, 그들은 점차 밀려나서 부차적인 의학으로 자리 잡게 되었다. 그리고 새로운 의학을 배워서 활동하게 된 의사들은 점차 새 시대에 어울리는 최고의 전문 지식인으로 부상하게 되었다.

참고문헌

김두종, 《한국의학사》, 탐구당, 1966.

박형우·박윤재, 《사람을 구하는 집, 제중원》, 사이언스북스, 2010.

손홍열, 《한국중세의료제도연구》, 수서원, 1988.

에드워드 와그너/ 이훈상·손숙경 역, 《조선왕조 사회의 성취와 귀속》, 일조각, 2007.

역사학회, 《근대사회의 중산층(中間層: Middle class)에 관한 연구》, 1982.

연세대 국학연구원, 《한국 근대 이행기 중인 연구》, 신서원, 1999.

이남희, 《조선후기 잡과중인 연구》, 이회, 2000.

———, 〈조선시대의 의관—사회적 지위와 책임에 대하여〉, 《전통과 현대》 17, 2001.

———, 《클릭 조선왕조실록—조선왕조실록으로 오늘을 읽는다》, 다할미디어, 2008.

유 학 幼學

조선 후기 신분변동을 읽는 코드?

송 양 섭

충남대 국사학과 교수

1. 조선 후기 신분변동과 '유학'의 증가

우리가 접하는 많은 사실 가운데에는 상식적인 반론에 의외로 취약하면서 별 의심 없이 넘어가는 것이 꽤 있다. 아마도 당위의 차원에서, 아니면 너무나 일상적으로 접해 와서 그러하겠지만, 방대하게 축적된 한국사 연구의 성과 가운데도 그러한 것은 없는지 곰곰이 생각해 볼 일이다. 그러한 점에서 신분제의 동요 내지는 붕괴 양상을 중심으로 그려지는 조선 후기 사회신분제에 대한 설명도 한 번쯤 깊이 생각할 필요가 있을 것이다.

〈표 1〉은 울산호적의 신분구성비 변화를 나타낸 것으로, 현행 고교 국사 교과서에 수록되어 있다. 교과서에서는 이 표를 심화과정 과제로 제시하고 별다른 설명을 하지 않았지만, 교사용 지도서에서는 이에 대한 해설을 덧붙여 놓았다. 교사용 지도서는 "산업활동의 다변화와 경제활동의 진전은 필연적으로 신분구조의 변화를 유발하

시기	양반호	상민호	노비호
1729	26.29%	59.78%	13.93%
1765	40.98%	57.01%	2.01%
1804	53.47%	45.61%	0.92%
1867	65.48%	33.96%	0.56%

였다"고 전제하고, "이 같은 신분제의 동요는 농민층의 성장과 양반층의 몰락이라는 두 기반 위에 전개되었다. 양반 신분으로 상승하는 농민이 늘어나고 대신 평민층이나 천민층이 그만큼 감소하면서 봉건적 신분제는 무너져 갔다"고 설명하였다. 이 같은 서술은 이 시기 신분제 변동을 바라보는 학계의 일반적 시각을 비교적 잘 요약하고 있는 듯하다.

조선 후기 호적대장상 '신분' 구성비의 변화는 당시의 상황을 어떠한 형태로든 반영하고 있을 터이지만, 이를 둘러싼 연구의 궤적은 그리 간단하지 않다. 이러한 연구 흐름의 바탕에는 한국 중세사회를 떠받치는 주요한 장치 가운데 하나인 신분제가 무너져가는 모습이야말로 근대사회의 여명을 보여주는 결정적 지표라는 인식이 깔려 있다. 여러 지역에 남아 있는 호적대장은 그 근거자료로서 더없이 제격이었다.

교과서에 소개된 울산 지역 사례 말고도, 대구·단성·언양·제주 등의 호적에도 이른바 양반층의 비율이 크게 늘어나고 평·천민층의 비중이 크게 줄어드는 현상은 어김없이 포착된다. 그런데 이러한 신분변동의 방대한 통계를 처음으로 정리하여 보고한 사람은 일제시대 일본인 학자인 시카타 히로시(四方博)였다. 시카타의 연구는 조선 사회의 정체와 문란상을 밝히기 위한 정치적 의도가 다분하였지만, 연구방법이나 통계 데이터가 이후 연구에 적지 않은 영향을 미쳤음을 부인할 수 없다. 그 방식은 호적대장에 나타나는 다양한 직역을 분류하여 직역군별 신분을 추정하고, 비율의 변화를 시기적으로 추적하는 것이었다.

호적대장은 개개인(口)이 호(戶)의 형태로 묶이고, 그러한 호구(戶口)의 합이 행정구역 단위로 편집되어 있다. 호적대장에 담긴 다양한 내용 가운데 무엇보다 연구자들의 관심을 끈 것은 개개인의 이름 앞에 기재된 관직이나 신분, 호칭 등에 대한 정보였다. 이를 통상 '직역'이라고 하는데, 그 내용의 풍부함과 변화의 역동성은 타의 추종을 불허할 정도다. 시기가 지날수록 크게 늘어나는 양반층이란 실제로는 직역의 일종인 '유학(幼學)'의 증가를 그렇게 표현한 것에 다름 아니다. '유학' 직역을 가진 사람이 꾸준한 증가하여 19세기에 접어들면 앞서 제시한 표와 같이 호적대장상 직역의 가장 많은 비중을 차지하는 것이다.

'유학'은 원래《예기》(禮記)의 구절 가운데 배움을 시작하는 10세('人生十年曰幼學')를 이르는 말로, 원칙적으로 과거시험을 준비하는 관료예비군을 가리키는 용어였다. 보통 '살아서 유학을 칭하고 죽어서는 학생을 칭한다'(生稱幼學 死稱學生)라고 하고, 살아있는 '유학'의 '학'자는 '지'(攴)가 들어간 '학(學)'을, 이미 죽은 '학생'의 '학'은 '효'(爻)가 들어간 '학(學)'을 쓴다고 하지만, 실제로는 꼭 그렇지도 않아서 살아있는 사람이 학생 직역을 가진 경우를 호적대장에서 어렵지 않게 찾아볼 수 있다.

'유학'은 그 시대 다양한 사회신분·계층 가운데 관료가 될 수 있는 모집단으로서는 가장 큰 범주를 차지하는 직역 가운데 하나였다. '유학' 직역을 가진다는 것은 원칙적으로는 사족으로서 신분질서상 가장 상위에 속하는 유력한 사회집단의 일원임을 표상하는 것이므로, 그것만으로도 '유학'은 모든 계층의 열망일 수밖에 없었다. 이들은 관료가 되기 위한 시험을 준비한다는 이유로 국역부담에서 면제되었는데, 바로 이 점이 '유학'이 가진 또 하나의 매력이었다.

조선 후기 직역구성비의 변화양상이 그 자체가 일정한 역사적 진실을 담고 있음은 분명하다. 그럼에도 19세기 중엽 전체 직역구성비의 무려 6할을 넘나드는 유학층을 명실상부한 왕조의 지배 엘리트로서 양반사족이나 그와 유사한 무엇이라는 점은 선뜻 수긍하기 어렵다. 이러한 의문은 기존 연구에서 제시된 다음의 몇몇 사례로도 구체적으로 확인할 수 있다.

가령 19세기 후반 경상도 단성의 원당면 사월리의 《여사서민적》(餘沙庶民籍)에 등재된 인물들은 신분적으로 평민임에도 호적대장에는 이들 가운데 일부가 유학 직역을 띠고 있었다. 비슷한 시기 경상도 거제 구조라 마을의 '유학' 손유복(孫有卜)은 군안(軍案)에 등재되어 수군역의 하나인 방군(防軍)의 역을 수행하고 있었다. 1837년 진주 향교 수리를 위해 지방민으로부터 물재(物財)를 거둔 기록부인 《물재수집기》(物財收集記)에는 전체 1만 8601호의 23퍼센트 정도를 차지하는 4,418호의 유호(儒戶)를 볼 수 있는데, 이들 유호는 다시 2,131호의 원유호(元儒戶)와 2,287호의 별유호(別儒戶)로 구분되었다. 이는 같은 유호라 하더라도 어떠한 형태로든 구분되는 현실적인 층위가 존재하였음을 보여준다.

1727년 창녕 유학 배진삼(裵晉三)의 상소는 이러한 실정을 더욱 잘 정리하고 있다. 그는 '유학'을 세 가지 부류로 나누었다. 첫째는 '향내유학(鄕內幼學)'으로서, 이들은 주로 사대부나 벌열을 칭하는 것이라 하였는데, 아마도 유학의 본래 뜻에 가장 부합하는 부류는 이들인 듯하다. 둘째는 '향외유학'(鄕外幼學)으로서, 이들은 향품관(鄕品官), 한산(閑散) 등의 부류들이라고 하였다. 마지막으로 가장 문제가 되는 것이 바로 '모칭유학'(冒稱幼學)이라는 부류인데, 이들은 서얼이나 양민이 군역을 모면하기 위하여 뇌물을 써서 《청금록》(靑衿錄)에 오른 경우다. 이들은 호적이나 호패에 유학 직역을 사용할 뿐 아니라, 옷차림조차 사족들과 구별이 없어 명분의 문란을 부채질 하는 존재라고 배진삼은 개탄하고 있다.

18세기에 접어들어 유학 직역자는 이처럼 향촌 내부에서는 종래 사족집단과는 구분되는 다양한 형태로 존재하였다. 호적에 등재된 동일한 직역이 동일한 신분을 의미하지 않았음은 물론, 시기나 지역에 따라 이들에 대한 사회적 규정 또한 얼마든지 달라질 수 있었다. '유학=양반'의 등식은 현실사회 속에서는 성립하기 어려웠다. 19세기 접어들어 광범위하게 진행된 유학 직역의 증가현상은 대단히 복합적인 사회동향을 반영하고 있었다.

2. 인구조사와 호적대장

유학의 증가를 어떻게 평가할 것인가? 아마 조선 후기 사회변동을 이해하기 위한 주요 화두를 손꼽을 때마다 빠지지 않는 질문일 것이다. 그만큼 이에 대한 해석도 다양하다. 양반호 자체가 다른 신분층에 비해 급격히 늘어났다는 주장, 중간계층이 유학 직역을 가지는 경우가 크게 증가하였다는 설, 그리고 하층민이 불법적으로 유학 직역을 획득한 것이 주된 요인이라는 지적, 호적대장 자체가 점차 신분을 판별할 수 있는 기능을 잃어갔기 때문이라는 설 등이 그것이다. 이러한 주장들은 나름의 근거를 가지고 유학의 증가에 대한 합리적 설명을 하고 있지만, 당시 사회현상을 총체적으로 이해하기에는 여전히 무언가 부족한 느낌이다.

이 시기 유학 직역자의 증가는 단순히 사회의 불법적인 난맥상을 반영한 것으로 치부할 수 없는 광범위한 현상이었다. 하층민이 좀 더 나은 신분이 되고자 하는 욕구는 어느 시대 어느 사회나 마찬가지일 것인데, 유독 19세기에 접어들어 이 같이 극적인 상황이 연출된 이유가 무엇일까? 이 문제는 우선 호적대장이라는 자료의 성격을 환기하는 데서 시작할 수밖에 없다.

조선왕조의 호적대장은 왕조가 존속하는 전 기간에 걸쳐 간단없이 이루어진 체계적인 인구기록으로서, 세계적으로도 그 유례를 찾기 힘들다. 근대적 인구센서스야 특정 국가나 일정한 조사지역 내의 각종 인구·경제·사회적 자료를 수집 분석하여 공표하고, 이를 정책의 기초자료로 활용하고자 한 것이었지만, 조선왕조의 호적대장 개수(改修)를 이와 등치시킬 수는 없다. 왕조정부는 호구의 동태를 파악하기 위하여 3년(子·卯·午·酉가 들어가는 해)마다 호적대장을 작성하였다. 지방관청에서는 호별로 구성원의 직역, 성명, 연령, 본적, 4조(四祖)와 모(母) 등의 인적사항을 적은 호구단자(戶口單子)를 받아 면·리·통(統)·호(戶) 순으로 정리하게 하고, 이것을 군현 단위로 묶었다. 호적은 조선시대 이전부터 이미 작성되었으나 그 일부가 호구단자의 형태로 오늘날까지 전하고 있을 뿐이며, 호적대장의 형태로 남아 있는 것은 17세기 이후에 작성된 것이 대부분이다.

전근대시기에 인구 상황을 파악하려는 시도는 한국뿐 아니라 중국, 일본, 유럽 등에서도 이루어졌다. 전근대 중국에서도 한국과 마찬가지로 인구동태를 파악하기 위해서 정부가 주도하여 호적을 작성하였다. 중국의 갑골문자에서 이미 왕조의 행정, 재정과 관련하여 토지와 인간에 대한 관리가 이루어졌다는 기록이 있으며, 한대(漢代)의 묘지로부터 호적의 단편이 발견되었다. 이후 6, 7세기의 수·당시대에 접어들어 호적제도가 확립되어 이후 제도와 내용이 조금씩 변화해 갔음이 밝혀졌다. 최근에 발견된 호구책(戶口冊)은 18세기 중엽 이후 20세기 초까지 청조 발생지인 동북부 요령성에서 3년 1회의 인구조사를 한 것이다. 청의 황제가 신뢰할 수 있는 군사를 어느 정도 동원할 수 있는지를 가늠하기 위해 실시하였다고 여겨진다. 근세 일본에서는 중앙정부의 반기독교정책에 따라 자신이 기독교도가 아님을 증명하기 위해 사찰에 입적(入籍)하였는데, 사찰에서는 입적하는 사람들에 대한 각종 기록을 문서로 남겼다. 뿐만 아니라 각 지역에서 종교적 목적이나 인력을 동원하기 위한 인구조사가 이루어졌다. 대표적인 것이 《슈몬아라타메초》(宗門改帳)와 《닌베츠초우》(人別帳)인데, 어떤 지역의 사료는 대략 200년 동안의 기록도 남아 있다. 일본의 《슈몬아라타메초》와 《닌베츠초우》는 종교적 목적으로 사원을 매개로 작성되었으나 주민대장의 형태를 띠고 있다.

유럽의 경우, 프랑스의 《교구부책》(敎區簿冊)은 교구민의 세례, 결혼, 장례라는 교회행사의 연대기로서, 교구의 인구, 가족 등과 관련된 데이터를 담고 있다. 이 밖에도 스웨덴의 시험등록증과 같이 교구민의 성서 해독능력을 조사하기 위한 사료, 이탈리아의 혼의(婚儀) 기록과 같이 로마 가톨릭교도에 의한 프로테스탄트 배제를 위한 사료 등 종교적 목적으로 작성된 것이 일반적이다. 반면 19세기 중엽 국세조사에 기초한 벨기에의 주민대장은 조선·중국의 호적과 유사한 주민대장 형태를 띠기도 한다.

인구조사를 의미하는 '센서스'(Census)는 원래 값을 매기다, 평가하다라는 'censere'와 로마시대 시민의 등록과 징세를 담당하던 관리를 지칭하는 'censor'에서 유래하였다. 센서스의 목적은 노동력이나 병력 또는 세수(稅收)를 평가하고 확보하려는 데 있다. 중국의 경우도 마찬가지였다. 청대의 인구와 관련된 각종 통계 가운데 '정수'(丁數)는 더 노골적이어서 그 자체가 세금을 내는 단위였다.

조선왕조 정부는 호구조사 과정에서 한 사람 한 호도 빠뜨리지 않고 샅샅이 파악하고, 이를 어기는 수령이나 백성을 엄벌에 처할 것을 끊임없이 강조하고 있다. 하지만 그것은 문자 그대로 말뿐이었다. 호구수를 현실에 가깝게 파악하는 것은 불가능하였을 뿐 아니라

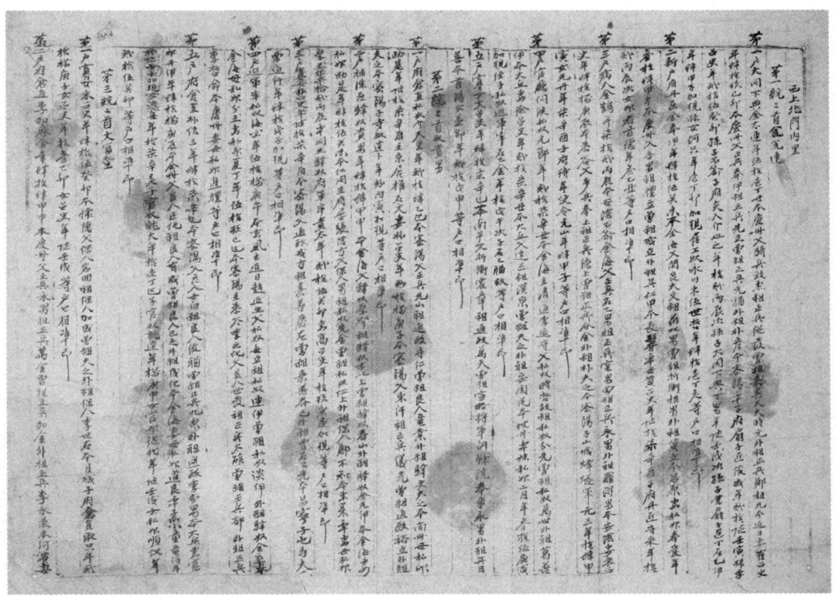

경상도 대구부 호적의 일부

오히려 금기시되는 경향마저 있었다. 다산 정약용은 호구파악 방식을 핵법(覈法)과 관법(寬法)으로 나누었는데, 전자는 1호도 누락 없이 호구의 실제 숫자를 파악하는 것이고, 후자는 핵법과 달리 마을 자체에서 스스로 장부를 만들어 요역과 부세를 할당하게 하고, 관에서는 그 대강을 들어 총수를 파악한 뒤 균평하게 하도록 하는 것이라고 정의하였다. 정약용은 당시 실정을 감안하여 지방관은 관법을 따르는 것이 좋다고 말하였다. 이 같이 왕조 정부는 겉으로는 1호(戶) 1구(口)도 빠짐없이 민수(民數)를 파악한다는 이른바 '핵법'을 표방하였지만, 실제 운영은 관법적인 형태였다고 해도 무방하다.

핵법의 명분과 관법의 현실 사이에 위치한 조선왕조의 호구 파악의 1차 목적은 국역과 부세운영을 위함이었다. 따라서 3년 단위로 파악되는 호구의 총수는 중앙정부의 방침에 따라 일정한 규모로 조절되고 있었다. 예컨대 1735년 지사 송인명(宋寅明)이 "신임년(辛壬年, 1721~1722) 이후 각 읍의 호구가 크게 줄어들었는데도 지금 식년 호적에 조정에서는 신임년 이전의 호구수를 독촉하니, 하리(下吏)가 이에 따라 각 읍을 조종(操縱)하여 허호(虛戶)로 액수를 채웁니다"라고 한 것은 호적대장의 호구수가 어떠한 목적을 위해 '위로부터' 배정되고 있음을 암시한다.

이는 서구나 중국도 마찬가지였다. 그러한 점에서 《구약성경》에 나와 있는 다윗왕의 고사(故事)는 매우 상징적이다. 다윗왕이 실시한 이스라엘과 유다의 병적(兵籍)조사는 매우 사악한 것으로 간주되었는데, 야훼는 이에 대한 대가로 삼 년 동안의 가뭄, 석 달 동안 적의 칼에 쫓기는 것, 사흘 동안 나라에 역병이 창궐하는 것 등 세 가지 재앙 가운데 하나를 골라 받도록 하였다. 다윗은 마지막 재앙을 선택하였으며, 호구조사의 대가로 무고한 사람 7만 명이 전염병으로 목숨을 잃었다. 다윗왕의 고사는 여기서 그치지 않는다. 이 이야기는 이후에도 이어져 인구조사를 죄악시하는 전통이 만들어지는 데 한 몫 하였다. 18세기 영국의회의 인구조사 법안에 대하여 한 의원은 지역 주민 모두 다윗왕의 처벌을 두려워한다고 하면서 반대의사를 표명하였다. 1634년 미국 매사추세츠 베이 식민지 지사였던 존 윈드롭은, '다윗왕의 실례가 우리 마음속에 살아있기 때문에' 인구를 제대로 헤아리기보다는 추정치에 만족한다고 하였다.

중국의 경우도 다르지 않았다. 18세기 중엽 진굉모(陳宏謀)는 보갑제(保甲制)가 지방의 치안유지에 이용되기 위해서는 지역주민을 파악하는 데 지나치게 관여하지 말아야 한다고 하였다. 특히 청대 초기의 기록 가운데는 호(戶)나 성년남자의 수치를 열세 번에 걸쳐 이전 수치를 그대로 적은 사례가 나타나는데, 이에 대해 많은 학자들은 당혹해하면서 청의 인구수치는 완전히 엉터리라고 불평하기도 하였지만, 이것도 근대 이전 인구조사가 가지는 의미를 감안한다면 별로 이상할 게 없다.

이같이 근대 이전의 인구조사는 동서양을 막론하고 현실의 인구수치와 무관하게 다양한 형태로 이루어졌고, 이 때문에 인구조사의 목적에 부합하는 수치를 확보하면 그뿐이었다. 인구조사의 결과 확보된 액수는 당대의 사회 상황을 배경으로 그 조사가 가지는 의도와 관련해서 파악해야만 의미를 가질 수 있다. 조선의 호구파악이 그러한 세계사적 보편성에서 특별히 벗어난다는 증거는 발견되지 않는다. 이제 문제는 호구 파악의 목적이 호적대장에 어떠한 형태로 투영되었고, 그것이 가지는 의미가 무엇인지에 대한 것으로 넘어간다.

3. 호적대장과 직역의 운동

조선왕조가 막대한 비용과 행정력을 들이면서 끊임없이 호적을 개수한 이유는, 무엇보다도 국가기구와 체제를 유지 운영하기 위한 인적 자원의 확보와 재원의 수취라는 대단히 현실적인 목적과 관련되었기 때문이다. 이 때문에 호적대장에 실린 정보는 신분보다는 국가권력의 향촌민에 대한 파악 방식을 반영한다고 보는 것이 타당하다. 호적대장에 나타난 복잡한 현상을 합리적으로 이해하기에는 아직 연구가 부족한 형편이지만, 호적대장에 등재된 정보가 중앙정부의 국역편제 방식과 부세정책의 흐름 속에서 지역사회의 정치적 관계와 수령의 입장이 서로 뒤엉켜 나타난 복잡한 사회·권력관계의 산물이라는 점은 분명하다. 시기적으로나 지역적으로 호적대장상의 호구수는 실제 인구수와 크게 차이가 나고, 호의 구조 또한 실제 주거공간을 함께하는 생활단위라고 하기 힘든 작위성이 짙게 드러나는 것은 이 때문이다. 호적대장에 대한 접근이 신중하지 않으면 안 되는 중요한 이유도 바로 여기에 있다.

호적대장을 구성하는 가장 기본적인 단위는 호(戶)였다. 호는 개개인을 가족의 형태로 편제하여 개인의 취약한 자립성을 보완함으로써 국역·부세 부과의 일차적 단위로 묶은 것이다. 물론 호가 가족의 형태를 띤다고 해서 당시 가족구성의 실제 모습을 그대로 보여준다고 할 수는 없다. 이제 이러한 점을 염두에 두고 몇 가지 사례를 가지고 각 직역별 추이를 살펴보자. 〈표 2〉는 경상도 단성현 법물야면의 유학 직역자, 군역부담자, 노비층 등 세 가지 주요 직역군의 추이를 나타낸 것이다.

우선 '유학'을 보자. 1678년 27명에 불과하였던 유학은 18세기 중엽을 거치면서 크게 늘어나서 1882년에는 무려 411명을 기록하고 있다. 그런데 유학이 늘어나는 메커니즘은 우리가 생각하는 것과는 좀 다르다. 호적대장상 유학 직역을 가지고 등장하는 인물을 하나하나 추적해 보면 대부분 앞 식년에 이미 유학 직역을 가졌거나 등재되지도 않은 존재였고, 다음 식년에는 유학 직역을 유지하거나 아예

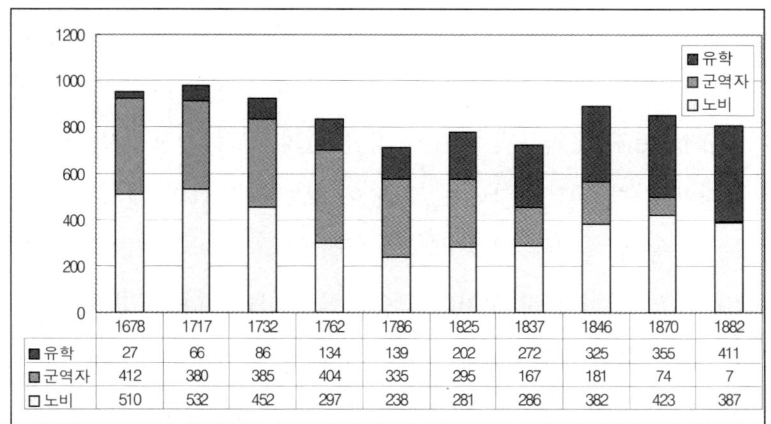

	1678	1717	1732	1762	1786	1825	1837	1846	1870	1882
유학	27	66	86	134	139	202	272	325	355	411
군역자	412	380	385	404	335	295	167	181	74	7
노비	510	532	452	297	238	281	286	382	423	387

호적대장에서 흔적도 없이 사라지는 경우가 대부분이었다. '평·천
민'의 직역을 가지고 있다가 '중인'층의 직역을 획득한 후 유학 직역
을 칭하는 이른바 신분상승의 유형은 그리 흔하지 않은 예외적인
사례에 속하였다. 더구나 상위직역으로의 이동을 상쇄할 만큼 하위
직역으로의 이동사례도 적지 않게 포착된다. 직역구성비의 영향을
미치는 유학 직역의 대거 등장은 앞뒤 식년은 물론, 같은 지역 호적
대장 어디에서도 출자(出自)를 확인할 수 없는 유학 직역자의 등재
와 탈락 메커니즘이었다. 아마 다른 직역군도 양상은 비슷할 것으로
생각되지만, 어쨌든 유학 직역의 폭발적 증가와는 달리 개인별 직역
의 단계적 상승은 적어도 호적대장 상에서는 일반적인 현상이 아니
었다.

　다음은 유학과 반비례하여 크게 줄어드는 군역부담층이다. 군역
부담자층은 주로 평민층으로 추정되던 직역의 주력으로서, 이들의

감소는 곧 평민층의 비율 감소라고 해석해 왔다. 18세기 300, 400명 수준을 유지하던 군역부담자는 19세기 전반 큰 폭으로 감소하여 반 이하로 떨어지다가, 이후 호적에서 사실상 증발하다시피 한다. 하지만 19세기 이후 군역부담층(혹은 '평민'층)의 급격한 감소가 군역부과액 자체의 감소를 의미하는 것은 아니었다. 호적의 해당연도 말미에는 일종의 총계에 해당하는 '도이상'(都已上)의 수치가 제시되어 있는데, 그것이 본문 수치의 단순취합은 아니었다. 군역부담자와 도이상을 비교해 보면, 18세기까지 어느 정도 일치하던 둘의 수치는 19세기에 접어들어 그 격차가 크게 벌어지고 있었다. 즉, 군역부담자의 경우 19세기에 접어들면 본문의 수치가 크게 줄어드는 데 비해 도이상의 액수는 일정 수준을 꾸준히 유지하고 있음을 볼 수 있다.

이 서기의 군역은 이미 개인에 대한 개별부과가 아닌 촌락에 대한 공동부담으로 변하고 있는 상태였기에, 개인의 이름 앞에 군역명을 굳이 써넣을 필요가 없었던 것이다. 그 대신 그 마을이 부담해야 할 군역의 총량은 '도이상'에 나온 액수를 토대로 부과되어 촌락 내부의 관행에 따라 징수되었다. 정부의 관심사는 군포 수입에 있었기 때문에 방법이야 어떻든 정해진 액수를 완납하면 그뿐이었다. 엄밀히 말해 19세기 이후 호적대장에 나타나는 군역부담자의 수는 '평민'층의 실제 구성비에 대한 어떠한 정보도 담고 있지 않았다. 이는 다른 직역도 마찬가지였다.

마지막으로 노비층의 동향을 보자. 노비수는 1717년 532명으로 정점을 기록한 뒤 계속 줄어들었다. 이는 각종 서술자료에 나타나는 노비제의 동요 내지는 해체 현상을 보여주는 듯 보이지만, 1786년 (238명)의 저점을 통과한 노비수는 1870년까지 오히려 점진적으로 증가하는 모습을 보인다. 노비제 해체라는 통설에 반하는 노비수 증가의 궤적은 다른 지역도 동일하게 포착된다.

결국 호적대장상 기축을 이루는 유학, 군역부담자층, 노비 등 세 그룹의 동향은, 우리가 종래 보아왔던 시기별 구성비의 단순비교를 통한 이해와는 달리 복잡한 운동 메커니즘을 통해 나타난 것임을 알 수 있다. 19세기 호적대장에 구현된 역동성에는 신분상승에 대한 민의 욕구와 열망이 녹아 있는 것은 분명하지만, 이에 대한 국가의 승인이 없는 한 그러한 현상은 나타나기 어려웠다. 호적대장상의 직역구성비 변화는 현실사회 내부의 움직임, 그리고 이에 대한 국가의 대응방식 변화라는 두 가지 요인이 상승작용을 일으킨 결과였다. 따라서 민(民)에 대한 국가의 파악 및 지배정책의 추이가 어떠하였는지 살펴보는 것이 사태를 이해하는 한 가지 열쇠가 될 것이다.

4. 왜 유학 직역을 묵인할 수밖에 없었나

조선왕조가 막대한 비용을 들여가면서 호적제도를 운영하였던 것은 국가체제를 운영하기 위한 인적 자원과 재원의 수취를 위한 기초 자료를 확보하기 위함이었음은 앞서 서술한 바와 같다. 권리와 의무 면에서 많은 차이를 가지지만, 호적대장에 등장하는 다종다양한 직역은 ① 각종 품관, 유학 등 중앙의 사환권(仕宦權)과 관련된 직역, ② 군역·양역 등과 관련된 것, ③ 향역(鄕役)이나 사모속(私募屬)

등 군현 내부의 역과 관련된 것, ④ 노비층 등으로 거칠게나마 나눌 수 있다. 적지 않은 예외가 있기는 하지만, 호적대장에 등장하는 수많은 직역은 다양한 층위에도 불구하고 국가의 통치영역에 속하는 각종 공공업무와 관련된 것이 대종을 이룬다는 점을 중요한 특징으로 지적할 수 있다.

이와 관련하여 호적의 개수(改修)와 직역의 부과를 비교사적으로 검토한 미야지마 히로시(宮嶋博史)의 의견은 매우 흥미롭다. 즉, 조선왕조의 직역 부과를 일종의 사회적 분업의 재조직이라고 본다면, 그 과정을 국가가 주도하였다는 점이 특징으로 지적될 수 있다는 것이다. 중국과 비교한다면 시장경제의 발전이라는 측면에서 조선은 현격히 뒤쳐져 있음을 인정하지 않을 수 없는데, 바로 그러한 점 때문에 조선왕조는 사회적 분업 문제를 시장경제에 맡길 수 없었다는 것이다. 중국의 경우, 편적(編籍)의 빈도가 10년이었다가 명대 중기 이후부터는 이마저도 무의미해졌고, 18세기부터는 이러한 시도 자체가 사라진 반면, 조선왕조는 3년을 단위로 한 호적대장의 개수를 마지막까지 포기하지 않았는데, 이것이 국가 주도 사회적 분업의 한 징표라고 보았다. 조선왕조 국가의 사회적 경제적 역할이라는 측면에서 한 번쯤 새겨볼 만한 주장이다.

그렇다면 유학 직역이 늘어난 이유는 무엇일까? 앞의 논의를 받아서 조심스럽게 타진해 보자. 이를 위해서는 이 시기 부세 및 재정 운영의 전반적인 실태를 살필 필요가 있다. 18세기 조선왕조의 부세 제도는 전정(田政), 군정(軍政), 환곡(還穀) 중심의 삼정체제(三政體制)로 운영되었다. 삼정을 중심으로 하는 부세 각 부문은 중앙으로의 재정일원화 추세 속에서 군현 단위로 할당된 수취총액이 완고하게 굳어져, 실제 인구나 토지 변화를 감안하지 않고 정해진 액수를 어떻게든 수취하고자 하는 '비총'(比摠) 방식이 적용되었다. 지방재정을 위해 배정되었던 대동유치미는 대부분 중앙으로 상납되었고, 균역법의 감필분(減匹分)을 메우기 위해 창출된 대체 재원의 상당 부분은 지방재정의 주요 수입원이었다. 세수의 상당 부분은 중앙으로 흡수되었다. 일방적으로 재정적 희생을 강요당하고 있던 지방관청은 이제 스스로 자구책을 마련하지 않으면 안 되었다.

이에 지방관청들은 양반의 직역이라는 상징성을 가짐은 물론, 군역부담이라는 멍에에서도 자유로운 유학 직역을 바라는 백성들의 요구를 수용함으로써 이들이 호적에서 빠져나가는 것을 막는 한편, 이를 기반으로 재정원을 확보하고자 하였다. 유학 직역은 경제적으로 안정된 계층을 호적대장에 끌어들이는 좋은 미끼였다. 물론 중앙정부에게 이들은 이른바 '모칭유학'(冒稱幼學), 즉 불법적인 존재로 간주될 뿐이었다. 이들이 유학 직역 획득을 위해 지방관청에 제공하는 반대급부도 뇌물로 비치기 일쑤였다. 하지만 거기까지였다. 왕을 포함한 조야의 많은 인사들이 유학의 증가라는 '명분의 문란상'에 대한 개탄을 멈추지 않았지만, 이들은 문제를 해결할 적극적인 의지도 능력도 없었다. 새롭게 유학을 칭하는 부류들이란 '상민이나 천민으로서 가계가 조금 넉넉한 자'(常賤之家計稍裕者), '간민으로서 조금 먹고살 만하고 대충 글자나 깨우친 자'(奸民稍貯十斛麥粗解一丁字者) 등으로 표현되었다. 이들이 사회적으로 어떠한 존재였는지 어렴풋이나마 짐작하게 한다.

물론 군역은 개별 인신에 대한 부과가 사실상 무의미해진 상태였다. 이는 정약용이 '유사시가 되면 훈련도감 포수 보인(保人)은 포수를 따르고 금위영 보인은 금위군을 따르겠는가? 이것은 모두 명목을 만들어서 장차 포(布)를 거두는 것이 목적인데, 포를 이미 거두었으면 명목을 장차 무엇에 쓰겠는가?'라고 하는 데서 잘 드러난다. 군역수취가 마을 단위로 내부의 사정에 따라 공동으로 부담하는 방식으로 변화하고 있었음은 앞서 언급한 대로다. 재정확보에 혈안이 된 지방관청과 유학을 얻고자 하는 민의 이해관계가 맞아떨어지고, 그것이 호적대장에 반영된 것은 이러한 당시 군역 운영의 변화를 배경으로 하였다.

19세기의 유학 직역자를 호주(戶主; 또는 主戶)로 한 호(戶)는 도저히 현실의 가족 형태를 반영하였다고 보기 어려운 특이한 모습을 띠고 있다. 단성호적을 통해 보면, 유학호는 호주와 그 아내, 그리고 아들, 여기에 노비 1구가 첨부된 형태가 압도적이었다. 그런데 나이나 4조(四祖) 등 호주 부부와 관련된 정보에는 오류가 매우 많으며, 딸을 가진 호는 거의 없는데다가 획일적으로 노비 1구를 소유하는 등 도저히 가족의 실제 형태라고 할 수 없는 작위성의 냄새가 물씬 풍긴다.

〈표 3〉은 경상도 단성현 법물야면의 호와 노비의 존재양태를 그래프로 나타낸 것이다. 그래프에 나타난 특징을 지적하면 ① 노비호의 소멸, ② 노비를 소유하지 않은 호의 급감, ③ 노비소유호의 급증 등 세 가지로 요약된다. 이 같은 추세가 나타난 이유는 아직까지 정확하게 알 수 없지만, 중요한 것은 19세기 접어들어 급격하게 늘어

표 3. 단성현 법물야면의 호와 노비의 존재양태

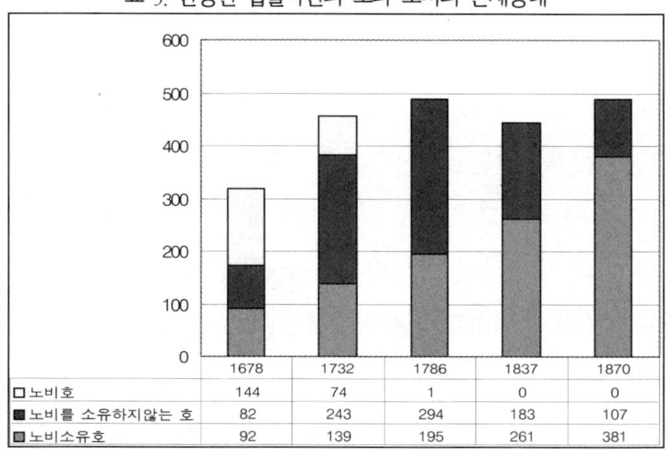

나는 노비소유호의 호주의 직역이 거의 유학이었다는 점이다. 노비를 가진 유학호는 1786년 77호로 유학호의 78퍼센트, 전체 호의 17퍼센트를 기록하다가, 1837년 183호로 유학호의 82퍼센트, 전체호의 45퍼센트를 차지한다. 이후 1870년에는 262호로 유학호의 80퍼센트, 전체호의 58퍼센트를 차지하고 있다. 소유노비는 거의가 1구였다. 19세기 호적에는 유학 직역을 가진 호주와 배우자, 자식 1명으로 이루어진 직계혈연을 중심으로 노비 1구를 가진 호가 광범위하게 분출하고 있었던 것이다.

유학호마다 소유한 것으로 나타나는 노비 1구의 존재는 노비제 동요 추세와는 다르게 총 노비수가 19세기 중엽 이후 늘어나는 주요인으로 작용한다. 호마다 1구씩 포함된 노비를 어떻게 보아야 할까? 앞서 언급한 바와 같이 호적대장에 기재된 노비에 대한 정보는 실제 노비의 소유실태와는 상당한 거리가 있다. 19세기 단성사족 유의삼도 이를 두고 각 호가 실제로 소유하지도 않은 노비를 소유한 것처럼 호적에 기재한다고 분명하게 지적하였다. 19세기에 접어들어서는 노비와 관련된 정보의 오류가 더욱 심해지는데, 나이의 경우 오차가 단순착오의 수준을 벗어날 정도로 크다.

그렇다면 왜 가지고 있지도 않은 노비를 각 호마다 허위로 기재하였을까? 이와 관련하여 주목되는 사실은, 일찍부터 노비가 양반호에 대한 일종의 대리자로 내세워지고 있었다는 점이다. 가령 1625년 《호패사목》에서는, 사족가의 통주(統主)를 노(奴)가 대신할 것을 허용하였고, 토지대장의 기주(起主)란에도 사족들 자신의 이름이 아닌 노비의 이름을 대신 기재하였던 것이다. 사족들은 자신들이 직접 수행하기 곤란한 일이나 기피하고픈 임무에 소유 노비를 대리자로 내세우는 관행이 널리 확산되었던 것이다.

언제부터인지 확실하지는 않지만, 양안(量案)에는 사족의 이름을 쓰지 않고 노명(奴名)을 대신 기재하는 관행이 널리 퍼져 있었다. 1820년 경상도 〈양전사목〉에는 이에 대한 규정이 구체적으로 보이는데, 2품 이상은 성·관직명·노명을, 3품 이하는 성명과 노명을, 공·사천은 단지 이름만 기재하도록 하였다. 이를 '호명'(戶名), '호노명'(戶奴名)이라 하는데, 유형원은 이를 두고 "혹자가 말하기를, 사대부의 이름을 토지대장에 기록하면 미안하지 않은가라고 한다. 하지만 토지대장은 국가의 대사이며 후일에 참고할 기본이 되는 것이기 때문에 명백히 밝혀야 한다. 그러나 해마다 작성하는 기타 문건의 경우라면 지금의 예를 좇아 단지 호노명(戶奴名)만을 기록해도 무방한 것이다" 하였다. 18, 19세기 양안과 가좌책(家座冊)에는 이러한 호명이 일반화되었는데, 호명은 주로 품관이나 학업과 관련된 직역자들이 사용하였다. 특히 유학은 거의 예외 없이 호명을 사용하였다. 19세기에 접어들어 폭증한 유학호들이 실제 소유하지도 않은 가공의 노비를 호에다 기재하였던 것은 이 같은 현실과 관련되어 있었다.

이러한 상황에서 이미 18세기 말부터 확산되고 있던 동포제, 호포제로 군포의 부담이 촌락의 공동부담이 된 현실은, 설사 유학이라 하더라도 어떤 형태로든 일정량의 군포를 부담하지 않으면 안 되도록 하였다. 하지만 1798년 연일현감 정만석이 "역을 보기를 마치 함정에 빠지는 것인 양 여겨 백방으로 뇌물을 바쳐 유학을 칭한다"라고 할 정도로 군역은 여전히 극도의 기피대상이었다. 유학을 획득하고자 하는 중요한 이유도 바로 군역 때문이었다. 유학이라는 직역이 가지는 상징성을 생각한다면 유학층이 군포 부담을 달갑게 여길 리 만무하였다.

또한 원칙적으로 조선왕조의 운영원리상 양반사족의 국역부담에 대한 특권적 면제가 제도적 법제적 차원까지 인정된 것은 아니었다. 양인이 군역을 전담하게 된 것은 국초에 천명된 국가이념에 비추어 대단히 기형적인 것으로 받아들여졌다. 유학 직역자에게 군역면제의 혜택이 주어진 것은, 관료가 되기 위해 공부하는 것도 넓은 의미의 국역으로 간주되었기 때문이다. 실제로 18세기 수원 유생 우하영이 호포의 실시를 주장하면서, 양반호의 호포부담을 노명(奴名), 즉 노의 이름으로 부담하기를 주장한 것도 이와 관련된 것이다. 양반의 군역면제는 자신이 소유한 노비를 군역자원으로 제공하는 것에 의해 가까스로 정당성을 가질 수 있었다. 지방군의 주력인 속오군이 사노(私奴)로 채워지는 현상도 이와 관련된 것으로 이해할 수 있다.

이 때문에 유학은 지방 차원에서 마을에 부과하는 각종 부담으로부터 자유로울 수 없었다. 실제 유학이 '유학전'(幼學錢), '유전'(幼錢), '유전'(儒錢) 등 다양한 항목의 재정 부담을 한 사례가 확인된다. 심지어 1869년 경상도 고성에서는 당사자들이 원하지도 않는데 호적에 유학으로 등재하고 돈을 거두어, 이에 반발한 백성이 아전들을 살해한 사건이 발생하기도 하였다.

1871년 호포제의 실시를 알리는 정부의 명령도 "반호(班戶)는 노명(奴名)으로 포를 내고 소민은 몸으로 군인을 내니 백골징포의 원망이 없어졌다"고 언급한 바와 같이, 호포는 '노명출포'(奴名出布)의 형태로 추진되었다. 이는 호포제를 법제화하면서 양반이 노비의 이름으로 군포를 낸다는 형태를 취해 사족층의 반발을 누그러뜨리고자 한 의도가 담겨 있었다. 반호(班戶)=유학호(幼學戶)의 내용은 다양하였지만 노명출포 조치, 즉 호포제의 확산은 이러한 형태의 유학호가 호적대장에 광범위하게 나타나는 결정적인 계기로 작용하였다. 18세기 후반 이후 유학이 본격적으로 늘어나게 되는 것도 지역사회 안에서의 호포(또는 동포)의 확산과 유학의 증가가 서로 밀접한 함수관계에 놓여 있었기 때문이다.

직역의 유학으로의 통합현상, 특히 직계혈연 중심의 가족구성과 호마다 첨부된 노비 1구는 당시 국역 부과방식의 변화에 직면하여 호적대장의 호를 호포·동포 등 군역 수취의 균질적 단위로 파악하

고자 하는 국가 의지의 산물로 이해된다. 작위적이고 정형화된 유학
호의 증가는 군역수취가 공동납으로 되면서 안정적인 담세자원을
확보하려는 지방관청의 의도가 반영된 것이다. 군역의 부과가 호 단
위의 공동납으로 변질되면서 동포나 호포를 유학에게 부담시키기
위한 명분, 즉 '노명으로 출포하는 방식'이 호 편제과정에서 의제화
(擬制化)되었던 것이다.

참고문헌

《조선왕조실록》, 《승정원일기》, 《일성록》, 《비변사등록》

김건태, 〈호명을 통해 본 직역과 솔하 노비〉, 《한국사연구》 144, 2009.
미야지마 히로시, 〈조선시대 신분, 신분제의 개념에 대하여〉, 《대동문화연구》 42,
    2003.
손병규, 《호적》, 휴머니스트, 2007.
송양섭, 〈18,19세기 단성현의 군역 파악과 운영—단성호적대장을 중심으로〉, 《대
    동문화연구》 40, 성균관대 대동문화연구원, 2002.
———, 〈19세기 유학호(幼學戶)의 구조와 성격—단성호적대장을 중심으로〉, 《대
    동문화연구》 47, 성균관대 대동문화연구원, 2004.
———, 〈19세기 유학호의 증가양상—단성호적대장을 중심으로〉, 《역사와 현실》
    55, 한국역사연구회, 2005.
———, 〈조선후기 신분·직역 연구와 '직역체제'의 인식〉, 《조선시대사학보》 34,
    2005.
이준구, 《조선후기 신분직역변동연구》, 일조각, 1993.
이해준, 〈조선후기 진주지방 유호(儒戶)의 실태—1832년 진주 향교(鄕校) 수리기
    록의 분석〉, 《진단학보》 60, 1985.
조혜종, 《새인구론》, 푸른길, 2006.

코언/ 김명남 옮김, 《세계를 삼킨 숫자이야기》, 생각의나무, 2005.
호적대장연구팀, 《단성 호적대장 연구》, 성균관대 대동문화연구원, 2003.

井上和枝, 〈朝鮮後期における洞契の運營と機能―晉州·丹城餘沙洞契を中心
　　に〉, 《朝鮮文化研究》 5, 1998.

신사임당은 현모양처인가

이 순 구

국사편찬위원회 편사연구관

1. 신사임당은 과연 현모양처인가

‘신사임당은 과연 현모양처인가’라는 질문은 많은 사람들을 당혹스럽게 할 것이다. 지난 40, 50여 년 동안 신사임당은 너무도 당연히 현모양처로 인식되어 왔기 때문이다. 그렇다면 우리는 왜 신사임당을 현모양처라고 생각하는 것일까? 대개는 율곡의 어머니이기 때문에 당연히 현모라고 생각하는 것이리라. 그러나 위대한 인물의 어머니라는 것이 바로 현모가 될 수 있는 조건일까? 사실 우리는 이 문제에 대해 깊이 따져 본 적이 없다.

다음은 1969년 주부클럽연합회에서 처음 신사임당상을 만들면서 작성한 취지문와 자격규정을 옮겨온 것이다.

‘신사임당상’은 현모양처로서 여성의 올바른 사회활동을 모토로 하고 있는 주부클럽연합회의 숭고한 이념을 뜻 깊게 하기 위하여 오는

5월 17일 신사임당 탄생 ○○주년을 맞이하여 제 ○○회 시상식을 갖고
자 한다.

'신사임당상'은 현명한 아내로, 훌륭한 어머니로서 모든 분야에서 모
범이 되며 조국 발전에 이바지할 참된 일꾼 배출에 밑거름이 될 것을
그 목적으로 한다.

수상자는 대한민국 국적을 가진 여성으로서 문학, 예술에 뛰어난 재
질을 가지고 주위에서 여성의 귀감이 되어 존경을 받으며 봉사정신을
가지고 사회참여의 자세를 갖춘 분으로 한다.

우선 첫 번째 취지의 글은 주부클럽연합회가 신사임당을 대표적
인 현모양처로 보고 있다는 사실을 알려 준다. 그리고 두 번째 글은
신사임당상을 탈 수 있는 자격조건으로 '문학과 예술에 뛰어난 재질
을 가지고 있는 사람'을 들고 있다. 그렇다면 신사임당상은 과연 어
떤 사람이 탈 수 있다는 이야기일까? 현모양처인가 아니면 예술적
재능이 있는 사람인가? 주부클럽연합회에서는 양쪽 다라고 말하고
싶겠지만, 사실 내용을 보면 재능 있는 사람 쪽이다. 실제로 제1대
서예 부문의 이철경 씨부터 2010년의 서예가 류승란 씨에 이르기까
지 역대 신사임당상은 모두 예술적인 전문성을 가진 여성들에게 주
어졌기 때문이다.

재능 있는 여성은 곧 현모양처일 수 있는가? 이 논리는 그다지
자연스러워 보이지 않는다. 1969년 주부클럽연합회는 왜 실제로는
재능 있는 여성을 뽑으면서 표면적으로 현모양처를 먼저 내세울 수
밖에 없었을까?

이 글은 신사임당상 취지와 자격규정의 어색함을 지적하는 데 목적이 있지 않다. 그보다는 오히려 이러한 어색함이 생기는 것이 어쩌면 당연하다는 것을 말하고 싶을 뿐이다. 이것은 신사임당이 현모양처가 아니었기 때문에 생긴 일이다.

2. 현모양처론

현모양처라는 용어는 언제 생긴 것일까? 조선시대에는 현모양처라는 용어는 없었다. 물론 현모나 양처라는 개념이 없었던 것은 아니지만, 그것이 현모양처라는 하나의 용어로서 사용된 경우는 찾아볼 수가 없다. 따라서 흔히 현모양처 하면 조선시대에 부덕을 갖춘 여성을 떠올리는데, 여기에는 어떤 오해가 있다. 사실 이 개념이나 용어는 유교적인 것이 아니라, 식민지시대 일본에 의해 도입되고 보급된 근대적인 여성 개념이라고 할 수 있다.

서구에서 현모양처란 자본주의의 산물이다. 즉 19세기의 열악한 노동환경으로부터 어린이와 여성을 보호하고 가족해체를 막기 위해서 새롭게 등장한 것이 현모양처주의라고 한다. 이 이론에 따르면, 남성은 밖에 나가서 일을 하여 여성과 아이를 부양하고, 여성은 가정에서 주부의 역할을 하며 자녀 양육과 교육에 종사해야 한다는 것이다.

일본은 19세기에 자국의 근대화, 서구화를 거치면서 이러한 서구적인 현모양처 개념을 확립하였다. 특히 일본이 이 현모양처론을 필요로 하였던 것은 메이지유신 이후 국가통합을 위해서였다.

건전한 중등(中等)사회는 단지 남자교육만으로 달성될 수 있는 것이 아니다. 현모양처와 더불어 가(家)를 다스림으로써 사회복리를 증진할 수 있다. 따라서 고등여학교는 현모양처 될 만한 소양을 행하게 하는 데 있으므로 우미 고상한 기풍, 온량 정숙한 자성을 함양함과 더불어 중인(中人) 이상의 생활에 필요한 학술 시술을 지득(知得)시키는 것이 필요하다.

1899년 〈일본고등여학교령〉의 산파인 가바야마 스케노리(樺山資紀)가 밝힌 고등여학교령 제정 이유다. 즉 일본에서 현모양처주의는 민족주의의 대두를 배경으로 국가통합을 위해 필요불가결하게 요구된 근대적인 여성 교육관이다.

일본은 조선을 식민지화한 뒤 조선 여성을 황국의 신민으로 한다는 취지에서 역시 현모양처의 여성 교육관을 보급시키고자 노력하였다.

우리난 舊日 封鎖主義 內房主義 無敎育主義에서 뛰여 나와 교육하여야 함내다. 우리 여식으로 하여곰 良妻되고 賢母되게 하여야 합니다. 여자의 교육은 현모양처되게 하난 것이 최대의 목적이외다.……(《매일신보》 1910. 9. 22, 〈여자교육의 급무〉)

이러한 현모양처 여성관은 1920, 1930년대에는 자유주의 또는 사회주의 여성관으로부터 여성들을 보호하는 역할을 하기도 하고, 전쟁 말기에는 '군국의 어머니'라는 이미지로 변화기도 하면서 계속 영향력을 발휘하였다. 그리고는 미군정기를 거쳐 1960, 1970년대의 본격적인 근대화 과정에서도 전형적인 한국의 여인상으로 자리 잡았던 것이다.

이상에서 살펴본 결과 현모양처론은 산업화와 국가통합이라는 필요에 따라 탄생한 근대적 여성관이었음을 알 수 있다. 그런데 여기에서 주목해야 하는 것은, 이러한 근대적인 현모양처 개념이 우리에게서는 유교적인 여성관과 끝내 분리되지 않은 채 사용되었다는 점이다. 거기에는 그럴만한 이유가 있다. 일본은 기존의 유교적인 여성관을 완전히 배제하고는 현모양처론의 원활한 보급이 어렵다는 사실을 알았기 때문에 현실에서 현모양처를 언급하면서 늘 '부덕의 함양'을 함께 거론하였다. 그리고 일제시기에 실제 대다수 한국인들은 이를 '유교적인 여성상' 또는 '유교적인 현모양처'와 크게 다르지 않은 것으로 받아들였다. 이것이 일제시기 현모양처란 옛날의 유교적 여성관과는 다르다고 강조되었음에도, 두 개념이 혼효되는 원인이 되었다.

앞의 주부클럽연합회가 신사임당을 현모양처라고 한 것은 일제시기의 현모양처 개념보다는 '유교적인 여성상' 즉 훌륭한 어머니, 효성스러운 며느리 쪽에 더 가깝다고 할 수 있다. 이는 마치 호주제의 가부장성 옹호론자가 일제시기를 건너뛰고 조선시대의 부계적인 가족제도에서 그 전통을 찾는 것과 같다고 하겠다.

결론적으로 해방 이후 우리의 현모양처 개념은 일제에 의해 권유된 현모양처보다는 유교적인 부덕을 갖춘 여성이라는 이미지에 더 가깝다고 할 수 있다. 그렇다면 이제 신사임당을 유교적인 현모양처라고 말할 수 있을까? 그것은 또 다음과 같은 시대적 배경 때문에 어렵다.

3. 16세기 조선의 가족제도와 신사임당

1) 남귀여가혼

　　의정부에서 의논하여 아뢰기를 "중국의 예의가 비롯되는 것은 바로 혼인의 예입니다. 바르게 음이 양을 좇아 여자가 남자의 집으로 가서 아들과 손자를 낳아 내가(內家; 아버지의 집)에서 자라게 하니 본종의 중요함을 알게 되고, 아버지가 양인이면 모두 양인이 됩니다. 그러나 우리나라는 전장문물을 모두 중국을 본받으면서 오직 혼인례는 굳이 옛 습속을 따라 양이 음을 좇아 남자가 여자의 집으로 가서 아들과 손자를 낳고 외가에서 자라게 하니, 사람들이 본종이 중한 줄을 알지 못합니다. 따라서 어머니가 천하면 천하게 되며 심지어는 할아버지의 자손이라도 첩의 소생이라고 하여 모두 노비로 부리니 그 경중을 모르는 것이 심합니다" 하였다.(《태종실록》 권27, 태종 14년 1월 기묘)

　　조선 초기 조정에서 남귀여가혼(男歸女家婚)의 문제점을 두고 논의한 대표적인 사례다. 즉 이는 《주자가례》의 이상적인 혼인례인 친영(親迎; 남자가 여자집에 가서 여자를 데려와 혼례를 치르고 곧바로 남자집에서 생활하는 것)에 맞지 않으므로 고쳐져야 한다는 주장이다. 곧 국가에서는 1435년(세종 17) 파원군 윤평과 숙신옹주의 혼인을 친영으로 거행하면서 사대부들에게 이를 적극 권장하였다. 그러나 혼인은 다른 어떤 관습보다 그 변화가 더딘 것이어서, 17세기 이전까지 대개 남자가 장가를 가 여자집 또는 그 근처에 근거를 두는 것이 아주 보편적이었다.

신사임당은 혼인하고 2년(1524)이 지나 시댁에 다녀온 뒤에는 대부분 강릉 또는 강릉 주변에서 살았다. 이는 사임당의 아버지 신명화가 사임당을 특별히 아껴서 보내지 않으려 하였다든가, 아버지의 상(喪)을 마쳐야 하기 때문이라고 알려져 있으나, 사실은 당시의 혼인 관행에서 영향 받은 면이 크다. 아버지 신명화가 서울 사람임에도, 혼인한 뒤 서울과 강릉을 오가다가 끝내 강릉에 살게 된 것이라든지, 신명화의 막내 사위 권화(權和)가 결국은 장모 이씨부인을 모시고 살았다든지 하는 것은 모두 당시 혼인제도의 영향이다.

이러한 상황이기 때문에 신사임당은 시가에 인사하러 갔다가는 오래지 않아 다시 강릉으로 내려가 거처한 것으로 보인다. 신사임당이 언제 다시 강릉으로 내려갔는지는 정확히 알 수 없다. 율곡이 어머니 행장에서 "후에 어머니께서는 강릉으로 돌아가셨다"(後慈堂歸寧于臨瀛)고만 표현하였기 때문이다. 그러나 서울이나 시가의 근거지였던 파주에 머문 기간이 그렇게 길어 보이지는 않는다. 남편을 따라 봉평에 머물렀다든가, 율곡이 1536년 강릉에서 태어나 만 5세인 1541년 서울로 돌아왔다는 사실 등으로 보면, 혼인한 뒤 20여 년 동안 시가에 머문 기간보다는 친정이나 그 근처에 거처한 기간이 훨씬 더 길었음을 알 수 있다.

말하자면 1541년 강릉을 떠나 서울로 가면서 신사임당은 비로소 시집을 간 셈이다. 어머니와 이별을 안타까워한 그 유명한 시는 이러한 배경에서 나온 것이다. 즉 이제 잠시 시가에 다녀온다는 개념이 아니라, 시가로 살러 가는 것이기 때문에 어머니와 이별은 그렇게 애절할 수밖에 없었다.

물론 서울로 간 뒤에도 신사임당은 40년 가까이 산 강릉과 어머니에 대한 익숙함에서 벗어날 수 없었다. 그렇기 때문에 밤마다 임영(강릉)을 그리워하고 거문고 소리에 눈물을 흘리기도 하였다. 즉 신사임당은 시가의 일원인 며느리로서보다는 친정의 딸로서 더 오래 살았고, 또 그 존재 의미도 컸다. 따라서 사임당의 자기 정체성은 며느리보다는 딸이라는 위치에 있었다. 이것은 신사임당이 특별히 며느리로서 시가 일에 전념하려는 의지가 부족해서가 아니라, 당시의 사회 상황, 즉 남귀여가혼의 혼인생활이 신사임당의 이러한 성향을 가능하게 한 것이다.

결과적으로 앞에서 언급한 '유교적인 현모양처'에 신사임당을 위치 지우기는 어렵다는 사실을 확인하게 된다. 우리가 알고 있는 '유교적인 현모양처'는 딸로서보다는 기본적으로 시가의 며느리로서 역할을 바탕으로 하고 있기 때문이다.

2) 재산상속

혼인생활뿐만 아니라 당시의 재산이나 제사상속법도 신사임당을 '유교적인 현모양처'와 관련짓기 어렵게 한다.

> "가정(嘉靖) 45년 병인 5월 20일에 형제자매가 부모의 재산을 나누는 일을 의논함. 이 의논은 부모 양쪽의 토지와 노비를 분급하고 누락된 노비를 찾아오는 사람에게는 먼저 일구(一口)를 준 후에 장유(長幼)의 차례대로 경국대전에 의해 시행할 일. 이제 제사에 따른 일들은 함께 의논하여 마련해서 다음에 기록할 일."

"무릇 기제사(忌祭祀)는 윤행(輪行)하지 않고 종자(宗子) 집에서 행하되 매년 자손들이 각기 쌀을 내서 제사를 돕고 친자녀는 10두(斗)를 내고 친손자녀는 5두를 내고 친증손자녀와 외손자녀는 2두를 낼 일."(〈율곡선생남매분재기〉, 보물 제477호)

이는 〈율곡선생남매분재기〉의 서문이다. 우선 첫 번째 인용문에서는 부모 양쪽으로부터 재산을 장유의 차례대로 《경국대전》에 따라 나눈다는 사실을 알 수 있다. 이는 곧 자녀균분상속을 말한다. 즉 아버지 이원수로부터의 재산만이 아니라 어머니 신사임당이 가지고 있던 재산까지 모두를 율곡과 그 남매들이 똑같이 나누어 갖는다는 것이다. 실제로 각각의 분재 몫을 보면, 토지는 20에서 40복(卜)으로 자녀들 사이에 차등이 있으나 노비는 대개 15, 16구로 균등하게 분배되었음을 알 수 있다. 토지 상속분에 차이가 나는 것은 땅의 비옥도나 집안형편 등에 따른 것으로 보이며, 특별히 아들, 딸에 대한 차등으로 보이지는 않는다. 즉 같은 딸이라도 2녀에게는 많이 3녀에게는 적게, 또 율곡에게는 많이 막내 위(瑋)에게는 좀 적게 분배되었기 때문이다. 이러한 자녀균분상속은 16세기 당시 율곡 집안에서만 행해졌던 것이 아니다. 16세기 대부분의 분재기는 이처럼 정확한 균분상속을 보여준다.

그리고 위의 두 번째 인용문에서는 제사도 공동 담당하였다는 사실을 알 수 있다. "기제사는 윤행하지 않고 종자 집에서 행하되"라는 말이 있는데, 이는 이제까지 기제사를 윤행하기도 하였다는 말이다. 아니 적어도 당시 윤행이 많이 행해졌다는 사실을 반증한다. "사직골 대기(大忌)에 제물을 차려서 보냈다. 닷젓골댁의 차례지마는 우리가 하였다"는 17세기 전반 어느 양반가 여성의 일기 내용도 윤행이 조선 초기 제사의 보편적인 형식이었음을 잘 보여준다.

그렇다면 이 윤행 제사가 갖는 의미는 무엇인가? 제사는 일견 의무로 보이지만, 사실 재산상속권을 가져올 수 있는 또 하나의 권리다. 그런데 그 제사를 돌아가면서 지낸다는 것은 윤행자들 사이에 동등한 권리가 있었음을 의미한다. 즉 조선 전기 사회에서는 제사에서도 아들과 딸 구분이 별로 없었음을 말해 준다. 이는 물론 앞에서 언급한 남귀여가혼의 영향이다.

'유교적인 현모양처'란 철저하게 부계 중심의 가족제도를 기반으로 한다. 유교적으로 이상적인 여성은 시집을 가서 자식을 낳아 시집의 가문을 유지하게 하고 시부모를 잘 모시는 사람이다. 이른바 부덕을 갖춘 여성이란 가문 유지와 시부모 봉양을 잘하는 여성이란 개념과 거의 일치한다고 할 수 있다.

그런데 신사임당이 살았던 시대는 위에서 본 바와 같이 혼인제도가 반드시 시집살이를 하는 형태가 아니었으며, 균등한 재산·제사 상속 등으로 며느리로서보다 딸로서의 정체성이 더 강할 수도 있는 시기였다. 한마디로 '유교적인 현모양처'가 성립될 수 있는 토양이 아직은 마련되지 않은 때였던 것이다. 따라서 신사임당이 '유교적인 현모양처'였다고 말하는 데는 여러 가지 무리가 따른다.

4. 신사임당은 어떤 여성인가

"어렸을 때부터 경전을 통했고 글도 잘 지었으며 글씨도 잘 썼다. 또한 바느질도 잘하고 수놓기도 정묘하지 않은 것이 없었다.”

“자당이 평소에 항상 임영을 그리워하여 밤중에 사람 기척이 조용해지면 반드시 눈물을 흘리며 울고 어떤 때는 새벽이 되도록 잠을 이루지 못했다. 하루는 친척 어른 되는 심공(沈公)의 시희(侍姬)가 찾아와 거문고를 뜯자 자당께서는 거문고 소리를 듣고 눈물을 흘리며, ‘거문고 소리가 그리움이 있는 사람을 느껍게 한다.’고 하셨는데, 온 방 사람들이 슬퍼하면서도 그 뜻을 몰랐다.”

“자당은 평소에 묵적이 뛰어났는데 7세 때에 안견의 그림을 모방하여 산수도를 그린 것이 아주 절묘하다. 또 포도를 그렸는데 세상에 시능을 낼 수 있는 사람이 없다. 그리고 그 그림을 모사한 병풍이나 족자가 세상에 많이 전해지고 있다.”(《국역 율곡전서》 4, 어머니 행장)

율곡이 어머니 행장에서 신사임당의 성격이나 재능을 묘사한 부분이다. 물론 이 사이에 “천성이 온화하고 성품이 효성스러웠다”는 구절이 없는 것은 아니지만, 대개 사임당의 예민한 감수성과 재능에 시선이 집중되어 있는 것이 흥미롭다. 당시 율곡의 눈에 어머니는 자신의 감정에 충실하고 또 본인의 재능이나 기호에 집중하여 그것을 잘 발현시킨 사람으로 비추어졌던 것이다.

이는 신사임당보다 1세기 뒤의 인물로, 대표적인 ‘유교적 현모양처’로 꼽히는 정부인 안동장씨(이현일의 어머니)가 재주 있는 여성이었음에도, ‘시를 짓고 글자를 쓰는 것은 모두가 여자가 해야 할 일은 아니다’라고 하여 마침내 딱 끊어버리고 하지 않았던 것과는 대조적이다.

이러한 차이는 자녀에 대한 교육에서도 나타난다. 신사임당 행장이 그렇게 길지 않기 때문에 자녀교육 이야기가 짧은 것이 어쩌면 당연하다고 하더라도, 그 언급이 "자녀가 잘못이 있으면 훈계를 하였으며……"라는 딱 한 줄에 그쳐 있는 것은 의외다. 율곡은 어머니의 자녀교육과 관련하여 기억할 만한 사실이 거의 없었던 것이다.

이에 비하여 역시 아들 이현일이 쓴 정부인 안동장씨 행장에는 부인이 늘 자식에게 선(善)을 권하고 나아가 성인이 되기를 바랐다는 내용이 풍부하게 들어 있다. "너희들이 비록 글을 잘 짓는다는 명성은 있지마는 나는 귀중하게 여기지 않는다. 다만 한 가지 선행이 있다는 말을 듣는다면 나는 문득 기뻐하면서 잊지 않고 있을 뿐이다"든가, 이현일이 "내가 노둔하고 우매하여 볼 모양이 없었기 때문에, 비록 능히 지극한 가르침을 따라 실행하지는 못하였으나, 평소에 일찍이 야비한 말과 버릇없이 구는 말로써 나의 입에 올려 말하고 남에게 함부로 하지 않은 것은 실로 부인께서 어릴 때부터 금지하고 경계해서 그렇게 된 것이다"라고 말한 것 등을 보면, 장씨부인이 얼마나 자식교육에 적극적이고 또 깊이 개입하였는가를 알 수 있다. 따라서 장씨부인을 유교적인 의미의 현모양처라고 하는 데에는 거의 이론의 여지가 없어 보인다.

그러나 신사임당은 위에 보는 바와 같이 자의식이 강하고 또 자신이 좋아하는 그림이나 시에 몰두하는 개인주의적인 성향은 보일지언정, 이른바 현모양처의 근간이라고 할 자녀교육에 대해서는 적극성을 띠는 모습을 찾아보기 어렵다. 이런 신사임당을 어떻게 유교적인 현모양처였다고 부를 수 있겠는가? 신사임당은 역시 현모양처보다는 감수성이 뛰어난 예술가였다고 평가하는 것이 적절할 것이다.

이런 신사임당이 유교적인 훌륭한 어머니로 만들어지기 시작한

것은 율곡의 학통을 계승한 송시열이 사임당의 미술작품에 찬사를
보내면서라고 생각한다.

> 이 그림은 돌아간 증 찬성 이공의 부인 신씨가 그린 것이다. 이 그림
> 에 표현된 것은 사람의 손으로 그렸다고는 믿을 수 없을 정도로 매우
> 자연스럽고 인력이 범할 수 없는 것이다. 이와 같을진대 오행(五行)의
> 정수(精髓)를 얻고 원기(元氣)의 융화(融和)를 모아 이로써 참다운
> 조화를 이룸에야! 마땅히 그가 율곡을 낳으실 만하다.

다분히 성리학적인 이 작품평은 작품평을 넘어 신사임당을 유교
적인 현모양처로 만드는 단초를 열어 놓았다. 그리고 그 문인 권상
하는 다시 한 번 비슷한 찬미로써 신사임당 현모양처 만들기에 공헌
한다. 즉 율곡·송시열·권상하 등으로 이어지는 성리학의 한 학통
이 신사임당을 최고의 예술가이자 어머니로 만들어 갔던 것이다. 이
렇기 때문에 미술사 쪽에서는 사임당의 그림 실력이 어느 수준에
이른 것이 사실이지만, 그녀가 율곡의 어머니라는 사실 때문에 화가
로서는 오히려 올바른 평가를 받을 수 없게 된 측면이 있다고 할
정도다.

이처럼 신사임당은 그 자신으로서가 아니라 율곡의 어머니라는
위치 때문에 많은 오해 속에 있었음을 알 수 있다. 오해는 사람들을
혼란스럽게 한다. 앞의 주부클럽연합회도 어쩔 수 없이 혼란스러움
을 겪은 경우라고 할 수 있을 것이다.

5. 오늘날 신사임당은 우리에게 어떤 의미인가

그러나 아이러니컬하게도 신사임당은 오늘날 진정한 의미의 현모양처로 거듭날 수 있다. 일제시기에 만들어진 현모양처의 개념에도 맞지 않고, 그렇다고 유교적인 부덕을 갖춘 현모양처 상도 아니었던 신사임당이 어떻게 오늘날 또 다른 의미의 현모양처가 될 수 있다는 걸까?

오늘날의 어머니는 유교적인 현모양처처럼 자식 일에 적극적으로 개입하는 타입일 필요가 없다. 한국의 경제발전에 유교적인 어머니의 교육열이 기여한 바가 절대적이었다는 것은 인정하지만, 21세기의 창의적인 인간을 위해서는 더 이상 이러한 교육법은 필요치 않다는 것이다. 현대의 거의 대부분의 교육 이론들은 아이들이 가능한 한 자유롭게 사고하게 하라고 권한다. 부모의 역할이란 지켜보면서 크게 방향을 잡아주는 정도라는 것이다.

위에서 본 유교적인 현모양처로서 장씨부인은 끊임없이 자식들에게 성리학적인 도덕성을 요구하였다. 그러나 신사임당은 유교사회가 성숙하지 않았던 시대적 배경과 함께 자신의 감정이나 능력 발휘에 충실한 사람으로서 자식에게 어떤 강요를 하지 않았다. 다만 자신의 재능 분야에 집중하는 모습을 보여줌으로써 자식들도 스스로 자신의 길을 찾아갈 수 있도록 하였을 뿐이다. 율곡이 불교에 잠시 심취하는 파격을 보여줄 수 있었던 것도 이러한 어머니와의 관계 속에서 나올 수 있었던 일이 아닌가 한다.

　이렇게 본다면 신사임당은 '유교적인 현모양처'를 넘어 사실상 21세기가 요구하는 이상적인 어머니 상에 오히려 부합될 수 있는 것이 아닐까? 신사임당에 대한 오해를 걷어내고 그를 재해석한다면, 우리는 신사임당을 오늘날의 새로운 현모양처로서 다시 만날 수 있게 될 것이다.

참고문헌

《국역 율곡전서》 4, 한국학중앙연구원, 1988.

규장각 한국학연구원, 《조선 양반의 일생》, 글항아리, 2009.
이성미, 《우리 예 여인의 멋과 지혜》, 대원사, 2002.
이재호 역, 《국역 정부인안동장씨실기》, 국역정부인안동장씨실기간행소, 1999.
이은상, 《신사임당의 생애와 예술》, 성문각, 1994.

영조의 왕통 계승의식

임 민 혁
한국학중앙연구원 전임연구원

1. 명연하고 구차한 삶

영조는 조선 역대 국왕들 가운데에서 가장 오래 살았다. 83세에 승하하였고, 재위기간은 자그마치 약 52년이었다. 그는 말년에 "옛날 요임금은 8에 10을 더 잡수셨다"고 하였다. 100세에서 8에 10을 더 잡수셨으니 118세를 산 것이며, 98년을 재위하였다. 요임금을 흠모한 그가 이처럼 나이를 빗댄 것은 왜일까? 여러 추정이 가능하겠지만, 성인으로 추앙되는 요임금은 영조처럼 모년(暮年)의 삶 자체를 욕되다고 생각하지 않았을 것이다. 반면에 영조는 자신의 장수에 대해 명연(冥然)하고 구차하다는 탄식을 그치지 않았다.

그래서 만들어진 별명이 참으로 다양하였다. 구차옹, 명연옹은 말할 것도 없고, 그 밖에 자성옹, 주인옹, 지탱옹, 팔순옹, 자개옹, 자민옹, 일쇠옹, 일한옹 등 10여 가지가 넘는다. 이 별칭들은 남들이 만들어준 것이 아니라, 영조 스스로 붙였다. 자성옹과 주인옹 외에, 하나같이 자신의 삶을 비탄하는 뜻을 담았다.

그러면서도 영조는 자신의 건강을 돌보기 위해 하루에 세 첩 건공탕을 복용하였다. 탕제의 효용을 팔순의 원기, 곧 팔원(八元)으로 인정하였지만, 별 차도가 없는 경우가 많았다. 그럴 때에는 탕재를 바꿀 수도 있건만, 세상 사람들은 건공탕만 고집하는 병통이 있었다. 기력이 더욱 쇠해졌을 때에는 부자와 인삼, 녹용, 계강 등을 첨가하여 달이는 정도였다. 영조는 그러한 세상을 마구 욕해댔다. 삼공부터 일반 백성에 이르기까지 그들은 골동(꼴통)이요, 그들이 사는 그곳은 시체(時體)의 세계라는 것이다. 시체는 '그 시대의 습속'이라는 뜻이지만, 그 습속을 비하하여 '시류에 아부하는 나쁜 습관들'을 가졌다고 몰아세웠다.

건공은 말 그대로 '공을 세우다'라는 말이다. 영조 34년(1758)에 자신의 환후가 조금 나아지자, "이것은 이중탕의 공이다. 이중탕의 이름을 이중건공탕(理中建功湯)이라 하사하겠다"고 한 데서 붙여진 이름이었다. 그러나 나이 들고 기력이 쇠해지면서 약효에 대한 의심이 싹트기 시작하였다. 영조는 내의원 의원들을 주로 전국시대의 전설적인 명의로 알려진 편작이라 지칭하였다. 이 편작들과 신하들은 건공탕의 효과에 대해 서로 자신의 공이라고 다투었다. 그런 꼴이 심히 못마땅한 영조는 그들을 책망하는 일이 잦았다. 수편작은 가죽을 썼다거나, 장무관은 낯짝이 넓적하다고 비꼬는가 하면, 갑주를 입었다거나 젖비린내가 난다고 비난하기도 하였다. 어떤 경우에는 소가죽을 썼다고 하고, 저들의 뺨을 후려치고 싶다는 과격한 언사도 무릅썼다. 영조의 날선 거친 말은 대신들을 인견한 자리에서 분기를 참지 못할 때에 '차마 듣지 못할 하교'로서 표현되곤 하였다.

5경이 되려면 아직도 먼 캄캄한 밤. 영조는 명연하고 구차한 삶을 지탱하는 부끄러움에 온갖 번민이 교차하였다. 그러자 세자책봉의 명을 받았던 당시가 떠오르면서 오열하였다. 경종과 선의왕후는 형과 형수로서 그 우애가 깊었다. 특히 형수는 의리로는 수숙(嫂叔)이요 은혜로는 모자(母子)였다. 그들과의 추억을 떠올릴 때마다 팔순의 임금이 건공탕으로 지탱하는 상태에서 이 탕제가 하루라도 없어서는 안 된다고 하는데, 자신의 장수를 신하들이 태강(太康)이라 하고 풍형(豊亨)이라 하며 경사라 떠들어대는 것은 견딜 수 없었다. 숙종과 생모인 숙빈최씨에게 이 어찌 효라고 할 수 있을까! 인현왕후와 영빈김씨, 인원왕후 등에게도 효제를 다하지 못한 회한에 눈물이 옷깃을 적시는 일이 많았다.

또다시 영조는 과거의 일에 대한 회상의 소용돌이에 빠져들었다. 18세에 처음으로 임금을 모시고서 태릉에 쫓아간 일, 22세에 강화도 장녕전에 어용(御容)을 봉안하고 돌아와 용비루에 올랐을 때 집희당에 납셔 계신 자성(慈聖)께서 나를 바라보시던 모습, 어조당 남쪽에 있는 전당(錢塘)에 연꽃을 심으신 황수(皇嫂, 선의왕후), 어조당에 인조가 등극한 뒤에 심은 앵도나무 옆에 있는 풍기죽석(風旗竹石)은 자성이 장락전에 납셨을 때의 추억이 새겨진 곳, 광명전 서쪽 온돌의 남쪽 창문을 열어 시원하게 해주시던 황수, 임오년에 관례를 치르고서 머리를 아이 상투로 묶고 황형(皇兄, 경종)을 따라 광명전에서 곤전(坤殿)을 배현한 일, 양잠하시던 생모의 모습 등.

그러나 이제 숙종을 비롯한 옛 추억 속의 혈족들은 다 떠나고, 영조 홀로 남아 짝할 이도 없는 고로인(孤老人)이 되었다. 신하들은 정조(正朝)와 동지, 왕의 탄생일 등 삼명일(三名日)과 특정한 날에 하례를 요청하여 자주 거행하는 편이었다. 장대할까 경계하는 영조 였으나, 그 하례와 진찬은 역시 풍성하였다. 10여 차례 술잔을 받았 다. 음악이 연주되고, 무동이 춤을 추었다. 부녀들도 참여하고 노소 가릴 것 없이 만민이 관광하였다. 길 가운데에는 화사한 꽃들이 두 루 깔렸다. 임금과 신하의 관모에는 모두 꽃을 꽂았다. 궐문 밖은 가마와 말들이 죽 늘어서 있어 장관이었다.

이들은 자미(滋味)라고 떠들어대지만, 이 자리에 참석하지 않은 영조는 산호(山呼)소리를 들으며 회포에 젖었다. 자신의 뜻을 대소 신공에게 하유하는 글을 내리고 풍형과 태강을 경계해온 영조는, 차 마 행사가 열리는 숭정전 월대로 나갈 수 없었다. 종묘의 제향, 각릉 과 전궁묘의 기신제, 삭망제 등에 친림하지 못하고 향축(香祝)을 공 경히 맞이하거나 보내는 예를 표하는 정도에 그치는 자신은 불효한 존재였다. 그러므로 하례와 진찬은 감히 허락할 수 없는 일이었다. 다만 세손이 청하는 말이 심히 감동적이어서 눈물을 흘리며 마지못 해 허락하였다. 자신의 굳은 뜻을 거스르고 싶지도 않았다. 그리하 여 어느 당 안에 몸을 웅크리고 누워서 조상을 추모하고 육아(蓼莪) 와 풍천을 암송하였다. 풍천은 비풍하천(匪風下泉)의 준말로서, 《시 경》에 나오는 편명들이다. 주실(周室)의 쇠퇴를 비판하면서 옛날의 주실을 그리워하는 시다.

영조는 효제를 생각하면서 자로(子路)가 어버이를 봉양하기 위하 여 백 리 밖에서 쌀을 짊어지고 왔다는 고사를 자주 인용하였으며,

공자가 네 가지 못한 것에 크게 공감하기도 하였다. 《중용》을 보면, "군자의 도리가 네 가지가 있는데, 나는 이 중에서 한 가지도 못하였다. 자식에게 바라는 것처럼 부모를 섬기지 못하였으며, 신하에게 바라는 것처럼 임금을 섬기지 못하였으며, 아우에게 바라는 것처럼 형을 섬기지 못하였으며, 벗에게서 바라는 것처럼 내가 먼저 베풀지 못하였다"고 한 것이다. 영조는 《시경》의 위 시를 여러 번 반복하여 읊조리면서 눈물을 흘렸고, 《중용》의 그 구절을 되뇌면서 탄식하였다.

멀리서 희미하게 닭울음소리가 들리는 듯하였다. 금계(金鷄)는 어김없이 제시간에 저렇듯 울음 울건만, 인간의 삶의 시간은 장단이 있을 뿐이었다. 금계는 정일(精一)하고 중정(中正)하여 때를 아나, 인간은 이를 알지 못한다. 자연의 이치에 맡겨진 인간의 운명 앞에 군왕으로서의 삶이라도 초라할 수밖에 없었다. 그렇더라도 군왕은 만기의 주재자가 아니었던가! 이처럼 명연하고 구차한 삶 속에 가려진 영조의 고뇌는 무엇이었을까?

영조의 평생은 한 마디로 민국(民國)을 위한 고뇌의 연속이었다. 민국은 '백성을 위한 국가'를 가리키는 말이다. 영조는 여러 어제(御製)에서 민국을 언급한 바 있다. 심지어 '어찌 임금노릇 하리. 부끄럽구나, 나라여'라고 외친 적도 있었다.

그렇다면 민국을 위하여 영조는 무엇을 고뇌하였을까? 첫째는 종국(宗國)이요, 둘째는 위민(爲民)이었다. 종국은 왕권의 정통성을 계승한 국가로서 조선을 가리켰다. 잘 알다시피, 영조는 왕권의 정통성 확립에 무던히 애쓴 왕이었다. 영조 자신이 종법상 정통성을 결여한 군왕으로서 왕권 계승의 정당성을 확보하고자 노심초사하였다. 사친추숭을 단행한 것도 자신의 출신의 한계를 극복하기 위한 일환이었다.

장자인 효장세자는 요절하였으며, 그 뒤를 이은 사도세자는 당쟁의 희생물로 뒤주에서 아사하는 비참한 최후를 맞이하였다. 이런 불우한 환경 속에서 책봉된 사도세자의 아들 세손에 대해서 영조는 역시 종법상 정통성이 없다고 보았다. 사속(嗣續)이 없다느니, 계통이 중간에 끊어졌다고 한 언급 등은 그러한 생각을 단적으로 드러내주는 대목이다. 그리하여 영조는 세손에게 종통을 물려주기 위한 기반 구축에도 각별한 노력을 기울였다.

철저한 준비와 실천으로 위와 같은 현안들을 하나하나 달성해 나간 영조가 궁극적으로 기약하고자 하였던 삶의 목표는 무엇이었을까? 그것은 왕권과 왕실의 안정된 토대 위에서 영원히 발전해가는 왕실을 세우는 일이었다.

어제(御製)에는 민국을 위해 애쓴 여러 흔적들도 남겨놓았다. 한두 사례를 살펴보면, 차대(次對)를 억지로라도 하는 것, 향민을 불러놓고서 세금이나 부채 가운데 어느 것을 탕감하는 것이 나으냐고 물은 것 등을 들 수 있다. 가뭄이 극심한 중에 단비가 내리자, 영조는 향을 지영하고 나서 자극문에 나가 비를 맞으면서 한참 동안 엎드려 있다가 일어나 돌아오기도 하였다. 효제와 위민을 위하여 극도의 실천정신을 보여준 군왕이 영조였다.

영조는 평생의 치적으로 탕평과 준천, 균역 이 세 가지를 자부하였다. 어느 것 하나 사소하게 취급될 수 없는 이 사안들도 종국과 위민이 불가분의 관계임을 보여준다. 그런데 영조는 말년의 삶을 명연하고 구차하다고 수없이 불러 썼다. 그것은 결국 천명으로 즉위한 만기의 군왕이 종국과 위민을 위해 못다 이룬 치적을 한스러워한 것은 아닐까? 그 아픈 심정을 명연과 구차라는 말에 함축시킨 것은 아닐까 생각한다.

2. 숙빈최씨의 이름을 바꾸다

영조는 어머니 숙빈최씨를 무척 그리워하였다. 5경이 되도록 잠 못 이룬 채 명연하고 구차한 삶을 지탱하는 부끄러움에 온갖 번민이 교차하고, 효제를 다하지 못한 회한에 오열하였다. 〈어찌 잘 수 있으랴〉(御製豈能睡)는 어제시를 보면, '어찌 잘 수 있으랴, 무술년을 추억하며, 어찌 잘 수 있으랴, 고령을 생각하네'라고 하였다. 숙빈최씨가 죽은 해인 무술년을 추억하고, 고령 땅에 묻힌 어머니를 추모하는 상념에 젖어 어찌 잠을 잘 수 있겠느냐는 것이다.

영조는 이러한 글을 무수히 써나갔다. 장서각에는 영조어제류가 자그마치 약 5,300여 점 소장되어 있다. 대단한 필력이다. 대부분 시와 산문류다. 정조는 이러한 할아버지의 영향으로 불후의 《홍재전서》를 남겼다. 그리고 〈궁원제문편록〉에는 영조가 직접 써서 올린 제문(祭文) 30여 편이 수록되어 있다. 《어제집경당편집》과 《영조문집보유》에도 제문과 고유문(告由文)이 수십 편 들어 있다. 심지어 숙빈최씨의 상례에 관한 《무술섬차일기》를 따로 펴내기도 하였다. 숙빈최씨에 대한 효성이 지극한 나머지, 영조는 제대로 섬기지 못한 죄책감에 시달리면서 그 격정을 여러 글로 풀어낸 것이다.

이 글들의 공통주제는 효제(孝悌)였다. 그의 심성에는 늘 효제와 충(忠)이 자리 잡고 있었다. 그 대상은 숙빈최씨뿐 아니라 숙종과 인현왕후, 인원왕후, 경종, 경종비, 그리고 효장세자와 현빈, 의소세손, 그리고 숙종 이전의 선왕과 명나라 신종 등이었다. 이들을 추모하고 예를 펴는 일은 제삿날은 물론이려니와, 이들에 얽힌 많은 추억 속의 날들과 장소 및 역사적 사건 등으로 인하여 끊임없이 반복되었다. 개혁을 위한 여러 치적에도 불구하고 조상들의 뜻을 이어나가는 계술을 다하지 못한 것에 아쉬워하고, 백성들이 잘사는 민국(民國)을 위해 고뇌하였다.

효제와 탕평은 영조가 평생토록 지키고자 하였던 삶의 목표였다. 영조가 '조종조로부터 전해 받은 심법(心法)은 곧 요순의 효제의 도'라고 한 바와 같이, 이를 군부일체(君父一體)의 정국 운영논리로 삼았다. 한편으로는 예치사회질서의 재건에 필요한 정치적 슬로건으로 내세운 것이기도 하였다. 숙종의 적장자가 아니라 경종의 아우로서 왕위를 계승하여 왕권의 정통성에 흠을 안고 있었던 영조는, 더욱이 미천한 출신의 후궁 자식이었다. 거기에서 닥쳐오는 왕권의 부정과 도전을 극복하는 일은 결코 쉽지 않았다. 그리하여 영조는 효제를 적극 강조하고 이를 철저히 실천하고자 하였다. 이를 통해 굳건한 왕권을 확립하고 왕실의 안정을 도모하며 출신의 한계를 이겨내고자 하였다.

그렇다면 출신의 한계 극복을 위한 방법으로는 무엇이 있었을까? 그 하나가 숙빈최씨의 지위를 높여주는 추숭사업이었다. 당시 사람들은 지위를 왕에게 존호와 시호, 묘호 등을 올리는 것처럼, 보통 이름으로 나타냈다. 효도는 어버이를 높이는 것보다 큰 것이 없고, 시호로써 이름을 바꾸어야 한다고 하였다. 영조도 "육상궁께 시호를 더 올려서 낳고 길러주신 은혜에 조금이나마 보답하고자 한다"고 하였다. 따라서 이름 올리기나 이름 바꾸기[易名]는 효의 실천이며, 이름을 명분으로 종법질서의 체계를 바로잡고 왕실의 정통성과 안정을 도모할 수 있었다.

즉위하자마자 영조는 숙빈최씨의 이름 바꾸기에 착수하였다. '사친이 평소에 소심하고 신중하였다'고 하면서 사친추숭에 조심스런 태도를 나타낸 영조는, 우선 바뀔 이름에 걸 맞는 사전정지작업을 추진하였다. 우선 숙빈의 신주를 모실 사당을 건립하였다. 숙빈방을 마련하고 경복궁 서북쪽인 북부 순화방에 사당[숙빈묘]을 세웠다. 그러고는 간헐적으로 숙빈묘에 가서 술을 올리고 배례를 행하였다. 영조 19년 무렵부터는 규정을 무시하면서 생각나면 언제든지 행차하는 버릇이 생겼다. 그리하여 신유대훈 이후부터는 효제의 실천 양상이 급증하였다. 이것은 자신을 성인에 비기며 요순을 향해 매진하는 군사(君師)임을 자처한 영조의 정치적 자신감과 무관하지 않았다.

그러다가 차츰 영조는 사친에 대한 효행을 마음대로 할 수 없다는 사실에 불만을 드러내기 시작하였다. 영조 20년에 못 미친 언제부터인가 매년 다투는 것이 사묘(私廟)의 친제(親祭) 두 자였다고 한다. 술 한 잔을 올리는 전배(展拜)만 행할 뿐이지, 술을 세 번 올리는 예를 행한 적이 없었다. 친제를 거행하기 위해서라도 관련 의례를 개정해야 할 뿐 아니라, 이를 정식화할 필요가 있었다. 그러나 신하들은 영조의 지극한 효친과 노골적인 불만 표출에, 점차 사친추숭의 의도에 대한 의심의 싹을 키워 갔다.

영조의 관심은 친제를 위한 축문의 강정(講定)과 궁호의 사용 문제였다. 신하들은 임금의 뜻이 지나치게 넘칠까 염려하여 제동을 걸기도 하였지만, 막을 수는 없었다. 그리하여 드디어 사당과 무덤에 이름자를 붙여 사당 이름은 육경(毓慶), 무덤 이름은 소녕(昭寧)으로 정하였다. 그 후 육경의 '경'자와 소녕의 '녕'자가 자음상동(字音相同)하다고 하여 육상으로 고쳤다.

사당과 무덤의 이름을 가질 수 있는 신분은 세자와 세자빈 이상이었다. 숙빈최씨의 사당과 무덤은 아직까지도 묘(廟)와 묘(墓)였으므로 이름을 가졌다고 해서 만족할 영조가 아니었다. 그는 영조 29년에 사친이 봉작된 해를 맞이하여, 전격적으로 사친의 사당과 무덤을 궁원(宮園)으로 승격시키는 한편, 시호를 의논해 확정하도록 지시하였다. 이때 올린 시호가 화경(和敬)이며, 사당과 무덤은 각각 육상궁과 소녕원으로 칭해졌다. 그 뒤 시호는 세 차례에 걸쳐 추상이 이루어졌다. 31년에 휘덕(徽德), 48년에 안순(安純), 52년에 수복(綏福)을 올렸다. 따라서 그의 명호는 화경휘덕안순수복숙빈최씨(和敬徽德安純綏福淑嬪崔氏)가 되었다.

이와 같이 사당과 무덤의 지위 격상에 따른 칭호와 시호를 올려 역명함으로써, 숙빈최씨의 지위는 그만큼 높아졌다. 당시에는 "그 격이 지나치게 높이 책정되어 능과의 차별성을 두지 않았으니 훗날 분명히 비판을 받게 될 것이다"는 혹평이 있었다. 그러나 그것은 영조가 사친의 궁원을 세자·세손의 궁원보다 우월한 지위에 두고자 하는 태도를 힐난한 것으로 보인다.

실제로 숙빈최씨의 지위는 왕비와 세자의 중간쯤으로 끌어올려졌다. 이본(二本)의 혐의와 그로 인해 빚어질 정치적 혼란을 원하지 않았기에, 차마 왕후로까지 추존하지는 못하였다. 그러나 태묘와 능보다 한 등급 낮은 궁과 원을 칭하고 군모(君母)의 예로 제사를 지낼 수 있는 단계로까지 높였다. 이것은 영조의 권위와 위상을 격상시키고 왕실의 지위를 안정화시키는 데 크게 기여하였다고 하겠다.

3. 세손의 종통을 확립시키다

영조는 즉위하자마자 종법의 적장자상속 원칙에 어긋나는 형제상속으로 인한 정통성의 결함이 그의 불안을 가중시키는 요인으로 작용하였다. 그는 이러한 왕위계승관계의 하자가 세손에게 옮아가서는 곤란하다고 판단하였다. 그리하여 그는 세손이 7세 되는 해에 세손을 동궁이라 칭하고, 강서원을 시강원(춘방)으로 개칭하였다. 세손에게 지워진 종법적 계승관계에서의 흠을 불식시키기 위한 조치의 하나였다.

영조는 나라의 흥망이 차기 왕권계승자인 세손에 의해 좌우될 수 있으므로 그에 대한 관심으로 종국의 유지를 위한 교육에 집중하였다. 우선 세손에게 조선의 왕조로서의 정통성과 유구한 역사 및 계승의 정당성에 대한 자부심을 확고히 심어주고자 하였다. 선초 한양 천도의 시말을 자세히 서술한 글을 지어 전해주거나, 〈수도성절목〉을 제정하여 도성 수호의 책무를 강조한 것이 그 사례들이다.

　뿐만 아니라 그는 조손의 일체감과 유대의 돈독함을 인식시키고
자 언어의 조작과 유희를 즐겼다. "그 할애비를 아는 자는 오직 충자
일 뿐"이라고 한다든가, 조손이 상호 의존관계임을 말과 글을 통해
자주 언급함으로써, 그에 상응하는 정치적 상징효과를 극대화하고
자 했다.

　조종에 대한 효와 조종의 성사(盛事)를 계승할 것을 주문한 것도
상호 유대의식의 강화를 염두에 둔 포석이었다. "임금(태종)이 태상
전에 이르고 태상이 잔치를 베풀어 매우 즐거워하였다. 또 임금이
태상전에 가서 헌수하고 임금이 일어나 춤을 추면서 아주 즐거워하
였으니, 이 두 조목은 먼저 이미 써서 보여준 것은 다만 너로 하여금
조종의 성사를 알게 하고자 함이다"라고 한 것이 그 예다. 또한 "바
위[瑞巖] 앞에서 고취하고 일어나 춤추면서 너로 하여금 마주하여
춤추게 하니, 곧 제천정의 고사를 몸받은 것이다"라고 한 사실도 있
다. 제천정의 고사는 '영묘(세종)가 헌릉을 모시고 명나라 사신에게
잔치를 베풀었을 때 상왕이 일어나 춤을 추니 임금도 일어나 춤을
추었다. 그때 조사(詔使)는 국왕이 복이 있다고 말하였다'는 옛일을
말한다. 영조는 심상히 이를 흠복하여 한 번 행하고픈 간절한 마음
이 있었으므로 이를 모방하여 세손과 함께 행동으로 옮겼던 것이다.

　이처럼 왕조의 유구한 역사와 전통 및 조손의 긴밀한 유대관계를
서시(書示)하고 언교(言敎)한 것은 수성의 어려움을 각인시켜 주고
자 한 것이다. 수성의 어려움을 각인할 신조로서 영조가 제시한 것
은 태종이 지은 시였다. "왕위에 있으면서 어찌 살얼음을 밟는 심정
을 잊으리"[在位何忘履薄心]라고 하는 이 시에다 1구를 덧붙여 "수성

에 감히 깊은 물에 임한 경계를 소홀하리"[守成敢忽臨深戒]라는 경구를 내리면서, 이 열네 자가 너의 평생의 부적이 되어야 한다고 일렀다. 또한 《시전》의 "본지백세"(本支百世)를 암송할 것을 요구하였다. 그렇다면 세손은 이를 깊이 새기고 평생의 부적으로 삼았을까? 정조가 화성 건설을 단행한 것은 이 부적의 영향이 아니었을까?

사실 영조의 세손교육 목표는 왕실의 영원한 발전이었다. 이를 위해 왕조의 역사와 유기적인 연대를 선언하고 선조의 뜻을 계술하며 조손간의 유대를 돈독히 하도록 교육함으로써, 세손의 의식은 날로 고양되는 효과를 발휘하고 있었다. 그와 동시에 영조는 세손의 종법적 결함을 치유하고자 시도하였다. 세손의 존재가치는 조상과 황수가 돕고 빌어준 바에 근원하고 있다고 설파한 영조는 '사람의 자제된 자는 부형의 마음으로 자기의 마음을 삼아야 한다'거나 '손자는 할애비의 마음으로 자기 마음을 삼는다', '할애비는 손자에 의지하고 손자는 할애비에 의지한다'는 등의 말을 반복하였다. 영조의 뜻을 세손이 계승하는 계체의 상호관계를 잘 나타내는 말들이다.

따라서 세손은 영조의 뜻을 충실히 따를 것을 강요받았다. 영조는 자신의 뜻이 효보다 크며, 세손이 영조의 마음을 따르는 것이 가장 큰 효라 하였다. 그 뜻을 따르지 않았을 경우에는 "할애비를 배반하고 선조를 등지는 것은 사람인가? 짐승인가?"라며 극언을 내뱉기도 하였다. 이러한 무조건적 복종을 강요하는 이면에는 아마도 세손의 차기 왕권을 안정적으로 보장해 줄 사람은 영조 자신밖에 없다는 불안감이 도사리고 있었을 것으로 보인다.

영조는 세손 책봉이 이루어졌다고 해서 종통 계승을 보장할 수 있다고 여기지 않았다. 그리하여 그는 세손의 지위에 정통성을 부여하기 위해 재위 38년에 세손을 동궁이라 칭하게 하고, 2년 뒤에 세손을 효장세자의 후사로 삼았다. 세손은 이미 차기 왕권계승자로서 지위를 부여받은 자였다. 그러나 영조는 "마음속에 뻗치는 것이 두 가지가 있습니다. 한 가지는 후일에 제11실의 위패에는 손(孫)이라 일컬을 자가 없을 것이고, 소자에게는 자(子)라고 칭하는 자리가 없을 것입니다. 아! 300년 종국이 신의 몸에 이르러 그 계통을 중절(中絶)하게 된단 말입니까?"라고 하여, 종통 계승의 중절을 우려하였다. 제11실은 숙종으로, 효장과 사도가 요절하는 바람에 손이라 일컬을 후손이 없었으며, 영조에게는 아들이라 칭할 자손이 없었던 것이다.

그리하여 영조는 이 중절을 타개하기 위하여 세손을 효장의 아들로 삼았다는 것인데, 이는 단지 세손이 장자의 아들로 입계되는 것일 뿐이었다. 이를 모르는 바 아닐 영조였지만, 그는 이를 종통이 다시 이어진 것으로 보았다.

이는 신하에게 순문(詢問)할 것도 아니고 고례를 널리 상고한 것도 아니기 때문에, 동궁과 함께 행례하고 특별히 대신과 2품 이상과 삼사를 진전(眞殿)의 문 밖에 불러 이 뜻을 선유하고, 충자 산(祘)으로 효장의 뒤를 삼은 것입니다. 먼저 보략에다가 효장과 충자에게 연달아 '사'(嗣)자를 쓰면, 이 뒤로는 아마 중절하는 일은 없을 것입니다.

종법에 비추어보면, 조손의 계승관계가 어찌 종통의 정당한 계승관계가 되는 것인지 의아하지 않을 수 없다. 보략에다 효장과 충자에게 연달아 '사'(嗣)자를 쓴다는 사실은 《선원보첩》 상의 가계계승의 정당성을 확보할 수 있으나, 종묘에서의 통서는 여전히 문제였다. 이를 해결할 수 있는 방법으로는 효장의 지위를 높이는 수밖에 없었다. 이는 후에 효장을 왕으로 추존할 가능성을 예고하는 것일 수도 있어, 세손의 입계는 왕위계승의 종법질서를 바로잡기 위한 첫 순서였다고 하겠다.

며칠 뒤에, 영조는 세손에게 글을 한 편 내려 하유하였다. 그것이 곧 〈어제세손면유〉(御製世孫面諭)였다. 효장의 후사로 삼고 위호(位號)를 회복하며 묘우(廟宇)를 세웠는데, 이 뒤에 만일 다시 이 일을 들추어내는 자가 있다면 이는 무부무군(無父無君)의 역신(逆臣)이며, 세손도 혹 그러한 말에 동요되면 이 또한 할애비를 잊고 애비를 잊은 불효가 된다고 하였다. 그러고는 사도묘(思悼廟)에 자식의 도리를 다할 것을 당부하고, "사설(邪說)에 흔들려 한 글자라도 더 높여서 받들면 이는 할애비를 잊은 것이고 사도(思悼)도 잊은 것이 된다"고 하였다. 영조는 세손이 생부인 사도를 추숭하여 종통의 혼란을 야기하지 않을까 염려하였던 것이다. 그리하여 사도에게 한 글자라도 더 높이는 추숭작업을 행하지 말 것을 명심하라고 역설하였다.

세손은 즉위하자마자, 효장세자를 영조의 유지에 따라 진종(眞宗)으로 추숭하였다. 그럼으로써 조손의 계승관계는 바뀌어 영조로부터 정조까지 조-자-손으로 이어지는 종법상의 일원적 계승관계를 완성하였다. 이 일은 영조가 자신의 재위기간에 차마 할 수 없었던 사업이었다. 할애비의 뜻을 잘 알고 있었던 세손 정조는 이를 과감히 실천에 옮겼던 것이다. 생부인 사도세자에 대해서는 정조 즉위년에 수은묘를 영우원으로 봉원하는 정도에 그쳤다. 존호를 올리기도 하였지만, 종통을 거스르는 단계에 이르지는 않았다.

종국의 안정적 유지를 위해 영조는 임금이 공경하고 두려워해야 할 존재 세 가지를 제시한 것이 여러 글에 나타난다. 이 세 가지는 곧 상천(上天)과 조종(祖宗), 백성이었다. 이를 보면, 영조는 천명에 의해 건국된 왕조의 계승자임을 자처하면서 여전히 초월적 존재로 인식되기를 기대하였는지도 모른다. 이러한 영조의 국왕으로서의 삶에 있어서 민국을 위한다는 것은 무엇이었을까? 아마도 왕실의 영원한 발전과 동시에, 조상들의 뜻을 올바르게 계승해 나가는 계술로 수렴되지 않을까 생각한다. 영조의 평생은 이를 실현하고자 하는 고뇌에 찬 삶이었다고 하겠다.

참고문헌

《영조실록》, 《정조실록》, 《승정원일기》
《영조·장조문집》, 한국정신문화연구원, 1997.
《영조문집보유》, 한국정신문화연구원, 2000.
한국학중앙연구원 장서각, 《숙빈최씨자료집》, 2009.

이성무, 《조선시대당쟁사》 2, 동방미디어, 2000.
임민혁, 〈조선후기 영조의 효제(孝悌) 논리와 사친추숭(私親追崇)〉, 《조선시대사
　　　학보》 39, 2006.
──── , 〈조선후기 영조의 세손교육과 왕권의식〉, 《역사와 실학》 37, 2008.
정만조, 〈영조대 초반의 탕평책과 탕평파의 활동〉, 《진단학보》 56, 1983.
──── , 〈영조대 중반의 정국과 탕평책의 재정립〉, 《역사학보》 111, 1986.

국왕의 왕릉 가는 길, 능행

이 왕 무
한국학중앙연구원 전임연구원

1. 왕릉으로 가는 길과 차비

조선은 중국 역대 왕조가 황제의 등극과 동시에 능침을 조성하던 것과 달리 국왕이 승하(昇遐)하면 왕릉을 조성하기 시작하여 보통 6개월 안에 완성하였다. 조선의 왕릉은 삼국시대 이래로 모두 산지에 조성되었으며, 풍수의 논의에 따라 위치가 정해진 것이 특징이었다. 그러므로 왕릉을 조성하는 공사를 산릉(山陵)이라고 하였으며, 그 담당 관서를 산릉도감(山陵都監)이라고 불렀다.

왕릉의 조성은 산릉도감의 산릉사(山陵使)가 참초제(斬草祭)와 개토제(開土祭)를 필두로, 능침이 위치할 곳의 풍수와 좌향(坐向)을 결정한 뒤에 공사를 시작하였다. 왕릉이 조성되는 택지(擇地)는 주로 경기도에서 이루어졌다. 원거리인 경우, 왕릉 조성은 물론 능행이 어려울 수 있었기 때문이다. 이에 따라 왕릉의 택지는 도성을 둘러싼 100리 안에서 결정되었다.

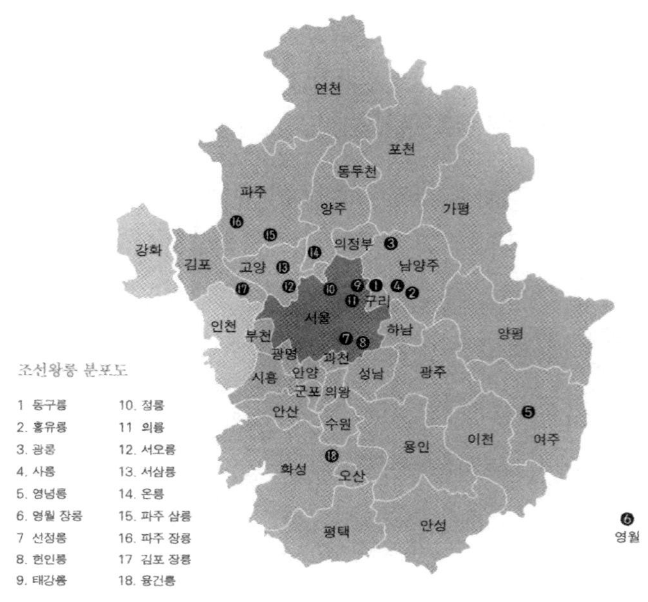

조선시대 능침 분포도

(자료: 《역사의 숲 조선왕릉》, 국립문화재연구소, 2007)

조선시대 왕릉의 분포를 보면, 양주의 동구릉과 광릉(光陵; 세조), 광주의 헌릉(獻陵; 태종)과 인릉(仁陵; 순조), 고양의 서오릉, 김포의 장릉(章陵; 원종), 화성의 융릉(隆陵; 장조)과 건릉(健陵; 정조) 등이 모두 도성에서 100리 안에 위치하였음을 알 수 있다. 물론 세종의 영릉(英陵)과 효종의 영릉(寧陵)은 여주에 있어서 100리를 벗어나지만, 풍수의 길흉설에 따라 조성한 예외적인 일이었다.

능행(陵幸)은 위와 같은 과정으로 조성된 선대왕과 왕비의 능침에 국왕이 행행(幸行)하여 전알(展謁), 전배(展拜), 작헌례(爵獻禮) 등을 거행하는 것을 말한다. 능행은 국왕이 보위에 오르면 의례적으로 거행해야 할 일이었다. 조선왕조에서 능침이 처음 조성된 시기는

태조가 승하한 이후부터로, 능행도 이때를 기준으로 시작되었다고
볼 수 있다.

능행은 1408년(태종 8) 태종이 정종과 태조의 건원릉(健元陵)에
행행하여 동지제(冬至祭)를 거행한 것을 기점으로 본격화되었다. 물
론 태조가 그 선대의 조상 묘소와 신덕왕후(神德王后)의 정릉(貞陵)
에 간 것을 능행이라 할 수도 있으나, 조선왕조가 개창된 이후를 기
준으로 본다면 정종과 태종대부터 건원릉 능행이 시작되었다고 볼
수 있다.

건원릉이 조성된 뒤부터 역대 국왕의 능침이 지속적으로 조성되
었고, 이에 따라 국왕들의 능행도 지속적으로 반복되었다. 국왕의
능행에 대한 행행 의례는 세종대에 그 기본이 정비되었다. 세종의
즉위년인 1418년 예조에서는 국왕의 능침 참배에 대한 의식을 정리
하였다. 예조에서는 국왕이 왕릉에 참배하기 위해 궁궐을 떠나는 절
차를 다음과 같이 하였다.

> ① 3일 전에 국왕과 행사 참여 관원은 모두 깨끗이 재계(齋戒)하고,
> 정침(正寢)에서 잠을 잔다.
> ② 2일 전에 대신을 보내어 종묘에 능행을 고한다.
> ③ 1일 전에 대차(大次)는 능소(陵所) 인근, 소차(小次)는 능실(陵
> 室)의 곁에 설치한다.
> ④ 날이 밝기 전 1각(刻)에 어가(御駕)가 궁에서 나오면, 의장(儀
> 仗) 및 호위가 인도 한다.
> ⑤ 산릉이 멀면, 하루 앞서 행궁(行宮)에 이르러 재계하고 유숙(留
> 宿)한다.

위와 같이 세종 초에 정비된 ⑤단계에 이르는 능행의 기본적인 절차는 조선 후기까지 그 형태가 유지되었는데, 《국조오례의》(國朝五禮儀)와 《춘관통고》(春官通考), 《배릉의주등록》(拜陵儀註謄錄)에 나타나는 능행 사례를 보면 잘 알 수 있다. 다만 출궁 시각은 계절에 따른 일출 시각에 맞추어 조정되었다.

먼저 《국조오례의》 길례(吉禮)에 수록된 배릉의(拜陵儀)를 보면 다음과 같다.

① 출궁 3일 전 예조에서 내외에 선포하여 담당업무를 준비한다.
② 2일 전에 대신을 보내어 종묘에 능행을 고한다.
③ 초엄에 병조에서 소가(小駕) 노부(鹵簿)를 홍례문 밖에 진열하게 한다.
④ 2엄에 제위(諸位)는 각각 근정전에 들어와 선다.
⑤ 사복시정(司僕寺正)이 연(輦)은 근정문 밖에, 여(輿)는 사정전 합문 밖에 남향으로 대령시킨다.
⑥ 좌통례(左通禮)가 외판(外辦)을 아뢰면, 국왕이 의복을 갖추고 여(輿)를 타고 나온다.
⑦ 근정문 밖에서 국왕이 여에서 노(輅)로 오르며 좌통례가 출발을 계청(啓請)한다.
⑧ 거가가 움직이면, 좌우통례가 양쪽에서 인도하여 나온다.
⑨ 국왕이 궁궐 밖으로 나오면 문무 시신(侍臣)이 말에 올라 능으로 출발한다.

정조대 정비된 《춘관통고》에 실린 〈행릉의〉(幸陵儀)를 보면 다음과 같다.

① 초엄에 병조에서 창덕궁 진선문 밖에 노부를 설치하고 유도백관
   (留都百官)과 배종백관(陪從百官)이 융복(戎服) 차림으로 조방
   (朝房)에 모인다.
② 2엄에 사복시에서 인정문 밖에 말과 여(輿)를 두고 백관은 돈화
   문 밖에 시립(侍立)한다.
③ 좌통례가 2엄을 아뢰며, 여러 위(衛)의 소속이 인정전 전정에 늘
   어선다.
④ 3엄에 판통례가 외판(外辦)을 아뢰면, 국왕이 융복으로 여를 타
   고 나온다.
⑤ 대가(大駕)가 인정문 밖에 이르면 좌통례가 여에서 내려 말로 갈
   아 탈것을 아뢴다.
⑥ 좌우통례가 인도하며 작문(作門)을 이루어 돈화문을 나온다.
⑦ 좌통례가 시위군의 승마를 위해 잠시 멈출 것을 아뢴다.
⑧ 시위군이 승마를 하면 좌통례가 어가의 출발을 아뢴다.
⑨ 대가가 궁궐 밖으로 나오면 유도백관과 배종백관이 지송한다.

순조대에 간행된《배릉의주등록》에 실린 건원릉 능행의 〈배릉시
출환궁의〉(拜陵時出還宮儀)를 보면 다음과 같다.

① 초엄에 병조에서 창덕궁 인정문 밖에 노부를 설치하고 유도백관
   과 배종백관이 융복차림으로 조방에 모인다.
② 2엄에 사복시에서 인정문 밖에 말과 여를 두고 백관은 돈화문 밖
   에 시립한다.
③ 좌통례가 2엄을 아뢰며, 여러 위의 소속이 인정전 전정에 늘어선다.
④ 3엄에 판통례가 외판을 아뢰면, 국왕이 융복으로 여를 타고 나온다.
⑤ 대가가 인정문 밖에 이르면 좌통례가 여에서 내려 말로 갈아 탈

　　것을 아뢴다.

　　⑥ 좌우통례가 인도하며 돈화문을 나온다.

　　⑦ 좌통례가 시위군의 승마를 위해 잠시 멈출 것을 아뢴다.

　　⑧ 시위군이 승마를 하면 좌통례가 어가의 출발을 아뢴다.

　　⑨ 대가가 궁궐 밖으로 나오면 유도백관과 배종백관이 지송한다.

위와 같이 시대별로 나열한 능행 절차를 보면, 《국조오례의》의 길례에 나오는 능행시 출궁 모습에서 세종 초에 시작된 배릉 의식이 의례적으로 자리 잡기 시작하였음을 볼 수 있다. 세종 초에는 의례적인 모습이기보다는 국왕이 일반적으로 행차하는 데 동원되는 인원과 움직임을 알 수 있는데, 판통례가 절차를 알리고 보고하는 역할을 하고 있다. 다만 《국조오례의》와 《춘관통고》에는 생략되었지만 3일 전에 재계하고 종묘에 고하는 것은 동일하게 진행되고 있다.

반면 《국조오례의》와 《춘관통고》에는 판통례의 역할을 좌통례가 하고 있으며, 그 진행 과정은 동일하다. 그리고 《국조오례의》의 ⑨개 절차가 《춘관통고》의 ⑨개와 거의 일치하여 성종대 정비된 능행 절차가 정조대에도 지속적으로 유지되었음을 알 수 있다. 특히 《춘관통고》와 《배릉의주등록》에 실린 능행 절차는 거의 동일한 내용을 담고 있어서 정조대에 정리된 능행 의례가 조선 말기까지 지속되었음을 시사한다.

그러므로 능행은 조선 전기부터 그 기본체제가 갖추어지고 능행에 동원되는 의장물의 의장제도가 정비된 뒤 〈오례의〉에 의해 체제가 정비되자 국가의 의례체제로 자리 잡았음을 짐작할 수 있다. 그리고 양차의 전란을 겪은 뒤에 정조대에 이르러 〈오례의〉를 근거로

《춘관통고》에 능행 의례를 다시 정리한 뒤 조선 후기까지 유지하게 된다.

그런데 능행은 국가의례 체제로 정비되기 이전부터 왕실의 자연스런 의례적 행사라고 볼 수 있다. 예컨대, 1677년(숙종 3) 숙종이 선왕인 현종의 숭릉(崇陵)을 전알하고 곡하였는데, 도승지 정석(鄭皙) 등이 3년 상을 마친 뒤의 곡은 예가 아니라고 말함에도 불구하고 한참만에야 곡을 그쳤다. 의례에 정해진 순서와 내용에 따라 능행이 이루어졌다기보다는 효심의 발로라고 볼 수 있는 일이다. 그렇다면 국왕들이 능행을 왕조 말기까지 수없이 반복해서 거행하던 모습은 단순히 효와 예에 따른 결과물이다.

그렇지만 능행을 효와 예에 의한 결과물이라고만 보면 능행 이외의 행행들도 같은 선상에서 해석하는 결과를 가져온다. 효와 예처럼 인간적인 감정을 바탕에 두고 거행하는 행사는 능행 이외에도 얼마든지 존재한다는 것을 감안한다면, 능행에 대한 역사적 접근, 역사적 해석의 가치도 별 의미가 없는 일반적인 현상이 될 수 있기 때문이다.

또한 효와 예의 기준에서 본다면 왕대비와 왕비들이 능행에 참여하지 못하는 부분을 설명하기 어렵다. 왕실 여성들의 능행 참여는 매번 신료들에 의해 저지되었다. 예컨대, 1676년 8월 현종비 명성왕후(明聖王后)는 숙종과 함께 숭릉에 능행하여 상처한 마음을 풀려고 하였다.

당시 숙종은 신료들과 정사를 파하는 자리에서 삼공(三公)만 머물도록 명하고는 "자전(慈殿)께서 이번 능행 때에 숭릉에 함께 가시어 지통하신 정을 풀어 보시려고 하는데, 대개 3년 상을 마치면 더욱 무시로 전알할 수 없기 때문에 이번에 꼭 가시려고 하시니, 경들은 어떻게 생각하는가?"라고 하였다.

이에 삼공이 "국조(國朝) 3백 년 동안에 이러한 예가 없었으며, 또 고사에서도 듣지 못하였습니다. 더구나 자전께서는 큰 병환 끝에 새로 차도가 계시는 터이라 결코 30리의 길을 왕래하실 수 없습니다. 또 능에 가시게 되면, 애통하시고 상심하심이 만 배나 되어 심신의 손상이 반드시 클 것이니, 후회한들 어떻게 하겠습니까? 신 등은 결코 뜻을 받들 수 없습니다"라고 하였다.

그러자 숙종은 자신도 그러한 내용으로 자전을 설득하였으나 명성왕후가 눈물을 흘리면서 굳게 고집하여, 만약 능행에 동행하지 않으면 병에 걸릴까 걱정된다는 반응을 보였다. 이러한 숙종의 태도에 신료들은 단호하게 거절할 것을 재차 진언하였다.

숙종은 신료들의 의견대로 다시금 자전의 마음을 돌리려고 하였으며, 그 결과를 가지고 그날 저녁에 다시 영상과 좌상을 만나서 "내가 경들의 말대로 진달하였더니, 자전께서 하교하시기를, '전일에 내가 일신의 병으로도 수일의 여정인 온천에 간 적이 있었는데, 지금 이 능침에 전알하려는 것은 통박한 지극한 정에서 나온 것이니, 어떻게 그만두겠는가?' 하시니, 경들의 생각은 어떠한가?" 하였다.

이처럼 숙종과 명성왕후의 능행 참여는 간절한 것이었음에도 신료들은 "온천에 거둥하시는 것은 이미 전례가 있고, 또 이는 병을 치유하는 방도입니다마는, 이번 능행은 원래 고례도 없고, 또 반드시 심신의 손상을 더하시게 될 것인데, 신 등이 어떻게 감히 뜻을 받들겠습니까?” 하였으며, 결국 그 논의는 정지되었다.

그렇다면 과연 능행은 여성이 참여할 여지가 없는 특별한 남성 국왕만이 참여하는 행행이었을까 하는 의구심을 갖게 한다. 실제로 조선 전기에 정현왕후(貞顯王后)가 선릉(宣陵)을, 정희왕후(貞熹王后)는 광릉에 능행한 일이 있기 때문이다. 물론 중종대부터 대비의 능행을 반대하는 신료들이 등장하였으며, 두 차례의 전란을 겪은 조선 사회가 숙종대 이후부터는 남녀와 귀천의 차별이 심해지던 상황이었으므로, 신료들의 반대 의견이 이해될 수 있는 부분이라고는 하지만 굳이 전례와 고례가 없다고 능행을 막는 이유는 궁핍한 해석으로 보인다. 따라서 이들의 반대 배경에는 다른 능행의 본질적인 이유가 있어서가 아닌가 하는 의문이 생긴다.

능행은 남자인 국왕만 가야 하는 의례로 여긴 것으로 생각할 수도 있다. 그러므로 능행에 관한 별도의 접근과 해석이 필요하며, 이것에 대한 대답은 숙종을 비롯한 여러 국왕의 능행에서 간간이 발견할 수 있다.

먼저 숙종은 1693년(숙종 19) 2월의 능행에서 선조의 목릉(穆陵)을 알현하고는 건원릉·휘릉·숭릉·현릉을 두루 배알하고, 되돌아오다가 인장리 고개에 이르러 백성들이 모여드는 것을 보고 말을 멈추게 하고, 불러 모아서 위로하며 유시(諭示)하였다. 이때 대신들이 주정소(晝停所)에서 백성들을 만나도록 청하자, 숙종은 주정소에서 부로(父老)들을 불러들이게 하고, 다음과 같이 명하였다.

내가 부덕한 몸으로 왕위를 욕되게 하면서부터 홍수와 가뭄, 바람과 서리가 해마다 재앙을 이루어 마침내 농사를 망치게 하여, 우리 백성들로 하여금 일찍이 하루라도 평안히 살게 하는 즐거움을 누리지 못하게 하였다. 만약 지난해와 같은 흉년이라면 전국이 마찬가지겠으니, 근고에 드문 일이다. 그러나 기전(畿甸)은 나라의 근본이 되는 지역인데, 다른 곳에 비하여 가장 혹심하였다. 절후가 화창한 봄철에 이르러 만물이 모두 우로(雨露)의 은택에 젖는데, 애처로운 우리 백성들은 유독 굶주리고 곤궁한 지경에 떨어지게 되니, 그 까닭을 깊게 생각해 보면, 내가 군사(君師)의 책임을 다하지 못한 것에서 말미암아 그런 것이다. 상심이 내 몸에 있는 듯하니, 맛있는 음식이 어떻게 편안하겠는가? 부역을 감해 주고 진출하는데 관계된 정치는 이미 강구하였다. 그러나 지금 원릉을 알현하는 예를 마치고 난여(鑾輿)를 돌리면서 전야를 돌아다보니, 내 몸이 다친 것 같은 슬픈 마음이 가슴 속에 더욱 간절하므로, 수레를 멈추도록 하고 특별히 그대들을 불러서 마음속의 말을 털어놓는다.

기전 안의 각 고을에서 금년 봄에 거둬들이는 쌀과 전세로 바치는 쌀·콩은 가을까지 기다려, 시기를 물려서 바치게 하고, 그 중에 전세로 이미 바친 고을은 특별히 해당 관청의 곡식을 이전하여 대신 지급하라. 양주는 능침이 많이 있으며, 광주는 이번 행행에 또한 분주한 노고가 많았으니, 도리상 후하게 진휼하는 것이 마땅하다. 양주는 정묘년에 대출한 조곡은 특별히 탕감해 주고, 광주는 전세로 바치는 쌀과 콩도 해당 관청으로 하여금 품지하여 변통해서 진휼하는 뜻을 보이도록 하라. 아! 너희 사민(士民)들은 나의 지성으로 구휼하려고 하는 뜻을 몸 받아서, 이리저리 흩어지지 말도록 하고, 각자 자기 집안을 보존하고 농사에 힘을 다하여, 가을을 기대하는 것이 내가 바라는 것이다.

숙종의 유시와 처분은 능행의 의미를 다양하게 접근하여 광범위하게 해석할 점을 많이 보여주고 있다. 능행은 궁궐과 도성을 벗어나 농촌을 거쳐 가는 여정이었으므로 자연스럽게 민인(民人)과 접촉하는 일이 많아진다. 왕조시대에 일반 백성이 국왕과 만나는 것은 물론이고 자신들의 처지를 상주하는 것도 쉽지 않았던 실정에서 능행은 손쉬운 군민(君民)간 만남의 장이 벌어지는 곳이다. 능행이 단순한 효와 예에 의해 의례적(依例的)으로만 치러지던 왕실행사의 하나가 아니었음을 내포하는 부분이다.

숙종과 같은 사례는 정조의 능행에서도 보인다. 1788년(정조 12) 가을에 정조는 한강을 건너 선릉과 정릉에 능행할 때 선창(船艙)이 완비하지 않은 것을 엄하게 질책하였다. 정조 이전의 국왕들도 능행 와중에 행행로의 정비가 제대로 되지 않았을 경우 대부분 담당자를 문책하고 관원을 교체하였다. 당시 정조의 어가가 한강을 건너기 위해 서빙고 나룻가에 이르렀는데, 경기관찰사 홍수보(洪秀輔)가 강물이 갑자기 불어나 선창의 홍살문 안팎이 거의 정강이까지 찰 정도로 물이 찼으므로 강을 건너기 어렵다고 하였다. 이에 신료들이 강물은 불어나고 시간은 저녁에 이르고 있으니 돌아가든지 거처를 옮겨 다음날 능행할 것을 청하였다.

이때 우의정 채제공(蔡濟恭)이 국왕의 체통을 강조하면서 효종대의 전례를 들어 책임자의 처벌과 함께 서둘러 선창을 만들게 할 것을 청하였다. 이런 와중에 과천·광주의 주민들과 좌우에서 구경하던 사람들과 어가를 수행하던 군병들이 조정의 명령이 없었는데도 죽음을 무릅쓰고 앞 다투어 달려가서, 남은 배들을 선창의 물이 솟는 곳으로 끌어다가 차곡차곡 붙여 놓고 배 안의 물건들을 배 위에 조밀하게 연결하자 순식간에 선창이 완공되었다. 정조는 어가가 선창에 이르러 말을 타고 편안히 건너 정릉으로 가서 작헌례를 행하고, 이어 선릉으로 가서 전배하였으며, 재실로 돌아와 묵었다.

이와 같은 1788년 가을 정조의 선릉과 정릉 능행은 미담이라고 할 정도로 군민이 한마음으로 화합되는 장으로 작용하였다고 볼 수 있다. 어가의 도강(渡江)을 위해 군민이 자발적으로 선창 축조에 나서는 모습은 단순한 지배와 복종만이 존재하는 왕조의 권력구조라고 보기에는 유교의 가족주의적 권력구조가 더 가깝게 느껴지는 부분이다.

결국 권력은 일방적인 지배와 복종의 구조 아래서 작용되는 것이 아니라 지배자와 피지배자 사이의 쌍방향적인 입장에서 합의점을 이루어야만 장기적으로 지속되는 성격을 가진다는 이론 아래 정조의 능행은 정확하게 그 부분을 입증하는 셈이다.

그런 이유 때문인지는 알 수 없으나 역대 국왕들의 능행에서 매번 확인하는 것이 "어가 행렬을 구경 나온 백성들을 정식(定式)에 의거해서 저지하지 말라"[觀光士女依定式弛禁事]는 조항이다. 그리고 행행로가 비좁고 관광인이 많아서 어가 행렬이 움직이기 어려운 경우에도 해산시키지 않았다. 예컨대, 1717년(숙종 43) 숙종의 어가가 과천 인근에 이르렀을 때, 좁은 길에서 관광하는 백성이 매우 많아서 나졸이 쫓으려 하자 "모두 나의 백성이므로 쫓아서는 안 된다"며 금하지 말라고 명하였다.

이 밖에도 능행과 관련된 기록을 보면, 국왕의 행차를 보려는 관광인은 구름처럼 모인다고 하며, 주간은 물론 야간에도 등불이나 횃

정조의 화성 능행도

불을 들고 국왕의 귀환을 구경하며 맞이하는 백성들이 자주 등장한다. 그리고 능행 지역이 여주의 영릉처럼 원거리일 경우 더 많은 관광인이 모였다. 또한 그들을 위해 임시로 야간통행 금지를 해제하기도 하였으며, 관광인들이 모두 도성으로 들어온 뒤에야 문을 닫도록 하기까지 하였다. 심지어 영조대는 각종 휴대물을 손이나 등에 지고서 능행 인원이 지나갈 길가에까지 나와서 구경하려다 시위 군인은 물론 의장 반열과 뒤섞여 대열이 엉망이 되는 경우도 있었다.

관광사녀(觀光士女)들에 의해 능행의 대열이 엉망이 되는 경우가 발생하였음에도, 영조를 비롯한 역대 국왕들은 별다른 제지는 물론 관광사녀의 운집을 오히려 장려하기까지 하였다. 이런 국왕의 반응과는 달리 역대 신료들은 능행에 관광사녀들이 운집하는 것을 매번 지적하고 물리칠 것을 주장하였다. 물론 능행을 구경하려고 모인 민인들에게 가마의 휘장들을 들어 올려서 국왕의 모습을 드러낼 것을 주장하는 경우도 있었지만, 대부분은 관광인의 운집을 물리칠 것을 청하였다.

여기에서 능행에 임하는 국왕과 신료의 시각 차이가 있음을 볼 수 있겠다. 통치자의 덕성, 즉 너그러움을 한없이 베푸는 국왕의 모습을 생각한다면, 능행은 국왕이 민인을 직접 대면하고자 하는 장으로 적극 활용하였음을 짐작하게 한다. 반대로 신료들은 국왕의 위의(威儀)를 손상시키는 현상을 예방하고 원활한 능행의 거행을 위해 관광인의 접근을 차단하려고 하였음을 알 수 있겠다. 따라서 능행을 좀 더 적극적인 왕실의 행사, 나아가 국왕의 통치행위의 연장선에서 이용한 것은 국왕 자신이었음을 역설적으로 확인할 수 있다.

물론 위와 같이 능행이 국왕과 신료, 민인간의 장이 되는 경우도 있지만, 국왕 개인의 취향과 의지만으로 거행되는 경우도 있었다. 1735년(영조 11) 6월, 영조는 신료들에게 지난 밤 꿈속에서 숙종에게 배례(拜禮)하는 꿈을 꾸었기 때문에 가을철 명릉(明陵) 능행을 미리 정하게 하였다. 그리고 실제로 8월 11일 명릉 행행을 거행하였다.

그런데 영조의 1735년 6월 능행과 같은 경우는 영조를 제외한 다른 국왕에게서는 찾아볼 수 없는 매우 이례적인 행동으로서, 조선 후기 국왕의 능행 전체에서 나타난 보편적인 현상이라고 볼 수는 없다. 오히려 조선 후기 국왕들의 능행은 위와 같이 관광인들과 어울리면서 역대 국왕들에 대한 효심을 대외적으로 드러냈으며, 국가의례지만 강압적인 것이 아니라 자연스러운 분위기로 정례화(定例化) 되었다.

2. 능행 의장의 상징성

의장(儀仗)의 개념성은 곧 상징을 뜻한다. 어떤 대상을 대외적으로 알리려는 의도에서 출발한 의장은 강한 상징성을 내포할 수밖에 없다. 인간에게 어떤 의식이 생겨나면 의식에 대한 관심에 따라 의식을 다양하게 나타내는데, 의장은 그 의식을 상징적으로 표현한 것이기 때문이다. 그러므로 외면적으로 대상이 사회구성원에게 인식되기 위해 상징을 사용한다고 할 수 있다.

조선왕조에서는 국왕과 왕실의 통치권위를 예적(禮的) 질서로 표현하는 데 주력하였다. 예적 질서란 예측과 조절이 가능한 규정된 공간 안에서 의례적(儀禮的)으로 강요되고 따르는 통치 지배구조를 말한다. 국가의 통치구조가 물리력을 통한 강제적인 지배 형태가 아닌 백성의 자발적인 순종을 유도하는 사회구조이다.

해마다 정해진 날에 같은 공간에서 화려한 의장 속의 변함없는 지배계층의 모습은, 시간이 흐르면 흐를수록 민인들에게 사회공간의 의례화를 심성적으로 만들어내는 결과를 야기시켰다고 생각되기 때문이다. 피지배자가 지배자의 권력 안에 내재된 형태를 자연스럽게 자리매김하는 현상이기도 하다.

이런 현상은 단순히 몇 번의 능행과 한두 해 사이에 발생할 수 있는 것이 아니다. 수십, 수백 년간 역대 국왕들을 거치면서 천천히 사람들의 심성 속으로 자연스럽게 젖어 들어간 결과다. 화려하게 그 상징성을 내뿜는 의장물을 지켜보지 않아도, 국왕이 가마 속에 있어

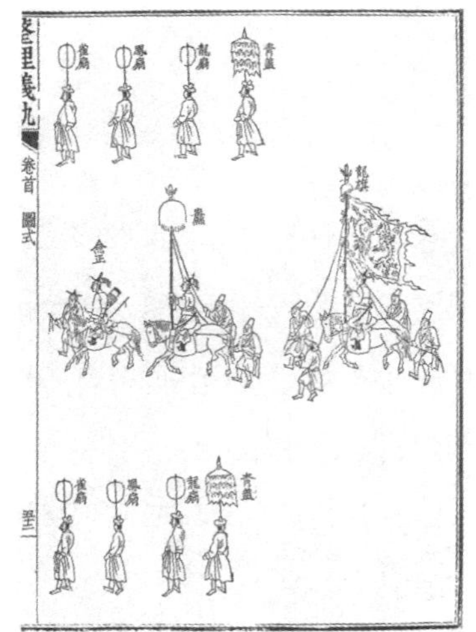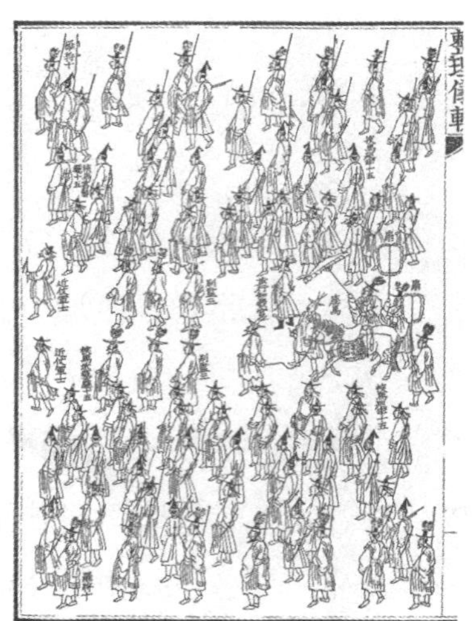

《원행을묘정리의궤》 반차도

서 잘 보이지 않아도, 이미 사람들의 심성에는 그 존재들이 각인되어 스스로 인식하게 작용하는 것이다.

역대의 국왕들은 이런 민인의 심성을 잘 파악하였다고 볼 수 있다. 그러므로 능행과 같은 행행이 반복적으로 행해졌다고 할 수 있다. 속칭 신권이 왕권과 대등 내지는 우월한 위치에 있었다는 경종·헌종·철종대에도 국왕이 민인을 대면하는 능행은 지속적으로 이루어졌기 때문이다.

그럼에도 능행을 이용하여 자주 민인과 접한 국왕은 영조와 정조가 대표적이겠다. 영조와 정조는 어느 왕들보다 잦은 능행을 거행하였으며, 이를 계기로 왕실의 권위는 물론 그 존재성을 더욱 깊게 신료와 민인들에게 주입시켰다고 하겠다.

능행의 대열이 지나가는 공간에서 국왕을 중심으로 민인에 이르

《원행을묘정리의궤》 반차도 가운데 청룡기와 주작기
(고궁박물관 소장)

기까지 의례화된 공간이 연출되기 시작한다. 능행의 의장 반차는 의
례의 차별적인 질서를 형상화하는 도구로 작용한다. 의장이 위치하
는 방향은 예가 올려지는 최상위자인 군주를 기준으로 정해졌다. 권
력과 지배구조의 공간을 축약적으로 재현하는 의장 배열에서 국왕
은 늘 그 중심이었던 셈이다. 국왕을 중심으로 의장에서 가장 큰 상
징성을 지닌 의장물이 위치하였으며, 그것을 중심으로 하위 개념의
의장이 외적으로 퍼지면서 방사선 구조를 나타내었다.

이와 같이 능행은 국왕을 중심으로 문·무 관료층과 군인이 각각
정해진 의장 배열에 따라 집단을 이루어 대외적으로 만민에게 보이
며 움직이던 왕조의 지배집단이었다. 이 능행 전체의 결속을 이끄는
국왕의 목소리는 의장을 통해 공간에 시각적으로 나타난다.

국왕의 모습은 눈으로 보이는 것만이 아니라 법과 의례와 같이

사회적 응집력을 발생시킬 수 있는 매개를 통해서도 충분히 전달될 수 있다. 그래서 능행에 이용되던 기치와 기물들은 국왕과 왕실의 존재를 말하는 의장물인 것이다.

능행의 대열 안에서 깃발을 날리며 지나가는 의장은 시각적인 상징 이상으로 사람들을 매혹시켰다. 고대부터 내려오는 음양오행의 상징을 내포한 의장물은 국왕과 신료, 민인들에게 작은 우주질서의 지상 재현이라는 착각을 불러일으킬 만하였다.

왕조국가에서 누구나 태어나면서부터 천체에 떠 있는 해와 달과 그 주변을 맴도는 다섯 행성을 보면서 성장한다. 이러한 삶의 현장에서 천체, 곧 우주 질서에 대한 경외는 그 우주를 지상으로 재현한 왕실로 이어졌으며, 이러한 왕조 질서에 대한 개념이 수시로 거행되는 국왕의 능행이 만든 공간을 통해 민인들에게 주입되었다고 본다.

3. 국왕의 행렬을 기록한 의궤와 반차도

국왕의 능행은 행행의 하나로 그 구성은 행행에 근원을 두고 있다. 국왕이 탄 말이나 가마를 중심으로 기치와 군기, 관원과 군병들이 각자의 지위와 위상에 맞게 열을 지어 나아가는데, 그 행렬을 행행 반차(班次)라고 하였다. 반차란 넓은 의미로는 행행의 대열만이 아니라 관직상의 지위고하와 신분상의 우위를 도열하는 것을 말하기도 한다. 그러나 조선 후기 연대기 자료와 각종 왕실 관련 기록에서 반차는 국왕의 행행에 동원된 사람들의 위치를 뜻하는 것이다.

능행과 같은 행행에 참여하는 사람들의 반차는 엄격하여, 대소 신

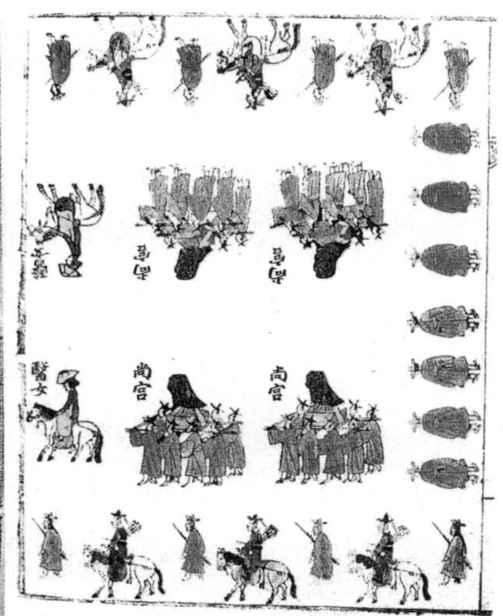

가례반차도(철종)

료가 각자의 지위와 소속에 따라 자기 위치를 지켜, 서로 침범하지 못하였다. 이러한 행행의 반차는 국왕의 다양한 의례 행사에 따라 매번 거행되던 행렬이었으므로, 행사의 전말을 기록하던 의궤에 기록하거나, 반차만 그린 각종 반차도를 작성하였다.

의궤에 실린 반차도는 의궤의 종류와 시대에 따라 다양하게 작성되었다. 의궤의 반차도는 행사의 일부나 전체를 채색화로 나타내었다. 반차도는 책례(冊禮)와 가례(嘉禮), 존숭(尊崇)과 존호(尊號), 부묘(祔廟) 등의 의궤에 주로 실려 있다. 이 의궤들에 실린 반차도에는 행행이 아닌 반차만 실려 있어서 국왕이 없는 경우도 있다. 그러나 반차도에는 국왕을 상징하는 교명(敎命), 보인(寶印), 책문(冊文), 기치(旗幟) 등이 의장물과 시위군에 의해 대열을 이루고 있어서 행행 반차도에 버금가는 자료로 활용할 수 있다.

반차도의 작성 목적은 세 가지로 볼 수 있다. 첫째는 국왕이 직접 왕실 행사의 진행 상황을 주관하거나 행사의 변천 과정을 알기 위한 자료로 사용하는 것, 둘째는 왕실 행사를 주관하는 관청과 해당 관서들에서 담당 업무를 확인하고 거행하는 데에서 정확도를 높이는 전거로 삼기 위한 것, 셋째는 왕실 행사를 시작하기 전이나 끝낸 이후에 행사 참고용이나 후대 자료로 사용할 수 있게 하는 것 등이다.

조선 후기로 갈수록 왕실행사의 다변화로 인해 반차도의 제작과 종류도 증가하였다. 국왕의 가례에 따른 친영의식의 증가와 상시도감(上諡都監), 추숭도감(追崇都監), 존숭도감(尊崇都監), 존호도감(尊號都監), 천릉도감(遷陵都監)의 설치에 따른 반차도의 증가가 그것이다. 그리고 사친(事親)의 추숭과 많은 상장례(喪葬禮)의 거행으로 다양한 왕실행사 거행 도감이 설치되었고, 반차도 작성도 늘었다. 이 밖에 반차도를 대외의 관서에 배포한 것도 반차도 제작을 늘이는 데 기여하였다.

현전하는 반차도 가운데 국왕의 행행이 가장 잘 묘사된 것은 국왕이 친영(親迎)하는 가례반차도다. 가례반차도는 국왕과 왕세자의 것으로, 별궁에서 신부를 데려오는 친영에 참여하는 반차 대열을 묘사한 것이다. 도성내의 행행인 친영은 국왕의 경우 누락되기도 하지만 왕세자의 것은 대부분 포함되어 있으며, 숙종 이후의 국왕과 왕세자는 모두 친영을 거행하였다.

가례반차도는 가례 행사를 전후해서 제작된 것으로 보인다. 왕비가 궁궐로 오는 것에 관한 반차도와 왕세자빈이 대궐에 이르는 반차도는 예행연습이 필요한 성대한 행렬이었다. 이에 각 관서의 관원이

창덕궁 인정전 진찬도

나 시위 군병의 위치와 의장들을 미리 담당자들에게 주지시킬 필요가 있었으며, 이때 사용된 것이 반차도다. 그리고 가례를 마친 뒤에 당시의 행렬을 반차도로 작성하여 다음대의 국왕과 왕세자 가례에 참고하게 하였다.

가례반차도 외에 왕실의 경사스런 행사로 진연(進宴)과 진찬(進饌)이 있으며, 이때에도 반차도가 등장하였다. 물론 진연과 진찬의 반차도에는 국왕의 행행이 등장하지는 않는다. 진연과 진찬은 궁궐 안에서만 거행되던 왕실 행사였으므로 궁궐 밖으로 나가는 행행이

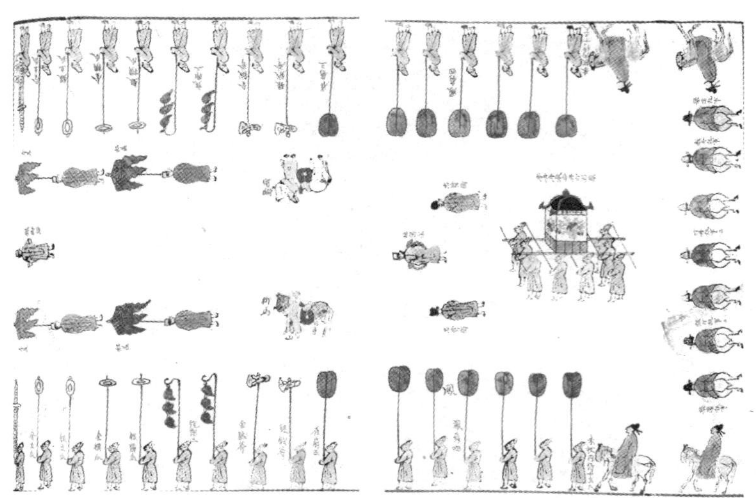

발인반차도

없다. 다만 국왕과 왕실 구성원, 관료와 군병 등 행사 참가자들의 위차(位次)를 정하고 연습해야 하였으므로 반차도 작성은 필수였다.

진연과 진찬의 반차도에서 주목할 점은 왕실의 위차를 정확히 그림으로 보여준다는 점이다. 왕실의 위차는 곧 권력의 동심원을 그려 나타내는 것으로, 각 시대의 권력 향방을 보여준다. 그러므로 행행과 같이 국왕의 위용을 드러내고 왕실의 위엄을 표방하는 행사와 같은 선상에서 볼 수도 있다. 진연과 진찬의 반차도는 행사 때마다 전례를 참고하여 위차를 변경하기도 하고, 그대로 전번의 행사에 사용된 반차도를 모사하여 사용하기도 하였다.

물론 반드시 반차도에 의거해서 진연을 거행하지는 않았다. 행사가 거행되던 장소에 따라 반차의 변경이 있었기 때문이다. 창경궁의 통명전 주변과 같이 좁은 협곡이나 행사를 거행할 장소가 협소한 경우 전례에 관계없이 새롭게 조정되었다.

이 밖에 어떤 의례 행사보다 많은 반차도를 기재하고 있는 것이 발인반차도와 부묘(祔廟) 반차도다. 발인반차도는 왕실에 국장이 생겼을 때 장례를 치르는 행사에 동원되는 인원과 물자의 수치와 위치를 나타낸 것으로 조선 초기부터 사용하였다. 다만 발인반차에는 참여하는 인원이 다른 왕실 행사보다 많아서 반차도를 한 지면에 모두 그릴 수 없는 경우도 있었다.

이와 같이 국왕의 행행에서 반차도는 행사의 원만한 진행과 역사적 전거를 남기기 위해 제작되었으며, 가례의 친영, 발인, 진연과 진찬 등에 나타났다.

현전하는 《가례도감의궤》에서 국왕의 행행인 친영 반차도는 조선 전기부터 거행된 국왕의 행행이 어떻게 계승되었으며, 각 시대별로 어떤 변화 양상을 지니는지 보여준다. 더욱이 의궤에 실린 반차도는 일반 행정관서의 반차도와 달리 국왕이 열람하던 것임을 감안할 때, 정확성과 신뢰성이 높다. 그러므로 의궤에 실린 반차도를 통해 행행 의장의 구성과 시대적 변화를 살필 수 있으며, 그것을 통해 능행 의장의 상징성을 파악할 수 있겠다.

참고문헌

김문식, 〈1779년 정조의 능행과 남한산성〉, 《한국실학연구》 8, 2004.
신명호, 〈조선후기 국왕 행행시 국정운영체제―《원행을묘정리의궤》를 중심으로〉, 《조선시대사학보》 17, 2001.

이범직, 〈조선시대 왕릉의 조성 및 그 문헌〉, 《한국사상과 문화》 36, 2007.

이왕무, 〈조선후기 국왕의 능행 연구〉, 한국학대학원 박사논문, 2008.

이홍렬, 〈낙남헌방방도(洛南軒放榜圖)와 혜경궁홍씨의 일주갑(一周甲)—수원 능행도와 관련하여〉, 《사총》 12 · 13, 1968.

이희중, 〈17, 8세기 서울 주변 왕릉의 축조, 관리 및 천릉 논의〉, 《서울학연구》 17, 2001.

James B. Palais, 〈조선왕조의 관료적 군주제〉, 《동양 삼국의 왕권과 관료제》, 국학 자료원, 1998.

왕실 혼례

이 미 선

한국학중앙연구원 한국학대학원 박사과정수료

1. 혼례란 무엇인가

혼인은 남녀의 결합이다. 이것은 남자가 장가든다는 의미의 혼(婚)과 여자가 시집간다는 인(姻)을 합쳐 놓은 말이다. 남녀가 주로 저녁때에[昏時] 장가들고 시집간다고 해서 의식절차를 혼례(婚禮) 또는 혼례(昏禮)로 통칭해서 사용하였다.

혼례는 혼인대례(婚姻大禮)의 준말로, 사회의 최소단위인 가정을 이루기 위해 반드시 필요한 의식절차였다. 본래 그것은 개인 간의 결합일 뿐만 아니라 공동체 간의 결합이었기 때문에 사적인 관계에만 그치지 않고 공적인 유대의 의미를 지녔다. 특히 조선시대에는 문벌과 신분제를 중요시하였기 때문에 가문과 가문의 결합인 혼례를 매우 중요시하였다. 이렇듯 혼례는 두 가문의 남녀가 결합하여 위로는 조상을 받들고 아래로는 자손을 잇는 일이었으므로, 일생일대의 중차대한 일이라고 여겨 '인륜지대사'(人倫之大事)라 하였다.

이성지합(二姓之合)인 혼례는 전통사회에서 성인이 된 것을 공표하는 일종의 통과의례였다. 그리하여 혼례를 치르지 않으면 성인 대접을 하지 않았고, 혼례 전에 죽은 자식은 불효하였다고 여겨 제사도 지내주지 않은 관습이 생겼다.

2. 왕실혼례 — 가례(嘉禮)와 길례(吉禮)

왕조국가에서 가장 큰 혼례는 국왕이나 왕세자의 혼례였다. 조선시대에는 이를 국혼(國婚), 대혼(大婚)이라 불렀으며, 왕실의 가장 큰 경사로 여겼다. 그런 의미에서 국왕의 혼례를 비롯한 왕실 구성원들의 혼례를 '가례'(嘉禮)라 하였다. "음과 양이 만날 때를 가(嘉)라고 이른다"라는 《광재물보》(廣才物譜) 예절부(禮節部)의 구절은 혼례를 통한 남녀의 결합을 흔히 음양의 조화에 비유한 것과 일맥상통한다.

그러나 '가례'라는 단어는 왕실 혼례라는 의미 외에 국가의례의 한 용어로도 사용되었다. 국가의례에는 다섯 가지의 의식, 즉 오례(五禮)가 있었다. 오례는 길례(吉禮), 가례(嘉禮), 빈례(賓禮), 군례(軍禮), 흉례(凶禮)를 가리킨다. 그 가운데에 '가례'는 왕실의 혼례뿐만 아니라 왕세자와 왕세손의 관례의식, 왕세자·왕세제·왕세손 등의 책봉의식, 대왕대비·왕대비·대비 등에 존호를 올리는 의식, 왕의 등극의식, 각종 축하 및 연향 의식 등 모든 의식을 포괄하는 개념이었다.

현존하는 《가례도감의궤》(嘉禮都監儀軌)가 왕이나 왕세자의 결혼식만 정리한 기록임을 볼 때, 보통 '가례'라고 함은 왕 또는 왕세자 등 왕실의 정통과 직접 관계있는 자의 혼인 행사를 뜻한다고 하겠다. 반면 왕자군, 왕손, 공주(왕의 적녀), 옹주(왕의 서녀), 군주(郡主; 왕세자의 적녀), 현주(縣主; 세자의 서녀) 등 일반 왕자녀의 혼례는 '길례'(吉禮)라 불렀다. 제례를 가리키는 길례 또한 오례 가운데에 하나였지만, 조선 후기부터는 뚜렷하게 구분되었다.

3. 간택 — 배우자 선발

조선시대 왕실의 혼례는 육례(六禮)의 절차를 거쳤다. 그러나 육례의 과정에 앞서 반드시 간택(揀擇)을 실시하였다. 간택은 왕실에서 혼례를 치르기 위해 후보자들을 궐내에 모아놓고 배우자를 선발하는 절차였다. 왕실 내명부(內命婦)의 최고 여성인 대왕대비 등이 왕이나 왕세자, 그 밖의 왕실 자녀들의 혼인을 결정하면 가례청(嘉禮廳)이나 길례청(吉禮廳), 가례도감(嘉禮都監)이나 길례도감(吉禮都監)을 설치하였다. 이 기관들은 혼례를 주관하는 임시관청이었다.

1) 금혼령

간택 절차는 먼저 예조에서 전국에 금혼령(禁婚令)을 선포하는 일이다. 금혼령은 왕실구성원들의 혼처를 구하기 위해 사대부가의 10세 안팎 규수들(부마 간택의 경우에는 남자)의 혼인을 금지하는 명령이다. 물론 그것은 왕(왕세자)이나 왕자녀의 혼인대상으로 좋은 배우자를 많이 확보하기 위한 조치였다. 금혼령이 전국에 내려지면

《숙종·인경후 가례도감의궤》
(장서각 소장 2-2589)

해당 연령의 자식을 둔 사대부 집안에서는 조정에 처자단자(處子單子)를 자진신고 해야 했다. 부마 간택에서는 동자단자(童子單子)를 올렸다. 단자의 형식은 대체로 후보자들의 생년월일시(生年月日時)인 사주(四柱)와 본관(本貫) 및 부·조부·증조부·외조부의 이력을 기록하였다. 이때 응모자가 서울에 거주하면 ○부(部)○방(坊)을, 지방에 거주하면 ○도(道)○읍(邑)을 기재하도록 하였다. 특히 사주는 중매결혼에서 신랑과 신부의 '궁합'을 맞추어 보거나 사주팔자를 점치기 위하여 반드시 필요한 요소였다.

이 시기에 양반은 물론이고 일반 서민까지 결혼할 수 없었다. 그러나 왕실과 일정 범위의 친인척 가운데에서 금혼령의 대상이 될 수 없는 경우가 있었다. 그 예를 《고종명성황후가례도감의궤》(高宗明成皇后嘉禮都監儀軌)를 통해 살펴보면 ① 국성(國姓)인 전주이씨와 성관(姓貫)이 같지 않은 이씨(李氏), ② 대왕대비전의 동성(同姓) 7촌 이내와 이성(異姓) 6촌 이내의 친족, ③ 왕대비전의 동성(同姓) 5촌 이내의 친족, ④ 전하의 이성친(異姓親)과 혼인한 8촌 이내의 친족, ⑤ 부모가 모두 생존하지 않은 자 등은 간택 대상이 될 수 없었다.

　　좋은 신부(부마일 경우 신랑)감을 확보하기 위한 금혼령에 대해서 당시 양반가문들은 상당한 거부반응을 보였다. 처녀(부마일 경우 동자)단자를 올리려고 하지 않을 뿐더러, 왕실에 적령기의 왕자녀가 있으면 금혼령을 내리기 전에 자녀들을 서둘러 결혼시켰다. 일반적으로 간택과 금혼령은 형식상의 절차였을 뿐, 대비와 왕, 대상 가문의 의중에 따라 간택 후보자가 미리 내정되어 있는 경우가 많았다.

　　더구나 간택에 참여하는 데 필요한 경제적인 비용 또한 참가자들에게는 큰 부담이었다. 대개 딸을 간택에 참여시키려면 당사자 복장은 물론 가마 등 준비비용이 적지 않았기 때문에 미리 내정해 놓고 치르는 형식적인 행사에 무리를 해 가며 빚까지 질 필요가 없었다. 설혹 간택과정을 거쳐 외척으로서 큰 영향력을 행사할지라도, 권력 쟁탈의 중심부에서 언제나 경계의 표적이 되어 가문의 안위를 위협받을 수도 있었다.

　　부마의 경우에는 문무관직에 올라 정치를 할 수도 없었을 뿐더러, 공주(또는 옹주)를 부인으로 두고서 애첩을 둘 수도 없었고, 불행히 왕녀가 먼저 일찍 죽는다 해도 재혼할 수조차 없었다. 말이 좋아 부인이지 상전과 다름없는 지체 높은 공주를 모시고 사는 왕의 사위자리가 무조건 좋은 것만은 아니었다. 이런 이유로 해서 단자 신고가 강제성을 띠었지만, 고의로 단자를 내지 않은 경우가 많아 당사자 집안은 물론, 관할 수령도 형벌을 받았다. 단자를 올리는 기한일이 마감되면 예조에서는 이를 모아 국왕에게 올리고, 국왕은 일관(日官)을 시켜 혼례날짜를 정하였다.

2) 간택의 기준조건

간택절차는 왕실혼례에만 있는 절차였다. 요즘 말로 '배우자선발대회'라고 이를 수 있다. 간택은 세 차례의 심사과정, 즉 초간택(初揀擇), 재간택(再揀擇), 삼간택(三揀擇)을 거쳤다. 예조에서 취합된 처녀(또는 동자)단자를 추려 초간택 후보는 30명 안팎, 재간택 후보는 5명에서 7명, 삼간택 후보는 3명 정도를 뽑았다. 간택에 참여한 처자들에게 왕실에서는 답례품을 내렸다.

세 차례의 간택을 거쳐 최종 한 사람을 뽑으면 금혼령을 풀었다. 이때 최종적으로 뽑힌 후보자 가문은 왕실과 인척관계를 맺어 명예와 재산을 얻게 된다. 특히 왕비 후보자의 경우에는 장래 국모로서 자신은 물론 가문에 막대한 권력과 부귀영화를 누리게 하였다. 이는 국혼이 국왕을 중심으로 하는 왕실과 상대 가문간의 정치적 이해관계를 바탕으로 이루어졌기 때문이다. 인조반정 이후 권력을 잡은 서인세력들이 '국왕 가문과의 혼사를 놓치지 않고 산림을 우대하여 등용한다'(勿失國婚 崇用山林)는 캐치프레이즈를 표방한 것도 이러한 이유라 하겠다.

간택에는 처자(부마의 경우 총각)들의 가문 배경이 크게 고려되었다. 많은 후보자 가운데에서 현실적으로 미덕을 갖춘 규수(부마의 경우에는 英材)를 뽑는다는 것은 명분에 지나지 않는다. 왕실의 혼인은 왕의 세력기반을 확보하는 데 중요한 요소로 작용하기 때문에 간택 후보자 가문의 정치적 또는 사회적 지위를 고려하지 않을 수 없다. 외척의 세력이 튼튼하면, 왕실이 신하들의 세력에 짓눌릴 경우 이들 가문이 왕실세력을 뒷받침해 줄 수 있기 때문이다.

그러나 가문 배경 외에 후보자들의 혼인요건으로 용모가 중요한 기준이 되었다는 사실이 실록에 전해져 매우 흥미롭다. 《세종실록》에서 세종이 세자빈인 며느리 휘빈김씨(徽嬪金氏)를 내쫓고 세자빈(훗날 純嬪奉氏)을 다시 간택하는 자리에서 "집안과 덕성이 중요하긴 하나, 인물이 아름답지 못하면 또한 안 될 것이다"라고 하여, 가문·부덕과 함께 미모가 왕비 후보감의 중요한 기준으로 작용하고 있음을 보여준다.

3) 별궁

삼간택에서 왕비(세자빈)로 뽑힌 규수는 곧장 덩(德應; 일종의 가마)을 타고 별궁(別宮)으로 가서 친영 때까지 머물면서 궁중생활을 위한 교육을 받았다. 요즘 말로 신부수업을 받는 것이다. 조선 후기 대부분의 왕비들은 어의동(於義洞; 지금의 연지동 기독교회관 부근) 별궁에서 보냈다. 예외적으로 소현세자빈 강씨(昭顯世子嬪 姜氏)는 태평관(太平館; 지금의 주택은행 서소문지점)에서, 고종비 명성황후(明成皇后)는 운현궁(雲峴宮)에서, 순종비 순명효황후(純明孝皇后)와 순정효황후(純貞孝皇后)는 안국동(安國洞)에서 왕실의 법도와 예절을 배우고 익혔다. 이때 어떠한 교육과정을 이수하였는지는 알 수 없다. 다만 1743년(영조 19) 혜경궁 홍씨가 왕세자빈으로 간택되었을 때, 별궁에서 《소학》(小學), 《내훈》(內訓), 《어제훈서》(御製訓書) 등을 배웠다는 기록이 남아 있어 다소 짐작할 따름이다.

3차 최종 심사대회에서 떨어진 후보자는 어떻게 되었을까? 비록 정치적 이해관계 속에 밀려 떨어지기는 하였지만 이들은 당대 최고

엘리트 집안의 딸이었다. 최종선발에서 탈락되었지만 금혼령이 해제된 뒤, 그들은 자신의 가문과 걸맞은 명문집안의 도령들과 혼례를 치렀다. 간혹 낙선된 왕비 후보자의 경우 후궁이 되기도 하였다. 정순왕후(定順王后)와 함께 단종비의 후보자로 올라온 김사우(金師禹)의 딸인 숙의 김씨와 권완(權完)의 딸인 숙의 권씨가 그 좋은 예이다. 하지만 대부분의 규수들은 '뼈대 있는 가문'으로 시집을 갔다.

4. 왕실 혼례는 어떻게 이루어졌을까

육례는 혼례의 여섯 가지 의식절차를 의미한다. 조선시대 왕실의 혼례는 《국조오례의》(國朝五禮儀) 등 국가전례서에서 정한 육례의 절차로 거행되었다. 왕실혼례의 대상자들은 왕비·왕세자빈·왕세손빈·왕세제빈·대군·군·공주·옹주이다. 왕실의 일원인 후궁의 혼례도 여기에 함께 언급하였다.

1) 국왕과 왕세자의 가례

왕비를 맞이하는 납비의(納妃儀)는 납채(納采), 납징(納徵), 고기(告期), 책비(冊妃), 명사봉영(命使奉迎), 동뢰(同牢), 왕비조왕대비(王妃朝王大妃), 왕비수백관하(王妃受百官賀), 전하회백관(殿下會百官), 왕비수내외명부조회(王妃受內外命婦朝會)로 이루어졌다. 반면 왕세자빈을 맞이하는 납빈의(納嬪儀)의 경우에는 대체로 납비의와 비슷하였으나, 명사봉영 대신 친영례(親迎禮)를 행하였다는 점이 달랐다. 여기에서는 납비의를 중심으로 살펴본다.

육례가 이루어지기 바로 전날에 국왕은 종묘와 사직에 가서 왕비(세자빈)를 맞이하게 되었음을 고한다. 이 의식은 국왕을 비롯한 왕실의 모든 혼례에서 나타난다. 이후 본격적으로 육례 절차가 이루어진다.

납채는 혼인을 청하는 의식으로, 장차 국구(國舅)가 될 집안에 왕비 또는 세자빈으로 결정된 사실을 통보하는 절차였다. 요즘 말로 약혼식인 셈이다. 이 의식은 궁궐에서 왕이 사자(使者)에게 약혼의 징표인 교명문(敎命文)과 산 기러기[生雁]를 전하는 의식, 사자가 신부의 집에서 교명문을 선포하고 답서인 전문(箋文)을 받아오는 의식으로 진행된다. 교명문은 왕비(또는 세자빈)로 결정된 사실을 알리는 왕의 교서다. 함께 보낸 기러기는 한 번 짝을 지으면 죽을 때까지 짝을 바꾸지 않는 습성 때문에 '변하지 않은 사랑'을 상징한다. 따라서 '평생토록 배필을 따라 절개를 지킨다'는 의미에서 신랑은 혼례 때에 반드시 신부 집으로 기러기를 보냈다.

납징은 혼인이 성사된 뒤 징표로써 예물을 보내는 의식이다. 오늘날 함과 같은 성격을 띤다. 이 의식은 신랑 집에서 사자를 통해 교명문과 함께 속백함(束帛函)을 신부에게 보내 약혼이 정식으로 이루어졌음을 통보한다. 속백함은 비단을 담은 예물상자로, 검은색 비단 6필과 붉은색 비단 4필이 담겨 있다. 혼례에서 예물을 주고받는 것은 두 집안 사이에 결혼 약속이 이루어졌음을 의미한다. 예물로는 예로부터 청색과 홍색으로 된 치마와 저고릿감의 비단을 사용하였다. 이는 《사의》(士儀)〈납폐〉(納幣)에서 말하듯이, 음양이 갖추어진다는 뜻이 담겨 있기 때문이다.

고기는 예물을 보낸 뒤 대궐에서 혼인하기 좋은 날을 택하여 예비 왕비에게 알려주는 의식이다. 사대부가에서는 신부의 생리 및 경제적 비용 등 신부 집의 여건을 고려하여 신부 집에서 혼인날을 정하였지만, 왕실혼례에서는 일관이 따로 길일(吉日)을 정하였다.

책비는 왕비를 책봉하는 의식으로, 오직 왕비의 혼례식에만 있는 절차였다. 왕비의 경우는 옥책(玉冊)을, 세자빈의 경우는 죽책(竹冊)을 내렸다. 아울러 책봉을 위해 교명문, 책문(冊文; 왕비를 책봉하는 문서), 보수(寶綬; 왕비의 도장인 金寶와 도장끈인 綬), 명복(命服; 왕비가 입을 옷)을 넣은 네 개의 함을 채여(彩輿; 채색된 가마)에 싣고 문무백관과 병조(兵曹) 소속 군인들의 호위 속에 왕비에게 전달되었다. 이때의 교명은 오색실의 비단에 황금축(黃金軸)을 두른 두루마리 형태를 띤다.

이 의식에서 왕비는 예복 가운데 가장 화려한 멋을 풍기는 적의(翟衣)를 입었다. 적의는 꿩 무늬를 수놓은 최고의 대례복으로, 오늘날로 치면 신부의 웨딩드레스라 할 수 있다. 보통 꿩 무늬는 친애해로(親愛偕老)를 상징하여, 책비 이후 친영과 동뢰연의 의식에서도 적의를 착용하였다. 이때부터 예비 왕비는 대궐 안주인인 국모(國母)로 인정되어 왕비의 위용과 위엄을 한층 더 돋보이게 하였다.

친영은 국왕이 친히 별궁에 가서 왕비를 맞이하여 궁궐로 돌아오는 절차인데, 혼인식의 하이라이트다. 이때 전안례(奠雁禮)가 행해진다. 전안례는 보통 신랑이 기러기를 신부 집에 들이는 예절이다. 이때 처음 신랑과 신부가 마주보게 된다.

조선 초기의 결혼풍속은 고구려 이래로 신랑이 신부 집에서 혼례

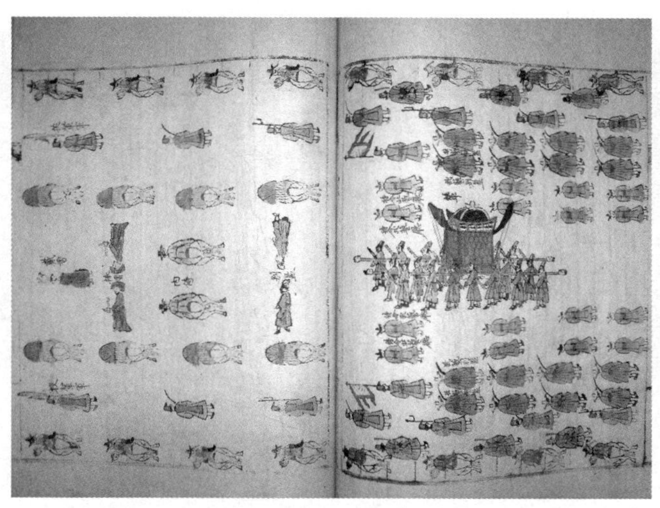

《순종 · 순명왕후 가례도감의궤》(장서각 소장 2-2678, 반차도)

를 올리고 살다가 아이가 크면 시집으로 가는 서류부가혼(壻留婦家婚) 또는 남귀여가혼(男歸女家婚)의 형태였기 때문에 유교식 혼례인 친영례를 거행하기가 어려웠다. 친영은 신랑이 신부 집에 가서 신부를 데려와 신랑 집에서 혼례를 치르고, 신부는 첫날부터 신랑 집에서 생활하게 된다. 처가살이(또는 장가간다)에 대응하는 시집살이(또는 시집간다)의 성격을 지닌다. 조선 초부터 왕세자를 비롯한 왕실 가족들의 혼례에서는 친영례를 거행하였다. 그러나 국왕의 혼례에서는 국왕의 명을 받은 사자(使者)가 대신 별궁으로 가서 신부를 궁궐로 모셔 오는 명사봉영(命使奉迎)을 거행하였다. 이후 왕실혼례에서 친영의식은 1407년(태종 7) 양녕대군(讓寧大君)의 혼례에서 처음 시도되어 1517년(중종 12) 중종 자신이 직접 친영례를 거행함으로써 완전히 정착되었다.

고종 가례 재현식 가운데 친영의식(2005.10.15)

전안례를 행한 뒤에 국왕은 왕비와 함께 대궐로 입궁하였다. 이때의 친영 행렬 모습이 고스란히 〈반차도〉(班次圖)에 담겨 있다. 〈반차도〉는 당시 결혼식 현장의 모습을 엿볼 수 있다. 국왕의 대가(大駕) 앞을 호위하는 전사대(前射隊)를 비롯하여, 국왕과 왕비의 가마, 후미에서 호위하는 후사대(後射隊), 행사에 참여한 고위 관료, 상궁을 비롯하여 흥을 고취하는 악대와 질서를 유지하는 군뢰(軍牢) 등의 인물들이 정해진 역할과 위치에 따라 행진하는 모습이 그대로 묘사되어 흡사 축제 퍼레이드를 연상시킨다.

동뢰는 국왕이 궁궐로 들어온 왕비와 함께 교배례(交拜禮)를 행한 뒤에 근배(졸杯; 술잔)를 사용하여 술과 음식을 먹고, 궁중에서 잔치를 베푸는 의식이다. 동뢰의 '뇌(牢)'는 두 가지 이상의 '희생'을 의미하는데, 주로 돼지와 소 또는 돼지와 양이 쓰였다. 이것을 부부가 함께 먹는 행위는 신랑과 신부의 결합을 상징한다.

또한 '근'(졸)은 조그만 박 하나를 쪼개서 두 개로 만든 것인데,

함께 술을 든다는 의미에서 합근(合졸)이라고 불렀다. 이러한 행위
역시 '부부의 화합' 또는 '부부간의 결합'을 내포하였다. 왜냐하면 박
이 반으로 쪼개지면 그 짝은 이 세상에 하나밖에 없게 되며, 그 둘이
합쳐짐으로써 온전한 하나를 이루기 때문이다. 합근례는 혼례가 두
남녀의 결합은 물론 전통사회에서 양가의 결합을 의미하는 대표적
인 절차로써, 비로소 부부가 되었음을 보여준다. 따라서 친영과 동
뢰는 오늘날 예식장에서 행해지는 결혼식에 해당된다.

오늘날 결혼식장에서 들려오는 결혼행진곡 음악이나 축하객들의
노래 소리는 결혼식의 분위기를 한층 고조시켜 준다. 그러나 조선시
대의 가장 중요한 왕실혼례에서는 이러한 노래 소리가 없다. 단지
악기만 배치해 놓았을 뿐, 음악이 연주되지 않는 것이 관례였다. 혼
례가 기쁜 일이기는 하지만 "며느리를 맞이하는 집에서 3일 동안 음
악을 연주하지 않는데, 이는 어버이 계승을 생각하기 때문이다"는
《예기》(禮記)의 글귀처럼, 어버이를 대신하기 때문에 기뻐할 수가
없다. 이는 예(禮)와 악(樂)이 하나라는 조선시대의 성리학적 이념
을 철저히 따르고자 한 당대인들의 의식을 반영한다.

시집 간 왕비는 신혼 첫날밤을 치른 다음 날, 궁궐 안의 최고 어른
인 대왕대비와 왕대비를 차례로 뵙고 아침 문안을 드린다. 이것이
바로 조현례(朝見禮)이다. 요즘 말로 폐백(幣帛)인데, 이 의식에서
신혼의 왕비는 시댁 어른들께 대추·밤·약포·육포 등의 폐백을
올리고 난 뒤, 조정 백관과 내·외명부로부터 인사를 받는 하례식
(賀禮式)이 거행된다. 하례에서 백관은 왕비의 덕을 칭송하고 축하
의 메시지를 올린다. 이로써 공식적인 가례행사는 모두 끝난다.

공식적인 행사가 끝나면 국왕은 법전(法殿)에서 왕비책봉을 알리는 교서를 반포하였다. 대부분의 교서에는 중전을 새로 맞은 왕의 기쁨 내지 감회와, 왕비의 덕을 칭송하는 내용이 담겨 있다. 또한 조정에서는 경축일을 맞아 죄수들을 특별사면하고, 행사에 공로가 인정되는 관원들에게 진급 또는 하사품 등의 포상을 내렸다. 더불어 국가와 왕실의 경사를 기념하기 위한 특별 과거시험인 별시(別試)가 시행되기도 하였다.

2) 왕자녀의 길례

왕실의 왕자와 왕녀들은 대부분 12세를 전후해서 결혼하였다. 왕 또는 왕세자의 혼례와 마찬가지로 좋은 배우자감을 얻기 위해서 금혼령을 내렸다. 서너 명의 군부인 또는 부마후보를 간택한 뒤 왕과 왕비가 그들의 배필감을 최종적으로 간택하였다. 그러나 일반 왕자녀의 혼례에서는 대체로 삼간택까지 가지 않고 초간이나 재간에서 모두 결정되었다. 국왕이 배우자를 직접 고른다는 의미에서 간택은 반드시 필요한 절차였다. 그러나 군부인과 부마의 간택에 대해서는 비판의 목소리가 많았다. 율곡 이이(李珥)는 한 사람의 왕자나 공주의 혼인을 위해 양반집안의 여러 처자와 총각이 간택에 참여하는 것은 옳지 못하다고 지적하였을 정도였다. 그럼에도 왕자녀의 간택 역시 조선말까지 계속 시행되었다.

왕자·왕녀의 길례는 모두 납채·납폐·친영·동뢰의 순서로 진행되었다. 혼례 이후에는 왕자혼일 경우에 부인조현례(婦人朝見禮)와 대군현부인지부모(大君見婦人之父母)의 절차가 있었다. 부인

조현례는 왕자군의 부인이 시부모인 왕과 왕비를 뵙는 예절이고, 대군현부인지부모는 대군 또는 군이 부인의 부모를 뵙는 예절이다.

반면 왕녀혼일 경우에는 공주(또는 옹주)가 그 시부모를 뵙는 공주현구고(公主見舅姑)와 그 시댁 조상에게 새 식구로 들어왔음을 알리는 공주현사당(公主見祠堂), 그리고 부마가 왕 또는 왕비를 뵙는 서조현(壻朝見) 의식이 있었다. 의식 모두가 끝나면 군부인 또는 왕녀들은 계례(筓禮)를 행하였다. 원래 계례는 여자의 성인식이다. 남자의 경우에는 대개 천자나 제후일 경우 12세에, 일반 사대부일 경우 20세에 관례를 올리는 것이 원칙이었다. 그러나 이 원칙은 지켜지지 않아 혼례를 치르기 전에 남자는 성인식을 거행하였다. 왕세자(세자빈) 또한 어린 나이에 혼례가 이루어지기 때문에 이들의 순서와 동일하다.

이들의 길례는 왕실의 정통을 잇는 왕과 왕세자의 가례와 약간의 차이가 있다. 가례에서 보이는 고기와 책비(또는 책빈)의식이 따로 마련되어 있지 않다. 또한 납폐 이후에 곧바로 부인을 맞이해 오는 친영을 행하였고, 납징이란 용어가 납폐로 달리 호칭되었다. 혼례의식 가운데 동뢰연을 제외한 모든 의식이 궁궐과 배우자의 집 두 곳에서 이루어진 점도, 별궁에서 왕비 또는 세자빈의 신부수업을 익히는 것과 다르다. 또한 명사봉영을 거행한 왕의 혼례와는 다르게, 왕자·왕녀의 혼례는 1414년(태종 14) 태종의 넷째 아들 성녕대군(誠寧大君)의 친영이 이루어지면서 일찍부터 친영례가 거행되었다.

3) 후궁의 가례

후궁이 되는 과정에는 두 가지가 있었다. 하나는 궁녀 신분으로 궁궐에 들어왔다가 승은을 입어 봉호(封號)를 받아 후궁이 된 경우이고(비간택 후궁), 또 하나는 처음부터 왕후나 세자빈처럼 가례색을 설치하여 전국의 혼기에 든 처녀들에게 금혼령을 내리고 간택하여 빙례(聘禮)를 갖추어 후궁이 된 경우이다(간택 후궁). 전자는 대체로 한미한 집안 출신의 여성들이었고, 후자는 명문가 출신의 여성들이었다. 특히 후자의 경우엔 왕비가 왕자를 잉태하지 못하거나 유고시에 '왕비 대비자'로서 정비에 승격될 수 있었다. 예컨대, 성종비 폐비 윤씨(廢妃尹氏), 정현왕후(貞顯王后), 문종비 현덕왕후(顯德王后), 예종비 안순왕후(安順王后), 중종비 장경왕후(章敬王后), 그리고 왕비에 올랐다가 폐서인 된 숙종의 후궁 장희빈(張禧嬪) 등이다.

정식간택과정과 합법적인 가례를 통해 입궁한 간택 후궁의 가례 절차는 왕비의 그것과 기본적으로는 거의 비슷하였다. 하지만 몇 가

연산군의 생모 윤씨의 묘인 회묘(懷墓; 왼쪽)와 장희빈의 묘인 대빈묘(大嬪墓)

지 의식에서 약간의 차이를 보인다. 우선 납비의의 '납징' 대신 '납폐'라는 명칭을 사용하였고, 왕자녀와 마찬가지로 고기의 절차가 없다. 책봉의식에서는 납비의와 현격한 차이가 나타난다. '책비의'가 없는 대신 '선교명의'(宣敎命儀)라는 절차를 따로 두었는데, 책비의에서 사용되는 주요 상징물인 책문과 인수(印綬)가 보이지 않는다. 이는 후궁이 왕과의 육체적 관계나 사랑의 깊이와는 무관하게 왕비와는 현격히 다른 주변 여성으로 정실부인으로 행세할 수 없는 신분적 한계 때문일 것이다. 따라서 이들 간의 의식절차는 다를 수밖에 없다.

간택 후궁을 맞이하는 의식은 납채, 납폐, 선교명의, 조현대전(朝見大殿), 동뢰, 익일조현(翌日朝見)으로 구성되었다. 납채는 교명문의 전달을 주목적으로 한 것이므로, 왕비의 의식과 별반 다르지 않다. 왕비의 가례에서는 친영 때에는 물론 납채 때 신랑이 신부 집에 기러기를 주었지만, 후궁의 가례에서는 예물로 보내지 않았다. 함께 보내는 교명문의 내용도 크게 차이가 난다. 일부일처제의 원칙을 고수하는 조선 사회에서 후궁의 지위는 첩의 신분일 뿐이었다. 따라서 왕비의 교명문 내용이 부부의 역할을 강조하는 데 반해, 후궁의 그것은 부부에 관한 언급보다 왕실의 후사를 생산하는 데에 초점을 맞추었다.

납폐는 예물을 보내는 의식으로, 왕비의 가례에서 '납징'과 같은 의식이다. 이때 보내는 예물의 종류와 수량은 왕비의 가례 때와 비교해 볼 때 차이가 있다. 그러나 무엇보다도 왕비와 후궁의 혼례에서 가장 큰 구별은 책례(冊禮)가 있느냐 없느냐 하는 것이다. 원래

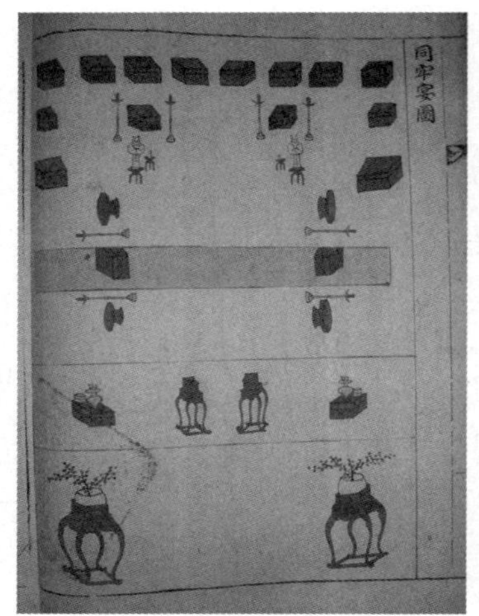

《고종·명성후 가례도감의궤》(장서각 소장 2-2599; 왼쪽)와
《경빈가례등록》(장서각 소장 2-2615)

왕은 왕비 책봉을 위해 교명문·책문·보인·명복을 보냈고, 왕비
는 별궁에서 왕의 책봉문을 받았다. 그러나 후궁의 가례에서는 교명
문만이 있을 뿐, 나머지 주요 상징물은 등장하지 않는다. '책비의'라
하지 않고 '선교명의'라고 하는 이유가 바로 여기에 있다. 이 의식은
내명부의 위계를 중시하는 왕실 안에서 후궁의 작위를 보장해 준다
는 면에서 중요한 의식이라 할 수 있다.

빈조현대전의(嬪朝見大殿儀)는 후궁이 납폐와 선교명의의 절차를
거행한 뒤에 친영의 절차를 거행하지 않고 곧바로 후궁이 혼자 입궁
하여 국왕을 알현하는 의식이다. 이때 후궁은 국왕에게 네 번의 절
을 올린다. 다른 왕실혼례와는 달리 전안례와 친영이 행해지지 않는
다. 그래서 혼인을 상징하는 기러기가 없다. 기러기는 '백년해로의
새'라 하여 가례에서 납채는 물론 친영 때에도 반드시 준비되어야만

하는 필수품이었다. 그러나 이러한 절차가 후궁의 가례에서는 생략
되었다. 이는 국왕과 후궁이 정식 부부로서 인정받지 못하고, 혼례
로 인해 지니는 부인의 권리와 의무가 정처(正妻)인 왕비와 대등할
수 없었기 때문이다. 이 절차는 후궁의 가례에서만 나타나는 의식으
로, 단지 후궁이 사가(私家)인 자기 집에서 궁궐로 입궁하는 의식일
뿐이다.

동뢰연은 부부의 성혼을 상징하는 의식이다. 이 의식은 부부가 함
께 음식을 맛보는 행위와 합근례를 행하였다는 면에서 왕비 가례의
범주와 크게 다르지 않다. 후궁의 〈동뢰연배설도〉와 왕비의 〈동뢰
연도〉는 왕과 후궁, 왕과 왕비의 자리 배치를 그린 부분이다. 교배석
을 사이에 두고 왕은 동쪽 자리에, 후궁은 서쪽 자리에서 마주보았
다. 이러한 자리 배치는 왕과 왕비의 동뢰연의 그것과 일치한다.

조선왕조는 유교적 이념체제로 상하(上下), 존비(尊卑), 귀천(貴
賤)의 분별이 강조되는 예치국가였다. 따라서 왕실의 혼례풍속에서
는 신분제의 특징이 뚜렷하게 드러났다. 왕비와 후궁의 신분적 격차
는 그 지위에 어울리는 혼례격식의 차이로 나타났다. 이는 조선시대
의 처첩제가 그대로 반영된 것이라 할 수 있다. 그 소생자의 경우에
도 적실의 대군과 공주에 비하여 왕자군과 옹주는 대우가 뚜렷하게
달랐다. 물론 이것 역시 조선시대의 장자상속제(長子相續制)와 적서
제도(嫡庶制度)의 반영이었다고 본다.

참고문헌

《경빈가례등록》(慶嬪嘉禮謄錄) 한국학중앙연구원 장서각 도서 2-2615.

김용숙, 《조선조궁중풍속연구》, 일지사, 1987.

김정자, 《한국결혼풍속사》, 민속원, 1981.

신병주, 《66세의 영조 15세의 신부를 맞이하다—〈가례도감의궤〉(嘉禮都監儀軌)로 본 왕실의 혼례문화》, 효형출판, 2001.

이미선, 〈숙종과 인현왕후의 가례 고찰—장서각 소장 《가례도감의궤》(嘉禮都監儀軌)를 중심으로〉, 《장서각》 14, 2005.

——, 〈1681년(숙종 7) 국왕 가례(嘉禮)시 간택처자(揀擇處子) 연구〉, 《정신문화연구》 107호, 2007.

——, 〈조선초기의 후궁(後宮)—태조~성종조 후궁의 신분적 지위를 중심으로〉, 《사학연구》 96, 2009.

이 욱, 〈조선후기 후궁 가례의 절차와 변천—경빈 김씨(慶嬪金氏) 가례를 중심으로〉, 《장서각》 19, 2008.

조선시대의 양반문화

이 성 무
한국역사문화연구원장

1. 양반과 교육

조선시대의 교육은 양반의 전유물이라 해도 지나친 말이 아니다. 당시의 교육이라면 유교 교육을 뜻한다. 도덕적 수양을 강조하는 유교경전과 문명스러운 삶을 구가하는 시문(詩文), 선험적인 선례인 역사가 유교 교육의 3대 요소였다.

조선시대는 도덕사회였으므로 성인(聖人)의 가르침인 유교경전이 중시되었다. 도덕적 수양이 되지 않은 사람은 지배자가 될 수 없다는 생각에서였다. 이것은 문치주의(文治主義)의 특징이기도 하였다. 그리고 시문은 양반들의 교양이요 상식이었으며, 문명스러운 삶을 사는 도구이기도 하였다. 시문은 언문(諺文)으로 짓는 수도 있지만 한문으로 짓는 한시(漢詩)가 일반적이었다. 한문이 어렵기 때문에 시문은 양반귀족들의 독점물이었다. 한편 문치주의 유교국가에서는 정통이 중요하고 선례가 중요하였다. 무력으로 귀결 짓는 무치주의 국가와는 달리 문치주의 국가에서는 선왕의 준례를 따라야 하였다. 그래서 모든 통치행위를 기록으로 남기고, 이 기록의 축적인 역사를 거울삼아 현실정치를 타개해 나갔다.

양반자제들은 다섯 살이 되면 이미 한문의 초학교과서(初學敎科書)인 《천자문》(千字文), 《유합》(類合), 《동몽선습》(童蒙先習), 《사략》(史略), 《소학》(小學) 등을 익혔다. 초학교육은 가족이나 친족들을 모은 가숙(家塾)에서 이루어졌다. 여름철에는 시원한 절간 같은 데서 하과(夏課)라 하여 시문을 학습하였다.

여덟 살이 되면 원칙적으로 향교(鄕校)나 4학(四學), 서당(書堂)에 들어가 공부하였다. 향교와 4학은 관립학교요, 서당이나 서재(書齋)는 사립학교였다. 그러나 양반자제들은 관립학교에 가지 않는 경향이 있었다. 양반들의 특권적인 교육기관인 사립학교에 가서 훌륭한 선생의 교육을 받기를 원하였다. 국가도 모든 비용을 지원해야 하는 향교교육 대신 개별적으로 경비를 조달하는 사립학교에 교육을 의존하고자 하였다. 농업국가로서의 여건이 좋지 않았던 조선으로서는 늘 국고가 넉넉지 못하기 때문에 국립학교는 부실하였다. 훌륭한 선생을 구하기 어려울 뿐만 아니라 시설도 열악하였다. 그래서 조선시대에는 공립학교보다 사립학교의 전통이 강하였다. 공립학교에는 양반 아닌 일반 평민이 정규학생으로 등록하는 경우가 많았다. 특히 향교의 생도인 교생(校生)은 대부분 비양반자제들로 채워졌다. 이들은 군대에 가지 않을 수 있고, 천거(薦擧)를 통해 역학생(譯學生), 의생(醫生), 율생(律生) 등 중인(中人)직이나 미관말직이나마 할 수 있었기 때문에 교생이 되는 것을 선호하였다. 양반자제들도 실제로 출석은 하지 않았지만 양반생도 명부인 《청금록》(靑衿錄)에 등록은 하였다. 과거시험을 치려면 학적(學籍)을 가질 필요가 있었기 때문이다. 관학 가운데 중앙관료의 자제들이 들어가는 4학은 좀 나았다.

초·중·고등학교에 해당하는 이들 교육기관에서는 본래 생원·진사시를 준비하게 되어 있었다. 성적이 좋은 일부 학생들은 승보시(陞補試)를 거쳐 성균관(成均館) 기재(寄齋)에 들어가 생원·진사시를 준비하기도 하였다. 생원과 진사가 된 사람은 성균관에 들어가 출석성적[圓點] 300을 딸 때까지 문과시험 공부를 하였다. 입학과 졸업은 없으며, 300일을 출석하면 문과초시(文科初試)에 응시할 자격이 주어졌다. 양반들의 요구에 따라 3년마다 보이는 식년시(式年試) 이외에 특별시험인 별시(別試)가 늘어나자 출석성적도 감해주거나 면제해 주는 경향이 생겼다. 그럼에도 성균관의 시설이 좋지 않다는 이유로 양반들은 직접 다니지 않고 종들로 하여금 대리출석 시키는 경우가 많았다. 그리하여 성균관도 시골 학생들로 채워지거나 과거시험이 있기 직전에만 몰리는 경향이 있었다.

행정실무나 기술교육은 담당기관에서 실시하였다. 이들은 잡과에 응시하였다. 무과는 문과보다 쉬워 양반자제들이 몰렸을 뿐만 아니라 일반 평민들도 응시할 수 있었다. 그러나 1만 명 이상 뽑는 무과의 만과(萬科) 같은 경우에는 합격을 해도 꼭 벼슬을 받을 수 있는 것이 아니었기 때문에 그 권위가 많이 떨어졌다. 그래도 문과·무과·잡과에 합격하면 벼슬길이 열리는 것은 틀림없었다. 물론 이 가운데 문과는 귀하고 무과와 잡과는 천하게 여겨졌다.

2. 양반과 관직

양반들이 공부하는 것은 궁극적으로 벼슬을 하기 위해서였다. 젊어서 문(文), 사(史), 철(哲)의 인문지식을 연마해 마흔 살이 되면 벼슬하는 것이 이상이었다. 문과 급제 평균연령이 마흔 살 안팎인 것만 보아도 그렇다. 이는 공자가 말하는 "사십이사"(四十而仕)와도 걸맞다.

그러나 실제로 양반자제들은 10대나 20대부터 벼슬길에 올랐다. 부조(父祖)의 관직의 높고 낮음에 따라 7품 이하의 음직(蔭職)이 주어졌기 때문이다. 1품 자제는 7품직을 받는 것 등이 그것이다. 그러나 너무 일찍 벼슬하게 되면 경험부족의 흠이 생길 수 있기 때문에 처음 벼슬하는 연령은 18세, 25세로 제한되었다가 곧 20세로 확정되었다. 20세에는 관례(冠禮)를 치르고 어른으로 대접받을 수 있었던 것이 그 이유다.

물론 양반자제 가운데 우수한 사람은 문과·무과의 성적과 가문의 전통에 따라 고속승진 할 수 있었다. 가령 음직을 받은 사람이 과거에 합격하면 그가 가지고 있는 관품에서 몇 등급씩(1~4階) 올려주게 되어 있었다. 그러니 출세가 빠를 수밖에 없었다. 이런 제도는 관료(2품 이상자와 3품 淸要職者)의 자제들에게 유리하였다. 그리고 세종조 이후에는 근무일수와 고과성적에 따라 승진시키는 순자법(循資法)이 발달해, 과거를 통해 고속승진을 하지 않으면 일생동안 당상관(堂上官)이 될 수 없었기 때문에 만들어진 제도이기도 하였다. 어떻든 이 제도는 양반관료 자제들에게 유리하였다. 뿐만 아니라 양반 청요직에는 근무일수의 제한을 두지 않았다. 따라서 로열 코스(royal course)인 청요직을 차지하면 출세가 보장되었다.

6품 이상 3품 이하의 당하관(堂下官)은 수령(守令)직이나 중앙의 양반관직을 받을 수 있었고, 3품 이상의 당상관이 되면 인사권·재정권·군사권·포폄권(褒貶權) 등을 행사할 수 있었다.

조선시대의 관직에서는 문관이 중시되고 무관과 기술관, 아전 등은 천시되었다. 일반 평민이나 심지어 천인까지도 벼슬을 할 수는 있었지만 미관말직을 맡는 것에 불과하였다. 문관은 문산계(文散階), 무관은 무산계(武散階)를 받았고, 천인은 잡직계(雜職階)를 받았다. 기술관도 문산계를 받았으나 종품직(從品職)으로서 6개월마다 교체되는 체아직(遞兒職)을 받는 것이 보통이었다. 무관의 대부분도 마찬가지였다.

2품 이상은 재상(宰相)에 속해 여러 가지 특혜가 주어졌다. 재상의 품계는 문산계에만 있었다. 이들은 정책입안과 토론에 참여할 수 있고, 입상출장(入相出將)할 수 있었으며, 신도비(神道碑)를 세울 수 있었을 뿐만 아니라, 그만두면 기로소(耆老所)에 들어가거나 봉조하(奉朝賀)에 임명되어 국정이나 국가행사에 참여할 수 있었다. 영의정을 그만두면 궤장(几杖)을 받아 더 근무할 수 있는 특혜가 주어지기도 하였다. 또 부모에게 증직(贈職)이 주어졌으며, 본인이 죽었을 때에 시호(諡號)를 받을 수도 있었다.

물론 고려시대에 모든 권한이 재상에게 집중되었다는 비판이 있어서, 사림정치시대에는 인사권과 언론권이 중하위 양반관료들에게 분할되었다. 전랑(銓郎)이 당하관을 추천할 수 있는 당하통청권(堂下通淸權)이나, 자기의 후임자를 스스로 추천하는 자대권(自代權), 사관(史官)이 투표로 사간후보자를 뽑는 한림회천권(翰林回薦權), 삼사(三司)의 언론권 강화가 그것이다. 그러나 이것은 《경국대전》에도 없는 일종의 관행이었다. 이러한 사림정치의 틀은 영조 17년에 무너졌다. 그리하여 외척 세도정치의 부패상이 나타나고 나라가 망한 것이다.

3. 양반과 경제

양반은 지식인이요, 관료요, 지주이기도 하였다. 물론 땅을 가지고 있지 않은 양반도 있을 수 있으나 양반은 본래 지주였다. 이들은 개간(開墾), 매매(賣買), 사패(賜牌), 기증(寄贈), 투탁(投托), 상속(相續) 등의 방법으로 사유지를 넓혀갔다. 벼슬을 할 경우에는 녹봉(祿俸)과 과전(科田)을 받고, 국가에 공이 있으면 공신전(功臣田), 별사전(別賜田)을 따로 받았다. 그리하여 산천을 경계로 하는 대지주가 될 수 있었다. 이들은 특권적으로 또는 비합법적으로 세금을 감면 받아 결국 국가재정을 파탄에 이르게 하였다. 이것은 중앙집권체제를 유지하는 데 걸림돌이 되었다. 그리하여 토지와 노비의 불법소유를 사찰하고 균분상속제를 만들어 재산의 집적을 방지하였다. 중앙집권체제에 대항하지 못하게 하기 위해서였다.

양반은 스스로 일하지 않고 노비를 시켜 집안일을 돕게 하거나 토지를 경작하게 하였다. 노비 가운데에는 가내노비(家內奴婢)와 독립해 살면서 몸값[身貢]을 내는 신공노비(身貢奴婢)가 있었다. 가내노비는 양반의 토지를 경작해 주거나 소작(小作)을 할 뿐만 아니라 양반의 사치생활을 보장하는 사치노비가 되었다. 노비에 대한 형살(刑殺)은 법으로 금지되어 있으나 알게 모르게 피해를 받는 노비들이 많았다. 이들 가운데에는 양반 농장의 말음[舍音]이 되어 경제적 부를 축적하거나 위세를 부리는 자들도 있었다.

노비는 원래 범죄를 저지른 범죄노비나 전쟁포로들로 구성되었으나 정복전쟁이 없어지자 노비의 양산을 위해 노비수모법(奴婢隨母法), 일천즉천(一賤則賤)이라는 가혹한 법을 만들었다. 노비의 자식은 대대로 노비가 되게 하는 악법이었다. 노비는 짐승처럼 어머니의 상전에게 속하였기 때문에 남자종[奴]이 양인여자[良女]에게 장가가지 못하게 하였다. 그러나 양반들은 불법으로 자기의 남자 종과 양인여자를 혼인시켜 일천즉천의 원칙에 따라 노비를 늘려갔다. 국가에서는 노비변정사업(奴婢辨正事業)으로 양반의 불법적인 노비증식을 규제하였으나 노비는 날로 늘어만 갔다. 그래서 이를 해결하기 위해 노비종부법(奴婢從父法)을 간헐적으로 실시해 노비인구를 조절하였다. 이는 주로 양반의 비첩산(婢妾産)을 속량(贖良)하는 선에서 이루어졌지만, 때로는 40이 되도록 정실에 소산이 없는 양인의 비첩산까지 확대되기도 하였다.

양반은 비록 일은 하지 않았지만 농업에 종사해야 하였고, 상공업을 해서는 안 되었다. 무본억말(務本抑末)정책 때문이었다. 도덕적 수양을 쌓아야 하는 양반들이 이윤추구에 물들면 안 된다는 것이었다. 그래서 양반은 토지를 매매할 때는 노비의 이름으로 하거나 장사를 해도 노비를 내세워 하였다. 이처럼 양반이 놀고먹는 것은 국가와 사회를 병들게 하는 원인이 되었다. 그러기에 실학자 박제가는 양반을 통역이나 장사에 종사시켜야 한다고 주장한 것이다.

조선왕조는 유교의 농본주의를 채택하고 있었고, 유교에서는 생산보다 분배에 치중하였다. 이는 체면과 명분을 중시하고 실리를 도외시해 부국강병에 방해되는 요건이 되었다.

물론 양반 가운데에는 벼슬길이 끊어지고 경제력도 없어 몰락양반이 되는 부류도 있었다. 이른바 잔반(殘班)들이다. 박지원의 〈양반전〉(兩班傳)은 이러한 양반들을 기롱한 것이다. 몰락양반들은 일을 하지 않을 수 없었고 평민들과 다름없었다. 반면에 비양반 출신으로 상품화폐경제의 발달에 편승해 돈을 벌어 양반을 사는 사람들도 있었다. 돈을 주고 양반을 사는 납속종량(納粟從良)이 유행한 것이다. 전쟁이 일어나면 국고가 고갈되어 국가에서는 신분제도가 붕괴될 위험이 있는데도 납속을 받아 관직을 파는 경우가 있었다. 공명첩(空名帖)이 그것이다. 족보를 위조해 양반을 사칭하는 사람도 있었다. 이러한 현상은 신분제도를 붕괴시켜 양반이 기하급수적으로 늘어가고 신분의 벽이 얇아지게 하는 요인이 되었다. 결국 이것은 근대화와 맞물려 신분질서의 변동을 가져오게 하였다.

4. 양반과 사회

조선시대에 신분은 자유민인 양신분(良身分)과 비자유민인 천신분(賤身分)으로 나누어져 있었다. 이른바 양천제(良賤制)가 그것이다. 이러한 양천제는 조선시대에만 있었던 것이 아니라 중국의 고대부터 있어 왔다.

그러나 양신분 가운데에는 사회적 지위에 따라 양반(兩班), 중인(中人), 양인(良人)의 구분이 있었다. 양반이 되는 요건은 우선 양반관직에 종사하거나 그 가족이어야 할 것, 또는 유교교양을 갖추거나 가문의 전통이 있어야 하는 것 등이었다. 처음에는 양반관직이 주요한 변수였으나 양반인구가 늘어나자 유교교양을 갖춘 독서인층(讀書人層)이면 양반으로 쳐주었다. 4대 무현관(四代無顯官)이면 양반이 아니라는 관념이 약해진 것이다. 그리하여 양반들은 가문의 전통을 내세우기 위해 족보(族譜), 종계(宗契), 누정(樓亭), 서원(書院), 비명(碑銘)을 만드는 데 노력하였고, 동족마을을 만들어 집안의 결속을 다지고자 하였다.

또한 양반신분을 유지하는 데는 혼인이 중요하였다. 조선시대의 가족구성은 양측적 친족(兩側的親族)을 바탕으로 부계와 모계가 동시에 중시된 관계였다. 이는 남귀여가혼(男歸女家婚)의 영향이었다. 남귀여가혼이란 남자가 혼인하면 여자 집에 들어가 살다가 아이를 낳은 뒤에 본가로 돌아오는 풍습이다. 이것은 오랜 전통으로 주자학을 신봉하는 사대부들이 일찍부터 혼인하자마자 여자가 시가(媤家)로 오는 친영(親迎)으로 바꾸려 하였으나 좀처럼 바꾸어지지 않았다.

이이(李珥)나 송시열(宋時烈) 같은 명사들이 외가에서 낳아 성장한 것이나 자녀균분상속, 음직(蔭職)에서 사위가 아들·손자 다음으로 수혜를 받은 것도 그 때문이다. 과거시험에 응시할 때나 관리를 임명할 때 내는 개인 신상명세서에도 4조, 즉 아버지·할아버지·증조할아버지·외할아버지를 적게 되어 있었던 것도 그러한 예가 된다.

사대부들은 끊임없이 친영을 강조하고 가묘(家廟)의 설치와 3년상(三年喪)의 실시를 독려하였으나 조선 전기까지만 해도 제대로 실시되지 못하였다. 이러한 주자학적인 사회제도는 17세기 이후에 가서야 정착되기 시작하였다. 16세기에 이르러 퇴계와 율곡을 비롯한 유학자들이 주자학이론을 토착화시킨 이후의 일이었다. 그리하여 주자학 사상을 바탕으로 양자(養子)제도가 정착되는가 하면, 자녀균분상속이 제사전(祭祀田)의 명목으로 장자에게 상속이 집중되는 관행으로 바뀌어 갔다.

양반들은 성씨(姓氏)를 가지고 있었다. 성씨는 군현(郡縣)이나 촌(村), 부곡(部曲)을 본관으로 칭하였다. 그리고 이들 성족(姓族)들은 향촌지배권을 놓고 경쟁하게 되었다. 삼국시대의 성씨는 왕족이나 중앙귀족들의 전유물이었으나 나말려초(羅末麗初)부터 호족(豪族)들에게 확산되었고, 조선 초기에는 노비를 제외한 양인 이상의 모든 백성들이 성씨를 가지게 되었다.

그러나 지방지배권인 향권(鄕權)은 호족의 후예인 향리(鄕吏), 또는 향리에서 배태된 재지사족(在地士族)들이 가지고 있었다. 고려왕조는 반독립적인 향리세력을 누르고 중앙집권적 통치체제를 갖추기 위해 500년을 소비하였다. 이에 조선은 초기부터 향리들을 지방 사역인(地方使役人)으로 격하시키고 그 분만아(分娩兒)인 재지사족을 지방 양반으로 정착시켰다. 향리는 중인(中人)으로 전락한 것이다.

재지사족은 중앙에 출신지역 재경관료들의 모임인 경재소(京在所)를 만들고, 경재소의 지방분소로서 해당 지방에 유향소(留鄕所)를 만들어 향리세력을 누르고 향권을 차지하였다. 뿐만 아니라 유향소 양반들은 향약(鄕約)과 향음주례(鄕飮酒禮)를 실시해 향촌민을 교화시키고, 향안(鄕案)을 만들어 재지사족과의 결속을 다짐하였다. 그런데 향약과 향규(鄕規)의 도덕기준은 자의적이어서 사족 지배를 강요하는 것이었고, 따라서 여기에 위배되면 자체 처벌하거나 또는 중대한 사안인 경우에는 관청의 힘을 빌려 처벌하였다.

5. 양반의 사상

조선시대의 양반은 유교, 특히 주자학(朱子學)을 신봉하였다. 주자학은 조선왕조를 건국한 사대부들의 이데올로기였다. 주자학은 우주론(宇宙論)과 심성론(心性論)을 결합시킨 송나라의 성리학(性理學)에 바탕을 두고 있었다.

조선의 양반사회는 유교의 도덕적 수양을 중시하였고, 그것을 가족을 중심으로 하는 인륜(人倫)을 통해 실천하고자 하였다. "효는 백행지원(百行之源)"이라 해서 충(忠)보다도 효(孝)를 더 중시하였다.

도덕적 수양은 우선 개인의 수양에 집중되었다. 인(仁), 의(義), 예(禮), 지(智), 신(信)이 그것이다. 이는 수기(修己)의 덕목이요, 치인(治人)의 전제조건이기도 하였다. 수신(修身) 제가(齊家) 치국(治國) 평천하(平天下)는 이러한 덕목의 실천순서였다. 5륜(五倫; 父子有親·君臣有義·夫婦有別·長幼有序·朋友有信)과 3강(三綱; 父爲

子綱·君爲臣綱·夫爲婦綱)은 그 강목에 해당하였다.

　개인에서 가족으로, 가족에서 친족으로, 친족에서 사회와 국가로 관계를 확산해 나가는 것이 유교의 윤리였다. '친친이쇄'(親親而殺)로서 가까운 곳에서 소원한 곳으로 인간관계를 확산해 나가는 것이었다. 이것은 사회를 안정시키는 안전판이라고 생각하였다. 유교경전은 이러한 원리를 강론한 것에 지나지 않는다. 또한 이것은 군주와 가부장(家父長)이 중심이 되는 수직적 유교사회를 건설하는 기초가 되었다. 또한 주자학은 이학지상주의(理學至上主義)의 중앙집권적 문치주의를 합리화하는 이기심성론(理氣心性論)을 집중적으로 발달시켰다.

　퇴계와 율곡의 철학은 이러한 이기심성론의 이론을 정리한 공로가 있다. 그러나 남명(南冥)은 이론보다는 경의(敬義)의 실천이 우선이라고 생각하였다. 퇴계와 율곡이 조선적 주자학을 이론화하는 데는 기여하였지만 또한 주자학을 교조화 독선화하는 데도 일조하였다.

　조선 초기까지만 해도 주자학이 국가의 지배사상이기는 하였지만 불교·도교·음사(淫祀)와도 조화하는 다종교사회를 구가하였다. 그러나 16세기 퇴계와 율곡의 순정주자학이 정립됨에 따라 주자학은 독선화의 길을 걸었다. 건국 초기에 정도전의 불교에 대한 비판과 개혁이 있었고, 조광조가 도교의 소격서(昭格署)를 혁파시키려는 운동이 있었으며, 퇴계의 양명학(陽明學) 비판 등이 있었는데, 이것은 독선화의 단면들을 보여주는 것이다. 더구나 우암(尤庵)이 북벌론(北伐論)과 주자학 지상주의를 표방한 이후 사상계는 더욱 경직

되었다. 불교·노장사상뿐만 아니라 같은 유교라도 양명학(陽明學)
이나 주자의 경전해석에 조금이라도 어긋나는 것은 사문난적(斯文
亂賊)으로 규탄되었다. 이는 사상의 유연성을 상실하였음을 뜻한다.

실학(實學)은 실로 이러한 노론(老論)의 주자학 지상주의를 배격
하는 데서부터 출발하였다. 소론(少論)은 인조반정 공신들이 혁명논
리로 내세운 존명사대(尊明事大)가 정묘(丁卯), 병자(丙子)난으로
깨지자 명분보다는 현실을 감안해야 한다는 입장에서 양명학(陽明
學)을 신봉해 강화학파(江華學派)를 형성하였다. 노론의 소외세력은
북벌론의 허구성을 공격하고 오히려 청나라의 선진문물을 받아들여
야 한다는 주장을 하였다. 이른바 북학론(北學論)이 그것이다. 남인
(南人)은 경신환국(庚申換局)으로 정계에서 쫓겨나자 반체제적인
사고로 서학(西學)을 수용하였다. 그러나 이러한 당파별 실학사상은
노론의 계속적인 집권과 외척 세도정치의 만연으로 근대화로 연결
되지는 못하였다. 반면 노론의 정통 주자학은 북벌론을 지지하는 충
청도계의 인물성이론(人物性異論)과 이를 반대하는 경기도계의 인
물성동론(人物性同論)으로 갈려 대립하였으나, 안동김씨 세도정치
아래에서 후자가 우세하였다. 즉 경직적 사고보다는 유연성이 있는
동론 쪽이 힘을 얻게 된 것이다.

그러나 대체로 조선 말기에 유학자들은 위정척사(衛正斥邪)운동
으로 개화(開化)에 반대하고 수구(守舊)의 길을 걷다가 나라를 망하
게 하고 말았다. 일부 동도서기론(東道西器論)이 나와 동양의 가치
관을 지키면서 서양의 기술을 접목시키자는 주장이 있기는 하였으
나 이는 현실적으로 어려운 일이었다. 서양의 기술을 배우면 서양의

정신도 함께 들어오게 되어 있기 때문이다. 서학(西學)이 천주교(天
主敎)를 앞장세워 들어온 것을 보아도 알 수 있다.

근대 서양학자들 가운데 일본·한국·대만·싱가포르 등 아시
아 국가들이 후발자본국인데도 비약적인 경제발전을 한 것은 유교
의 장점 때문이라고 주장하는 사람이 있다. 그렇다면 왜 유교의 본
산지인 중국이나 한국보다 일본이 먼저 근대화에 성공하였겠는가?
유교의 골수화가 오히려 근대화를 저해하였다고 보아야 한다. 유교
의 가치관이 인간됨에 치중되어 있는 데 반해 자본주의의 가치관은
철저히 돈이나 효율성에 치중되어 있어서 둘이 꼭 부합할 수 있는
것은 아니다. 따라서 유교가 덜 골수화한 일본은 근대화에 성공한반
면 유교에 더 골수화한 한국과 중국은 근대화에 실패한 것이다.

참고문헌

이성무, 〈15세기 양반론〉, 《조선양반사회연구》, 일조각, 1995.
─── , 《조선초기 양반연구》, 일조각, 1980.
─── , 《조선양반사회연구》, 일조각, 1995.
─── , 《조선의 사회와 사상》(개정증보), 일조각, 2004.

조선시대 선비는 누구인가

최 봉 영
한국항공대 교수

조선왕조가 개국하는 것과 함께 선비들은 유교적 이상사회를 건설하기 위해 천인성명에서부터 예악형정에 이르는 모든 것을 하나의 학문체계 속에 통합할 필요가 있었고, 이러한 필요성에 부응한 학문이 원(元)으로부터 수입된 송대(宋代)의 이학(理學)이었다. 송대의 이학은 원대를 거치면서 유가(儒家)라는 일가(一家)의 학문에서 도학(道學)이라는 천하의 학문으로 발전하였고, 명나라 초에 국가적 사업으로 사서오경대전, 성리대전서 등이 편찬 간행되면서 학문적 완성 단계에 이르게 되었다. 선비들은 원과 명을 통해서 수입된 송대의 이학에 기초하여 이상사회의 건설에 필요한 제도와 문물을 연구하고, 그것을 실천하면서 구체화시켰다.

조선시대 선비들은 중국에서 가져온 이학을 바탕으로 조선을 소중화로 만들고자 하였다. 이런 까닭에 선비들은 주자가 집대성해

놓은 이학의 기본 교과서를 열심히 배우고 익혔다. 그들은 군사(君師)의 지위에 있는 임금을 대리하여 백성을 가르치고 다스리는 구실을 아울러 수행함으로써, 그들이 생각하는 유교적 이상사회를 이룩하고자 하였다. 이런 까닭에 그들은 역사의 주역으로서 강한 자부심과 함께 그것을 실현할 수 있는 지식과 행동을 아울러 갖추어야 하였다.

1. 선비는 《소학》 입교편에 나오는 삶의 과정을 따라서 살고자 하였다

조선시대 선비들은 학자-관료로서 일정한 삶의 과정(life cycle)을 좇아서 살았다. 그들이 살아야 할 이상적 삶의 과정은 《소학》(小學)에 나오는 내용으로 알 수 있다. 《소학》에 제시된 삶의 과정은 본래 《예기》(禮記) 내칙편(內則篇)에 실려 있었던 것을 주자(朱子)가 《소학》을 편찬하면서 《소학》의 첫머리인 입교편(立敎篇)에 옮겨 놓은 것이다.

선비들은 대략 5세에서 7세 사이에 《천자문》(千字文), 《유합》(類合) 등의 초학서를 교재로 진서(眞書)인 한문을 배우면서 문자의 세계로 나아갔다. 그들이 한문을 배우는 것은 노력자(勞力者)에 대비되어 노심자(勞心者)로서의 삶, 즉 지식인으로서 일생을 살아가게 되는 것을 의미하였다. 그들에게 문자의 습득은 사람을 유식(有識)과 무식(無識)으로 구분하는 중요한 기준이 되었다. 그들은 문자의 습득을 통해 선비로서 기본 자격을 갖춤으로써 그렇지 못한 사람들과 구별되는 다양한 특권을 누리게 되었다. 이 때문에 그들에게 문자는 신성한 권위를 갖고 있었다.

선비들은 8세가 되면 주자가 편찬한 것으로 전하는 《소학》을 학습하였다. 《소학》은 선비들이 아동기에 올바른 가치와 습관을 형성하는 데 필요한 내용, 즉 일상생활과 연관되어 이루어지는 청소하고, 대답하고, 나아가고, 물러나는 절도(節度)와, 부모를 사랑하고, 어른을 공경하고, 스승을 높이고, 벗을 아끼는 도리(道理)가 중심이 되어 있었다. 아동은 《소학》을 공부하여 학문의 근본을 배양함으로써 더 높은 《대학》(大學)의 단계로 나아가도록 되어 있었다. 이런 관계로 《소학》은 《대학》과 서로 대소(大小), 표리(表裏)의 관계에 있었다.

선비들은 《소학》을 배움으로써 학문의 세계에 첫발을 내딛는다. 그들은 《소학》에서 학문과 삶의 모범으로 삼아야 할 성현들, 즉 공자(孔子), 맹자(孟子), 정자(程子), 주자(朱子) 등과 말씀을 통해서 구체적으로 만난다. 그리고 이때 그들은 《소학》의 첫머리 입교편에 실려 있는 '입교(入敎)의 차례'를 통해 선비로서 일생 동안 어떠한 삶의 과정을 좇아서 살아야 할 것인지 배운다. 《소학》 입교편에 나와 있는 선비들의 삶의 과정은 다음과 같다.

제1기 : 집에서 어른으로부터 가르침을 받는 단계(1~9세)

선비가 세상에 태어나서 9세가 되는 10년 동안의 기간을 말한다. 이때 아이는 어른으로부터 생활에 필요한 초보적 가르침을 받게 된다. 어른은 아이가 스스로 밥을 먹을 수 있게 되면 오른손으로 밥 먹는 법을 가르치고, 말을 할 수 있게 되면 다른 사람이 부를 때 곧

바로 대답하는 법을 가르친다. 이어 아이가 6세가 되면 숫자를 헤아리고 동서남북의 방위를 구별하는 법을 가르치고, 7세가 되면 남녀가 한 자리에 앉지 않고 한 상에서 밥을 먹지 않도록 가르치고, 8세가 되면 나이가 많은 이에게 차례를 사양하는 법을 가르치고, 9세가 되면 날짜와 햇수를 헤아리는 법을 가르친다.

제2기 : 밖에서 스승으로부터 가르침을 받는 단계(10~39세)

선비가 10세에서 39세에 이르는 30년 동안의 기간을 말한다. 이때에 스승으로부터 본격적으로 가르침을 받는다. 10세부터 바깥의 스승에게 나아가 배우며, 거처하고 잠자는 것을 바깥채에서 한다. 이로써 안채에서 어머니와 함께 생활하던 아동에서 바깥채에서 아버지와 함께 생활하는 학동(學童)으로 모습을 달리한다. 13세부터 음악을 배우고, 시를 읊으며, 활쏘기와 말타기를 배운다. 20세가 되면 관례(冠禮)를 행하고 성인(成人)이 되어 한 사람의 선비로 자립한다. 이때부터 선비는 예(禮)를 집중적으로 배우기 시작한다. 30세에 아내를 취하여 가정을 꾸미게 되면 비로소 남자의 일을 다스리게 된다. 선비는 널리 배워서 세상의 일에 막히는 것이 없도록 하며, 벗을 사귀되 뜻을 보아서 사귄다.

제3기 : 왕궁으로 나아가 벼슬을 하는 단계(40~70세)

선비가 40세에서 69세에 이르는 30년 동안의 기간을 말한다. 이때 선비들은 학문을 통해서 배운 것을 왕궁에서 관료로 실천하게 된다. 선비들이 40세에 관직에 나아가는 것은 그때가 되어야 30년에 걸쳐 갈고 닦은 학문으로 도(道)가 밝아지고, 덕(德)이 이루어지기 때문이다. 그들은 관직에 나아가면 일에 맞추어 계교를 내고, 사려를 베풀어 직분을 수행하게 된다. 만약 일이 도리에 합당하면 자리에 계속 머물고, 도리에 부당하면 자리에서 물러나 집으로 돌아온다. 50세에 대부(大夫)로 승진하여 국가의 대사를 맡아서 처리한다.

제4기 : 벼슬에서 물러나 집으로 돌아오는 단계(70세 이후)

선비가 70에 벼슬에서 물러나 가정에 돌아와서 여생을 보내는 기간을 말한다. 선비는 70세가 되면 기력이 다하기 때문에 벼슬을 임금에게 돌려주고 집으로 돌아와야 한다. 그들이 비록 여력이 있더라도 벼슬을 돌려주고 집으로 돌아와야 하는 것은 "능력을 생각한 이후에 입사(入仕)하고, 순서를 밟아서 승진하여 조급해 하지 않는 까닭에 그만두는 도리를 밝게 알아 총록(寵祿)을 탐하지 않음으로 70세가 되면 치사(致事)한다"고 생각하기 때문이다. 그들은 치사함으로써 학문과 사환을 완성하고 삶의 뿌리인 가정으로 돌아와 죽음을 준비한다.

이와 같이 《소학》에 나오는 삶의 과정은 선비들의 일생을 모두 포괄하고 있다. 이 때문에 입교편의 첫머리에는 태아(胎兒)를 위한 교육, 즉 "임신을 한 여성은 옆으로 누워 자지 않고, 변두리에 앉지 않고, 한 발로 서지 않는다" 등과 같은 내용도 포함되어 있다. 이런 관계로 선비들은 《소학》을 배우기 이전부터 이미 부형에 의해 위와 같은 과정에 따라 선비가 되기 위한 교육을 받는다. 그들은 8세에 선생님으로부터 《소학》을 배우게 될 때 자신이 걸어가야 할 삶의 과정이 어떠한 것인지 위의 과정을 통해서 구체적으로 접한다.

그런데 《소학》에 제시되어 있는 이상적인 삶의 모형이 조선시대라는 특정한 사회환경 속에서 구체적으로 실현될 때, 여러 가지 차이가 발생하게 된다. 이러한 차이는 크게, 시대적 상황의 변화에 따라 교육의 성격과 내용이 달라지면서 발생하는 것과, 이상적 모형과 현실적인 조건 사이의 괴리에서 발생하는 것으로 구분해 볼 수 있다.

먼저 시대적 상황의 변화에 따른 교육의 성격과 내용이라는 측면에서 《소학》의 내용이 지향하는 것과 조선시대가 지향하는 것이 크게 차이가 남을 알 수 있다. 《소학》의 과정은 선진시대(先秦時代)에 볼 수 있었던 봉건제도 아래에서 세습적 귀족교육이 중심을 이룬다. 귀족적 통치자가 되기 위해 음악과 무용을 배우고 활쏘기와 말타기를 배우는 것 등이 그것이다. 이는 과거제도를 통해서 관료를 선발하는 조선시대의 경쟁적 방식과는 부합하지 않았다. 이와 함께 교육의 내용에서도 큰 차이가 남을 알 수 있다. 즉, 상(象)과 대하(大夏)라는 무용은 오래전에 유실되어 전해지지 않는 것으로, 조선시대에는 절대 교육의 내용이 될 수 없었다. 선비들은 무용을 배우고 춤춘 것이 아니라 시부(詩賦)를 배우고 읊었다.

그런데 더 중요한 차이는 이상적 모형과 현실적 조건 사이의 괴리에서 발생하였다. 《소학》의 과정은 10세에 스승에게 나아가 수학하게 되어 있으나, 선비들은 처지에 따라 스승에게 나아가 수학하는 시기가 달랐다. 이것은 본인의 여건은 물론이고, 가정의 여건이 제각기 다르기 때문이다. 또한 《소학》의 과정은 10세부터 30세까지 수학하여 40세에 관리로 왕궁에 나아가도록 되어 있다. 그러나 그들은 처지에 따라 왕궁에 관리로 나아가는 시기가 달랐다. 그들에게 주어지는 출사의 기회가 각기 다르기 때문이다. 이 때문에 어떤 선비는 20대에 관리로 진출하는가 하면, 어떤 선비는 평생 동안 전혀 관리로 진출하지 못하였다. 또한 그들은 왕궁에 출사한다 하여도 관리로서 보내는 기간이 각기 달랐다. 어떤 선비는 오래도록 머무는가 하면, 어떤 선비는 잠시 머무는 것에 그쳤다.

선비들에게 이상적 모형과 현실적 여건에서 빚어지는 가장 큰 갈등은 출사였다. 선비들은 학문을 닦으면 관리로 출사하여 학문의 내용을 실천에 옮기는 것이 올바른 길이었다. 그렇지만 선비들은 출사의 기회가 한정되어 있었기 때문에 학문적 자질을 갖추어도 관료로 진출하는 사람은 소수에 지나지 않았다. 이 때문에 관리로 출사하지 못한 많은 선비들이 '초야에 묻힌 몸'이 되어 불우한 삶을 살아야 하였다. 그러나 그들은 몸은 비록 초야에 있어도 마음은 늘 임금을 향하고 있었다. 그들은 이러한 마음을 "강산(江山)을 좋이 여겨 내 비록 노닐진들, 님 향한 마음이야 어느 때나 잊을소니, 흉중(胸中)에 일편단심(一片丹心)은 하늘이 알으시리"라고 읊고 있다. 그들에게 임금은 부모나 처자에 못지않은 중요한 '님'으로 자리하고 있었고, 그 결과 그들은 임금을 '님'으로 사랑하고 섬기는 '연주충군'(戀主忠君)의 노래를 무수히 남겼다.

그러나 조선시대에 《소학》의 과정은 선비로서 삶을 규정하는 기본적인 틀로서 중요한 기능을 하였다. 첫째, 선비들은 통상 10세를 전후하여 밖의 스승에게 나아가 공부하는 것으로 되어 있었다. 이것은 자기 자식을 스스로 가르칠 수 없기 때문에 어쩔 수 없이 선생의 힘을 빌려 가르치게 되는[易子以敎之] 교육적 요구와 더불어, 치열한 경쟁의 과거시험을 준비하는 과정에 따르는 사회적 요구와 부합하였다. 둘째, 조정에서 학행의 명목으로 선비들을 천거하여 관리로 임명할 때 통상 40세를 출사의 기준으로 삼았다. 과거에 합격하거나 조상의 공로로 출사하는 경우에는 20대에도 관리로 임명되었으나, 학행으로 출사하는 경우에는 40세가 되어야 임명되었다. 셋째, 관인으로 활약한 선비들은 통상 70세에 은퇴하도록 되어 있었다. 법에 따르면 정3품 당상관 이상의 관리는 특별한 경우가 아닌 한 70세에 치사(致仕)하도록 규정되었다. 관리가 치사하면 은퇴자를 특별히 예우하는 기관인 기로소(耆老所)에 들어가고, 정조(正朝), 동지(冬至) 및 탄일(誕日)의 조하의(朝賀儀)에 참여하는 봉조하(奉朝賀)로 선임되었다. 이런 까닭에 선비들 가운데에서 조금이라도 이름을 드러낸 사람은 대개 위의 과정에 나타나 있는 바와 같이 가정, 학교, 왕궁의 세 집을 거치는 삶의 과정을 따르고 있다. 이러한 사실은 《국조인물고》에 실려 있는 인물과 《증보문헌비고》〈예문고〉에 문집명이 실려 있는 인물을 분석해 보면 매우 잘 드러난다.

2. 선비는 이곳에 뿌리내리고 산 한국인이었다

선비들이 삶의 바탕으로 삼았던 곳은 한국이고, 공자와 주자가 삶의 바탕으로 삼았던 곳은 중국이다. 한국과 중국은 풍토, 종족, 언어, 역사, 관습 등에서 크게 달랐다. 이 때문에 선비들이 아무리 공자나 주자를 그대로 닮고 싶어도, 조선의 선비로서 닮을 수밖에 없었다.

첫째, 한국은 삼면이 바다로 둘러싸인 가운데 북쪽이 대륙에 붙어 있는 작은 반도 국가로서, 지역적으로 자연환경의 차이가 적다. 한국은 어디를 가더라도 산과 내와 골과 들이 서로 어우러져 있어서 풍광이 매우 아기자기하다. 반면에 중국은 동쪽만 바다로 열려 있는 엄청나게 큰 대륙으로서, 지역적으로 자연환경의 차이가 매우 크다. 중국은 서쪽의 높은 산악과 고원을 배경으로 몇 개의 큰 강과 들이 동쪽으로 길게 펼쳐져 있는 곳으로 풍광이 매우 단조롭다. 이 때문에 한국인에게는 좌청룡 우백호와 같은 풍수와 명당이 눈앞에 펼쳐지는 일상의 경험세계인 반면에, 중국인에게는 마음으로 그려보는 이상세계인 경우가 많았다.

둘째, 한국은 산이 많고 들이 적은 까닭에 농사를 지을 수 있는 땅이 적고, 교통이 불편하여 왕래와 교역이 활발하지 못하였다. 반면에 중국은 동쪽으로 넓은 들이 퍼져 있어서 농사를 지을 수 있는 땅이 많고, 교통이 편리하여 왕래와 교역이 활발하였다. 이 때문에 한국인은 바다로 막히고 산으로 갇혀 있는 궁벽한 곳에서 살아가는 사람으로 자처하는 일이 많았고, 중국인은 사방으로 도로와 물길이 열려 있는 천하의 중심에서 살아가는 사람으로 자처하는 일이 많았다.

셋째, 한국은 하나의 말을 쓰는 같은 민족으로서, 어디를 가더라도 말과 풍습이 비슷하여 서로 친밀하게 소통할 수 있었다. 반면에 중국은 하나의 문자를 쓰고 있었으나 지역에 따라 말과 풍습과 민족이 달라서 서로 친밀하게 소통하기 어려웠다. 이 때문에 한국인에게는 민족과 문화의 일체감이 자연스러운 것이었지만, 중국인에게는 애써 만들어 나가야 하는 것이었다. 중국을 지배하였던 여러 세력들이 민족과 문화의 일체감을 높이기 위해서 힘써 노력한 것은 이 때문이었다.

넷째, 한국은 왕조의 수명이 매우 긴 것과 함께 신분이 안정되어 있었다. 이 때문에 한국인은 '우리의 힘'에 바탕을 둔 가문적 결속을 통해서 힘을 가지려는 경향이 매우 강하였다. 반면에 중국은 왕조의 수명이 짧은 것과 함께 신분이 매우 불안정하였다. 예컨대 원과 청에서 볼 수 있듯이, 다른 말과 문화를 가진 이민족이 중국을 지배하는 경우에 신분이 크게 동요하였다. 이 때문에 중국인은 '나의 힘'에 바탕을 둔 개인적 결속을 통해서 힘을 가지려는 경향이 매우 강하였다. 중국에서 일찍부터 문장에 대한 시험으로 개인의 능력을 평가하여 관료를 선발하는 과거제도가 발달한 것은 이런 이유에서였다. 이런 까닭에 '나'와 '너'가 어울려서 하나가 되는 경우에도, 한국인은 '나'도 아니고 '너'도 아닌 '우리'를 만들고자 하는 반면에, 중국인은 '너'를 '나'에게 끌어넣어 '아문(我們), 나와 같은 이들'을 만들고자 하였다.

다섯째, 한국말과 중국말은 성격이 매우 다른 언어인 까닭에 한국인이 한국말로써 생각의 그물을 짜서 문화를 가꾸는 일과 중국인이 중국말로써 생각의 그물을 짜서 문화를 가꾸는 일에는 많은 차이가 있었다. 특히 중국인이 뜻글자인 한문을 사용함으로써 그러한 차이를 더욱 벌려 놓았다. 예컨대 중국인은 '밝음'을 뜻하는 '명'(明)이라는 글자를 '일'(日)과 '월'(月)의 결합으로, '아름다움'을 뜻하는 '미'(美)라는 글자를 '양'(羊)과 '대'(大)의 결합으로 나타냄으로써 '밝음'이 '해와 달에 갇히고, '아름다움'이 '커다란 양에 갇히는 결과를 가져오게 되었다. 이로써 '미'라는 추상적 개념이 '커다란 양'이라는 구체적 사물에 갇혀서 추상성을 제대로 발휘하지 못하는 일이 벌어졌다. 반면에 한국말은 소리글인 까닭에 이런 일이 일어나지 않았다. 예컨대 한국말에서 '아름다움'은 개체에 바탕을 둔 '아름'과 욕망에 바탕을 둔 '~다움'이 합쳐진 낱말로서, '아름다움'은 '개체인 아름이 본디의 속성을 완전히 이루어서 ~답게 된 상태'를 뜻한다. 이 때문에 한국말에서 아름다움은 밖으로 드러난 모습뿐만 아니라 안에 들어 있는 마음까지 함께 담아낼 수 있다. 한국인이 몸을 '아름다운 몸'으로 말하면서 마음, 생각, 뜻 또한 '아름다운 마음', '아름다운 생각', '아름다운 뜻'으로 말하는 것은 이 때문이다.

여섯째, 한국인은 이것과 저것이 잘 어울려 있는 상태를 아름답다고 여긴다. 한국인은 산, 강, 숲에서부터 나, 우리, 사람, 세상, 마음, 뜻에 이르는 모든 것이 함께 잘 어울려서 아름다워야 한다고 생각한다. 이 때문에 사람이 하는 일 가운데 가장 중요한 것이 바로 이 사람과 저 사람이 함께 어울려 아름다움에 이르는 일이다. 한국인은 이 사람과 저 사람이 만나기만 하면 함께 어울려 '우리'를 만들어서 아름다움에 이르고자 한다. 그리고 한국인은 우리와 우리의 밖에 있는 것을 어울러서 더욱 큰 우리를 만듦으로써 더욱 큰 아름다움에 이르고자 한다. 한국인은 '우리'의 결을 겹겹이 쌓아 나감으로써 아름다움을 온 누리로까지 넓혀가고자 한다. 이것이 바로 '열린 우리'다. 한국인은 '열린 우리'에 대한 바람을 갖고 있기 때문에 사람의 도리인 덕(德)을 '클 덕'으로 새겼고, 사람이 주고받는 인사를 '덕을 나누어주는 일'(德分)로 보았고, 나라를 세우는 목적을 '크게 사람을 도우는 일'(弘益人間)에 두었다.

3. 조선시대 선비들은 이학을 공부한 공자의 무리였다

선비들은 중국에서 가져온 이학을 공부하여 학자, 관료, 사제로서 구실하였다. 선비들은 공자에서 맹자, 정자, 주자로 이어지는 도통을 잇고, 드날리는 공자의 무리로서 이곳을 소중화로 만들어 유교의 본보기를 이룩하고자 하였다. 그러나 선비들은 이곳에서 살아가는 한국인으로서 이학을 배우고 익혔기 때문에 한국적인 맛깔을 지닌 이학을 만들고 펼치게 되었다.

명나라 초기에 영락제(永樂帝)는 천하의 학문을 하나로 모으기 위해서 《사서대전》(四書大全), 《오경대전》(五經大全), 《성리대전서》(性理大全書), 《주자대전》(朱子大全) 등을 편찬 간행하여 학교와 과거에서 기본 교재로 삼게 하였다. 조선은 이들을 가져다가 명나라와 마찬가지로 학교와 과거의 기본 교재로 삼았다. 이후 선비들은 500년이 넘도록 본문은 물론이고 주석까지 한 글자도 고치지 않은 상태에서 이들 교재를 줄곧 사용하였다.

선비들이 배웠던 유학의 기본 교재들은 주자의 손을 거쳤거나 아니면 주자의 이론을 바탕으로 만들어진 것이었다. 즉 선비들은 주자가 편찬한 《소학》(小學)과 《가례》(家禮), 주자와 여조겸이 편찬한 《근사록》(近思錄), 주자가 주석한 《4서(書)》 및 《시전대전》(詩傳大全), 주자의 제자인 채침이 주자의 뜻에 따라 주석한 《서경대전》(書經大全), 정자와 주자의 학설을 바탕으로 주석한 《주역전의대전》

(周易傳義大全), 주자의 뜻을 계승한 진덕수가 펴낸 《심경》(心經)을
공부함으로써 점점 주자학으로 빠져들었다.

선비들이 공부한 이학은 수기치인의 방법을 논하는 실용 학문이
면서 천인성명의 이치를 밝히는 도덕 학문이었다. 이러한 이학은 음
양―태극의 구조를 바탕으로 이(理), 기(氣), 심(心), 성(性), 정(情)
등을 밝혀서 사람으로서 마땅히 해야 하는 일, 즉 '조상대대로 이어
져 나를 거쳐 자손만대로 이어지는 생명과 문화의 통'을 받들고, 잇
고, 드날리는 일을 밝히고 행하는 것을 핵심으로 삼았다.

선비들이 이학에 깊이 빠져든 것은 음양―태극의 구조로써 한국
인의 꿈을 잘 담아낼 수 있다고 보았기 때문이었다. 즉, 음과 양이
어울려 하나의 태극을 만드는 것은 나와 네가 어울려 하나의 우리를
만드는 것과 같은 구조였기 때문에, 선비들은 이학으로써 한국인이
간직하고 있는 '우리'에 대한 꿈을 이루어보고자 하였다. 선비들은
이러한 꿈을 이루기 위해 《소학》, 《가례》, 《근사록》, 《심경》 등을
지침으로 삼아, 500년 이상 치열하게 문화운동을 펼쳤다.

한국말과 중국말은 계통을 달리하는 언어로서, 낱말을 만들고 문
장을 엮는 방법에서 근본적인 차이가 있다. 이에 더하여 한국인과
중국인이 언어로써 생각의 그물을 짜서 문화를 일구는 목적과 방법
에도 큰 차이가 있다. 이 때문에 한국인은 중국에서 가져온 책을 한
국말로 풀어서 배우고 익히는 과정을 거치면서, 한국적인 맛갈을 지

닌 것으로서 거듭나게 된다.

한국인이 한자 낱말을 한국말 낱말로 옮기는 과정에 뜻이 조금씩 달라지는 것과 함께 한문 문장을 한국말 문장으로 풀이하는 과정에 뜻이 조금씩 달라진다. 이 때문에 한국인과 중국인이 같은 책을 배우고 익혀도 그것에서 느끼는 맛깔에 차이가 난다. 예컨대 한국인은 한문을 받아들이면서 '중'(中)을 '가운데 중'으로 새겨왔다. 그런데 중국인이 말하는 '중'과 한국인이 말하는 '가운데'는 서로 다른 바탕을 갖고 있다. 중국말에서 '중'은 주로 '중앙'을 뜻하는 낱말로서 '나'라는 임자가 놓이는 중심 자리로서 한가운데를 가리킨다. '중'이라는 글자는 본래 임자가 자리한 곳에 꽂아 놓은 깃발을 나타내는 글자다. 반면에 한국말에서 '가운데'는 주로 '중간'을 뜻하는 낱말로서 이쪽과 저쪽의 임자가 서로 마주하고 있는 사이를 가리킨다. '가운데'는 본래 이쪽과 저쪽의 '가에서 온 데' 또는 '가로 온 데'를 뜻하는 말이다. 이 때문에 한국인이 '중'을 '가운데 중'으로 새겨서, 중화(中和)나 중용(中庸)의 뜻으로 풀면 중국인과는 다른 맛깔을 지니게 된다.

한국인은 세종대왕이 한글을 창제함으로써 한국말을 글로 적어서 서로 주고받을 수 있게 되자, 삶에 많은 변화가 일어나기 시작하였다. 특히 한글을 배우고 쓰는 중심에 선비들이 자리하고 있었기 때문에 선비들의 삶에 더욱 많은 변화가 일어났다. 첫째, 선비들은 한글을 가짐으로써 한국말로 소리와 뜻을 적은 한자 사전을 만들 수 있었다. 한자에 한국말로 소리와 뜻을 새긴 《훈몽자회》, 《신증유합》, 《광주천자문》, 《석봉천자문》 등이 만들어지자 선비들은 한층 쉽고 분명하게 한자를 배우고 익힐 수 있었다. 둘째, 선비들은 한글을 가짐으로써 한국말로 한문 문장을 깊이 있게 파고들 수 있었다. 한글을 써서 한문에 대한 현토(懸吐), 언해(諺解), 석의(釋義) 등이 이루어지자 선비들은 한문 문장을 한층 깊게 파고들어 따질 수 있었다. 셋째, 선비들은 한글을 가짐으로써 한국말로 가(歌), 곡(曲), 가사(歌辭)와 같은 것을 자유롭게 지을 수 있었다. 이황의 〈도산십이곡〉, 정철의 〈관동별곡〉, 박인로의 〈노계가〉와 같은 것들이 숱하게 지어짐으로써 선비들이 마음을 한층 잘 갈고 닦을 수 있었다. 넷째, 선비들은 한글을 가짐으로써 한자로 된 이름과 한국말로 된 이름을 서로 맞추어 사물의 이름과 갈래를 하나로 묶어서 정리할 수 있었다. 송(松)을 소나무, 괴(槐)를 느티나무, 추(楸)를 가래나무로 적을 수 있으므로 한자 이름과 한국말 이름을 하나로 묶어서 정리하는 작업이 이루어지게 되었고, 그 결과로 정약용의 《청관물명고》, 유희의 《물명고》, 이학교의 《명물고》와 같은 것들이 나옴으로써 선비들은 사물을 한층 정밀하게 이해할 수 있었다.

  한글이 널리 쓰이는 것과 함께 선비들은 교재에 나오는 한문 문장들을 한국말로써 깊이 파고들기 시작하였다. 예컨대 선비들은 《논어》에 나오는 '사무사'(思無邪)라는 구절을 두고서, 한국말 토씨의 섬세한 차이를 바탕으로 '사(思)가 사(邪)가 없음이니라', '사(思)가 사(邪)가 없게 할지니라', '사(思)가 사(邪)가 없게 함이니라', '사(思)에 사(邪)가 없음이니라' 등으로 세밀히 풀어냈다. 실제로 이황은 《논어석의》에서 '사무사'에 대해 "○ '思이 邪이 업스미니라. ○ '思이 邪이 업게홀디니라. 此有工夫說. 今按兩說皆當存之, 但下說

嘗云 ‘업게 호미니라’”라고 풀이하였다. 그런데 중국인은 한문의 단순한 문법체계로 말미암아, 좀처럼 ‘사무사’를 이런 식으로 세밀히 풀어내지 않았다.

선비들이 한국말로써 한문 문장을 깊이 있게 파고들면서 이학의 핵심 개념인 ‘이’, ‘기’, ‘심’, ‘성’, ‘정’ 등을 놓고 여러 가지 논쟁을 벌이게 되었다. 이러한 논쟁이 온 나라에 퍼지도록 화끈하게 불을 붙인 사람은 이황이었다. 그는 이학에 깊이 빠져들면서 무엇보다도 한문 문장을 정확하게 이해하고자 힘쓰게 되었고, 이를 위해서 한문 문장을 한국말로써 섬세하게 따지고 푸는 일에 많은 힘을 쏟았다. 그는 한국말로써 한자 개념들을 섬세하게 풀어내는 과정에서 여러 가지 논쟁의 불씨를 만들었는데, 기대승을 만나면서 그것이 크게 타올랐다.

이황이 기발(氣發)과 함께 이발(理發)을 주장하게 된 것은 조선시대에 이(理)를 ‘다스릴 리’로 새긴 것과 관련이 있다. ‘다스릴 리’에서 ‘리’는 다스림의 바탕을 뜻하는 ‘원리’, 다스림의 기준을 뜻하는 ‘도리’, 다스리는 일을 뜻하는 ‘합리’를 아울러 뜻하였다. 따라서 다스림으로서 ‘리’는 원리와 도리와 합리를 자각하고 실천할 수 있는 경우에만 ‘리’가 될 수 있다. 그 밖의 것은 ‘리’가 아니라 무리, 비리, 패리(悖理) 등으로 불리는 것으로서, 연유인 유(由)나 연고인 고(故)에 속하는 것들이다. 이 때문에 사람들이 ‘리’를 ‘다스릴 리’로 새기면, 도덕적 자각을 바탕으로 이루어지는 윤리가 ‘리’에서 발현된다고 보는 것이 당연해진다. 이황이 12세 때 숙부에게 《논어》를 배울 때, ‘일 가운데서 옳은 것을 이(理)라고 합니까’ 하고 물은 것도 같은 맥락이다. 이때 옳은 것으로서 시(是)와 이(理)는 같은 것의 다른 이름에 지나지 않는다. 그런데 사람들이 '리'를 '이치 리'로 새기면 '리'는 이유까지 포함하여 세상에 '리'가 아닌 것은 하나도 없게 된다. 비가 오는 것도, 사람이 밥을 먹는 것도, 자식이 술을 먹고 부모에게 행패를 부리는 것도 모두 이유가 있는 일로써, '리'에서 벗어나지 않는다. 이처럼 '리'를 연유인 '유'나 연고의 '고'로 넓혀서 바라보게 되면 '리'와 무리, 비리, 패리를 가르는 기준을 '리'에서는 찾을 수 없고, 오로지 기(氣)에서 찾아야 한다. 그런데 이황은 '리'를 '다스릴 리'로 보았기 때문에 '리'에서 윤리적 판단과 실천의 단서가 발현될 수 있다고 보았다.

5. 선비는 밖에서 가져온 이론으로 이곳의 현실을 풀어내기 위해 끊임없이 씨름한 사람이었다

선비들은 밖에서 가져온 이론으로 이곳에 터한 현실의 문제를 풀어서 좋은 세상을 만들고자 하였다. 이를 위해서 선비들은 이학의 음양-태극의 구조를 바탕으로 본체론, 우주론, 도덕론을 갈고 닦아서 '조상대대로 이어져 나를 거쳐 자손만대로 이어지는 생명과 문화의 통', 즉 가통과 도통과 왕통을 받들고, 잇고, 드날리는 일을 제대로 할 수 있는 세상을 만들어보려고 하였다. 이런 까닭에 최익현은 "중국이 중국이 되게 하고, 사람이 사람이 되게 하는 것으로써 하늘 아래에 있는 모든 것의 벼리가 되는 것에 세 개의 통이 있으니, 군통(君統-왕통)과 사통(師統-도통)과 부통(父統-가통)을 이른다"라고 힘주어 말할 수 있었다.

이학에서 음양-태극의 구조는 천지만물의 유행(流行)을 설명하는 논리로서 시간적으로 끝없이 열려 있다. 따라서 음양-태극의 구조에 바탕을 두고 있는 '통'(統) 또한 시간적으로 끝없이 열려 있다. 그런데 통은 언제나 '나'를 거쳐서 이어져야 하는 것이기 때문에 공간적으로 '나'에게 닫혀 있다. 이 때문에 조상대대로 이어져 나를 거쳐 자손만대로 이어지는 통은, 시간적으로 열려 있으면서 공간적으로 닫혀 있는 이중구조를 갖는다. 그리고 이러한 통은 중국인이 '아(我)'를 '아문'(我們)으로 펼쳐서 세상을 오로지 '나와 같은 것'으로 만들고자 하는 뜻을 매우 잘 담아내고 있다. 그런데 한국인은 '나'를 '우리'로 펼쳐서 '나'와 세상을 하나의 '우리'로 만들고자 하는 까닭에 공간적으로 '나'에게 닫혀 있는 통으로써 '우리'를 만들어 나가는 일이 쉽지 않다. 선비들은 이러한 어려움을 넘어서기 위해 온갖 노력을 다하였지만 끝내 시원한 답을 얻지 못하였다.

선비들은 끝없이 이어지는 통에 기대어 유한한 '나'의 삶을 영원한 '우리'의 삶으로 만들어 나갈 수 있었다. 선비들이 통에 빠져들게 된 것도 바로 통이 유한에서 영원으로 나아가는 길을 열어준다고 믿었기 때문이었다. 그러나 통은 아무렇게나 이어지는 것이 아니고, 언제나 정통(正統)으로 이어져야 하기 때문에 통을 믿고 따르게 되면 언제나 이것과 저것을 정통인 것과 아닌 것으로 갈라서, 이것을 거두고 저것을 내치는 일이 벌어진다. 이 때문에 선비들이 통을 믿고 따르게 되면서 학문을 정학과 이단으로, 국가를 중화와 이적으로, 가문을 적통과 서얼로 구분하여 정통에 해당하는 것만을 거두고 다른 것들을 내치려고 하였다.

　선비들은 정통에 대한 믿음이 굳어질수록 더욱 큰 힘을 낼 수 있었다. 그러나 선비들이 이러한 힘으로 '우리'가 함께 어울려 살아가는 문제를 풀어가는 것은 매우 어려웠다. 선비들이 정통에 바탕을 둔 친소본말과 존비귀천의 논리로써 '우리'를 적자와 서자, 장자와 중자, 장손과 지손, 아들과 딸, 양반과 상민, 양인과 천민, 정통과 이단, 정학과 사학, 정설과 이설로 갈라서 심하게 차별하고 배척하게 되자, 안으로 고루고루 하고 밖으로 두루두루 할 수 있는 '열린 우리'가 자취를 감추면서, 우리끼리 모든 것을 오로지 하려는 '닫힌 우리'가 널리 퍼지게 되었다. 선비들이 자신들이 꿈꾸어오던 것과는 정반대의 일이 벌어지자 크게 당황하였다. 선비들은 이러한 어려움을 벗어나기 위해서 천인성명을 연구하는 일에 더욱 힘을 쏟았고, 몸과 마음을 갈고 닦는 일을 더욱 부지런히 하였지만 좀처럼 실마리를 찾을 수 없었다.

　선비들은 정통의 순수를 올곧게 지키며 대의와 명분으로 세상을 바르게 만들고자 하였다. 선비들은 관복의 흉배에 수놓은 학처럼 맑고 깨끗한 삶을 살아가고자 하였다. 그러나 선비들이 학통(學統)을 미끼로 끼리끼리 뭉쳐서 당쟁을 벌이게 되자, 세상을 바르게 만드는 일은 뒷전으로 밀려나고 말았다. 나라가 온통 당색으로 물들어 서로 말을 주고받기조차 어려워지자, 새로운 길을 찾아나서는 선비들이 생겨났다. 이들은 이곳에서 벌어지는 현실 문제를 실질적으로 풀어갈 수 있는 실제와 실사와 실용을 앞세우며, 자연·풍속·일상·지리·언어·역사·정치 등을 깊이 파고들어 개혁의 기틀을 마련해 보고자 하였다. 이러한 바탕 위에서 박지원·정약용·심대윤·최제우·최한기와 같은 이들이 나타나 학문에 새로운 물꼬를 열었다.

참고문헌

《사서》(四書), 《오경》(五經), 《소학》(小學), 《근사록》(近思錄), 《심경》(心經) 《성리대전서》(性理大全書), 《국조인물고》(國朝人物考)

이성무, 《조선초기 양반연구》, 일조각, 1980.
———, 《조선양반사회연구》, 일조각, 1995.
최봉영, 《조선시대 유교문화》, 사계절, 1997.
———, 〈한국인의 '가(家)'의 실현에 관한 연구〉, 한국학중앙연구원 박사학위논
　　　문, 1992. 8.

사대부의 의례와 제사

김 문 택
▌서울역사박물관 학예연구사

아직까지 우리나라 사람들에게 제사는 매우 중요하다. 한국 사람들 가운데 제사를 지내지 않는 집은 별로 없다. 설날이나 추석과 같은 떠들썩한 명절도 제사라는 매개로 이루어진다. 더욱이 우리나라 가족이나 친지들은 제사를 통해서 긴밀한 유대관계를 이어가고 있다. 종교적인 이유가 아니라면 누구도 감히 제사를 거부할 수는 없다. 그만큼 우리에게 제사는 더 없이 중요하다.

요즈음 주변 사람들은 제사 때문에 약간의 혼란에 빠지기도 한다. 예를 들면, 제사지내는 대수라는지(반드시 고조까지 지내야 하는지), 제사 지내는 시간대에 대해 고심하는 가정도 꽤 있다. 일단 제사 시간만 보면 이렇다. 예전에는 이른 새벽에 지내는 것이 일반적이었으니, 한밤중에 시작하여 새벽닭이 울기 전에 마쳐야만 하였다. 필자 집안도 예외는 아니어서, 어릴 적에 제사를 지내려면 저녁에 미리 잠깐 자고 일어나서 눈을 비비며 지내던 기억이 아직도 생생하다. 그러다가 어른이 된 즈음에는 괘종시계가 12시를 치면 그때 시작하였고, 제사를 마치고 음복을 하다보면 새벽 1, 2시를 지나기가 십상이었다.

필자가 알기로 지금은 대도시뿐만 아니라 시골에서도 저녁 무렵에 제사지내는 집이 많다. 또 겉으로 드러내지는 않지만 유명한 종가의 종손들 가운데 저녁 때 제사지내는 집들이 상당수에 이르는 듯하다.

그런데 어떤 가정에서는 예전에 12시를 넘겨서 지내던 제사를 점차 11시, 10시로 시간을 당기다가, 좀 더 편한 시간대인 저녁에 지내는 것으로 정착시키기도 한다. 그러다보니 결국 날짜가 하루 앞당겨져서 돌아가신 날 새벽에 지내는 것이 아니라, 전날 저녁에 지내는 결과를 낳기도 한다.

반면, 제사에 관한 법도를 잘 아는 종가에서는 오히려 적절한 시점에서 결단을 내려 다음 날 저녁(즉 돌아가신 날 저녁)으로 변경하여 지내는 집도 많아졌다. 정확히 말하면 제사 시간을 기일 새벽에서 저녁으로 바꾼 것이다.

이처럼 가정마다 복잡한 현상이 나타나기도 하는데, 이는 정작 매번 제사를 지내면서도 거기에 대한 이해를 잘 못한 결과라고 할 수 있다. 만일 제사의 날짜와 시간에 대한 개념이 정확하다면 이러한 혼란은 훨씬 줄어들 것이다.

이러한 측면에서 필자는 조선조 사대부들이 어떠한 형식으로 제사를 지냈으며, 그 성격은 어떻게 변화하였는지 서술해 보았다. 아울러 전반적인 이해를 돕기 위하여, 성리학적 이념이 조선 사대부들에게 어떠한 모습으로 적용되었는지, 그리고 그들은 장례와 시묘살이를 어떻게 이행하였는지에 대한 내용도 함께 살펴보았다. 여기에 담은 내용들은 필자가 지금까지 연구하여 발표하였던 몇 편의 논문들을 기초로 구성한 것이다. 이 글을 통해서 과거와 현재의 문화적 차이를 이해하는 데에 도움이 되었으면 한다.

1. 성리학과 의례생활

조선시대 선비들에게 유학은 무엇이었는가? 그것은 당대 최고의 사상이었으며, 종교적인 이념이기도 하였다. 널리 알려진 것처럼 유학의 중세적 이념인 성리학은 고려 말에 안향에 의하여 조선에 전해졌다. 조선이 건국되어 유학을 국가이념으로 표방하면서 이 나라에서는 더 이상 경쟁이 될 만한 이념은 존재하지 않았다. 불교는 산속에서만 존속할 수 있었고, 부녀자들에 의하여 명맥이 유지될 정도였다.

유학은 정치와 제도뿐만 아니라 일상생활에서도 적용되어야 하는 것으로 이해되었고, 그 가운데 상장례(喪葬禮)는 법제화되어 《경국대전》에 실리게 되었다. 아울러 초기의 위정자들은 생활의 지침서로서 《의례》나 《예기》 등의 예서를 중요시 여겼는데, 특히 주자가 지었다고 하는 《가례》는 '관혼상제'(冠婚喪祭)라는 항목으로 일목요연하게 정리되어 있어서 매우 친근한 교양서가 되었다.

그런데 성리학적 생활이념이 조선 사회에 그대로 적용되는 것이 생각보다 쉽지 않았다. 우리에게서 삼국·고려시대 이래로 오랫동안 내려온 생활관습을 하루아침에 바꾼다는 것은 간단한 일이 아니었다. 더욱이 성리학적 생활이념은 절차가 까다롭고 어렵기도 하였으니, 이러한 사정은 사대부라고 할지라도 쉽게 적응하기 어렵게 만들었다.

조선시대 경향(京鄕)의 모든 사대부들은 외형적으로는 유학 이념을 적극 표방하였다. 사대부들이 편찬한 저술이나 문집 등을 보면, 특히 상례를 비롯한 사례(四禮) 이념을 《가례》에 따라 철저하게 이행한 것처럼 보인다. 그렇지만 내면을 들여다보면, 반드시 그렇지만은 않았다. 실제로 당시의 사례를 찾아보면, 여러 가지 면에서 차이가 나타나기도 한다.

일반적으로 의례생활에서 핵심이라고 할 수 있는 상례와 제례 역시 늘 《가례》와 일치하지는 않았으며, 사안에 따라서는 어긋나는 부분이 있었다. 그리고 이렇게 이념과 현실이 일치하지 않았던 것은 바로 전통적으로 내려오는 관습이 성리학적 문화와 접목되어 융합한 결과이며, 문화의 발전 과정에서 나타나는 자연스러운 산물이라고 할 수 있다.

그러함에도 조선시대 위정자와 사대부들은 적어도 외형상으로는 유학이라는 이념을 적극 표방하였고, 이 때문에 당대의 생활상은 그 실체가 잘 드러나지 않은 면도 있었다. 따라서 조선조 사회는 이원적인 모습을 간직한 채 사회체제가 유지되고 운영되지 않았는가 생각한다.

2. 장례과 시묘살이

전통시대에는 자식이 부모를 여의면 3년이 될 때까지 상복을 입고 지내야 한다. 대개 장례는 3개월 만에 치르고, 1년이 지나면 소상을 지내며, 2년이 지나면 대상을 치르고, 이어서 탈상한다.

전통시대 장례는 일단 오랜 기간이 소요되며, 절차가 까다롭고 복잡하였는데, 현대에 와서 매우 간소화되었다. 옛날에는 3개월 정도 걸리던 장례 일정이 요즈음에는 3일로 간소화되었고, 과거에는 필수적이던 3년상도 생략한다. 더욱이 전통시대에는 3년상을 부모의 묘소에서 시묘살이를 하며 지냈는데, 현재로서는 불가능한 일이 되었다.

필자는 몇 년 전 충남 아산의 외암 민속마을을 다녀온 적이 있다. 이 마을은 전통 민속마을로 안동의 하회마을, 경주의 양동마을과 함께 널리 알려진 곳이다. 이곳에는 유명한 어른이 계시는데, 바로 이득선(70세) 씨다. 예안이씨 종손인 이분이 유명해진 것은, 그가 1970년도 초반에 부친상을 당하여 3년 시묘살이를 하였는데, 이 사연이 저간의 화제가 되었기 때문이다. 사람들은 유교의 관혼상제 가운데 가장 고난도의 의례가 3년 시묘살이인데, 이러한 일을 중세도 아닌 요즘 사람이 하였다는 사실에 놀라워하였던 것이다. 전통시대의 상례가 매우 어려웠음을 알려주는 한 사례가 된다.

1) 장 례

　전통시대에는 부모가 임종을 하면 매우 엄격하게 장례를 치러야
하였다. 돌아가시면 당일에는 시신을 목욕시키고, 습(襲)이라고 하
여 새로운 옷을 입혀 드린다. 습을 마치면 자식들은 좌단(左袒)을
한다. 좌단은 왼쪽 옷소매를 벗어서 오른쪽 허리에 끼우는 것으로
성복 때까지는 이런 차림으로 있어야 하였다. 그리고 습을 마치면
영좌(靈座)를 만들고, 그 위에 혼백(魂帛)을 설치한다. 혼백은 '마포
등으로 만든 임시 신주'로 나무신주를 만들기 이전에 사용한다. 혼
백은 장사를 치른 뒤에는 땅속에 묻는다.

　둘째 날에는 소렴(小斂)을 한다. 소렴은 시신에 옷을 입히는 것인
데, 더 정확하게 말하면 시신을 정해진 옷감으로 싸주는 일이다. 그
런데 이 소렴은 편의에 따라서 습과 함께 돌아가신 날 바로 하기도
하였다.

　셋째 날에는 대렴(大斂)과 성빈(成殯)을 하는데, 경우에 따라서는
둘째 날 하기도 한다. 대렴은 시신을 묶고 얼굴을 가린 뒤에 입관(入
棺)하는 절차를 말한다. 돌아가신 지 3일 만에 대렴을 하는 것은 부
모님이 다시 살아나기를 기다리는 마음 때문이라고 한다. 시신을 입
관한 뒤에는 바로 빈(殯)을 설치한다. 빈은 시신을 모셔두는 장소로
빈소(殯所)라고 한다.

　돌아가신 지 넷째 날에는 성복(成服)을 한다. 조선시대에 소렴이
나 대렴을 하는 시기는 집안에 따라서 하루 정도의 차이는 있었으나
성복하는 시기는 철저하게 넷째 날을 지킨 것 같다. 성복에는 참최
(斬衰) 3년, 제최(齊衰) 3년, 장기(杖朞)와 부장기(不杖朞) 1년, 대공

(大功) 9개월, 소공(小功) 5개월, 시마(總麻) 3개월 등 다섯 종류가 있었으니, 이를 오복제도(五服制度)라고 한다. 아버지가 돌아가시면 참최 3년, 어머니가 돌아가시면 제최 3년복을 입었는데, 복을 입는 방법과 시기는 돌아가신 이와의 친소관계에 따라 차등을 두었다. 조선시대에는 '유복지친'(有服之親)이라고 하여 성복을 입는 범위는 대체로 고조를 공동조상으로 하는 동성팔촌(同姓八寸)까지였다. 그 외에도 외조부모, 외숙, 내외 종형제 등에 대해서 상복을 입기도 하였다. 또한 동성팔촌이 넘더라도 대갓집 종손이 돌아가신 경우에는 일가친척들이 3개월 동안 상복을 입어 종손에 대한 예를 표하기도 하였다.

장례는 3개월 정도 지나면 치를 수 있었는데, 이를 유월장(逾月葬)이라 하였다. 즉 달을 한 번 넘겨서 장례를 하는 것이다. 그리고 장지에 도착하여 하관한 뒤에는 성분(成墳)을 하고, 우제(虞祭)를 지내면 일단 장례가 마무리된다.

그런 다음 상주는 묘소에 여막을 설치하고 3년째가 되는 날(만 2년)까지 행동거지를 삼가면서 생활하곤 하였다. 그리고 시묘살이를 마치면 부묘(祔廟)라고 하여 사당에 정식으로 위패를 모시는데, 이로써 상례 일정이 마무리된다.(이때 사당에서 5대조 되는 분의 신주는 그분의 묘소에 묻어서 정리를 하고, 종손으로부터 4대까지만 모신다)

2) 시묘살이의 전통과 의례

시묘살이는 언제, 어떻게 유래하였는가? 필자가 알기로는 먼저 공자가 돌아가셨을 때 그의 제자들이 3년 동안 심상(心喪; 상복을 입

지 않고 마음으로 근신하는 일)을 지내고 돌아갔는데, 그 가운데에서
자공(子貢)은 6년 동안이나 공자의 묘 곁에서 여막을 짓고 그를 추
모하였다고 전한다. 우리나라에서는 고려 말 정몽주(鄭夢周)가 처음
으로 시묘살이를 하였다고 알려지는데, 이러한 사례는 조선조 사대
부들에게 커다란 영향을 미쳤다.

이후 조선시대 선비들은 관습적으로 시묘살이를 이행하였다. 여
기에다가 역대 국왕들도 상중에는 모두 여막(廬幕)을 짓고 생활하
니, 이러한 관습이 사대부가에서도 널리 유행하였던 듯하다.

그렇다면, 이 같은 시묘살이가 성리학적인 규정에 의거한 것인가
하는 의문이 드는데, 결론은 '그렇지는 않다'는 것이다. 시묘살이는
앞에서 말하였던 것처럼, 공자·정몽주로 이어지는 관습에 따라 전
승된 것이며, 의례적인 규정과는 거리가 멀다. 성리학 생활의례서이
며, 주자가 간행하였다고 알려지는 《가례》(家禮)에서는 시묘살이가
언급되어 있지 않다. 그리고 우리나라 성리학자들이 펴낸 《사례편
람》 같은 관련 해설서에서도 인정하는 사례는 찾기 힘들다.

이에 대하여 퇴계(退溪)와 율곡(栗谷)의 의견을 살피면 다음과 같
다. 퇴계는 "지금 여묘(廬墓; 즉 시묘)의 풍속은 성하고 반혼(返魂;
묘소에서 혼백을 모시지 않고 집으로 모셔오는 일)하는 예는 없어졌으니
한탄스럽다. 그렇지만 집으로 부모의 혼백을 모셔와 근신하지 못하
는 일이 많이 생긴다면 여묘를 행하여 혼잡을 피하는 것보다 못하게
된다"(《사례편람》 反哭)고 하였다.

율곡은 《격몽요결》(擊蒙要訣)에서 "지금 장례 후에 반혼(返魂)하
는 일이 많은데, 이는 정말 바른 예다. 다만 세속 사람들이 잘못 본

따 여묘(廬墓)하는 풍속을 폐하되, 반혼 후에는 각기 제집으로 돌아
와 처자와 한데 거처하면서 예법을 크게 무너뜨리니 심히 한심하다.
무릇 어버이 상을 당한 이는 스스로 헤아려보아 일일이 예를 따라
조금이라도 부족함이 없어야 할 것이니, 마땅히 예에 따라 반혼하
고, 혹시라도 그렇지 못하면 옛 풍속에 따라 여묘살이를 하는 것이
옳다"고 하였다.

결국, 퇴계와 율곡은 원칙적으로 반혼(즉 시묘살이 하지 않는 것)을
바른 예라고 규정하면서도, 만일 반혼으로 인해 효를 다하지 못하는
일이 생길 우려가 있다면 시묘살이를 하라는 입장이었다. 이는 사실
상 시묘살이를 인정한 모양새라고 할 수 있다.

그럼, 퇴계와 율곡은 실제 생활에서 어떻게 하였을까 궁금하다.
먼저, 율곡은 그의 연보(年譜)에 따르면, 16세 때에 어머니 신사임당
이 돌아가시자 3년 동안 여묘하였다고 기록하고 있다. 반면 퇴계의
경우에는 2세 때에 부친이 돌아가시고 37세 때에 모친이 돌아가셨
는데, 어떠한 이유에서인지 모르나 여묘에 대한 기사는 확인되지 않
는다.

퇴계와 율곡 이후의 성리학자들은 시묘살이에 대해서 활발하게
언급하지는 않았다. 그것은 아마도 《가례》의 내용과 충돌되는 상황
을 설명하기 쉽지 않았기 때문이 아니었나 한다. 그러다가 19세기에
유장원이 작성한 《상변통고》에서는 절충적인 서술이 나타나기도
한다. 그는 먼저 '반곡'(권 17)에서 '여묘지비'(廬墓之非)라는 항목을
따로 소개하여 잘못된 예임을 명시하였다. 그렇지만 '부'(祔; 권 18)
에서는 장례 직후에 부묘를 이행하고, 신주를 임시로 정침(正寢; 건

물 중앙의 방)에 두었다가 삼년상을 마친 뒤에 사당에 옮기는 방안을 소개하였다.(祔畢, 主復于寢, 三年喪終, 遷入于廟) 즉 그는 시묘살이를 예제상으로는 비례(非禮)라고 하면서도 삼년상 뒤 부묘는 인정하는 태도를 보인 것이다. 결국, 시묘살이를 이론적으로는 부정하였지만 사실상 변례(變禮)로서 인정하였다고 볼 수 있다.

3) 사대부의 시묘살이

그럼, 실제 조선시대 사대부들의 시묘살이는 어떠하였을까? 시묘살이는 묘 옆에 임시로 여막을 마련하여 사는 것이다. 따라서 호화롭게 지을 수는 없었으며, 초막 형태로 만들었다. 그렇지만 기본적으로 취식을 할 만한 여건을 마련하여 시종이 있으면서 늘 밥을 해올리고, 겨울을 대비하여 난방이 될 정도의 온돌시설도 만들었다.

시묘살이 동안 관리들은 현직을 그만두고 부모의 묘를 지켜야 하였다. 또 상중에는 술이나 고기 등을 금하고 근신하는 생활을 해야만 하였다. 그런데 사실상 부모상을 당하는 시기는 상주로서는 사회나 문중·집안에서 중요한 일을 담당해야 할 나이인 만큼, 이들은 완전히 자유로울 수 없었다. 따라서 이들은 상중이라도 사대부의 기본 행위인 봉제사(奉祭祀) 접빈객(接賓客)은 물론, 필요할 때에는 이웃을 방문하는 등 기본적인 사회생활을 영위하였다. 이들은 시묘살이 동안 먼 길을 떠나는 등의 돌출행위는 할 수 없었지만, 기본적으로 필요한 부분에 대해서는 문중이나 집안일을 돌보았다.

조선조 유명 사대부들의 상중생활(喪中生活)은 최근에 알려진 일기류 등을 통하여 살펴볼 수 있다. 대표적으로 이정회(李庭檜)와 이

문건(李文楗)의 사례를 들 수 있다. 조선 중기 안동의 대표적인 사대부였던 이정회는 1578년 5월 1일에 모친상을 당하여 만2년 동안 상중생활을 하였다. 그는 장사 뒤에 여막에 거주하면서 농사일도 돌보고, 그곳에서 손님을 맞이하기도 하였다. 그 밖에도 인척들에게 대소사가 있으면 방문하는 등, 어찌 보면 평상시와 다름없는 생활을 하였다. 그렇지만 상중의 이정회가 자식 된 도리를 게을리 한 것은 아니었다. 그는 초하루와 보름에는 늘 삭망제(朔望祭)를 지냈으며, 특히 추수가 끝난 겨울에는 묘역에 표석(標石)이나 상석(床石)을 조성하는 일에 많은 노력을 기울였다. 그는 상중에 돌아가신 어머니에 대한 자식 된 도리를 다하고, 동시에 집안의 가장으로서 가내 일을 돌보는 등 두 가지 일을 다 하였다.

한편 이문건은 1535년 1월 5일 모친상을 당하여 시묘살이를 하였다. 당시 그의 집은 서울 서소문에 있었는데, 돌아가신 어머니를 양주 인근에 모셨다. 이문건도 이정회와 마찬가지로 상중에 묘역을 돌보는 일과 사회경제적인 활동을 겸하였다. 그는 평상시처럼 전답을 관리하는 일이라든지, 소속된 노비를 관할하는 일 등을 철저히 이행하였다. 그 밖에 일상생활의 하나인 봉제사 접빈객도 그에게는 중요한 일이었다.

이문건은 시묘살이 동안 건강이 매우 좋지 않았다. 시묘살이가 그에게 체력적으로 상당히 부담스러웠던 것으로 보인다. 그는 상중 내내 감기 기침에 시달리곤 하였다. 이 때문에 자주 조석곡(朝夕哭)을 생략하기도 하였다. 그는 몸을 보전하기 위하여 인삼이나 약을 복용하였고, 간혹 술을 마시기도 하였다. 상중에 술을 마시는 것은 일반적으로 철저히 금기시 된 것으로 알려져 있으나, 그에게 음주는 일종의 체력 보전과 심리적인 안정을 위해 필요하였던 것으로 보인다.

《가례》에서는 상중에 어른이 억지로 술을 권할 때, 만약 사양하기 어려우면 그 뜻을 따르는 것도 해로움이 없다고 하였으며, 유장원이 작성한 《상변통고》에는 변례(變禮)의 하나로서 체력이 약할 때 음주와 식육이 허용되었다. 조선조 사대부들은 일상적으로 술을 즐기곤 하였는데, 3년이란 오랜 세월 동안 이를 전혀 먹지 않기란 사실상 어려웠을 터이고, 또 이문건에게서 나타난 것처럼 체력적 또는 정신적인 보약으로서 일정량의 술은 허용된 것으로도 보인다. 아울러 불가피한 경우에는 약간의 식육도 용인되었을 것으로 추정된다.

상중인 사대부들은 관직을 지닐 수 없었고, 또 행동에도 제약이 있었기 때문에 실제 정치·사회생활에서 곤란한 점이 많았을 것이다. 그러나 이러한 행동의 제약을 전기로 삼아 이 기간 동안 학문에 몰두하거나 저술활동을 하는 이들도 있었다.

안동의 학봉 김성일(金誠一)은 43세 때 아버지가 돌아가셨는데, 시묘살이를 하면서 아버지의 행장과 묘지문를 작성하였으며, 1년이 지난 뒤에는 《상례고증》(喪禮考證)을 편찬하였다. 그리고 서애 류성룡(柳成龍)은 60세의 나이에 모친상을 당하여 3년상을 지냈는데, 이때에 그는 《신종록》(愼終錄), 《영모록》(永慕錄), 《상례고증》(喪禮考證)을 찬술하는 등 예에 관련된 여러 편의 저술을 남겼다.

또한 다소 후기이기는 하지만 초대 임시정부 총령을 지냈던 이상룡(李相龍)은 만주로 떠나기 전이었던 1873년 15세 때에 부친상을 당하였다. 그는 이때 집에 전래하던 장서 수천 권을 탐독하였고, 천문(天文), 지지(地誌), 역기(曆紀), 산수(算數) 등에 관해 널리 연구하여 정법(政法), 실용(實用)의 학문을 연마하였다고 한다.

3. 조상 제사

제사는 우리나라 미풍양속 가운데 하나다. 그런데 일반인들이 일상생활에서 쉽게 접할 수 있지만 그 내면을 보면 매우 복잡한데, 이는 제사가 중국식 의례와 한국식 관습이 합쳐져서 오랜 시간을 거쳐서 정착되었기 때문이다. 필자는 제사를 이해하기 쉽도록 시기나 장소에 따라서 기제사(忌祭祀), 사당제사(祠堂祭祀), 묘소제사(墓所祭祀)로 나누어 언급해 본다. 오늘날 우리가 각 가정에서 쉽게 접할 수 있는 것은 기제사이고, 그 다음으로는 1년에 한 번 정도 지내는 제사로 묘제(墓祭)가 있다. 반면 사당제사는 종가에서나 할 수 있는 제사에 해당한다. 이와 같은 제사를 행해지는 시기와 장소에 따라 정리하면 〈표 1〉과 같다.

표 1. 제사의 종류별 시기나 장소

	시기	장소	기타
기제사(忌祭祀)	돌아가신 날	종가나 일반 가정	4대봉사
묘소제사(墓所祭祀)	10월중 또는 추석(한식)	묘소	
사당제사(祠堂祭祀) 또는 명절제사	설날, 추석	사당이나 일반 가정	

1) 기일제

기일제(忌日祭)는 조상이 돌아가신 날 지내는 제사다. 통상 기일
제는 제주(祭主)를 기준으로 돌아가신 부모·조부모·증조부모·
고조부모까지 지내는 제사다. 물론 오늘날에 이르러 3대나 2대까지
줄여서 지내는 가정도 있기는 하나, 대개는 4대까지 지냈다. 그리하
여 가정에 따라 차이는 있지만, 제사의 대수를 줄이는 일에 대해서
는 매우 신중한 것이 현실이다.

또한 신위(또는 지방)를 모실 때에는 대개 부모 두 분을 함께 모시
고, 제수의 경우에도 밥과 국 등을 각각 올려서 지내는데, 이를 합설
이라고 한다. 제수를 장만하는 일은 대개 장손이나 장자가 주도하
며, 제사의 진행도 이들이 주도한다. 이러한 관행이 제주(祭主)에게
는 적지 않은 부담으로 작용하기도 한다.

조선시대의 제사 모습은 어떠하였는가? 조선시대라고 해서 다 같
지는 않았다. 조선 전기와 후기는 상당한 차이가 있었다. 먼저, 제사
대수(代數)에서 전기까지는 사대부가를 기준으로 하였을 때, 위로
3대 조부, 즉 부모·조부모·증조부모까지 지냈던 것으로 알려진
다. 그러다가 16세기 말부터 학봉 김성일을 비롯한 이황의 제자들에
의해서 4대봉사가 주창되었고, 이후로는 사대부가에 4대봉사가 일
반화되었다. 참고로 이전에 퇴계 이황은 3대봉사를 우선시하였으나
4대봉사를 완전히 부정하는 입장은 아니었고, 부득이한 경우에는
허용한다는 입장을 취한 바가 있었다.

4대봉사를 주장하는 성리학자들은 《경국대전》에는 사대부가에
서 많아야 3대까지만 봉사하도록 규정되어 있지만(《經國大典》 禮典

奉祀條에 따르면 문·무관 6품 이상은 3대, 7품 이하는 2대, 서인은 부모만 제사하도록 되어 있다), 《가례》에는 4대봉사를 하도록 규정한 사실을 중요시 여겼다. 이들은 《가례》에 4대봉사가 들어간 이유는, 이전에 송나라 정자(程子)가 4대봉사를 할 수 있다고 말한 바 있고, 주자(朱子)는 이에 따라 《가례》에 적용하였기 때문이라는 것이다. 결국 조선 후기에 이르러서는 김성일을 비롯한 몇몇 성리학자들의 주장대로 4대봉사가 유행하였고, 이러한 관행은 최근까지도 당연시 여겨졌다.

제삿날 신주를 모실 때에는 오늘날과 마찬가지로 합설을 하는데, 이러한 관습은 《가례》의 규정과는 일치하지 않는다. 《가례》에는 "단지 한 분의 신위만 놓는다"(但止設一位)고 되어 있다. 그러함에도 전통시대는 두 분을 함께 모시는 경우가 많았고, 지금까지도 합설이 바른 것으로 생각하는 이들이 많다. 예제로만 본다면 한 분만 모시도록 되어 있지만, 이에 뒤따르는 미안함 때문에 관습적으로 합설하게 된 것으로 생각된다.

또한 조선시대에는 제사의 준비나 진행을 종손(宗孫)이나 장손(長孫)이 주관하였는데, 이러한 모습 역시 조선 후기에 정착된 것이다. 조선 전기에는 이와는 달리 윤회봉사(輪廻奉祀) 또는 분할봉사(分割奉祀)라는 것이 유행하였다. 윤회봉사는 부모의 제사를 자식들이 순번을 정하여 지내는 것이었고, 분할봉사는 자식들이 나누어서 지내는 제사였다.

그러다가 조선 후기에 이르러서 각 지역마다 문중(門中)이 형성되고 종손을 중심으로 조직화되면서 종손이 제사를 주관하게 되었

고, 각 지손들은 종손을 위하여 지원하는 일을 아끼지 않았다. 종손
은 제사를 주관한다는 부담과 의무가 있었지만, 그에 못지않게 주변
으로부터 사회적 경제적 지원을 받았으며, 이에 따라 그 권한도 막
대하였다. 그래서 예전에 영남에서는 경상도관찰사보다 퇴계 종손
이 낫다는 말도 있었다.

2) 묘소제사

묘소제사(墓所祭祀)는 그야말로 묘소를 방문하여 지내는 제사다.
요즈음도 문중에서는 음력 10월 중 하루를 택하여 묘소에 가서 문중
인들이 모여서 합동으로 제사를 지낸다. 이 경우 작은 규모의 문중
에서는 10여 명이 모이기도 하지만, 문중의 규모가 크고 제사의 대
상인물이 시조나 파조가 되는 경우에는 수백 명이 되고, 경우에 따
라서는 천여 명에 이르기도 한다. 반면, 일반인의 경우에는 가까운
조상의 묘소에 대하여 추석날에 (차례를 지낸 다음) 성묘하기도 한다.
그럼, 조선시대의 묘제 모습은 어떠하였을까? 이 경우에도 전·
중기와 후기로 나누어진다. 대개 조선 전기에는 부모나 가까운 조상
에 대해서는 설날·한식·단오·추석 4절기에 그때마다 찾아가는
관습이 유행하였다. 1600년을 전후한 시기 경상도 안동에 살았던 진
성이씨 종손 이정회는 중앙에서 관직생활을 하던 시기를 제외하면,
대개 고향에 있으면서 절기마다 가까운 조상의 산소를 찾아가곤 하
였다. 그는 절기마다 흩어져 있는 부모·조부모·증조부모 등의 묘
소를 찾았으며, 때로는 비가 와서 올라가기 어려우면 산 밑에 있는
사찰에서 제사를 지내고 돌아오는 일도 있었다.

안동의 이정회가 절기별로 묘소를 찾는 관행으로 미루어 본다면, 이러한 묘소제사는 기제사나 사당에서 지내는 제사보다도 오히려 더 큰 비중을 차지하였음을 알 수 있다. 기제사는 1년에 한 번 집에서 지내면 되지만, 묘제의 경우에는 한 해에 4번 묘소를 방문해야 하였다. 또한 한 번의 명절에 여러 분의 묘소를 다녀와야 하였으니, 그러려면 적어도 며칠은 소요되어야만 하였다. 이러한 사례를 통해 볼 때, 조선 전·중기에는 집에서 지내는 기제사보다도 묘소를 찾는 일을 매우 중시하였음을 알 수 있다. 16세기에 살았던 퇴계 이황은 이러한 풍습에 대하여 당시 사람들이 신혼(神魂; 사당의 위패를 의미함)을 경시하고 체백(體魄; 돌아가신 시신을 의미함)을 중요시하는 사실을 경계하기도 하였다.

조선 전·중기에 절기마다 묘소를 찾는 풍습은 후기가 되면서 차츰 줄어들었다. 4절기 모두 찾기보다는 봄의 한식, 가을의 추석 위주로 줄어드는 경향을 보이기도 하였다. 묘제의 횟수에 대해서도 이미 퇴계는 스스로 조상(고조부 李云侯)의 묘소에 대해서 네 명절마다 찾기가 어려우니 춘추로 지내는 것이 좋다는 견해를 밝힌 바 있었다. 또한 정조에서 순조대에 활동한 성리학자 김매순(金邁淳)은《열양세시기》(洌陽歲時記; 八月 中秋)에서 사대부 집에서 설날 등 네 명절에 묘소에 가서 제사를 지내는데, 설날과 동지에는 제사를 안 지내는 수도 있으나 한식과 추석에는 성대하게 지낸다고 하였다. 그런데 이 같은 묘소제사의 경향은 모든 곳에서 동일하지는 않았고, 지역이나 가정에 따라서 약간의 차이가 있었던 것으로 보인다.

반면, 대수가 먼 파조나 시조의 경우에는 1년에 한 차례 날짜를 정해서 대대적으로 제사지내는 관행이 생겨났다. 이러한 대규모적인 제사의 설행은 역시 조선 후기에 각 지방에서 성행하는 문중의 발전과 궤를 같이하였다. 특히 경상도에서는 먼 조상뿐만 아니라 가까운 조상에 대해서도 1년에 한 차례만 제사를 지내는 풍습이 널리 유행하였다.

이러한 1년 1회에 걸쳐 묘소에 제사지내는 관습은 적어도 경상도 지역에서는 최근까지도 지속되고 있다. 음력 10월이 되면, 시조를 비롯한 먼 조상으로부터 시작하여 차츰 가까운 조상으로 내려오면서 연이어 제사를 지내곤 하였다. 그리하여 이 기간에는 심하면 한 달 내내 묘소제사에 매달려야 할 정도로 바쁜 일정을 보내기도 한다. 이러한 묘소제사는 지역에 따라서 시제(時祭) 또는 시사(時祀)라고 하고, 시향(時享)이라고도 하였다.

3) 사당제사

제사에서는 사당제사(祠堂祭祀) 또한 중요하다. 이 제사는 전통시대나 지금이나 차례(茶禮)나 명절제사라는 이름으로 널리 알려진 제사며, 설날과 추석에 지낸다. 이 제사는 본래 신주(神主)가 있는 사당에서 지내게 되어 있지만, 일반 가정에서는 신주 대신에 지방을 써 붙여 놓고 지낸다.(물론 기제사의 경우에도 신주 대신 지방을 많이 쓴다)

요즈음에는 명절제사를 사당에서 지내는 경우는 매우 드물어졌고, 경상도를 중심으로 하는 종가에서만 그 명맥이 유지되는 실정이다. 더욱이 이젠 도시의 아파트에서 지내는 경우가 일반화되었다.

그러면서 가장 비중이 큰 제사가 되었다. 가정에 따라서는 기제사를 따로 모시지 않고 명절 때에 조상을 한꺼번에 모시는 풍습이 생기기도 하였다.

그럼, 조선시대에는 어떠하였는가? 이 경우에도 지역이나 문중에 따라 차이가 있겠지만, 본래 고려시대 이래 조선 초기까지는 사당을 운영하는 종가가 드물었고, 이로 인해 사당제사의 개념은 매우 희박하였다. 그러다 점차 문중이 형성되고 종손이 종가에 사당을 짓고 살면서 지낼 수 있었다.

성리학자들은 종가에는 사당을 짓고, 그곳에서 《가례》에서 가장 중요하게 다루는 제사인 사시제(四時祭)를 지내야 한다고 주장하였다. 《가례》에 따르면 사시제는 사당에서 각 계절마다 중월(仲月; 두 번째 달)에 지내는 제사다.(첫 번째 달에는 종묘사직과 같은 국가제사를 지내야 한다) 그렇다면 음력으로 2월, 5월, 8월, 11월에 해당한다. 성리학적 이념에 따른다면 이 제사는 계절마다 사당에서 위패를 모시고 지내는 것이 바람직하다. 아울러 이 방법은 퇴계 이황을 비롯한 성리학자들이 권장하였던 제사 방식이기도 하였다.

그런데, 종가가 형성되고 사당을 지었다고는 해도 갑작스럽게 절기마다 사당제사를 지내는 것이 쉽지 않았다. 반면 우리에게는 사시제를 지내는 시점과 비슷한 시기에 네 명절마다 묘소를 찾아가 지내는 제사가 있었다. 그리고 앞서 묘소제사에서 언급한 것처럼, 이 명절제사는 성리학자들의 권유에 따라서 일부(설, 추석 제사)가 집으로 내려와서 사당제사가 되었다.

그리하여 점차 《가례》에서 중요시 여기는 2 · 5 · 8 · 11월에 사당에서 지내라고 규정된 사시제는 결국 명절날 사당에서 지내는 제사로 변하였다. 그리하여 우리의 전통적인 명절제사와 《가례》의 사당제사가 결합하여 새로운 형태의 제사문화가 형성되었다.(반면, 전통적으로 중요시되었던 4명절 묘소제사는 10월 묘소제사나 한식, 추석의 묘소제사로 축소되었다)

결국 우리나라 사람들이 4명절에 대한 의식이 매우 강한 상태에서 성리학적 성향의 사당제사가 적극 권장되자, 제사지내는 시기는 그대로 남고 장소만 산소에서 집으로 옮겨진 것이다. 성리학에서 가장 중요시 여겨졌던 사시제가 전통적인 우리의 4명절제사와 절충된 것이다.

조선시대 사대부들은 전통적으로 이행하여왔던 풍속과 새로운 이념을 자연스럽게 절충하면서 생활하였다. 사대부들은 외형적으로는 이념을 적극적으로 주장하면서도 내면으로는 옛 것을 중시하는 모습을 보여준 것이다. 끝으로 지금까지 서술한 기제사, 묘소제사, 사당제사 등을 도표로 정리하면 다음과 같다.

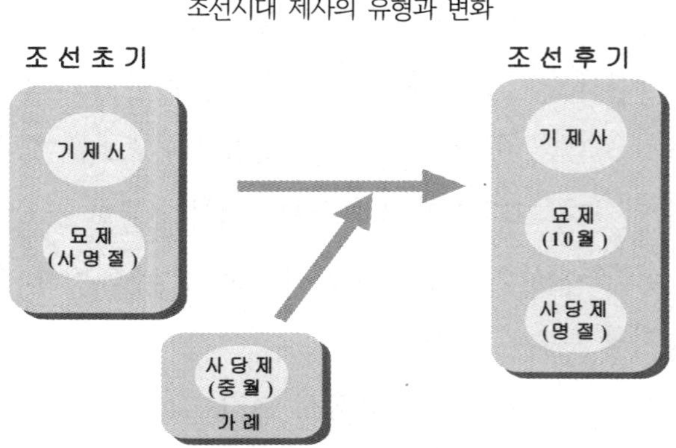

조선시대 제사의 유형과 변화

4. 불천위 제사

조선시대 종가를 규정짓는 요소 가운데에서 불천위(不遷位) 제사를 빼놓을 수 없다. 불천위는 위패를 옮기지 않는다는 뜻이다. 통상 사당에서는 제주(祭主)로부터 4대가 넘어서 5대가 되면, 이분의 위패는 정리하도록 되어 있다. 그런데 국가에 공이 있는 신하인 경우에는 위패를 옮기지 않고 자손만대로 모실 수 있도록 법으로 보장하였다.

현재까지 경상도에서는 다른 지방과 달리 불천위를 모시는 집안이 많다. 안동에는 유명한 퇴계 종가(진성이씨)를 비롯하여, 학봉(김성일) 종가(의성김씨), 서애(류성룡) 종가(풍산류씨) 등에서는 지금도 해당 조상의 제사를 지내고 있다. 그리고 이들 말고도 상당히 많은 종가에서 불천위를 모시고 있으며, 한 문중에서 여러 분의 불천위를 모시기도 한다. 이들 종가의 사당에는 통상 종손을 기준으로 고조부 대까지 4대의 위패에다가 불천위를 더하여 5위(位)를 모시게 된다.

경상도에서는 불천위를 모시고 있어야만 진정한 종가로 대접 받고, 그 주인은 종손으로 존경받는다. 반면, 불천위가 없는 소종가의 경우에는 감히 종손이라 이르지 못하고 주손(胄孫)이라고 일컬어지는 것이 현실이다.

종가에서 불천위를 모시는 일을 지속하려면 종손이나 주손을 중심으로 문중이 체계적으로 조직되어 있어야 한다. 일단 제수를 준비하는 데에도 많은 인력과 자금이 필요하고, 제사지내는 날에는 많은 사람이 모여야 하기 때문이다.

그럼, 여기서 불천위가 법전이나 의례 등에서는 어떻게 소개되어 있는지 살펴보자. 먼저 국전(國典)인 《경국대전》(經國大典; 禮典 奉祀條)은 국가 공신(功臣)에 대해서만 불천위 제사를 지낼 수 있다고 규정하였다. 구체적으로 "처음 공신이 된 자는 제사하는 자손의 대수가 다하여도 신주를 묻지 않고 따로 1실을 세워 제사한다"(始爲功臣者 代雖盡不遷 別立一室)고 되어 있다.

《예기》(禮記; 王制)에서는 천자(天子)는 7묘(廟), 제후(諸侯)는 5묘, 대부(大夫)는 3묘, 사(士)는 1묘를 두며, 서인(庶人)은 침소(寢所)에 모시는데, 여기서 천자·제후·대부는 시조에 대해서만 1묘를 불천위로 둔다고 하였다. 반면, 조선시대 사대부가에서 중요하게 여겼던 《가례》에서는 불천위를 언급하지 않았다.

《경국대전》이나 《예기》의 규정에 따른다면, 조선시대 사대부들은 공신이나 시조를 위해서 불천위를 두는데, 이때에 《예기》를 적용하면 총 3위(또는 묘), 즉 세 분을 넘으면 안 되었고, 《경국대전》의 내용을 적용하면 증조부까지의 3대에다가 불천위 1위를 더하여 4위까지만 가능하였다. 조선시대 이래 종가에서 5위를 모시고 있는 것은 《가례》에 규정된 4위에다가 불천위 1위를 더한 것인데, 성리학적 측면에서 본다면 과연 어떤 방법이 옳은 것인지 가늠하기 쉽지 않다.

그렇다면 현재 경상도에 불천위를 모시고 있는 대상자들은 과연 대부분이 공신인가? 그렇지도 않다. 류성룡이 1604년(선조 37) 호성공신 2등으로 책봉된 사실이 확인될 뿐, 대부분의 인물은 공신으로 책봉된 적이 없다. 그리고 류성룡을 모신 종가에서도 공신이라서 불천위로 모신다고 하지는 않는다.

경상도에서는 시호(諡號)를 받은 분들은 불천위로 모실 수 있다고 여기고 있다. 그런데 어떠한 이유로 시호의 수여 여부를 가지고 불천위를 모셨는지는 정확히 알 수 없었다. 다만 시호를 받는 경우에는 국왕으로부터 치제문을 받는데, 이를 근거로 제사가 지속된 것이 아닌가 추정해 본다. 시호를 내릴 때에는 예에 따라 국왕의 치제문이 하사되고, 이후에 기제일이 아니더라도 국왕의 의지에 따라 내려지기도 하는데, 이때 사당에서는 왕명에 따라서 특별 제사를 지내게 된다. 어쨌든 불천위라는 제사는 법전이나 예서에 없지만 국가의 용인 아래 공공연하게 진행되었던 것이다. 아울러 문중에서는 이를 매우 영광스럽게 여겼고, 이를 기화로 문중의 위상을 높이는 계기가 되기도 하였다.

조선시대 각 문중에서는 앞 다투어 불천위를 모시게 되었고, 국가에서 이를 제재한 흔적은 보이지 않는다. 무리하게 불천위를 모신다고 하여 국가통치체계에 문제가 되는 것도 아니었고, 오히려 유교적 덕치정치나 국왕의 정치현실에 도움이 될 소지가 있었던 것이다. 불천위 제사는 이처럼 《경국대전》과 같은 성문법의 규정을 넘었다는 혐의가 있지만, 국왕의 암묵적인 인정 아래 이루어진 것으로, 관습법적인 근거가 성립된 의례라고 할 수 있겠다.

불천위 제사는 현재 경상도 문중에서는 가장 영광스러운 제사다. 그들은 수백 년 동안 기제사를 모셔왔으며, 현재까지도 성대하게 거행하고 있다. 그리하여 이 제사는 후손들이 조상을 추모하는 행사

가운데 가장 성대한 이벤트처럼 보이기도 한다. 그렇기 때문인지 어떤 곳에서는 문중 어른들의 본뜻과는 다르게 대규모 전통문화 행사처럼 보이기도 한다. 그렇지만 불천위 제사는 조상을 숭모하는 후손들의 참모습을 보여준다는 점에서 오늘날 사람들에게는 좋은 문화적 교훈이자 미덕이라고도 할 수 있다. 불천위 제사는 앞으로 문중의 차원을 넘어서 국가적인 위대한 문화유산의 하나로 자리매김할 수 있을 것으로 보인다.

5. 마치면서

조선시대는 성리학적 질서로 유지되어 온 사회다. 그리고 일상생활에서는 《가례》의 내용을 잘 지켜지도록 권장되었다. 그런데 그 내면을 자세히 들여다보면, 고려시대부터 전통적으로 내려온 관습과 《가례》의 내용이 절충되면서 나름대로의 문화가 정착되었음을 알 수 있다. 뿐만 아니라 시묘살이와 같이 《가례》에서는 권장하지 않은 다소 무리한 사안까지 실행하는 등 다양한 모습을 보여주었다.

이처럼 새롭게 형성된 문화적 양상은 처음 조선을 개창한 사람들이나 성리학자들의 의도와는 다소 차이가 난다. 사대부의 입장에서는 그들 스스로가 국가의 엘리트 계층이었지만, 전통적으로 선대부터 이행하여왔던 관습을 쉽게 무시하거나 버릴 수 없었기 때문이다.

우리나라에 이와 같은 관례의 형성은 먼저, 사안에 따라서는 명문화된 규정이나 규칙보다는 전통적인 관습이 우선하기도 하였고(제사), 경우에 따라서는 전통적인 관습이 아니더라도 예전의 선각자들이 이행하였다는 결과만으로 하나의 관례로 자리 잡히는 모습을 띠기도 하였다(시묘살이). 또한 조상과 후손, 부모와 자식 간의 인정적인 측면을 중요시 여기는 관습은 또 다른 우리의 제사문화(시묘살이, 제사 때의 합설 등)를 탄생시킨 것으로 생각된다.

참고문헌

《경국대전》(經國大典), 《가례》(家禮), 《예기》(禮記), 《사례편람》(四禮便覽)
《격몽요결》(擊蒙要訣), 《상변통고》(常變通攷), 《열양세시기》(洌陽歲時記)

김문택, 〈상례와 시묘살이〉, 《조선시대생활사》 2, 역사비평사, 2000.
───, 〈16C 안동 진성이씨가(眞城李氏家)의 선대봉사(先代奉祀)—묘우(廟宇)의 건립 및 운영을 중심으로〉, 《조선시대 사회의 모습》, 집문당, 2003.
───, 〈16~17세기 안동의 진성이씨 문중 연구〉, 한국학중앙연구원 박사학위논문, 2005. 2.
이영춘, 《차례와 제사》, 대원사, 1998.

한국의 족보

조선시대 사대부 족보를 중심으로

김 학 수

한국학중앙연구원 책임연구원

　《조선왕조실록》의 내용을 섭렵하는 것과 그것의 형식과 체재를 이해하는 것은 별개의 영역에 속한다. 이를 족보에 대입시키면, 백성만가(百姓萬家)의 계보를 구술하는 강기(强記)한 역량이 보학의 전부가 아니라는 말이다. 자료에도 형질(形質)이 있기 때문이다.

　필자를 비롯한 여러 연구자들이 제가(諸家)의 족보를 탐독해 온 것은 조선시대 사림(士林)의 인맥구조를 알아보기 위함이지, 족보와 계보에 대한 호사적 관심에 바탕 하는 것은 아니라 본다. 족보는 그림책처럼 단순해 보이지만 그 형식과 내용은 의외로 복잡하다. 예컨대, 한 세대를 30년으로 보는 것은 상식에 속하는 일일지도 모르지만, 필자의 경우에도 '대개 사람은 30세에 자식을 얻는 까닭에 1세를 30년으로 친다'는 《성호사설》 기사를 통해 그 전거를 확인한 것도 그리 오래된 일이 아니다.

　족보와 보학은 사랑방 이야기가 아니다. '누구는 누구의 외외증손인데, 무슨 벼슬을 지냈고, 그 아버지는 어디 현감 시절에 무슨 비리를 저질러 비난의 대상이 되었으며, 또 서자를 몇이나 두었는데, 지금 아무개가 그 자손이다'는 식의 언급은 호사가의 심심풀이일 뿐 보학의 본질일 수 없다. 일찍이 허균(許筠)은 보학에서의 호사 취미에 대해 아래와 같이 경고한 바 있다.

　　한번은 서천군(西川君) 정곤수(鄭崑壽)가 이춘영(李春英)과 강변에서 만났는데 밤을 지새가며 보학에 대하여 논변하였다. 나도 그 곁에서 듣고 있었는데, 지금 세가대족 치고 그들의 선계나 외파 중에 허물이 없는 사람은 한 사람도 없었다. 이러한 내용은 몰라서는 안 되지만 구태여 말할 필요는 없지 않은가. 혹 유시(流矢)에 맞아 죽을 염려도 있으니 말이다.(許筠, 《惺所覆瓿藁》〈惺翁識小錄上〉)

　필자는 보학에 관심이 많아 틈나는 대로 여러 집안의 족보를 탐독하였다. 죽은 자의 이름만 가득한 족보를 왜 그렇게 탐독하느냐는 주위의 핀잔도 적잖이 받았지만 그것은 모르는 소리다. 족보는 분명 사자의 명첩이지만, 거기에는 어떤 시대상을 알려주는 중요한 정보가 담겨 있다고 필자는 굳게 믿는다.

　한국학, 특히 조선시대의 각 영역을 연구하는 데 족보와 보학에 대한 이해가 필수적이라는 주장이 여러 학자를 통해 심심찮게 제기되므로, 한국학 연구의 질적 심화와 연구방법의 효율성을 위해서라도 이에 대한 관심이 절실히 요구된다.

1. 족보의 개념, 기원과 유입

족보는 한 씨족[同族]의 계통을 기록한 책으로, 같은 씨족의 시조로부터 족보 편찬 당시의 자손까지를 수록의 대상으로 한다. 일반적으로 씨족은 성(姓)과 본관(本貫)이 같아 동조의식(同祖意識)을 가진 남계친족을 가리키지만, 실제로 족보에는 친계와 외계가 대등하게 다루어지는 경우가 흔하며, 17세기 후반에서 18세기 이후가 되어야 부계친 중심의 편제가 확고하게 자리 잡는다.

족보의 기원은 중국 한나라 때로 소급된다는 견해가 있으나, 이규경(李圭景)은 진나라 지우(摯虞)가 만든 《족성소목기》(族姓昭穆記)를 족보의 효시로 보았고, 《수서》(隋書) 〈경적지〉(經籍志) 보계편(譜系篇)에도 익주(益州)와 기주(冀州) 등 여덟 고을의 성보(姓譜)가 소개되어 있다. 이후 송나라 구양수(歐陽脩)와 소순(蘇洵)이 비로소 소종법(小宗法)에 근거하여 족보를 편찬함으로서 보학의 지침으로 확립되어 갔다. 특히, 《미산소씨족보》(眉山蘇氏族譜)는 서문이 명문이기도 하거니와, 우리나라 사람들에게는 족보의 고전이자 전형으로서 확고부동하게 자리매김 되었다.

족보는 중국문화의 확산과정에서 인근 국가로 전파되었다. 우리나라는 고려 중엽부터 광의의 족보가 있었다고 알려지며, 중국의 '종보'(宗譜), 월남의 '가보'(家譜)와는 달리 '세보'(世譜)라는 이름으로 불렸다.

2. 족보의 여러 명칭들

국립중앙도서관 소장 족보를 조사·분석한 최재석(崔在錫)의 연구에 따르면, 족보와 관련된 명칭은 무려 60여 종에 이르는데, 이를 적어보면 다음과 같다.

세보(世譜), 족보(族譜), 파보(派譜), 가승(家乘), 세계(世系), 속보(續譜), 대동보(大同譜), 가보(家譜), 가승보(家乘譜), 계보(系譜), 보(譜), 자손보(子孫譜), 대보(大譜), 세적보(世蹟譜), 종안(宗案), 세덕록(世德錄), 소보(小譜), 지장록(誌狀錄), 선원보(璿源譜), 수보(修譜), 약보(略譜), 문헌록(文獻錄), 실기(實記), 가사(家史), 총보(總譜), 선보(璿譜), 연원보(淵源譜), 화수보(花樹譜), 녹권(錄卷), 분파지도(分派之圖), 통보(通譜), 가첩(家牒), 소원보(溯源譜), 연보(年譜), 완의문(完議文), 전보(全譜), 지보록(支譜錄), 세헌록(世獻錄), 대종보(大宗譜), 파록(派錄), 세기(世紀), 대동종보(大同宗譜), 세승(世乘), 세가(世家), 외보(外譜), 경편보(輕便譜), 세첩(世牒), 구보(舊譜), 삼응보(三應譜), 보계(譜系), 세고(世稿), 종표(宗表), 가장보(家藏譜), 일통보(一統譜), 파첩(派牒), 실록(實錄), 외계(外系), 세감(世鑑), 회중보(懷中譜), 파별록(派別錄), 분가보(分家譜), 세적(世蹟) 등

이 가운데 우리에게 가장 익숙한 세보·족보·파보가 전체의 80퍼센트를 차지한다. 다만, 현재 우리는 족보·가승·가첩 등 족보류의 명칭들을 아무런 구별 없이 쓰고 있지만 우리 조상들은 용어를 엄격하게 가려 썼다.

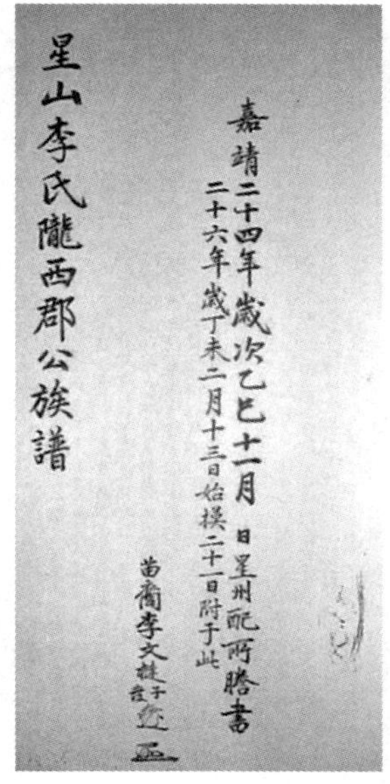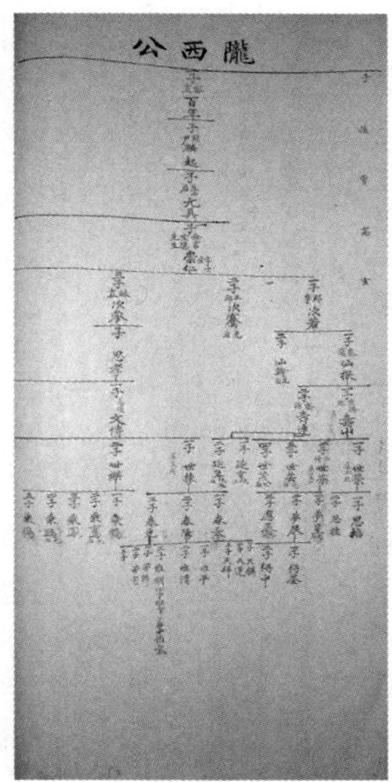

그림 1. 〈성주이씨농서군공족보〉(1545)

① 예로부터 사대부의 족(族)에는 보(譜)가 있고, 가(家)에는 승(乘)이 있었다. 보는 그 계통을 밝히는 것이요, 승은 사실을 기록하는 것이니, 이 두 가지는 서로 떨어질 수 없는 것이다.(李圭景,《五洲衍文長箋散稿》人事編 氏姓)

② 외손과 지파의 번성함이 본종(本宗)을 능가하는데, 지금 만약 나라의 보례(譜例)에 따라 빠짐없이 아울러 기록하게 되면 고열하기가 불편할 뿐만 아니라 경중의 차별 또한 없게 되므로 이번에는 이들(외손)을 수록하지 않고 '동성보'(同姓譜)라 한다.(李士溫 編,《(廣州)李氏同姓譜》(1610: 庚戌譜) 凡例)

①은 보(譜)와 승(乘)의 개념에 대해 말한 것이고, ②는 족보라 하지 않고 동성보라 이름 한 사유를 밝힌 것이다. 이로부터 114년

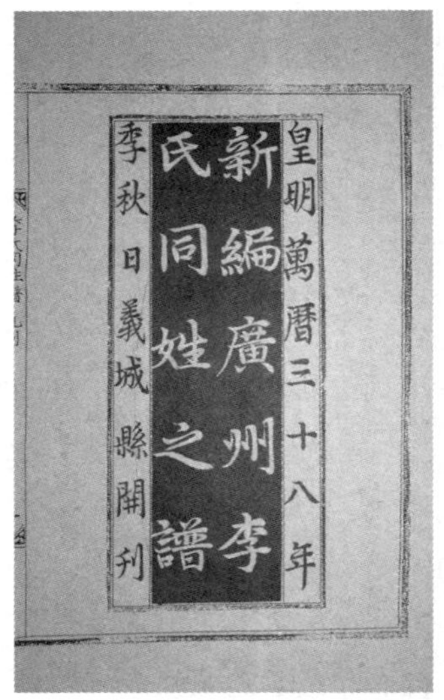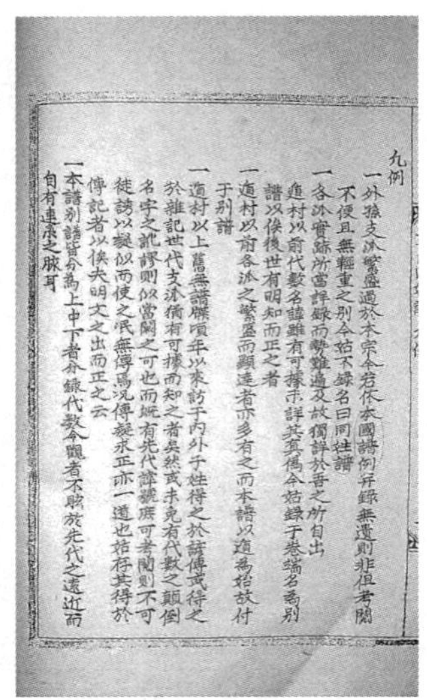

그림 2. 〈광주이씨경술보〉(1610)

뒤인 1724년(경종 4)에 발간된 《광주이씨족보》(갑진보)의 편자는 범례에서, 경술보와 달리 갑진보를 족보로 이름 붙인 까닭을 아래와 같이 밝혀 놓았다.

> 경술보에서는 외손을 수록하지 않아 '동성보'라 했는데, 지금은 외손까지 수록했으므로 '족보'라 한다.

이것은 적어도 족보 편찬에서 '족'(族)의 개념 속에는 친외(親外) 양계의 의미가 함께 들어 있음을 단적으로 보여주는 기사며, 족보의 명칭과 관련해서 시사하는 바가 매우 크다. 이와 관련하여 박세당은 1683년(숙종 9) 박세채(朴世采) 등이 발간한 세보의 서문에서,

그 족(族)을 계통에 따라 기록한 것을 족보라 하는데, 이것은 박씨의 족을 기록한 것이면서도 어찌하여 족보라 하지 않고 세보라 하였는가? 이는 세(世)로써 그 족(族)을 계통 지었으므로 세는 말하되, 족은 말하지 않았기 때문이다.(朴世堂,《西溪集》卷7, 潘南朴氏世譜序)

라고 하여 족보와 세보의 차이를 말하였다. 필자 역시 박세당이 말하는 족(族)과 세(世)의 개념 차이가 분명하게 파악되지는 않지만, 세보와 족보는 엄연히 달랐음은 분명해 보인다. 여기서 각 명칭의 개념과 차이를 일일이 거론할 수는 없지만, 계보학 연구는 이러한 근원적인 의문에 대한 해명에서부터 시작할 필요가 있음을 제언하고 싶다.

3. 족보의 편찬 목적과 편집 정신

앞에서 족보는 한 씨족의 계통을 기록한 책이라 하였다. 그러나 '경주김씨족보'라 해서 경주김씨의 모든 계통과 인물이 수록되는 것은 아니며, 또 수록된 인물이라 할지라도 약전(略傳)의 상략(詳略)이 불가피하다. 이에 대해 송나라의 학자 소순(蘇洵)은 〈족보서〉(族譜序)에서 그 까닭을 이렇게 설명하였다.

모든 자식들에 대해서는 기록하면서 손자에 대해서는 기록하지 못하는 것은 어째서인가? 한 세대를 드러내기 위해서이다. 나의 아버지로부터 나의 고조에 이르기까지는 벼슬을 하고 하지 않은 것과 어느 집안에 장가든 것과 몇 살까지 사신 것과 어느 날 돌아가신 것을 모두 쓰면서 다른 분들에 대하여는 쓰지 않는 것은 어째서인가? 내가 나온

계보를 자세히 하기 위해서이다. 나의 아버지로부터 나의 고조에 이르기까지는 모두 휘가 무엇이었다고 말하면서 다른 분들은 모두 이름을 쓰는 것은 어째서인가? 내가 나온 계보를 존중하기 위해서다. 족보는 소씨를 위하여 짓는 것이거늘 오직 내가 나온 계보만을 자세히 하고, 존중하는 것은 어째서인가? 족보는 내가 만드는 것이기 때문이다.(《古文眞寶》後集 卷7, 族譜序)

소순의 주장은 너무도 평이명백(平易明白)하여 부연 설명을 필요치 않는다. 그러나 이것이 어찌 소순의 순수한 창안일까마는, 그에 의해 대변된 편집 정신은 유려한 문장만큼이나 한국인의 족보 편찬에 깊은 영향을 미쳤다. 족보와 관련된 제가(諸家)의 서발문(序跋文)에 소씨 족보가 반드시 언급되는 이유도 여기에 있다.

이처럼 소씨 족보는 족보의 전범으로 두고두고 칭송을 받았지만 비판의 목소리가 전혀 없었던 것은 아니다. 박세당의 〈반남박씨세보서〉(潘南朴氏世譜序)가 바로 그것이다. 박세당의 지적에 따르면, 소씨 족보는 위로는 고조에 그치고, 아래로는 아들대에 그침으로써, 시마친(緦麻親)에 국한되는 아주 작은 범주의 족보에 지나지 않는다는 것이다. 그럼에도 소순은,

나의 족보를 보는 사람들은 효도를 행하고 우애를 지니려는 마음이 구름이 피어나듯 생겨나게 될 것이다.

고 하였으니, 과장이 심하다는 것이다.

박세당이 소순을 비판한 근본적인 이유는 친친(親親)의 야박함에 있었다. 동고조 8촌 범위의 족보로는 소씨 일족의 친친은 고사하고,

자칫하면 다른 사람들에게까지 그런 풍조를 만연시킬 수 있다는 입장에서 비판한 것인데, 이는 비록 친(親)이 다하여 복을 벗는다 할지라도 일족을 '길거리에서 만나는 사람' 정도로 여기는 극단적인 상황만은 막아야 한다는 조선 후기 유자들의 동종관념을 대변한 것으로도 해석된다.

4. 한국의 족보들 ─ 선본(善本)으로 본 족보의 발달사

1) 고려 말에서 조선 초의 족보

이 시기는 족보 간행이 본격화 되지도 않았거니와, 원본이 전하는 것도 매우 드물다. 그나마 〈해주오씨족도〉(海州吳氏族圖)와 《안동 권씨성화보》가 남아 있어 당시의 실상을 추찰(推察)하는 데 큰 도움이 된다. 짐작건대, 15세기 이전까지는 특별한 형식과 체재에 구애되지 않고 대수에 따라 종으로 후손들을 도식(圖式)하는 족도가 일반화되었던 것으로 보인다. 〈해주오씨족도〉 외에 문헌으로 확인되는 족도류로는 지정연간(至正年間; 1341~1367)에 이거인(李居仁)이 작성한 왕족도(王族圖)와 1476년(성종 7)에 이신효(李愼孝)가 작성한 왕족도가 있었다. 이거인과 이신효는 강릉김씨의 외손들로서 둘 다 강릉부사 재임 때 왕족도를 작성하였다. 전자는 명주군왕(溟洲郡王) 김주원(金周元)의 세계를 중심으로 김씨의 시조 김알지(金閼智)에서 고려 말에 이르는 자손들의 세계를 정리하여 부사(府司)에 보관한 것이고, 후자는 이를 전사(轉寫)한 것이라 한다. 그러나 안타깝게도 이 두 족도는 임진왜란으로 소실되어 현전하지 않는다.

또 하나는 1441년(세종 23) 홍일동이 〈남양홍씨파계지도〉(南陽洪
氏派系之圖)와 가장(家藏) 구보를 보완하여 만든 〈홍씨파계지도〉
(洪氏派系之圖)가 있다. 모두 2폭으로 구성된 이 족도 역시 이 시기
다른 족도류와 형태에서 별 차이가 없었을 것으로 짐작된다.

15세기 중엽 이후가 되면 보도(譜圖)를 기본으로 하여 자표(字
標), 범례(凡例), 부록(附錄), 서발문(序跋文) 등이 추가된 비교적 형
식을 완비한 족보가 만들어지는데, 《안동권씨성화보》가 대표적이
다. 〈해주오씨족도〉 등 각종 족도류가 문서 형식의 가계기록 방식이
라면, 《안동권씨성화보》는 이를 더욱 체계화하여 서책 형태로 전환
시킴으로써 족보 편찬 방식에서 일대 혁신을 일으켰다.

(1) 〈해주오씨족도〉(海州吳氏族圖)

1401년(태종 1) 오선경(吳先敬)이 작성한 해주오씨 집안의 족도로
표제(表題), 족도(族圖), 발문(跋文)으로 구성되어 있다. 표제인 '해
주오씨족도'는 원래의 명칭은 아니고 후대에 첨부된 것이며, 그 하
단에는 쌍행으로 "전서공휘광정초창(典書公諱光廷草創) 사인공휘선
경도사(舍人公諱先敬圖寫)"라는 주기로 작성자를 명기하였다. 이와
관련하여 좌측 하단의 발문에도 원래 이 족도는 오광정(吳光廷)의
초본을 바탕으로 그의 아들 오선경이 완성하였다고 서술되어 있다.

족도에는 해주오씨를 중심으로 이들과 직간접적으로 혼인관계에
있던 장흥임씨(長興任氏), 경주김씨(慶州金氏), 수원최씨(水原崔氏),
여흥민씨(驪興閔氏), 행주기씨(幸州奇氏)의 가계가 함께 도식되어 있
어서, 해주오씨의 상대 세계는 물론 혼반 이해에도 크게 참고가 된다

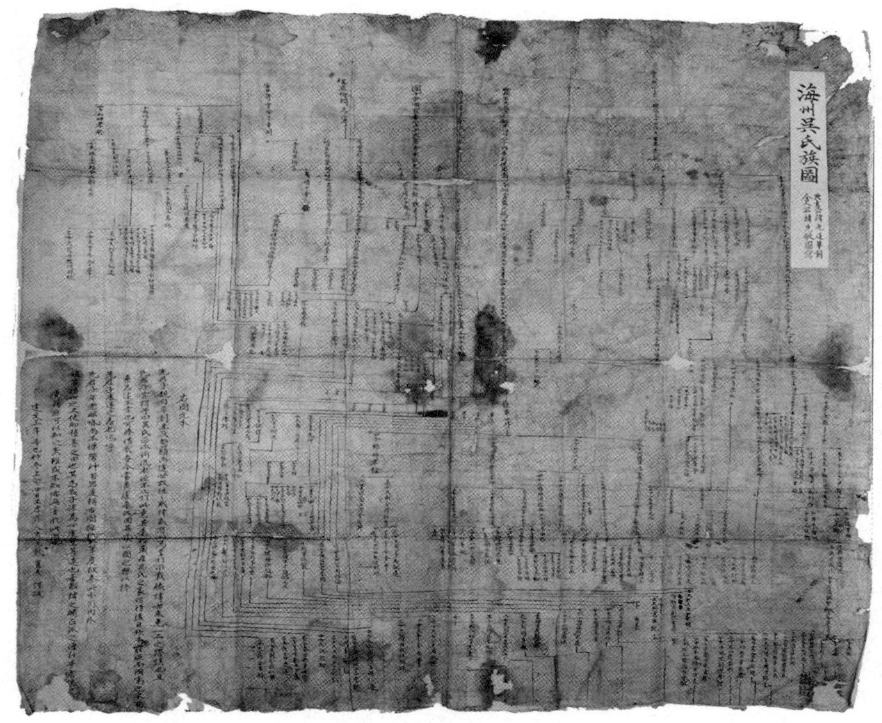

그림 3. 〈해주오씨족도〉(1401)

　이 족도는 원본이 전하는 가장 오래된 족도로서 1600년 무렵에는
오희문(吳希文), 오윤해(吳允諧) 부자에 의해 부본이 작성될 정도로
해주오씨 가문 안에서는 그 중요성이 일찍부터 알려져 있었으며,
1634년에 간행된 《해주오씨족보》(갑술보)의 저본이 되었다.

　(2) 〈문탄공내외손사촌회도〉(文坦公內外孫四寸會圖)
　문탄공 권한공(權漢功, 1269~1349)의 내외손들이 결성한 사촌회
의 회원도. 전형적인 족도는 아니지만 권한공에 대한 동조의식에 바

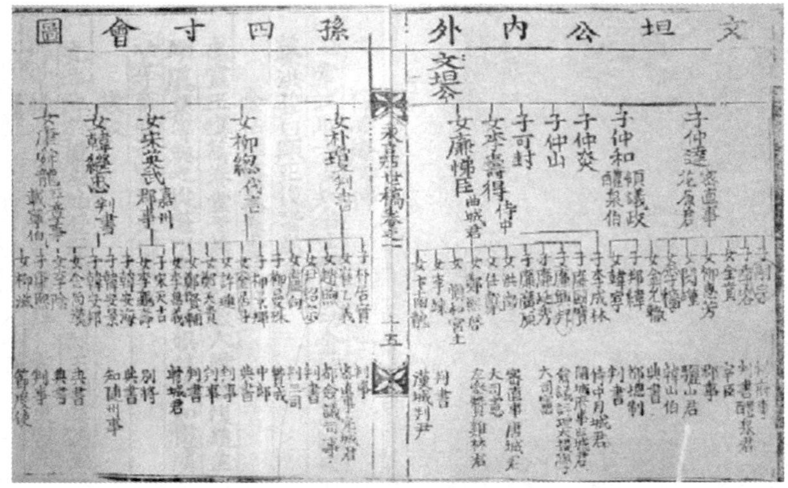

그림 4. 〈문탄공내외손사촌회도〉

탕 한 것이므로 내용상 족도의 범주에 넣을 수 있다. 사촌회가 친목과 추원이 목적이므로 이 족도는 좌목(座目), 즉 회원의 명부인 동시에 윤회봉사의 순번표와 유사한 기능을 하였던 것으로 보인다. 원래이 족도는 자녀를 출생순에 따라 기재하였으나, 권한공의 본손들에의해 선남후녀 형식으로 재편집되어 《영가세고》(永嘉世稿)에 수록되는 과정에서 원형이 크게 변질된 것으로 보인다.

(3) 〈용헌내외자손도〉(容軒內外子孫圖)

용헌 이원(李原)의 13자녀(7남6녀)와 그들의 아들·손자·증손까지를 수록한 족도. 좌명공신으로서 좌의정을 지낸 이원(1368~1430)은 고려 말의 명재상이자 송설체의 대가로 잘 알려진 행촌(杏村) 이암(李嵒)의 손자로, 아버지는 대제학을 지낸 평재(平齋) 이강(李岡)

이다. 이 가계는 사환과 훈공을 통해 고려 말부터 조선 초까지 문호
가 혁혁해졌고, 안동권씨 권근(權近) 가문, 서산유씨 유방선(柳方善)
가문, 파평윤씨 윤삼산(尹三山) 가문 등 당대의 벌열들과 통혼하며
가격을 더욱 높여 갔다. 특히, 이원의 자형이었던 권근의 손자 권람
(權擥)이 다시 이원의 사위가 되었으니, 안동권씨와는 연혼·중혼
관계에 있었다.

　4개의 정간(井間)으로 구획하여 맨 상단은 '자녀도'(子女圖), 그
아래는 '4촌도'(四寸圖), '6촌도'(六寸圖), '8촌도'(八寸圖) 순으로 구
성하였다. 관력 외에는 별다른 주기는 없으나 자녀를 출생순으로 기
재하는 조선 초기의 관행이 잘 나타나 있다.

　(4)《안동권씨성화보》(安東權氏成化譜)

　1476년(성종 7) 서거정 등이 편찬한 이 족보는 현존하는 족보 가
운데 제일 오래된 것으로 알려져 있다. 이 족보의 가장 큰 특징은,

　- 사위를 '서'(壻) 또는 '여'(女)라 하지 않고, '여부'(女夫)라 한 점
　- 재가한 경우 '전부'(前夫), '후부'(後夫)를 표기하여 사실상 재가를 인정
　　한 점
　- 적서(嫡庶)를 구분하지 않은 점

등을 들 수 있다. 이런 특징은《문화유씨가정보》에 이르면, '여부'를
'서', 재가한 경우에만 '전부', '후부'로 기록하고, 서자를 생략하는
체계로 변화한다.

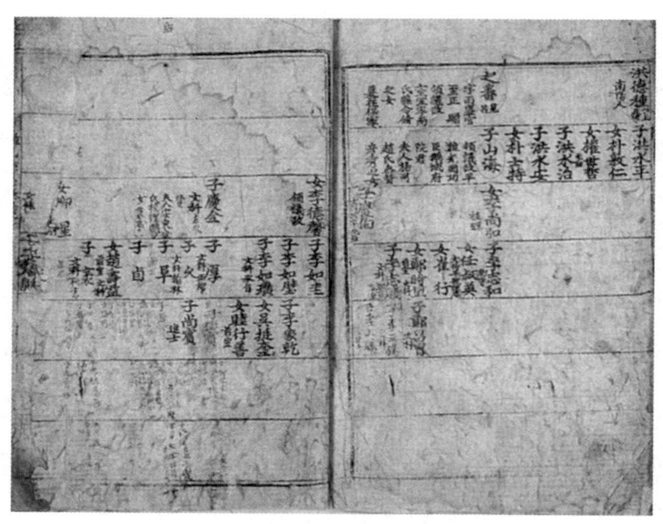

그림 5. 〈한산이씨초간보〉(1643)

2) 16, 17세기의 족보

(1) 시기적 특징

이 시기는 일부 번창한 가문들을 중심으로 초간보(初刊譜) 간행이 본격화되기 시작하던 무렵이다. 《문화유씨가정보》(文化柳氏嘉靖譜; 1565), 《강릉김씨을축보》(江陵金氏乙丑譜; 1565), 《진성이씨을사보》(眞城李氏乙巳譜; 1605), 《진양하씨병오보》(晉陽河氏丙午譜; 1606)를 비롯하여 해주정씨, 함양박씨, 밀양박씨, 의령남씨, 청주한씨, 한산이씨, 전주이씨, 반남박씨, 광주이씨, 은진송씨, 단양우씨, 평강채씨, 파평윤씨, 경주김씨, 수원백씨, 홍성장씨, 강릉박씨, 해주오씨, 남평문씨 등이 초간보를 간행하기 시작하였다. 특히, 17세기 중반 이후부터 초간보 간행이 활성화된 것은 종법질서의 정착, 상속과 혼인제도 등 사회·사상사적 여러 변화의 흐름 속에서 가문의식이 좀 더 확립되어 족보 편찬을 가속화시켰다. 17세기에 간행된 족보 가운데 필자가 원본을 직접 조사·검토한 자료를 정리하면 다음 표와 같다.

16, 17세기의 족보는 형태와 체재, 인명의 기재 방식 등 다양한 면에서 과도기적인 양태를 보인다. 후대로 갈수록 정간(보도)의 형태가 정비되는 것이 일반적인 추세임에 반해, 《광주이씨동성보》(경술보, 1610)는 정간 구획 없이 족도를 그대로 판각한 듯한 느낌이어서 이전의 《문화유씨가정보》나 《진양하씨족보》(병오보)에 비해 훨씬 초기의 족보 형태를 띠고 있다. 비록 형태에서는 답고성을 떠나 내용적으로는 사위만 기재하고 외손은 제외시키는 파격을 보이고 있다. 물론 이런 이유 때문에 동성보라는 명칭을 붙였지만, 이러한 사례는 18세기 이후의 족보에서도 찾아보기 어렵다.

족보의 변화를 이야기할 때 흔히 거론되는 것이 자녀의 기재 순서다. 16세기 이전의 족보류는 대부분 출생순 기재방식을 따르고 있고, 18세기 이후가 되면 선남후녀(先男後女) 방식으로 정착되는 것이 일반적이다. 17세기 족보는 이 점에서도 과도기적인 양태를 보인다. 대략 1660년을 기준으로, 이전에 간행된 것은 출생순서 방식을 따르고, 이후에 간행된 것은 선남후녀 방식을 따른다. 밀양박씨(1662), 해주정씨(1694), 의령남씨(1693), 남평문씨(1676), 흥성장씨(1690), 영양남씨(1680), 강릉박씨(1688), 평강채씨(1688) 족보 등이 후자에 속하는 대표적 사례들이다. 물론 1660년대 이전에도 《청주한씨족보》(1617), 《파평윤씨성보》(1634)와 같이 선남후녀는 물론 외파를

족보명	간행연도	편찬자 (간행자)	간행처	책수	판종	비고
咸陽朴氏族譜	1694(肅宗20)	朴慶後	光州	1	木板	甲戌譜
韓山李氏族譜	1643(仁祖21)	李德洙	原州(監營)	1(上·下)	木板	癸未譜
晉陽河氏族譜	1606(宣祖39)	河渾	海印寺(陜川)	2(上·下)	木板	丙午譜
水原白氏族譜	1676(肅宗2)	白瑞翰	湖南	1	木板	丙辰譜
密陽朴氏族譜	1662(顯宗3)	朴承健	湖南	1	木板	壬寅譜
宜寧南氏族譜	1693(肅宗19)	南益薰	咸興	2(4卷)	木板	癸酉譜
順興安氏族譜	1659(孝宗10)	安應昌	義城	3(6卷)	木板	己亥譜
南平文氏族譜	1676(肅宗2)	文宇徵	海印寺(江陽)	3(3卷)	木板	丙辰譜
淸州韓氏世譜	1617(光海君9)	韓孝仲	菩薩寺(淸州)	1	木板	丁巳譜
興城張氏族譜	1690(肅宗16)	張奭	湖南	2(上·下)	木板	庚午譜
首陽鄭氏族譜	1694(肅宗20)	鄭啓周		2(乾·坤)	木板	甲戌譜
英陽南氏族譜	1680(肅宗6)	南磁	安東(南興齋舍)	1(3)	木板	庚申譜
江陵朴氏族譜	1688(肅宗14)	未詳	未詳	1	筆寫	戊辰譜
平康蔡氏族譜	1688(肅宗14)	蔡啓祿	瀛州(止鳳亭)	2(4)	木活字	戊辰譜
坡平尹氏姓譜	1634(仁祖12)	尹煌	全州	4	木板	甲戌譜
海州吳氏族譜	1634(仁祖12)	吳翻	海州		木板	甲戌譜
恩津宋氏族譜	1666(顯宗7)	宋時烈				丙午譜
潘南朴氏族譜	1683(肅宗9)	朴世采		1	木板	癸亥譜
廣州李氏同姓譜	1610(光海君2)	李士溫	義城	1	木板	庚戌譜

생략한 것도 있는데, 심지어 1565년에 간행된 《강릉김씨족보》 또한
이 방식을 따르는 것으로 보아 경향의 일반화에 적지 않은 혼선을
준다.

(2) 주요 족보—《진양하씨족보》(晉陽河氏族譜)

1606년 생원 하혼(河渾) 등이 간행한 족보로, 분량은 상·하 2책이
며, 합천 해인사에서 목판으로 간행되었다. 표제는 진양하씨세보, 판
심제는 하씨족보(河氏族譜), 하씨외보(河氏外譜) 등 편목(篇目)에 따
라 다르다.

체재는 〈표제〉(表題), 〈구서문〉(舊序文), 〈역대유록〉(歷代遺錄),
〈서문〉(序文), 〈범례〉(凡例), 〈상집〉(上集), 〈하집〉(下集), 〈외보〉
(外譜), 〈속집〉(續集), 〈별보〉(別譜), 〈내외유사명단〉(內外有司名
單), 〈발문〉(跋文) 순으로 구성되어 있다. 〈구서문〉은 1451년 하연
(河演)이 지은 것이며, 〈역대유록〉은 시조의 7세손 하직의(河直漪)
이하 11인의 약전(略傳)인데, 하연 항목이 가장 자세하다. 〈서문〉은
하연의 외손 유중룡(柳仲龍)이 지었으나 기년은 미상이다. 〈범례〉
는 족보 간행을 주관한 하혼이 1606년에 지은 것으로 모두 6개 조항
으로 구성되었으며, 서문이 딸려 있다. 〈내외유사명단〉은 족보 간행
에 참여한 하연의 내외자손 명단으로, 진주·고령·성주·합천 등
지역 분포가 다양하고, 이시언, 유영순(柳永詢), 박광선(朴光先), 최
항경(崔恒慶), 정온(鄭蘊), 문경호(文景虎), 강익문(姜翼文), 이언영
(李彦英) 등 명사들의 이름이 보인다. 〈발문〉은 오장(吳長), 이흘(李
屹)이 지은 것으로 기년은 모두 1606년이다. 이 족보는 다른 족보에

비해 체재가 매우 세분되어 있으며 간행 내역이 아주 상세하게 부기
되어 있다.

5. 족보의 표기들 — 인적사항

인명의 표기 방식과 수록된 인물에 대한 약전의 기재 방식은 시대
와 집안에 따라 조금씩 양상을 달리하므로 이를 일반화시키기는 어
려운 점이 있다. 그러나 18세기 이후가 되면 대체로 유사한 경향성
을 띠는데, 여기서는 《광주이씨족보》(廣州李氏族譜; 甲辰譜)를 통해
그 일단을 살펴보기로 한다.

예컨대, 죽음의 표기에서 졸(卒)과 종(終)의 차이, 배우자 표기에
서 부인(夫人), 배(配), 실(室), 취(娶)의 차이, 별호(別號)와 아호(雅

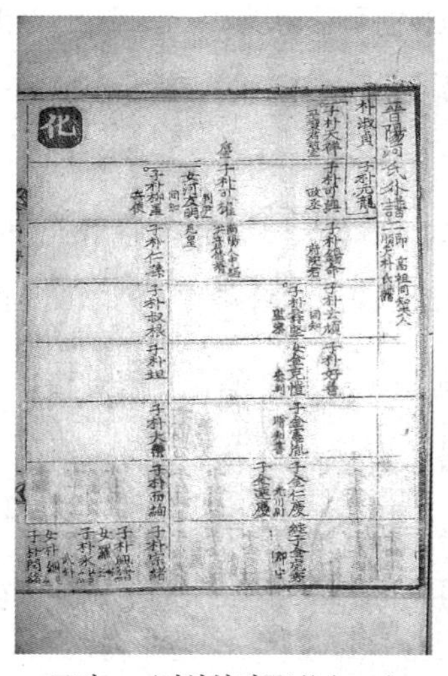

그림 6. 〈진양하씨족보〉(1606)

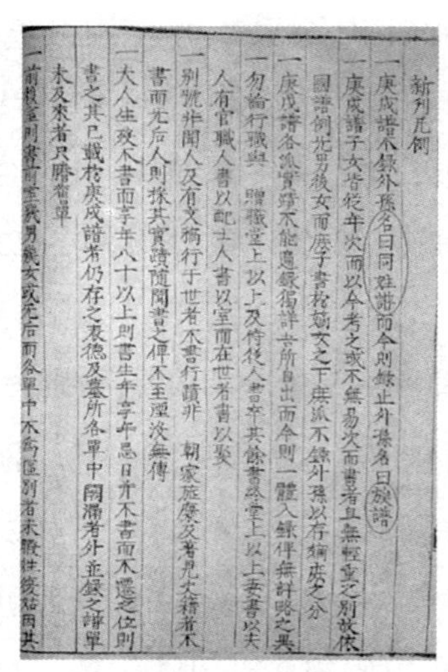

그림 7. 〈광주이씨갑진보 범례〉

號) 표기 여부에 대한 기준 등은 웬만큼 족보를 본 사람들이라면 한 번쯤 의문을 가져보았을 것이다.

① 죽음
- 졸(卒): 행직과 증직을 가리지 않고 당상관 이상을 지냈거나 시종직을 지낸 자
- 종(終): 그 외
② 배우자 표기
- 부인(夫人): 당상관 이상의 처
- 배(配): 관직을 지낸 자의 처
- 실(室): 사인(士人)의 처
- 취(娶): 재세자(在世者)
③ 별호 및 아호: 드러난 인물[聞人]이거나 문고(文稿)를 남긴 자
④ 배위의 생몰년
- 원칙적으로 기재하지 않음
- 80세 이상 산 경우 생몰만 기록하고, 향년 및 기일은 기록하지 않음
- 단, 불천위일 경우만 위의 모든 사항을 기록함

6. 조선시대의 보학자들 ─육보(六譜)

조선시대의 학문 체계에서 보학이 어느 정도의 학적 지위를 확보하고 있었는지는 모르지만, 우리나라에서 전문적인 보학은 그다지 활성화되지 못하였던 것 같다. "우리나라는 보학을 익히지 않아 세상에 명문·거족이 적지 않건만 한두 대가 지나면 모두 인멸되어 알 길이 없으니, 비록 종족을 거두고 풍속을 두텁게 하고자 한들 될

턱이 없다"고 한 이준(李埈)의 언급이나, 당대 최고의 지식인임을 자부하였던 허균조차도 8고조를 말해 보라는 정곤수의 질문을 받고 말문이 막혔다는 기사가 이를 뒷받침한다. 사가뿐만 아니라 심지어 국가 또는 왕실에서조차 수보(修譜) 시에 보학에 밝은 자를 수탐하는 기록이 관찬자료에 자주 등장하는 것도 이와 맥락을 같이한다.

하지만 사대부 교양으로서 보학은 널리 확산되었던 것 같고, 특히 사교(社交)에서는 보학적 지식이 더욱 절실히 요구되었다. 아래는 1746년(영조 22) 10월 16일 근기 남인실학의 줄기를 세운 이익과 안정복 두 석학이 첫 대면하는 기사다.

> 선생이 듣고 한참 있다가 우리집의 일에 대해서 논하시기를, "어릴 때 일찍이 안 전부(安典簿) 어른을 뵌 적이 있는데, 그대에게는 어떻게 되는가?" 하므로, 내가 증조부께서 일찍이 그 벼슬을 지내셨다고 대답하였다. 선생이 다시 말씀하시기를, "나의 외숙(外叔)이 그대의 4촌 대부(大父)인 진사 어른과 동서간이라네. 곧 제 4위(位)인 도동 대부(桃洞大父)다. 그래서 그대 집안을 잘 아는데, 각기 다른 고을에 살다 보니 소식을 듣지 못하여 생사와 존몰(存沒)을 전연 서로 모르고 지냈지 뭔가. 우리가 가난하고 피폐하여 뿔뿔이 흩어진 것이 대개 다 그렇다네." 하고, 인하여 탄식하셨다.(安鼎福, 《順庵集》 卷16, 〈函丈錄〉)

가계를 논하는 것이 인사의 시작임을 알 수 있는데, 이는 전통시대의 사람들이 자가(自家)의 계통은 말할 것도 없고, 상대방의 집안과 자가와의 연비(聯臂), 척당(戚黨)으로서의 관계를 상세하게 아는 것을 최소한의 예의로 여겼음을 대변하는 것이기도 하다. 그리고 이런 풍조는 자연히 보학의 생활화를 가속화시켜 18세기 중후반에 이르면 보학 전문가가 양산되기에 이른다.

과거에는 보학에 밝은 사람을 살아있는 족보, 즉 '육보'(肉譜)라 불렀는데, 육보는 보학에 해박하였던 당나라 조주(趙州) 사람 이수소(李守素)의 별칭이었다. 우리나라에서 육보로 통한 인물은 정곤수(鄭崑壽), 이춘영(李春英)을 비롯하여 정필동(鄭必東), 박사정(朴思正), 이숙(李鏽) 등을 들 수 있는데, 박사정은 《백씨보략》(百氏譜略), 이숙은 《우모통편》(寓慕通編)이라는 독자적인 저술을 남겼다.

이 밖에 《씨족원류》(氏族源流)를 지은 조종운(趙從耘), 《동국제성보》(東國諸姓譜)를 지은 정시술(丁時述), 《성원총록》(姓苑叢錄)을 지은 임경창(任慶昌), 《백가보》(百家譜)를 지은 허함(許涵), 《씨족원류》(氏族源流)를 지은 이경렬(李景說), 《벌열통고》(閥閱通攷)를 지은 이덕무(李德懋), 《만성총보》(萬姓叢譜)를 지은 유언선(俞彦鏰), 《배천족보십세보》(白川趙氏十世譜)를 지은 조연구(趙衍龜) 등과 양주조씨 출신의 조진석(趙晉錫), 가석(嘉錫) 형제도 보학의 대가로 이름이 알려져 있다.

한편 이황은 선대의 누락된 세계를 추적하여 《진성이씨족보》(을사보) 편찬의 토대를 다졌고, 역동서원 건립 뒤에는 우탁의 가계를 선양하기 위해 손수 《단양우씨족보》를 편찬한 것으로 보아 그 또한 보학에 상당한 조예가 있었던 것 같다. 보학과 관련하여 주목할 또한 인물은 《이재난고》의 저자 황윤석(黃胤錫)인데, 그가 수사(手寫)한 〈족도〉(頤齋譜學)가 현존하니 정밀한 연구가 요망된다.

7. 마치면서

    족보는 시대적 산물의 전형이다. 주자학의 심화 과정은 족보 편찬에서도 피[血]보다 법(法)을 중시하는 체계를 강요하였고, 우리는 그것을 전통으로 믿고 있다. 그러나 그것은 무지와 식견의 부족에서 기인하는 편견에 지나지 않는다.

    남자가 여자보다 우위에 있고, 양자(법자)가 서자(혈자)보다 대접받는 세태는 지난 300년 동안의 전통이었을 뿐 시대를 관통하는 통념이 아니었음을 알아야 한다. 순환구조에서 역사를 바라볼 때, 상속에서 자녀균분이 법제화되고, 족보에 여자의 이름이 직서(直書)되는 지금의 풍조는 분명 임진왜란 이전의 사회상과 많이 닮아 있다.

    족보를 죽은 자의 명첩일 뿐이라고 빈정대는 사람도 있지만, '사자(死者)의 명첩'에서 생동하는 역사적 정보를 채집하는 것이야말로 전통을 제대로 이해하는 또 하나의 열쇠가 될 것이다. 그러나 이것은 아무나 할 수 없다. 숲과 나무를 함께 볼 수 있는 안목, 주자학적 사회인식에 매몰되지 않는 객관적 자세를 가진 자에게 길은 열릴 것이다. 그 길의 시작점은 족보에 대한 학구적 관심이다.

참고문헌

권기석, 〈15~17세기 족보 편찬과 참여계층 연구〉, 서울대 국사학과 박사학위논문, 2010.

권영대, 〈성화보고〉, 《학술원논문집—인문·사회과학편》 20, 1981.

김두헌, 《조선가족제도연구》, 을유문화사, 1949.

송준호, 《조선사회사연구》, 일조각, 1987.

송찬식, 〈족보〉, 《한국문화시리즈》 6, 시사영어사, 1982.

오강원, 〈송창 조종운과 그의 씨족원류〉, 《춘천의 세거씨족 풍양조씨 회양공파연구》, 1997.

이기백 등, 《한국사시민강좌》 24, 일조각, 1999.

이수건, 《한국의 성씨와 족보》, 서울대출판부, 2003.

정재훈, 〈해주오씨족도고〉, 《동아연구》 17, 1989.

차장섭, 〈조선시대 족보의 편찬과 의의—강릉김씨 족보를 중심으로〉, 《조선시대사학보》 2, 1997.

최재석, 《한국가족제도사》, 일지사, 1983.

양반 동족 마을과 《명현록》

김 해 영
경상대 역사교육과 교수

1. 양반 동족 마을

조선왕조는 말기에 이르러 지방 사회의 곳곳에 수많은 동족 마을을 형성하는 것으로 신분제 사회의 마지막 종착점을 향하고 있었다. 이 무렵에 이르러 동족 마을의 주민들은 그들 씨족의 성씨 앞에 마을 이름을 붙여서 'ㅇㅇ김씨', 'ㅇㅇ이씨'와 같이 집단적으로 불리어졌다. 이렇게 '칭씨'되는 한두 마을을 중심으로 그 주변에는 'ㅇㅇ이가', 'ㅇㅇ박가' 등으로 '칭가'되는 여러 마을이 흩어져 있고, 이들 마을 주민 사이에 주민의 신분적 서열과 함께 경제적 우열과 예속 관계가 형성되었던 것이 조선조 말기 향촌 사회의 모습이었다.

그런 한편에서는, 다같이 '칭씨'되는 여러 동족 마을 사이에도 씨족의 신분적 위상을 따지는 경향이나 관행이 있었고, 같은 동성 씨족 안에서도 문조(門祚)를 달리하여 문중 사이에 명망의 차이를 매기기도 하였다. 이를테면 아주 가까운 관계인 같은 동성 씨족들 사이에도, "○○허씨는 △△허씨만 못하고, △△허씨는 □□허씨만 못하다"라는 유의 말이 생겼는데, 이는 같은 씨족 안에서도 다시 문조를 구별하여 주민의 신분 위상을 따지는 관행을 보여주는 것이다.

지근거리의 같은 동성 씨족 사이에 문조를 구별하여 서로 신분적 위상을 따지는 관행은 비교적 작은 지역 범위 안에서 이루어진 것으로 보이지만, 여하튼 전국적으로 이른바 명문가나 명현가로 알려진 문중이 있는 한편, 도 단위 정도의 지역적 범위에서 명망을 유지하는 씨족이 있었고, 비교적 작은 지역 단위 안에서도 동성씨족 사이에 문중과 문조를 따지는 관행이 조선조 말기에는 행해졌다.

이러한 관행 때문에 조선조 말기에는 양반 동족 마을의 현황을 각 성관별로 정리하거나 각 고을별로 정리하여 필사한 책자가 유행하기도 하였다. 이른바 '명현록'이라는 책자가 그것으로, 여기에는 성관별 또는 거주지별로 양반 마을의 현조(顯祖)에 대한 간략한 정보와 그들의 후손 세거지가 기록되어 있다. 따라서 성관별·고을별 동족 마을의 현황은 조선 말기에 유포된 명현록을 통해서 대략적 면모를 엿볼 수 있다.

2. '명현록'의 유행

'명현록' 또는 '○○명현록'으로 제목을 단 책자는 국립중앙도서관 등의 고서 소장처에서 여러 종류를 찾을 수 있다. 이들과 함께 경상도 지역의 일부 문중에서 소장하고 있는 몇 종의 책자를 표로 나타나면 다음과 같다.

표 1. 각종 명현록(名賢錄)의 서지사항과 성관별·각읍별 명현 수록 여부

책제목	소장처	작성자	작성연도	책·장수	성관별 명현 수록 여부	경상도 명현가 수록 여부
① 명현록	국립중앙도서관	미상	미상	1책 99장	×	×
② 아동명현록 (我東名賢錄)	〃	미상	미상	1책 18장	×	×
③ 역대명현록 (歷代名賢錄)	〃	정환(鄭桓)	1800년	1책 85장	×	×
④ 동국명현록 (東國名賢錄)	〃	미상	미상	1책 86장	×	×
⑤ 해동명현록 (海東名賢錄)	〃	〃	〃	1책 70장	○	×
⑥ 동방명현록 (東方名賢錄)	〃	〃	〃	1책 71장	○	×
⑦ 동국명현록	〃	〃	〃	1책 84장	○	×
⑧ 동국명현록	장서각	〃	〃	1책 47장	○	×
⑨ 아조각성명현록 (我朝各姓名賢錄)	국립중앙도서관	〃	〃	1책 62장	○	×
⑩ 동국명현록	의령 강구봉	〃	〃	1책 54장	○	○
⑪ 명현록	진주 김형구	〃	〃	1책 123장	○	○
⑫ 명현록	산청 이종기	〃	〃	2책 112장	○	○
⑬ 동국명현록	의령 이춘희	〃	〃	1책 15장	×	○
⑭ 동국명현록	진주 최수효	〃	〃	1책 70장	×	○
⑮ 제목 없음	함양 양기석	〃	〃	1책 59장	×	○

이들 15종의 명현록은 크게 나누면, 성관별로 명현이 정리 수록된 것(이하에서는 이를 '각성명현'이라 함), 각읍별로 명현을 수록한 것(이

하에서는 이를 '각읍명현'이라 함), '각성명현'과 '각읍명현'이 모두 수
록된 것, '각성명현'과 '각읍명현'의 어느 것도 수록되어 있지 않은
것의 네 종류로 나타난다.

이 가운데 '각성명현'이나 '각읍명현'의 어느 것도 수록되어 있지
않은 4종(①②③④)의 명현록이 비교적 이른 시기에 나타난 것이라
고 할 수 있다. 이들 명현록은 박세채(朴世采)의 《동유사우록》이나
편자 미상의 《동국문헌》과 같은 책자류에서 일부 내용을 발췌해 등
서하거나, 이를 바탕으로 다소의 추록과 보완이 가해진 것이라 할
수 있다.

박세채의 《동유사우록》은 달리 '명현록'으로 가리켜지기도 하였
던 만큼, '명현록'이라는 책이름은 원래 《동유사우록》과 관련이 깊
다고 하겠다. 이 책은 신라의 설총을 시작으로 해서 조선의 성혼(成
渾)과 그의 문인에 이르는 인물을 대상으로, 각 인물별로 문집, 연보,
저서, 향사되는 사우 등을 이름 밑에 부기하고, 사실 기록은 행장,
묘지, 묘비 등 기존의 기록을 전거로 하여 수록한 것이다. 《동유사
우록》은 우리나라 유학의 흐름과 유학자의 학문적 계통을 도학사적
입장에서 밝힌 책으로, 이 책이나 이 책의 영향을 받아 출현한 비교
적 이른 시기의 명현록은, 수록 대상이 도학의 계보에 연결되는 인
물이 중심이 됨을 알 수 있다.

조선조 말에 전사, 유행하던 여러 종류의 명현록은 《동유사우록》
과는 형식과 체재 면에서 다른 성격의 책이기는 하지만, 《동유사우
록》의 주된 기술 대상인 저명한 도학자나 그들과 종유한 인사나 문
인을 '명현'으로 인식하는 흐름은 이후 출현하는 각종 명현록에도

일정하게 영향을 끼쳤다고 할 수 있다.

《동국문헌》은 《동유사우록》보다는 100여 년 뒤인 1804년에 편간된 편자 미상의 책자이다. 수록 대상 인물이 '도학'의 계보에 연결되는 인물을 중심으로 하는 것이 아니라, 조선 태조조 이래 순조조까지 국가적 공로가 뚜렷한 인물들을 상신·문형·호당·규장·공신·청백·시노·남대·품직·현관·대관·필원·화가·유림·문생·명신·문묘·태묘·원우 등의 여러 유형으로 나누어 간략한 인적사항을 기록한 책자이다. 《동국문헌》은 원래 '명현'을 수록 대상으로 한 것은 아니지만, 이처럼 《동국문헌》의 편간을 즈음하여 출현한 명현록은 수록 대상 인물이 도학만 아니라 여러 방면에서 뚜렷한 국가적 공로가 있는 인물로 확대됨을 알 수 있다.

《동국문헌》의 편간을 즈음하여 출현한 ③④의 명현록에 이어 나타나는 다음 단계의 명현록이 '각성명현'을 재록한 ⑤⑥⑦⑧⑨의 명현록과 같은 것이다. ⑤의 《해동명현록》은 '각성명현'에 이어 《동국문헌》의 각편을 등서하여 수록하고, 끝에 '동국순절향원록', '생육신', '장릉단향', '임진전망'을 수록한 책자로서, 《동국문헌》의 경우와는 차례를 달리하여 '문생', '명신', '기사', '청백리', '남대' 편의 인물을 앞쪽에 수록하고, '보유'라 하여 《동국문헌》의 '남대품직', '학재', '남대현관', '남대대관', '필원', '화가', '공신', '상신', '문형', '호당' 편을 뒤쪽에 수록한 차이가 있다. 이런 점에서 《해동명현록》은 '각성명현'에 관한 내용이 중심이 되면서 또한 '문생', '명신', '기사', '청백리' 편의 인물을 중시하고 있음을 보여준다.

⑥⑦⑧의 명현록은 '각성명현' 중심의 기록으로, 각 성씨별 또는

각 성관별 명현을 등재 수록한 것이 책자의 대부분을 차지하고, 책자의 맨 앞이나 뒤에 '생육신', '사육신', '사충', '오현', '삼충', '삼학사'로 세칭되는 저명인사의 휘·호·본을 간략히 수록하였다. 이들 ⑥⑦⑧의 명현록에 나타나는 '각성명현'의 기록 내용에는 후손 세거지에 관한 기록이 없을 뿐만 아니라, 사승 관계를 기록하지 않은 점이 이후에 나타나는 명현록과 차이가 있다. 따라서 각 성관별 명현에 관한 인명록인 '각성명현'을 수록한 명현록이 처음 나타날 때에는 이들 각성명현에 관한 기록은 명현을 각 성관별로 정리 수록하는 것에 주안을 두었던 것으로 보이나, 뒷시기로 가면서 명현 후손의 세거지와 사승 관계를 명시하는 것이 '각성명현'에서 중요한 기록 사항이 되었음을 알 수 있다.

'각성명현'에 관한 기록에 등재 인물의 후손 세거지와 사승 관계 기록이 나타나는 명현록은 ⑨⑩⑪⑫의 4종이다. 이 가운데에서 ⑨의 명현록은 '각성명현'만 수록되어 있다는 점에서 '각성명현'과 함께 경상도 '각읍명현'이 수록되어 있는 ⑩⑪⑫의 3종 명현록과 차이를 보인다. 이처럼 각 성관별 현조와 그들의 후손 세거지를 등재 수록한 명현록의 출현(⑨)은, 뒤이어 이를 경상도라는 특정 권역에 한정해서 명현가와 그 현조의 휘·호·본 정도를 명시하는 경우(⑩⑪⑫)로 진전되었고, 이는 다시 도내 각 읍별로 수록되는 것으로 다시 나아가면서, 마지막에는 ⑬⑭⑮와 같은 명현록이 나타나게 되었다고 본다.

이렇게 해서 조선조 말엽에 경상도 지역에 전사, 유행된 명현록은 경상도 각 읍의 명현가와 그 현조를 재록한 '각읍명현'의 수록을 특징적인 내용으로 하게 되지만, 한편 후손의 세거지를 명기한 '각성명현'이나 '각읍명현'이 수록되는 단계의 명현록은 명현 중심이라기보다는 명현가 중심의 기록으로 성격상 변화를 보인다고 할 수 있다. 왜냐하면 조선조 말에 유행하는 ⑩에서 ⑮까지의 명현록은 조선조의 수많은 명현들 가운데 특정 촌락에 자신들의 후손 세거지를 갖는 인물을 수록 대상으로 하고 있기 때문이다.

명현의 후손 세거지가 명기된 '각성명현'이나 '각읍명현'을 수록한 명현록은 모두가 고종조를 '금상'(今上)으로 하여 기록 내용이 끝난다. 이처럼 마지막 단계의 명현록이 고종조에 출현하는 것은, 무엇보다도 고종조에 단행된 전국 차원의 서원 철폐령과 깊은 관련이 있어 보인다. 이는 ⑩의 《동국명현록》에 수록된 전국 서원에 대한 기록이 훼철을 면한 47개 원사(院祠)만 수록해 놓은 것에서 짐작이 가능하다.

이 밖에 후손 세거지가 명기된 '각성명현' 또는 '각읍명현'이 수록된 책자에서 주목되는 것은 명현이나 명현가의 당색에 대해 특정한 색의 '점'과 '관'(貫)으로 표식을 덧붙이고 있다는 점이다. 대개의 명현록이 당색을 동인, 서인, 남인, 북인, 대북의 5색으로 나누고, 이들 각 당에 대하여 서인은 청점, 남인은 홍점, 동인은 황점, 북인은 흑점, 대북은 흑관으로 구분하여 표시하고 있다. 청점으로 표시되는 서인과 황점으로 표시되는 동인은 각각 노론과 소론을 가리키는 것도 주목된다. 이처럼 명현이나 명현가의 당색을 구분하여 표시함으로써 어느 마을의 어느 씨족이 무슨 당색에 속하는지를 알아볼 수 있게 한 것 또한 이 시기 명현록의 특징적인 한 모습이기도 하다.

3. 성관별 명현과 후손 세거지

'각성명현'에 등재된 각 성관별 명현과 그 후손의 세거지에 관한 기록을 ⑩의 《동국명현록》을 통하여 살펴보기로 한다. ⑩의 《동국명현록》 '각성명현'은 전주인 이화(李和)를 비롯하여 모두 1,309명의 인물에 대해 성명, 시호, 별호, 자손 거소, 사승관계와 활동시대, 출사로, 관직을 성씨별, 성관별로 수록하고 있다. 등재된 성씨는 모두 101개이며, 성관별로는 276개 성관이 수록되어 있다. 우선 각 성관별 등재 인물의 현황을 살펴보기 위하여, 등재된 인물 수의 많고 적음에 따라 구분하여 나타내면 다음 〈표 2〉와 같다.(괄호 안은 등재된 인물의 수를 표시하였다)

전체 등재 인물 1,309명을 성관에 따라 나누면 모두 276개 성관이 나타나므로, 성관별로는 대략 평균 4명 정도 등재된 셈이다. 등재 인물이 1명인 성관이 139개로 전체 성관의 절반을 넘고, 20명 이상 등재된 성관이 9개 성관으로 나타나는 등, 성관에 따라 등재 인물의 수적 차이가 다소 나타나기도 한다.

20명 이상의 등재 인물이 나타나는 성관은 은진송씨·광산김씨·전주이씨·안동권씨·파평윤씨·진주강씨·연안이씨·안동김씨·창녕성씨 등 9개 성씨이다. 가장 많은 등재 인물을 가진 은진송씨는 후손 세거지를 경내[宋麒壽]와 삼가[宋廷濂]로 하는 인물이 각각 1명 등재되어 있는 것을 제외하면, 회덕(17)과 청주(10)를 세거지로 하는 인물이 집중되어 있는 특징을 보인다. 광산김씨도 경내

표 2. 《동국명현록》(東國名賢錄)의 성관별 등재 인물수

등재 인물수	본관 성씨(등재 명현수)
20명 이상	은진宋(29)·광산金(27)·전주李(25)·안동權(25)·파평尹(23)·진주姜(22)·연안李(22)·안동金(22)·창녕成(20)
19~10	반남朴(19)·청주韓(19)·양천許(17)·여흥閔(17)·청송徐(16)·달성徐(16)·평산申(16)·양주趙(15)·밀양朴(15)·廣州李(15)·청풍金(15)·동래鄭(14)·순흥安(14)·진주河(14)·벽진李(14)·문화柳(13)·해주吳(13)·남양洪(13)·한산李(12)·성산李(12)·경주李(12)·전주崔(11)·의령南(11)·의성金(11)·연일鄭(10)·전의李(10)
9	기계兪·덕수李·풍양趙
8	고령申·해평尹·제주梁·평강蔡·함종魚·김해金·담양田·창녕曺·여산宋·현풍郭
7	한양趙·나주羅·경주金·창평黃·진양鄭·경주崔·함안趙·고령朴·풍천任·수원白
6	연안金·철성李·진보李·함양呂·행주奇·풍산洪·신천康·능성具·인동張·임천趙·단양禹
5	원주元·남평文·장흥高·합천李·재령李·강릉金·청주郭·삭녕崔·청주鄭·팔계鄭·풍산柳·충주朴·장수黃·선산金·거창愼·울산金·사천睦
4	백천趙·순천朴·성주呂·함양朴·상산金·영월嚴·풍천盧·용인李·진주柳·남원梁·장성邊·전주柳·은진林·해남尹·해주鄭·함안李·창원丁·온양鄭·하동鄭·당성洪·봉화琴
3	하양許·김해許·연안車·영산辛·상주朱·안동孫·진주蘇·선산林·밀양卞·성주裵·탐진安·光州盧·언양金·청주慶·순천咸·廣州安·풍산徐·나주林·이천徐·흥양李·풍산金·廣州李·초계卞·신창孟·흥양柳·죽산朴·덕수張·선산柳·선산吉·김해裵·밀양孫·여주李·평해黃·남원尹·동복吳·함양吳·순창趙

2	화순崔 · 강릉崔 · 수원宋 · 순창朴 · 경주朴 · 청주宋 · 순천金 · 원주李 · 무안朴 · 부평李 · 홍주李 · 평창李 · 인천李 · 상주朴 · 순천李 · 무송尹 · 칠원尹 · 희천玄 · 창평潘 · 목천尙 · 여양陳 · 청주楊 · 남원楊 · 금천姜 · ?주殷 · 아주申 · 신창表 · 회진林 · 안주卜 · 곡부孔 · 성주都 · 영월辛 · 예천權 · 光州盧
1	영천崔 · 광양崔 · 흥해崔 · 영광柳 · 서산鄭 · 탐진崔 · 양천崔 · 삼척徐 · 봉화鄭 · 경주鄭 · 죽산安 · 섭곡崔 · 해주崔 · 장흥吳 · 청산鄭 · 고창吳 · 보성吳 · 온양朴 · 영동朴 · 철성朴 · 진주朴 · 홍산朴 · ?양南 · 고성南 · 고부朴 · 나주林 · 석성朴 · 창평吳 · 능주吳 · 청안朴 · 공주朴 · 삼척朴 · 홍주朴 · 양성宋 · 고령金 · 단양張 · 봉화金 · 창평朴 · 홍주金 · 강릉朴 · 서산宋 · 신평宋 · 부계洪 · 태안朴 · 신창盧 · 무안金 · 공주金 · 함안金 · 청도金 · 무안兪 · 태안金 · 인천蔡 · 양산金 · 청주金 · 충주魚 · 순창金 · 의흥金 · 도성金 · 철성金 · 금산金 · 압해丁 · 함안尹 · 영동金 · 석성金 · 고령金 · 김녕金 · 평택林 · 제주高 · 나주林 · 진원朴 · 익산李 · 낙안李 · 장수李 · 인천李 · 양산李 · 창평李 · 보령李 · 청안金 · 석성李 · 태안李 · 봉산李 · 함평李 · 공주李 · 예안李 · 양성李 · 고부李 · 상주黃 · 사천李 · 청안李 · 영천李 · 회인洪 · 단양李 · 청주李 · 용궁金 · 진천宋 · 중화楊 · 대구楊 · 평양趙 · 교하盧 · 창안金 · 진주金 · 안악李 · 장수奉 · 익산朱 · 남원房 · 고성宣 · 개성王 · 충주池 · 온양丘 · 능성薛 · 순창薛 · 옥천全 · 천안全 · 전주全 · 죽산全 · 경산全 · 남원方 · 거창劉 · 금산劉 · 홍주石 · 칠원諸 · 평양鮮于 · 영천皇甫 · 제주夫 · 성주施 · 연풍杜 · 장수陸 · 개성麻 · 청주廉 · 청양延 · 함흥魏 · 경주偰 · 인천晉 · 의령玉 · 석성雙 · 익산馬 · 화산千 · 홍주牟 · 원주金

(12)와 연산(9)에 등재인물의 후손 세거지가 집중되어 있고, 이 밖에 언양·경산·봉화·의흥·예안·부평의 7개 읍을 세거지로 하는 인물이 각 1명 등재되어 있으나, 경상우도 지역에서는 광산김씨의 후손 세거지를 찾을 수 없다.

'각성명현'의 등재인물의 후손 세거지를 살펴보기 위해 그 현황을 각 도별, 각 읍별로 작성하여 나타내면 다음 〈표 3〉과 같다.

표 3. 《동국명현록》의 '각성명현' 등재 인물의 후손 세거지

도	도내 군현
경상도	진주(35) · 안동(23) · 성주(23) · 상주(20) · 선산(17) · 함양(15) · 봉화(15) · 함안(12) · 대구(12) · 안의(11) · 단성(11) · 삼가(10) · 현풍(9) · 합천(9) · 경주(8) · 거창(8) · 초계(7) · 밀양(7) · 의령(6) · 예안(6) · 영산(6) · 고령(6) · 청도(5) · 인동(5) · 의흥(5) · 고성(5) · 칠곡(4) · 예천(4) · 김산(4) · 풍기(3) · 청송(3) · 창녕(3) · 의성(3) · 영양(3) · 경산(3) · 함창(2) · 하동(2) · 지례(2) · 언양(2) · 신녕(2) · 순흥(2) · 녕해(2) · 군위(2) · 하양(1) · 칠원(1) · 청하(1) · 웅천(1) · 용궁(1) · 문경(1) · 거제(1)　　　　　　　　　　　계: 349
서울	京內(297) · 京新門外(7)　　　　　　　　　　　계: 304
충청도	청주(45) · 홍주(23) · 회덕(19) · 공주(14) · 황간(13) · 청산(11) · 온양(10) · 연산(10) · 노(9) · 한산(9) · 충주(8) · 대흥(7) · 문의(7) · 진천(7) · 보은(6) · 남포(6) · 아산(6) · 연풍(6) · 청안(6) · 청양(6) · 홍산(5) · 영동(5) · 직산(5) · 태안(4) · 천안(4) · 영천(4) · 결성(4) · 석성(4) · 임천(2) · 평택(2) · 서산(1) · 청풍(1)　　　　계: 269
전라도	남원(23) · 전주(12) · 창평(11) · 금산(10) · 보성(9) · 나주(9) · 장성(8) · 순천(7) · 익산(7) · 임실(6) · 광주(6) · 능주(6) · 정읍(5) · 고창(5) · 흥양(5) · 순창(4) · 해남(3) · 낙안(3) · 여산(3) · 장흥(3) · 무주(2) · 장수(2) · 구례(2) · 제주(2) · 남평(1) · 담양(1) · 무장(1) · 부안(1) · 영광(1) · 용안(1) · 진도(1)　　　　　계: 160
경기도	양주(26) · 수원(23) · 광주(22) · 과천(17) · 파주(10) · 남양(10) · 여주(9) · 용인(8) · 단양(4) · 인천(4) · 부평(3) · 죽산(3) · 파주(3) · 양천(2) · 강화(1) · 양성(1) · 이천(1) · 적성(1) · 진위(1) · 통진(1) · 풍덕(1)　　　　　　　　　　　계: 141
황해도	신천(8) · 평산(5) · 백천(5) · 해주(3) · 황주(3) · 문화(1) · 수안(1) · 연안(1)　　　　　　　　　　　계: 27
강원도	원주(12) · 강릉(7) · 춘천(4) · 남천(1) · 삼척(1) · 영월(1)　계: 26
평안도	평양(5) · 창성(2) · 안주(1) · 용강(1) · 정주(1) · 태천(1)　계: 11
함경도	함흥(1)　　　　　　　　　　　계: 1

불명	○城(許積, 양천) · 南州(金銓, 연안) · 大安(申德淵, 평산) · 井谷(金良道, 보령) 계: 4
자손거무 (子孫居無)	李塏(한산) · 李雲龍(재령) · 鄭起龍(진양) · 鄭希良(해주) · 崔致遠(해주) · 柳誠源(문화) · 成勝(창녕) · 成三問(창녕) · 成聃壽(창녕) · 成悌元(창녕) · 成運(창녕) · 成允諧(창녕) · 南孝溫(의령) · 兪應孚(기계) · 河緯地(진주) · 表沿沫(신창) · 薛聰(능성) 계: 17
총계	1,309

경상도가 '각성명현'의 후손 세거지 수가 전국 명현가의 대략 27 퍼센트를 차지하여 가장 많은 것으로 나타난다. 다음으로는 서울, 충청, 전라, 경기의 순이며, 강원, 황해, 평안, 함경도는 등재 인물이 모두 65명에 지나지 않으며, 특히 함경도의 경우 1명(함흥위씨 魏德毅)만 등재되어 있음이 주목된다.

서울은 경내와 새문 밖을 합쳐서 등재 인물이 23퍼센트를 넘게 차지하는 것으로 나타나, 조선 말기에 명현 후손의 세거가 집중되었던 곳임을 알 수 있다. 따라서 19세기 말엽의 서울은 정치 · 행정 · 문화의 중심지일 뿐만 아니라, 전근대의 신분제 사회에서 상층 신분 후손가의 세거가 밀집된, 말하자면 양반 사족들의 소굴로 나타나고 있다. 조선왕조 말기에 서울이 지니는 이러한 지역적 특성이 이후 개화와 근대를 맞는 데 어떠한 작용이나 기능을 했는지 음미해 볼 필요도 있을 것 같다.

'각성명현'의 후손 세거지가 많은 고을은 청주(45), 진주(35), 양주(26), 안동(23), 성주(23), 홍주(23), 수원(23), 남원(23), 광주(22) 상

주(20)의 순으로 나타난다. 경상도에 속한 진주, 안동, 성주, 상주가
모두 101명이 등재되어 있어, 이들 지역이 경상도 전체 명현가의 대
략 3분의 1을 차지하는 것으로 나타난다. 청주를 비롯해 명현가가
많은 이들 고을은 신라의 9주 5소경의 설치 지역, 고려시대의 계수
관(목과 도호부) 지역으로, 명현의 후손 세거지가 대개 지방 행정의
중심지에 집중되어 있음을 보여준다.

'각성명현'의 후손 세거지가 한 곳도 없는 경상도내 고을로는 창
원, 김해, 울산, 동래, 영천(永川), 영천(榮川), 홍해, 양산, 곤양, 영덕,
남해, 개령, 하양, 진해, 진보, 비안, 연일, 장기, 사천, 기장, 자인의
21읍으로, 도내 전체 71읍 가운데 30퍼센트를 차지한다.

4. 경상도 지역의 명현가

⑩의 《동국명현록》을 중심으로 명현가의 읍별 현황과, 여기에 등
재된 명현가의 현조가 어떤 인물인지에 대해 살펴보기로 한다. 우선
⑩ 동국명현록에 나타나는 명현가의 읍별 형세를 살피기 위해, 경상
도내 각 읍을 상주권, 진주권, 김해권, 경주권, 안동권, 대구권의 6개
진관별로 나누어보면 다음 〈표 4〉와 같다.

경상도 71읍 가운데 우도가 31읍, 좌도가 40읍인 데 반하여, 명현
가의 수는 우도가 126, 좌도가 62로 나타나, 우도가 좌도에 견주어
대략 두 배나 많은 것으로 나타난다. 또 우도 가운데에서 진주권의
명현가수가 상주권과 김해권에 견주어 많은 편이며, 특히 김해권과
는 상당한 격차를 보이는 것을 알 수 있다. 좌도의 경우에는 안동권

표 4. 《동국명현록》의 경상도 71주(州) 각 읍별 등재 명현가의 수

도	진관	읍별 등재 명현가의 수			미등재읍
우도 (31주)	상주권 (9주)	상주(13)·성주(8)·선산(10)·김산(3)· 지례(1)·고령(3)·문경(1)·함창(2) 계: 41			개령
	진주권 (14주)	진주(24)·합천(5)·초계(5)·함양(8)· 거창(4)·사천(1)·삼가(5)·의령(5)· 하동(1)·산청(3)·안의(5)·단성(10) 계: 76			곤양·남해
	김해권 (8주)	함안(5)·고성(3)·칠원(1) 계: 9			김해·창원·거제· 진해·웅천
좌도 (40주)	경주권 (11주)	경주(5)·영천(3)·청하(1)·언양(1) 계:10			울산·양산·흥해· 동래·영일·장기· 기장
	안동권 (16주)	안동(10)·영해(1)·청송(1)·예천(3)· 풍기(2)·순흥(1)·의성(3)·봉화(1)· 예안(3)·용궁(1) 계: 26			영천·영덕·진보· 군위·비안·영양
	대구권 (13주)	대구(6)·밀양(3)·청도(2)·경산(1)· 인동(2)·현풍(3)·칠곡(2)·신녕(1)· 의흥(1)·영산(4)·창녕(1) 계: 26			하양·자인

과 대구권이 수적으로 같고, 경주권이 상대적으로 적은 것으로 나타난다.

좌·우도를 통틀어 볼 때 명현가의 수가 많은 고을은 진주 24명, 상주 13명, 선산 10명, 단성 10명, 안동 10명, 함양 8명, 성주 8명의 순으로 나타나며, 이들 명현가의 수가 많은 7개 고을 가운데 안동을 뺀 나머지 고을은 모두 우도에 속한 고을인 점도 주목이 된다. 경상

도내 전체 71읍 가운데 명현가가 보이지 않는 고을이 우도에 8읍, 좌도에 15읍, 모두 23개 읍으로 나타나는데, 이것이 우도에 비해 좌도가 명현가수에서 수적 열세를 보이는 한 요인이 된다는 것을 알 수 있다.

수적으로 나타나는 이러한 좌·우도의 차이나 도내 각 읍별 명현가 수의 차이가 조선 말기의 실제 지역별 상황을 반영하는 것이라고 본다면, 좌도에 견주어서 우도가 특정의 현조를 중심으로 결속되는 양반 동성 마을의 형성이 더 활발했던 것으로 해석할 수 있다. 영조 27년(1751) 무렵에 지어진 이중환의 《택리지》를 보면, 경상좌·우도 간 사족의 거주 현황을 비교하면서, "좌도는 땅이 척박하고 백성들이 가난하여 검소하고 인색하지만 문사(文士)가 많으며, 우도는 땅이 비옥하고 백성들이 부유하지만 사치를 좋아하고 게을러서 학문에 힘쓰지 않는 까닭에 신분이 높은 인사가 적다"고 하였다.

이는 명현록이 유행하던 시기보다 100여 년 앞선 기록이지만, 대체로 좌도가 우도보다 학문에 힘쓰는 분위기가 우세하고, 유명 인사를 많이 배출했던 실정을 알려준다. 따라서 명현가의 형성은 유명 인사의 배출이나 학문에 힘쓰는 지역적 성향보다는, 특정의 현조를 중심으로 동성의 씨족이 결속되는 정도에 따라 좌우되는 것으로 보이며, 이것이 좌도에 견주어 우도가 더 활발했다는 차이를 보인 것이라고 풀이할 수 있다.

다음으로, 6종의 '각읍명현'에 등재된 명현가의 현조는 어떤 인물인지를 살피기 위하여 경상도 단성 지역에 등재된 명현가를 예시하여 나타낸 것이 〈표 5〉이다.

표 5. 각종 명현록에 등재된 단성 지역 명현의 본관별 인적사항

본관	성명	생몰년	세거촌명	비고
안동	권규(權逵)	1496~1548	입석	남명(南冥) 종유, 문산(文山)서원 봉향(1858)
	권도(權濤)	1575~1644	단계	한강(寒岡)·여헌(旅軒)문인, 두릉(杜陵)서원 봉향(1700)
	권극량(權克亮)	1584~1631	단계	한강·여헌문인, 두릉서원 봉향(1716)
	권집(權潗)	1569~1633	가림	우계(牛溪)문인
상산	김후(金後)	1365~1397	법물	포은(圃隱)문인, 법물김씨 입향조
	김담(金湛)	1500~1566	법물	남명 종유, 두릉서원 봉향(1716)
순천	박이장(朴而章)	1547-1622	단계	내암(來庵)문인, 성주(星州) 청천(晴川)서원 봉향
	박이문(朴而文)	1544~1598	단계	한강 종유
밀양	박익(朴翊)	1332~1398	진태	신계(新溪)서원 봉향(1839)
진주	유번(柳蕃)	?~?	정태	고려 우왕조 밀직사사
합천	이광우(李光友)	1529~1619	배산	남명문인, 배산(培山)서원 봉향(1792)
	이천경(李天慶)	1538~1610	청현	남명문인, 청곡(淸谷)서원 봉향(1702)
성주	이제(李濟)	?~1398	사월	포은 종유, 조선 태조묘 배향
	이조(李晁)	1530~1580	방목	남명 문인, 두릉서원 봉향(1716)
	이조년(李兆年)	1269~1343	강루	고려 충혜왕묘(忠惠王廟) 배향
함안	조선도(趙善道)	1580~1640	묵곡	이괄(李适)의 난 때 거의
성주	도경효(都敬孝)	1550~1622	동	덕계(德溪)문인

〈표 5〉에 나타나는 17명의 인물들은 김후, 박익, 유번, 이제, 이조 년을 논외로 하면, 모두 선조에서 인조 연간에 활동했던 인물들로 서, 대부분 남명을 비롯해 당대 거유의 문인이거나 이들과 종유한 인사로 나타난다. 조선왕조에서 선조-인조 연간은 지연과 학연을 중심으로 학파가 형성되고, 이를 기반하여 당쟁이 발생 전개되는 시 기로 특징된다. 따라서 이러한 시기에 활동한 여러 사족 가문의 대 표적 인사가 '각읍명현'의 현조로 등재되어 있음에서, 조선조 말엽 에 유행한 명현록은 당쟁과 사승 관계로 해서 제각기 색깔을 지닌 여러 문중과 그들 문중을 상징하는 대표적 인물에 대한 기록임을 알 수 있다.

단성 지역 명현가의 현조가 주로 선조-인조 연간의 시기에 활동 했던 인물로 나타나는 점을 확인하는 좋은 사례로는, 같은 동성씨족 이면서 단성 지역에서 각기 현조를 달리하는 것으로 나타나는 안동 권씨의 네 문중을 들 수 있다. 이들 단성 지역 안동권씨 각 문파의 현조인 권도, 권규, 권집, 권극량은 안동권씨의 단성 지역 입향조인 권계우의 후손으로, 모두가 선조-인조 연간의 시기에 활동했던 인 물로 나타나기 때문이다.

선조-인조 연간이 단성 지역 명현가의 현조가 활동하던 시기로 주목된다면, 17, 18세기는 이들 명현의 후손들이 단성 지역의 향권 을 장악한 유력한 씨족으로 뿌리를 내리는 시기로 나타난다. 현존하 는 〈단성향안〉에는 광해군 13년(1621) 향안이 처음 작성된 이래 숙 종 33년(1707)의 추록에 이르기까지 모두 303명이 입록되어 있다. 이 가운데 15명 이상의 입록자를 배출한 성관으로는 안동권씨(68),

합천이씨(35), 성주이씨(34), 진주유씨(33), 상주김씨(20), 성주도씨(18), 밀양박씨(15), 남원양씨(15) 순서로 나타나는데, 이들 여덟 성씨가 전체 입록자들 가운데에서 거의 80퍼센트를 차지하고 있음을 알려준다. 안동권씨가 3, 4개의 문파로, 합천이씨와 성주이씨가 각각 2개 문파로 나누어졌음을 감안할 때, 이들 씨족 또는 문파가 17세기와 18세기 초에 걸친 약 80여 년 동안 대략 20명 안팎의 향안 입록자를 배출한 유력 씨족임을 알 수 있다.

한편 이들을 현조로 하는 단성 지역의 명현가는 고종조 당시에 단성 지역의 족세(族勢)나 문중의 번성과도 관련되어 있음을 보여준다. 우선 이들 인물이 대개가 18, 19세기 걸쳐 단성 지역에 설립된 서원에 봉향되는 인물인 것이 그러하며, 1700년대 이후, 특히 1800년대에 이르러 문집을 남긴 인사를 집중적으로 많이 배출하는 씨족이 안동권씨의 각 문파를 비롯해서 법물김씨, 밀양박씨, 정태유씨 등 유력 씨족으로 나타나기 때문이다.

요컨대, 조선 말기에 크게 유행한 명현록의 '각읍명현'에 그들의 현조가 등재되어 있는 단성 지역의 유명 씨족을 분석해 보면, 그 현조 대부분이 남명학파가 형성되고 당쟁이 전개되던 선조-인조 연간에 즈음하여 단성 지역에서 주목되는 활약을 보였던 유명 인사인 것으로 나타난다.

이들 유명 인사의 후손은 17, 18세기에 걸쳐 향권을 지속적으로 장악하는 유력 씨족이나 문중으로 자리를 잡게 되고, 이들 유력 씨족은 이후 19세기 말엽에 이르기까지 문집을 남기는 인사를 많이 배출하는 등 여전히 명망을 유지하였던 것으로 보인다. 이 같은 여러 조건을 충족하는 유력 씨족이 조선 말기에 명현가로 알려져 여러 명현록에 기록되어 나타나는바, 이는 단성 지역뿐만 아니라 다른 고을의 경우도 마찬가지였을 것이다.

참고문헌

정환(鄭桓), 《역대명현록》(歷代名賢錄), 국립중앙도서관 소장본.

미상, 《명현록》(名賢錄), 국립중앙도서관 소장본.

미상, 《아동명현록》(我東名賢錄), 국립중앙도서관 소장본.

미상, 《동국명현록》(東國名賢錄), 국립중앙도서관 소장본.

미상, 《해동명현록》(海東名賢錄), 국립중앙도서관 소장본.

미상, 《동방명현록》(東方名賢錄), 국립중앙도서관 소장본.

미상, 《동국명현록》(東國名賢錄), 국립중앙도서관 소장본.

미상, 《아조각성명현록》(我朝各姓名賢錄), 국립중앙도서관 소장본.

미상, 《동국명현록》(東國名賢錄), 장서각 소장본.

미상, 《동국명현록》(東國名賢錄), 의령군 의령읍 강구봉 소장본.

미상, 《명현록》(名賢錄), 진주시 진성면 김형구 소장본.

미상, 《명현록》(名賢錄), 산청군 생초면 이종기 소장본

미상, 《동국명현록》(東國名賢錄), 의령군 정곡면 이춘희 소장본.

미상, 《동국명현록》(東國名賢錄), 진주시 지수면 최수효 소장본

미상, 《동국문헌》(東國文獻), 경상대학교 문천각 소장본.

미상, 《제목 없음》(冊題無), 함양군 지곡면 양기석 소장본.

김육(金堉), 《국조명신록》(國朝名臣錄), 국립중앙도서관 소장본.

박세채(朴世采), 《동유사우록》(東儒師友錄: 影印本), 불함문화사, 1977.

이중환(李重煥), 《택리지》(擇里志), 조선광문회(朝鮮光文會).

조선총독부, 《조선의 성》(朝鮮の姓), 1934.

김준형, 《조선후기 단성(丹城) 사족층(士族層) 연구》, 아세아문화사, 2000.
이상필, 《남명학파의 형성과 전개》, 와우출판사, 2005.
이수건, 《한국의 성씨와 족보》, 2003.
이해준, 〈촌락과 촌락구조의 변화〉, 《한국사》 34, 국사편찬위원회, 1995.
정진영, 《조선시대 향촌사회사》, 1998.
지승종 외, 《근대사회변동과 양반》, 아세아문화사, 2000.

조선조의 법 문화와 법전 편찬

이 종 길

동아대 법학전문대학원 교수

1. 조선조의 개창과 법전 편찬 기조

조선조는 국정운영의 기본원칙으로 법에 의한 국가통치를 설정한다. 조선은 건국 후 앞선 고려왕조의 조변석개(朝變夕改)하는 법질서 혼란을 지적하면서, 통치자와 백성이 모두 예견력을 가지는 안정적인 국정운영을 위해 법전 편찬에 주력한다. 하지만 영세지전(永世之典)인 법전을 편찬하기 위해서는 학자들의 연구와 논의가 꾸준하게 이루어져야 하는 것이므로, 조선조를 일관하여 학문적 역량을 결집하고 백성들의 실제 삶을 최대한 반영하기 위해 노력한다. 법을 제정하는 데에는 당시 중국의 역대 율령을 검토하는 것과 함께 조선조 이전의 역대왕조가 축적해온 법과 선례를 우선해서 검토하는 과정을 갖는다.

조선조는 점차 독립된 국가로서 국가운영의 기초를 확고히 해가지만, 방대한 내용을 적실성 있게 추상적으로 정리하여 수록해야 하는 법전 편찬에는 많은 어려움이 따른다. 법전 편찬은 곧 거기에 수록된 내용대로 집행과 실천이 이루어진다는 것을 백성과 약속하는 의미가 있으며, 또한 쉽게 변개할 수 없는 것으로 영구준행(永久遵行)을 선언하는 의미가 있다. 아울러 새로운 법의 탄생은 새로운 폐해를 불러올 수 있음을 염두에 두면서 법전 편찬과정에 신중을 거듭한다.

유학(儒學)을 통치이념으로 내건 조선조는 제도 전반에 대해 유학적 내용과 가치를 기본으로 삼는다. 유학적 가치를 기조로 국가를 운영하며 법전 편찬에 임하는 조선왕조는, 유가(儒家)의 경서(經書)와 인류가 역사를 통해 경험으로 일구어 놓은 사서류(史書類)를 중요한 자료로 삼고 있다. 이와 함께 중국의 법전과 전(前) 왕조의 법례를 참용하면서 새로운 법의 발견과 참된 이치의 궁구에 매진한다. 물론 시간을 더해 가면서 조선 사회가 독자적으로 생성시켜 내는 사회적 합의와 판례 또한 중요한 법원(法源)으로서 법전 편찬에 반영시킨다.

2. 유학적 법 문화의 수용과 법의 정비

유학을 국가운영의 기조로 설정한 조선왕조는 법과 정치에서 중국의 역사경험과 사상적 내용을 중요하게 참용한다. 특히 정책 전반의 중요 의제는 경연(經筵) 과정에서 해결책을 모색하는데, 여기서 사용되는 기본교재와 깊은 관련성이 있다. 경연의 주요 교재는 바로 《논어》, 《중용》, 《대학》, 《서경》, 《시경》, 《춘추》 등 유학적 경사서(經史書)다. 또한 경연에서는 이러한 현안의 논의 말고도 교훈적인 내용을 통해 바른 군주로서 또는 대신으로서 소임을 수행하게 하는 역할도 이루어졌다. 그러므로 경연은 바로 정치·사회를 운용하는 주요 제도와 그의 기본사상에 대하여 논의하며, 이 과정에 참여하는 선발된 유능한 지배집단의 의견이 자연스럽게 정책결정에 영향을 미친다. 나아가서 경연은 유학의 정치규범을 체득하고 실천하는 것을 중요한 목표로 삼는다.

또한 경연과 여타의 정치과정을 통해 고전(古典)을 논의하고 중국 법문화를 섭취하면서 법에 대한 기본관점을 정착시키는 과정에 대한 이해도 중요하다. 태종은 성대(盛代)의 법을 취하여 법제정의 근본을 삼아야 한다는 관념으로서 "법은 당(唐)·우(虞)·삼대(三代)의 성대(盛代)에서 취해야지 오호(五胡)의 쇠망(衰亡)한 시대의 일을 논하면 안 된다"고 하면서 왕조개창 후 고려의 후예를 제거한 일을 뉘우치고 고전을 널리 읽지 못한 무지를 한탄하고 있다.

그리고 태조 때 간관(諫官) 전백영(全伯英)은 고전에 따른 애민과 제도의 선용을 간하고 있는데, "《서전》(書傳)에 어린애 보호하듯 백성을 보살피고, 《예기》(禮記)에 백성을 부려 쓸[役事] 경우 3일을 넘지 말게 하며, 《논어》(論語)에 물건을 아껴 쓰고 백성을 사랑하라는 말과, 《주역》(周易)에 제도의 운용을 잘하여 재물도 상하지 말고 백성도 괴롭히지 말라"는 내용을 인용하면서, 바른 정치의 설정을 강조하고 있다.

태종은 《서경》(書經)에서 말하는 "형벌로 형벌이 없는 사회를 기약하며 사형으로써 사형을 없게 한다"(刑期無刑 又曰 辟以止辟)는 표현을 들면서, 유죄인 경우 반드시 형벌하라는 큰 경계이므로 형벌을 공평하고 엄격하게 적용할 것을 논의하고 있다. 그러나 그는 즉위 이래로 가볍게 형벌을 썼고 절대 무겁게 율대로 형벌하지 않을 뿐만 아니라 언제나 공론(公論)을 중시함을 강조하는 것으로 선정(善政) 기준을 제시하고 있다. 또 가뭄이 들었을 때 원옥(冤獄)심리와 백성의 곤궁구제 등을 고전(古典)에 따라 행하도록 하며, 12월에 목가(木稼; 나무에 눈같이 내린 서리)하는 것을 보고는 간사한 사람이 형벌에 의하여 사람을 모함할 조짐이 있는 것임을 《개원점》(開元占)과 《문헌통고》(文獻通考), 《옥력통정》(玉曆通政) 등의 책을 보고 논의하고 있다.

그리고 조종성헌존중(祖宗成憲尊重)과 관련된 사간원의 상소에서 "선왕(先王)의 성헌(成憲)을 보면 도리에 허물이 없으니 맹자가 말하기를 선왕의 법을 따라서 지나친 것은 아직 없다"고 하면서 선왕의 법에 대한 존중을 간하고 있으며 "《서경》에 선왕의 성헌을 살펴서 영원히 허물이 없게 하라, 《시경》에 허물도 없고 실수도 없이 모두 옛 법을 따르라"는 내용을 들어 선왕의 성헌을 존중하는 기풍을 확립하고 있다. 그 밖에도 태종은 법제를 어지럽게 쉽게 고칠 수 없음과 나라 다스리는 방도 등을 《문헌통고》와 《주역태괘》(周易泰卦) 등의 가르침에 따라 실천할 것을 강조하고 있다.

고의·과실과 관련하여서는 "《우서》(虞書)에서 말하기를, 고의로 지은 죄는 작은 것을 막론하고 형벌한다 하였고, 중니(仲尼)가 《춘추》(春秋)를 지을 때에 고의를 벌하는 뜻에 더욱 엄격하였다"는 내용을 인용하면서, 고의범에 대한 엄중한 처벌관을 확립하고 있다.

또한 성인(聖人)의 용법지의(用法之意)를 충분히 본받아 《서경》에 "과오나 재난에 의하여 범한 죄는 용서하고, 믿는 것에 의지하여 범죄 하였거나 재범한 경우는 사형에 처한다"는 내용을 근거로 과오를 용서함에는 큰 것을 가리지 않고 고의범을 처벌함에는 작은 것을 가리지 않는다는 원칙을 설정하게 된다. 아울러 형정(刑政)에서 부정한 청탁에 대해 《서경》에 적혀 있는 오과(五過)의 병폐는 옥사(獄事)에 친분을 통하여 청탁하거나 처결에 은혜와 원수를 개입시키는 것임을 인용하면서, 형벌을 사용할 때는 비단 청단(聽斷)을 밝게 해야 할 뿐 아니라 진실로 청탁하는 행위를 근절하여야 하는 것임을 명확히 하고 있다.

세종대의 형벌에 대한 논의 가운데에, 죄의 경중이 의심스러운 경우에는 경한 법을 따름이 옳고, 만약 실정이 중한 편에 가까우면 법에 알맞도록 하라고 하면서 《서경》에 "조심하라, 형을 시행함에 조심하라"는 말을 늘 유념하도록 하고 있다. 이와 함께 형벌의 남용을 경계한 것으로 형벌을 마땅히 삼가야 한다고 말한 것은, 형벌은 비록 아름다운 일도 못 되는 것이지만 성인(聖人)도 능히 그만두지 못한 것이기에 절대 남용하지 말아야 하는 것임을 분명하게 제시하였다.

그리고 유교윤리의 근본이라 할 수 있는 불충·불효죄(不忠·不孝罪)에서는 형조와 대간에서 엄벌을 요구하며 "《서경》에 끝내 나쁜 짓을 하는 자는 사형에 처한다고 하였고, 《춘추》에 인신(人臣)은 역란(逆亂)을 꾀하는 마음이 없어야 하는데, 이를 도모하는 자는 반드시 처형한다"는 말을 인용하면서, 순(舜)임금의 형벌 쓰던 도리를 본받고 《춘추》에 토적(討賊)하던 의리를 본받아 훌륭한 치죄로 후인을 경계하며 불충·불효의 엄단과 형벌의 본의에 어긋나지 않는 법 적용이 이루어지도록 요청하고 있다. 이와 함께 태종대에는 하늘이 용서 못할 범죄와 관련하여 "《서경》에 천명(天命)은 덕(德)이 있기 때문이니 오복(五服; 天子·諸侯·卿大夫·士·庶民의 服制)으로 다섯 등급을 밝히고, 천토(天討)는 죄가 있기 때문이니 오형(五刑; 墨刑·劓刑·刖刑·宮刑·大辟)으로 다섯 가지를 쓴다"고 하면서, 상벌의 엄정함과 엄형(嚴刑)의 시행에 대해 동의하고 있다. 그리고 세종은 삼강오륜(三綱五倫)으로 치국의 질서가 정립되어야 하는 것이기에 왕법을 엄히 하여 강상(綱常)을 바르게 할 것을 강조한다. 이와 같은 내용을 통해 유학적 질서관을 광범하게 수용하고 국내의 사정을 반영하면서 강제규범으로 전환시켜가는 조선조의 법 실상을 이해할 수 있다.

그 밖에도 형사사건의 처결기한을 정한 결옥일한(決獄日限)에 해당하는 내용으로 태종 연간에 삼한지법(三限之法)을 정하는데, 이는 《문헌통고》에 있는 옛 제도를 참고하여 만든 것이다. 이 같은 삼한지법은 《속형전》(續刑典)의 조목에서, 사증(辭證) 수집기간까지 합하여 대사(大事)는 90일, 중사(中事)는 60일, 소사(小事)는 30일을 기한으로 한다고 정하고 있는바, 이 기한만 중시하여 더 빨리 처결할 수 있는 사건도 이 기한을 다 소비하고 또 마음을 쓰지 않아 오히려 기한을 넘기는 일이 많아짐이 지적되었다. 따라서 태종은 이러한 관리를 엄히 다스림은 물론, 부득이 사증 수집에 기한을 넘긴 경우는 사유를 갖추어 계문(啓聞)할 것과 함께, 형벌을 긍휼히 여기는 임금의 뜻에 부응토록 할 것을 형조에 전지(傳旨)하여 제도화하고 있다.

사면제도와 관련하여 태종은 "《문헌통고》를 보니 사유(赦宥)가 있어서 비를 얻은 적이 있었다"면서 가뭄에 유지(宥旨)를 반포하기도 하고, 유죄(流罪) 이하를 석방하면서 "《책부원구》(冊府元龜)를 보니 옛날 성왕 때에도 한재(旱災) 때 죄수를 석방하거나 백성의 부담이 되는 여러 비용을 없애는 방법을 썼다"면서, 이러한 선례들을 참고하면서 법과 정치사회의 기본 질서를 구축하려고 노력하고 있다. 뿐만 아니라, 세종 때에는 법의 올바른 이해와 정비를 위해 명률(明律)과 당률(唐律)에 대한 연구를 독려하며, 《당률소의》(唐律疏議)를 율과(律科)의 고시과목으로 채택하는 등의 제도를 이루어내고 있다.

살펴본 바와 같이 경연이나 시사(視事) 과정은 물론이고, 구체적 법률사안의 해결을 위해 유학적 경·사서를 탐구하면서 조선조는 끊임없이 법의 올바른 정립을 도모하였다. 결국 이러한 논의의 축적을 통해 법제도의 점진적 정비가 가능하게 되었으며, 법제자료에 대한 풍부한 검토와 축적은 바로 조선조 법전 편찬의 기본 토대가 될 수 있었던 것이다.

3. 조선조의 법전 편찬과 그 개정

조선왕조는 개국 이래 통치체제를 꾸준하게 공고히 하며 백성들의 뜻을 살펴 법을 정비해 가는 역사를 이어간다. 따라서 건국 초기

에 예제(禮制)는 당(唐)의 〈개원례〉(開元禮)를 적용하고, 법은 《대
명률》(大明律)을 적용하였으며, 전부(田賦) 군민(軍民)에 관한 것은
신라·고려의 제도를 혼용하여 국가의 기초를 마련하였다. 그러나
조선조의 후대에 이르러 회고하건대, 삼대지치(三代之治)를 염원하
는 국초의 의지를 신하들이 능히 받들지 못하여 잘못된 부분도 존재
하였음을 반성하는 가운데, 기존 제도에 대해 개선과 보완을 거듭하
면서 백성의 뜻에 합치하는 법과 정치의 실현의지를 새롭게 하기도
한다. 그 결과 조선조를 일관하여 법제도를 조선의 현실에 맞게 개
정하게 되는바, 혹형(酷刑)에 대하여는 이를 관형(寬刑)으로 개선하
는 등으로 법전 편찬을 발전적으로 지속해 간다.

조선조 개창 이후 법전 편찬에 의한 국정의 안정적 운영 기조는
태조 6년(1397)에 《경제육전》(經濟六典)의 편찬으로 결실을 보게
된다. 그러나 국민의 의사를 충실히 찾아내면서 국가운영의 효율성
을 도모하는 법규 정비를 위해서는 지속적인 연찬과 보완이 요구되
었다. 결국 현전하는 조선조 최고(最古) 법전인 《경국대전》(經國大
典, 1485)은 이러한 이념을 충실히 반영하여 엮어진 법전이다. 따라
서 이러한 과정을 거쳐 편찬된 법전은 시행에서도 엄격함이 유지되
도록 하였다. 편찬된 법전은 영구준행(永久遵行)을 전제로 하는 만
큼 혹시 있을 흠결에 대해 보완 논의를 거듭하면서 완성·반포에까
지 염려를 늦추지 않았다. 이러한 과정이 고스란히 담겨 있는 《경국
대전》이기에 《경국대전》의 입법관(立法觀)과 내용 및 편찬의의는
법제사에서 매우 중요하게 평가된다.

《경국대전》의 편찬을 맞아 대제학 서거정(徐居正)은 서문에서

"육전(六典)은 바로 주(周)나라의 육경(六卿)이고, 그 좋은 법과 아름다운 뜻[良法美意]은 곧 주의 관저(關雎) 인지(麟趾)이니, 그것은 외형과 내용[文質]이 적절히 조화를 이루어 아름다우며 향기로운 것이다. 《경국대전》의 제정이 주관(周官) 주례(周禮)와 서로 표리를 이루지 않는다고 어느 누가 말할 수 있겠는가. 천지사시(天地四時)에 어긋나지 않으며, 예전의 성인(聖人)에 비추어 어긋나지 않으니 백세(百世)에 성인을 기다리는 확고한 신념을 알 수 있게 된다. 지금부터 성자(聖子) 신손(神孫)이 성헌(成憲)을 따라서 그르침이 없다면 우리의 문명한 정치가 어찌 주의 융성함에만 비교될 수 있겠는가. 억만세 무궁토록 왕업(王業)이 유구장원(悠久長遠)할 것이다"라고 하여, 주(周)의 이상정치를 분명한 기준으로 설정하여 그의 실현을 염원하고 있다. 또한 천지사시의 운행원리를 깨쳐 제도로 체현해 내면서 성인의 치세가 영원히 실현될 것을 간구하고 있다.

《경국대전》 제정 이후 변화된 사회상을 반영하여 이를 개정 보완하는 후속 법전의 편찬은 260여 년의 시간을 지나 《속대전》(續大典, 1744)으로 결실 맺는다. 내외적 요인에 따른 사회 변화는 법과 현실을 크게 유리시켜 놓았으며, 이의 합치와 함께 새로운 국가운영의 방향을 제시하는 측면에서도 법전 편찬의 필요성은 너무나 당연한 요청사항이었다. 민신(民信)과 민지(民志)에 기초하여 양법(良法)을 만들어 내려는 노력은 정치와 법 영역의 지속적인 과제가 되어 왔으며, 양법은 삼대의 고법(古法)에 연결되는 것이면서도 현실을 충실히 반영하며 민의를 수렴하는 법이어야 하는 것이다.

《경국대전》 이후 200여 년의 사회변화는 심대한 것이어서 법전의 개정 욕구는 필수적이었고, 따라서 개정될 내용 또한 많았다. 그 뒤 정조 연간에 이르러서는 또 다시 개혁정책을 수행하면서 사회변화를 수용하고 《속대전》 이후 개정·생성된 법의 일관된 정비를 위하여 법전 개수(改修)에 임한 결과 《속대전》을 대규모로 개정한 《대전통편》(大典通編, 1785)을 편찬하게 되었다. 그리고 고종은 즉위 2년에 나날이 증가하는 율례(律例)와 법문(法文)의 일관된 조율을 도모하면서 조종(祖宗)이 세운 법의(法意)를 이루어 내고자 노력하는 가운데 조선조 전통사회의 마지막 법전인 《대전회통》(大典會通, 1865)을 또 다시 편찬하게 되었다.

4. 조선조 후기의 독자적 법 발달

법전 편찬 후 법의 적용 및 집행에 대한 이해를 위해 《수교집록》(受敎輯錄)에서 밝힌 내용을 참고해 본다. 1698년(숙종 24)에 《수교집록》을 완성하였는데, 그 서문에서 대제학 이여(李畲)는 "선왕의 법을 준수하려면 선왕의 마음을 체득하여야 한다. 마음이 있으면 정사(政事)가 있게 되고 정사가 있으면 그 법이 시행되지 않을 수 없다. 과조(科條)와 절목(節目)에는 손익이장(損益弛張)이 있을 수 있지만 그 정사는 하나인 것이다. 속록(續錄)이 만들어지니 《경국대전》은 더욱 분명해지고 《수교집록》이 있으니 속록은 더 완비된다. 세상에 평화를 가져오고 백성에게 질서를 제공하니 선왕이 법을 세운 본뜻을 잃지 않게 된다. 그러나 법이 아무리 훌륭하더라도 이를 행하는 것이 진실로 중요한 일이다. 주나라가 쇠망한 것은 법이 없어서가 아니라 법을 행할 수가 없었기 때문이었으니 이 어찌 후대를 계승하는 사람의 경계하는 바가 아니겠는가. 이후 비록 법을 더하여 억만세에 이르더라도 선왕의 마음을 이어서 정사를 닦는다면 나라의 무궁한 왕업이 더 융성하게 될 터이다”라고 하여, 법 제정자의 본의를 체득하여 그 법을 제대로 행함으로써 사회 구성원에게 평화와 질서를 제공할 수 있음을 분명히 하고 있다.

《경국대전》 제정 이후 《대전속록》(大典續錄)과 《대전후속록》(大典後續錄)이 만들어졌으며, 계속해서 새로운 법령이 시행됨으로써 법의 적용이나 집행에서 혼란이 가중된다. 1682년(숙종 8)에 이르러 이러한 혼란의 정리를 위해 《수교집록》 편찬에 착수하여 1698년에 간행되었다. 새로운 국가운영과 국정의 쇄신을 도모하는 과정에서 법의 정비는 가장 기본 과제다. 따라서 그동안 국가운영을 위해 제정 공포된 수교(受敎)들을 수집·재정리하는 것으로부터 법의 정비를 모색한다. 이러한 수교를 정리한 결과가 숙종 연간의 《수교집록》이다. 그러나 숙종은 1701년(숙종 27)에 이들 법령들에 대한 분류 통합을 의정부에 명하여 1706년 8월에 완성, 1707년 9월에 출간하였는데, 이것이 《전록통고》(典錄通考)이다. 이는 당시 《경국대전》의 내용을 중심으로 나중에 변화된 법령들을 비교하여 조종성헌(祖宗成憲)과 합치하는 법 집행을 목적으로 하고 있다.

법령의 정비를 기초로 수행된 숙종조의 이 같은 사회재건 노력은 영조대에 이르러 더욱 적극적으로 실천되는데, 이것이 바로 《경국대전》을 새롭게 일신하는 《속대전》(續大典) 편찬이다. 영조대의 《속대전》 편찬은 그동안 변화된 조선 사회를 영구준행의 법전에 반영시키려는 것이었다. 이러한 법전 편찬을 위해서는 선왕들이 내린 수교를 1차자료로 삼되, 당시 백성들의 삶의 실체를 명확히 살펴내고 백성들의 뜻을 법전에 반영하려는 입법자의 입법의지가 중요하게 작용한다. 따라서《수교집록》을 증보(增補)한 서책인《신보수교집록》(新補受敎輯錄)까지를 포함하는 법서를 간행하여 법전 개정을 위한 논의를 함으로써 법의 내용과 편제에서 조선 사회의 독자적이며 고유한 내용을《속대전》에 반영시킬 수 있었다. 조선조의 법전 편찬은 기성의 법령에 대한 연구 논의를 부단하게 이루어 내는 것과 함께, 발생한 구체적 법률사건에 대하여는 선례를 참고하면서 새롭게 판례를 형성하여 수교(受敎)의 형식으로 정비해 내는 특징을 보인다. 이렇게 정비된 수교 및 관련 규정들은 조선 사회의 백성들에게 적용되는 법이 됨으로써 조선 후기 사회는 법에 의한 정치가 더욱 가속적으로 이루어진다.

따라서《신보수교집록》은 법규 개정을 위해 백성들의 삶을 면밀하게 살펴서 법 운영의 현장에 내린 국왕의 명령을 체계적으로 정리한 자료가 된다. 이전과는 구분되는 중요한 내용으로 사형 다음의 중형(重刑)으로 인식되던 전가사변율(全家徙邊律)에 대하여 수교와 그에 기한 세칙을 통해 많은 통제와 주의를 요구하고 있다. 형벌에서는 흠휼형정(欽恤刑政)의 관형(寬刑)과 연좌율(緣坐律)의 제한, 이자율(利子律) 등에서 이율의 제한, 궁방의 절수(折收)에 대한 제한, 세제(稅制)의 변화 등 여러 측면에서 이치에 부합하는 내용으로의 개정을 도모하고 있다. 특히 조선조 후기에 이를수록 강조되는 세거조선(世去祖先)에 대한 상례존중(喪禮尊重)과 숭묘관념(崇墓觀

念) 때문에 산송(山訟) 항목을 예전(禮典)에 따로 마련하여 관련내
용을 규정하였다. 이는 조선존숭(祖先尊崇)의식과 사회변화를 반영
한 결과로서의 입법으로 볼 수 있다.

또한 세제정비에서 중요한 내용이 되는 대동법(大同法)의 제정과
관련하여서도 독자적인 입법 노력이 나타난다. 당시의 사회경제적
변화는 국가의 세제에 대한 변화 및 경제 관련 규정의 보강을 요구
한다. 숙종대까지 약 100여 년에 걸친 대동법 정비 논의 역시《수교
집록》과《신보수교집록》에서 구체적으로 밝혀지고 있다.

《수교집록》에서는 대동법의 실시연혁과《삼남대동사목》(三南大
同事目)의 일부 내용 등을 포함하여 대동법의 운영에 대한 주요 내
용들을 나누어 적고 있으며,《수교집록》에 이어서 작성한《신보수
교집록》에서는 대동법의 시행과정에서 발생하는 다양한 문제점과
대책을 관련되는 각전(各典)에 분산하여 적었다. 또한 대동미 징수
에서 발생하는 방납폐단(防納弊端)과 포(布)의 납부과정에 발생하
는 농간 문제 등을 현실적이고 구체적으로 파악하였다. 따라서 전세
(田稅) 또는 대동미를 전포(錢布)로써 상납하는 경우, 그 중간에서
모리환롱(牟利幻弄)하는 폐단이 있을 것이기에 이를 일체 엄금하는
규정과 함께 불납(不納)의 정도에 따라 처벌규정을 엄중하게 마련
하였다.

《속대전》 편찬은 이러한 내용을 응축하여《경국대전》 제정 이후
260여 년의 사회변화상을 반영하고 있다. 그러나《속대전》은 이미
숙종 14년 4월에 이조판서 박세채(朴世采)가 사직소(辭職疏)에서,
당시 법의 시행에 현실적 문제가 적지 않음을 지적하면서《속대전》

을 편찬하여 국가제도를 정비하고 새로운 국정운영을 간언한 데서
부터 시작된다. "시간이 흐르면서 고금의 민속이 다르고, 법구폐생
(法久弊生)하는 것이어서 시의에 합당한 내용으로의 개선은 정치 및
법에서 당연한 이치가 된다. 따라서 영조대왕이 즉위한 지 20년에
조종의 심법(心法)을 이어받고 오직 관(寬)과 명(明)으로 교(敎)와
형(刑)을 가다듬고자 하지만, 구헌(舊憲)과 신조(新條) 사이에 차이
가 현격하며, 율문의 번잡함과 간단함을 정돈하지 않을 수 없으며,
형의 경중을 적합하게 하지 않을 수 없게 되었다. 이에 《속대전》이
라는 이름으로 대전을 새롭게 편찬하게 된 것"임을 서문에서 밝혀
놓았다.

　그러나 법전 내용을 충분히 변경시키기에는 부족함이 많았던 상
황에서 이후의 개정이 이어진다. 조선 후기의 급격한 사회변화를
대전(大典)에 전입(轉入)시키기에는 더 많은 연구와 논의가 요구되
었으며, 통치권자의 강력한 입법의지도 중요하였다. 결국 영조를 이
어 즉위한 새로운 호학군주(好學君主) 정조에 이르러 대전의 대개
정이 가능해졌으니, 바로 그에 의하여 《대전통편》(大典通編)의 편
찬이 이루어진다.

　정조는 즉위 5년 2월에 법전에 대한 통합과 개정논의를 시작하였
으며, 8년에 찬집청(纂輯廳)을 설치하여 법전 개정을 본격화하였다.
찬집당상(纂輯堂上)들의 연구에 대해 정조는 직접 검토하고 결재하
는 방식으로 법전 편찬을 독려하고 참여하였다. 이렇게 하여 9년 6
월에는 교정까지 완성된 《대전통편》 인쇄가 가능해졌으며, 배포를
마친 다음 이듬해인 10년(1786) 1월 1일부터 법전이 시행되었다.

《대전통편》은 영조의 사회개혁 논의와 변화된 사회경제상을 반영하면서 정조 초기까지의 입법논의를 최대한 수용하는 결과물로서, 《속대전》의 제정과는 범위와 내용면에서 훨씬 대규모로 방대하게 이루어진 개혁법전이다. 조선 후기의 사회변화는 초기와는 전혀 다른 것으로, 법의 정신과 이상은 더욱 고법(古法)의 근원을 지향하지만, 구체적 내용면에서는 성장한 백성들의 의식과 그들의 요구의견, 사회규모의 증대와 발전적 변모 등을 최대한 수용하는 기조 위에서 법의 내용을 구축하는 특징이 있다.

《대전통편》은 "왕명이 법령에 속함이 적지 않으며, 관아의 등록이 계통을 잃어 근본을 이해함에 어려움이 있으며, 지난 일을 고거(考據)함에 미래의 것이 유루(遺漏)되기에 시행에 현혹됨이 있고 무롱(舞弄)하는 일이 많으므로 통편(通編)을 만들어 이를 체계적이며 일관되게 하고자" 하는 목적으로 편찬되었다. 또한 성인들의 양법미제(良法美制)가 정제되어 있기에 법을 알고 법을 적용함에 혼란을 방지하려는 의미도 부여하였다.

정치에 대한 신뢰는 법에 대한 신뢰를 기초로 하여야 하는 것으로, 법구폐생(法久弊生)으로 인한 사회문제의 개선과 백성들의 의사와 생활현실을 가장 바르게 반영하는 내용으로의 법전 증보는 변환기 사회에서 가장 중요하고도 합당한 시대적 과제가 된다. 결국 법의 정비를 통해 국가운영의 기초를 공고히 하게 되는 만큼, 앞선 법을 궁구하되 현재에도 맞으며, 만세에 어긋나지 않을 법의 제정에 진력하는 법관(法觀)을 수립해 내게 된다. 이러한 연유로 《대전회통》(大典會通) 역시 관리가 지켜야 할 법을 명징(明澄)하게 하고 전형(銓衡)을 공평하게 하며, 공납제도(貢納制度)를 정비하여 부세(賦稅)를 바르게 하며, 예악(禮樂)과 형정(刑政) 또한 선왕들이 끼친 바이기에 이러한 유업을 바르게 지켜가는 것을 전제로 신구(新舊)의 법제를 정비하게 되었음을 《대전회통》 전문(箋文)에서 밝히고 있다. 따라서 조선조 후기는 법 정신의 근본에 충실하면서 시의에 합당한 법전이 되도록 법의 보완에 지혜를 결집하는 노력을 지속하고 있음을 알 수 있다.

앞에서 언급한 중국 법 문화의 초기 유입상은 점차 조선의 독자적 법 문화 형성을 자극하고 지원하는 기초자원으로 작용하는 결과를 가져왔다. 나아가 청조(淸朝)의 건국과 같은 정치사회적 관계의 변화가 양국 간에 더해지는 한편, 조선조 사회가 독자적으로 추구해 온 내적 발전은 더욱 고유하고도 독창적인 내용들로 법령 및 제도들을 구축해 가는 동인(動因)이 되었음을 유념하여야 한다.

참고문헌

《조선왕조실록》, 《증보문헌비고》(增補文獻備考), 《조선경국전》(朝鮮經國典)
《경국대전》(經國大典), 《속대전》(續大典), 《대전통편》(大典通編)
《대전회통》(大典會通), 《추관지》(秋官志), 《전록통고》(典錄通考)
《수교집록》(受敎輯錄), 《신보수교집록》(新補受敎輯錄)

박병호, 《한국법제사고》(韓國法制史攷), 법문사, 1974.
이성무, 《조선양반사회연구》, 일조각, 1995.

이종길, 《조선사회법사고》(朝鮮社會法史攷), 동아대출판부, 2008.
———, 〈전통법사상 중국법문화의 수용과 조선조의 법 발달〉, 《저스티스》
　　　2009.12.
최종고, 《한국법사상사》, 박영사, 1990.

자연재해와 민중운동

장 영 민

상지대 교수

1. 기후변화와 역사학 연구

기후변화가 자연환경과 인간활동에도 큰 영향을 미치고 있고, 인류 미래도 기후변화에 달렸다는 긴박한 위기의식이 환경론자뿐 아니라 전 세계인과 정치지도자들의 관심과 우려를 사로잡고 있다. 그렇기 때문에 현재와 미래의 기후변화를 정확히 측정하며 예측함은 물론, 더 나아가 과거의 변화까지 추적하는 연구가 한층 주목받고 있다. 그 가운데에도 고기후학(Paleoclimatology)은 태양 활동, 지구 표면물질, 수목의 나이테, 화분, 퇴적물, 암석 등 다양한 자료를 활용해서 기후의 역사를 밝히고, 기후변화의 정확한 모델을 구축해서 장기적 기후변화를 밝히는 데 기여하고 있다. 그리고 여러 나라의 역사학 분야에서도 기온변화와 자연재해에 따른 생산력 저하와 기근, 이런 결과로 발생한 정치사회적 변동에 관련된 연구가 나오고 있다.

1970년대 후반부터는 우리나라 학계에서도 서양학계의 영향을 받은 '17세기 위기론'이나 '소빙기'에 관련된 글이 나오면서 환경과 역사의 관계가 참신한 연구 주제로 떠오르고 있으며 기초적인 연구 성과가 축적되었다. 특히 기후변화와 연관시켜 조선 후기의 경제변동을 구체적으로 설명하려는 논문이 여러 편 발표되었다는 것은 대단히 고무적이다. 또한 기후학계에서도 《조선왕조실록》 등 연대기에 실린 측우 기록 등을 기초자료로 활용하고 기후학적인 방법을 구사한 업적이 적지 않게 나오고 있다. 반면 초기에 연구자의 관심을 불러일으켰던 역사학계에서는 연구가 그다지 활발하지는 않은 듯하다.

그런데 역사학계와 경제사학계의 연구는 대개 17세기 소빙기가 한반도에도 존재하였다는 것을 문헌으로 증명하려고 하는 시도에 머물 뿐이다. 이는 관련 연구가 일천하기 때문이기도 하지만, 역사문헌을 통한 기후변화 연구는 자료와 방법에서 큰 한계를 안고 있다는 점에서 기인한다. 《조선왕조실록》 등 방대한 연대기에 천문, 기후, 지질 등에 관련된 자료가 무수히 많이 남아 있다고 하여도, 그것만으로써 미세한 기후변화를 정밀하게 복원한다는 것은 거의 불가능하다. 문헌에 기재된 기후 관련 기사는 강수량을 제외하고는 정량적인 것이 아니라 정성적인 것이기 때문에, 기온 등 기후요소를 제대로 알 수 없다. 그리고 수백 년 내지 수십 년 동안 작성된 연대기와 일기 등 문헌자료에 모든 기후변화가 온전히 기록되기란 지극히 어렵다. 오히려 그 기록은 단속적이거나 단편적인 불완전한 것이라고 전제하여야 더 큰 오류에 빠지지 않을 수 있다.

그러므로 역사문헌에 의존하여 기후변화를 추적하는 방법보다는 먼저 기후학 등 자연과학의 연구 결과를 토대로 하고, 문헌자료를 활용하여 기후변화의 양상과 피해, 정치·경제·사회·문화 등에 미친 영향을 자세히 밝히는 것이 오히려 역사학 연구의 타당성과 신뢰성을 더욱 높일 수 있다고 생각한다. 물론 기후학 연구도 많은 어려움과 한계가 있고, 역사문헌 연구의 장점도 있겠지만, 기후학 연구는 고기후를 과학적으로 복원할 수 있는 길이 열려 있지만, 역사문헌에 새로운 기록을 추가로 넣을 수 없는 것이다. 그리고 관련 자료의 단순한 집적과 통계처리만으로는 질적으로 수준 높은 연구를 보장할 수 없다. 정확한 기상자료를 얻기 위해서 기상대와 기상관측소 등을 수많은 곳에 설치한 것처럼, 무엇보다 양적으로 많은 문헌자료를 수집하고, 정밀하게 평가하여 지역과 시기별로 축적하는 작업이 필요하다.

그리고 기후사 연구의 방법론을 개선하는 데에서 더 나아가 역사관의 수정도 대단히 필요하다. 자연환경의 변화가 인간의 생존과 생활에 막대한 영향을 미친다는 상식이 일반화되고, 인간의 역사는 무한히 발전해 나갈 것이라는 진보주의의 한계가 뚜렷하게 드러났다. 따라서 역사학계도 역사는 인간의 행위로서 다른 요소는 개입할 여지가 없다는 역사관이나 자연환경의 중요성을 충분히 인식하지 않는 타성에서 벗어나야 한다. 연구의 분야와 대상, 관점과 방법도 생태학적 방향으로 크게 변경해야 할 것이다. 생산력이나 민족을 중시하는 역사관을 고수한다고 하여도, 그것을 변화시킨 요인으로서 자연환경을 적극적으로 인정하는 생태학적 관점이 필요하다.

왕조교체와 외적침입, 경제변동, 정치사회적 위기 등 한국사의 수

많은 중요한 사건과 변화 가운데에는, 아직 충분히 연구되지는 않았지만, 인위적인 요인만이 아니라 기후변화와 재해라는 환경적 원인 때문에 발생하였을 개연성이 상당히 높은 것들이 적지 않다고 생각한다. 그 가운데서도 무엇보다 관심을 끄는 것은 그로 말미암아 일어난 각종 정치적 격변이다. 예를 들어, 백제나 신라의 말기에 관한 고대사서의 기록에서 빠지지 않는 것은 자연재해로 벌어진 정치사회적 위기다. 자연재해는 전근대사회의 농업생산과 민중의 생활에 심대한 타격을 가하고, 이어 지배층과 국가의 지배와 수탈에도 막대한 지장을 초래하였다. 그렇기 때문에 국가와 사회가 그 위기를 효과적으로 극복하지 못할 때에는 다른 대내외적 요인이 복합적으로 작용하여 치명적인 파탄으로 확대되었다. 흔히 그 사회의 계급모순과 신분갈등을 폭발시키거나 대외적인 위기 대처 능력을 저하시킴으로써 정치적 갈등과 무력적 투쟁이 야기되었다. 이와 같은 정치변동의 발생구조는 동서양의 역사에서 쉽게 찾아볼 수 있고, 조선 후기의 민중운동과 동학농민전쟁에서도 확인할 수 있다. 그러나 사회변동과 민중운동에 관한 기존 연구는 대개 다수의 원인을 제시하면서 자연재해를 그 가운데 한 가지로 다루거나 배경으로 제시하는 것에 불과하였다. 혹은 이런 수준에서 벗어나 자연재해를 원인으로 중시해야 한다는 관점을 보인 논저가 없지 않았지만, 충분한 근거와 치밀한 연구로 뒷받침되지 않은 제안 수준에 불과한 것이었다.

특히 여기에서 강조하고자 하는 바는, 19세기 후반에 발생한 기후변화와 자연재해가 연구자들에게 제대로 조명을 받지 못할 만큼 사소하지는 않았으며, 동학농민전쟁을 비롯한 민중운동의 원인으로서 그 중요성이 새롭게 인식되어야 한다는 점이다. 만약 가뭄과 홍수의 피해가 그 시대 민중을 위기로 몰아넣지 않았다면, 혹은 경미한 수준에 불과하였다면, 동학농민전쟁은 일어나지 않았거나, 일어났더라도 고립분산적인 소규모 투쟁에서 벗어나지 못하였을 것이다.

그렇다고 해서 자연재해가 항상 경제적 침체, 사회적 불안, 정치적 위기의 근본적인 원인이었다고 단정하는 것은 아니다. 면밀한 재검토가 필요하기는 하더라도, 현재 통용되는 소빙기 연구 결과에 따르면, 한반도의 기후변화는 19세기 후반보다 그 이전 시기가 더 극심하였던 것으로 나타난다. 그런데 소빙기인 17세기의 조선 사회는 체제적으로 상당히 안정되었으며, 농민과 같은 하층민의 저항다운 저항도 찾아보기 힘들다. 대신 양반지배층의 상호 간의 갈등과 권력투쟁인 당쟁이 격심하였고, 실세한 불만세력에 의한 모반이 가끔 일어났을 뿐이었다. 즉 파괴적인 자연재해가 발생하였다고 해서 사회적 불안과 정치적 격변이 언제나 동반한 것은 아니다. 자연재해에 따른 흉년이나 경제적 침체는 이미 조성되어 있던 다른 대내외적 요인과 상호작용함으로써 정치적 위기를 고조시킨다고 할 수 있다.

이 글은 조선 후기 민중운동이나 동학농민전쟁의 원인이나 자연재해의 실상을 본격적으로 다루지는 않으며, 새로운 자료를 제시하지도 않는다. 다만 조선시대를 중심으로 진행된 기후변화에 관련된 중요 연구를 검토하고, 필자가 발표하였던 글에서 자연재해의 중요성을 다룬 부분을 다시 원용하여 민중운동과 동학농민전쟁의 원인, 더 나아가 사회변동의 요인으로 기후변화와 자연재해 등 자연환경의 변화를 중시해야 한다는 주장을 거듭 펼치려고 한다. 이와 같은 생태학적 관점은 인류의 삶에 관한 정확하고 풍부한 역사연구를 가능하게 할 것이다.

2. 기후변화와 전란의 상관성 — 중국의 사례

동서를 막론하고 전근대사회의 농업 생산력 수준은 거의 자연조건에 의존하였기 때문에 기후요소, 그 가운데서도 기온과 강수량에 따라 풍흉이 결정되었다고 하여도 과언이 아니다. 약간의 차이는 있겠지만, 대다수 중세 농민의 사회경제적 지위는 농노나 소작농이었으므로 영주와 지주의 수탈에 재생산을 위한 식량조차도 확보하기가 힘에 겨웠다. 또한 중국과 한반도의 농민은 국가의 조세 부담층이었기 때문에 가혹한 징세에 시달렸다. 따라서 흉년을 만난 농민층은 지주와 국가에 대해서 호소하다가 결국 수탈에 저항하는 반란과 전쟁에 휩싸이기 일쑤였고, 그 결과는 새로운 왕조의 탄생이었다.

한반도에서 장기적으로 일어난 기후변화와 전란의 상관성을 입증하는 연구가 아직 없는 듯하여 인접한 중국 대륙의 것을 사례로서 제시한다. 〈그림 1〉은 1000년에서 2000년에 이르는 천 년 동안 동중국에서 진행된 기온변화와 전쟁 및 반란 빈도를 보여준다. 필자 데이비드 장이 활용한 다섯 종류의 기온변화 통계치(〈그림 1〉 a)는 다른 연구에서도 인용되는 것으로 보아, 적어도 현 시점에서는 그 정확성을 세계적으로 인정받는 것들이라고 생각한다. 〈그림 1〉에서 확인할 수 있는 사실은 기온변화와 전쟁 및 반란의 발생이 높은 상관성이 있다는 것이다. 추위 국면이 시작된 지 10년에서 30년 뒤에

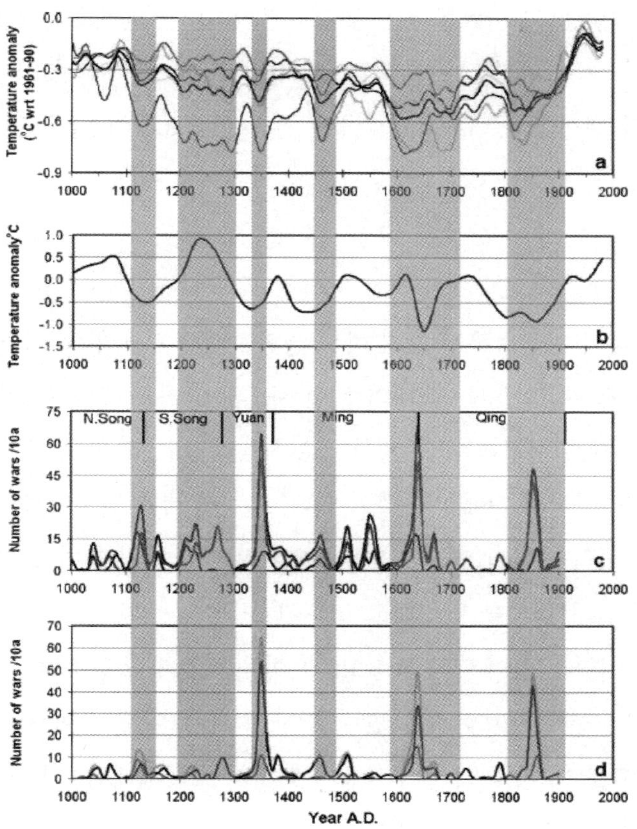

그림 1. 기온변화와 전쟁 빈도 – 중국 사례

* a : 북위 20도 이상 북중국의 정규화온도변화 그림이다. 각 선은 서로 다른 기온변화 연구의 결과이며, 굵은 검은 선은 그 평균선이며, 검은 세로 막대는 한랭기 국면이다. b : 동계 6개월의 기온변화. c : 전쟁 횟수. d : 반란 횟수. c와 d의 높은 그래프는 남중국의 전쟁과 반란 횟수이며, 더 낮은 그래프는 북중국의 것이다.

전란이 일어난 것으로 나타난다. 특히 북송, 원, 명, 청의 혼란 내지 멸망의 국면은 기온의 하락 양상과 거의 일치하고 있다. 데이비드

장은 〈그림 1〉의 자료를 세부적으로 분석하며 기온변화와 전란, 그리고 인구증감까지 상호연관성을 증명하고 있지만, 한반도의 기온과 정치 현상이 아니므로 더 이상 인용은 필요하지 않을 것 같다.

3. 조선시대 기후변화 관련 연구의 검토

조선시대 기후변화와 그에 따른 정치·경제·사회 등 여러 분야의 변동에 관한 연구는 국내의 문헌 자료와 고기후 조사도 활용하고 있지만, 당초 서구 학계의 영향으로 시작되었고, 과학적 근거와 인용자료도 외국의 것에 의존하고 있다. 그런데 국내 역사학자들이 인용한 서구의 기후학 연구는 연구사적으로 중요하기는 하겠지만, 이제는 최신의 결과를 반영하고 있다고 보기 어렵다. 기온상승과 그 원인에 대한 관심이 커지면서 고기후학은 빠르게 발전하고 있다. 불과 몇 년 전까지만 신뢰를 받던 연구 성과가 이제는 비판을 받는 실정이므로, 우리 나라 기후학계와 역사학계도 세계적인 연구 흐름을 주시하고 동행하여야 한다.

최신 연구에 따르면(〈그림 4〉 참조), 지난 1천 년 동안은 그 이전보다 지구의 온도가 따뜻하였고, 20세기 이전 약 900년 동안 발생한 연간 평균온도 변화도 ±0.5도에도 미치지 못하였고, 소빙기 역시 온도가 크게 낮았던 것은 아니다. 지구의 기온상승은 19세기 말에서 20세기 초반부터 현저해졌고, 특히 20세기 후반은 매우 급격하였다. 이런 20세기의 기온변화에 비한다면, 소빙기의 기온변화는 미미한 수준에 불과하였다고 볼 수밖에 없다. 결국 장기적으로 보아 지난

1천 년의 기온변화는 20세기보다 훨씬 약소하였다. 기후변화가 극심하였던 20세기의 역사가 그것에 얼마만큼 좌우되었는지 고려한다면, 자연재해가 인간사회에 미친 영향을 과도하게 해석하기는 어렵다. 자연재해를 어느 정도 극복할 수 있는 수단과 기술을 가지게 된 20세기와 그 이전 시대의 대응력을 단순하게 비교할 수는 없지만, 조선시대에 일어난 경제·사회·정치 등의 변동 원인을 과도하게 기후변화에서 찾으려는 시도는 오류를 범할 가능성이 높다고 할 수 있다.

국내 연구는 대부분 조선시대의 기후변화를 다루고 있으며, 그 이전 시대에 관련한 연구는 매우 적다. 조선시대의 것도 17세기에 집중되어 있다. 이런 까닭은 기후변화 연구가 상대적으로 풍부한 기록을 담고 있는《조선왕조실록》등 조선왕조의 연대기에 의존하고 있기 때문이다. 기후학계에서는 소빙기의 존재와 기간에 관한 이설은 많지만, 시점을 13세기 중반, 15세기 중반, 16세기 등으로, 그리고 종점을 19세기 중엽이나 말까지로 설정하는 것이 일반적인 듯하다. 이처럼 소빙기가 조선시대 거의 전 시기에 해당된다는 것은 소빙기 존재 자체만 강조하는 주장은 별 의미가 없음을 말해 준다. 이런 조사는 기후학과 같은 자연과학 연구의 결과를 역사 문헌을 통해서 확인한다는 의의는 있겠지만, 여러 요인이 결합되어 시대별로 복잡다단하게 전개된 조선 사회의 변화를 차별적으로 설명하기는 쉽지 않을 것이다. 그리고 한반도 고기후에 관한 자연과학의 연구가 아직까지는 역사연구에 요긴하게 활용되거나 방향을 결정지을 수 있을 정도의 수준에 이르지도 못하였다고 생각한다. 설악산 희운각 대피

소 부근과 소백산 비로봉 부근의 주목과 잣나무의 나이테를 조사하
여 1636년에서 1998년에 이르는 시기의 기온변화를 복원한 연륜 연
대기 연구가 기후변화 자료로서 가끔 활용되지만, 고도 1천 미터 이
상 되는 산꼭대기의 변화무쌍한 기상변화의 흔적이 평지의 기후를
얼마나 정확하게 보여줄까 의문이 든다. 그리고 지구의 다른 지역
기후변화가 한반도에서도 같은 시기에 동일한 양상으로 나타나는
것은 아니기 때문에, 서구학계의 성과에 지나치게 의존하는 것도 문
제가 될 수 있다. 따라서 자연과학계에서는 그 소빙기의 어떤 시기
에 기온변화가 얼마나 심하였는지, 농업생산에 큰 영향을 미치는 강
우량의 증감이 얼마나 컸는지 등 기초적 기후현상을 밝히는 것이
급선무이며, 자연환경의 변화로 말미암아 조선 사회에서 무슨 일이
벌어졌는지에 대한 구체적이며 세밀한 연구는 역사학계의 과제다.
　《조선왕조실록》의 천변재이 기록을 조사하고 분석한 이태진의
연구는 기후사 관련 선구적 업적의 하나로 학계의 큰 관심을 끌었
다. 그런데 이 연구가 안고 있는 문제점은 천변재이의 범주가 광범
위하다는 사실이다. 기온과 강우량처럼 기후와 직접 관련을 맺은 것
은 타당하다고 하여도, 금성의 대낮 출현과 같은 하늘의 이상현상에
서 저자가 역점을 둔 유성 낙하에 이르기까지, 과연 그처럼 단기간
에 한반도의 기후에 어떤 영향을 미쳤을까 회의가 드는 천문현상을
망라하고 있다. 그리고 《조선왕조실록》 천변재이 기사를 너무 과신
하였다. 〈표 1〉과 같이 통계화하고 정치와 관련시켜 해석한 이태진
은 통계빈도가 낮은 제2기와 제8기, 즉 천변재이가 가장 적게 발생
한 시기가 가장 안정된 시대이며 실록 기록의 충실도도 높았다고

시기순	해당연도	총건수
제1기	1392-1450	1,840
제2기	1451-1500	1,421
제3기	1501-1550	6,010
제4기	1551-1600	4,312
제5기	1601-1650	3,670
제6기	1651-1700	3,977
제7기	1701-1750	2,832
제8기	1751-1800	790
제9기	1801-1863	349

* 이태진, 앞의 논문, [표 3] 시기별 총 건수 일람표, 213쪽.

한다. 그렇다면 천변재이 빈도가 349회에 불과하며, 이태진이 소빙기에서 제외한 제9기는 이보다 더욱 안정된 시기였다는 말이 되므로, 19세기 전반 조선 사회에 대한 일반적인 역사상과는 크게 배치된다. 19세기 초의 기후변동과 농업위기에 관한 한 경제사 연구는 1809년에서 1825년의 기간은 한재와 수재와 전염병이 겹치는 등 "매우 극한적인 '생존의 위기'에 직면"하였다고 하며, 이런 농업위기의 원인은 소빙기적인 기상재해였다고 결론을 맺고 있다. 천변재이가 349회밖에 발생하지 않은 시기에 이런 큰 위기가 닥쳤다고 한다면, 대충 잡아 10, 20배가량 발생한 제3기에서 제7기에 이르는 250년 동안 조선왕조가 붕괴하지 않은 원인이 무엇인지 궁금해질 수밖에 없다. 덧붙여 이호철의 연구는 1744년에서 1883년에 이르는 삼남지방과 중북부지방의 급재면세결을 기록한 《탁지전부고》를 활용해서 그래프를 작성하였는데, 제8기와 제9기 및 그 이후 시기가 큰 차이가 있어 보이지 않는다. 결국 소빙기 역사 연구는 《조선왕조실록》에 기재된 천변재이의 빈도에 관한 통계학적 연구지 실제 기후변화를 파악할 수 있는 역사연구라고 보기에는 한계가 크다.

기후변화를 제대로 파악하지 못하였을 뿐만 아니라 역사상의 왜곡을 초래할 수도 있는 이런 연구 결과는 《조선왕조실록》의 기록을 과신한 데에서 비롯되었다. 이미 박성래는 실록 기록은 자연현상의 과학적 기록이기보다는 정치적 의미를 강하게 띤 재이의 기록일 뿐이라고 비판하였다. 중국의 명청시대에는 점후의 중요성이 약화되었고, 조선 사회 역시 그러하였는데, 그 영향이나 정치적 재이관의 변화는 없었는지 살펴볼 필요가 있다. 그리고 조선의 왕별로 편찬된 실록이 분량과 기재 내용과 기록의 충실도 등에서 일정하지 않았고, 편찬 주체의 성향과 시대에 따라서 달랐다. 제2기와 제3기의 기록이 큰 차이를 보이는 이유가 무엇이며, 제9기의 기록은 왜 그렇게 소략하며, 그것을 어떻게 설명할 수 있는지를 밝혀야 《조선왕조실록》의 천변재이 기사를 제대로 활용할 수 있는 길이 열릴 것이다. 이런 점을 고려하지 않고, 《조선왕조실록》의 기재 내용을 일률적으로 통계 처리한다는 것은 대단히 비과학적이며 사실의 심각한 왜곡을 피할 수 없다. 이런 지적은 《증보문헌비고》와 《조선왕조실록》을 이용해서 기근이 17세기 후반을 정점으로 하여 감소하다가 19세기에 들어와서 격감한다고 주장한 김재호의 연구에도 같이 적용된다. 덧붙여 소빙기 기후이상은 결국 기근의 발생으로 이어질 수밖에 없는데, 이 논문의 〈표 1〉에 제시된 조선시대 기근의 추세와 이태진이 조사한 천변재이의 추세는 전혀 일치하지 않는다.

이호철이 수행한 19세기 초의 기후변동과 농업위기 연구는 농업 생산에 가장 중요한 요소인 기온과 강우량을 함께 다루었다는 점에서 진전된 연구며, 기후변화와 그에 따른 농업생산을 자세하게 고찰한 성과라고 평가할 수 있다. 다만 연구시기가 가장 저온이었다거나 농업이 위기였다고 규정하며, 그 원인을 소빙기적 기상이변이었다고 지나치게 강조하는 것은 때가 이른 듯하다. 이 연구 역시 기본 자료의 이용에서 적지 않은 문제점을 지니고 있다. 먼저 주요 자료로 활용한 《조선고대관측기록조사보고》의 정확성을 검토해보자.

이호철이 가장 강우량이 많았던 해로 꼽았던 1821년에는 2,582밀리미터의 비가 내렸다. 특히 7월에는 1,282밀리미터로 역시 1,296밀리미터가 내린 1832년 다음으로 강우량이 많았다. 그리고 양력 7월에 해당하는 음력 6월 3일에서 7월 3일에 이르는 기간의 《순조실록》에 기재된 강우량을 합계하고, 그 결과인 47치 2푼을 미터법으로 환산하니 1,430밀리미터에 달하였고, 8월 것도 합계하니 29치 878밀리미터로 《조선고대관측기록조사보고》의 8월 것보다 226밀리미터가 더 많았다. 6월 강우량 66밀리미터는 그에 해당하는 《순조실록》의 5월조에는 강우 관계 기사가 아예 없었으므로 비교할 수 없었다. 그리고 《조선고대관측기록조사보고》의 강우일 표에는 6, 7, 8월의 강우일이 각각 6일, 29일, 13일이었는데, 이것도 실록 기사와 정확하게는 일치하지 않았다. 실록에 기록된 강우일은 6월은 없었고, 7월이 28일, 8월이 22일이었다. 이 와다(和田)의 통계와 《순조실록》의 기사는 무시할 수 없는 차이가 있다.

조희구는 자신이 1777년에서 1800년에 이르는 기간의 《승정원일기》에서 뽑은 강우량과 강우일, 그리고 20세기 전반기의 관측자료를 와다가 작성한 것과 비교하였더니, 와다의 값을 부분적으로 재평가를 할 필요가 있다고 지적하였다. 그리고 정현숙 등은 각 기록의 강수량을 다시 고친 와다와는 달리 본래 측우기 측정값이 더 정확하다고 하였다. 따라서 이호철을 비롯한 여러 연구에서 활용한 와다의 자료도 부정확하다고 할 수 있다.

그리고 이호철의 연구는 연륜연대기의 연구 결과를 오독하거나 오해하기도 하였다. 나무 나이테를 분석한 박원규 논문의 그래프를 읽으며, 1799년에서 1822년 7, 8월의 기온이 평균기온 이하에 머물 정도로 전반적으로 낮았으므로 다른 나라처럼 전반적인 저온현상이 지속되었다고 하였으나, 그 그래프로 보아 19세기 초반 여름철 기온은 1684년에서 1693년, 1838년에서 1847년, 1903년에서 1912년의 기간에 비하여 상대적으로 훨씬 높았다. 4, 5월에 기온이 낮았다고 하더라도, 작물의 성장기와 결실기인 7, 8월이 평균기온에서 크게 떨어지지 않았다면, 수확이 크게 감소하지는 않았을 것이다.

이처럼 《조선왕조실록》을 비롯한 공식적인 연대기의 자연현상과 자연재해에 관한 기록은 많은 허점이 있으므로 그에 의존해서 기후변화를 추정하려는 시도는 처음부터 오류를 감수할 수밖에 없다. 그렇기 때문에 고기후학과 같은 자연과학계에서 무엇보다 먼저 기후변화에 관련된 정확한 연구결과가 나와야 할 것이다.

그리고 1년 단위 평균기온의 변화도 중요하지만, 계절과 월별 변화도 그에 못지않게 작물 재배에 결정적인 조건이 될 수 있다. 중장기적인 기후변화에는 작물과 농법 등으로 적응할 수 있어도, 파종기와 성장기의 급격한 기온변화와 부적정한 강수량은 농업에 큰 피해를 몰고 오기 십상이었다. 기후변화의 요소에는 강수량을 비롯해서 기압, 화산 활동, 엘리뇨, 라니냐, 태풍 등 다양하다. 또한 지역적 지형적 차이도 대단히 크기 때문에 한 지역의 사례를 일반화하는 것도 신중해야 한다.

4. 개항 이후 기후변화와 자연재해

1) 강수량

18세기 후반에 19세기에 이르는 기간에 발생한 홍수와 가뭄의 규모나 횟수 등에 근거해서 조선 후기 연속된 흉년의 기상요인은 가뭄이었다는 견해, 19세기 후반 경상도 단성현의 사례 연구 등 그 기간의 연대기를 비롯한 각종 기록을 보면, 홍수보다는 가뭄이 빈번하였고, 그 피해도 컸던 것 같다. 1850년대 중반에서 1890년 중반에 이르는 40년 동안에는 큰 홍수가 지기도 하였지만, 가뭄이 압도적으로 빈번하였으며 큰 피해를 입혔다. 기온도 농사의 풍흉에 중대한 요인이지만, 강수량은 농황에 직접적으로 영향을 미친다. 그리고 기온변동 폭보다 강수량의 변동이 훨씬 크기 때문에 강수량 복원은 중요하다.

기상학자인 임규호와 정현숙은 1770년대부터 1990년대에 이르는 기간의 서울지역 강수량을 조사하였고, 결과에 따라서 그 시기를 습윤기 1, 건조기, 습윤기 2로 나누었다. 〈표 2〉와 〈그림 2〉에서 보듯

표 2

Parameters	WP1 (1783-1883)	DP (1884-1910)	WP2 (1912-1990)
Number of years	101	27	79
Mean (mm/yr)	1256.5	898.0	1308.1
STD (mm/yr)	385.5	242.3	334.1
Skewness	0.86	−0.71	0.53
Kurtosis	1.00	−0.97	0.43

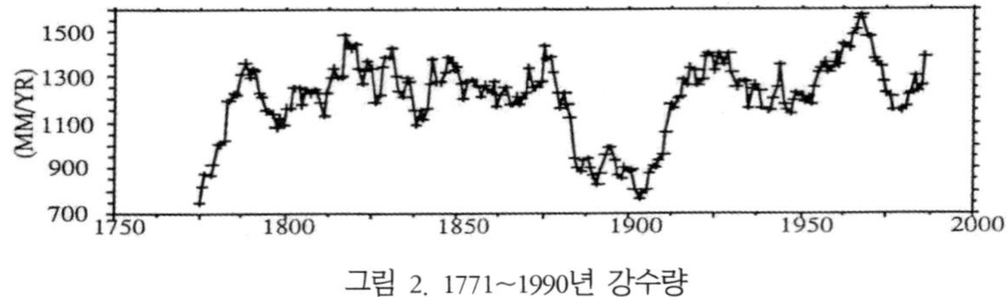

그림 2. 1771~1990년 강수량

* 임규호 · 정현숙, Interannual Variation of the Annual Precipitations at Seoul, 1771−1990, *J. of Korean Meteor. Soc.* Vol. 28, No 2, 1992, p.128, Fig. 3.

이, 1884년에서 1910년에 이르는 시기는 건조기로 평균 강수량이 898밀리미터밖에 되지 않았다. 이는 1777년에서 1996년 기간의 평균강수량인 1211.2밀리미터에 크게 못 미치는 양이다. 뿐만 아니라 강수일조차 대폭 감소하였다. 20세기까지 기온을 고려한 김승도 이 기간을 '대가뭄기간'으로 명명하였다. 그리고 나무 나이테를 분석한 연구에서도 1880년대에서 1920년대의 5월은 다른 기간보다 메말랐다고 한다.

건조기 중에서도 개항 이후에서 동학농민전쟁에 이르기까지 19년 동안 평균 강수량에도 미치지 못할 만큼 극히 적은 강수량을 보인 해는 15개년이었고, 그 이상은 4개년에 불과하였다. 가장 적은

표 3. 1876~1895년 강수량(mm)

연도	1876	1877	1878	1879	1880	1881	1882	1883	1884	1885	1886	1887	1888	1889	1890	1891	1892	1893	1894	1895
월별 상수	699	1617	1175	2349	1141	1103	783	923	1283	1249	1155	655	717	835	915	1187	1003	977	1014	817

* 월별 상수 : 측우기는 2mm 이하의 강수량이나 강설량을 측정하지 못하였으므로 그것을 감안하여 보정한 값.

강수량을 기록한 해는 1887년으로 655밀리였으며, 그 밖에 1천 밀리 안팎의 강수량을 보인 예는 9개년에 달하였다. 특히 〈표 3〉에서 주목해야 하는 것은 가뭄이 2년, 또는 3년 연이어 발생하였다는 사실이다.

2) 기 온

지구상의 온도는 1850년과 1900년 사이에 소빙기가 끝나고 19세기 말이나 20세기 초부터 지구의 온도는 급격히 상승하기 시작하였다. 개항 이후는 온도가 대세 상승기에 진입하던 이행기였으나, 〈그림 4〉에 나타나듯이 1880년대에서 1890년대 전반에 이르는 시기는

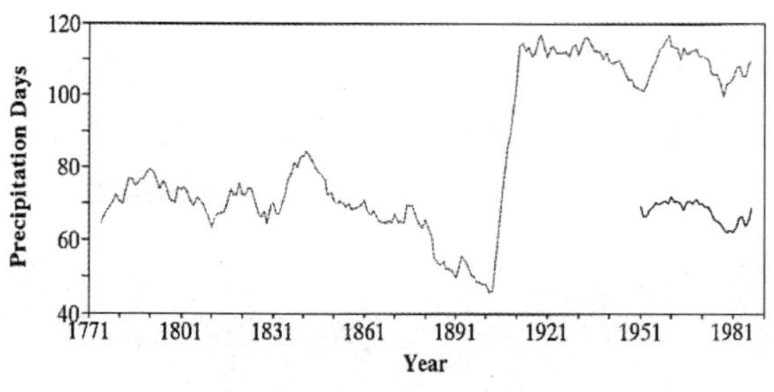

그림 3. 1771~1991년 강수일수

* 정현숙・임규호, 〈서울 지역 월 강수량과 강수일수, 1770-1907〉,
《한국기상학회지》 30-4, 1994, 504쪽, 〈표 12〉.

그림 4. 지난 1천 년의 기온변화

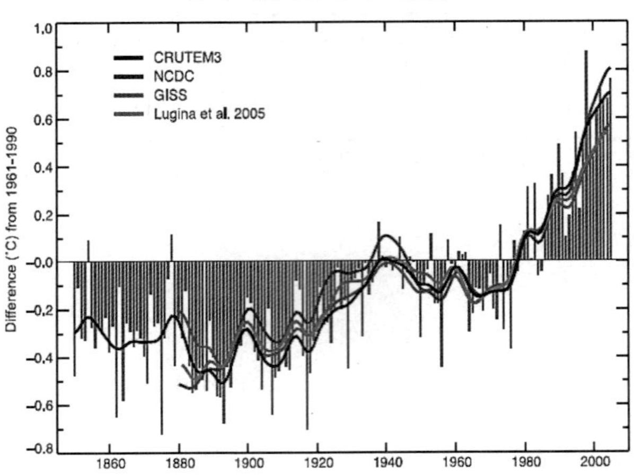

그림 5. 1850~2005년 지구지표온도변화

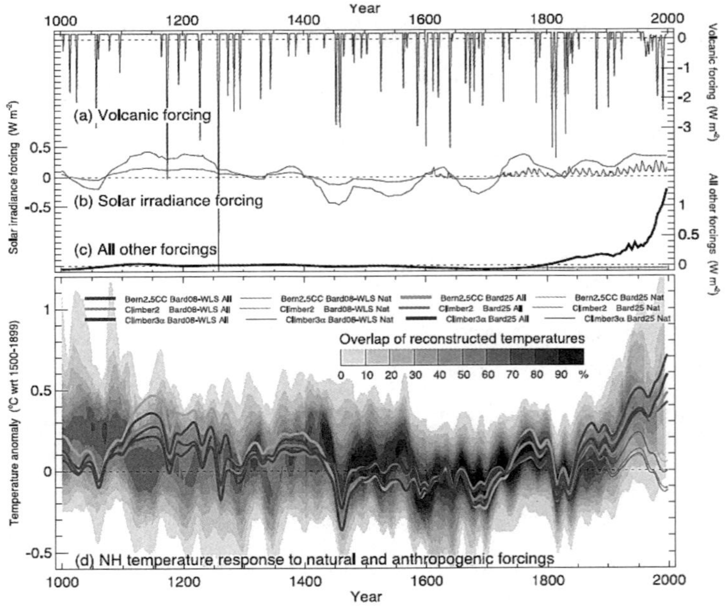

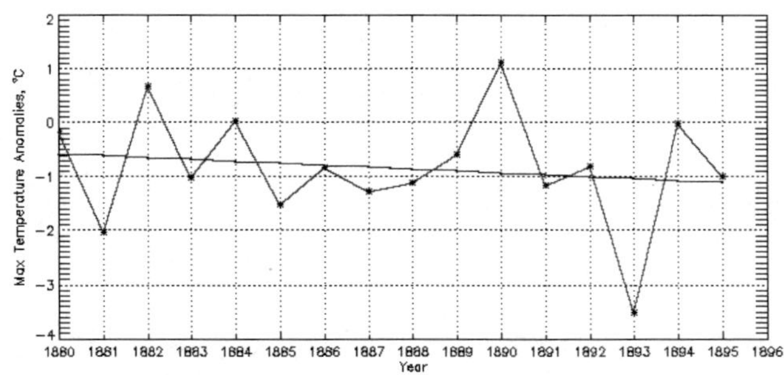

그림 6. 1880~1895년 아시아의 기온변화

지구 지표상 온도가 오히려 하강하는 추세를 보인다. 1883년 8월 인도네시아 크라카토아 화산이 대폭발하여 분진이 전 지구로 확산되어 기온이 1.2도가 하강하였고, 1888년까지 평년온도를 회복하지 못하였다고 한다. 위에서 살펴본 강수량 자료에도 1884년에서 1886년에는 강우량이 각각 1,283밀리, 1,249밀리, 1,155밀리에 이르러 앞뒤 해보다 큰 차이가 난다는 것은 그 영향일 수 있다고 생각한다. 다시 상승하던 기온은 1890년을 정점으로 하강하여 동학농민전쟁 발발 이후까지 지속되었다. 이런 기온변화가 분명히 농작물의 생장과 결실에 좋지 않은 영향을 미쳤겠지만, 한반도 온도 변화에 관한 연구도 찾기 힘들다. 다만 정현숙 등에 따르면, 기온은 건조기에는 전반적으로 여름철에 평년보다 낮은 기온이 한반도를 중심으로 하는 위도대의 남쪽에 나타났으며, 동시에 북쪽에는 평년보다 높은 기온이 나타났다고 해석할 수 있다고 한다. 자세한 기온 관련 연구는 찾기 힘들기 때문에 외국의 연구와 자료를 인용하는 데 그친다.

표 4. 개항 이후 자연재해의 발생 상태

	가뭄	홍수	기타 재해	피해 지역	비고
1876	봄, 여름		서리, 전염병	경기도, 삼남	병자흉년
1877	○	○		경상도, 충청도	정축흉년
1878		추수기		경상남도	
1879		초여름	전염병	경상도 전역	
1880					
1881		가을		경상북도	
1882	○			각도	
1883	봄			경상도	계미흉년
1884		6월, 8월초		상주, 김해, 부산 경상도 25읍	
1885	봄, 여름	양력 8월 상순에서 9월 상순까지	콜레라	전라도, 평안도, 강원도, 경상도	
1886			전염병		
1887	양력 4월			전라도	
1888	봄,여름,가을	여름	이른 서리	삼남(가뭄), 관서(서리)	무자흉년
1889	봄			전라도	평작 내지 풍년
1890		여름		경상도, 전라도	벼 20~30% 증가, 콩류 30~40% 감소
1891		양력 6월 중순에서 7월 하순, 9월 초중순 폭풍	병충해	관서, 관동, 중부	삼남 반작, 면화 피해,
1892	이앙 후 양력 7월 말까지	8월	서리	경상, 경기, 황해 남부	각도 반작
1893	○			전라도, 경상도	
1894	○			전라도, 경상도	

* ○는 시기를 확정할 수 없지만, 풍흉이 발생한 것을 나타낸다.

3) 자연재해 발생과 피해

기후변화와 자연재해는 기온과 강우량 등 소수의 기후요인으로 일어나는 것은 아니라 지형과 기압 등 다양한 요인이 복합적으로 작용하여 발생한다. 한반도 기후에 적지 않은 영향을 미치는 엘리뇨와 라니야 현상도 태평양의 수온변화에 따라 나타난다. 더구나 한반도의 근대적 기상관측이 1904년에야 비로소 시작되었기 때문에 전근대시대의 기후를 정확하게 복원하는 작업은 결코 쉽지 않을 것이다. 앞에서 살펴본 것처럼, 자연과학계에서 시도한 기후 복원도 아직은 기초적 수준에 머물고 있다고 보인다. 지역과 시기를 세분하여 기후상태, 홍수와 가뭄 같은 자연재해의 발생 여부 등을 알기는 더욱 어렵다. 따라서 연대기와 개인 기록 등에 기재된 기후와 농사의 풍흉을 지역과 시기별로 세분하여 조사하는 작업이 필요하다. 〈표 4〉는 필자가 조사한 것으로 대단히 제한적인 것에 불과할 뿐이다.

5. 민중운동의 원인으로서 자연재해

동학농민전쟁의 원인은 다양하며 상호 복잡하게 연관되어 있다. 봉건사회해체기라는 시각에서 보자면, 동학농민전쟁은 봉건세력인 지주계급의 사적 토지소유제와 봉건적 생산관계를 타도하기 위한 농민계급의 계급투쟁이다. 그렇기 때문에 대외적 위기나 자연재해 등 여타의 원인은 기본 모순에 종속된다. 이런 시각의 문제점으로 먼저 꼽을 수 있는 것은 농민의 투쟁대상이 지주가 아니라 국가이며, 그들의 주된 요구는 토지가 아니라 조세를 비롯한 국가의 수탈체제와 신분제도와 외부의 적이었다는 사실이다. 집권적 봉건제라는 이론을 동원하여도 역시 많은 의문이 남는다. 그렇지만 동학농민군의 경제적 요구에는 조세 경감과 탐학관리의 처벌 외에도 고리대 철폐와 소작권의 안정 등도 들어 있었다. 또한 지역사회에서는 횡포를 부리던 지주와 양반에 대한 징치가 있기도 하였다. 따라서 동학농민전쟁의 원인으로서 경제적 요인은 근본적이며 직접적이었다.

그러나 경제적 요인만이 원인은 아니었고, 극단적인 경제상태 자체가 민중을 정치·군사적 투쟁으로 몰아넣는 예도 전근대사회에서는 흔하지 않았다. 자연재해가 이 시기보다 더 심하였던 시대에도 민중의 대대적인 항쟁은 일어나지 않았다. 민중이 정치·군사적 투쟁에 나서게 되는 원인과 조건, 즉 지배체제, 대외적 위기, 종교운동, 투쟁 경험, 지도세력 등은 역사적 상황에 따라서 다를 수밖에 없다. 동학농민전쟁이 일어났던 19세기 말 조선 사회는 민중의 투쟁을 불러일으키기에 충분한 상황에 처하였다. 그러므로 동학농민전쟁의 원인에 관한 논의는 당시대를 명료하게 이해하고, 여러 원인이 무엇인지, 그것들이 어떻게 상호 연관되어 민중의 항쟁을 야기하기에 이르렀는지 정확하게 파악해야 한다. 이런 점에서 봉건사회 해체에 따른 계급투쟁이라는 해석은 지나치게 단순하여 그 원인을 정확하고 합리적으로 설명하는 데 부족하다고 생각한다.

1876년 외세가 강요한 개항은 실질적으로 조선왕조의 종언과 중세의 종말을 앞당긴 역사적 사건이었다. 개항과 함께 조선이 대처하기에 무척 까다로운 대외적 위기가 조성되었다. 근대문명으로 무장한 외세는 조선을 무력과 조약으로 위협하며 정치적 경제적으로 침략해 들어왔다. 외세 침략에 대처할 능력과 자원이 전무하다시피 하였던 조선은 긴급히 근대국가 건설을 시도해 보기도 하고, 외세에 호소하며 잔맥을 유지하려고 안간힘을 썼지만, 결국 모든 시도와 노력은 허사가 되고 말았다. 즉 이 시기에 조선이 처하였던 절체절명의 위기는 대외적 위협이었다. 토지, 자연재해, 전염병, 동학 등 토착적 모순과 반복적 곤경도 이보다 더 심대하며 직접적인 도전이 되지 못하였다.

역사적 과제가 된 근대국가의 건설이 좌초된 가장 근원적인 원인은 국가의 재정부족이었다. 신식군대의 양성과 무기 도입, 외교사절과 유학생의 파견, 근대적 이기의 구입, 배상금 지불 등 돈이 들어가야 할 곳은 산적하였으나, 조선 후기 내내 만성적 재정적자에 시달리던 조선 정부로서는 어느 것 하나 제대로 감당하기가 어려웠다. 이런 재정위기에 몰린 정부가 쉽게 취할 수 있던 조처는 악화 발행과 조세 과징이었다. 그러나 당오전 등 악화 발행은 곧바로 인플레이션을 유발하여 백성은 물론 정부에 큰 피해를 입혔다. 조세징수를 원활하게 하겠다고 새로운 정부기구를 만들고 외국에서 윤선을 사들여 운행하였으나, 기강이 빠진 관리의 배를 불릴 뿐이었다. 그렇지 않아도 세금·소작료·대외무역·자연재해·전염병·신분질서 등에 신음하고 있던 백성들을 한층 더 고통 속으로 몰아넣었다. 특히 농민의 담세 능력을 초과한 과중한 조세의 부과와 부정부패한 탐관오리의 횡포는 농민의 저항을 촉발시키는 직접적인 원인이 되었다. 여기에 동학이 새로운 이상세계의 도래를 민중에게 약속하고 투쟁적 지도자와 전국적 조직을 제공하자, 민중항쟁이 거대한 노도처럼 일어났다.

요컨대 동학농민전쟁의 가장 근본적인 원인은 대외적 위기이며, 이를 극복하기 위한 재정수요가 과도한 조세수탈을 초래하였다. 그렇다고 해서 전쟁의 본질이 조세저항에 불과하다는 의미는 아니다. 여기에 각종 요인이 복합적으로 작용하여 이미 경제적으로 파탄지경에 이른 농민층을 대대적인 투쟁에 나서게 하였고, 그에 따라서 동학농민전쟁은 단순한 조세저항 이상의 역사적 사건으로서의 의의를 가지게 되었다.

그런데 대외적 위기 외에도 동학농민전쟁의 요인으로 가뭄과 홍수 등에 의한 자연재해와 그에 따른 기근은 새롭게 조명해야 한다. 앞에서 살펴본 바와 같이, 조선 사회는 오래전부터 기후변화로 심각한 상태에 처하였다. 특히 개항 이후 거의 해마다 가뭄과 홍수가 들었고, 그 인적 경제적 피해는 참혹하였다. 사실 전근대사회에서는 자연재해에 따른 흉년은 일상적인 반복이라고 할 수도 있고, 인간의 적응력과 창의력은 대단히 뛰어나 새로운 농법과 분배방식 등으로 그런 위기에 잘 대처하였다. 그러나 연속된 자연재해와 흉년은 농민의 대응력과 회복력을 고갈시켜 버렸다. 그렇기 때문에 가중된 여파가 농민경제와 국가재정을 비롯하여 사회 각 부분으로 확산되었다. 이로 말미암은 경제적 위기는 그 자체로 끝나는 것이 아니라 사회적 정치적 위기를 새로 유발하거나 이미 존재하는 위기를 고조시켰다. 오랜만에 풍년이 든 1890년과 그 이듬해에 발생한 국지적 저항인 민요는 4건밖에 되지 않았던 반면에, 흉년이었던 1888, 1889년에는 11건, 그리고 가뭄이 든 1892년 한 해 동안에는 무려 12건이나 된다.

결국 연속된 흉년은 농민경제와 국가재정에 큰 충격을 가함은 물론 민중을 절망과 분노의 나락으로 빠뜨렸고, 더 나아가 시대적 모순을 폭발시키는 뇌관으로 작동하였다.

1893년 여름에는 비가 많이 내려 흉작이 예상되었고, 그에 따라 정부는 10월 하순부터 방곡령을 실시하기로 결정하였다. 미국대리 공사 알렌은 "의심할 것도 없이" 이 해 겨울에 커다란 말썽이 일어날 것이라고 단언하였다. 그곳은 전라도 고부였고, 주도세력은 동학이 었다. 1894년에도 가뭄으로 흉년이 든 지역이 많았다. 그 해 여름 진주에서 봉기한 동학농민군의 격문도 "14,15년간의 흉년을 거친 뒤, 또 77일간의 대가뭄을 만났습니다. 그런 가운데도 온갖 폐단이 발생하고 있습니다. 아, 우리 백성들이여! 어찌 살아갈 수 있을 것인 가!"라고 울부짖었다.

6. 고부 민요와 자연재해

1893년 전라도 민요(民擾)는 자연재해와 흉년, 관리의 수탈과 징 세로 말미암아 일어났고, 기본 성격은 군현 단위의 조세저항운동이 었다. 일부 다른 지역의 동학교도가 포함되어 있었으나, 참여자 다 수도 고부군 주민이었다. 그러므로 뒤이어 일어난 동학농민전쟁과 는 일정한 거리가 있었으며, 전쟁의 최초 봉기도 아니었다. 고부민 요의 주도자가 전봉준이었고, 그 밖에 최경선 등 동학교도들이 다수 가담하였고, 이들이 동학농민전쟁을 일으키는 데 큰 역할을 하였다. 그렇기 때문에 고부 민요는 전형적인 민요와는 다른 성격과 전개

양상을 보였고, 동학농민전쟁의 전단계(前段階) 투쟁이라는 의의를 가졌다.

1894년 1월에 일어난 고부 민요의 원인은 군수 조병갑의 탐학과 안핵사 이용태의 탄압이라고 말해 왔다. 그러나 이런 폐단 외에도 자연재해도 중요하였으나, 제대로 주목받지 못하였으므로 좀 더 자세히 알아보자.

1893년 고부는 다른 인근 지역과 마찬가지로 심한 가뭄이 들어 재결이 발생하였다. 고부의 남쪽보다 북쪽지역이 가뭄의 피해를 많이 입었다. 조병갑은 북쪽의 4개 면 재결을 감영에 보고하였으나, 감영에서 재결을 면제해 주지 않는다고 하며, 북쪽의 세금을 남쪽으로 옮긴 결과, 남쪽은 북쪽보다 더 많은 세금을 내야 하였다. 또한 북쪽에는 이런 이결(移結)을 공으로 내세우며 논 1경에 100두의 세금을 부과하였으니, 실로 국세의 3배보다 무거웠다고 한다. 그렇지 않아도 경제적 궁핍으로 생존을 위협받던 주민들에게 이와 같은 징세는 과중하고 불합리하였을 뿐만 아니라 재해를 입은 토지에 조세를 부과한다는 것은 백지징세와 다름이 없었다.

더욱이 이때 발생한 자연재해의 피해만 주민에게 고통을 준 것은 아니었다. 이미 1876, 1877년의 병정 흉년부터 비롯된 농지의 황폐화는 농민경영에 큰 피해를 주었고, 그런 토지는 쉽게 복구되지 못하였다. 농사를 지을 수 없는 황무지라도 세금이 부과되기도 하였고, 납부하지 못한 유망(流亡) 결세는 해를 거듭하며 누적되었다. 1892년 조정은 전라도 암행어사의 보고에 따라 우심한 재읍(災邑)인데도 균전사 김창석의 사간성책(査墾成冊)에도 들지 못한 고부군의 진전(陳田)에 대해서 5년 정세를 특허하였다. 그러나 이런 조처는 제대로 시행되지 않은 듯하다. 조병갑은 개간한 진전에 과세하였고, 선무사 엄세영은 원진결(原陳結) 300결을 3년 동안 유예하자는 건의를 하였다. 또한 고부군은 유망 세곡 미수조(未收條)가 1,580석이나 있었는데, 조병갑은 전운소로 하여금 선납토록 해놓고 다시 상정(詳定) 대봉(代捧)의 조처를 얻어낸 다음, 주민들에게 1천 석을 거두어 관황(官況)이라고 하며 횡령하였다.

주민들은 전봉준을 앞장세워 11월과 12월에 몇 차례에 걸쳐 조병갑과 감영에 정소를 올렸으나 성과를 얻지 못하였으므로, 이듬해 1월 더욱 적극적인 대응에 나서 전체 주민의 민회를 개최하였다. 고부군의 모든 면동리가 참여한 이 민회는 정소운동이 소용이 없자, 민요라는 한층 더 적극적인 투쟁으로 변모해 갔다.

그런데 세밀히 살펴보면, 지역에 따라서 주민의 호응도가 달랐다. 장두인 전봉준과 김도삼은 북서쪽 이평면에 거주하고 있었다. 주동자들의 이름이 적힌 사발통문을 보면, 그들의 거주지도 남쪽이 아닌 북서쪽이 많았고, 최초의 봉기도 북서쪽에서 시작되어 고부 읍내로 내려왔다. 가뭄의 피해가 더 컸던 북쪽지역 주민들이 아무래도 더욱 적극적으로 민요에 가담하였던 것이다. 그리고 만석보와 팔왕보도 모두 북서쪽 지역의 경지에 물을 대고 있었는데, 가뭄으로 수확을 제대로 하지 못하였음에도 그 수세를 다섯 말의 도조에 육박하는 세 말씩이나 과중하게 부과한다는 것은 그곳 농민들로서는 용인할 수 없던 조병갑의 횡포였다. 더구나 만석보는 그 해에 주민들의 부역으로 개축된 것이었으므로 수세의 과징은 더욱 부당한 것으로 인식되었을 것이다. 이미 고부 주민들은 재해로 황폐화된 토지를 개간하고 새로 양전을 하도록 명을 받아 내려온 균전사 김창석에게도 당한 바가 컸으므로 거듭되는 관리의 탐학을 좌시할 수 없었다.

이처럼 고부 민요도 고성 민요와 마찬가지로 연속된 자연재해에 따른 진전 및 재결의 발생과 그로 말미암아 일어난 조세 징수와 관리 탐학으로 발생하였다. 더 나아가 이런 자연재해와 관리의 횡포는 고부에만 국한되지 않았고, 일대 군현도 동일하였다는 점에서 민요라는 국지적 농민항쟁을 넘어서는 동학농민전쟁의 기폭제였다고 할 수 있다.

7. 고성 민요와 자연재해

1894년 7월 경상도 고성에서는 민요가 일어났다. 이 시기는 동학농민군이 봉기하였던 때였고, 그 영향으로 민요가 각지에서 발생하고 있었다. 고성 민요 역시 장두 세 사람 가운데 두 사람이 동학교도였던 것처럼 동학의 역할이 적지 않았다. 그런데 이 민요의 직접적인 원인은 전 해부터 형성되고 있었다. 1893년 고성은 다른 경상도 지역과 마찬가지로 가뭄의 피해를 심하게 입어 농민의 생활이 위협을 받았고, 그 상황에서 징세와 관련한 민원이 낭자하게 일어났고, 그것이 1894년 민요의 발생으로 연결되었다. 즉 당시 빈발하던 민요의 일반적 조건인 가뭄과 흉년과 독징(督徵)이 완전히 구비되어 있었다. 당시 고성부사였던 오횡묵의 일기 《경상도고성부총쇄록》(慶尙道固城府叢瑣錄)에는 민요 발생의 원인과 경과가 자세히 기록되어 있다.

1893년 5월 초순 고성에서는 이미 목화가 말라버릴 만큼 가뭄이 심하였다. 6월 초순에 약간의 비가 왔지만 소용이 없었고, 여기에다가 병충해마저 겹쳤고, 7월 22, 23일 이틀 동안 몰아친 태풍은 배까지 부숴버릴 정도로 기세를 부렸다. 7월 말 농형은 일망고백(一望枯白)으로 흉년이 틀림없었으므로 기민 대책을 세워야 하였다. 8월 하순 들녘이 누렇게 변하였지만, 곡식의 낱알은 모두 비었다.

이러한 폐농에도 국가 조세는 거두어야 하였으므로, 오홍묵은 우선 집재(執災)를 시작하였다. 그런데 이 과정에서 각 동리에서 뽑은 헌장 등이 주민의 간청을 받아 가뭄으로 피해를 입은 토지를 과다하게 집재하였고, 그것을 저지하려던 부사에게 노골적으로 저항하였다. 부사에게 아주 불공한 말을 지껄인다거나, 부사의 명령에도 나타나지 않는 것은 예사이며, 집재의 근거가 되는 평초(坪草)를 태워버리는 일이 벌어졌다. 오홍묵은 심하게 저항한 자를 처벌한 뒤에야 겨우 집재를 마칠 수가 있었다.

이 해 고성의 총결수는 4,170결로 집계되었고, 그 가운데 실민결수는 3,120결이 되었으나, 은결 등이 노출됨으로써 전 해의 2,715결에 비하면, 농민의 부담이 대폭 늘어난 셈이었다. 비록 집재를 총결수의 40퍼센트에 가까운 1,645결로 마감하였다고 하였을지라도, 경상감영에서 겨우 332결만 표재(俵災)받았을 뿐이었다. 즉 실제 피해 토지면적이 전체 토지의 40퍼센트에 이르렀으나, 면세 처분을 받은 것은 8퍼센트에 지나지 않았다. 그래도 이와 같은 결과는 주민들이 경상감영에 적극적으로 등장을 올리는 호소를 한 덕분이었다. 고성의 옆에 있던 통영에도 봄부터 가을까지 개인 혹은 다수가 등장을 올렸다. 왜냐하면 298결이었던 통영 둔답(屯畓)에서 재결로 판정이 난 면적이 202결이나 될 만큼 가뭄의 피해가 컸기 때문이었다. 이처럼 큰 피해를 입은 주민들은 이향과 민간이 포흠한 수만 량까지 부담하여야 하였다.

이런 피해에도 10월 말부터 시작한 징세가 지지부진하였으므로, 부사는 이듬해 봄까지 몇 차례에 걸쳐 검독(檢督)을 각 마을로 파견하였다. 폐단이 클 수밖에 없던 검독 파견은 민요의 중요한 발단이 되었다. 또한 미납자를 관아로 잡아들여 매질도 하였으나 효과는 크지 않았다. 설상가상으로 전운사의 위원이 부사를 직접 찾아와 새로 바뀐 납세 기한인 12월까지 세금을 납입하도록 재촉하였다.

1894년 봄 보리 농사는 대풍으로 예상되었고, 가뭄의 징조가 보이기는 하였지만, 일찍 이앙한 묘가 잘 자랐다. 그런데 보리를 수확해야 하는 5월 초순에 열흘 동안 비가 연속 내려서 아직 수확하지 못한 보리가 썩고 싹이 트는 불상사가 닥쳤고, 이로 말미암아 1/3이 넘는 손실을 보게 되었다. 이러한 재난에도 6월 초에 는 이앙도 모두 끝나고 기장이나 조와 같은 잡곡도 잘 자라 풍년을 기대해도 좋을 듯하였다. 그러나 비는 여전히 오지 않았고, 6월 중순에는 높은 지대의 토지는 메말랐다. 날이 갈수록 가뭄이 심해져 7월 중순에 이르러서는 땅이 갈라지고 조생종 벼는 말라 속이 비었고, 목화와 콩은 전혀 수확의 희망이 없어 차마 볼 수 없는 지경이 되었다. 결국 살 길을 잃은 고부 주민들은 머리에 흰 수건을 두르고 죽장을 짚고 교혁안민(矯革安民)이라고 쓴 깃발을 높이 세우고, 조세징수와 관련된 폐단의 시정을 요구하였다.

이런 가뭄과 흉년, 그리고 감당 능력을 벗어나는 조세 과징과 그에 대한 농민의 저항은 경상도 전역의 일이었다. 1894년 5월 이후에만 민요가 영해·영덕·경주·연일·영천·고령·하동 등지에서 발생하였다. 오홍묵의 주변인들이 고성 민요의 원인을 분석한 결과는 모두 일치한다. 연속된 가뭄으로, 그 해에도 전년과 마찬가지로 큰 흉년이 틀림없게 된 마당에 세금 독촉까지 있자 민요가 일어났다는 것이다. 이처럼 흉년으로 경제위기에 몰린 농민이 저항에 나서게 된 직접적 계기는 최소의 잉여 내지는 생존기반을 박탈하는 과도하며 강제적인 조세징수였다.

참고문헌

김민수, 〈19세기 후반 기후 변동과 농업생산력〉, 《한국사론》 53, 2007.

김연옥, 〈한국고대의 기후환경〉, 《지리학의 과제와 접근방법》, 교학사, 1983.

――――, 《한국의 기후와 문화》, 이화여대출판부, 1985.

――――, 〈중세 온난기의 기후사적 연구〉, 《문화역사지리》 4, 1992.

――――, 〈역사 속의 소빙기〉, 《역사학보》 149, 1996.

김재호, 〈한국 전통사회 기근과 그 대응〉, 《경제사학》 30, 2001.

김현준 외, 〈서울지점의 장기간 강수량 변화와 조선후기의 가뭄기록 비교〉, 《2003 한국수자원학회 학술발표회 논문집》, 2003.

나종일, 〈17세기 위기론과 한국사〉, 《역사학보》 '94·95, 1982.

박근필, 〈병자일기를 통해서 본 17세기 기후와 농업〉, 경북대 경제학과 박사학위 논문, 2002.

――――, 〈기후와 농업의 미시분석(微視分析; 1653-1655)을 통해 본 《농가집성》

(農家集成) 편찬의 배경〉, 《농업사연구》 4-2, 2005.

박성래, 〈한국사상에 나타난 천재지변의 기록〉, 《한국과학사학회지》, 1-1, 1979

———, 〈이태진(李泰鎭) 교수 "소빙기(1500-1750)의 천체 현상적 원인―《조선왕조실록》의 관련 기록 분석"〉, 《역사학보》 149, 1996.

심태현·임규호, 〈측우기 관측 자료에서 나타난 서울 강수 시계열의 특징〉, 《2007년 한국기상학회 봄 학술대회 논문집》, 2007.

이상배, 〈18~19세기 자연재해와 그 대책에 관한 연구〉, 《국사관논총》 89, 2000.

이태진, 〈소빙기(1500-1750) 천변재이 연구와 조선왕조실록〉, 《역사학보》 149, 1996.

———, 〈외계충격 대재난설(Neo-Catastrophism)과 인류역사의 새로운 해석〉, 《역사학보》 164, 1999.

이호철·박근필, 〈19세기초 조선의 기후변동과 농업위기〉, 《조선시대사학보》 2, 1997.

임규호 외, 〈서울지방 연강수량의 경년변동, 1771-1990〉, 《한국기상학회지》 28-2, 1992.

임규호·정현숙, "Interannual Variation of the Annual Precipitations at Seoul, 1771-1990", *J. of Korean Meteor. Soc.,* Vol.28, No.2, 1992.

장영민, 〈1894년 고성민요연구 1〉, 《윤병석교수화갑기념 한국근대사논총》, 지식산업사, 1990.

———, 〈1894년 고성민요연구Ⅱ〉, 《논문집》 11, 상지대, 1990.

———, 《동학의 정치사회운동》, 경인문화사, 2004.

전성호, 〈18~19세기 조선의 기후, 작황, 가격의 변동에 관한 연구〉, 《농촌경제》 25-2, 2002.

정현숙, 〈측우기 관측 강우량 자료에 근거한 한반도 건조기에 대한 연구〉, 《1999 한국수자원학회 학술발표회 논문집》, 1999.

정현숙·임규호·오재호, 〈서울 지역 강수량의 시계열에 나타난 시간 변동성 해석〉, 《한국기상학회지》 35-3, 1999.

조신섭·이정형·김병수, 〈시계열 모형을 이용한 측우기 자료의 분석〉, 《응용통계연구》 9-2, 1996.

조희구·나일성, 〈18세기 한국의 기후변동〉, 《동방학지》 22, 연세대, 1979.

최종남 외, 〈아한대 침엽수류 연륜연대기를 이용한 중부산간 지역의 고기후 복원〉, 《한국제4기학회지》 6-1, 1992.

최종남·유근배·박원규, 〈아한대 침엽수류 연륜연대기를 이용한 중부산간 지역의 고기후복원〉, 《한국제4기학회지》 6-1, 1992.

한우근, 《동학란 기인에 관한 연구》, 서울대출판부, 1984.

허진영, 〈17세기 위기론에 대한 일고〉, 《대구사학》 15·16, 1978.

和田雄治, 《朝鮮古代觀測記錄調査報告》, 조선총독부 관측소, 1917.

IPCC, Climate Change 2007.

http://www.ncdc.noaa.gov/

Won-Kyu Park, Ram R. Yadav, "Reconstruction of May Precipitation(A.D. 1731-1995) in West-Central Korean from Tree Rings of Korean Red Pine", *J. of Korean Meteor. Soc.*, Vol.34, No.3, 1998.

David D. Zhang, Jane Zhang, Harry F. Lee, Yuan-qing He, "Climate Change and War Frequency in Easter China over the Last Millennium", *Human Ecology* 35, 2007.

3부
외교와 국방

전쟁과 평화의 외교

조선 후기 한·중 외교의 성격

이 영 춘

국사편찬위원회 편사연구관

1. 전쟁에서 평화로

조선 후기 청나라와의 관계는 1627년의 정묘호란과 1636년의 병자호란이라는 두 차례의 전쟁으로 시작되었다. 호란의 참상은 이루 다 말할 수 없었다. 조선 조정은 유례없는 치욕을 겪었고, 많은 인명이 살상되거나 포로로 잡혀갔으며, 국고가 바닥났다.

표면적으로 보면, 두 나라 사이의 모든 불행한 관계는 1619년 조선군이 명나라의 요구로 후금의 수도를 치기 위한 심하(深河)의 전역(薩爾湖 전투의 일부)에 출병하면서부터 시작되었다. 이는 1627년 (인조 5)의 정묘호란과 1636년(인조 14)의 병자호란이라는 두 차례의 침략전쟁을 불러온 빌미가 되었다. 그 내용이야 어떻든 형식적으로 보면 두 나라 사이에서 선제공격을 가하였던 것은 조선이었다. 이 때문에 광해군은 매우 신중하게 이 미묘한 문제를 잘 관리하였지만, 인조반정 이후에는 그렇게 하지 못하였다.

　　1637년 1월 30일 삼전도의 항복은 비통한 것이었지만, 이것은 대명 사대외교를 끝내고 대청 사대외교를 성립시킴으로써 조선 후기의 한·중 관계에 새 장을 열기도 하였다. 조선의 군신들은 속으로 복수설치를 다짐하였지만, 청과의 새로운 외교체제를 받아들이고 전통적인 사대의 형식에 충실함으로써 강요된 평화를 이룰 수 있었다.

　　이렇게 전쟁으로 시작되었던 두 나라의 관계는 1644년 명의 멸망과 청의 중국 지배가 확정되면서 점차 안정적으로 확립되어 갔고, 이후 250여 년 동안 평화적인 관계가 유지되었다. 이것은 조·청 두 나라 사이에 동아시아의 전통적인 조공외교체제가 복원되어 잘 작동되었기 때문이다. 종주(宗主)와 번속(藩屬)이라는 불평등한 형식의 관계이기는 하였지만, 이렇게 장기간 지속되었던 안정적인 외교체제는 사실 중국이나 우리나라에서도 유례가 없었다. 청의 주변에는 조선처럼 깍듯이 정성을 바치는 속국이 없었고, 조선도 형식적인 대청 사대외교를 통해 확고히 안보를 보장받을 수 있었다. 이러한 평화체제는 고려시대는 말할 것도 없고, 여진족의 침략이 잦았던 조선 초기와 비교해 보아도 훨씬 안정적인 것이었다.

　　대청 사대관계의 성립 뒤에 조선은 북방으로부터의 외침을 걱정하지 않았다. 그것은 청과의 우호관계에서 비롯되었을 뿐만 아니라, 청 제국이 몽고 등 다른 북방민족들을 완전히 장악한 덕분이었다. 이는 1609년의 기유약조로 일본과 안정적인 외교관계를 수립한 것과 함께, 조선 후기에 완전한 국제평화와 질서를 이룩함으로써 사회·문화적인 발전을 가능하게 하였다.

청은 강력한 무력으로 조선을 굴복시켰지만, 직접적인 지배나 흡수 통합을 시도하지는 않았다. 반대로 청은 조선의 영토를 원래대로 보장하였고, 국내 정치의 자주권을 인정하였다. 다만 왕위계승, 반란의 진압, 왕실의 상·장례, 일본과의 교류 등 중요한 사항은 자체적으로 처리한 뒤에 청에 보고하였다. 1637년 항복 후에 청에 바치기로 결정된 세폐(歲幣)는 지나치게 많았지만, 점차 감액되어 결국에는 의례적이고 형식적인 수준으로 조정되었다. 이러한 양국의 관계는 물론 조선의 공손하고 능란한 외교정책에 의해서 이루어진 것이다. 그러나 청조 역시 나름대로 평화관계를 유지하기 위하여 노력하였고, 호란 이후에는 조선에 대해 전반적으로 관용적이고 우호적인 외교정책을 견지하였다. 이러한 외교관계의 발전이 조선 후기 두 나라 사이에 250여 년 동안의 평화와 안정을 가져왔다.

2. 전쟁의 외교

건주위(建州衛)의 여진족 추장 누르하치(弩爾哈赤) 세력과 조선이 충돌하게 된 것은 선조 20년(1587) 무렵부터였다. 이때는 누르하치가 건주위 전체를 통일하기 직전이었는데, 함경도와 평안도 북방의 국경 여러 지역에서 여진족의 군소 부족들이 침입하여 소규모의 전투가 일어났다. 이 해 적호(賊胡) 100여 기가 운룡(雲龍) 근처까지 들어와 백성들과 가축을 약탈해 갔다. 8월에는 적호 100여 기가 운룡 근처의 백성들과 가축을 약탈하였고, 9월에는 오랑캐 1천여 기가 혜산진을 포위하였다가 첨사 이하(李遐)에 의해 격퇴되었다. 다음해

1월에는 녹둔도에 침입한 오랑캐를 추격하여 380명을 베었으나, 2월에는 다시 혜산에 침입하여 첨사 이하가 전사하였다. 또 윤6월에는 남병사 신립(申砬)이 고미포(古未浦)의 적호 부락을 소탕하고 20명을 죽였다. 이 밖에 사소한 노략질은 매우 많았다.

선조 22년(1589) 7월에는 건주좌위 추장 누르하치 형제가 건주위 추장 이이난(李以難) 등을 병합하고 스스로 왕이라 칭한다는 등의 정보가 만포진에 귀순해 온 여진인들로부터 전해졌고, 조정에서는 대비책을 강구하기도 하였다. 이는 대체로 누르하치가 건주 지역을 통일하기 직전까지의 상황이었다.

1592년 4월 임진왜란이 일어나자 7월부터 명의 원군이 출병하기 시작하였는데, 그해 9월에 누르하치가 요동의 명 관아에 사람을 보내어 조선에 원병을 보내어 왜적을 섬멸해 주겠다는 의사를 전해 왔다. 이는 왜적의 건주 지역 침입을 예방하기 위한 방책이라고 하였으나, 명과 조선은 단호히 거부하였다. 1592년에 누르하치의 조선 출병은 실현되지 않았으나, 이때부터 그가 조선에 관심을 가지고 있었음이 분명하였다.

1601년에 누르하치는 만포에 사람을 보내어 조선으로부터 직첩을 받고 싶다는 국서를 보내왔으나, 만포첨사는 그가 이미 명으로부터 용호장군(龍虎將軍)을 받은 것을 이유로 거절하였다. 이후 상당 기간 누르하치는 해서여진(海西女眞)의 정복과 내부 통일 문제에 골몰하여 조선과 별다른 흔단을 일으키지 않았다. 오히려 그는 압록강·두만강 일대의 여진 부족들을 모두 건주로 징집하여 갔으므로 조선과의 변경에서 분쟁의 소지를 없애주기도 하였다.

조선이 후금과의 악연에 말려들게 된 것은 명이 1619년(광해군 11)에 후금을 치기 위해 조선에 출병을 요청하면서부터였다. 조선에서는 이 문제로 논란이 분분하였으나, 임진왜란 때 명의 원군에 의한 '재조지은'(再造之恩)의 빚이 있었기 때문에 출병하지 않을 수 없었다. 이것이 바로 심하 전역의 출병이었다. 결국 1619년 2월 22일에 조선은 도원수 강홍립(姜弘立), 부원수 김경서(金景瑞) 이하 약 1만 3천여 명의 대군을 파견하게 되었다.

그러나 명 총병관 유정(劉綎)의 휘하에 배속되었던 조선군은 3월 4일 관전(寬甸) 북쪽의 아포달리강(阿布達里岡)에서 패전하고, 부찰(富察; 富車)에서 전군이 투항하였다. 이때 강홍립은 적진에 사람을 보내 조선이 후금에 원한이 없으며 명의 요구에 따라 부득이 출병하였음을 설명하여 화를 면하였다. 이후 강홍립 등의 장관은 후금에 억류되었고, 병졸들은 포로로 각지에 분급되었다가 각기 도망하여 왔으나, 생환자는 수천 명이 되지 않았다고 한다.

조선군의 투항으로 인해 후금은 조선을 크게 원망하지 않았으나, 조선은 좌불안석에 빠지게 되었다. 비록 명의 요구에 따른 것이기는 하였지만, 후금의 땅에 침입하여 선제공격을 하였으므로 교전당사국이 되었고, 언제든지 보복을 당할 처지에 놓였다. 그렇다고 하여 이미 기울어져가는 명의 지원을 받기도 어려웠다. 그렇지만 200여 년 동안 사대관계를 유지하였던 명을 버리고 후금과 우호관계를 수립하기도 어려웠다. 이 때문에 광해군은 두 나라 사이에서 조심스럽게 균형외교를 펼치지 않을 수 없었다.

이후 광해군은 후금에 많은 예물을 보내는 등 유화책을 견지하고,

그들을 자극하지 않은 방향으로 실리외교를 펼치고자 하였다. 이 때문에 누르하치 치세 동안에는 조선과 더 이상 분쟁을 만들지 않았고, 국서를 왕래하기도 하였다. 그러나 명분의식에 젖어 있던 조정의 신하들은 후금의 국서를 거부하고 대명 의리와 은혜를 강조하면서 흔단의 소지를 만들었다. 그들은 광해군의 후금에 대한 실리적인 외교를 반대하여 군신 사이에 갈등관계가 조성되기도 하였다.

광해군의 후금 외교정책은 인조반정의 중요한 명분이 되었다. 후금에 대한 유화정책과 균형외교는 바로 명에 대한 배신으로 규정되었던 것이다. 따라서 인조는 즉위 직후 명에 대한 사대의리를 천명하고, 다음 달에 이경전(李慶全) 등을 책봉주청사로 보내 자신의 반정을 알리고 책봉을 요청하였다. 이 요청은 그 해 12월에 수용되었고, 다음해 4월에 명의 칙사가 황제의 고명(誥命)을 가지고 와서 책봉례를 거행하였다. 책봉 칙서에는 물론 건주에 공동으로 대항해야 할 의리와 구체적인 군사 협조 방안까지 명시하였다. 이로써 인조정권의 대외정책 방향이 결정되었다.

인조는 후금의 침략에 대비하기 위해 그 해 4월에 장만(張晩)을 도원수로 임명하여 평양에 주둔시키고, 6월에는 이괄(李适)을 부원수에 임명하여 영변에 주둔시켜 적을 막도록 하였다. 이들에게는 가도(椵島)의 명장(明將) 모문룡(毛文龍)과 합동작전을 하도록 지시하였다. 그러나 다음해 1월 부원수 이괄이 한명련(韓明璉) 등과 결탁하여 반란을 일으키고 2월에 수도가 함락되자, 왕이 공주로 피난하는 등 한바탕 소동이 벌어졌다. 그러나 안현(鞍峴) 전투에 패한 이괄이 2월 15일에 부하들에게 암살되자 난은 곧 진압되었다. 이후 이괄의 잔여세력(韓明璉의 아들 韓潤 형제 등)이 후금으로 도망하여 조선의 친명배금 정책을 알려주는 등 위기를 불러왔다. 이는 1627년(인조 5) 정묘호란의 도화선이 되었다.

청 태종은 누르하치 때부터 조선 공략을 주장하던 사람이었다. 그는 1626년 9월 1일 즉위한 지 5개월도 되지 않은 다음 해(1627) 정월 13일에 패륵(貝勒) 아민(阿敏) 등에게 3만의 군사를 주어 조선을 치게 하였다. 그가 내세운 표면적인 침공 명분은 1619년 조선군이 심하에 출병한 일, 가도에 주둔한 모문룡군을 지원한 일, 조선이 요동의 명나라 피난민들을 받아들인 일, 청 태조(누르하치)의 상에 조문하고 태종의 즉위를 축하하지 않은 일 등 이른바 '사종뇌한'(四宗惱恨)이었다. '사종뇌한'은 후금이 명을 칠 때 명분으로 내세운 '칠종뇌한'(七大恨)과 흡사한 선전포고의 명분이었다. 그러나 실제로는 명을 치기 위한 배후세력의 제거 등 전략적인 목표와 무순 침공 이후 명과의 교역 단절로 인한 물자난과 흉년으로 인한 기근 등을 타개하기 위한 목적도 있었다. 그리고 궁극적으로는 조선을 굴복시켜 동맹국으로 삼으려는 목적도 있었다.

정월 13일에 바로 의주가 함락되었고, 그 소식이 전해진 19일에 조정은 곧 왕과 세자의 분조(分朝)를 결정하고, 강화도로 피난할 것을 결정하였다. 이어 21일 능한산성(陵漢山城)이 함락되고, 안주·평양이 차례로 함락되자 1월 27일 인조는 강화로 피난하였다. 그러나 후금군은 평양을 함락시키기도 전에 강화를 요구하는 문서를 보내왔다. 이를 보면 후금은 조선에서 장기적인 전투를 치르기보다, 신속히 강화를 체결하여 조선을 동맹국으로 만들고자 하였던 듯하

다. 이에 조선에서도 1월 25일 답서를 보내어 '사종뇌한'에 대한 조
선의 입장을 설명하고, 강화를 원한다면 빨리 철군하라고 요구하였
다. 후금군은 더 이상 서울로 진입하지 않고 황해도 평산에서 조선
의 반응을 기다리고 있었다.

　조선도 당시의 형편으로는 후금을 격퇴할 자신이 없었으므로 강
화를 할 수밖에 없었다. 비록 삼사(三司)를 비롯한 척화파의 집요한
반대가 있었지만 인조와 대신들은 강화를 추진하였다. 쌍방간에 한
달 이상의 논란과 복잡한 협상과정을 거친 다음, 3월 3일 밤 백마(白
馬)와 흑우(黑牛)를 잡아 희생을 차려놓고 인조와 대신들 및 후금
장수들이 함께 서서 회맹의식을 거행하고 맹약을 다짐하였다. 이 맹
약의 주 내용은 양국이 각기 영토를 보장하고 상호 침범하지 않으
며, 화친을 어기면 천벌을 받는다는 것이었다. 그리고 사전협의에
따라 두 나라가 형제의 의를 맺고, 조선은 명과 외교를 유지하지만
명 연호는 쓰지 않으며, 청과 국교를 맺어 명과 청을 똑같이 대우하
기로 하였다. 그리고 강화의 성립과 동시에 후금군은 철수하기로 하
였다.

　이때 세폐 문제는 명확히 거론되지 않았으나, 후금은 명에 대한
조공과 똑같이 하는 것으로 이해하였고, 조선은 세폐 액수는 결정되
지 않았으므로 적절히 감안하여 형편대로 하는 것으로 이해하였다.
애매하게 처리한 세폐 문제는 나중에 많은 갈등을 일으켰고, 끝내는
병자호란의 원인을 만들기도 하였다. 동상이몽과 같은 세폐 수목은
여러 해 갈등 끝에 1633년에 최종 확정되었다. 그것은 아래 표와 같
다. 이 세폐는 춘추 2회 신사(信使)를 정하여 보내었다.

정묘호란 후 1633년의 춘·추 신사(信使)의 예단 물목

물품	수량
各色彩花席	100장
苧布·麻布	600필
各色綿紬	60필
各色木棉	7,000필
霜華紙	500권
白綿紙	1,000권
豹皮	50장
水獺皮	200장
靑黍皮	160장
丹木	200근
好刀	8자루
小刀	8자루
細龍席	1장
胡椒	10두
黃栗	10두
大棗	10두
乾柿	50첩
全鰒	10첩

여기에는 각색 면포가 7천 필(연 1만 4천 필)로 매우 과중하였는데, 이는 당시 후금이 명과의 교역 단절로 수요가 매우 많았기 때문이다. 이렇게 정한 세폐도 당시 여러 가지 사정으로 잘 지켜지지 않았다. 이는 결국 다른 문제들과 겹쳐 1636년의 병자호란을 유발하게 되었다.

1627년 정묘호란 뒤 10여 년이 지나는 동안 조선과 후금 사이에는 많은 곡절이 있었다. 그 가운데 가장 큰 문제가 된 것은 가도에 진을 치고 있었던 모문룡군 지원 문제, 도망 온 조선인 부로들의 환송 문제, 세폐와 무역 문제, 그리고 서로 상대방에게 책임을 물어 비난하

였던 맹약 파기 문제 등이었다. 이러한 것들이 병자호란의 배경이
되었다. 조선은 약속한 세폐를 다 보내지 않았고, 후금은 모문룡군
을 치기 위하여 때때로 압록강을 건너 침입해 오기도 하였다.

청 태종은 여러 차례 몽고를 정벌하여 1635년에는 몽고족의 종주
국이었던 차하르(察哈爾)를 평정하고 대원전국(大元傳國)의 옥새를
얻었다. 이를 계기로 그는 다음해 4월 11일에 만주와 몽고 여러 부
족의 추대를 받는 형식으로 황제위에 올라 '관온인성황제'(寬溫仁聖
皇帝)라는 존호를 받고, 국호를 대청(大淸), 연호를 숭덕(崇德)으로
고쳤다. 그 전 2월에 만주와 몽고의 패륵(貝勒; 族長) 대표들은 조선
에 사신을 보내어 청 태종의 황제 추대에 동참할 것을 요구하였다.
그러나 조선에서는 척화파가 정국을 주도하면서 이러한 요구를 패
륜적이라고 성토하고 사신들을 감금할 것을 주장하였다. 이에 위협
을 느낀 후금의 사신들은 도주하였고, 중간에 후금과의 전투를 대비
하라는 국왕의 격문을 탈취하여 돌아갔다. 또 당시 심양에 있던 조
선 사신들은 황제의 추대식에 억지로 참석하였으나 끝내 절을 하지
않았다.

이에 청 조정은 격앙하여 정벌론이 일어났으나, 청 태종은 조선을
치는 대신 그 해 5월에 먼저 명을 치도록 하였다. 이렇게 풍전등화
같은 상황에서도 조선 조정은 척화와 주화로 대립하였고, 공문 없는
사신을 심양에 보내기도 하면서 전쟁을 막아보려고 하였다.

결국 그 해 12월 2일에 압록강을 넘어 청군의 침공이 시작되었다.
11일 적군의 침입 소식이 서울에 전해지고 3일 만인 14일에 갑자기
청나라 병사들이 서울에 들이닥쳤다. 그 전날 종묘의 신주, 세자빈

과 봉림대군 등 왕족과 고관들의 가족은 강화도로 피난하였으나, 임금과 신하들은 강화도로 피난할 시간을 놓치고 14일 밤 남한산성으로 들어갔다. 적군이 산성을 포위하여 내외의 통신이 끊어지자 왕과 신하들은 고립되고 말았다. 여기서 47일 동안의 항전이 벌어졌다. 항전은 치열하였으나 비축한 식량이 고갈되어 군사들이 동요하고, 다음해 1월 26일 강화도가 함락되자 마침내 항복하게 되었다.

1월 30일 인조는 삼전도에 나와 청 태종에게 3배 9고두의 예를 올리고 항복하였다. 항복의 조건은 1월 28일 양국의 강화 대표들에 의해 확정되어 통지되었다. 이것은 청 태종이 자비롭게도 지난날 조선이 "지은 죄를 모두 용서하고 규례를 상세하게 정하여 군신이 대대로 지킬 신의로 삼는 것"으로서, 그 내용은 대략 아래와 같다.

1. 明의 誥命과 冊印은 (淸에) 납부하고, 명에 사신 왕래를 근절하며, 명의 연호를 사용하지 않는다.
2. 세자와 왕자 1인 및 대신들의 자제를 質子로 보낸다.
3. 淸이 명을 칠 때는 군사를 징발하여 지원하고, 椵島 정벌에 병선 50척과 군량을 지원한다.
4. 聖節·正朝·冬至 및 慶弔事의 예물과 表文은 대신 및 內臣이 봉헌하며, 表文·箋文 등의 형식 및 詔勅·傳諭 때의 謁見과 迎送 예절은 명의 예에 의한다.
5. 청군에 잡힌 포로 중 압록강을 건너 도망 온 자는 송환하고, 贖還할 경우에는 (淸) 本主의 편의대로로 한다.
6. 내외 제신은 혼인으로 화호를 다짐한다.
7. 신구 성벽의 개축을 금지한다.
8. 조선에 사는 오랑캐(兀良哈)인들은 모두 찾아 (淸에) 돌려보낸다.

9. 조선과 일본의 무역은 허용하되, 그 사신을 심양에 인도하여 연공
   을 정한다.

이것은 흔히 '정축맹약'이라고 알려져 있지만, 사실 일방적으로 통고된 항복조건이었다. 1월 30일의 항복식도 인조가 청 태종에게 절하고 복종을 다짐하는 항복의식이었을 뿐 평등한 당사자들끼리의 회맹의식은 아니었다. 이것은 청 태종이 말한 "이제 두 나라가 한 집안이 되었다"는 선포를 확인하는 의식이었다.

위의 항복조건들은 모두가 조선에게 가혹한 것이었지만, 특히 비참하게 한 것이 바로 세자와 왕자 1인 및 대신들의 자제를 인질로 잡아간 것이다. 우리 외교사에서 유례가 없었던 이 인질은 청이 조선의 복종을 물리적으로 강제한 것으로, 오랜 존명반청 정책 때문에 자초한 결과라고도 할 수 있다. 이후 소현세자 일행은 1645년까지 8년 동안 심양에 인질로 잡혀 있었다. 소현세자는 장기간 심양에 거주하면서 청의 사정을 본국에 전달하고, 조선의 입장을 대변하며, 현안 문제를 조절하는 등 외교적 역할을 하였다. 이러한 기능을 수행함으로써 그가 거처하는 심양관은 조선정부의 대표부 역할을 하게 되었다.

1637년부터 1645년까지 심양에 억류되었던 소현세자는 일정한 외교적 기능을 수행하였지만, 인질의 지위를 벗어날 수 없었다. 청은 그를 통해 조선에 군사 징집과 전쟁물자 징발을 강제하였고, 조선의 협조가 미온적일 때는 인조의 왕위교체를 거론하는 등 정치적인 압력을 행사하였다. 사실 삼전도에서의 항복조건에는 왕(인조)

이 딴 마음을 품을 경우 세자를 왕으로 세우겠다는 조항이 있었다. 실제로 청은 조선이 불만을 표할 때마다 은근히 인조를 퇴위시키거나 심양으로 입조시키겠다는 풍설을 흘렸기 때문에 조선의 군신들은 전전긍긍하지 않을 수 없었다. 다른 사정들이 있기는 하였지만, 이 인질 때문에 조선은 꼼짝 없이 청에 예속되어 순종할 수밖에 없었다.

양국의 지배-복종 관계를 인질로 묶어두는 방식은 쌍방의 신뢰가 뒷받침되지 않은 매우 원시적이고 비정상적인 외교 방법이다. 이것은 청이 물리력으로 복종시킨 것이지 성심에서 우러난 사대 관계는 아니었다. 이는 중국의 전통적인 외교방식에서 완전히 어긋나며, 두 나라가 정상적인 관계를 회복하기 위하여 청조가 지양해야 할 것이었다. 이는 결국 1644년 명이 멸망한 뒤에 비로소 실현되었다.

3. 평화의 외교

인조는 1636년 남한산성에서 미증유의 위기를 겪고 삼전도에서 오랑캐에게 항복하는 수치를 겪은 뒤에 완전히 자존과 저항의식을 잃고 주화파 관료들을 등용하여 친청 정책을 취하지 않을 수 없었다. 삼전도 항복 이후 인조는 두 번 다시 복수설치를 거론할 수 없었다. 이 때문에 인조는 여전히 존명의식을 가지고 있던 신하들로부터 비판을 받았다.

1644년의 명 멸망은 조선에 크나큰 충격을 주었고, 대청관계를 정상화하는 데도 커다란 계기가 되었다. 조선의 조야에서는 언제인가 명이 국력을 회복하여 청을 타도함으로써 대명 사대관계가 복원되기를 바라고 있었다. 이 때문에 암암리에 명과 비공식적인 연락체계를 유지하려고 노력하였다. 그러나 1644년 청이 중원의 주인이 됨으로써 이러한 희망은 완전히 깨어지고, 현실을 그대로 인정하지 않을 수 없게 되었다.

1645년 1월까지 중국의 대부분을 평정한 청은 대외관계에도 자신감을 가지게 되었고, 조선에 대해서도 비교적 관용적인 정책을 취하였다. 소현세자는 1644년 4월 청의 중원 진격 작전에 종군하였고, 9월에는 북경으로 거처를 옮겼다가 그 해 12월에 영구 귀국을 허가받았다. 그는 1645년(인조 23) 2월 18일 서울에 귀환하였으나, 4월 26일에 급서하였다. 함께 인질로 갔던 봉림대군은 6월에 귀국하여 9월에 세자로 책봉되었다. 이로써 청과 조선 사이에 목구멍의 가시와 같았던 질자 문제는 해결되었고, 모든 것은 평상 체제로 돌아갔다. 아울러 이 해에 세폐가 대폭 감축됨으로써 조선은 큰 짐을 덜었다. 이때부터 두 나라 사이에는 물리적 강제가 아니라 신뢰에 기반한 사대외교가 이루어지게 되었다. 이로써 1619년 조선의 심하 전역 출병에 따라 긴장되고 두 차례의 호란으로 격화되었던 전시 상황이 끝나고 평화체제를 수립하게 된 것이다. 이는 또한 형식면에서 조선 전기 대명 사대외교 체제, 즉 조공-책봉 체제가 완전히 복원되는 것을 뜻하였다.

효종대(1649~1659)의 북벌론은 인조대 후반기의 친청 정책에 대한 조야의 반발에서 시작되었다고 할 수 있다. 그것은 효종 자신의 의지도 내포되었지만, 당시 지식인들 사이에 만연하였던 복수설치

주장을 거부할 수 없었기 때문이다. 당시 극도로 고조되고 확장되어 있던 청의 무력을 상대로 북벌을 감행한다는 것은 있을 법하지 않았지만, 1637년 이후 피폐되었던 군비를 최소한으로나마 재건해야 한다는 것이 효종의 생각이었다. 그것은 당시 조선이 국가로서의 모양을 갖추기 위한 기초적인 과제였다.

효종 연간은 병자호란으로 야기된 대내외적 위기와 혼란이 점차 수습되어 안정을 찾아감으로써 새로운 활로를 다각적으로 모색하려 하였던 시기였다. 효종은 즉위하자 곧 김집·송시열 등 산림세력을 등용하여 조정의 분위기를 쇄신하고 군비를 정비하는 등 중흥의 기운을 일으키기 시작하였다. 산림세력에 의해 탄핵을 받게 된 김자점(金自點)과 신면(申冕) 일파는 위기를 느껴 역관 이형장(李馨長) 등을 통해 청에 조선의 군비증강과 반청세력의 등장을 밀고하고, 산림 일파를 잡아가도록 공작하였다. 이 때문에 청에서 조선의 동향을 조사하기 위해 칙사가 세 차례나 나오기도 하였다. 이러한 정치 과정에서 김자점 일파는 다음해 모반죄로 일망타진되었다. 그 뒤에도 조선은 왜인의 침략에 대비한다는 구실로 성지를 보수하고 화약을 제조하는 등 군비를 증강해 나갔다. 반청활동으로 인식된 이러한 일련의 조치들은 때때로 청에게 탐지되어 두 나라 사이에 긴장을 조성하기도 하였다.

효종대의 대동법 확대 실시와 군비증강은 이 시대의 자활 노력을 보여주는 것이다. 군비확장은 정축 항복에서 금지된 것이어서 여러 모로 어려운 일이었으나, 효종은 즉위 3년(1652)부터 꾸준히 군액증가, 성곽보수, 무기정비, 훈련강화를 추진하였다. 이러한 군비증강은 이른바 '북벌'을 감행하기에는 태부족이었지만, 그 결과로 1654년과 1658년 두 차례의 나선정벌에서 실력을 과시하기도 하였고, 왕권의 강화에도 도움이 되었다. 그러나 이러한 일들은 자주 청에 포착되어 사문을 받는 등 두 나라 사이에 외교적 마찰을 빚었다. 그때마다 조선에서는 사신을 파견하여 변명과 무마에 진력하였다. 이때 조선 측에서 주로 내세운 핑계는 왜적의 침입에 대비한다는 것이었다. 청에서도 이러한 조선의 의도와 내막을 파악하고 있었으므로 여러 차례 경고를 하기도 하였다.

이와 같이 효종대는 여러 가지 어려운 여건 속에서도 국력회복의 노력을 기울였고, 이것이 때때로 반청운동으로 간주되어 청과 심각한 갈등을 빚기도 하였지만, 결정적인 파국을 초래하지는 않았다. 이것은 당시 조선 정부의 적절한 외교정책으로 가능하였고, 인평대군과 같은 유능한 외교관들이 그 사이에서 노력하였기 때문이라고 할 수 있다. 그러나 효종대의 북벌론과 군비증강은 청에 대한 조선의 반발을 보여준 마지막 노력이었다.

현종대 이후에는 조정에서 공식적으로 복수설치를 말하거나 청을 대상으로 군비확충을 논의하는 일은 거의 없었다. 1662년(현종 3)에 명 최후의 부흥운동을 벌였던 황족 계왕(연호 영력)이 미얀마로 축출되어 죽음으로써 명의 존재는 완전히 사라졌다. 그 동안 조선에 지나친 부담이 되었던 세폐는 효종대에 대부분 감액되었다. 또 청에 잡혀갔던 조선인 부로들의 도망도 어느 정도 종식되었으므로 현종대에는 대청 관계를 악화시킬 소지들이 많이 정리되었다.

다만 1673년(현종 14) 11월에 중국 남부지방에서 '삼번(三藩)의

난'이 일어나자, 그 해 12월 남인의 중심인물이었던 윤휴가 잠시 북
벌론을 주창하였다. 그러나 영의정 허적 등이 시세의 형편을 들어
반대함으로써 무시되었다. 중국에서 일어난 이 내란은 북벌의 좋은
기회가 될 수도 있었으나, 당시 조선 조정은 이미 대청외교에 깊이
빠져 있었으므로 이러한 북벌론이 채택될 수 없었다.

조선 후기 내내 재야 지식인들은 반청 의식에 젖어 있었지만, 북
벌론이나 대청 저항운동은 두 번 다시 일어나지 않았다. 그리고 현
종대 이후에는 평화롭고 우호적인 대청외교가 일정한 체제를 갖추
어 정착되었다. 이것은 기본적으로 1637년 체제를 바탕으로 하였지
만, 1644년 이후의 국제 환경과 효종대의 반동을 거쳐 현종대에 확
립되었다고 할 수 있다. 이는 그 뒤 200여 년 동안 변함없이 유지되
었고, 어떠한 심각한 문제도 불러일으키지 않았다. 이것이 조선 후
기의 안정적인 대청관계에 기초가 되었다.

이 민족 사이에 전쟁으로 시작하여 많은 우여곡절을 겪음으로써
매우 험난하였던 청과 조선의 관계가 정상적인 외교관계를 수립하
는 과정에는 몇 가지의 난관들이 가로놓여 있었고, 그것을 극복할
수 있는 조건들이 해결되어야 하였다.

첫째는 초기 양국의 관계에서 커다란 장애물이 되었던 명의 존재
와 그에 대한 조선의 정책 및 존중심이었다. 1637년에 항복한 뒤에
도 명과 조선 사이에는 암묵적인 사람들의 왕래와 명군·명인들에
대한 지원이 있었다. 이것은 1644년까지 대청관계에서 자주 현안이
되었다. 그러나 1644년에 명이 멸망하고 청이 중원을 지배함으로써
저절로 해결되었다. 그 뒤에도 조선의 조야에는 존명배청 의식이 남

아 있었고, 때때로 문제가 되기도 하였지만, 그것이 대청외교에 결정적인 문제가 된 적은 없었다.

둘째는 1637년 이후 심양에 잡혀갔던 세자와 대군 및 대신 자제들의 인질 문제였는데, 이 또한 1644년 청의 입관 이후 그들이 송환됨으로써 해결되었다. 이는 명의 멸망으로 더 이상 후환이 없을 것이라는 청의 판단에 따라 이루어졌다. 이로써 양국 사이에는 인질과 같은 물리적인 강제 없이 진정한 신뢰 관계가 구축되는 중요한 계기가 되었다.

셋째는 정묘·병자호란 때 잡혀간 조선인 포로들의 속환과 도망해 오는 사람들[走回人]의 환송 문제였다. 포로들의 속환은 몇 차례에 걸쳐 진행되었고, 도망 포로들도 소수를 압송함으로써 진정될 수 있었다. 이 문제는 40여 년이 지난 현종대까지도 계속 현안 문제가 되었으나, 숙종대에 이르면 조선인 포로들도 현지에 정착하게 되어 거의 도망해 오는 일이 없었다.

넷째는 1637년 이후 1644년까지의 군사·군량·병선 등의 징발 문제였다. 이 기간 동안 조선은 대체로 5천 명 정도의 병력을 파견하고 그것을 유지하기 위한 군수품을 지원하였다. 또 1639년(인조 17)에는 극동 웅도를 토벌하기 위하여 포수 400, 사수 100, 선박 112척을 서수라에서 파견하기도 하였다. 그리고 효종대에 두 차례의 나선 정벌로 각각 150명, 250명 단위의 군사를 파견하였다. 청의 조선군 징발은 이것으로 끝나고 다시는 문제화하지 않았다.

다섯째는 1637년 항복 때 책정된 과도한 세폐의 감액 문제였다. 여기에는 황금 100냥, 은 1천 냥, 면주(綿紬) 2천 필, 목면 1만 필,

미곡 1만 포 등 지나치게 많은 액수의 물품이 포함되어 있었다. 이는 동지·정조·성절 삼절의 방물과 함께 전후 조선에 큰 부담이 되었다. 그러나 미곡은 3년 뒤인 1640년에 9천 포가 감액되고, 1647년에 다시 900포가 감액되었다가 결국에는 찹쌀 40포로 정착되었다. 목면과 명주도 이러한 추세로 감액되고, 금과 은의 연공도 숙종대에 폐지되었다. 그래서 정축 항복 때 정한 세폐는 현종대까지 대부분 감액되어 이후에는 사대의 상징적인 의례로만 남게 되었다. 이로써 조청관계를 막고 있던 여러 가지 현안 문제들이 대부분 해결되었고, 정상적인 외교체제가 정비되어 작동하게 되었다.

1637년 조선이 청의 항복 요구 조건들을 받아들이고 남한산성에서 출성하자, 대명외교는 단절되고 대청 사대외교가 그 자리를 차지하였다. 그리고 그 형식이나 내용도 한결같이 전례를 따르게 되었고 조선은 이를 충실히 이행하였다. 인조반정 이후 존명배청 정책을 취하였다가 전화를 입고 망국의 위기를 겪은 다음 조정에서 공식적으로 배청을 거론하는 일이 없었다. 이후 조선은 청에 대하여 순종하고 적대적인 행위를 한 적이 없었지만, 청은 한동안 의심과 감시를 소홀히 하지 않았다. 그러나 1644년 명이 멸망한 뒤에는 그렇게 할 필요가 없었으므로 세자·대군의 송환과 함께 조선은 비로소 속박에서 풀려났다.

4. 조선 후기 한·중 외교의 성격

17세기 초에 시작되었던 조청관계는 세 차례의 전쟁을 포함하여 여러 번 험난한 고비를 겪었음에도, 조선의 영토나 내정은 의외로 간섭을 받지 않았고 현안 문제가 된 적도 없었다. 이는 조선이 고도의 외교적 노력으로 자신의 영역과 자주권을 확고히 보장받은 것이었다. 이는 또한 인접국과의 평화를 통해 천하의 질서를 유지하고자 하였던 청조의 외교정책에도 기인하였다. 형식적인 종주-종속 관계 속에서 거의 완전한 자주권을 행사할 수 있었던 것이 조선 후기 조청관계에서 드러나는 가장 큰 특징이라고 할 수 있다.

1644년 이후 동아세계의 지배자가 된 청조의 황제는 중국 역대 정통왕조의 전통에 따라 천하의 주인으로 자처하였고, 비록 만주족이 최상위 지배층이 되기는 하였지만, 그들이 정복한 한족이나 인접국 사람들도 똑같은 '적자'(赤子)로 대우한다는 '일시천하'(一視天下)의 관용정신을 표방하였다. 이 때문에 청조의 권위에 도전하거나 모욕하지 않는 한 주변국들을 침범하지 않았고, 조선도 위협이나 간섭을 받지 않았다.

1637년 삼전도 항복 이후의 조청관계는 기본적인 성격에서 전쟁으로 정복되고 병합된 종주-예속국의 관계라는 점을 부인할 수 없다. 이는 자발적으로 의제적 봉건관계에 들어갔던 조선과 명의 관계와는 매우 달랐다. 전자는 무력에 의해 강요된 사대관계였고, 후자는 자원에 의해 전략적으로 채택한 사대관계였다.

1637년 조선과 청의 기본적인 지위를 확정한 이른바 '정축맹약'은 대등한 관계에서 이루어진 맹약이 아니라, 사실상 조건부항복의 '항복조건'이라 할 수 있다. 그것은 청과 조선 사이에서 '군신이 대대로 지킬 신의'의 예규였다. 그것은 정묘호란 때 인조와 후금의 지휘관들 사이에서 행해졌던 맹약의식과는 완전히 성격이 달랐다.

조청관계가 전쟁으로 정복되어 병합된 종주-속국 관계였다고 하더라도, 조선의 국내 통치는 완전한 자치에 맡겨졌다. 일반 행정은 말할 것도 없고 왕위계승자의 선정과 같은 것에도 청이 간섭하는 일은 없었고, '책봉'이라는 사후 추인의 절차만 있었다. 다만 조선의 군비증강이나 군사 활동은 청이 민감하게 감시하고 통제하였다. 따라서 조선은 청의 간섭을 받는 자치국 지위에 있었다. 오늘날과 같은 외교적인 평등관계는 당시 조선과 중국 사이에 있을 수 없는 것이었다.

비록 청의 간섭 아래 있었다고 하더라도 조선 고유의 영토는 완전히 보장되어, 청에 의해 침해받는 일이 없었다. 국경선은 엄격히 준수되었고, 상호 허가 없는 무단 월경은 금지되었다. 압록강과 두만강 북쪽 청의 국경지대에는 공한지대가 설정되어 상호 충돌이나 접촉이 일어나지 않도록 관리되었다. 조청 양국의 현안 문제는 반드시 상호 협의하여 처리하였고, 청이 일방적으로 결정하는 일은 없었다.

특히 영토 문제에서는 압록강-백두산-두만강 경계가 확실히 지켜져 상호 침범하는 일이 없었고, 압록강·두만강 이북에는 양국 국민이 충돌하지 않도록 북쪽(청 지역)으로 약 40에서 50킬로미터 거리를 두고 공한지 또는 완충지대가 설치 운영되었다. 이는 청에서 한인 등이 백두산 쪽으로 유입하는 것을 막기 위해 설치한 것이었지만, 이 완충지대의 운영에는 조선쪽에서도 상당한 발언권을 가졌다. 예를 들면 1715년(숙종 41)에 안도의 벌채꾼들과 영고탑 관병들이 두만강 대안에 둔을 치고 집과 막사를 건설하자, 조선에서는 이를 황제에게 통지하여 후방으로 철수토록 하였고, 청은 이를 수용하여 이후에는 청인들이 두만강 근처에서 집을 짓거나 농사를 하지 못하게 금지하였다.

1731년(雍正 10, 영조 7)에는 청의 심양장군(瀋陽將軍) 등에 의하여 압록강 건너편 청 지역 초하(草河)와 애하(靉河)가 만나는 어귀에 망우초(莽牛哨) 방신(防汛)을 설치하는 문제가 제기되었는데, 조선의 끈질긴 반대로 설치하지 못하였다. 또 1746년(乾隆 11년, 영조 22)에도 청의 장군들은 다시 망우초에 관병을 파견하고 둔전을 설치하고자 하였으나, 조선 정부에서 강력히 이의를 제기하여 중지시켰다. 아울러 책문을 압록강 쪽으로 전진하여 설치하려던 공사도 중지시켰다. 따라서 이 공한지나 압록강의 관리에 대하여는 조선 측에도 일정한 발언권이 있었다. 이렇게 조선은 자국의 영토를 지키려 노력하였고, 청도 조선의 영토와 자주권을 존중하였다.

중한관계의 오랜 관례에 따라 청에 바치는 조공은 연공(세폐)과 예물(방물) 모두 토산물 중심의 의례적인 것이며, 조세의 성격을 갖는 것은 아니었다. 1637년에 처음 정한 세폐수목에는 쌀과 금·은 등의 화폐적 성격을 갖는 것도 포함되었지만, 이들은 곧 감면되고 모시·명주·화문석·모피·종이 등이 예물의 중심을 이루었다. 이는 중국 각 성에서 중앙정부에 납부하는 조세와는 성격이 달랐다. 황제가 주는 회사품도 물론 의례적인 것이었다. 이는 조청 사대관계가 의례를 중시하는 외교 형식이었음을 말해준다.

조선과 청은 세 차례 전쟁을 겪으면서 많은 우여곡절이 있었지만, 청은 대체로 조선 국왕의 직접적인 책임을 묻지 않았다. 전쟁 유발

책임을 포함하여 청은 모든 것을 조선의 신하들이 오도한 것으로 책망하였고, 국왕을 연루시키지 않았다. 이것은 청의 고차원적인 외교술이었다고 할 수 있다. 조선의 국왕들도 개별 사안의 책임을 모두 신하들에게 전가하였다. 이러한 외교방식이 두 나라의 관계를 파국으로 몰고 가지 않게 하였다.

청의 조선에 대한 온건하고 관용적인 정책은 초기에는 조선과 명의 접근이나 유대를 끊기 위한 기술적인 정책에서 나온 것이었지만, 곧 청의 대조선 외교에서 일관된 방침이 되었다. 이에 대해 조선도 최대로 공손한 형식을 다하였지만, 진정에서 나온 것은 아니었다. 청과 조선 두 나라 사이에서 이루어졌던 이러한 오랜 평화관계는 양국의 안보와 사회 안정을 위하여 매우 효율적으로 작동하였다고 할 수 있다.

병자호란에서 항복함으로써 이루어졌던 조청관계도 결국 조선 전기의 조명관계와 크게 다르지 않았다. 그리고 국방이나 경제적 측면에서는 훨씬 유리해진 측면도 있었다. 이러한 외교는 정통 중원국가와의 전통적인 사대외교의 형식 때문이기도 하였지만, 언제든 병자호란과 같은 무력적 징벌의 가능성이 있었기 때문에 조선이 세심하게 주의하여 관리해 나간 결과라고 할 수 있다. 비록 진심에서 우러나온 것은 아니었지만, 조선은 비용이 들지 않는 외교적 언사를 다하여 청과 적절한 관계를 유지할 수 있었고, 이러한 평화체제를 효율적으로 잘 관리하였다.

참고문헌

《조선왕조실록》, 《통문관지》, 《동문휘고》, 《연려실기술》
《만주실록》, 《청태조실록》, 《청태종실록》

계승범, 〈광해군대 말엽(1621~1622) 외교노선 논쟁의 실제와 그 성격〉, 《역사학
　　　보》 193, 2007.
김구진·이현숙, 〈《통문관지》의 편찬과 그 간행에 대하여〉, 《국역 통문관지》 1,
　　　세종대왕기념사업회, 1998.
김용덕, 〈소현세자연구〉, 《사학연구》 18, 한국사학회, 1964.
김윤제, 〈규장각 소장 《통문관지》의 간행과 판본〉, 《규장각》 29, 2006.12.
김종국 외, 《중국 조선족사 연구 Ⅰ》, 서울대출판부, 1996.
김종원, 〈통문관지의 편찬과 중간에 대하여〉, 《역사학보》 26, 1965.
─────, 《근세 동아시아관계사 연구─조청교섭과 동아삼국교역을 중심으로》, 혜
　　　안, 1999.
박용옥, 〈정묘란 조선피로인 쇄·속환고(刷·贖還考)〉, 《사학연구》 18, 한국사학
　　　회, 1964.
원유한, 〈조선후기 대청관계 및 인식의 변화〉, 《아세아문화연구》 4, 경원대학교
　　　아시아문화연구소, 2000.
전해종, 〈여진족의 침구〉, 《한국사》 12, 국사편찬위원회, 1977.
최소자, 〈호란과 조선의 대명·청관계의 변질─사대·교린의 문제를 중심으로〉,
　　　《이대사원》 12, 1975.
─────, 〈청정(淸廷)에서의 소현세자(1637~1645)〉, 《전해종박사화갑기념 사학론
　　　총》, 일조각, 1979.
최호균, 〈조선중기 대여진관계의 연구〉, 성균관대 대학원 박사학위논문, 1995.
한명기, 《임진왜란과 한중관계》, 역사비평사, 1999.
─────, 〈병자호란 패전의 정치적 파장─청의 조선 압박과 인조의 대응을 중심으
　　　로〉, 《동방학지》 119, 2003.
陳捷先, 〈略論天聰年間後金與朝鮮的關係〉, 《東方學志》 23·24합집, 연세대학
　　　교 국학연구원, 1980.

한말 의병의 이념과 항쟁

김 상 기

충남대 국사학과 교수

1. 의병이란

1894년 일본군이 경복궁을 무력으로 점령한 갑오변란과 청일전쟁을 전후하여 일제의 군사적 위협은 더욱 노골화되었다. 이에 따라 1894년 이후 조선인들은 반침략을 시대적 과제로 인식하였으며 의병을 조직하여 국가와 민족을 수호하기 위한 피의 항쟁을 전개하기 시작하였다. 따라서 의병항쟁은 한민족의 반침략, 반개화투쟁이며 아울러 국권침탈 이후 독립전쟁을 일으키게 한 정신적이며 인적인 연원이 된 점에서 역사적 의의는 실로 크다 하겠다.

의병이란 맥켄지가 자신의 책 《자유를 위한 투쟁》(*The Fight For Freedom*)에서 '정의군'(Righteous Army)이라고 표현하였듯이, 정의를 위해 일어난 군대라는 의미를 가진다. 그러나 한말 의병은 이와 같은 개념만으로는 설명이 부족하다. 한말 의병의 '의'(義)는 정의와 충의의 의며 동시에 '군신유의'(君臣有義)의 의다. 즉 한말 의병은 정의심과 충의정신에 입각하여 개화정권을 극복하고자 하였으며, 동시에 이를 수행하는 데 큰 걸림돌이 되는 일본이라는 외세를 구축하고자 하는 반침략 구국항쟁을 전개하였으니, 의병전쟁은 민족주의운동으로 발전될 수 있었다. 비록 의병이 초기단계에는 유학자가 중심이 되어 반침략 반개화 항쟁을 전개하였으나, 점차 민족의 위기가 심화되면서 여기에 농민·포수, 심지어는 동학교도까지 의병에 합세하여 민족적 대항전을 펼쳐 간 것이다. 후기의병의 경우에는 척사사상보다 반개화성과, 특히 반봉건성이 더 나타난다. 의병을 민중운동사의 측면에서도 평가하는 이유가 여기에 있다.

이와 같이 의병이란 충의정신에 입각하여 외적의 침략에 대항하여 자발적으로 무장항쟁한 군사집단이라고 정의할 수 있다. 즉 의병을 규정하는 첫번째 요인으로 의병의 주요 이념이 주자학 사상에 기반한는 점이다. 따라서 역사적 개념으로서 의병은 임진의병에서 비롯되었다 하겠다. 동학농민군의 제2차 봉기에서 항일운동의 성격이 보인다. 하지만 이를 '의병적'이라고 할 수 있을지 몰라도 역사적 개념으로서 의병이라고는 하지 않는다. 비록 동학농민군들이 자신들을 충의군이라고도 불렀을지라도, 동학의 항일운동 이념은 동학사상에서 찾아야 할 것이다. 즉 주자학 질서의 침해를 막고자 하는 척사논리가 없으면 의병이라고 하기 어렵다. 이처럼 동학은 의병운동이라기보다는 반봉건적 사회개혁 또는 혁명운동의 차원에서 그 의의를 평가해야 할 것이다.

의병을 규정하는 두 번째 요건으로, 그 투쟁의 중심대상을 외세에 두어야 할 것이다. 1894, 1895년간 동학농민전쟁이 전개될 때 동학농민군에 대항하기 위하여 일부 지역에서는 민군을 편성하였다. 갑오의려(甲午義旅; 또는 儒會軍)라 불리는 이 민군은 자신들을 의병이라고도 불렀다. 안중근의 공초를 보면 그의 조부가 의병장이었다고 기록되었는데, 이는 바로 갑오의려를 가리키는 것이다. 그러나 갑오의려는 관군 또는 일본군과 연합하여 동학농민군과 항쟁하였으니, 항쟁의 대상이 외세가 아닌 동학군임을 알 수 있다. 따라서 이들 또한 의병과 구분된다. 민란에 참여한 세력도 그러하다. 이들 가운데 일부가 비록 충의군적인 성격을 띠었다 하더라도 투쟁대상이 관군이었으니 이들도 의병이라 부르지 않는다.

이와 같이 의병의 개념을 분명히 하기는 쉽지 않다. 그러나 '의병적 성격' 또는 단순히 '정의의 군대'라는 '일반적 개념으로서 의병'과 임란과 구한말 외세의 침략에 주자학 사상의 충의정신에 기초하여 무장투쟁한 '역사적 개념으로서 의병'은 구별해야 할 것이다.

2. 의병의 주요 이념

한말 항일의병 투쟁을 가능토록 한 주요 이념으로 '위정척사론'(衛正斥邪論)과 '척왜양창의론'(斥倭洋倡義論)을 들 수 있다. 위정척사론은 19세기 중·후기 척사 유생들의 중심 이념으로 작용하였으며, 1894, 1895년 이후 의병투쟁의 지도 이념이 되었다. 척왜양창의론은 동학농민군이 반침략의 구호로 내걸었던 이념이었으나 농민층이 의병에 참여하면서 의병 병사층의 사상적 기반이 되었다. 특히 후기의병에 다수의 평민의병장이 등장하면서 여전히 위정척사론이 이념적으로 작용하였지만, 민중들은 척왜양창의론을 이념적으로 무장하여 항일의병투쟁을 전개하였다.

조선조 지배층의 통치이념으로 기능하기도 한 주자학이 조선 후기에 이르러 예론, 이기론, 인물성동이론 등 형이상학적 논쟁에 치중되면서 관념화하기에 이르렀다. 비록 그 논쟁들이 단순한 이념적 차원을 넘어 정치세력끼리 정권투쟁의 도구로 이용되거나 윤리의식을 고취시켜 사회질서를 안정시킨 부분이 있기는 하지만, 지배층의 가렴주구와 농촌생산경제의 낙후성으로 절대빈곤 상태에 있던 일반 서민의 관심대상과는 격리된 논쟁이었다. 조선조 말기 서세동점 하에 제국주의 세력의 정치, 경제, 문화적 침략이라는 상황의 변화에 주자학자들은 이에 대응하여 지방의 유생들을 중심으로 위정척사론을 정립시켜 나갔다. 나아가 이들 척사파 유생들은 주자학의 지배이념으로서의 위치를 확보하고자 하는 위정척사운동을 전개하였으며, 일본의 제국주의적 침략에 민족의 생존권 회복을 위한 반침략 의병투쟁을 전개하였다.

위정척사론은 조선조 지배이념인 주자학 사상과 그 질서를 지키고 반주자학적 체계, 그 가운데서도 서학 내지는 서양 세력을 배척하는 사상적 체계를 말한다. 조선초기 이래 위정척사론에 의하여 배척된 이단의 대상은 불교와 도교가 중심이었으나, 근대에 들어서 특히 서학(西學), 양물(洋物), 왜(倭)가 주요 배척대상이 되었다.

위정척사론은 1860년대 제기되었다. 병인양요를 전후하여 서양세력의 침략에 이항로(李恒老), 기정진(奇正鎭) 등 유생들이 상소를 통하여 서양의 침투를 반대한 것이다. 이들은 서양의 학문과 문물을 배척하였으며 양학(洋學)이 전파되면 주자학 질서가 무너져 풍속을 금수화하며 양물이 보급되면 조선이 서양의 경제적 예속 상태로 빠지게 될 수 있음을 지적하였다.

병자수호조약 체결을 전후하여 재개된 척사론의 특징은 왜양일체론(倭洋一體論)이라 할 수 있다. 조선은 이제까지 교린의 대상이었던 왜(倭)를 메이지유신을 전후하여 서양화한 왜로 인식하기 시작하였다. 불평등조약인 병자수호조약이 강제로 체결되자 정치 경제적 위기의식을 느낀 유생들은 배척의 대상을 양(洋)에서 왜로 바꾸어 인식한 것이다.

유생들의 위정척사론은 1881년에 전국적으로 확대되었다. 이들은 김홍집이 일본에서 가지고 온《조선책략》(朝鮮策略)의 내용에 대해 집단적인 반대상소를 올렸다. 이념적으로도 더욱 강한 '척왜양일체론'을 전개하였다. 이만손·홍재학·홍시중·황재현 등 전국의 유생들은 상소를 통해《조선책략》을 유포시킨 조정과 심지어 고종마저 비판의 대상에 올렸다. 1884년의 변복령(變服令)에 대하여도 송병선·송근수·신응조·유중교와 같은 유생들은 강력한 항의 상소를 올려 반개화론을 주장하였다. 이 시기의 위정척사론은 정부의 개화정책 결과 유생들의 흐트러진 이념을 재무장하는 성격을 띠기도 하였다.

위정척사론은 1894년의 갑오변란과 청일전쟁의 발발, 갑오경장의 강행, 1895년의 을미사변 및 변복령과 단발령 공포와 같은 것이 동인이 되어 그 이전과 크게 변화된 모습을 보여준다. 이러한 국내외적인 정세 변화는 유생들로 하여금 위정(衛正)보다는 척사(斥邪)를 우선하도록 강요하였으며, 위도(衛道)보다는 위국(衛國)을 이념적 목표로 삼아 실천하고자 하였다. 유생들은 개화(開化)를 곧 왜화(倭化)로 확고히 인식하였으며, 개화론자들이 춘추대의(春秋大義)에 역행하여 국모를 살해하고 군부(君父)의 지위를 폐지하였으며, 중화질서를 파괴함은 물론 나라마저 망하게 하였다고 보았다. 이와 같이 척사론자들은 1894, 1895년간 일본에 의한 제국주의적 침략으로 주자학 질서가 붕괴될까 염려하였으며, 동시에 민족 존망의 위기의식도 느꼈다.

이에 따라 척사의 대상을 일본제국주의 세력과 개화파 관리집단으로 보고, 이들을 물리치기 위한 반개화·반침략 투쟁을 펼쳤다. 특히 을미사변과 단발령이 내려지자, 이들은 의병을 일으켜 역당(逆黨)을 쓸어내는 것이 '처변삼사'(處變三事) 가운데 시급한 일이라 하며 민족자주를 위한 거족적인 항일의병 투쟁을 전개하였다.

이와 같이 1894, 1895년 이후의 위정척사론이 반침략·반개화 특성을 띤 까닭은, 일제의 제국주의 침략과 이에 동조하여 종속화된 개화파의 반주자학적 정책에서 연유한다. 즉 개화파의 변복령과 단발령 공포와 같은 주자학 질서를 혼란 내지는 파멸시키려는 일련의 개화정책은 척사파를 중심으로 한 사민들의 반개화투쟁을 유도하였으며, 1894년 6월의 갑오변란과 한반도 안에서의 청일전쟁은 이들에게 민족의식을 일깨워주어 반침략투쟁을 전개하도록 고무하였다.

그 가운데에서 화서학파는 이 시기 국론을 주도하던 대표적 학파라 할 수 있다. 이들은 제국주의 세력의 침략에 대항하여 철저한 존화양이론(尊華攘夷論)에 의한 의병투쟁을 전개하였다. 화서학파에 의해 주도된 의병으로 제천의병, 춘천의병이 있다. 제천의병장 유인석(柳麟錫)은 화서학파의 종장인 이항로와 김평묵·유중교로부터 화서학파 척사론의 요체를 전수 받은 유학자이며, 그 사상을 실천에 옮긴 의병장이다. 유인석은 화서학파의 존화양이론을 철저히 계승하였다. 그는 '개화'를 곧 '왜화' 또는 '망국'(亡國)의 의미로 파악하였으며, 또한 1894년 이래 개화파에 의한 갑오경장과 변복령, 그리고 단발령 등을 망국적 반민족적 행위로 인식하였다. 이와 같은 그의 민족의식은 장담강회를 통하여 문인들에게 이어져, 제천의진 형성에 정신적인 뒷받침이 되었다.

노사학파는 노사(蘆沙) 기정진(奇正鎭)의 학문적 영향을 받은 문인들을 가리킨다. 이들 역시 19세기 중엽 외세의 침략에 대한 대응책으로 존화양이론을 제시하였다. 노사학파에는 위정척사운동과 의병투쟁을 이끈 인물들이 다수 포함되어 있다. 노사학파의 문인 가운데에서 의병활동에 철저하였던 인물로 기삼연(奇參衍)이 있다. 기삼연은 을미사변이 일어나자 '토적복수'(討賊復讐)하고자 기우만(奇宇萬) 등과 함께 거의하였다. 이때 그가 올린 상소에서 그는 국왕이 민심을 귀일시키고 군사를 훈련시켜 외적을 물리쳐야 함을 주청하였다. 그리고 자신이 의병을 일으킴은 일제의 주구 노릇을 하는 친일 역신들을 몰아내어 국정을 안정시키고자 한 뜻임을 피력하였다. 기삼연은 1907년에는 수록산에서 거의(擧義)하고 호남창의회맹소의 대장에 추대되었다.

홍주의병의 사상적 기반으로 남당학파를 들 수 있다. 남당 한원진의 학문과 사상은 주자·율곡의 심법학(心法學)에 기반을 두고 있으며, 우암(尤庵)의 '직'(直)의 심학을 계승 발전시킨 것으로 알려져 있다. 이와 같은 이단론과 직 사상이 동향의 후배들에게 전수되어 생사를 초월하여 의병을 일으키도록 한 것이다. 대표적 인물로는 김복한(金福漢)과 이설(李偰)이 있다.

영남지역 의병을 주도한 권세연·김도화·허위 등은 김성일과 정구의 연원을 갖는 정재(定齋) 유치명(柳致明)과 성재(性齋) 허전(許傳)의 사상적 영향을 크게 받았다. 유치명의 문인들이 안동의병을, 김산의병과 진주의병은 허전의 문인들에 의해 주도된 측면이 있다.

이와 같이 위정척사계 인물들은 주자학의 존화양이론에 철저한 이들로, 이들의 수호 대상이 여전히 도, 즉, 중화에 치중되었으며, 서양과 일본의 침략으로 파괴되어 가는 유교 전통을 고수하고자 한 측면이 있다. 이에 따라 개화정책에 따라 제도나 문물이 서구화되어 감을 거부하는 복고적이고 보수주의자인 면이 있음은 사실이다.

그러나 이들의 존화양이론은 우주의 중심이 화맥을 계승한 조선에 있다는 민족자존의식에 입각하고 있으니, 민족의 실체를 인식하기 시작한 것으로 보인다. 즉 이들은 민족의 위기에 직면하자 민족 수호 이념을 제기하고, 그에 따라 척사운동, 나아가 항일의병투쟁을 펼쳤다. 이들은 한민족을 주체로 보면서 서양의 수공업품과 조선의 농산물 교역은 조선의 경제적 침탈을 초래할 것이라는 탁월한 현실인식을 가지고 있었다. 특히 1894, 1895년 이후 개화정권이 일본침략 세력과 결탁하는 현실을 경계하고, 개화정권이 국권을 파괴해 갈 수 있는 위험성이 큼을 직시하였다. 이들은 일본의 제국주의적 침략

의도를 간파하고 있었으며, 그 대처방안으로 군신상하가 맹세하여 일본과의 전쟁 감행을 주장하는 주전론(主戰論)을 폈으며, 이념을 실천한 반침략 의병투쟁을 전개하였다. 또한 이들은 의병투쟁의 과정에서 중화론의 회복만이 아닌 민족과 국가의 존망에 대한 위기의식을 느끼게 되었으니, 항일의병은 망해 가는 국가를 회복하려는 민족운동으로 승화되기에 이르렀다.

이와 같이 위정척사론은 비록 시대적 제약 탓에 위와 같은 한계를 지적할 수는 있다. 그러나 1894년 이후 이들이 단지 위도만이 아닌 위국(衛國)으로의 사상적인 전환을 이루었으며, 나아가 민족수호를 위한 자주의식의 토대 위에서 무력투쟁을 전개하였다. 따라서 한말 의병투쟁은 문화적 민족주의 이념에 입각한 민족운동의 성격을 갖는다 할 수 있다.

의병투쟁의 또 다른 사상적 기반으로 척왜양창의론을 들 수 있다. 1894년 농민대중들은 동학농민전쟁에 참여하여 반침략·반봉건 투쟁을 실천하였다. 이들은 동학의 '척왜양창의' 이념에 입각하여 의병에 참여하였으며, 이 정신은 유생을 포함한 민중들의 척왜론적 대일결전론으로 확대되어 의병 봉기의 중요한 사상적 기반이 되었다.

의병투쟁이 반침략·반개화의 특성을 띠는 데에는 1894년 전국에 걸쳐 전개된 동학농민전쟁의 이념적 영향을 무시할 수 없다. 동학의 '척왜양창의' 정신과 민중의 반봉건적 성격이 일부 의병에 영향을 주었으며, 그 결과 1894년 이후의 위정척사론은 그 이전의 성격과는 다른 특성을 보여준다.

한편 유생을 포함한 민중들은 일제의 침략이 노골화함에 따라 척

왜론, 나아가 대일결전론을 이념화하게 되었으니, 의병투쟁은 바로
대일결전론의 구현이었다. 이 대일결전론은 의병의 기본 이념이면
서 동시에 동학농민군의 주요 이념인 척왜양창의론이 확대된 민족
이념이라고 할 수 있다. 이와 같은 의병과 동학농민군의 민족이념
공유는, 패산하였던 동학농민군으로 하여금 항일의병투쟁에 동참할
수 있게 하였다. 해주와 상원의병에 동학군이 참여하여 주도적인 역
할을 한 점은, 비교적 유교적 규범이 약한 북한지역이라는 지역적
특성 말고도, 이와 같은 이념적인 공통성에서도 그 요인의 일단을
찾을 수 있다. 유생이 중심이 된 전기의병에 동학농민이 일부 참여
하였음은 그 특성이 반영된 결과라 하겠다. 1895년 9월 상원의병의
경우, 이미 해산된 동학농민군에게 의병 참여를 권유하여 이들이 의
병대열에 동참한 것은 이를 입증하는 사례다.

또한 의병을 주도한 유생층과 민중층에게 민족이라는 이념의 공
유는 이전과 달리 신분과 지위, 그리고 당색의 차이를 극복하고 공
동의 적인 일제에 대항하여 국가를 보전하게 하였다.

전기의병의 경우에도, 나주의병·김산의병·진주의병·홍주의
병 등에서 그러한 면을 볼 수 있다. 나주의병에서 유생과 비유생 의
병장이 같은 지휘부를 형성하였을지라도 신분적인 갈등을 극복하여
갔다. 이들은 동학농민전쟁 때부터 지역의 사족들과 연대하여 동학
군의 공격을 막았으며, 의병을 일으킨 뒤에도 사족인 이학상(李鶴
相)을 대장으로 추대하여 사족들의 권익을 옹호해 주었다. 김산의병
의 경우는 여러 세력이 연합한 형태로 출발하였다. 즉 선산의 허위
(許蔿), 상주의 이기찬(李起燦), 김천의 조동석(趙東奭), 유도섭(柳道

變), 여영소(呂永韶), 여중룡(呂中龍), 양제안(梁濟安) 세력이 지휘부를 형성하였다. 이들은 유생이라는 공통성 외에는 학통성·혈연성·지역성 등을 공유하지 못한 점에서 상호 이질적인 면이 오히려 많았다. 그러나 유생의 처지에서 반동학의 입장에 섰던 이들이며, 일제의 침략에 민족의 생존문제를 의식하여 항일의병을 조직하였던 것이다. 이 가운데 여중룡 같은 이는 동학군한테 가재를 약탈당하고 일가족이 수난을 당하기까지 하여 철저히 반동학적인 처지에 있었는가 하면, 중군장 양제안은 일본군의 격퇴를 위하여 동학군과 제휴를 계획하기까지 하는 등, 항일투쟁을 전제한 친동학적인 태도도 나타난다. 이처럼 김산의병의 경우에는 이념의 차이는 별문제가 안 되었던 것으로 보인다. 이러한 측면은 김산의진이 경상 감영의 관군에 보낸 효유문에서 일본과 그 추종배를 토벌대상으로 삼을 것이며, 동족 간에 서로 죽이고 해치는 행위를 하지 말 것을 관군에 요청한 데서 잘 알 수 있다. 이는 의병들이 일본을 격퇴한다는 대의명분을 실천하는 중에 민족이라는 구심체를 인식하게 되었음을 의미한다. 진주의병의 경우도 마찬가지였다. 진주의병장 노응규(盧應奎)는 승려인 서재기(徐再起)를 선봉장에 임명하여 훌륭하게 항일투쟁을 수행하였다. 홍주의병에서도 김복한·이설과 같은 노론과 안병찬 등의 소론이 주도세력으로 동참하였다.

1907년 후기의병의 경우 이와 같은 경향은 더욱 짙어진다. 후기의병은 유생이나 전직 관료 말고도, 해산군인을 비롯하여 포수나 빈농 등 평민 출신 의병장이 다수 등장하였다. 특히 일제의 정치 경제적 침탈이 지방에까지 깊게 침투되자, 이로 인한 위기의식이 사회 저변

에 널리 형성되면서 민중들이 의병에 투신할 뿐 아니라 의병전쟁을
주도하기에 이르렀다. 이들은 창의 이념으로 '애국구민'(愛國救民)
이나 '보국안민'(輔國安民)을 표방하고 일본군과의 전투는 물론, 주
민을 괴롭히는 토호나 관리를 처단하였다. 그리고 이들은 지역주민
과의 유대 강화에 힘쓰면서 방곡(防穀)과 납세거부투쟁을 주도함으
로써 민중의 지지를 받았다.

이처럼 후기의병은 유생층과 농민층이 합류하여 의병투쟁을 전개
함에 따라 민중적이고 반봉건적인 성격마저 띠었다. 이에 따라 후기
의병의 사상으로 안민적(安民的) 성격을 띠면서 민중적 민족주의
이념으로 자리 잡아 갔다고 할 수 있다.

3. 한말 의병의 항쟁

1) 전기 의병(1894~1896)

척사유생을 비롯한 한국인들은 갑오변란을 민족존망의 위기상태
로 받아들였다. 더욱이 한반도에서 청일전쟁이 일어나고 일본의 사
주를 받는 친일적 개화정권이 일본화를 위한 예속정책을 펴자, 한국
인들은 무력투쟁으로 개화정권과 일본세력을 구축하고자 하였다.
그 가운데에서 지평의 안승우, 홍주의 안창식, 철원의 홍범도, 안동
의 서상철(徐相轍), 상원의 김원교 등은 무력투쟁을 통한 반개화·
반외세의 의병투쟁을 전개한 대표적인 의병장들이라고 할 수 있다.
이가운데 안동에서 봉기한 서상철 의병은 한말 최초의 항일의병
으로 평가된다. 서상철은 서상렬과 함께 제천의 청풍에 이거하여 있

던 중 일본군에 의한 갑오변란으로 경복궁이 유린당하고 고종이 핍박당함에 분기하여, 한인석·이경재·한수동 등과 함께 격문을 발표하고 1894년 7월 25일 안동향교에서 거의를 시도하였다. 그 뒤 안동의병의 행적을 알 수 없으나 갑오변란 직후 청일전쟁이 전개되고 있던 시기에 경상도 북부지역과 충청북도 일부 지역에서 의병이 일본군과 본격적인 무력투쟁을 시작한 점에서 의의가 있다.

상원의병은 관료 출신인 김원교에 의해 1895년 7월 22일 상원관아를 공격하면서 시작되었다. 상원의병은 상원관아에서 무기와 탄약, 그리고 미곡 등을 탈취한 뒤 관군과 일본군의 추격소식에 황해도 재령의 장수산성으로 이동하였다. 그러나 8월 12일 해주부의 관군과 일본군이 연합하여 장수산성을 포위하고 화공을 퍼붓자, 의병부대는 평안도 덕천 방면으로 이진하여 9월 중순까지 투쟁을 계속하였다.

1895년 8월 20일 명성황후가 시해된 을미사변이 발생하였다. 이러한 일제의 만행에 조선인의 분노는 전국적으로 폭발하였다. 을미사변 직후 '국수보복'(國讐報復)을 기치로 한 항일의병은 1895년 9월 18일 무과 출신으로 진잠 현감을 역임한 문석봉(文錫鳳)에 의하여 대전의 유성에서 처음 봉기되었다. 문석봉은 유성 장대리에서 창의하여 선봉에 김문주, 중군에 오형덕, 군향에 송도순 등 지휘부를 조직하였다. 의진을 편성한 문석봉은 통문을 발송하여 을미사변을 '천고에 없는 대변(大變)'으로 규정하고, 적을 토벌하여 사직을 건질 것을 호소하였다. 유성의병은 10월 28일 공주의 와야동에서 관군과의 일전을 겨루었으나 매복해 있던 관군의 기습을 받고 패하고 말았다.

단발령 공포 뒤 의병은 전국으로 확대되었다. 그러나 그 가운데서도 이천·춘천·제천·홍주·안동·강릉·진주·장성·나주 등 남한지역을 중심으로 봉기한 특성이 있다.

이천의병은 단발령 공포 다음 날인 1895년 11월 16일 봉기하였다. 김하락은 구연영 등과 경기도 이천에서 이천의병을 결성하였다. 김하락은 민승천의 안성의병과도 연합하여 이천의 백현에서 일본군과의 첫 전투를 승리로 이끌었다. 이천의병은 관군과 일본군의 공격을 격퇴하였으나 후군장 박준영과 좌군장 김귀성의 배신으로 산성을 빼앗기고 말았다. 김하락은 이후 이진하면서 의병활동을 계속하였으며, 영덕에서 신돌석 부대와 합세하여 항쟁하다 전사하였다.

춘천의병은 1896년 1월 춘천유생 정인회가 포군 400여 명과 함께 춘천 관찰부를 점령하면서 시작되었다. 이들은 봉의산에 진영을 설치하고 신임 관찰사 겸 선유사인 조인승을 가평에서 처단하고 서울을 향하여 진격하였다. 그러나 가평 벌업산에서 관군과 벌인 전투에서 패하고 말았다.

여주 출신 민용호는 1월 30일 평창과 영월 지방의 포수로 의진을 구성하여 강릉부 관할 9군을 총괄한 ‘관동9군창의소’를 설치하였다. 민용호는 우선 강릉부의 친일 경무관 고준석을 처단하였다. 그러나 안변의 선평에서 일본군의 기습공격을 받고 원산공격은 무산되었다. 그 뒤 민용호 부대는 개마고원을 넘어 청국으로 들어가 재기를 도모하였다.

제천의병은 1896년 1월 12일 안승우와 이춘영 등이 거의한 지평의진에서 비롯되었다. 이필희를 대장에 추대한 지평의병은 단양군수를 구금시키고 장회나루 전투에서 관군을 대파하였으나, 일본군과 관군의 계속된 추격에 의진이 패산되었다. 유인석은 이 소식을 듣고 의진을 제천으로 옮기고 아사봉에 본영을 설치하였다. 유인석은 제천의병의 대장에 추대되어 격문을 띄워 전국민의 항일전 참여를 호소하였다. 제천의병은 2월 17일 충주성을 점령, 충주관찰사 김규식을 처단하였다. 그러나 3월 5일 일본군의 집중공격을 받고 충주성을 포기하고 제천으로 후퇴하였다. 제천의병은 이강년을 비롯하여 영춘의 권호선, 횡성의 이명로 의병 등이 합류하여 기세를 올렸으나, 5월 25일 제천의 남산전투에서 관군과 일본군의 집중적인 공격을 받고 패하였다. 그 뒤 제천의병은 강원도와 평안도를 거쳐 8월 24일 압록강을 거쳐 중국의 회인현으로 들어갔다.

홍주의병은 안병찬 등 지방의 선비들과 김복한을 비롯한 관료 출신 연합으로 일어났다. 이들은 홍주 관아를 점령하고 김복한의 지시에 따라 경무청을 부수고, 참서관과 경무관이 동문 밖으로 끌어내어 결박 구타하였다. 관찰사 이승우는 이 기세에 눌려 의병에 참여할 것을 승복하였다. 12월 3일 홍주부 관내에 창의소가 설치되었으며, 김복한을 총수로 추대하였다. 그러나 창의소를 차린 지 하루 만인 12월 4일에 관찰사 이승우가 배반하고 말았다. 그는 유생들의 권유와 위협에 마지못해 참여하였으나 실패가 두려워 배신한 것이다. 김복한과 이설을 비롯한 23명이 구금되었으며, 1월 12일 이들 가운데 김복한 등 6명이 서울의 한성재판소로 이송되었다. 이들은 모두 실형을 선고받았으나 임금의 특지로 전원 사면 석방되었다.

  진주의병은 1896년 2월 17일 노응규 주도로 안의에서 봉기하였다. 노응규는 서재기를 선봉장에 임명하고 진주성을 공격하여 2월 20일 새벽에 점령하였다. 노응규 의병진이 진주성을 점령하자 진주 부민들도 정한용을 대장으로 의병진을 결성, 성 밖에 진을 쳤다. 진주의병은 대구부에서 파견된 관군을 두 차례에 걸쳐 격파하고 다수의 전리품을 노획하여 사기는 더욱 고무되었다. 그러나 관군의 이간책으로 토착세력인 정한용이 배신하고 말았다. 진주의병은 관군에 진주성을 빼앗기고 말았으며 선봉장 서재기가 안의의 서리들에 의해 살해되었다. 결국 노응규는 안의의 서리들에 의해 부친과 친형이 살해당하는 아픔을 겪고 의병을 해산하고 말았다.

  경상북도 지역에서는 안동부를 중심으로 안동의병이 결성되었다. 단발령이 공포되었다는 소식을 듣고 김도화·김흥락·유지호 등 안동 유생들은 통문을 돌려 의병을 일으키기로 결의하였다. 1896년 1월 17일 안동관찰부를 공격, 점령하였다. 안동향교에 본영을 설치하고 참봉 권세연을 대장으로 추대하였다. 안동을 탈출한 관찰사 김석중은 경군을 이끌고 의병진을 불시에 공격하여 의병진은 1월 29일 안동에서 퇴각하고 말았다. 이후 이상룡·유창식은 고운사에서 의진을 수습하여 김도화를 대장에 추대하고 2월 중순 다시 안동부를 점령하였다. 안동의병은 제천의병의 소모장 서상렬(徐相烈)이 안동지역에 남하하자 그를 대장에 추대하고 연합작전을 전개하여 예천군수 유인형, 의성군수 이관영, 영덕군수 정재관 등을 처단하고 함창군 태봉에 주둔하고 있던 일본군을 공격하였다. 치열한 접전을 벌였으나 화력의 열세로 의병은 예천과 풍기 방면으로 후퇴하였다.

한편 김천과 선산, 그리고 상주지역의 유생들도 을미사변 소식을 듣고 통분하여 상호 연락을 취해 의병을 일으켰다. 상주의 유생인 이기찬(李起燦)은 목천에 거주하는 친척인 이기하와 함께 허위를 찾아가 의병을 일으킬 것을 협의하였다. 이기찬은 김천지역의 조동석 등과 합세하여 1896년 2월 11일 군사적 요충지인 김천으로 들어가 향교에서 '김산의병'을 일으켰다. 이기찬은 창의대장에 추대되어 조동석을 군문도총, 강무형을 찬획, 허위를 참모장, 이시좌 여영소를 서기, 양제안을 중군, 윤홍채를 선봉에 임명하고 인근에 격문을 발송하여 국난에 처하여 모든 이가 의병대열에 나서서 국치를 설욕할 것을 천명하였다.

호남지역에서는 장성과 나주·광주지역을 중심으로 의병이 일어났다. 대표적 인물은 장성의 유생인 기우만·기삼연·고광순 등으로 이들은 통문을 돌려 의병봉기를 촉구하였다. 이들은 유인석의 격문에 자극을 받아 1896년 3월초 광주향교에 창의본부를 두고 광산회맹소를 설치하였다. 나주에서도 아전출신인 김창곤을 중심으로 의진이 결성되었는데 나주 관속들도 의진에 가담하였으며, 해남군수 정석진의 지원까지 받았다. 나주의병은 참서관 안종수를 처단하고 세력을 떨쳤다.

함흥지방에서는 평강 출신의 최문환이 거의하여 1896년 2월 함흥부를 점령하고 참서관 목유신과 주사 피상국·홍병찬을 처단하고 각지에 포고문을 발표하였다. 함흥의병은 특히 일본 상인의 경제적 수탈에 항거하여 일어난 특성을 띤다. 함흥의병은 민용호의 관동창의군과 연합작전을 펴 9월 함흥을 재점령하기도 하였다. 해주에서는 포수들이 중심이 되어 창의하였다.

의주에서는 유생 조상학이 압록강을 넘나들며 의병활동을 전개하였다. 문화군에서는 의병들이 군청을 습격하여 군수 홍재준을 구금하였으며, 장연군에서의 의병은 11명이 관군에게 체포되어 희생당하기도 하였다. 평산의 유생 유치경 등은 의병봉기를 계획하다가 유인석이 의병장에 추대되었다는 소식을 접하고 제천의병에 참여하였으며, 수안의 유생 송상규도 의병을 계획하다가 제천의병에 참여하였다. 이처럼 북한지역의 의병항전은 반개화주의적이면서 근왕적인 특성을 띠고 있기는 하나 남한지역에 비해 해주의 포수군이나 함흥부에서와 같이 반침략성이 두드러진다.

이상과 같이 전기의병은 국수 보복과 단발령 철회 등의 구호 아래 남한지역을 중심으로 크게 전개되었다. 이들의 주장과 철저한 무장투쟁은 전국적으로 파문을 일으켰으며, 위정자와 일제 침략군에게 큰 위협을 주었다. 결국 고종은 단발령을 철회하였으며, 아관파천을 단행하여 일제의 침략행위에 대한 반대의사를 행동으로 보여주었다. 아관파천 직후 김홍집과 어윤중 등 개화파 관리들은 민중들에게 처단되었으며, 침략정책의 일환으로 추진되던 개화정책은 비판되어 실효를 보지 못하였다. 또한 1896년 10월 무렵을 기하여 전기의병은 표면적으로 해산되었지만, 이들의 대다수는 무력에 의해 강제해산되기 전까지 끝까지 항전하였다. 제천의병과 강릉의병에서 알 수 있듯이 고종의 해산조칙을 거부하고 만주로 들어가 재기의 항전을 준비하기까지 하였다. 또 비록 해산된 뒤에라도 이들의 일부는 영학당·활빈당 세력으로 재편되어 반개화·반침략·반봉건

투쟁을 전개하였다. 그리고 다수의 의병장들은 1905년 을사늑약을
전후하여 의병의 기치를 다시 세우고 민족수호를 위한 항일투쟁을
재개하였다.

2) 중기 의병(1904~1907.7)

1904년 2월 일제는 러일전쟁을 도발하고 항일의정서를 강요하여
한국에 대한 군사적 지배권을 장악하려 하였다. 이러한 일제의 침략
에 항거하여 제2차 의병이 전개되었다.

중기 의병은 1904년 8월 한일의정서 체결을 전후하여 시작되었
다. 1904년 5월 작성된 허위 명의의 격문이 13도에 발송되었으며,
김동수(金東壽)의 황성의병소와 홍천의병소의 격문이 발견되었다.
중기 의병은 1905년 9월 러일강화조약이 조인될 무렵부터 더 구체
적으로 그 전개상이 나타난다. 그 가운데 원주의 원용팔, 제천의 정
운경의 기의가 주목되는 사례다.

을사5조약이 늑결되자 의병은 전국적으로 발전되었다. 이 시기
대표적인 의진으로 홍주의진·산남의진·태인의진을 들 수 있다.
중기 의병 가운데 가장 큰 전투와 희생을 치른 의진으로 홍주의진이
있다. 홍주 유생 안병찬·채광묵 등은 을사5조약의 늑결 소식을 듣
고 1906년 초부터 의병봉기를 추진하였다. 정산에 거주하는 민종식
을 총수에 추대하고 3월 14일 광주에서 봉기하였다. 첫 전투는 청양
의 화성에서 벌였으나 안병찬이 체포되는 등 패하고 말았다. 홍주의
병의 2차 봉기는 이용규의 모군에 힘입어 5월 9일 홍산에서 이루어
졌다. 민종식을 총수로 재추대한 홍주의병은 5월 19일 홍주성을 점

령하고 이후 일본경찰과 헌병대의 공격을 격퇴하였다. 이에 일본사
령관 하세가와(長谷川好道)는 서울의 포병 기병 2개중대를 홍주로
파견하였으며, 전주수비대 보병1개 소대등의 지원군을 파견하여 공
격케 함에 의병은 결국 일본의 부대와 화력에 성을 내주고 말았다.
이 전투에서 참모장 채광묵 부자를 비롯하여 수백 명의 의병과 양민
이 희생되었으며, 의병장 유준근 등 9명은 대마도에, 이세영은 철도
에 유배되었다.

　산남의진은 정환직·정용기 부자 주도로 영천에서 봉기하였다.
정환직은 임진의병장 정세아(鄭世雅)의 후손이었다. 고종의 시종관
이었던 그는 고종의 밀칙을 받고 아들 정용기에게 의병봉기를 지시
한 것이다. 정용기는 1906년 3월 이한구·정순기 등과 영천에서 거
의하였다. 산남의진은 청송·영천간에서 활약하였으나 경주전투에
서 정용기가 관군에 체포되자 1차 산남의진은 해산하였다. 그러나
정환직의 주선으로 석방한 정용기는 1907년 다시 의병을 봉기하였
으며, 그가 전사한 뒤 전환직이 대장이 되어 순국할 때까지 영천·
경주·청송 일대에서 큰 전과를 거두었다.

　태인의병은 최익현이 임병찬 등과 주도하여 이루어졌다. 이들은
1906년 6월 4일 태인의 무성서원에서 거의하고 태인관아를 점령하
였다. 순창에서 진을 치고 있던 진위대 군사의 공격에 동족간의 살
상을 피하고자 의병을 해산하고 말았다. 최익현은 임병찬 등과 같이
대마도에 유배되었다.

3) 후기 의병(1907.8~1915)

1907년 8월 1일 일제가 한국군을 강제해산하자 이에 항거한 군인들과 의병이 서로 연합하여 대대적인 무장항일전을 벌였다. 해산된 군인의 항전은 서울의 시위대로부터 시작되어 원주·강화·홍주·진주진위대로 확대되었다. 이들은 각기 의병에 가담하여 의병의 전력을 강화시켰다. 원주진위대는 특무장교 민긍호의 지휘 아래 병사층을 중심으로 거의하여 강원도 충북 일대에 본격적인 의병항쟁을 전개하였다. 후기 의병은 전국적으로 확대되었다. 문경의 이강년부대, 원주의 이은찬부대, 영천의 정환직·정용기 부자의 산남의진, 영해의 신돌석부대, 호남의 기삼연·심남일·이석용·전해산·안계홍부대, 충남의 정주원부대, 함경도의 홍범도·최덕준부대 등은 특히 이름난 의병부대다.

1907년 11월경에는 전국연합의병의 성격을 갖는 13도창의군이 결성되었다. 서울 수복을 목표로 1908년 1월 양주에 집결한 의병 수는 1만 명에 이르렀다. 지휘편제는 창의대장 이인영, 군사장 허위, 관동의병대장 민긍호, 교남의병대장 박정신, 황해진동대장 권중희, 관서진동대장 방인관, 관북의병대장 정봉준, 호서의병대장 이강년, 호남의병대장 문태수 등으로 조직되었다. 13도창의군의 서울진격전은 쇠약해가는 의병의 사기를 고양시켰으며, 의병항쟁을 국제법상 전쟁의 단계로 발전시킨 점과 한국인의 계획적이고 대담한 무장투쟁을 널리 알렸다는 점에서 의미를 갖는다. 그 뒤 의병들은 각기 지역으로 내려가 항일전을 수행하였다.

이 시기 특징적인 의병으로 당진의 소난지도의병이 있다. 홍원식이 지휘하는 의병부대가 1908년 3월 15일 당진의 소난지도에서 일본경찰대와의 치열한 전투가 있었다. 일본경찰의 보고서에 따르면, 의병이 섬으로 상륙하려는 경찰대를 향해 공격하여 한인순사 나춘삼의 이마에 맹관상을 입혔다. 그러나 경찰대가 상륙을 감행하여 무려 9시간에 걸친 전투를 수행하였으며, 의병측은 대장 홍원식과 선봉장 박원석을 비롯하여 총 41명이 전사하고 9명이 부상을 입고 체포되면서 궤멸되었다. 기타 의병 50명 안팎이 바다에 투신하여 행방불명되었다고 보고되었다.

일본군은 의병전쟁이 장기전으로 돌입하자 한국병합의 큰 장애물인 의병을 속히 종식시킬 목적으로 1909년 9, 10월에 이른바 '남한 대토벌작전'을 개시하여 호남의병 대학살을 감행하였다. 이로 인해 의병장 심남일을 비롯하여 1천여 명이 전사하는 등 대타격을 입었다. 후기 의병기 일본측 자료로 확인 가능한 희생자만도 2만여 명에 이른다. 그 가운데 1907년에서 1909년의 2년여 기간에 집중적으로 희생을 입었다. 부상자 수는 그 이상이며, 포로들의 부당한 처리에 대하여는 아직 조사도 안 된 상태에 있다. 또한 일제 측의 통계는 누락된 부분들이 보인다. 의병의 활동은 1915년까지 지속되었으나 《조선폭도토벌지》의 통계는 1911년까지다. 1912년부터 1915년까지의 통계가 누락되었다. 또한 부분적으로 의병 희생자의 숫자가 축소되어 보고되었다. 따라서 후기의병기에 희생된 의병의 숫자는 일제 측의 통계에서 2만 명이 안 되는 것으로 나와 있지만 그보다 3, 4배에 이를 것으로 보인다.

한말 의병은 제국주의 열강의 지원과 비호를 받은 일제침략자에

대한 최대의 항일민족세력을 형성하였다. 이들 가운데 한 갈래는 풍
기광복단, 대한광복회, 독립의군부 등으로 이어져 1910년대 국내에
서의 민족운동을 주도해 갔으며, 또 다른 갈래는 만주, 연해주로 망
명하여 역시 해외에서의 무장독립운동의 기저가 되었다. 그리고 이
들의 반외세 불굴의 투쟁정신은 1910년 이후 한국인의 독립투쟁의
정신적 연원을 이루어 저항적인 민족주의를 발전시켜 나갔다 할 수
있다.

참고문헌

김상기, 《한말의병연구》, 일조각, 1997.
독립운동사편찬위원회, 《독립운동사》 1, 1970.
박민영, 《대한제국기 의병연구》, 한울, 1998.
오길보, 《조선근대반일의병운동사》, 과학백과사전종합출판사, 1988.
윤병석, 《의병과 독립군》, 세종대왕기념사업회, 1977.
조동걸, 《한국민족주의의 성립과 독립운동사연구》, 지식산업사, 1989.
───, 《한말의병전쟁》, 독립기념관, 1989.
홍순권, 《한말 호남지역 의병운동사연구》, 서울대출판부, 1994.
홍영기, 《대한제국기 호남의병연구》, 일조각, 2005.

조선과 유구 왕국 500년

양 수 지
홍익대 교수

1. 동아시아 세계 속의 조선과 유구 왕국

일본의 오키나와현(沖繩縣)에는 19세기 후반까지 해상왕국 유구가 존재하였다. 유구는 조선의 교린국으로서 양국 사이에는 500년 동안 간헐적으로 교류가 있었다. 유구는 조선보다 매우 작고 상대적으로 멀리 위치한 나라였다. 그런 유구가 중국에 동남아 물산을 조공물자로 조달하면서 조선과 무역관계도 형성하였다. 중국에서는 임진왜란 당시 유구를 조선과 섬라(暹羅) 등과 묶어 일종의 '대왜구 공동방어망'을 구축하여 정보를 교환하기도 하였다.

조선의 법전(《경국대전》)에는 유구의 사신에 대한 대우가 일본의 국왕사와 동등한 것으로 규정되어 있다. 일본은 조선과 지리적으로 가깝고 약소한 유구는 비교가 될 수 없을 정도로 국력과 규모가 큰 나라였다. 조선은 분명 유구를 우대한 것이라 할 수 있다. 유구는 어떤 나라였고, 조선과는 어떤 특별한 인연이 있는가. 유구는 어떻게 멸망하였고, 유구의 멸망은 조선에게 어떤 의미를 지니는가.

조선과 유구의 관계는 중국 및 일본의 관계와 밀접하다. 조선은 북쪽 땅이 중국과 연접해 있어 자고로 양국은 순망치한의 관계로 표현되었다. 이런 지리적 위치 때문에 중국은 조선이 안전해야 자국의 동북지역도 안전하다는 인식을 하게 되었다. 한편 조선과 바다를 두고 떨어져 있는 일본은 강성할 때마다 세력을 뻗쳐 이웃 조선과 중국을 침략하였다. 그럴 때마다 중국과 조선은 일본에 공동 대항을 하였지만, 작은 섬나라 유구 왕국은 고립무원하였다.

유구가 중국과 조공관계를 맺은 것은 1372년이다. 유구 측은 중국 황제가 사여한 배를 타고 중국인의 후예와 함께 유구인 유학생을 등용하여 동남아의 섬라·말라카·자바 등과 통교하였다. 나아가 유구는 이들 국가와 동북아 지역의 조선, 일본 사이에서 중계무역도 진행하였다. 유구는 조선과 마찬가지로 '대중국 조공체제' 또는 '사대교린체제' 속에 있었던 것이다.

2. 조선인 피로인·표류인 송환

현존 기록을 보면 유구와 한반도의 교류는 고려 말에 시작되었다. 《고려사》에 따르면 창왕 원년(1389) 고려의 군사가 쓰시마를 정벌하자 그 직후 유구국의 중산왕은 사신을 고려에 보내왔다. 왜구에게 납치된 고려인을 송환하면서 고려에 조공하고자 하였던 것이다.

조선왕조에 들어서서도 유구 국왕은 사신을 통해 피로인을 보내왔다. 그러나 태조–세종 연간 대일본 기미정책과 쓰시마 정벌의 결과 조선과 일본의 관계가 호전되었다. 자연히 조선인이 피랍되어 가는 일이 줄어들면서, 유구에서 보내오는 피로인도 점차 사라졌다. 그 대신 유구에 표착한 조선인 표류인 송환을 계기로 유구 사신이 조선을 내방하였다. 유구 사신은 조선 국왕에게 바칠 각종 선물과 동남아의 소목·후추·향료 등 귀한 물자도 싣고 왔다.

조선 조정은 무상(無償)으로 자국민을 보살펴 준 이 고마운 나라의 사신을 후대하였다. 답례로 면포나 《대장경》 등을 선물로 주기도 하였다. 그 덕에 양국의 관계는 돈독해졌다. 표류민이 없을 경우에도 유구 국왕의 사신은 조선을 방문하였고 무역도 하였다. 기록에 따르면 조선 태조 원년(1392)에서 1524년까지 유구 사신은 약 40회 조선을 다녀갔다. 반면 조선은 태종과 세종 당시 세 번에 걸쳐 유구에 사신을 보냈다.

태종은 왜구에 의해 유구로 팔려간 조선인이 많다는 소식을 듣고, 전호군(前護軍) 이예(李藝)를 통신관으로 유구에 파견하였다. 이예는 유구에 가서 40명의 피로인을 데려왔다. 한편 세종 15년(1433)과 19년 통사(通事) 김원진(金元珍)도 유구에 다녀온 적이 있다. 김원진은 세종 19년에 피로인 6명을 데려왔다.

조선과 유구는 상호 표류인을 보호하여 직접 송환하였고, 1530년 이후로는 중국을 거쳐 송환함으로써 상호 '인명구조망'을 형성하였다. 이 인명구조망은 유구 사절이 고려에 내방한 때부터 조선이 1891년 유구의 표류민을 북경을 거쳐 송환할 때까지 지속되었다. 이렇게 하여 양국은 500년 동안 우호적 교류를 지속하였다.

3. 조선과 유구 왕국의 문물 교류

1) 유구의 조선기술과 남해물자의 조선 전래

세종 15년(1433) 조정에서는 유구국에서 오보야고(吾甫也古), 삼보라(三甫羅) 등을 초청해 조선인 여성과 결혼을 시켜주고 유구의 배를 제작하게 하였다.

유구인이 만든 배와 조선 배의 차이점은 무엇일까. 유구의 배는 상·하체에 철로 만든 못을 사용하였다. 시간도 많이 들었다. 때문에 배가 단단하여 몇 달을 항해해도 물이 스며들거나 바람에 부서지는 일이 드물었다. 배의 수명도 20, 30년 정도였다.

반면 조선의 전함은 하체에 나무로 만든 못을 사용하였다. 게다가 짧은 기간에 건조하였다. 따라서 배의 수명이 8, 9년 정도밖에 되지 못하였다. 세종은 유구 배의 하체 부분이 튼튼하여 조선의 배 건조에 좋은 참고가 될 것으로 여겨 견본을 각 도에 보내도록 지시하였다.

유구의 배는 빗물을 배의 가장자리로 유출하는 구조가 있어서 편리하였다. 조선 전함의 경우는 빗물을 배출하는 설계가 없어서 배의 내부까지 물이 흘러드는 불편이 있었다. 이 불편을 어떻게 시정하였는지는 분명하지 않으나, 적어도 조선배의 하체 부분에 쇠못과 나무못을 병용하는 것은 앞에 언급한 세종 16년에 채택되었음을 알 수 있다. 이것이 바로 유구 선장에 의해 전해진 유구의 조선술이었다.

그 외에 유구는 동남아의 식물과 동물을 조선에 전해주었다. 우선

호초(胡椒)의 수입이다. 호초의 수입은 고려 말 유구의 사신 옥지(玉之)의 내방에 따라 시작되었다. 조선조에는 호초에 대한 수요량이 점차 늘었다. 호초는 음식의 향료로 쓰이기보다는 약이(藥餌)로 더욱 많이 쓰였다. 왕실과 귀족의 필수품이 되었기 때문이다. 세조·성종 때는 약용 호초를 많이 필요로 하니 유구와 쓰시마 측에 호초씨를 구해달라는 부탁도 하였다.

그런데 유구는 호초 산지가 아니었다. 유구는 동남아에서 호초와 소목·향료 등을 수매하여 명과 조선·일본에게 전매한 것이다. 호초의 유통경로는 '남만(南蠻; 생산지)→ 유구 상인, 또는 왜 상인·대마도 상인→조선'의 형식이었다.

유구가 조선에 가져온 물자는 호초 외에도 단향(檀香) 등 향료, 그리고 행혈(行血)의 약효가 있고 빨간색 염료로 쓰이는 소목이 있다. 그 밖에도 물소·앵무새·원숭이 등 동물들이 있다. 물소는 조선에서 번식시키고자 하였던 동물이다. 물소의 뿔은 활을 제작하는데 매우 유용한 재료였기 때문이다. 현재도 한국의 궁장(弓匠)들은 활을 제작할 때 소의 뿔이나 나무보다는 물소의 뿔을 최고의 활 재료로 친다.

2) 조선의 《대장경》, 서적, 면직물과 유구

1429년 유구국이 통일된 뒤 유구에서는 왕이 등극할 때마다 사찰을 건축하였다. 상태구왕(尙泰久王)으로부터 상덕왕(尙德王), 상원왕(尙圓王), 상진왕(尙眞王)까지는 조선의 단종 원년(1453)부터 연산군 6년(1500)까지 해당한다. 이 50년 동안 유구에서는 사신을 8회나 보내《대장경》을 간절히 청구하였다. 조선에서는 50년 사이에 다섯 번에 걸쳐 전질을, 한 번은 낙질본을 사여하였다.(1453·1455·1461·1471·1491·1500) 이들 모두는 유구에서 매우 귀중한 물품으로 소중히 취급되었다.

불교를 장려한 유구의 상진왕은 1493년 원각사를 세우고, 1502년에는 인접한 곳에 원감지(圓鑑池)라는 연못을 만들고 그 위에 돌다리를 세웠다. 이어 조선의 세조가 전대왕인 상덕에게 증여한《대장경》보관을 위해 원감당(圓鑑堂)을 지었다.

원감당에 소장하였던 장서는 대체로 조선에서 세조 13년(1467) 4월과 8월 두 차례 증정한 불경으로 알려진다. 그러나 1609년 일본 도진씨(島津氏)의 유구 침입으로 경당은 불태워지고,《대장경》은 사라졌다. 1621년 상풍왕(尙豊王)은 원각사의 장로(長老)에게 당우(堂宇)를 다시 수리하게 하였다. 거기에 변재천당(弁財天堂)을 지어 흩어진《대장경》을 모아 안치하였다.

조선에서는《대장경》외에 기타 서예에 관한《조학사소서석본진초천자문》(趙學士所書石本眞草千字文),《팔경시첩》(八景詩帖),《동서명》(東西銘),《적벽부》(赤壁賦),《난정기》(蘭亭記),《왕우군난정기》(王右軍蘭亭記) 등 서첩도 사여한 바 있다. 유구 사신들은 조선이 전해 준 서적을 만대 자손들에게 유익한 것이라 여겼다. 특히 조선 서적의 인쇄와 제본이 모두 더할 수 없이 정교하여 조선의 정채(精彩)라고 찬양하였다.

불교를 장려한 유구는 조선의 불경뿐만 아니라 사찰을 건축할 때도 필요한 물품을 조선에 요청하였다. 조선의 기록에는 남아 있지 않지만 유구의 역대보안(歷代寶案)에는 조선에서 범종을 전해주었다는 기록이 있다. 이 범종이 바로 유구의 파상궁(波上宮)에 소장되어 있는 '조선종'이다. 그러나 이 종은 고려 때 만든 범종이다. 조선 정부가 고려 때 만든 범종을 유구 사신을 통해 전해 준 것이었다.

이 종은 1467년 유구에 전한 것으로, 홍해군 천곡사(泉谷寺)에 있던 것인데, 유구의 불교신자들로부터 많은 사랑을 독차지하였기 때문에 1908년 일본의 국보로 지정되었다. 하지만 1945년 오키나와전쟁 당시 불타 버렸다. 용두(龍頭)와 음통(音筒)만 남았지만 다시 이것들이 일본의 중요 문화재로 지정되었다. 그리고 원래의 종은 복원하여 현재 일본 오키나와현립박물관에 진열되어 있다.

이 밖에도 조선이 유구의 사신들에게 회사품(回賜品)으로 사여한 것이 있다. 면포(綿布), 정포(正布), 백세저포(白細苧布), 흑마포(黑麻布), 백주포(白紬布), 주(紬) 등 직물류, 인삼과 송자(松子) 등 약재, 피혁류·화문석·문방사우·악기·곡물 등과 조선산 소주도 있다. 앞에 언급한 면포의 경우 18세기에도 유구인에게 매우 귀한 물자였다. 유구는 생산기술 낙후로 면이 거의 생산되지 않았다.

조선과 유구의 관계는 조선 후기에 와서 이전처럼 긴밀하지 못하였다. 명과 청의 교체, 조일관계의 안정, 사츠마번의 침입으로 명과의 관계가 소원해진 것 등이 주요 원인이었다. 청대에 들어와서는 북경을 경유한 표류인의 송환만 있고 이전처럼 국서와 예물 교환은 하지 못하였다. 청의 책임추궁을 피해서였다. 게다가 조선은 유구와 사츠마의 관계를 어느 정도 알고 있었기 때문에 더 이상 유구와 연계하여 대일방어망을 구축하지는 못하였다.

그러나 조선이 유구에 대한 관심을 버린 것은 아니었다. 유구 사정에 대한 관찰과 질문을 담은 표류인 문정기록(問情記錄), 중국 황제의 공식행사에 참석한 유구 사신의 모습과 언행을 기록한 연행사신들의 문견기록 등이 이를 증명한다. 이것은 정보수집 차원뿐 아니라 고려 말 이래 유구와 다진 유대관계와 무관하지 않았다.

4. 사츠마번 침략 이후의 유구 왕국

일본은 임진왜란 이전에 유구를 침략할 구상을 하였다. 그러나 사츠마번주 도진씨의 저지로 일본군이 먼저 조선을 공격하였다. 대신 일본 측은 유구 측에 군사 7천 명과 10개월 치 군량미와 나고야성(名護屋城) 건축부담금을 요구하였다. 유구가 거부하자 임진왜란 직후 조선과 일본이 기유약조를 맺은 1609년에 도진씨의 '징벌'을 받았다.

유구 측의 처절한 저항이 없었던 것은 아니지만, 약소한 국력으로는 상대적으로 막강한 사츠마번의 상대가 될 수 없었다. 유구 국왕 이하 유구국의 삼사관(三司官) 정형(鄭迥) 등 100여 명의 관리가 사츠마번의 가고시마(鹿兒島)로 피랍되어 갔다. 이후 약 2년 6개월 지난 1611년에야 유구의 국왕 및 관리들이 풀려났다. 그런데 사츠마번주 도진씨는 이들을 석방하면서 유구의 국왕과 신하들에게 신도묘(神道廟)에서 복종할 것을 맹서토록 요구하였다.

사츠마번주가 유구의 국왕에게 요구한 서약은 세 가지였다. 첫째, 유구 국왕은 유구가 자고로 사츠마번에 번속이 되어 온 것을 승인하고, 공물의 헌납과 신임 번주에 대한 신하의 의무를 행할 것, 둘째, 사츠마번주의 자비로 유구 국왕이 다시 돌아갈 수 있도록 한 은혜에 대한 보답으로 사츠마에 대해 영원히 복종할 것, 셋째, 이 서약은 본인뿐 아니라 후대의 왕과 자손에게까지 길이 전하게 할 것 등이었다. 결국 유구국 군주는 사츠마번의 신하가 되어 그에 따른 의무를 영원히 이행하라는 것이었다.

이후 유구와 사츠마의 관계는 대등한 위치에서 주종의 관계로 바뀌었다. 유구를 정치적으로 예속시킨 사츠마번에서는 유구의 조세권을 장악해 갔다. 유구 국왕을 석방하기 전에 사츠마번에서는 유구의 토지측량을 완성하여 유구에게 부담시킬 세액을 매년 6천 곡(斛: 石)으로 배정하였다. 또한 파초포(芭蕉布), 상포(上布), 하포(下布), 저포(苧布), 면(綿), 우피(牛皮) 등의 물산을 파악하고, 일정량의 납부액을 배정하여 조물(調物)이라 하였다. 유구는 해마다 전부(田賦)와 조물을 사츠마번에 바쳐야 하였다.

사츠마번은 유구 국왕의 귀국 전에 유구의 법령 15조를 반포하였다. 이를 통해 유구 국왕의 인민지배권, 연공징수권, 가신에게 주는 영지와 봉록의 권한, 치안재판권, 유구국 존립의 기반인 대외무역통상권 등 모두가 사츠마번주 도진씨의 지배 아래 구속을 받았다.

사츠마번 측에서는 유구 국왕에게 다음의 의무조항을 덧붙였다. 즉 (1) 유구 국왕의 계승과 고위관리의 임명은 사츠마번의 허가를 받을 것, (2) 유구는 일본의 막부 장군이나 사츠마번주의 경조사에 반드시 사절을 보내 참석시킬 것, (3) 왕자, 안사(按司), 친방(親方) 등을 사츠마번에 머물게 할 것, (4) 사츠마번에서 나하(那覇)에 주재

시킨 관리로부터 유구의 세공과 조공무역에 관한 감독을 받을 것'
등이 그것이다.

사츠마번은 유구의 인사권·조세권·대외무역권 등을 통제하는
한편 인질정책으로 유구를 점차 예속국으로 변질시켜 갔다. 그러다
가 1657년 사츠마번이 유구 국왕에게 법사관 이하 관원의 봉록급여
권과 재판권·제사권을 주었다. 유구의 내정에 어느 정도 자치권을
준 것이다.

이 과정에서 유구 왕국의 저항은 무력화되었지만, 유구의 명(이후
淸)에 대한 종래의 조공은 지속되었다. 사츠마번은 유구의 대중 조
공무역 이익을 갈취하고자 하였다. 결국 유구는 청과 사츠마에 양속
된 상태로 19세기까지 존속해 왔다. 유구의 취약한 국력과 중국의
소극적 대응, 그리고 일본의 교묘한 정략에 의해서였다.

이렇게 해서 유구는 중국과 사츠마번에 양속된 상태가 되었다. 중
국에 대해 사대조공을 행하던 조공국, 또는 속방의 형식으로서 독립
된 왕국 모습을 유지하였지만, 내면으로는 19세기 말에 와서 군주권
이 상실될 때까지 유구국 군주의 권력행사가 꾸준히 사츠마번의 통
제를 받는 기이한 형태였다.

유구와 사츠마번은 중국의 의심과 간섭을 피하고자 양국 관계를
은폐하고자 하였다. 그렇지만 일본에 표착하였다 돌아온 조선인들
로부터 조선 조정은 이미 1610년에 그 사실을 알게 되었다. 그 뒤
조선 조정은 부경사신(赴京使臣)으로부터 다시 이 사실을 확인하였
다. 조선은 이후 유구에 대해 관찰자의 입장에서 기록만을 남겼다.

5. 메이지유신과 유구 왕국의 멸망

도쿠가와(德川)시대에 막부는 유구를 하나의 '이국'(異國)으로 생각하였다. 그래서 막부 측은 장군이 취임할 때 유구국 사절에게 이국인에 준한 처우를 하였다. 일본의 외교문서인 《통항일람》(通航一覽)에는 유구국이 조선과 같은 통신국으로 자리잡고 있다. 그러나 유구의 그러한 위치도 19세기 말에는 동요한다. 일본의 내정과 외교 변화에 따른 것이었다.

일본의 도쿠가와 막부는 1854년 미국과 조약을 체결함으로써 사상 처음으로 서구 열강과 불평등조약을 맺게 되었다. 이를 전후로 일본의 내정은 막부와 번, 또는 번과 번 사이에 많은 갈등이 야기되었고, 우여곡절 끝에 마침내 메이지유신에 이른다.

1867년 메이지 천황이 즉위하고, 장군 도쿠가와 요시노부(德川慶喜)가 다이쇼(大政)를 봉환하였다. 그 해 12월 메이지 천황은 왕정복고의 명을 내려 천황 중심의 새 정부를 세웠다. 메이지 원년인 1868년 새 정부는 막부시대의 대외조약을 승인하면서 조약 개정을 준비하였다. 그와 동시에 일본은 대외팽창의 낌새를 보이기 시작하였다.

그 해 초 일본은 군비를 충실히 하여 대외에 국위를 빛낼 것을 선포하였다. 1869년 정월에는 사츠마번을 비롯한 초슈(長州), 도사(土佐), 히젠(肥前) 등 4개의 번이 토지와 인민의 판적을 봉환하였다. 다음 해인 메이지 3년(1870) 일본 정부 내외에 유구병합론·정한론 등이 등장하였다.

가령 외무성의 사다 하쿠보(佐田白矛)는 1870년에 하이(蝦夷), 여송(呂宋), 유구, 만청(滿淸), 조선을 모두 일본의 울타리로 삼아야 한다는 의견을 제기하였다. 메이지 정부는 이를 실행하기 위해 일련의 작업을 시작하였다. 우선 이미 200여 년 동안 양속 상태에 있는 유구를 일본의 전속(專屬)으로 바꾸고자 하였다.

1872년 9월 일본의 메이지 정부는 유구 국왕 상태(尙泰)를 유구 번왕으로 봉하고 일본의 화족(華族)으로 봉하였고, 유구의 외교사무도 일본 외무성이 접수하였다. 다음 해(1873)에는 동인(銅印)을 주어 향후 유구번의 공문에 사용하도록 하였으며, 사츠마번에 바치던 세공도 일본의 대장성에 납부하도록 하였다.

한편 1874년에는 유구의 관제와 형률제도를 일본의 제도에 따르게 하였으며, 다음 해에는 유구와 중국의 관계를 단절시켰다. 마침내 1879년 일본은 유구번을 오키나와현으로 편입시켰다. 이때 일본은 유구왕에게 수리성(首里城)을 떠나 도쿄로 출발할 것, 토지와 인민 및 각종 사무는 초대 오키나와현령(鍋島)에게 위임할 것, 토지·가옥·창고·금곡·선박 등의 명세표를 만들어 사실대로 보고할 것 등을 요구하였다.

이에 유구의 왕과 왕실 가족은 수리 왕부를 떠났고, 1879년 3월 31일 오후 3시에 일본은 마침내 유구의 수리성을 접수하였다. 이후 유구 측 상하의 복국청원 등 다양한 저항이 있었지만, 모두 무위로 그치고 결국 유구 왕국은 그렇게 역사 속으로 사라져갔다.

6. 조선과 유구 왕국 500년

동남아의 해상왕국 유구가 사라진 것은 19세기 말, 불과 100여 년 전이다. 조선처럼 유구는 중국 중심의 사대교린체제 속에 있었다. 그러나 유구가 나라를 잃고 군주권이 완전히 상실된 것은 1879년, 일본이 유구를 오키나와현(沖繩縣)으로 편입시킨 결과였다. 일본으로서는 '흑선의 내항'으로 시작된 메이지유신의 종결임과 동시에 동아시아지역 사대교린체제 붕괴의 신호탄이었다. 그것은 또한 동아시아지역 각국 군주제 소멸의 출발점이기도 하였다.

돌이켜 보면, 명의 지원으로 풍요를 누린 유구는 15세기에 사츠마번과도 세력균형을 유지할 수 있었다. 그러나 동남아무역이 쇠퇴함으로써 16세기에 유구는 국력이 약해졌다. 그리고 17세기 초에는 곧바로 사츠마번의 침략을 당하였다. 이때 국력이 약화된 명은 적극적 대응을 하지 못하였고, 새로 등장한 청도 자세는 소극적이었다. 이런 흐름을 타고 일본의 메이지 정부는 유구를 흡수하였다.

한편 조선은 임진왜란 당시 일본의 침략을 받았지만, 19세기 말까지 비교적 안정적으로 국권을 유지하였다. 그러나 1894년에서 1895년 사이의 청일전쟁과 1904년에서 1905년 사이의 러일전쟁 결과 일본은 동아시아지역의 패권을 장악하였다. 마침내 1905년 말 일본은 대한제국의 외교권까지 약취하였고, 20세기 초에는 대한제국을 병탄하였다.

　　임진왜란 이래 조선과 유구는 표류민의 송환 외에는 공통의 사안이 크게는 없었다. 그러나 양국은 중국 중심의 사대교린체제 속에서 한동안 안정을 구가하였다. 그러나 청국의 쇠퇴와 함께 서세동점을 틈탄 일본의 급속한 팽창으로 양국 모두는 불행한 운명을 맞았다. 다만 한국은 세계제2차대전 이후 분단된 상태로나마 부활하였지만, 유구는 오키나와의 문화적 행사로만 재현되고 있다.

참고문헌

양수지, 〈조선·유구관계연구―조선전기를 중심으로〉, 한국정신문화연구원 한국학대학원 박사학위논문, 1994.

――――, 〈19세기말 유구의 멸망과 군주권〉, 《동북아문화연구》 19, 2009.

하우봉·손승철·이훈·민덕기·정성일 외, 《조선과 유구》, 아르케, 1999.

紙屋敦之, 〈薩摩の琉球侵入〉, 《新琉球史―近世編(上)》, 琉球新報社, 1989.

東恩納寬惇, 《尙泰侯實錄》, 東京: 原書房, 1970.

我部政男, 《明治國家と沖繩》 東京: 三一書房, 1979.

赤嶺守, 《琉球王國》, 東京: 講談社, 2004.

무신으로 살아가기

정 해 은

한국학중앙연구원 선임연구원

1. 무신이란 누구인가

오늘날 경복궁 근정전이나 덕수궁 중화전을 가보면 임금이 다니는 어도(御道) 좌우로 품계석(品階石)이 놓여 있다. 남쪽을 향해 앉는 임금을 바라보고 오른쪽(동쪽)에 있는 품계석이 문신들이 서는 자리이고 왼쪽(서쪽)의 품계석이 무신들이 서는 자리였다. 그래서 문신을 동반(東班), 무신을 서반(西班)이라고 하였으며, 이 둘을 합쳐 양반(兩班)이라고 불렀다.

그러면 어떤 사람들이 무신에 해당하였을까? 일반적으로 무신이라 하면 무(武)에 관한 일에 종사하면서 서반의 관직이나 관품(官品)을 갖고 있는 사람을 뜻한다. '서반'(西班), '무반'(武班), '무신', '무관'(武官)이라는 용어는 모두 관직이나 관품을 기준으로 사용되던 말이었다.

서반 관품은 종9품에서 정3품 당상관까지 15단계가 있었다. 종2

품에서 정1품까지는 동반의 관품을 빌려 사용하였다. 서반직 규모
는 《경국대전》(經國大典)의 규정에 따르면 총 3,826자리가 있었다.
서울에서 근무하는 자리가 3,324자리, 지방에 배속된 자리가 502자
리였다. 서반직은 고종대에 편찬된 《대전회통》(大典會通)에서 15자
리 정도 늘어났으므로 조선시대 내내 큰 변동이 없었다.

그런데 현실에서 무신과 문신의 경계는 모호한 측면이 있었다. 왜
냐하면 무신이라도 동반직을 역임할 수 있으며 문신이라도 서반직
을 맡았기 때문이다. 예컨대 무과에 장원 급제한 사람들은 첫 관직
으로 동반 6품직에 임명되었다. 비변사에서 실무를 담당한 낭청(郞
廳)은 동반에 해당하는 이전(吏典)에 올라 있는데, 문신 4인과 무신
8인이 담당하였다. 따라서 비변사 낭청은 누가 담당하느냐에 따라
문신 또는 무신이 될 수 있었다.

또 무신들은 2품 이상의 품계로 오르기 위해서는 서반 관품이 없
었으므로 어쩔 수 없이 동반 품계를 받았다. 이뿐만이 아니었다. 무
신으로서 동반의 정3품 품계인 통정대부를 받은 사례도 어렵지 않
게 찾아볼 수 있다. 대표적으로 전라도 구례 출신인 하명상(河命祥)
은 1751년(영조 27) 50세의 늦은 나이로 무과에 급제한 사람이다. 하
명상의 관직 이력은 다음과 같다. 하명상은 1756년에 호랑이를 잡은
공으로 절충장군이 된 뒤에 1762년에 오위장을 거쳐 1763년에 기장
현감으로 출사하였다. 기장현감으로 나갈 당시에 하명상의 품계는
통정대부였다. 그렇다면 하명상은 무신이 아니고 문신이라 해야 할
까?

문신도 서반직에 임용되는 경우가 많았다. 무신의 청요직이라 할

무과급제자 하명상(河命祥)의 관력(官歷)

제수 나이	관직	제수 나이	관직
55세(1756) 1월	절충장군	62세(1763) 6월	통정대부행기장현감
55세(1756)	절충장군행용양위부호군	62세(1763) 7월	동래진관병마절제도위
61세(1762) 12월	절충장군행용양위부호군겸오위장	72세(1773) 2월	가선대부
62세(1763) 1월	절충장군첨지중추부사겸오위장	72세(1773) 4월	가선대부동지중추부사
62세(1763) 6월	절충장군첨지중추부사겸오위장	72세(1773) 4월	가선대부행용양위부호군

* 자료 : 《古文書集成》 57, 晉州雲門晉陽河氏篇(1)

수 있는 선전관(宣傳官)에는 문신들만 임용하는 자리가 따로 있었다. 서반직 가운데 최고위직이라 할 수 있는 중추부(中樞府)는 담당 직무가 없는 문·무 당상관을 우대하기 위한 관청으로, 의정부 정승들이 자리에서 물러나면 이곳으로 옮겨와 즉시 정1품직 판사(判事)에 임명되었다. 또 선조대 이후부터 철종대까지 군영대장을 역임한 162명을 조사한 결과 문신이 35명으로 전체의 21.6퍼센트를 차지하였다. 이렇듯 조선시대에는 무신과 문신들이 관직이나 관품의 경계가 확연하지 않은 채 서로 경계선을 허물고 넘나들고 있었다.

그러므로 무신을 관직이나 관계를 기준으로 파악하는 것은 큰 의미가 없다고 볼 수 있다. 그 대신에 문신과 무신의 구분은 처음 발신(發身)을 어느 쪽으로 하였느냐에 따라 갈리는 경향이 있었다. 성종(成宗)이 새로 임명한 신창현감 김숙손을 불러놓고 "너의 출신이 무엇이냐?"라고 묻자 "무과입니다"라고 대답하였듯이, 어느 쪽으로 출신하였느냐에 따라 무신과 문신, 그리고 음서(蔭敍)로 나뉘었다고 여겨진다. 곧 무과시험으로 출사로를 선택하였는지, 문과로 선택하였는지가 한 개인을 무신으로 간주할 것인지 문신으로 볼 것인지를 가름하는 기준이 되었던 것이다.

2. 문치주의의 덫

조선 후기 지식인 관료 홍양호(洪良浩)는 1794년에 우리나라 애국명장들의 전기집인 《해동명장전》(海東名將傳)을 펴냈다. 홍양호는 이 책 서문에서 "우리 민족은 대체로 무력으로 국가를 세우고 싸움을 잘하는 특장이 있다. 그러므로 강적을 무찔러 잘 막아내고 기묘한 전략으로 변란에 대응하는 인물이 끊이지 않았다"고 자부하면서 "세상에서는 우리나라를 강국이라고 불렀다"고 적고 있다.

그러나 홍양호는 조선에 이르러 도학(道學), 문장·절의로 이름을 떨친 뛰어난 인물은 많지만 나라의 방패가 될 장수의 재목은 오히려 이전 시대만도 못하다고 하면서, 무재(武才)를 갖춘 인물을 양성하지 않은 현실을 개탄하였다. 홍양호의 지적은 다소 격앙된 어조를 띠고 있으나 적어도 무신이나 무장들이 사회적으로 위축되어 있던 현실을 함축적으로 전해 준다. 그렇다면 조선에서는 왜 무신의 성장을 제한하고 제대로 대우하지 않는 일이 벌어진 것일까?

조선시대에 국가의 공무를 실제적으로 담당한 사람은 양반이었다. 그런데 문치주의(文治主義) 사회를 지향하던 조선에서는 칼과 활을 든 무신보다 붓을 든 문신이 우위를 차지하였다. 문치주의는 신라가 7세기 후반 삼국을 통일한 이후 당나라의 중앙집권체제를 적극 받아들인 것이 단초가 되었다. 신라는 삼국을 통일하는 과정에서 군사력으로 중국 대륙을 상대할 수 없다고 판단하였고, 생존을 위해 중국화의 길을 택하였다. 이후 지식인 관료가 정치 주체가 되는 문치주의는 고려를 거쳐 조선 초에 제도적으로 확립되었다고 한다.

조선이 지향한 문치주의는 군사(軍事) 전반에도 영향을 끼쳤다. 조선은 농업을 위주로 한 사회이므로 경제력이 높지 않았고, 평상시 많은 군대를 양성할 수 없었다. 문신 입장에서도 군대가 힘이 강하면 쿠데타가 일어날 위험이 많으므로 달가운 일이 아니었다. 이 때문에 군대는 왕권 안보에 치중하였고, 전쟁이 일어나면 국민 총동원령을 내려 대응하였다. 대외관계에서도 군사보다는 문(文)으로 하는 외교술을 발달시켰다.

문치주의의 지향은 무신이나 무장에 대한 인식에도 큰 변화를 수반하였다. 그 가운데 하나가 '유장'(儒將)의 선호다. 중국 전국시대의 명장 오기(吳起)는 《오자》(吳子)에서 명장이 되기 위한 요건으로 문·무의 자질을 두루 갖춘 사람을 꼽았다. '용감'은 장수의 여러 요건 가운데 하나일 뿐 단순히 용맹스럽기만 한다면 군사를 지휘할 장수가 될 수 없다고 설파하였다. 《오자》는 무경칠서(武經七書)의 하나로서 조선에서 무인으로 처세하기 위해 읽어야 하였던 필독서였다.

장수의 자질로서 문무겸비를 중시하는 풍조는 조선도 예외가 아니어서 장수의 필수 덕목으로 거론되었다. 조선의 제7대 국왕 세조는 장수의 자질을 조목조목 열거하면서 "항상 활쏘기와 말달리기를 일삼고, 겸하여 학문도 익히는 자가 상품(上品)의 인물이다"고 하였다. 문무 겸비를 으뜸으로 삼는 분위기는 중국 삼국시대 촉한의 전략가 제갈량(諸葛亮)에 대한 조선인의 인식에서도 찾아볼 수 있다. 《이위공문대》(李衛公問對)에서는 제갈량을 중품(中品)의 장수로 분류하였으나 조선에서는 달랐다. 책략은 무신이 아닌 문신에서 나온다고 여긴 조선의 위정자들은 제갈량을 문무를 겸비한 이상적인 인재로 파악하였고, 조선시대 내내 그 어느 이름난 장수보다도 추앙하였다.

이뿐만이 아니었다. 장수의 자질로서 학문적 소양을 중시하는 분위기가 무르익자, 선비 가운데 장수의 자질을 갖춘 사람을 선발하여 무예를 권장하는 '유장천'(儒將薦)도 하나의 전통으로 자리 잡았다. 심지어 권무청(勸武廳)을 설치하여 사족 자제를 권무군관(勸武軍官)을 양성하거나 회유나 강압적인 방법을 동원해 무신으로 진로를 변경시키는 사례도 빈번하였다. 대표적인 사례가 구문치(具文治)와 신여철(申汝哲)이었다. 구문치와 신여철은 효종의 명으로 특별히 무신으로 양성된 인물로서, 두 사람 모두 사족 출신으로서 무과에 급제해 군영대장을 몇 차례나 지냈다.

이런 분위기 속에서 무신들이 사회적으로 정체성을 형성하고 발언권을 갖기란 쉽지 않았다. 조선 후기 어느 무신의 탄식은 문치주의의 덫이 무신들을 어떻게 옥죄었는지를 단적으로 말해준다.

오늘날 문관으로 무관처럼 생긴 사람은 으레 경멸을 받고, 무관은 서생처럼 행동해야 세상에 용납을 받게 되었다. 만일 무관으로서 말달리기를 좋아한다면 사람들은 반드시 광망하고 패악하다고 지목하니 이런 풍습은 참으로 부끄럽기 짝이 없다. 오늘날 선비처럼 생긴 무관에게서 어찌 싸움터에서 힘을 얻기를 바랄 수가 있겠는가?(송규빈, 《風泉遺響》)

3. 무신의 처지

조선에서는 문신들이 문치주의를 뿌리내리는 과정에서 무신의 성장을 제한하기 위한 여러 가지 제도들을 고안해 냈다. 문신은 무신을 하위 동료라고 생각하여 정치에 관여하는 행위를 위험하다고 생각하는 경향이 있었다. 그래서 무신의 사회적 위상은 고려시대에 비해 안정되었으나, 그 속을 들여다보면 여전히 무신의 성장을 가로막는 불리한 요소들이 도사렸다.

첫째, 무신에게 지급하는 품계에는 2품 이상이 없었다. 동반 품계는 9품에서 1품까지 19단계가 있었으나, 서반 품계는 9품에서 정3품 당상관까지 15단계만 있었다. 그래서 무신으로 2품 이상에 오를 때에는 동반 품계를 빌려 써야 하였다.

둘째, 무신에 대한 차별은 관직 구성에서도 뚜렷한 편이다. 《경국대전》에 따르면 문신의 실직(實職)은 1,779자리, 무신의 실직은 3,826자리였다. 외형상 무신의 자리가 2배 가까이 많으나 운용 시스템을 보면 사정이 달라진다. 실직 가운데 녹봉이 없는 무록관(無祿官), 서너 달 정도만 녹봉을 받는 체아직(遞兒職), 다른 직책에 있는 관리가 겸임하는 겸관직(兼官職)을 제외하고 나면 문신은 1,579자

리, 무신은 821자리였다. 실제 정규적으로 녹봉을 받을 수 있는 자리
는 문신이 훨씬 많았다.

셋째, 조선시대에 권력을 장악할 수 있는 핵심 요직도 문신에게
치우쳐져 있다. 문관의 경우 의정부·이조·병조·사헌부·사간
원·홍문관 등에 핵심 관직이 포진된 데 비해, 무관은 도총부(都摠
府)와 선전관(宣傳官)으로 제한되었다. 더구나 도총부의 최고책임
자인 도총관과 부총관이 겸임직이었고, 선전관도 문신을 임용하는
자리가 따로 있어 문신이 참여할 수 있는 길을 열어놓았다. 또 문신
의 최고위직인 의정부는 명실상부한 실직(實職)인 데 비해, 무관의
최고위직인 중추부는 업무가 없는 문·무 당상관의 대기직으로 활
용되었다.

넷째, 문신이 군권을 장악하는 구조를 꼽을 수 있다. 이는 문신이
군대의 최고위직을 차지하거나 무력화시키는 방식으로 이루어졌다.
조선 전기 오위도총부 사령관과 오위장(五衛將)은 겸임직으로 운용
하였고, 조선 후기 오군영 가운데 중추 역할을 한 훈련도감·어영
청·금위영에도 대장(종2품) 위에 도제조(정1품)와 제조(정2품)를
두었다. 주로 병조판서가 겸임하는 도제조와 제조는 당연직이었으
나, 적어도 군대의 최고 권한을 무신이나 장수들에게 맡기지 않는다
는 왕의 의지로 읽힌다. 각 도의 병마절도사와 수군절도사도 두세
자리 가운데 한 자리는 관찰사가 겸임하였다. 그리고 전략이 전술보
다 우월하다는 분위기에서 군정기관인 병조의 관원들도 문신이 차
지하는 것이 보통이었다.

다섯째, 무신이 받는 차별은 교육기관의 운용에서도 찾아볼 수 있

다. 문신의 경우 서당·향교·성균관 등 예비교육기관이 있어 유학자로서 소양을 닦거나 과거시험을 준비할 수 있었다. 반면에 무신을 위한 예비교육기관은 거의 전무하였다. 선조대에 무학(武學)이 정비되었으나 후기에는 유명무실해져 버려 실효성이 없었다. 무신을 위한 제도적 장치나 사회 시스템이 미비하다보니 어린 시절부터 무인으로서 정체성을 다질 수 있는 기회를 갖기 쉽지 않았다.

끝으로, 문신과 무신에 대한 인적 관리도 공정하다고 볼 수 없다. 1402년에 무과가 시행된 이후 문·무는 수레의 두 바퀴로 비유되면서 문과·무과를 반드시 함께 실시하였다. 그래서 임진왜란기 군병 확보를 위해 무과만 따로 시행한 사례를 제외하고 문과·무과를 실시한 횟수는 같다. 하지만 과거합격자 명부라 할 수 있는 방목(榜目)의 간행은 달랐다. 국가에서 문과 급제자의 경우 조선시대 전체 합격자를 집성한 종합방목을 몇 차례씩 간행하였다. 그러나 무과급제자의 경우 종합방목을 전혀 간행하지 않았다. 이는 조선에서 무신에 대한 인적 관리나 파악이 문신에 비해 상대적으로 허술하였다는 사실을 잘 보여준다.

요컨대, 조선 사회를 지배하던 가치관에 비추어 볼 때 문신에 비해 상대적으로 무신의 권리가 빈약하였던 것은 무신 자체의 문제라기보다는 시대 환경이 작용한 요소가 많았다고 보는 것이 옳다.

4. 출세의 길

조선시대 무신으로서 올라갈 수 있는 최고의 지위는 무엇이었을까? 15세기에 활약한 이준(李浚)이나 박원종(朴元宗)은 무과 출신으로서 영의정에 올랐다. 무신으로서 영의정에 오를 수 있던 배경으로는 이준의 경우 종친이었다는 점이 한몫을 하였으나 무엇보다도 이 시기 문·무의 구별이 확연하지 않았다는 점에서 찾고 싶다.

그러나 조선 후기에는 사정이 달라진다. 인조반정(1623) 이후 무신에게도 새로운 기회가 찾아왔다. 숙종대에 오군영이 완성되고 무신들이 군영대장을 역임하면서부터 정치적으로 영향력 있는 무신이 등장하고 무반 가문도 생겨났다. 무신과 문신의 구분도 더 확연해지고 직업 군인도 등장하였다.

기존의 연구에서는 무신과 문신의 경계가 뚜렷해진 현상에 대하여 문·무의 차별이 심해진 결과라고 보기도 하나, 거시적인 측면에서 보면 군사(軍事)가 전문 분야로 독립되어 가는 과정으로 이해할 수 있다. 무신들은 여전히 국왕이나 문신 세력을 뒷받침하는 역할에서 벗어나지 못하였으나, 그 역할이 부각되면서 무(武)에 대한 인식도 변하기 시작하였다. 이 과정에서 무신이 열망하던 최고위직은 군영대장이었다.

그렇다면 군영대장이 되려면 어떤 길을 걸어야 하였을까? 먼저 관리등용시험인 무과부터 급제해야 하였다. 하지만 무과급제자라고 하여 모두 군영대장이 될 기회를 갖는 것은 아니었다. 대장직은 다섯 자리밖에 없었고, 조선 사회가 구성원들에게 사회 진출의 기회를 공평하게 부여하지 않고 신분이나 가문(家門)의 우열에 따라 차별을 두었기 때문이다. 더구나 조선 후기에는 무과급제자를 수백 명씩 선발하기도 하였으므로 경쟁은 더 치열할 수밖에 없었다.

그래서 조선 후기에는 명문가 후손을 위한 특별한 진로를 따로 마련해 두었다. 바로 선천(宣薦)이었다. 선천이란 선전관 천거(宣傳官薦擧)의 약칭으로 무과 급제자나 한량 가운데 장차 선전관이 될 만한 사람을 미리 천거해 두는 제도였다. 즉 청요직으로 꼽히는 선전관의 예비후보자를 미리 뽑아놓고, 선전관에 궐원이 생기면 이 가운데에서 적임자를 선발해 임명하였다.

선천은 명문 가문이나 크고 힘 있는 가문의 자손들이 아니면 들기가 쉽지 않았다. 문벌이 뛰어나도 평안도나 함경도 사람이나 서얼들은 참여할 수 없었다. 그만큼 선발요건이 까다로웠다. 그러므로 선천에 든다는 것은 명문가의 자손으로서 고위직을 맡겨도 아무런 흠이 없는 인재라는 의미를 갖는다. 따라서 선천은 서반의 고위직으로 올라가기 위한 첫 관문으로서, 여기를 거치지 않으면 하위직에서 평생을 마감한다 해도 과언이 아니었다. 실례로 정조에서 고종 연간 사이에 군영대장을 거친 108명을 조사한 결과 무과 출신이 72명이었는데, 이 가운데 60명(86%)이 선천을 거쳤다.

그러면 선천에 들지 못한 무과 급제자들은 어떠하였을까? 가장 일반적인 진로가 각 군문(軍門)에 소속되어 승진을 모색하는 일이었다. 조정에서는 무과 급제자를 수용할 관직이 부족하자 이들을 군문에 배속시켜 군대의 질을 높이는 한편, 근무 일수나 각종 시재(試才) 등을 이용해 벼슬길을 열어주었다. 이 점 때문에 무과 급제자들은 군문 배속도 마다하지 않았으며, 양반에게는 그 기회가 더 빨리 찾아왔다. 승진이 더디기는 하였으나 근무 일수나 각종 시재에서 우수한 성적을 거두면 체아직이나 하급 관직으로 나가는 기회를 잡았던 것이다.

하지만 양반이라 해도 아픔이 없지 않았다. 경상도 선산 출신인 노상추(盧尙樞)는 1780년 35세의 나이로 무과에 급제해 1793년 삭주부사로 나가기 전까지 13년 동안 선천을 거쳐 금군·무신겸선전관·훈련원주부·오위장(五衛將) 등을 지냈다. 얼핏 순탄해 보이는 이력이지만, 선산에서 명문가에 속하는 노상추로서는 참기 힘든 나날이었다. 노상추가 무과 급제 뒤 오매불망 고대하던 관직은 수령이었다. 노상추는 인사이동이 다가오면 어김없이 병조판서나 오군영 대장을 비롯해 고위 문신 인사들도 찾아 다녔다. 그러나 "소위 공명(功名)이라는 것이 진실로 가소롭다"고 한탄할 만큼 13년 동안 승진의 기회가 좀처럼 오지 않았다.

노상추에게 행운을 가져다 준 사람은 정조였다. 1792년 정조는 하급 무신들의 활쏘기 시험 성적을 열람하다가 노상추라는 이름을 보자 무신란(戊申亂)에서 전공을 세워 영조에게 발탁된 노계정을 기억해냈다. 노계정은 노상추의 조부였다. 이 일을 계기로 노상추는 당상(堂上) 선전관을 거쳐 이듬해 삭주부사로 발령을 받았다. 정조의 표현대로 천운이라 할 만한 일이었다. 만약 노상추의 이름이 정조의 눈에 띄지 않았다면 오매불망 수령으로 나가고 싶어하던 노상추의 소망은 이루어지지 않았을 지도 모른다.

양반도 사정이 이렇다보니 양인의 경우에는 무과에 급제하였더라도 관직을 얻기란 하늘의 별 따기였다. 신분이 낮다보니 조상의 후광이 있을 리 없었고, 본인을 밀어줄 후원세력도 없었다. 그러다보니 대부분 무과 합격의 증서인 홍패만 자손 대대로 기념으로 물려줄

뿐이었다. 그나마 운 좋게 승진의 기회를 잡더라도 말단직에 그쳤을 뿐 승진이 순탄하지 않았다고 해도 과언이 아니다.

조선 후기 읍지에서 성명만 기록된 채 이력이 없는 무과 급제자를 찾기란 그리 어려운 일이 아니다. 황해도 개성에 거주한 선무군관 최필주(崔弼周)는 1790년(정조 14) 증광시 무과에 37세의 나이로 합격하였다. 아버지는 양인(良人) 최천만이었다. 《중경지》(中京誌) 무과조에서 최필주를 조사한 결과 이름만 올라 있었다. 최필주가 아무런 이력 없이 무과조에 올랐다는 사실은 관직 진출에 실패하였음을 의미한다. 그리고 아버지가 양인이었다는 점에서 양인 출신의 관직 진출이 결코 쉽지 않았음을 짐작할 수 있다.

5. 무신들, 자기 목소리를 내다

조선에서는 17세기 이후 도덕 수양을 중시하는 성리학의 영향으로 인물 전기집이 나오기 시작하였다. 17세기에 쏟아져 나온 전기집들은 대부분 문신들에 관한 전기였고, 무신이나 무장의 기록은 부분적으로 포함되었을 뿐 독립적인 전기는 한 권도 없었다. 이런 분위기 속에서 조선의 르네상스라 불리는 정조대에 무신에 관한 기록이 나오기 시작하였다.

대표적으로 병자호란 때의 명장이자 북벌의 상징인 충민공 임경업의 일대기를 정리한 《임충민공실기》, 임진왜란기 의병장으로 이름을 떨친 김덕령의 활약상을 정리한 《김충장공유사》 등이 편찬되었다. 그리고 1794년에 《해동명장전》(홍양호)이 출간되었다. 이어

1795년에 이순신에 관한 온갖 기록을 정리한 《이충무공전서》가 나
왔다. 이처럼 양반의 한 축을 담당하면서도 문신에 비해 주목받지
못한 무신이나 무장의 전기가 출현한 것은 무신의 위상이 변화하고
있음을 간접적으로 말해준다.

변화는 여기서 그치지 않았다. 무신이 자신의 목소리를 담은 저서
를 직접 내놓기 시작하였다. 18세기 중후반 정조대에 활약한 무신
송규빈은 《풍천유향》(風泉遺響)이라는 저서를 출간하였다. 송규빈
의 집안은 3대에 걸쳐 무과 급제자를 배출하였다고 하나 자세하지
않다. 그럼에도 이 무명의 무신 송규빈은 임진왜란과 병자호란에 대
한 반성과 교훈을 토대로 부국강병을 위한 무비책을 제시하였고 북
벌론을 강하게 주창하였다. 또 "우리나라의 풍습은 참으로 이상하
다. 문관과 무관을 두 가지로 생각하여 글을 읽은 문사들이 무관과
함께 같은 대오가 되기를 부끄러워한다"고 하면서 무신으로서의 자
의식을 드러냈다.

이정집(1741?~1782?)과 아들 이적(?~1809)이 2대에 걸쳐 완성
한 《무신수지》(武臣須知)도 무신의 의식 성장과 관련하여 주목할
만한 책이다. 무과 급제자로서 영장(營將)과 수령을 역임한 두 사람
역시 송규빈처럼 그다지 알려진 인물이 아니다. 《무신수지》는 《무
경칠서》에서 요점을 뽑아 그 뜻을 자세히 풀이한 책으로, 독창적인
생각을 담은 책은 아니다. 그러나 주해를 붙이면서 본인들의 견해를
밝혀놓은 부분은 무신의 정체성과 관련하여 흥미롭다. 예컨대, "나
는 평소 활쏘기와 말타기 연습을 게을리 하지 않으려고 하였다. 그
러나 복잡한 가사에 얽매여 서울과 시골을 오고 가느라 종종 연습을

중단하기도 하였다. 이는 속담에 '마음은 그렇지 않으나 일이 그렇게 된다'는 말과 같다고 할 것이다"처럼 무신으로서 소임을 다하려는 태도들이 엿보인다.

19세기에 무신으로서 능력을 마음껏 발휘한 대표적인 사례는 1876년 강화도조약 당시 조선측 대표로 활약한 신헌(1810~1884)을 꼽을 수 있다. 신헌은 대대로 무과 급제자를 배출한 무반 가문 출신으로, 17세에 국왕친위대인 별군직에 천거되어 무관직에 첫 발을 내딛었고 이듬해 무과에 급제하였다. 이후 헌종의 총애로 39세라는 젊은 나이에 금위영대장에 올랐다. 신헌은 군사를 비롯해 시(詩), 서(書), 화(畵), 주역·금석학 등 문학과 예술에 관한 많은 저작을 남겼고 이 때문에 당대에 유장(儒將)으로 불린 인물이다.

신헌의 저서 가운데 무신의 정체성과 관련하여 주목할 책은 《민보집설》이다. 민보(民堡)란 무력한 관군(官軍)을 대신하기 위해 나온 민간주도형 향촌자위체제로, 평상시 주민을 편성·조직해 훈련시키고 전시나 비상시가 되면 전 주민이 보(堡)로 들어가 총력전을 펼치는 방위 개념이다. 민보론은 안정복(安鼎福)의 향촌자위론에서 태동하여 정약용(丁若鏞)의 《민보의》를 거쳐 신헌의 《민보집설》에서 실용화되었다.

신헌이 서양의 외침에 대비하기 위한 방어책으로 민보를 거론한 시기는 1862년(철종 13)이며, 이후 몇 번의 건의를 통해 1867년 1월에 국왕의 허락을 받았다. 하지만 민보의 설치는 순조롭지 못하였다. 당시 정권을 장악한 세력가들이 무기를 소지한 백성들이 보를 근거로 도적으로 변모할지도 모른다는 우려 때문이었다. 외침의 위기에 직면해 민보령을 내렸지만 민중들이 보를 근거지로 삼아 규합한다면 외침보다도 내우가 정권에 더 위협적이라고 판단한 것이다.

그러나 신헌의 생각은 달랐다. 오히려 생업을 잃고 떠도는 무리나 난을 피해 모인 민중들이 소요를 일으키거나 도적으로 변모한다고 여겼다. 이들에게 가족과 함께 생활할 수 있는 터전을 마련해 주고, 민보를 설치해 스스로 지키게 한다면 도적이 되는 것을 방지할 뿐만 아니라 군병까지 얻을 수 있다고 보았다. 신헌의 생각은 명쾌하였다. "백성이 도적이 되는 것은 병기와 관련 있는 것이 아니라 배고픈 자가 있으면 보를 빌리지 않고도 도적이 된다"고 하면서 민보 설치에 반대하는 의견에 맞섰다.

요컨대, 18세기 후반 이후 무신에 대한 일대기나 저술의 출현은 이전 시기에는 찾아볼 수 없는 변화의 바람이었다. 무신들은 무직(武職)을 부끄러워하지 않고 무신으로서 정체성을 찾아가기 시작하였다. 이 과정에서 문신과 문화적 동질성을 획득하기 위해 유학·예술 방면에 부심하기도 하였으나, 신헌처럼 '무'(武)라는 영역에서 발언하였던 점은 눈여겨봐야 할 변화라고 할 수 있다. 이것은 문치주의에 위축되어 있던 무신들이 서서히 자신의 존재를 자각하면서 영향력을 증대시켜 나간 결과가 아닐까 싶다.

6. 왜 무신에게 주목해야 하나

조선시대의 신분, 특히 양반이라는 화두는 단순히 과거의 문제가 아니라 오늘날에도 의미 있는 주제다. 조선시대의 양반에 대한 지식이 현대에도 살아있으며, 그 집안이 어떤 가문이었는지가 오늘날에도 의미가 있고, 의미가 있다고 생각하는 사람이 존재하는 한 양반이라는 화두는 여전히 매력을 갖는다. 이런 현상은 중국이나 일본에서는 보기 드문 현상일 것이다.

하지만 전통시대 양반에 대한 인식에는 문신만 존재하고 무신은 빠진 편향된 시각이 자리한다. 실제로 조선의 무신은 시대나 이데올로기의 제약 속에서 자신들의 고유한 목소리를 남기지 못하였다. 그렇다고 하여 무신의 실체가 존재하지 않았거나 그들이 향유하고 가꾼 문화가 수준이 낮았다는 의미는 아니다. 조선의 역사나 문화 속에서 엄연히 자기 색깔을 지켜냈으며, 오히려 이들의 진취적인 기상이나 활동성이 발현되지 못한 채 근대를 맞이하면서 근대 형성을 가로막기도 하였다.

이러한 편향된 인식이 나오게 된 배경에는 조선시대 무신이란 문신을 중심으로 한 양반관료체제 속에서 상대적으로 주변부적 존재라는 인식이 크게 자리하기 때문이다. 따라서 오늘날 양반에 대한 인식은 아직도 지배 엘리트인 문신에 대한 관심이 과도하게 집중된 반쪽의 역사라 할 수 있으며, 무신에 대한 독자적인 이해를 추구하기 위한 시각의 확대가 절실하다.

오늘날 조선 후기 사회를 어떻게 이해할 것인가 하는 문제를 놓고 여러 방면에서 다양한 연구가 시도되고 있다. 주변부적인 존재로서 빛을 보지 못한 무신에 대한 관심은 지금까지 한국사의 연구 대상에서 제외되거나 소홀히 해온 주변부 사람들에 대한 문제를 정면으로 제기하는 것이다. 양반의 한 축인 서반 곧 무신의 입장에서 조선시대를 바라보는 작업은 비주류의 시선으로 역사를 이해하는 일이며, 결과적으로 기존에 간과되어 온 역사의 또 다른 진실을 탐구하는 과정이 될 것이다.

참고문헌

심승구, 《조선후기 무과 연구》, 국민대 대학원 박사학위논문, 1994.
이성무, 《조선초기 양반연구》, 일조각, 1980.
장필기, 《조선후기 무반벌열가문 연구》, 집문당, 2004.
정해은, 《조선후기 무과급제자 연구》, 한국학대학원 박사학위논문, 2002.
———, 〈17세기 상천(常賤) 무과급제자에 대한 차별과 사족(士族)의 권무(勸武)〉, 《조선시대사학보》 42, 일조각, 2007.

4부
사상과 교육

정치 이데올로기, 주자학

권 오 영

한국학중앙연구원 교수

1. 주자학의 전통

조선이 건국되자 고려시대의 불교에 대체할 새로운 종교나 이념이 필요하였다. 조선 창업의 일등공신이고 배불론자로 널리 알려진 정도전은 〈심기리편〉(心氣理篇)을 저술하여, 불교는 '심'(心), 도교는 '기'(氣), 유학은 '이'(理)라고 하여, 이제 '이'(理)가 주도적인 사회가 되어야 한다고 하면서 주자학을 조선의 정치적 지배이념으로 천명하였다. 그런가 하면 권근은 《입학도설》(入學圖說)을 지어 주자학을 알기 쉽게 설명하였다.

조선 초기에 심성이기에 대한 해석은 이미 정도전에 의하여 이루어졌다. 정도전은 불교를 비판하기 위하여 심성이기에 대하여 언급하였다. 그는 사람이 태어나 천지(天地)의 '이'(理)를 받아 '성'(性)이 되는데, 그 '형'(形)을 이루는 것은 '기'이고, '이'와 '기'를 합하여 능히 신명(神明)한 것은 '심'이라고 하였다. 여기서 정도전은 유학은

'이'를 주로 하여 '심'과 '기'를 다스리는 반면, 노자는 '기'를 주로 하고 불교는 '심'을 주로 한다고 하였다. 이제 조선조의 주자학은 '이'를 주로 하는 것을 그 사상적 정치적 목표로 설정하였음을 분명히 알 수 있다.

그런데 16세기 초엽까지만 해도 주자학을 연구하는 사람은 재야 학자와 재조 학자의 구분이 뚜렷하지 않았다. 윤상·조용 등 정몽주의 제자들이 관학을 수십 년 동안 주도하고 있었고, 길재는 권근을 스승으로 생각하여 심상(心喪) 3년을 하였으며, 김종직의 아버지 김숙자는 윤상에게 역학을 배웠다.

김종직 문하에서 김굉필·정여창 등이 배출되면서 도학 중심의 주자학의 시대가 열리기 시작하였다. 김굉필은 스승 김종직의 사장 학풍과 결별하고 도학자로서 삶을 살았다. 조광조는 바로 김굉필의 제자였다. 1516년(중종 11) 조광조는 《근사록》(近思錄)에 대해 중종에게 아뢰면서, 이 책에는 〈태극도〉(太極圖)가 갖추어져 있는데, 궁리하는 학문을 하지 않으면 그 묘리(妙理)를 탐구하지 못하니 마땅히 잠심하여 연구하여야 한다고 하였다. 주자학 이해의 첫 관문은 바로 태극(太極)을 어떻게 이해하느냐였다.

또한 조광조는 바로 김굉필의 제자로 소격서를 혁파함으로써 도교를 물리치고 주자학의 터전을 닦는 데 크게 기여하였다. 그가 기묘사화에 희생되면서 오히려 도학의 열풍은 더 불기 시작하였다. 학자들은 산림에 숨어 살면서 주자학 탐구에 몰두하는 경향이 생겼다. 개성의 서경덕, 삼가의 조식, 태인의 이항 등 많은 처사들이 초야에서 심성을 수양하는 수기(修己)의 길을 걸어갔다. 그러나 그들이 산림에 있다고 하여 치인(治人)을 잊어버리지는 않았다. 처사들은 기회가 오면 벼슬길에 나가 자신들의 뜻을 펴고자 하였고, 그렇지 못할 경우에는 새로운 시대를 이끌어갈 제자들을 양성하였다.

2. 주자학의 이론적 심화

주자학이 널리 이해되어 가면서 그 핵심 개념인 무극(無極)과 태극(太極) 등에 대한 논변이 일어났다. 이언적은 1517년 손숙돈과 조한보의 무극태극에 대한 이해에 근본적인 문제점을 제기하고, 그 이듬해에 조한보의 학설을 비판하는 화살을 보냈다. 조한보의 학설에는 이언적과 논변하는 과정에서 주자학의 견지에서 보아 다음과 같은 몇 가지 문제점이 드러났다. 즉 조한보는 무극과 태극에서 '유'(有)를 논하고 '무'(無)를 논하며, 안을 나누고 밖을 나누었고, 또 대본(大本)과 달도(達道)는 혼연한 하나로 파악하였다. 이에 대해 이언적은 대본과 달도 속에는 체(體)와 용(用), 동(動)과 정(靜), 선(先)과 후(後), 본(本)과 말(末)을 분별할 수 있는데, 그냥 혼연하다고 해버리면 차례를 논할 수 없어, 반드시 적멸(寂滅)과 허무(虛無)의 지경으로 빠지게 된다고 보았다. 따라서 이언적은 조한보의 학설이 합하는 것을 좋아하고 분리하는 것을 싫어하며 실(實)을 버리고 허(虛)에 들어가는 것이라고 비판하였다.

이언적은 조한보 학설의 잘못은 공허(空虛)에 병이 들었다고 파악하였다. 왜냐하면 조한보는 태허(太虛)의 체(體)는 본래 적멸하다고 보았던 것이다. 이에 대해 이언적은 태허의 체를 멸자(滅字)로 설명하는 것은 잘못이라고 하였다. 그러면서 "하늘의 도는 소리도 없고 냄새도 없도다"라고 한 것을 '적'(寂)이라고 말하는 것은 가하지만 그 '적'자 밑에 '멸'자를 붙일 수는 없다고 하였다.

이언적은 마음을 예로 들어 조한보가 태허의 체에 대해 적멸로 본 것의 부당함을 설명하였다. 그는 희로애락(喜怒哀樂)이 미발(未發)하여 혼연하게 마음속에 있는 것은 마음의 본연의 체(體)로 적(寂)이라고 말해도 되지만, 그것이 감(感)하여 통(通)함에 이르러서는 희로애락이 발(發)하매, 모두 절도에 맞아서 본연의 묘(妙)가 이에 유행하니, 이때의 적(寂)은 '적(寂)하고 감(感)한 것'이라고 하였다. 그러면서 만약에 적(寂)하고 또 멸(滅)하다면 마른 나무와 죽은 재일 뿐으로, 천성(天性)을 멸(滅)하는 데 이를 수 있다고 하였다. 이언적은 한(漢)나라 이후 성인의 도가 막히고 사설(邪說)이 행하여 그 화가 인륜을 해치고 천리를 멸하여 지금까지 그치지 않는 것은, 이 하나의 '멸'자가 해를 끼치지 않은 것이 없다고 하였다. 그는 바로 '적감'(寂感)과 '적멸'의 나뉨이 유학과 불교의 차이라고 주장하였다.

그런데 이언적과 조한보 사이에 전개된 '무극태극논변'은 '태극'에 대한 이해를 불교와 도교적 관점의 이해에서 벗어나게 하는 일대 계기가 되었다. 조한보는 "허령(虛靈)과 무극(無極)의 진(眞)"을 거론하여 "허무가 곧 적멸이고 적멸이 곧 허무다"라고 하였는데, 이 말에는 도교와 불교의 영향이 그대로 남아 있었다. 이언적이 이러한 조한보의 학설을 깸으로써 불교와 도교의 시대에서 주자학의 시대가 열린 것이다. 이러한 무극태극에 대해서는 기대승과 이황에 이르러 비로소 주희(朱熹)의 해설을 정확하게 이해하게 되었다. 즉 주희가 '무극이태극'(無極而太極)을 "하늘에 실려 있는 것이 소리도 없고 냄새도 없으나 사실은 조화의 추뉴(樞紐)이고 모든 변화의 근본이다"(上天之載, 無聲無臭, 而實造化之樞紐, 品彙之根柢)라고 한 해설을 이해하게 되었다. 여기서 '재'(載)는 이(理)고 소리와 냄새는 극(極)이며, 실(實)은 태(太)에 해당하고 추뉴(樞紐)와 근본(根本)은 극(極)으로 이해할 수 있게 되었다.

16세기 초 학계의 학풍은 태허(太虛)의 체(體)를 적멸로 해석하거나, 태극(太極)을 '기'로 보기도 하고, '이'와 '기'를 일물(一物)로 보는 등 다양한 학설이 학계에 만연하였다. 이황이 태극을 '이'로 이해하였지만 태극을 '기'로 파악하는 경향도 꽤 있었던 것이다. 그것은 아마 정복심의 《사서장도》(四書章圖)의 영향이 아니었던가 싶다. 정복심은 태극을 '이'와 '기' 가운데 '기' 중심으로 파악하였다. 아마 정복심의 《사서장도》의 영향으로 당시 학계에서 태극을 '기' 중심으로 이해한 것은 어쩌면 당연한 인식이었다. 이러한 학문경향은 서경덕과 그 문인들의 태극에 대한 이해에서도 선명하게 드러난다.

서경덕은 태극을 '이'(理; 까닭), '신'(神; 묘한 까닭), '성'(誠; 자연 진실한 것), '도'(道; 유행하는 것) 등을 총괄하여 갖추지 않는 것이 없는 것이라고 하였다. 또한 그는 밖이 없는 것을 태허(太虛)라 말하고 시작이 없는 것을 '기'(氣)라고 말하니, '허'(虛)는 곧 '기'라고 말한다고 하였다.

서경덕에 따르면 '기' 밖에 '이'가 없고 '이'라는 것은 '기'의 주재[宰]라는 것이다. 여기서 이른바 '재'는 무엇인가. 밖으로부터 와서 주재(主宰)하는 것이 아니라 '기'가 용사(用事)하여 소이연(所以然)의 바른 것을 잃지 않는 것을 '재'라고 이른다. '이'는 '기'보다 앞서지 않는다. '기'가 시작이 없으니 '이'도 진실로 시작이 없다. 만약에 '이'가 '기'보다 앞선다면 '기'가 시작이 있게 되어 버린다는 것이다. 또한 서경덕은 이기(二氣; 陰陽)가 능히 만물을 낳고 낳아 변화해서 마지않는 까닭이 곧 태극의 묘(妙)라고 하였다. 이것으로 보면 서경덕은 태극을 꼭 집어 무어라고 말하지는 않았다는 것을 알 수 있으나 '이'와 '기'를 포괄하여 이해하고 있다고 대체적으로 짐작할 수 있다. 이러한 서경덕의 이론은 불교와 도교의 이론에 대한 비판에서 이루어진 것이다.

서경덕의 제자인 이구는 〈심무체용설〉(心無體用說)을 지어 심(心)에 체(體)와 용(用)이 없다고 하였다. 이구는 '마음에는 확실히 체와 용이 있으나, 그 근본을 더듬어보면 체와 용이 없다'고 하자, 이황은 정자(程子)가 '마음은 하나뿐인데 체(體)를 가리켜 말한 것이 있고 용(用)을 가리켜 말한 것이 있다' 하였으니, 이미 그 체와 용이 있는 것을 가리켜 마음이라 하였는데, 따로 체와 용이 없는 마음을 얻어서 마음 이전에 근본이 되게 할 수는 없다고 하였다.

한편 이언적은 인심도심(人心道心)에 대해 이연경과 토론을 하였고, 노수신에게 심(心)에 대해 자세히 알기 쉽게 설명해주어 심학(心學)의 전통을 이어가게 하였다. 노수신은 1541년(중종 36)에 《심경부주》(心經附註)를 보고 이언적에게 의심스러운 부분을 질의하였고, 이어 '존심'(存心)의 요령에 대해 가르침을 청하였다. 이언적은 노수신에게 손바닥을 가리키면서 "물건이 여기에 있는데 잡으면 부서지고 놓으면 잃어버린다"고 하였다. 노수신은 물러나서 생각하니, 이언적의 가르침이 '잊어버리지도 말고 조장하지도 말라'(勿忘勿助長)는 마음을 다스리는 가르침임을 깨달았다.

이언적으로부터 심학의 지결(旨訣)을 전수받은 노수신은 유성룡에게 "욕(欲)이라는 것은 사람의 성(性)으로 사람마다 모두 없을 수 없네", "다만 음양(陰陽)이 하나인 것을 보겠으니 어찌 이(理)와 기(氣)가 갈려진 것을 알겠는가"라는 내용의 시를 지어 주었다. 이러한 노수신의 시는 인욕을 성(性)으로 이해하면서 인간이면 누구나 인욕이 없을 수 없다는 견해로, 장차 천리(天理)와 인욕(人欲)을 엄격히 구분하여 천리를 밝히는 것을 우선하여 중시하였던 이황 등과는 분명 다른 길을 모색하고 있었다.

그런데 송대(宋代)에 이르러 '이'와 '기'에 대한 새로운 해석에 더하여 '경'(敬)이 새로운 공부 방법으로 제시되었는데, 주희는 정이(程頤)가 '경'을 제창하여 후학에게 공을 남겼다고 하면서 '경'이라는 것은 성학(聖學)의 처음과 마침이 된다고 하였다.

이러한 '경'에 대한 이해는 고려 말에서부터 시작되어 조선에서는 주세붕에 의해 비로소 '경'의 시대가 열렸다. 주세붕은 1543년에 안향(安珦)의 고향인 풍기 순흥에 우리나라 최초의 서원인 백운동서원을 세웠다. 그는 주자학 도입의 선구자인 안향을 제향하고 성리학적 교육을 진작하였다. 그리고 그는 안향이 추구하였던 '경'의 학문이 주희에 합치된다고 하여 '경'이란 글자를 서원 옆의 물가 석벽에 새겨 심학의 핵심 개념으로 제시하였다.

문성공(文成公; 안향) 사당 앞에 깎아지를 듯한 석벽(石壁)이 있는데 경(敬) 자를 새기고 싶었다. 그런데 서원의 여러 벗들이 모두 세속에서 괴상한 짓을 한다는 말을 들을 것이라고 경계를 하였다. 또 말하기를 마땅히 마음에 스스로 경을 하면 되지 하필 돌에 새길 것이 있겠는가라고 하였다. 세붕도 억지로 추진할 수 없었으나 주자가 채계통(蔡季通)에게 보낸 편지를 본 뒤에 여러 벗에게 보여 주면서 '선천'(先天)의 여러 그림도 오히려 새겼는데 다만 '경' 자를 새길 수 없겠는가'라고 하였다. 일찍이 생각해보니 '경'이라는 것은 구(苟)의 반(反)이니 겨우 '구'하면 문득 '경'하지 못한다. 이것은 진실로 우리 회헌(晦軒; 安珦)이 회옹(晦翁; 朱熹)에게 합치하는 바이니 더욱 새기지 않을 수 없다. 사당과 서원은 비록 오래 보존하지 못하더라도 이 새긴 것이 마멸되지 않아 천년 뒤에 경석(敬石)이라고 불려진다면 족하겠다. 이에 모두 좋다고 말하여 드디어 새기었다.(《武陵雜稿》 권6, 別集, 雜著, 白雲洞石壁刻敬字)

주세붕은 이제 불교의 선정의 시대를 대신하여 주자학의 '경'의 시대가 열릴 것임을 예고하였다.

주세붕을 이어 이황은 '경'을 가장 중시한 학자였다. 이황이 '경'에 주목하게 된 계기는 《심경부주》(心經附註)의 영향이 가장 컸던 것 같다. 그는 《심경》을 신명처럼 받들고 엄부처럼 모셨다. 이제 그에 의해 《심경》의 시대가 새롭게 열려 17세기 효종과 송시열에 의해 심학의 시대를 맞이하였다.

이황은 만년에 가끔 도산서당의 완락재(玩樂齋)에 거처하면서 주경(主敬)과 집의(集義)를 힘쓰고, 태극의 묘를 깊이 생각하고 연구하였다. 이황이 천연대를 만들고 완락재에서 거경궁리(居敬窮理)를 생각하였다면, 이는 천명·성·천리의 해명을 위함이다. 천리를 확보하기 위한 방법인 '경'은 이황이 평생토록 힘을 다하여 입술이 마르고 혀가 닳도록 설파한 것이다.

16세기 조선 사회는 주자학의 심화연구 단계에 들어갔다. 정지운(鄭之雲)은 과거공부를 포기하고 주자학의 탐구에 힘써 〈천명도〉(天命圖)를 그려 우주의 변화와 인간의 심성을 해명하고자 하였다. 이황은 서울에서 조카를 통해 정지운의 〈천명도〉를 얻어 보고 새로운 시대를 열 수 있는 학문 내용이 그 그림에 담겨 있다고 생각하였다. 그래서 그는 〈천명도〉를 깊이 궁구하여 《천명도설후서》(天命圖說後敍)를 쓰고 조선의 주자학을 우주 중심에서 인간 중심으로 바꾸어 놓았다. 이황과 기대승의 오랜 기간의 사단칠정논변(四端七情論辨)도 이 《천명도설》의 설명에 대한 문제제기에서 비롯되었다.

그런데 이황의 주자학은 단순히 선비 개인의 수양론적 차원에 머무르지 않았다. 그는 주자학을 성학(聖學), 즉 제왕학(帝王學)으로 끌어올리고자 하였다. 이황은 〈성학십도〉(聖學十圖)를 통해 조선에 주자학을 이학(理學) 중심으로 제시하고 아울러 성학으로 천명하였다. 〈성학십도〉에서 주돈이(周敦頤)의 《태극도설》(太極圖說)을 맨 앞에 실은 것이나, 이 그림을 선조(宣祖)에게 올린 것에서 주자학의 정치적 기능을 유추할 수 있다. 이러한 이황의 주자학적 구도는 조선 후기 영남과 기호학계에 크게 영향을 미쳤다.

이황의 심성이기론은 정지운의 《천명도설》에서 계발되어 〈성학십도〉의 완성으로 결실을 맺었다. 그러한 과정 속에는 정지운과의 토론, 기대승과의 사단칠정논변이 있었고, 그 성과가 바로 〈천명신

도〉(天命新圖)와 〈성학십도〉의 〈심통성정도〉(心統性情圖)에 반영
되었다.

이황은 늘 인간의 본연지성(本然之性)은 '순선무악'(純善無惡)하
며, 마음의 본체도 선하다는 사실을 믿었다. 그렇지만 기질지성(氣
質之性)에서는 '이'와 '기'가 상수(相須)하기도 하고 상해(相害)하기
도 한다고 하면서 사단(四端)은 '이'가 발(發)함에 '기'가 따르고 칠
정(七情)은 '기'가 발함에 '이'가 타고 있다고 설명하였다.

이황은 자기 시대를 태극을 '기'로, '이'와 '기'를 일물(一物)로 이
해하는 기설(氣說)이 주도하는 사회로 이해하였을 것이다. 이러한
점은 이미 정복심이 태극을 '기' 중심으로 보았고, 서경덕·이구 등
도 모두 주기적 입장에서 '이'와 '기'를 이해하려고 하였던 데서 알
수 있다. 이에 이황은 정복심 등이 태극을 '기' 중심으로 파악하는
학설을 '이' 중심으로 이해하는 학설로 바꾸어 놓았다. 그러한 사실
은 〈성학십도〉의 〈심통성정도〉에서 알 수 있다. 〈심통성정도〉의 상
도(上圖)는 이황이 정복심의 〈사서장도〉(四書章圖)에 있는 것을 그
대로 인용하여 그렸는데, 중도(中圖)와 하도(下圖)는 정복심의 학설
에 온당치 않는 곳이 있으므로 이황 자신이 만들었다. 본래 정복심
은 '기' 위에서 '이'를 미루어 찾는 방법을 제시하였다. 이황은 이러
한 정복심의 '기' 중심의 생각을 비판하고, '본연의 성'과 '기질의 성'
을 나누어서 중도와 하도를 만들었다. 이 〈심통성정도〉의 중도와 하
도는 이황이 당시 학계의 중심에 서서 정지운·기대승 등 여러 학
자들과 오랜 동안 연구와 토론을 통하여 내린 결론을 담은 조선 주
자학의 결정체이다.

3. 조선 주자학의 정치 이데올로기화

기호학계의 비조인 이이는 《성학집요》를 지어 사림정치의 정치적 이념을 제시하였고, 심성이기에 대한 해석에서도 독자적인 견해를 제출하여 조선 주자학의 시대를 열었다. 이이는 이황의 이발(理發)설을 부정하고 기발(氣發)설만 지지하였다. 그는 어린 아이가 우물에 들어가는 것을 본 뒤에 측은지심(惻隱之心)이 나타하니, 보고서 나타나는 것은 기(氣)이니 이것이 기발(氣發)이요, 측은한 마음이 나오는 것은 인(仁)이니 이것은 이(理)가 타는 것(理乘)이라고 하였다. 이이는 기발이승(氣發理乘)의 예로 어린 아이가 우물에 빠지는 것을 본 뒤에야 이 마음이 발현하니, 느끼는 바는 어린 아이 때문이라고 하였다. 그는 어찌 어린 아이가 우물에 빠지는 것을 보지 아니하고 스스로 측은한 마음을 발하는 것이 있겠는가라고 하면서, 설사 그런 일이 있다고 하더라도 그것은 마음의 병에 불과할 뿐 사람의 정(情)은 아니라고 하였다.

이이는 또한 이통기국(理通氣局)설을 주장하였고, 심(心)을 기(氣)라고 선언하여 조선 주자학의 새로운 장을 열었다. 그는 무형(無形)하고 무위(無爲)이면서 유형(有形)하고 유위(有爲)한 것의 주재가 되는 것이 이(理)이고, 유형하고 유위하면서 무형하고 무위한 것의 그릇이 되는 것이 기(氣)라고 하였다. '이'는 무형이고 '기'는 유형이기 때문에 이통기국이고, '이'는 무위이고 '기'는 유위이기 때문에 기발이승이라고 하였다.

이이는 심(心)이 '기'라고 주장하고 '이'와 '기'가 서로 떨어지지 못하는 묘리를 보아야 한다고 하였다. 이이에 의해 제창된 이러한 학설은 송시열을 거쳐 한원진에 이르러 '심'이 기질(氣質)이라는 주장에까지 나아갔다.

그런데 이이의 학문적 정치적 이념은 김장생을 거쳐 송시열로 전해졌다. 송시열은 조선 최고의 주자학자였고, 주희의 말을 진리로 믿고 그대로 행동하였다. 그는 거미(蛛)를 보면 주희를 생각할 정도로 주희에 기울어 있었다. 그는 일생을 주자학 연구에 힘써 《주자대전차의》의 편찬에 착수하여 그 뒤 그 학맥의 주자학 연구에 물꼬를 텄다. 또한 이황의 이발설을 반박하기 위해 《주자언론동이고》를 편찬하기 시작하였고, 그것은 재전 제자인 한원진이 완성하여 이이의 기발이승설의 근거를 확보하였다.

송시열은 주자학에 철저하면서 북벌론을 들고 나왔다. 숭명배청의 대명의리론에 철저한 그는, 효종이 작고하자 효종이 하사한 초구(貂裘)를 품에 안고 화양동에 들어가 생활하면서 대명(大明)의 해와 달이 뜨는 공간으로 만들었다. 그는 죽음에 임하여 권상하(權尙夏)의 손을 잡고 명나라 신종과 의종을 제향할 만동묘 설립을 부탁하면서 숨을 거두었다.

송시열의 제자인 권상하는 스승 송시열이 입던 야복(野服)과 이이(李珥)의 수택본 《경연일기》(經筵日記)를 스승으로부터 전해 받음으로써 이이·김장생·송시열의 적전을 계승한 학자가 되었다. 그는 충청도 청풍에서 제자를 양성하고 저술에 열중하였다. 그의 많은 제자 가운데 이른바 '강문팔학사'(江門八學士)라고 부르는 이들이 저명하였는데, 그 가운데 이간(李柬)과 한원진(韓元震)이 가장 뛰어났다. 이간은 인성(人性)과 물성(物性)이 같다고 보았고 한원진은 인성과 물성이 다르다고 주장하였다.

당시 기호학계에는 송시열·권상하·한원진으로 이어지는 학통과는 달리 김창협(金昌協)의 학통을 계승하는 일군의 학자들이 있었다. 김창협은 송시열을 직접 스승으로 섬기지는 않았기 때문에 송시열의 정통 학통에 들지는 못하였다. 이 김창협의 문하에서 이재(李縡)가 배출되었는데, 이간의 인물성동론을 지지하면서 낙론(洛論)의 대표적 학자로 활동하였다.

낙론은 인성과 물성이 같다고 봄으로써 포용적인 사상 경향을 지녔다. 이 때문에 낙론은 정치적으로 남인·소북·소론의 인사도 널리 끌어들여 스스로 '탕평'(蕩平)이라고 말하기도 하였다. 그 결과 정치적 탕평뿐만 아니라 인간과 금수의 구별이 흐려지고 중화와 오랑캐가 하나라는 인식으로 변하여 당시 청나라의 문화에 대한 개방적인 입장을 견지하게 되었다.

이에 비하여 한원진으로 대표되는 호론의 견해에는 다분히 송시열·권상하를 거쳐 자신들에게 전해지던 대명의리론을 숭상하고 청나라를 배척하는 반청의식은 물론, 엄격한 신분의식이 짙게 투영되어 있었다. 호론은 중화와 오랑캐, 사람과 짐승, 성인과 범인, 군자와 소인을 엄격히 구분하는 주자학의 명분론적 사고가 낙론에 비하여 더 철저하였다.

호론은 낙론의 태도를 충(忠)과 역(逆), 선(善)과 악(惡), 정(正)과 사(邪)가 섞인 모호한 것으로 파악하여 비판하였다. 즉 호론은 당시

'탕평'이라 하여 노론 이외의 정치세력이 등장하여 참여하는 것은 이른바 충과 역이 뒤섞이는 현상이라고 이해하였다. 그리고 조선 후기에 양반과 그 밖의 계층 사이에 엄격하였던 신분질서가 점차 무너지기 시작하자 기득권에 대한 위기의식이 확산되었고, 이러한 여러 현상은 호론의 사상체계를 더욱 엄격하게 만들었다. 또한 대외적으로는 중화문물을 지닌 명나라를 대신하여 들어선 청나라를 오랑캐로 보면서, 이에 대한 비판의식이 더욱 팽배해지기 시작하였다. 호론은 당시의 사회와 문화를 중화와 오랑캐라는 두 구도 속에서 파악하였다.

뿐만 아니라 호론은 성인과 범인은 그 마음이 다르다고 주장함으로써 인간 자체 내에서도 차별을 강조하는 매우 보수적인 성향을 보여주었다. 호론은 심성론에 대한 해석에서 더 엄격한 명분을 적용하여 사람과 짐승, 중화와 오랑캐의 구별뿐만 아니라 성인과 범인의 차별을 더욱 강화하여 나갔다. 이러한 호론의 견해에는 조선 후기 급속도로 해이해져 가는 신분질서를 더욱 공고히 하려는 경향이 강하게 반영되었다.

인성과 물성의 동이 문제와 함께 성인(聖人)과 범인(凡人)의 심(心)에 대한 문제에서도 호론과 낙론은 견해 차이가 컸다. 성인의 마음과 범인의 마음이 같은 것이냐 같지 않느냐는 문제에서 이재 등 낙론은 정호(程顥)의 '심의 본체는 선하다'는 구절을 진리로 생각하여 '심'과 '기질'은 분변이 있다는 견해를 견지한 반면, 한원진은 '심은 곧 기질이다'(心卽氣質)는 새로운 설을 주장하였다.

한원진은 심체(心體)를 말하자면 반드시 기질이라고 말해야 하고,

성(性)의 편전(偏全)을 말하자면 반드시 본연(本然)이라고 말해야 하며, 명덕(明德)을 말하자면 반드시 성인과 범인이 같지 않다고 말해야 하고, 오성(五性)에 대해 말하자면 반드시 사람과 물(物)이 각각 다르다고 말해야 된다고 하였다. 한원진은 이러한 자신의 학설이 바로 스승 권상하의 학설이며 송시열로부터 전해온 설이라고 하면서, 동문 윤봉구와 자신의 제자들에게 그 학설을 전수하였다.

한편 낙론의 대표적 학자인 이재는 맹자의 공은 '성선'(性善)의 한 말씀보다 더 큰 것이 없으니, 대개 기질의 가운데에서 '성'(性)자를 뽑아내어 사람으로 하여금 범인과 성인의 근본이 두 가지 성(性)이 아님을 알게 하였다는 것이다. 이재의 주장에 따르면 호론의 허다한 변설은 오로지 '기'(氣)로써 주(主)를 삼아 천하의 지극히 맑고 지극히 깨끗한 '이'(理)로 하여금 완전하게 '기'의 구덩이 속에 떨어져버리게 하여 맹자가 말한 성선의 뜻이 흐려지게 되었다는 것이다. 이재의 낙론학설은 그의 사후에도 용인의 한천서원(寒泉書院)을 중심으로 막강한 학문적 영향력을 행사하였다. 또한 이재의 뒤를 이어 낙론 학맥의 학문적 정치적 활동은 김원행(金元行)이 주도하여 석실서원(石室書院)을 중심으로 이루어지고 있었다.

17세기 이후 주자학은 송시열·권상하·한원진 등 호론의 대명의리론이 정계와 학계를 풍미하면서 교조적인 성향을 띠었다. 그러한 성향은 정조의 정치에서도 드러난다. 정조는 송시열의 학문과 사업을 존중하여 《송자대전》(宋子大全)을 편찬하게 하였고, '대로사비'(大老祠碑) 전액(篆額)과 비문을 지어주었으며, 만동묘(萬東廟) 편액도 써 주었다. 그런가 하면 그는 즉위 전에 이미 《명기제설》(明

紀提挈)을 편찬하여 숭정(崇禎) 이후 삼황제(弘光·隆武·永曆)의 정통을 인정하여 춘추대일통(春秋大一統)의 의리를 강조하였다. 그리고 1779년 남한산성에 행차하여 효종의 북벌의 의미를 되새겼고, 대명의리론을 확인하여 노론과 소론의 정치세력을 포용하기도 하였다. 그러면서도 정조는 1789년 이후에는 청나라의 문물을 인정하였고, 존주(尊周)와 북학(北學)이 서로 배치되지 않는다고 표명하였다. 그는 대명의리론자들을 자극하지 않으면서 북학을 수용하여 새로운 시대를 열어나가고자 하였다.

물론 주희의 학설과 주자학의 정치적 이념화에 반기를 든 학자들도 있었다. 윤휴·박세당 등은 송시열과 그 학단으로부터 사문난적으로 낙인 찍히기도 하였다. 사실 1704년 대보단을 설립할 때부터 최석정·윤증 등 소론 일각의 학자는 적극적으로 찬동하지 않았다. 그 뒤 남인의 이익이나 노론의 박지원·홍대용·박제가 등 북학파 학자들에 의해 대명의리론은 점차 극복되어 나갔다. 박지원은 〈초구기〉(貂裘記)를 짓던 청년시절에는 대명의리론자였으나 〈허생전〉(許生傳)이나 〈호질〉(虎叱)을 통해 대명의리론을 버리고 북학론을 주장하였다. 박제가 역시 〈존주론〉(尊周論)이란 글을 통해 대명의리론을 비판하고 북학을 열렬히 주장하였다. 그 뒤 정약용과 최한기에 의해 주자학은 더 이상 학문적 권위를 인정받지 못하고 완전히 극복되어 나갔다.

4. 주자학의 마지막 광염

기호학계의 저명한 주리론자인 이항로는 19세기에 활동한 주자학의 대가였다. 그가 편찬을 기획한 《주자대전차의집보》는 《주자대전》에 대한 탐구와 주석의 결정판이다. 이항로의 주자학은 명덕(明德, 心)을 주리(主理)로 보는 학설에 굳건한 토대를 두고 형성되었다. 이항로는 당시 사회가 주기론이 일세를 풍미하여 혼란에 빠졌다고 보았다. 그는 '사학'(邪學)이 국내에 만연하였고, 이 '사학'의 이른바 천주(天主)는 기(氣)로써 말할 수 있고, 유교에서의 상제(上帝)는 이(理)로써 말할 수 있는 것이므로, 이러한 상황에서 '기'를 폄하하고 '이'를 밝히려는 주리론을 형성하였다. 이항로의 주리론은 기호의 주기설에 대한 새로운 비판이론이자, 당시의 천주교 세력에 대한 비판이론으로 대두한 것으로 기존의 주리론과는 명칭은 같으나 그 역사적 성격은 달리하는 것이다.

그런데 명덕을 주리(主理)로 볼 것인가, 그렇지 않으면 주기(主氣)로 볼 것인가 하는 문제는 19세기 재야 유림의 현실인식에서 상당한 차이를 가져온 듯하다. '이'는 순수한 선(善)이고 악(惡)이 없으며 절대 진리인 반면, '기'는 선(善)할 수도 있고 불선(不善)일 수도 있다. 따라서 명덕, 즉 마음의 본체를 순수한 선으로 보아 절대 진리로 인식하는 이항로와 그 문인들은, 의리에 합당하고 정의로운 일이라고 판단하면 바로 행동으로 옮길 수 있었던 것 같다.

특히 이항로의 《화서아언》은, 정(正)과 사(邪), 화(華)와 이(夷),

인류(人類)와 금수(禽獸)라는 이분법적 사유에 철저하여 중국과 조선을 선(善)으로 보고 일본과 서양을 악(惡)으로 단정하였다. 이항로의 제자들은 이러한 이분법적 사유를 잘 계승하여 조선과 중국을 높이고 일본과 서양을 물리치는 위정척사운동에 적극 앞장섰다. 《화서아언》은 개항 전후 전개된 척사운동에 참여하였던 이항로 학맥을 이은 유생들의 척사운동에서 주자학 이념 교재로 줄곧 쓰였다. 뿐만 아니라 을미의병운동 이후 이항로 학맥의 민족독립운동의 노정에서도 이 책의 이념적 가치는 그 빛을 더욱 발하였다. 이항로의 주리론은 유중교-고석로를 거쳐 박은식과 김구에게 전해졌다. 그런데 이항로의 주리론은 박은식과 김구에 의해 심즉리로 변모하였다. 이러한 현상은 당시의 난국을 극복하는 데 심즉리의 이론이 더 절실하게 필요하다고 판단되었기 때문일 것이다.

한편 19세기에 영남 학계에서는 이진상에 의해 심즉리설(心卽理說)이 제창되어 주자학계에 새로운 바람이 불기 시작하였다. 이진상의 심즉리설은 심(心)의 본체(本體)를 특히 강조하고, 또 심(心)이 이(理)의 주재(主宰)라는 이해 위에서 강우지역에서 제창된 학설이었다. 이러한 이진상의 심즉리설은 허유와 곽종석이 충실히 계승하였는데, 그 학설은 주기론이 풍미하는 당시 학계에 이학으로 시대적 문제를 해결하기 위하여 제창된 것이었다.

이진상은 주자학에 근거를 두되 간명하고 평이한 심즉리설로 어려운 시대를 극복하려고 하였다. 이러한 이진상의 이학은 기학(氣學)과 양학(洋學)을 물리치고 외세의 침략을 극복하기 위해 제창되었다. 그런데 그의 이학은 이황의 학설에 배치된다고 하여 이단으로 몰려 1902년 상주향교에서 《한주문집》이 불태워지는 일이 벌어졌다. 그러나 허유와 곽종석 등은 심즉리설이 주희와 이황의 학설에 배치되는 학설이 아니라고 적극 변론하여, 1916년에 도산서원에서 이진상의 이학을 인정하였다. 그리하여 이진상의 이학은 다시 살아남아, 장차 전국 유림이 우리 민족의 독립운동을 위해 하나로 통합되어 나가는 데 마지막 불꽃을 피울 수 있었다. 이진상의 사상적 계승자인 곽종석이 주도하여 1919년 우리 민족의 독립을 위해 전국 유림이 하나로 정신적 단결을 도모할 수 있었던 저변에는 이같이 주리(主理) 중심의 이진상의 이학이 자리하고 있었던 것이다.

이진상의 이학은 명덕을 인간만이 가진 의리(義理)의 심(心)으로 보아, 의리를 강조하여 일본과 서구열강의 침략을 물리치는 척사와 의병운동 이념의 일부 요소로 작용하기도 하였다. 그러나 그 제자 곽종석에 의해 점차 명덕을 '심'(心)만 가리키는 것으로 보지 않고 심(心), 신(身), 성(性), 행(行)을 포괄하는 것으로 이해하여 정심(正心)뿐만 아니라 치국평천하(治國平天下)의 범위에까지 그 외연을 넓혀 수신(修身)과 실덕(實德)을 포함하는 의미로 해석하기도 하였다. 이제 조선 말기의 주자학은 의리를 중시하는 강한 실천적 성향을 띠면서도, 다른 한편으로는 심과 명덕에 대한 새로운 해석을 통해 새로운 문명을 수용할 수 있는 실천적 이론으로 그 모습이 변해가고 있었다.

참고문헌

《주자대전》(朱子大全), 《주자어류》(朱子語類), 《삼봉집》(三峯集)
《양촌집》(陽村集), 《회재집》(晦齋集), 《퇴계집》(退溪集), 《율곡전서》(栗谷全書)
《송자대전》(宋子大全), 《남당집》(南塘集), 《도암집》(陶菴集), 《화서집》(華西集)
《노사집》(蘆沙集), 《한주집》(寒洲集), 《면우집》(俛宇集)

장지연, 《유교연원》, 회동서관, 1922.
현상윤, 《조선유학사》, 민중서관, 1949.
이병도, 《한국유학사》, 아세아문화사, 1987.

권오영, 《조선 후기 유림의 사상과 활동》, 돌베개, 2003.
주자사상연구회 편, 《조선의 주자학과 실학》, 혜안, 2009.
———, 《주자사상과 조선의 유자》, 혜안, 2003.
최영성, 《한국유학사상사》 2-4, 아세아문화사, 1995.

유학자들의 불교 이해

김 봉 곤
순천대 HK연구교수

1. 조선의 불교정책

조선시대는 불교가 쇠퇴하고 성리학이 융성하여 정치·사회·문화·종교 등 모든 분야를 지배하였다. 이러한 성리학으로의 전환은 조선 건국을 주도하였던 신진사대부들에 의해 조선 초부터 국가적인 정책으로 추진되었다. 조선이 건국된 지 두 달이 겨우 지난 1392년 9월 24일, 배극렴(裵克廉)과 조준(趙浚) 등은 백성들이 제 마음대로 출가하는 것을 막기 위하여 도첩제(度牒制) 실시를 건의하였다. 승려가 되려는 사람은 양반 장정은 오승포(五升布) 100필, 평민 장정은 150필, 천인이면 200필을 자신이 사는 관가에 제출하고 허가증을 받게 한 것이다. 경제력이 양반에 비해 형편없는 평민과 천인에게 오히려 돈을 더 많이 받으면, 이들이 승려가 되는 경우가 드물어져 국가재정이나 양반들의 경제에 보탬이 될 수 있었기 때문이다. 그러나 태조 이성계가 집권하였을 때에는 도첩제 실시 외에는 큰 탄압은 없었다. 1392년 7월 20일 사헌부에서 환관과 승려를 없애자고 건의한 데에 대해 이성계는 건국 초기라서 졸지에 시행할 수 없다고 거절하였다. 환관은 궁중의 경영을 위해 필요한 것이고, 승려를 도태시키는 것은 대다수의 백성들의 신앙이 불교였기 때문에 민심의 이반을 초래할 수 있었기 때문이다. 뿐만 아니라 이성계 자신이 불교를 신앙하였기 때문에 교단을 크게 억제하지 않았고, 단지 승려들의 재산축적이나 상속 등을 금지하는 선에서 불교교단의 정화를 꾀하는 정도였다.

그러나 태종 때에 가서는 1406년(태종 6) 3월, 이른바 '7종(宗) 242사(寺)로의 불교교단 정리'라고 불리는 불교정책이 실시되어 불교를 크게 억압하였다. 전국적으로 천여 개가 넘었던 불교 사찰을 7개 종파 242개의 사찰로 정비하고, 10만 결에 가까운 토지와 수많은 노비를 국고로 환수하였다. 당시 불교계는 태종과 유신들의 이러한 정책에 맞설 만한 힘이 없었다. 태조 이성계와 절친한 사이로 조선의 건국을 도왔던 무학대사(無學大師)가 세상을 떠난 데다가, 금산사(金山寺)와 와룡사(臥龍寺)의 주지 등이 여종들과 간통하고 공금을 남용한 추잡한 일이 계속되어, 불교계에서 국가의 정책을 비판하고 맞설 수 있는 역량을 결집시키지 못하였다. 불교 탄압이 시작되자 조계종 승려 성민(省敏) 등이 승려 수백 명을 이끌고 궐문으로 가서 신문고를 쳐보는 것에 불과하였다.

이어 세종대에도 태종의 불교정책을 계승하여 불교 교단을 더욱 억압하였다. 세종은 1424년(세종 6) 4월에 예조의 건의를 받아들여 7개 종파를 통합하여 선・교(禪敎) 양종(兩宗)으로 통합하고, 해당

사찰의 수를 줄였다. 즉 조계종(曹溪宗), 천태종(天台宗), 총남종(摠南宗)의 3종을 선종(禪宗)으로, 화엄종(華嚴宗), 자은종(慈恩宗), 중신종(中神宗), 시흥종(始興宗)의 4종을 교종(敎宗)으로 통합시켜서 선·교 양종으로 하고, 전국에 36개 사찰만 남겨서 선종 18사에 전(田) 4,250결, 승려 1,970명, 교종 18사에 전 3,700결, 승려 1,800명으로 규정하여 각각 사찰과 전토 및 거처하는 승려를 한정한 것이다. 이러한 세종의 불교정책 또한 태종 때처럼 불교계의 부패를 이용한 것이었다. 1424년 2월 선종의 중심사찰 흥천사(興天寺)에서 도승통(都僧統) 혜진(惠眞)을 비롯한 불교계의 중진 14명이 금주령을 어기고 공금을 횡령한 사건이 벌어지자, 사헌부와 사간원을 비롯한 유신들의 불교배척상소가 잇달았고, 결국 세종은 예조의 건의를 받아들여 선교 양종 36사로 정리하였다.

그러나 세종의 치세가 중반을 넘어서자 세종이 불교를 신앙하면서 불교가 다소 활기를 찾게 되었다. 세종은 1440년(세종 22)에 불교를 믿는다고 자인한 이후부터 사찰의 중건과 수리를 허락하였으며, 1446년(세종 28)에 소헌왕후(昭憲王后)가 승하한 뒤로는 더욱 불교에 기울어져서, 2년 뒤에는 유신들의 반대를 무릅쓰고 궁중에 내불당을 짓기까지 한 것이다. 또한 세종의 둘째아들 세조도 불교를 깊이 신앙하였는데, 불교를 보급하려고 간경도감을 설치하여 불경을 번역하고 간행하였으며, 원각사를 짓고, 양주 회암사, 여주 신륵사, 합천 해인사, 오대산 월정사와 상원사, 금강산 표훈사, 양양 낙산사 등 여러 사찰에 토지를 기부하고 잡역을 면제시키기도 하였다.

그러나 불교는 성종대에 와서 다시 억압되었다. 성종은 세조가 설치한 간경도감을 폐지하고, 양반가의 부녀들이 머리를 깎고 출가하는 것을 금하였으며, 아예 도첩제를 폐지하기도 하였다. 이러한 정책으로 승려들의 도성 출입이 금지되는 것은 물론, 도성이나 지방에서 승려가 되는 경우가 드물어지고, 사찰이 점차 텅텅 비는 경우가 많아졌다.

연산군대에 이르러서는 불교탄압이 한층 더 심해졌다. 양종의 본사였던 흥천사와 흥덕사, 세조가 세웠던 대원각사(大圓覺寺)를 모두 공해(公廨)로 삼아서 불사로서의 기능을 완전히 박탈하였으며, 여기에 소속된 승려는 관방의 노비로 삼고, 토지와 노비를 몰수하였다. 이러한 연산군의 불교탄압으로 양종과 승과제도가 있으나마나 하게 되었는데, 1507년(중종 2)에는 정식으로 승과를 폐지한다고 선언하고 1516년(중종 11)에는 《경국대전》의 〈도승조〉(度僧條)를 삭제함으로써 국가와 불교의 공적인 관계가 완전히 끊어졌다. 도승조에는 승려가 될 사람에게 도첩을 발급하는 일과 3년마다 승과를 시행하는 일, 사찰의 주지 교체 등 세 가지 사항이 규정되어 있는데, 이러한 규정을 없앤 것 자체가 국가에서 불교를 폐기한다는 뜻이 되기 때문이다. 이러한 중종대의 불교 폐기는 건국 초부터 줄곧 불교를 배척하고 성리학을 토착화하려고 하였던 신진사대부들의 의도가 최종적으로 관철된 것이기도 하였다.

2. 주희와 정도전의 불교 배척 논리

당시 조정에서 불교를 배척하여야 한다고 주장한 유신들은 불교의 해악으로 국가의 재물을 축내는 것 말고도, 한결같이 불교가 인과응보의 화복설로 사류들과 백성들을 공갈하고, 부자와 군신간의 인륜을 해친다고 비판하였다. 이러한 유신들의 주장은 이미 중국에서 당나라 때의 한유(韓愈)와 남송(南宋) 때의 주희(朱熹)에 의해서 제기되었던 것이다. 한유는 〈원도〉(原道)를 지어 이미 불교와 노장, 양주, 묵적을 이단이라고 배격하였고, 헌종이 불사리(佛舍利)를 궁중에 맞아 예경하자 〈불골표〉(佛骨表)를 지어 바쳐 불교를 숭상하는 것은 이적(夷狄)의 법도라고 주장하고 중지할 것을 간청하였다.

이후 중국에서의 불교 비판은 북송(北宋)의 정이(程頤; 호는 伊川) 등을 거쳐 남송 때의 주희에 이르러 다시 크게 제기되었다. 주희가 불교를 이단으로 배척한 것은 당시 북송이 멸망하고 계속적으로 내우외환의 위기에 시달린 것과 관계가 깊다. 주희는 국가적 위기를 도덕과 기강이 문란한 탓으로 여겼으며, 도덕과 기강이 문란한 것은 일상의 인간사와 윤리를 무시하는 불교의 영향이 컸다고 보았기 때문이다. 주희는 특히 불교의 윤회설과 화복설이 거짓된 이론으로서 백성들을 현혹시킬 뿐만 아니라 윤리적으로도 문제가 있다고 보았다. 예컨대 불교의 윤회설에 따르면 사람은 전생의 과업에 따라 계속 윤회하게 되는데, 이럴 경우 살인을 한 자가 '내가 전생에 저 사람에게 죽임을 당하였기 때문에 내가 다시 죽인다'고 살인을 정당화할 수 있는 윤리적인 문제가 생길 수 있다는 것이다.

또한 주희는 불교가 출세간을 중시하여 가정과 국가를 부정하기 때문에 국가의 기강과 도덕을 어지럽힌다고 보고, 이는 불교가 근본적으로 잘못된 존재론과 심성론을 갖고 있기 때문이라도 여겼다. 즉 불교는 실재를 공(空)하다고 하여 인간의 궁극적인 실재이며, 도덕적 실재인 '이'(理)를 부정하기 때문에, 인간 안에 내재한 '이' 즉 인의예지의 '성'(性)이 행위의 기준이 되지 못하고 부자나 군신간의 윤리도 부정하며, 눈앞의 작용을 '성'이라고 여겨 마음대로 행하는 결과를 초래한다는 것이다.

조선에서는 이러한 주희의 불교관을 정도전이 먼저 수용하였다. 정도전은 1398년(태조 7)에 《불씨잡변》(佛氏雜辨)을 저술하여 불교의 교리와 폐단을 비판하였는데, 그는 《불씨잡변》을 집필한 의도를 다음과 같이 서술하였다.

> 내가 어둡고 용렬하여 힘이 모자람을 알지 못하고서 이단 배척을 임무로 하는 것은, 위로 요(堯), 순(舜), 우(禹), 탕(湯), 무(武), 공자(孔子)와 현인인 주자를 계승하고 싶은 마음 때문이 아니라 세상 사람들이 이단설에 현혹되어 함께 망하고 인간 윤리가 멸하는 것이 두렵기 때문이다.

즉, 정도전은 불교의 이단설을 설파하여 현혹된 사람들을 건지고 유교의 강상윤리를 부식시키고자 하였던 것이다.

《불씨잡변》은 총 19편으로 되어 있는데, 불교교리 자체에 대한 비판이 15편, 불교의 역사적 사실에 대한 비판이 4편이다. 주 내용은 윤회설, 인과설, 심성설, 지옥설 등 불교의 주요 교리를 주자의 학설을 수용하여 비판하고, 이어 불교의 화복설이 역사적으로 근거가 없음을 밝힌 것이다. 윤회설에 대해서는 이미 생긴 것은 가버리고 아직 생기지 않은 것은 와서 이어지니 그 사이는 한 순간의 쉼도 없이 계속되므로, 불씨의 '사람이 죽으면 정신은 불멸하고, 다시 형체를 받는다.'는 것이 있을 수 없는 것이라고 비판하였다. 인과설에 대해서는 사람의 현명함과 어리석음, 부귀귀천은 모두 타고난 기의 차별성에 기인하는 것이지 선악인(善惡因)에 의하여 결정되는 것이 아니라고 비판하였다. 심성설에 대해서는 심은 '기'(氣)로써 허령불매하여 일신(一身)의 주재자가 되는 것이고, 성은 '이'로써 순수지선(純粹至善)하여 일심(一心)에 구유(具有)하는 것이므로 유교는 심과 성을 별개로 생각하고 있는데, 불교는 미분하여 이심위성(以心爲性)이라 하여 심, 성을 일치시키고 있으며, 마음의 작용을 성이라고 하여 이(理)의 절대성과 그에 기반하고 있는 인륜도덕을 부정한다고 비판하였다. 또한 정도전은 불교를 믿으면 복을 받은 것이 아니라 오히려 화를 자초하였다고 비판하였다. 예컨대 초왕(楚王) 영(英)이나 양무제(梁武帝)의 경우 불교를 신봉하였으나 죄에 걸려 죽거나 나라가 멸망하였으며, 오히려 불교의 학설이 중국에 들어온 후 나라의 운수가 길지 못하였다는 것이다.

이러한 정도전의 《불씨잡변》은 불교 교리에 대한 본격적인 비판이라기보다는 주자의 학설을 받아들여 불교 교리나 형식적으로 드러난 불교의 폐단을 공격한 것이지만, 이후 조선은 유신들이 정도전의 의도대로 이른바 인륜을 멸한다고 하는 불교를 배척하고 성리학을 토착화시켜 나갔다. 유신들은 불교를 인륜을 해치고 화복설을 주장하는 혹세무민의 종교로 배척하여 국가 정책적으로 탄압해 나갔고, 각종 의례에서도 불교 대신 유교 의례를 채용하여 성리학을 토착화시켜 나간 것이다.

3. 불교를 배척한 대부분 유학자들의 견해

정도전 이후 조선시대의 유학자들이 불교에 대한 체계적으로 비판한 글을 남긴 경우는 거의 없다. 애당초 불서를 보는 것 자체가 금기시되어 불서를 거의 보지 않았기 때문에 불교에 대해 제대로 알지도 못해서, 체계적으로 불교를 비판할 수 없었던 것이다. 당시 조선의 유학자들이 이와 같이 불교에 대해 무지하게 된 것은 그들이 기본 경전으로 읽었던 주희가 편찬한 《소학》(小學)과 《대학》(大學), 《논어》(論語), 《맹자》(孟子), 《중용》(中庸)에 대한 《사서집주》(四書集註)의 영향 때문이다. 이들 책에서 모두 불교를 부정적으로 묘사하고, 불서를 보지 않아야 한다고 하였다.

먼저 《소학》의 불교관을 살펴보도록 하자. 《소학》은 주희가 1187년에 편찬한 책으로, 입교(立敎), 명륜(明倫), 경신(敬身), 계고(稽古)의 내편과 가언(嘉言), 선행(善行)의 외편으로 구성되어 있는데, 여러 경서와 성현들의 말을 인용하고 선진시대부터 한·당·송의 여러 현인들이 어떻게 오륜을 실천하였는가를 예시한 책이다. 이 책의 가치에 대해서 주희는 어린 동몽(童蒙)들의 교화를 위한 것이라고 하였으나, 유교적인 생활과 도덕적인 교화를 목적으로 편찬하였기 때문에 실제로는 유자(儒者)들의 일상생활 전반을 규제하는 규범이 되었다.

조선에서도 이 책이 《사서》(四書)와 동등한 경서로 취급되어 반드시 그 내용을 익히고 실천해야 할 윤리와 도덕의 평생의 지침서로

간주되었다. 예컨대 성종대의 김굉필(金宏弼)은 평생 동안 《소학》
공부를 하여 '소학동자'(小學童子)를 자처하였고, 중종대의 조광조
(趙光祖), 김안국(金安國), 명종대의 이황(李滉), 선조대의 이이(李
珥) 등 많은 저명한 선비들도 《소학》을 학문의 기본서로 받들었다.
이처럼 조선시대 선비들에게 윤리의 기본 지침서가 되었던 《소학》
에서는 불교의 잘못에 대해 다음과 같이 지적하였다.

> 세속에서는 불교의 속임수와 유혹을 믿어, 무릇 상사(喪事)가 있으
> 면 부처를 공양하고, 중을 먹이지 않은 자가 없다. 그리고 이르기를 '죽
> 은 자를 위하여 죄를 없애고 복을 도와 천당에 살게 하여 모든 쾌락을
> 받게 한다. 이렇게 하지 않은 자는 반드시 지옥에 들어가 칼에 베어지
> 고 불에 태워지고 방아에 찧어지고 맷돌에 갈려 모든 고초를 받는다.'
> 한다. 이는 정신도 이미 날아가 흩어졌으니, 비록 베고 태우고 찧고 가
> 는 일이 있더라도 또한 베풀 곳이 없음을 전혀 알지 못하는 것이다. 또
> 한 하물며 불법(不法)이 아직 중국에 들어오지 않았던 과거에도 사람
> 들이 진실로 죽었다가 도로 살아난 자가 있었는데, 무슨 까닭으로 도무
> 지 한 사람도 잘못 지옥에 들어가 이른바 시왕(十王)을 보았다는 자가
> 없는가? 이는 그 있지 않아서 믿을 것이 못됨이 분명하다.

위 글은 북송대의 유명한 재상 사마광(司馬光)이 한 말인데, 주희
가 《소학》에 수록하여, 불교를 사람들을 속이고 유혹시키는 잘못된
종교로 묘사한 것이다. 사람들이 불교에 현혹되어 죽은 자를 위하여
죄를 없애고 천당에 가게 하기 위해 부처를 공양하고 중에게 밥을
드리고 있지만, 어찌 사람이 윤회할 것이며, 어찌 천당과 지옥이 있
겠느냐는 것이다.

주희는 이처럼 《소학》에서 천당 지옥설을 속임수라고 비판하였을 뿐만 아니라, 《사서집주》에서는 더욱 강하게 불교를 비판하고 불서를 보지 말라고 권유하였다. 즉 《대학》(大學) 장구서(章句序)에서 주희는 '이단의 허무(虛無), 적멸(寂滅)의 가르침이 그 심오함이 《대학》보다 더하지만 실상이 없다'고 노장사상과 불교를 비판하였으며, 《중용》(中庸) 장구서(章句序)에서는 '이단(異端)의 말은 날로 새로워지고 달로 성하여 노불(老佛)의 무리들이 나오면서부터는 더욱 이치에 가까워 크게 참된 진리를 어지럽혔다'고 비판하였다. 또한 《논어집주》 위정편의 '이단을 전공(專攻)하면 해(害)가 될 뿐이다'는 구절을 해설한 글에서는, 정이의 말을 빌려 다음과 같이 불교를 멀리하라고 권유하였다.

> 불씨의 말은 양주(楊朱)·묵적(墨翟)에 비하면 더욱 이치에 가까우니, 이 때문에 그 해가 더욱 심하다. 배우는 자들은 마땅히 음탕한 음악과 아름다운 여색처럼 여겨 멀리해야 할 것이다. 그렇지 않으면 차츰차츰 그 속으로 빠져 들어가고 말 것이다.

불교는 깊이 이해하려고 할수록 빠져들 것이니, 결코 불교를 이해한다고 불서를 보아서는 안 된다는 것이다.

조선의 유학자들은 이러한 정이와 주희의 가르침에 따라 불서를 보려고도, 이해하려고도 하지 않았다. 각 고을의 교육기관인 향교나 유명한 선현을 모신 서원에서는 당연히 불서가 비치되는 것이 금지되었고, 유학자들이 개인적으로 불서를 보는 것도 금기시되었다. 불교는 알아서도 안 되고 이해하려 해도 안 되었던 것이다. 불교는 유학자들에 의해 무시되고 천시되었던 것이다. 이러한 형편에 어찌 깊이 불교를 이해할 수 있으며, 불교에 대한 체계적인 비판서가 나올 수 있었겠는가?

당시 대표적인 성리학자였던 이황(李滉)의 경우에도 불교를 이단으로 배척하였고, 승려들은 조상을 위한 제사에 도움을 주는 정도에 지나지 않았다. 예컨대 이황의 안동 진성이씨가(眞城李氏家)에서는 1480년에 이황의 증조부 이정(李禎)의 분묘를 위하여 가창재사(可倉齋舍)를 지었는데, 이황의 조부 이계양(李繼陽) 삼형제 외에도 대목승(大木僧)과 수종승(隨從僧)이 건축에 참여하였고, 다시 1561년과 1657년 중수할 때에도 각각 승도들이 참여하였다. 뿐만 아니라 재사의 운영을 위하여 이황의 가문에서는 승도들을 역(役)에 차출하지 않도록 관청에 소지를 올리기도 하고, 안정적인 승도의 확보를 위해 재사의 승도들에게 지속적으로 식량을 지원하였다. 이러한 재사의 운영에 관해 이황은, 재사에 승도가 있는 것은 부처께 화복을 비는 것이 아니라 승도들에게 분묘를 지키게 하기 위함이니, 재사에 승료(僧寮)를 두는 것에 대해 혐의를 두지 말라고 하였다. 이황의 경우에도 불교는 승려들이 조상의 분묘를 지키기 위한 존재에 불과하였던 것이다.

또한 불교의 교리를 깊이 이해하기 위해 금강산에 입산하기까지 한 이이도 불교 비판에서 주희가 제시한 수준을 벗어나지 못하였다. 이이는 입산하기 전부터 《능엄경》 등을 읽고 불교에 관심이 많았는데, 16세에 어머니 신사임당의 상을 당해 인생에 깊은 회의를 느껴 19세에 금강산에 입산하였다. 그러나 그는 1년 만에 하산하고 불교를 깊은 묘리가 없다고 비판하고, 선학에 대해서도 단지 마음을 고요하고 허명한 상태에 이르게 하기 위해 화두를 통해 집중하는 것에 불과하다고 비판하였다. 이후 그는 그의 필생의 역작인 《성학집요》(聖學輯要)를 집필하여 한유의 '불교는 이적의 법이다'라는 것과 정이천의 '불교가 양주·묵적보다 이치에 가까워 빠지기 쉬우니 가까이 하지 말라'는 말을 인용하고 자신의 불교관을 밝혔다.

이이는 불교는 이적(夷狄)의 법으로서, 윤회 화복설로 사람들을 미혹시켜 공양하는 데 불과하고, 심을 만법의 근본으로 삼아 심을 성으로 그릇 여기고 있으며, 천지만물을 환망한 것으로 돌리며, 출가하는 것을 소중하게 여겨 인륜을 해친다고 비판하였다. 또한 선학(禪學)에서 '개에게 불성이 없다'든가 '뜰 앞의 잣나무다' 하는 따위의 화두를 제시하는데, 이것을 승려들이 무한한 의리로 알고 큰 의심을 내어 정진해 가다가 마음속에 화두와 방불한 모습을 얻게 되면 활연대오한 것으로 알고 미쳐 날뛰고 스스로 방자해진다고 비판하였다. 결국 이이는 불교를 통해서는 진리를 얻을 수 없다고 본 것인데, 이는 주자의 격물설에 근거를 두고 간화선의 문제점을 지적한 것이며, 불교의 화복설이나 심성설, 윤리적인 비판 등과 함께 주자의 불교관을 크게 벗어나지 못하였음을 볼 수 있다.

4. 불교를 이해하려고 하였던 유학자

조선시대의 유학자들은 이처럼 주자의 영향을 받아 불교를 이단시하고 불교를 철저히 비판하였지만, 유학자들 가운데에 부분적으로 유불의 조화와 둘의 유사성을 주장하는 이들도 있었다. 물론 이러한 생각을 가진 유생들은 결코 많지는 않았고, 또한 불교를 유교보다 우월한 것으로 간주한 것도 아니었다. 조선 전기의 불교 탄압속에서도 이처럼 다소나마 불교에 호의적인 유학자들이 생겨난 것은 유학자들이 조용한 사찰을 찾아 공부하는 것이 관행이 되어 있었기 때문이다. 이들 가운데서도 서거정(徐居正), 허균(許筠), 이수광(李睟光) 등은 유교를 중시하면서도 불교의 효용성을 인정하였다. 서거정은 "불교의 청정 담박함과 과욕(寡慾), 양심(養心)의 설은 유교와 비슷하므로, 불교에 미혹되지는 않지만 심하게 배척하지도 않는다" 하였고, 허균은 "위로는 유학을 높여 사류의 습속을 맑게 하고, 아래로는 부처의 인과와 화복으로 인심을 깨우치면 고르게 다스려질 것이다" 하여 유불 병행론을 피력하였다. 또한 이수광은 불교가 이단이지만, 불교의 견심(見心)은 마음을 놓는 자의 경계가 되고 살생을 금하는 것은 죽이기 좋아하는 자의 경계가 된다고 하여 불교가 윤리적 측면에서 효용가치가 있음을 인정하였다.

조선 후기에는 더욱 많은 유학자들이 승려들과 교류하면서, 고승들의 비문이나 문집의 서문 등을 지었다. 이것은 조선 전기에 비해 유학자들의 승려들에 대한 인식이 호의적으로 바뀐 것과 관련이 있다. 즉 승려들이 왜란이 일어나자 승군을 조직하여 자발적으로 전투에 참여하고 국가와 백성들의 안정을 기원하였으며, 승려들 사이에 효행이 중시되어 부모를 봉양하는 일이 많아지자, 유학자들의 인식이 바뀌면서 승려들의 비문이나 문집에 대한 글을 자주 짓게 된 것이다. 대표적인 경우를 들어보면, 왜란 때 활약한 승군을 이끌고 크게 활약한 청허 휴정(淸虛 休政)의 비문을 이정구(李廷龜), 이식(李植), 장유(張維) 등 세 사람이 썼고, 청허의 제자인 사명 유정(四溟惟政), 편양 언기(鞭羊彦機), 풍담 의심(楓潭義諶) 등의 비문은 각각 남공철(南公轍), 이명한(李明漢), 이단상(李端相)이 썼다. 뿐만 아니라 청허계의 송월 응상(松月應祥), 춘파 쌍언(春坡雙彦), 응상의 제자 허백 명조(虛白明照), 쌍언의 제자 허곡 나백(虛谷懶白), 휴정의 제자 소요 태능(逍遙太能), 기암 법견(奇巖法堅), 제월 경헌(霽月敬軒) 등의 승려들의 비문을 정두경(鄭斗卿), 이경석(李景奭), 김석주(金錫胄), 이민구(李敏求), 신익성(申翊聖)이 각각 지었으며, 부휴계의 벽암 각성(碧巖覺性), 백곡 처능(白谷處能), 백암 성총(栢庵性聰), 묵암 최눌(默菴最訥) 등의 비문을 정두경(鄭斗卿), 이경석(李景奭), 김석주(金錫胄), 김상복(金相福), 이용원(李容元), 김정희(金正喜)와 같은 조선 후기의 대표적인 유학자들이 지었다. 또한 정조가 중건한 사도세자의 원찰인 용주사(龍珠寺)의 상량문을 채제공(蔡濟恭)이 짓고, 용주사 창건 권선문을 이덕무(李德懋)가 지었으며, 백곡 처능의 《백곡집》(白谷集), 기암 법견의 《기암집》(奇巖集) 설담 자우(雪潭自優)의 《설담집》(雪潭集)의 서문을 정두경, 이민구, 채제공 등이 각각 지었다.

19세기에 들어와서는 불교계를 깊이 이해하는 지식인이 더욱 많아졌다. 이는 당시 청대 고증학의 영향으로 불교나 불교문화에 대해 깊이 분석하려 하였고, 무부무군(無父無君)의 극단적인 이단으로 비판되었던 서학에 비해 그 동안 충효를 강조해온 불교가 종교적으로 훨씬 친근하였기 때문이다. 대표적인 인물로 이규경(李圭景), 정약용(丁若鏞), 기정진(奇正鎭), 김정희(金正喜) 등을 들 수 있다. 먼저 이규경은 전통문화를 총체적으로 이해하려고 하였던 그의 백과사전적인 저서 《오주연문장전산고》(五洲衍文長箋散稿)에서 불교의 교리, 범서(梵書) 및 불경뿐만 아니라 중국과 우리나라에 전래된 불교 전반에 대해서 소개하고, 윤회나 지옥설에 대해서도 주자와 정도전의 글을 빌려 비판하였다. 그리고 정약용은 연담 유일(淵潭有一)이나 아암 혜장(兒庵惠藏), 초의 의순(草衣意恂) 등과 교유하였는데, 특히 아암과는 불교의 이치뿐만 아니라 《주역》에 대해서도 깊이 토론을 전개하였다. 이러한 인연으로 정약용은 강진 유배시에 《대둔사지》(大芚寺志)나 《만덕사지》(萬德寺志) 편찬을 지도하였으며, 직접 《대동선교사》(大東禪敎考)를 쓰기도 하였다. 기정진도 어린 시절부터 선종의 중심사찰이었던 백양사와 구암사를 자주 왕래하면서 승려들과 교분을 나누고 정좌에 힘써서 승려들이 10년을 수행해도 끊기 어렵다는 유주상(流注想)을 끊을 정도였으며, 화엄의 이사무애 법계의 영향을 받아 독특한 이일이분수의 철학체계를 구성하기도 하였다.

김정희는 19세기의 그 어느 유학자보다도 불교와 친밀하고 불교를 깊이 이해하였다. 그는 어린 시절부터 증조부 김한신(金漢藎)이 중건한 예산의 화암사(華嚴寺)를 자주 찾아가 불경을 읽고 승려들을 접촉하였으며, 연행사와 함께 중국에 다녀왔을 때에는 중국에서 많은 경전과 석존물(釋尊物)을 들여와 승려들에게 제공하였다. 또한 제주도에 유배되었을 때에는 백파 긍선이나 초의 의순 등 당대의 승려들과 교류하였고, 말년에는 과천 봉은사(奉恩寺)에 머물며 선지식(善知識)의 대접을 받기도 하였다. 이처럼 불교와 친근하였던 그는 불교에 대한 이해가 깊어 《금강경》(金剛經)이나 《사십이장경》(四十二章經)의 후기(後記)를 짓고, 백파가 〈선문수경〉(禪文手鏡)을 저술하여 선에 관한 새로운 설을 제기하였을 때, 15조항에 걸친 〈변망증〉(辨妄證)을 보내 간화선의 폐해를 지적하고, 경전공부와 선교 겸수의 필요성을 강조하기도 하였다.

그러나 이와 같이 불교를 깊이 이해하였던 19세기의 유학자들도 유학을 우선으로 하고 불교를 이해하려고 한 것이지, 불교를 결코 유학과 동등하게 여기거나 유학만큼 추구할 가치가 있다고 여기지는 않았다. 주자학을 받아들였던 조선의 유학자들은 불교를 우선시한 사람은 거의 없었으며, 그리해서도 안 되었다. 오히려 불교가 유학자들의 영향을 받아 점차 유교적으로 순화되어 갔는데, 이러한 불교가 유교의 그늘에서 벗어난 것은 서양의 종교와 문물에 의해 유교적인 통치체제와 가치관이 붕괴되어간 19세기 말 이후다. 자본주의 사회체제로 편입되면서 조선에서 더 이상 유교적 가치관이 보편화되지 못하고, 서양의 물질문명과 종교에 압도되어 그 동안 유교에 의해 억압되었던 불교가 해방된 결과였다.

그러나 이러한 불교의 해방은 유교뿐만 아니라 동양의 정신과 가치관의 해체과정에서 이루어진 일이었기 때문에, 불교가 종교적으로 자유로워졌다고 하여 불교계의 성장이나 발전을 가져온 것은 아니다. 유교·불교 등 동양적 가치관이 크게 쇠퇴하고 더 이상 시대조류를 형성하지 못하는 상황 아래서 불교 홀로 자유로워질 수 없었던 것이다. 이 때문에 불교는 불교계의 발전을 위해서 불교 고유의

가치와 종교성을 살리면서도 서양의 문물이나 종교와 같은 새로운
사조를 적절하게 수용하면서 새로운 시대에 새로운 이념에 적합한
종교로 거듭 태어나야 할 필요성을 또 다시 갖게 된 것이다.

참고문헌

《조선왕조실록》(朝鮮王朝實錄), 《소학》(小學), 《사서집주》(四書集註)
〈원도〉(原道), 〈불골표〉(佛骨表), 《주자어류》(朱子語類), 《불씨잡변》(佛氏雜辨)
《성학집요》(聖學輯要), 《오주연문장전산고》(五洲衍文長箋散稿)
《노사집》(蘆沙集), 《한국불교전서》(韓國佛教全書)

김문택, 《16～17세기의 안동의 진성이씨(眞城李氏) 문중 연구》, 한국학대학원 박
　　　사학위논문, 2005.
김봉곤, 《노사학파(蘆沙學派)의 형성과 활동》, 한국학대학원 박사학위논문, 2007.
김영태, 〈조선초기의 불교〉, 《한국사》 26, 국사편찬위원회, 1995.
김용태, 〈유교 사회의 불교전통과 계승〉, 국사편찬위원회 편, 《신앙와 사상으로
　　　본 불교 전통의 흐름》, 2007.
――――, 〈조선시대 불교의 유불공존 모색과 시대성의 추구〉, 《조선시대사학보》
　　　49, 2009.
김해영, 〈정도전의 배불사상〉, 《청계사학》 1, 한국정신문화연구원 청계사학회, 1984.
송창한, 〈정도전의 배불론에 대하여―불씨잡변(佛氏雜辨)을 중심으로〉, 《대구사
　　　학》 15·16합, 1978.
윤영해, 《주자의 선불교 비판 연구》, 민족사, 2000.
정병삼, 〈조선 후기 불교계의 동향〉, 《한국사》 35, 국사편찬위원회, 1998.

서양 문화의 전래와 지식인의 고뇌

차 기 진
양업교회사연구소장

1. 서양 문화의 전래와 갈래

17세기 초부터 중국을 왕래하던 사신들을 통해 조선에 전해지기 시작한 서양 문물은 지식인들의 생각을 온통 바꾸어놓기 시작하였다. 그들이 생각해 왔던 것처럼 '하늘은 둥글고 땅은 모난 것'(天圓地方)이 아니었다. 세상은 얼마나 넓은가? 여기에 '세계 문화의 중심'(中華)이란 애초부터 존재할 수 없는 것이었다. 서양의 천문·역법은 얼마나 정확한 것이고, 과학 기술의 근본 이론은 어떻게 이해되어야 하는가? 동양의 상제(上帝)와 서양의 천주(天主)는 무엇이 같고 무엇이 다른가? 눈에 보이는 하늘은 무엇이고, 서양의 하느님은 또 무엇이란 말인가?

조선에 처음 서양 문물을 전한 사람은 1603년(선조 36)에 북경을 다녀온 이광정(李光庭)이었다. 이때 그는 예수회 선교사 리치(M. Ricci, 利瑪竇)가 그 전 해에 제작한 〈구라파국여지도〉(歐羅巴國輿地

圖), 즉 세계지도인 〈곤여만국전도〉(坤輿萬國全圖)를 가져왔다. 또 이수광(李睟光)의 《지봉유설》에 보면, 그 무렵에 이미 리치의 《천주실의》(天主實義)와 《교우론》(交友論)도 지식인들 사이에서 읽혀지던 사실을 알 수 있다. 이어 1609년에는 유몽인(柳夢寅)이 서양과 세계지도, 천주교에 대한 논평을 남겼으며, 1614, 1615년에는 허균(許筠)이 서양 지도와 천주교 기도문, 판토하(D. Pantoja, 龐迪我)의 《칠극》(七克)을 전래하였다. 그 과정에서 서양이란 존재는 자연스럽게 조선의 지식인들에게 다가오고 있었다.

> 천축의 서쪽에 나라가 있는데 구라파라고 한다. 만력 연간에 이마두(즉 리치)라는 사람이 구라파에서 태어났다. 그는 8만 리를 돌아 남쪽 오문(澳門, 즉 마카오)에서 10여 년을 지내다가 능히 천금을 소비하고 중국에 들어왔다.……무릇 이마두란 사람은 외국인으로, 천하를 두루 돌아보고 이에 〈천하여지도〉(즉 곤여만국전도)를 그렸다.(유몽인, 《於于野談》, 西敎)

1630년(인조 8)에 연행한 정두원(鄭斗源)은 해로를 통해 북경에 가던 중 산동반도의 등주(登州)에서 선교사 로드리게츠(J. Rodriguez, 陸若漢)를 만나 교류할 기회를 얻었다. 이때 그는 역관 이영준(李榮俊)과 함께 서양의 대포 사용법을 배우고, 로드리게츠로부터 천문·역법서, 알레니(J. Aleni, 艾儒略)의 세계 인문 지리서인 《직방외기》(職方外紀), 그리고 천주교 서적들을 얻어 다음해 조선으로 가져왔다. 이어 소현세자(昭顯世子)도 1644년 9월 심양에서 북경으로 거처를 이전한 뒤 흠천감 감정으로 있던 예수회의 샬(A. Schall, 湯若望)과 교유하였고, 서양의 천문·역법 서적과 지구의 1종을 기증받아 그해 11월 조선에 전하였다. 그에 앞서 샬은 소현세자에게 천주교 서적과 천주상을 건네주었는데, 소현세자는 이때 천주상만은 정중히 거절하였다고 한다.

> 지금 서양 서적이나 천주상을 고국에 가지고 가고 싶은 생각이 간절하지만, 우리나라에는 아직 천주상에 대해 아는 사람이 없습니다. 그러므로 제가 가장 염려하는 것은 천주교가 이단 사교로 지목되어 천주의 존엄성을 더럽히지나 않을까 하는 것입니다. 이것이 천주상을 귀하게 돌려드려 과실이 없게 하고자 하는 이유입니다.(黃斐默,《正敎奉褒》)

시간이 지나면서 조선에 전래되는 서양 서적들은 양적으로 크게 증가하였다. 또 북경에서는 청대 문화와 서양 구라파의 문화가 자연스럽게 융합된 청구문화(淸歐文化)가 언제나 사신들의 호기심을 자극하였다.

서학(西學)이란 이처럼 서양 문화의 전래 이후에 생겨난 새로운 학문 성향과 그 내용을 통칭하는 용어이다. 이것은 크게 두 갈래로 나누어지는데, 한 갈래는 세계지도로 대변되는 서양 지리학, 천문·역법과 과학 기술 등 일상생활에 긴요하면서 현실에 응용될 수 있는 서구 문물을 연구하는 것이었다. 현실 위주의 화이론(華夷論)과 이용후생(利用厚生)을 주장한 북학(北學)도 여기에 속한다. 그리고 다른 한 갈래는 스콜라 철학이 중심이 된 서양 철학과 서양 윤리, 천주교로 대변되는 종교적인 요소에 관심을 갖고 연구하는 것이었다.

사실 '이단을 물리쳐야 한다'(闢異端)는 전통 유교 사상에서 본다면, 서학은 생겨나서도 안 되고, 생겨날 수도 없는 학문 경향이었다. 서양의 우주론·인성론·윤리론은 주자성리학과 모든 면에서 달랐다. 그러니 어찌 서양 오랑캐들의 그릇된 이단 사학(邪學)을 받아들일 수 있다는 말인가? 그러나 서양 문화가 수용될 수 있었던 배경에는 현실 개혁을 중시한 실학과 북학이 있었다. 또 실천 윤리를 내세우면서 공·맹의 원시유학(原始儒學)으로 회귀하려는 탈주자학(脫朱子學)의 성향이 있었다.

2. 새로운 물결, 서학

서양의 문화는 이제 조선 후기 사회에 사상의 개벽으로 다가왔고, 그만큼 이에 대한 반향도 컸다. 지구는 모난 것에서 둥근 것으로 바뀌었고, 중화는 더 이상 세계의 중앙에 있는 것도, 문화의 중심에 있는 것도 아니었다. 김만중(金萬重)은 다음과 같이 서양의 지원설과 지전설을 어렴풋하게나마 이해하고 있었다.

> 서양의 지구설은 땅으로서 하늘에 기준을 두어 지구를 360도로 구분하였다.…… 지금의 사대부란 사람들은 '그 지형이 둥글다면, 생물들은 고리에 붙어사는 것인가'라고 의심할 것이다. 그러나 이는 우물안 개구리이거나 겨울을 모르는 여름 벌레와 같은 소견이라 하겠다. '만일 땅이 하늘을 따라서 돌고 돈다면, 사람들은 또 거꾸로 매달리게 되지 않겠는가'라는 의심도 할 것이다. 그러나 이것은 바로 땅이 둥글다는 이치에 부합되는 것이다.(김만중, 《서포만필》)

관상감원들은 북경을 왕래하면서 새로운 역법서를 구하고 그 원리를 터득하는 데 노력하였다. 또 관상감의 역법 개수 작업은 1653년 조정에서 김육(金堉)의 진언을 받아들여 다음해부터 시헌력(時憲曆)을 시행하는 데까지 이르렀으니, 여기에는 김육과 허원(許遠) 등 관상감원들의 활약이 컸다.

북학파의 인물들은 일찍이 서양의 지원설을 이해하고 중화와 오랑캐를 구분해 온 지리적 화이관(華夷觀)을 극복하고 있었다. 특히 김석문(金錫文)은 서양의 천문설을 수용하고 최초로 지전설을 주장하였으며, 그의 이론은 황윤석(黃胤錫)과 홍대용(洪大容)에 의해 수용되었다. 이와 함께 북학파의 이덕무(李德懋)가 해외 통상을 주장한 것이나 박제가(朴齊家)가 '이용후생에 밝은 서양 선교사를 초빙해야 한다'는 서사(西士) 초빙책을 주장한 것도 적극적인 서학 수용론의 결과였다.

근기남인의 서학 선구자는 성호(星湖) 이익(李瀷)이었다. 그는 부친이 북경에서 구입해 온 서학서들을 읽고 일찍부터 세계 지리와 천문·역법, 천주교를 이해하고 있었다. 그리고 그의 뒤를 이은 성호학파의 인물들도 널리 서학서를 접하거나 서양 문화에 관심을 기울이게 되었다. 이가환(李家煥)이 서양의 천문·역법과 기하학을 연구하고 지구설을 이해한 사실, 이벽(李檗)과 정약전(丁若銓)이 서양의 역법과 기하학의 원리를 궁구하는 데 노력한 사실들이 대표적인 예다. 이들의 학통을 이은 정약용(丁若鏞)이 한강의 배다리 가설에 서양의 기술을 원용하고, 거중기를 고안하여 화성(즉 수원성) 축조에 이용한 것도 그 한 갈래였다.

천주교와 서양 윤리에 처음 관심을 기울인 학자는 이수광과 유몽인이었다. 이수광은 서양의 천주설은 물론 교황의 동정 불혼설, 서양 사람들이 벗을 중시한다는 점에 호기심을 갖고 있었다. 반면에 유몽인은 천당지옥설과 불혼의 풍습을 특별히 지적하여 천주교를 혹세무민의 종교로 비판하였다. 서양 과학기술의 우수성을 인정한 북학파 인물들도 천주 교리에 대해서만은 유몽인과 다르지 않았다. 홍대용이 "천주설은 유가에서 상제라는 이름을 훔치고, 불가의 윤회설로 치장한 것"(《湛軒書》, 乾淨洞筆談)이라고 비판한 것이나, 박지원(朴趾源)이 "천주 교리는 지나치게 높고 교묘하여 스스로 인륜을 해치는 데 빠질지도 모른다"(《熱河日記》)고 한 것이 대표적인 예다.

이익은 "천주는 곧 유가의 상제"(《성호전서》, 천주실의변)라는 시각에서 천주 교리와의 접근성을 찾아보려고 하였으며, 서양 윤리나 철학을 설명한 서적들에서 타당한 점을 발견하기도 하였다. 또 그는 초목의 생혼(生魂), 금수의 각혼(覺魂), 인간의 영혼으로 구분되는 스콜라 철학의 삼혼설(三魂說)이 유교의 심성론과 유사한 점이 있음을 특별히 지적하기도 하였다. 그렇다고 해서 이익이 천주·상제를 종교의 대상으로 생각한 것은 아니었으며, 천주교를 수용한 것도 결코 아니었다.

이익의 제자 신후담(愼後聃)은 1724년에 저술한 《서학변》(西學辨)을 통해서 천주 교리와 서양 철학의 내용을 철저히 비판하였고, 안정복(安鼎福)도 전통 성리학의 입장에서 천주 교리를 배격하였다. 이후 안정복의 척사론(斥邪論)은 일부 근기남인들에 의해 천주교가 새로운 신앙으로 수용되어 가는 과정과 비례해서 점차 심화되어 갔다.

이와 같이 서학은 근기남인이나 북학파 인물들 사이에서 한때 개혁의 물결로 작용하기도 하였지만, 전통과 현실의 제약으로 인해 제대로 실행될 수 없었다. 게다가 그들이 성리학의 이기론이나 심성론의 테두리 안에 있는 한 서양 철학과 천주 교리는 여전히 이단으로 남을 수밖에 없었다. 현실에서의 당위(윤리)를 중시해 오던 조선의 지식인들에게 존재(신)를 경배하면서 사후를 중시하는 천주 교리는 허무맹랑하였기 때문이다.

3. 외곬으로 흐르는 물

조선에 전래된 서학서 안에는 15세기 초부터 동양으로 건너온 예수회 선교사들의 문화적응주의가 짙게 녹아 있었다. 리치는 처음부터 문화적응주의 원칙에 따라 서양의 선비로 생활하였으며, 학문적으로는 '천주 교리가 유학의 미비점을 보완해 주고 불교를 배척하는 데 도움이 된다'는 보유역불론(補儒易佛論) 즉 보유론을 내세웠다.

동시에 선교사들은 공맹시대의 원시유학 안에서 천주 교리와 일치하는 개념 원리를 찾으려고 노력하였다. 신이라는 존재를 이해시키기 위해서는 성리학의 심성·이기론과는 다른 연결고리가 필요하였기 때문이다. 이 과정에서 루지에리(M. Ruggieri, 羅明堅)는 원시유학의 경전 안에서 천 숭배사상을 발견하였고, 사천(事天)의 속성이 들어 있는 '상제'의 개념을 확인하였으며, 천주교의 신인 하느님(Deus)을 '천주'로 번역하여 상제에 대비되는 용어로 사용하였다.

일찍이 이익의 제자 윤동규(尹東奎)는 천주교에서 말하는 천주와 《시경》에서 말하는 상제를 유사한 것으로 이해하였다. 그래서 그는 "천주가 스스로 선을 지향해 나간다는 것은 상제와 아주 유사하다"(《邵南先生文集》)고 설명하였으며, 일곱 가지 악행을 일곱 가지 덕행으로 극복해야 한다는 《칠극》의 가르침은 물론 삼혼설의 내용도 긍정적으로 받아들였다. 또 이익의 조카이자 제자였던 이병휴(李秉休)는 인간의 심성을 자연 그대로의 성품과 '하늘 즉 상제가 부여해 준 심성'(降衷之性)으로 구분해서 설명하였다. 여기에는 천주가 자신의 인격성을 인간에게 부여해 주었고, 언제 어디서나 인간을 굽어 살핀다는 인격천(人格天)으로 이해될 만한 토대가 마련되어 있었다. 그러나 이들도 천주교를 수용하는 데까지는 이르지 않았다.

그에 앞서 근기남인, 특히 성호학파 안에서는 이미 주자의 이론보다 원시유학의 내용에 무게 중심을 두는 탈주자학(脫朱子學) 성향이 대두되고 있었다. 이병휴를 비롯하여 그의 제자 권철신(權哲身)과 이기양(李基讓)이 그들이다. 안정복이 여전히 보수적인 입장을 견지하고 있었던 반면에 이들과 같이 진보적인 인물들은 원시유학으로 되돌아가 인간과 자연의 이치를 새로 궁구하고, 《주자가례》의 허식에서 벗어나 현실에 맞는 실천윤리를 추구하려고 노력하였다. 필요한 경우 그들은 이단으로 간주되던 양명학의 이론까지 서슴없이 수용하였다.

성호학파 인물들의 진보적인 성향은 서양의 과학기술에 대한 관심에서 한발 더 나아가 천주 교리에 대한 연구로 이어졌다. 권철신이 우주만물의 근원을 화·기·수·토의 네 가지 원소로 설명하는 서양의 사행설과 삼혼설은 물론, 천주의 다양한 속성을 설명한 서학의 내용에 지극한 이치가 있다고 생각하여 서학서를 연구하기 시작한 사실이 이를 잘 설명해 준다. 마찬가지로 1776년을 전후해서 권철신의 문하에 들어간 젊은 학자들도 다양하게 서학서를 접해 오고 있었다. 이벽과 정약전·약용 형제, 이승훈(李承薰), 이윤하(李潤夏), 홍낙민(洪樂敏), 이존창(李存昌), 이기양의 아들 이총억(李寵億) 등이 여기에 속한다.

그 과정에서 리치의 보유론은 권철신과 그의 제자들이 추구해 오던 이상과 맞아떨어졌다. 특히 그 가운데서도 정약전·약용 형제와 절친하였던 이벽이 선두주자가 되었다. 정약용보다 여덟 살 위였던 이벽은 한편으로 그의 스승이기도 하였다. 이벽은 상제의 속성을 형이상학의 입장에서 깊이 이해하고자 하였으며, 성리학의 우주론으로 설명될 수 없는 천 숭배 사상의 근본을 파헤쳐 보려고 하였다.

1779년(정조 3) 겨울, 이벽은 스승 권철신의 집 인근의 있던 경기도 여주의 주어사(走魚寺)에서 열린 강학 모임을 찾아가 합류하였다. 그리고 스승과 동료들에게 천주 교리를 포함하는 서학 이론에 대해 의견을 구하였고, 그 과정에서 천주의 속성과 새로운 인간관, 자연관에 대한 학문적인 연구와 토론이 이루어졌다. 이 주어사 강학의 내용과 특징은 다음의 기록에 잘 나타난다.

모임은 열흘이 넘게 지속되었다. 그들은 하늘·세상과 인간의 본성 등에 관한 문제들을 깊이 연구하였고, 이와 관련된 모든 의문과 선현들

의 견해에 대해서도 토의하였다. 그런 다음 성현들의 윤리 경전을 연구
했으며, 이어 서양 선교사들이 한문으로 저술한 몇몇 철학·수학 서적
들을 꼼꼼하게 검토하고, 가능한 한 모든 정성을 기울여 그 서적들을
깊이 연구하였다. 그리고는 마침내 그리스도교에 관한 몇몇 초보적인
책들에 관해 연구하고 토의하는 방향으로 옮아갔다.…… 당시 그들이
가지고 있었던 서적들은 하느님의 존재와 섭리, 영혼의 신령성과 불멸
성, 그리고 칠죄종(七罪宗)을 그와 반대되는 칠덕(七德)으로 극복함으
로써 수련해 나가는 방법(즉 칠극)에 관한 서적들이 고작이었다.(다블
뤼, 《조선 순교사 비망기》)

　　주어사 강학은 권철신과 제자들의 관심을 새로운 방향으로 전환
시키는 계기가 되었다. 이벽은 꾸준히 교리 연구를 계속하였고, 다
른 이들도 서양의 학문과 천주교에 관심을 기울이게 되었다. 안정복
의 사위이자 권철신의 아우인 권일신(權日身)이 천주 교리에 심취
하기 시작한 것도 이 무렵이다. 당시 이가환은 서양 서적들을 탐독
하고는 있었을지라도 천주 교리를 가까이하지는 않았다. 그가 천주
교리에 관심을 보인 것은 몇 해 뒤의 일이었다. 이러한 상황에서 서
학의 한 갈래였던 서양의 과학기술에 대한 관심보다는 또 다른 갈래
였던 천주 교리를 추구하는 방향으로 가닥이 잡혀가고 있었다.
　　당시 안정복은 이러한 사실을 잘 알고 있었다. 이에 그는 근기남
인의 젊은 재사들이 서학에 빠져드는 것을 크게 우려하고, '천주학
은 사학(邪學)이므로 반드시 물리쳐야 한다'는 점을 제자들에게 강
조하기 시작하였다. 동시에 1782, 1783년에는 척사의 입장에서 〈천
학혹문〉(天學或問)을 지어 천주 교리를 비판하고, 보수의 입장을 견

지하는 제자들에게 이 글을 보내 의견을 구하기도 하였다. 뿐만 아니라 권철신과 이기양을 통해 천주교에 빠져드는 후배들을 막아보려고 노력하였다. 그러나 근기남인이요 성호학파의 최고 원로였던 안정복마저도 대세를 막지는 못하였다. 서학은 외곬으로 흐르고 있었다.

4. 선택의 기로 —신이냐 왕이냐

이단 사학인 천주교를 받아들이는 데는 크나큰 위험이 따랐다. 서양의 과학기술은 물론 청구문화조차 받아들이기를 꺼리는 분위기 아래서, 이미 비판의 대상이 되어버린 천주 교리를 수용한다는 것은 박해를 각오해야 하는 모험이었다. 그 위험과 박해는 단지 수용자 한 사람에게만 미치는 것이 아니라 그의 집안, 더 나아가서는 근기남인 전체에 화가 미칠 일이었다.

그럼에도 한번 천주교에 빠져든 이들의 행동은 급류를 탄 것과 같이 걷잡을 수 없었다. 급기야 1784년(정조 8) 3월에는 이승훈이 북경에서 세례를 받았고(세례명 베드로), 같은 해 겨울에는 수표교 인근에 있던 이벽의 집에서 이승훈의 인도 아래 첫 세례식이 열렸다. 이때 이벽(세례명 세례자 요한)과 권일신(세례명 프란치스코 하비에르), 정약용(세례명 사도 요한)이 세례를 받았으며, 정약전은 동료들과 행보를 같이하였지만 어떤 이유에서인지 세례만은 받지 않았다. 바로 이 세례식을 가리켜 천주교회의 창설이라고 한다.

교회 창설 이후 세례식은 권철신(세례명 암브로시오)과 그의 제자들 사이로 확산되었고, 이들의 인도로 많은 중인들이 교회에 입교하였다. 이가환도 이벽과 토론 이후 천주교를 진리요 정도라고 생각하게 되었다. 그러나 그가 조카 이승훈에게 세례를 받았다는 기록은 보이지 않는다. 직접 북경에 가서 서양 선교사들에게 세례를 받으려는 생각이 있었기 때문이다.

그러던 중 뜻하지 않은 사건이 발생하였다. 1785년 봄, 이벽의 지휘 아래 이루어진 명례방(明禮坊) 천주교 집회가 형조의 금란서리들에게 발각됨으로써 집주인이던 중인 김범우(金範禹)가 단양으로 유배되고, 이벽은 집안에 갇혀 생을 마감하게 된 것이다. 이 명례방 사건 이후 정씨 형제는 부친에게 질책을 받았고, 첫 세례자 이승훈은 부친의 반대에 못 이겨 겉으로나마 천주 교리를 비판하는 글을 지어야만 하였다. 예견된 일들이 진행되고 있었지만, 이승훈과 정씨 형제, 그들의 스승 권철신과 아우 권일신은 여전히 교회를 떠나지 못하였다. 더욱이 정약전은 이듬해 아우 정약종(丁若鍾)을 교회로 인도하기까지 하였다.

다급해진 것은 근기남인의 장래를 우려하던 안정복이었다. 그는 이때부터 권철신과 교류를 끊었고, 사위 권일신을 다시는 쳐다보지 않았다. 이후 안정복과 권철신이 달려간 학문의 평행선은 다시 만날 수 없었다. 급기야 안정복은 74세 노구의 몸으로 붓을 들어 남인의 영수인 채제공(蔡濟恭)에게 서한을 보냈다.

근래 우리 당의 젊은이들 중에서 평소 재주가 있다고 자부하던 자들이 많이 새로운 학문에 빠져들어 '참된 도리가 여기에 있다'고 하면서 기울어져 따르고 있습니다. 어찌 한심하지 않겠습니까? 그 넘어지고 빠져드는 꼴을 차마 보지 못해서 절친한 사이에만 대강 경계를 하였습니다. 이는 진심에서 나온 것인데 도리어 화심이라고들 합니다.…… 한 집안 싸움이 이에 이르렀으니, 이처럼 당의 이론이 서로 빗겨 가는 때를 당하여 어찌 곁에서 돌을 던지는 자가 없겠습니까? 그 형세는 반드시 망한 이후에나 그칠 것입니다.(안정복, 《순암집》, 1786년 채제공에게 보낸 서한)

안정복의 현실적인 우려와 근기남인을 사랑하는 마음이 함께 느껴지는 내용이다. 그러나 탕평의 일각을 지키려는 정조와 채제공의 비호에도 남인들의 정치적 입지는 이미 흔들리고 있었다. 게다가 정약용 주도로 이루어진 1787년의 반회사건(泮會事件)이 지우 이기경(李基慶)과 홍낙안(洪樂安)에 의해 폭로되면서 근기남인들의 분열이 시작되었다. 위의 사건은 정약용이 동료들과 함께 성균관 앞의 반촌에서 천주교 서적을 강습한 데서 비롯되었다.

이러한 상황에서 권철신과 그의 제자들을 깊은 고뇌에 빠뜨린 것은 정치적인 문제가 아니라 오히려 교회 안의 섣부른 지침이었다. 1790년에 조선 교회의 책임을 맡고 있던 북경의 주교 구베아(A. Gouvea, 湯士選)가 조선 교회의 밀사 윤유일을 통해 조상제사 금지령을 내린 것이다. 그것은 이미 교황청에서 오래전에 내린 명령이었다. 이 때문에 1773년에는 예수회가 해산되었고, 중국 교회 안에서도 큰 요동이 일었다. 그것은 동·서 문화의 융합을 가로막는 지침으로, 예수회의 문화적응주의가 좌절된 것이라고 이해할 수도 있다.

　　조상제사 금지령은 전통과의 조화를 꿈꾸어오던 조선의 천주교 신자, 특히 양반 출신 신자들에게는 날벼락과 같았다. 보유론의 입장에서 교리를 수용해 온 이들에게는 도저히 이해되지 않은 명령이었다. 이제 그들은 선택의 기로에 설 수밖에 없었다. 존재를 택할 것인가, 아니면 당위를 택할 것인가? 금지령은 이처럼 절대적인 신의 길에 계속 머무느냐, 아니면 윤리의 최상층에 있는 왕의 길로 돌아올 것인가를 선택해야 하는 잣대가 되었다.

　　1791년에 일어난 진산사건(珍山事件)은 여기에 기름을 부은 사건이었다. 진산에 살던 윤지충(尹持忠)이 모친상을 당한 뒤 제사를 지내지 않은 일이 폭로되어, 조정에서까지 문제가 된 것이다. 윤지충은 정약용의 외사촌이기도 하였다. 결국 온건한 척사론 아래 근기남인을 옹호해 오던 정조와 독상 채제공은 계속되는 압력에 굴복하여 그 둘을 사형에 처하지 않을 수 없었다. 뿐만 아니라 진산사건 이후 이가환·이승훈·정약용은 '사학의 3흉'으로 낙인이 찍혀 진퇴를 함께하지 않으면 안 되었다.

　　권철신의 학문 성향은 본래 양면성(the double-sided characteristic)이 있었다. 그 한 축이 새로 받아들인 천주 교리였다면, 근본에서부터 지녀온 것은 충효와 제사였다. 고뇌로 가득한 그의 생각은 선택을 어렵게 하였다. 그러나 아우 권일신이 체포되어 문초를 받고 배소로 가다가 죽자 권철신은 마침내 대문을 닫고 말았다. 그는 제사를 지내면서 '사학에는 오류가 없다'는 이유를 들어 교회의 명령을 따르지 않았다. 반면에 그의 양자이자 권일신의 아들인 권상문은 계속해서 교회의 문을 두드리고 있었다.

이승훈은 1790년 이후 음서로 관직에 나가면서 교회와 멀어져 온 상태였다. 그러나 진산사건으로 삭직된 뒤에도 그에게는 머뭇거림이 남아 있었다. 정약전은 반회사건 이후 교회를 떠났지만, 아우 정약종은 교회의 명령을 충실히 따르고 있었다. 충청도의 이존창, 전라도의 유항검(柳恒儉)도 제사를 폐지하였다. 이후 정약종은 가솔들을 이끌고 고향인 광주 마재를 떠나 양근 분원으로 이주해 살았다. 이가환은 천주교 신자들을 원수처럼 여겼고, 권철신과 가까웠던 사림의 영수 오석충은 본격적으로 천주교를 배척하기 시작하였다.

정약용은 더욱 깊은 고민에 빠졌다. 천주 교리에서 배운 진리가 그의 생각을 저울질하게 만들었고, 자신에 대한 정조와 채제공의 신임이 선택을 어렵게 하였다. 이미 사망한 이벽의 가르침은 자신이 연구해 온 학문 안에 녹아 있었다. 특히 1783년 진사시에 합격한 이듬해 여름, 정조의 질문에 대한 답변으로 이벽의 도움을 받아 지었던 《중용강의》(中庸講義)의 내용은 그의 머리에서 떠나지 않았다.

정조의 교화정책과 채제공의 온건한 척사론은 진산사건의 확대를 막고 탕평 정국을 연장시켜 주었다. 1795년 채제공이 좌의정에, 이가환이 공조판서에, 정약용이 동부승지에 발탁된 것은 정조 득의의 탕평책이 강화되었음을 의미한다. 반면에 노론과 반대파의 천주교 공격은 여전히 계속되고 있었다.

바로 그 해 5월, 중국인 신부 주문모(周文謨)가 조선에 입국하여 북산(北山; 즉 북악산) 아래 계동에 숨어있다는 사실이 발각되면서 정국은 다시 한 번 요동을 쳤다. 이때 천주교 신자들의 기지로 주문모는 피신할 수 있었지만, 그를 인도한 교회 밀사 윤유일과 2명의 신자가 체포되어 그날 밤으로 포도청에서 장살되었다. 즉시 조정에서는 '입을 막고 흔적을 없애려는 목적에서 북산사건이 처리된 것 아니냐'는 상소가 이어졌다. 정조와 채제공·이가환·정약용이 윤유일의 북경 파견과 어떻게든 관련되었을 것이라고 의심하는 이들이 많았다. 실제로 정조와 채제공은 서양 과학기술의 도입에 대해서만은 깊은 관심을 갖고 있었다. 또 이가환은 정조의 특지로 북경에 갈 수 있는 기회를 얻었지만, 비방이 일어날까 두려워 실행에 옮기지 못하였다.

결국 정조는 단안을 내리지 않으면 안 되었다. 이가환을 충주목사로, 정약용을 충청도의 금정(金井) 찰방으로 좌천시키고, 이승훈을 예산으로 유배시켰다. 이때 정약용은 정조가 자신을 보호해 주려 한다는 사실을 잘 알았다. 그러므로 동작 나루를 건너면서 "서양 사람에 대해 말하는 것을 듣고 미혹되어 깨닫지 못하였으니, 이렇게 가는 길은 오히려 반대파의 무함을 벗어나 변방으로 나가는 길이네"(《與猶堂全書》, 시문)라는 시를 남겼다. 그에게서 고뇌는 그렇게 끝나고 있었다. 존재 대신 당위를, 신 대신 왕을 선택한 것이다.

5. 흐름을 멈춘 서학의 물결

정약용은 이후 교회와의 단절을 공인받기 위해 노력하였다. 그러나 1799년에 채제공이 사망하고, 다음해 6월 정조가 승하하면서 중국은 일순간에 변하였다. 믿기 어려운 일이었다. 하늘이 무너져 내린 것이나 다름없었다. 고향 마재로 낙향해 있다가 정조의 승하 소식을 들은 정약용은 서울까지 한걸음으로 달려가 뜻을 같이하는 동료들과 함께 홍화문 앞에서 목 놓아 울었다.

그것이 시작이었다. 1801년 1월 정순왕후가 내린 천주교 박해령 이후 천주교와 연관되어 있는 모든 이들은 사상과 종교의 선택을 강요당해야만 하였다. 제사 폐지 이후 무부무군(無父無君)의 이단 사학이라는 단죄가 내려진 천주교 앞에서 어느 누구도 예외란 있을 수 없었다.

먼저 이가환·정약용·이승훈·홍낙민이 체포되었고, 이어 중인 최필공과 최창현도 의금부로 끌려왔다. 65세의 노구인 권철신은 고향 양근 땅에서 체포되어 서울로 압송되었으며, 정약전·약종 형제도 체포되었다. 권철신은 천주교와 단절하였음을 증명하려 하였지만, 추관들은 이를 받아들이지 않고 죽음으로 내몰았다. 현실보다는 정치적인 강요가 강하게 작용하는 상황이었다. 결국 그는 매를 이겨내지 못한 채 이가환과 같은 날 물고되었다. 그리고 이승훈과 홍낙민, 최창현, 최필공은 서소문 밖으로 끌려 나가 참수되었다.

정씨 형제들은 끝내 다른 길을 걸어야만 하였다. 정약종은 조금도 흔들리지 않고 자신의 종교를 변호하다가 참수되었고, 그의 맏아들 정철상도 부친과 같은 길을 걸었다. 형 약전은 일찍 교회와 단절한 사실이 밝혀져 신지도 유배형을 받았으며, 아우 약용도 장기현 유배 판결을 받았다. 그러나 약전과 약용은 9월에 발생한 조카사위 황사영(黃嗣永)의 〈백서〉(帛書) 사건으로 다시 의금부로 끌려와 문초를 받아야만 하였고, 약전은 흑산도로, 약용은 강진현으로 이배되었다. 〈백서〉는 황사영이 교회 재건의 방책을 담아 북경에 전달하려고 비단에 썼던 서한으로, 현재 교황청에 보관되어 있다. 그에 앞서 정약종·약용 형제가 추국에서 진술한 내용은 다음과 같이 서로 달랐다.

> 천주를 높이 받들고 밝히 섬기는 일은 가능하지 아니한 장소가 없습니다.…… 천주는 천지의 큰 임금이요 큰 아버지(大君大父)가 됩니다. 천주를 섬기는 도리를 알지 못한다면 이는 천지의 죄인이며, 살아 있어도 죽은 것과 같습니다.(《추안 및 국안》, 정약종)
>
> 제가 정조 임금의 망극한 은혜를 얻어 오늘에 이를 수 있었으니, 사특한 근본과 먼지를 청소하는 일은 비록 몸과 뼈가 마르고 닳는다 해도 끝까지 다해야 할 것입니다. 모든 질문에 조금이라도 숨김없이 사학의 뿌리를 뽑는 방책을 진술하여 국은에 보답하고 집안의 원수를 갚고자 합니다.(《추안 및 국안》, 정약용)

신유년의 박해 과정에서 중국인 신부 주문모는 4월에 군문효수되었고, 황사영은 11월 능지처사 판결을 받았다. 이처럼 서울과 지방에서 대략 300명 이상의 신자들이 처형되면서 양반이나 중인 출신의 지도층 신자들은 대부분 사라졌다. 조정에서는 그 해 12월 대제학 이만수가 제진한 〈토역반교문〉(討逆頒敎文)을 반포하여 전국에 알리도록 하였다.

교회측 기록에는 정약용이 강진 유배 시절 교회 재건에 참여하였다는 사실이 전한다. 1818년 해배 뒤에는 배교를 뉘우치고 교리를 실천하였으며, 천주교의 기원에 대한 역사도 남겼다고 한다. 훗날 조선에 입국한 프랑스 선교사 다블뤼(A. Daveluy, 安敦伊)의 기록에 따르면, 그 자신이 정약용의 이 기록을 입수하였다고 하는데, 아쉽게도 화재로 사라졌다. 이후 정약용은 1836년 중국인 신부 유방제로부터 죽음에 처한 이들에게 주는 교회의 성사를 받고 사망하였다. 그러나 이러한 사실들을 입증해 줄 만한 자료는 발견되지 않는다. 정약용과 천주교의 연관성을 설명해 주는 자료들은 대부분 신유년 이전의 것들이다.

다만, 정약용이 자신에게 천주 교리를 가르쳐 주었던 교회의 선각자 이벽과 그의 가르침을 끝까지 잊지 못하였던 것만은 분명하다. 이 사실은 그가 1814년 유배지 강진에서 탈고한 《중용강의보》(中庸講義補) 서문에 쓴 다음의 기록에 잘 드러난다. "광암(曠菴, 즉 이벽)이 지금까지 살았다면 그의 큰 덕행과 깊은 학문을 어찌 내게 비유하겠는가?"

이제 외곬으로 흐르던 서학의 물결은 신유박해로 표면상의 흐름을 멈추었다. 지식인들은 선택의 갈림길에서 더 이상 번민하지 않아도 되었고, 서양의 신문화 수용에 대한 열망이나 현실 개혁에 대한 희망들은 사상과 종교에 대한 강요 과정에서 거의 소멸되고 말았다. 〈토역반교문〉이 존재하는 한 천주교는 여전히 이단이요 사학이었고, 시간이 지나면서 더욱 거세게 밀려드는 서양 제국주의의 세력을 이끌어 들이는 앞잡이로 인식될 수밖에 없었다. 이러한 분위기 아래서 천주교는 한동안 조선 사회와 유리된 채 하층민 중심의 민중종교 운동으로 전개되었다.

참고문헌

강재언, 《조선의 서학사》, 민음사, 1990.

금장태, 《동서교섭과 근대한국사상》, 성균관대학교출판부, 1984.

노대환, 〈정조대 서양 과학 기술의 수용과 정조의 서학 정책〉, 《태동고전연구》 21, 2005.

서종태, 〈조선 후기 실학자들의 서학에 대한 이해―성호학파(星湖學派)의 천주교 수용 과정〉, 《누리와 말씀》 23, 2008.

유봉학, 〈북학사상의 형성과 그 성격〉, 《한국사론》 8, 1982.

이용범, 《한국과학사상사연구》, 동국대학교출판부, 1993.

이원순, 《조선서학사연구》, 일지사, 1986.

전상운, 《한국과학기술사》, 정음사, 1988.

조 광, 《조선후기 천주교사 연구》, 고려대학교 민족문화연구소, 1988.

차기진, 《조선 후기의 서학과 척사론 연구》, 한국교회사연구소, 2002.

최석우, 《한국교회사의 역사》, 한국교회사연구소, 1982.

Ch. Dallet, *Histoire de L'Église de Corée*; 최석우·안응렬 역주, 《한국천주교회사》 상, 분도출판사, 1979.

조선 후기 서양과학 전래와 천문 인식의 전환

정 성 희

실학박물관 학예연구사

1. 서양 천문학이 들어오다

과학사에서 17세기는 과학혁명의 시기라 부른다. 과학혁명의 시작은 천문학, 즉 지동설에서 출발하였다. 태양, 달, 그리고 여러 행성들이 지구 주위를 회전한다는 프톨레마이오스(2세기)의 천동설에서 지구와 행성들이 태양의 주위를 회전한다는 코페르니쿠스의 지동설로 변화하면서 시작된 것이다. 코페르니쿠스의 지동설은 뉴턴(Issac Newton)과 티코 브라헤(Tycho Brahe), 케플러(Johannes Kepler)를 거치면서 과학적으로 검증되었다.

17세기 유럽에서 발생한 천문학의 발전은 서구사회에만 변혁을 몰고 온 것이 아니라는 점에서 세계사적 의미를 지닌다. 17세기 이후 서양 천문학의 발달은 서구사회뿐 아니라 당시 예수회 선교사들의 동양 포교 과정에서 영향력을 발휘하였다. 이 무렵 예수회 선교사들에 의해서 중국에 소개된 서양의 과학과 기술 가운데서도 단연

주목을 끌었던 것은 서양 천문학과 관측기술이었다.

　서양 선교사들의 천문학 지식이 중국 관료 사회에 받아들여질 수 있었던 것은 천문학이 국가 주도로 이루어지는 이른바 제왕학(帝王學)으로서 의미를 지녔기 때문이다. 특히 중국을 비롯한 조선시대의 천문학의 정수는 역법(曆法)이었는데, 예수회 선교사들에 의해 만들어진 시헌력(時憲曆)이라는 역법은 매우 정확한 과학성과 예측력을 바탕으로 지배층의 환심을 사는 데 충분하였다. 역법은 과학적인 법칙을 추구하는 수리천문학이면서 한편으로는 집권자가 만든 일종의 법이기도 하였다. 그러나 역법은 일반 법과 달리 사회적 요소 외에도 자연적 요소가 가미된 것이어서 권력자의 뜻대로 정할 수 없다는 특징도 있었다. 또한 역법은 어떤 형태로든 중앙집권적 체제가 갖추어진 사회가 아니면 실시될 수 없는 것이기도 하였다. 자연현상에 관한 상당한 지식과 노하우가 쌓이지 않으면 불가능한 일이기 때문이다.

　농경사회에서 역은 민중들의 농업생활 지침으로서도 중요하였다. 따라서 역법은 실용적인 달력으로서, 그리고 왕조의 권위를 나타내는 천체력으로서 정확성이 요구되었다. 그런데 천체 현상은 정확한 법칙성을 갖기는 하지만 완만히 변화하는 것이므로 모든 시대를 통해서 역법 연구는 끊임없이 이루어져야 하였고, 이로 인해 역법은 시대에 따라 변하게 되었다. 결국 천체의 변화에 따른 정확한 역법을 만들고자 하는 갈망은 급기야 개력(改曆)과 함께 서양 천문학의 수용으로까지 이어졌다.

2. 서양 천문학의 만남

서양과학이 명·청시대 및 조선시대 엘리트층에게 급속하게 파급될 수 있었던 것은 한역 서학서(漢譯西學書) 저술 때문이었다. 천주교를 포교하러 중국에 왔던 예수회 선교사들이 저술한 한역서학서는 한자로 서술되었다는 강점 때문에 중국, 한국에 가톨릭과 서양 문물 전수를 하는 데 큰 영향을 끼쳤다.

마테오 리치의 〈곤여만국전도〉(坤輿萬國全圖)와 같은 세계지도가 들어오면서 시작된 서구에 대한 이해는, 조선 지식인들의 빈번해지는 연경 사행(使行)과 직접적인 관련이 있었다. 특히 인조 9년(1631) 음력 7월 부연사신 정두원(鄭斗源)이 포르투갈 출신의 신부 로드리게즈(Johanes Rodriguez)를 통해 당시 서양 신부들이 한문으로 저술한 천문, 지리, 역산 등에 관한 서적과 화포, 천리경(망원경), 자명종 등 새로운 기기들을 전해 받고 조선으로 가지고 들어와 지식인들을 놀라게 하였다.

당시 정두원이 가지고 온 한역 서학서 및 서구 문물의 종류는 매우 다양하였다. 이탈리아 출신의 신부 알레니(Julius Aleni)의 《직방외기》(職方外紀)와 같은 세계지리서를 비롯하여, 서광계와 롱고바르디의 공저로 서양 역법의 연혁을 설명한 《치력연기》(治曆緣起), 마테오 리치의 천문서, 광학기 서적과 천문도 및 세계지도 등 최신의 한역 서학서가 망라되어 있었다. 그런데 이 시기에 서양 선교사들이 소개한 천문학이 당시 서양에서는 최신의 천문 지식이 아니었다. 서양의 천문학은 이미 코페르니쿠스의 태양중심설로 교체된 상태였는데 선교사들은 가톨릭에서 인정하는 천동설, 즉 프톨레마이오스의 중세적 우주관을 중국에 전파하였다. 프톨레마이오스의 우주관이 실려 있는 《천문략》과 《치력연기》 같은 한역 서학서들은 연행사들에 의해서 조선으로도 전래되었다. 따라서 조선 후기 지식인들은 비록 중세 우주관이기는 하나 서양의 우주관을 자연스럽게 접할 수 있었다. 조선 후기 실학자로 알려진 안정복의 《잡동산이》(雜同散異)에는 당시 정두원과 함께 중국 연경으로 간 역관 이영후가 선교사로부터 얻은 《천문략》을 읽고 탄복하였다는 내용이 실려 있는데, 사실 선교사 디아즈가 지었다는 《천문략》은 앞서 언급한 대로 서구 중세 프톨레마이오스의 천문학을 바탕으로 한 12중천설(十二重天說)을 소개한 천문학서였다. 이처럼 비록 《천문략》이 최신의 서양 우주론을 소개한 것은 아니었지만, 개천설이나 혼천설 등 중국 고대 천체관의 테두리에서 만족하던 조선 지식인층의 반응은 놀라움 그 자체였다. 이로 인해 우주구조론에 대한 관심이 크게 고조되었음은 물론이다.

3. 〈시헌력〉의 도입과 그 의미

〈시헌력〉의 도입은 한역 서학서 전파와 함께 비롯되었다. 그 시작은 인조 22년(1644) 관상감제조 김육(金堉)이 중국 연경에 갔을 때 아담 샬이 〈시헌력〉을 편찬하였다는 말을 듣고 그에 관한 서적들을 사가지고 돌아와서 〈시헌력〉의 사용을 강력히 건의하면서부터다.

그리고 몇 차례의 수입 노력과 시행착오를 거듭한 끝에 효종 4년(1653)에 〈시헌력〉이 공식적으로 사용되었다. 〈시헌력〉의 도입은 개력(改曆)만이 아닌 우주관의 변화를 가져오는 사건이었다. 전통시대 천문역법관의 기본 골자는 '기삼백'(朞三百)과 '사분력'(四分曆)이었다. 기삼백은 《서경》(書經) 〈요전〉(堯典)에 나오는 말로 가장 뿌리 깊은 동양 전통의 천문역법관이다. '기'(朞)란 일주(一週)라는 뜻으로 1년 366일을 의미한다. "윤달을 만들고 춘하추동 사계절을 정하여 모든 백성의 노동이 하나 되게 다스리면 여러 공적이 넓게 된다"는 〈요전〉의 내용에는 일월성신(日月星辰)의 운행을 잘 관찰하여 성상(星象)을 만들고, 이것으로 백성을 잘 다스리고자 하는 지배자들의 천문역법관이 담겨 있다. 사분력은 분모를 4로 하는 데서 유래한 명칭으로, 계산이 가장 간단한 역법이라고 할 수 있다. 그런데 여러 역법 가운데서도 유독 사분력이 조선과 중국의 문헌에 나타나는 까닭은, 중국에서 사분력을 채용한 것은 후한뿐이었지만, 후한은 고전주석학의 전성기였고, 따라서 고전의 주석에는 사분력의 수치를 사용하는 것이 전통으로 되었기 때문이다. 따라서 중국뿐만 아니라 우리나라의 문헌은 거의 사분력을 기초로 한 주천도수, 즉 365와 1/4를 그대로 인용하였다.

기삼백과 사분력은 송대에 와서 주자에 의해 우주관으로 새롭게 체계화된다. 주자는 "하늘의 형체는 둥글며, 주위는 365와 1/4도이다. 하늘은 땅의 주위를 왼쪽으로 돌며, 언제나 하루에 한 바퀴 돌고 다시 1도를 더 간다. 태양은 하늘에 걸려 있어서 조금 느려, 하루에 땅의 주위를 딱 한 바퀴 돌아 언제나 하늘에 1도 미치지 못한다"고

하여 자신의 천문역법관이 《서집전》(書集傳)의 기삼백과 사분력을 바탕으로 하였음을 드러내었다. 주자의 천문역법관의 기초를 형성하였던 사분력은 중국 최초의 체계적인 역으로, 비록 오래전에 만들어진 것이기는 하나 간결하면서도 상용력으로서는 매우 뛰어난 역법이었다. 또한 사분력은 19년 동안에 윤달을 일곱 번 삽입하는 이른바 '19년 7윤법'을 사용하는데, 19년 7윤법은 이미 서양에서도 '메톤 주기'라는 이름으로 사용된 것으로 상당히 합리적인 계산법이었다. 따라서 주자는 바로 이러한 사분력을 근간으로 천문과 역법을 설명하였던 것이다. 주자의 천문관은 주자학 도입과 함께 자연스럽게 조선 유학자들의 성리학적 천문역법관을 형성하는 데 영향을 주었다. 그러나 유학자들은 조선 후기 〈시헌력〉 도입으로 말미암아 기존의 천문역법관을 수정해야 하였다.

조선 후기 〈시헌력〉의 사용이 중요한 의미를 가지는 것은, 서양 천문학의 수용을 국가가 공식적으로 인정하였다는 데 있다. 결국 이러한 점 때문에 유학자들 사이에는 〈시헌력〉의 사용을 두고 기존의 천문역법을 고수하려는 입장과 반대로 전통 역법을 비판하고 서양의 천문역법을 받아들이는 입장으로 나뉘었는데, 이러한 갈등이 초래된 것은 서양 역법을 받아들이는 데에는 결코 단순하지 않은 문제들이 있었기 때문이다.

전통적으로 유학자들은 천문학자가 아니었으므로 그들의 관심은 역수(曆數)로 대표되는 역법보다는 역리(曆理), 즉 천체 구조에 치중하는 경향이 있었다. 예컨대 "옛날 역은 모두 《상서》에 실려 있는 기삼백을 기초로 하였으며, 여름날이 길고 겨울날이 짧은 〈시헌력〉

을 사용하게 되면 앞으로 계절이 바뀌고 천도가 어그러지게 될 것이다"는 김시진(金始振)의 지적은 유학자들의 역법을 대변하는 인식이라고 해도 과언이 아니었다. 〈시헌력〉의 절기계산법은 천문학적으로 상당히 혁신적이었다. 프랑스 천문학자 카시니(D. C. Cassini)의 타원궤도설에 입각해 황도상의 태양 및 행성의 운행을 측정해내는 정기법의 계산은 1년 24절기를 무조건 15.22일로 평균 분할하는 전통적인 절기계산법에 비해 훨씬 정확하고 우수하였다. 결국 〈시헌력〉 사용을 반대한 이유는 사실상 그 계산법을 정확히 이해하지 못한 데서 비롯되었다. 아울러 청과 서양의 역법이라는 정서적 거부감도 있었다. 그러나 18세기에 들어와 서학이 본격적으로 수용되고 북학파 실학자들에 의해 서양과학의 적극적인 도입이 주장되면서 〈시헌력〉을 비롯한 서양 천문학은 점차 많은 지지자를 얻게 되었다. 결국 〈시헌력〉은 화이론적 세계관과 이를 바탕으로 한 문화적 우월감에 따른 거부감을 일소하면서, 오히려 서양 천문학의 우수성을 널리 알리게 하는 긍정적인 기능을 하게 되었다.

4. 우주관이 변화하다

하늘이 여러 겹으로 싸여 있다는 '중천'(重天)의 개념은 동서양에 모두 존재하였다. 중국에서 중천의 개념은 《초사》(楚辭) 천문편에 실려 있는 '구천설'(九天說)에서부터 비롯되었다. 《초사》의 구천설은 하늘을 아홉 방위로 나눈 것으로, 다분히 오행(五行)사상의 영향을 받아 출현한 것으로 보이는데, 주자가 《초사집주》(楚辭集注)에

‘기의 회전운동’으로서 천을 설명하면서 구천설의 개념을 성리학적 우주구조론의 중천 개념으로 발전시켰다.

주자는 “기의 회전은 땅의 바깥에서부터 멀면 멀수록 빠르고 맑으면 맑을수록 강해서, 양의 수를 9까지 밀고 나가면 매우 맑고 강해 다시 그 끝이 없는” 것으로 구중천의 개념을 정의하였다. 그러나 결코 고정된 물체로서 하늘의 중층이 아니라 기의 회전속도에 근거한 우주공간의 구분이었다. 다시 말해 회전속도가 다른 아홉 겹 기의 공간인 것이다. 그러나 주자의 구천설은 다분히 난해하고도 형이상학적이었다. 때문에 조선시대 주자학의 물결 속에서도 주자의 우주론만큼은 그다지 실체적인 우주관으로 인식되지 못하였다.

조선시대 지식인들이 하늘이 여러 겹으로 나뉘어 있다고 인식하게 된 것은 주자의 구천설에 의해서가 아니라 《천문략》(天文略)이라는 한역 서학서를 통해서였다. 《천문략》에 소개되어 있는 12중천설은 바빌론 이후, 중세까지의 서구 우주관을 대표한 프톨레마이오스의 우주체계를 토대로 한 우주관이었다. 우주가 지구를 중심으로 9중 또는 12중의 동심원 구조를 한 유한한 구조라는 중세적 우주체계는 1543년 코페르니쿠스의 지동설의 등장으로 무너졌지만, 천주교의 교리 설명이라는 견지에서 명말 청초에 중국에 온 예수회 신부들은 여전히 이와 같은 중세 서양의 우주관을 중국에 전파하였다.

우리나라에서 가장 오래된 천문도인 〈천상열차분야지도〉(天象列次分野之圖)에서 볼 수 있다시피, 하늘은 하나의 공간이었다. 이런 점에서 《천문략》의 중층적 하늘은 당시로서는 파격적이었다. 《천문략》은 1631년 연경에 사신으로 간 정두원(鄭斗源)이 가져오면서 조선에 널리 유포되었으며, 그 동안 도외시되었던 우주구조론에 대한 관심을 촉발시켰다. 12중천의 전체 형태는 모두 둥글며 각기 정해진 제자리를 지키고 있는데, 각 층은 서로 에워싸서 마치 양파처럼 되어 있고, 각기 본천(本天)의 움직임에 따라 움직이는 형태를 하고 있다. 이와 같은 12중천설은 상제가 거처하는, 정지해 움직이지 않는 천(天)을 상정한 다분히 종교적인 천문관이었지만, 앞서 언급한 바와 같이 주자의 구천설에서 보이는 기의 회전으로서 중천 개념과 거의 흡사해 점차 중국뿐 아니라 조선의 지식인에게 설득력 있게 전해졌다.

이와 함께 조선 후기에 국가에서 편찬한 천문서, 즉 《증보문헌비고》(增補文獻備考)의 〈상위고〉(象緯考)가 12중천설을 정통설로 인정함으로써 서양의 12중천설이 조선 후기를 대표하는 우주구조론으로 등장하였다. 더욱이 《증보문헌비고》는 "역가가 하늘에 열두 겹이 있다고 하나, 하늘은 이렇게 여러 겹으로 되어 있는 것이 아니고, 대개 일월성신이 하늘에서 운행하는 데 각각 다니는 길이 있다는 것을 말한 것이다" 하여 12중천설에 대한 잘못된 오해도 지적하였다. 사실 12중천설은 《증보문헌비고》를 통해 공식적으로 인정받기 전부터 여러 실학자들의 지지를 받은 우주론이었다. 특히 성호 이익은 장자나 주자의 말을 빌려 12중천설의 합리성을 주장하기도 하였다. 성호가 이렇듯 적극적으로 12중천설을 지지한 데에는 그 이론이 당시로는 매우 신기하였을 뿐 아니라 서양 천문학의 정확성이 실증적으로 나타났기 때문이기도 하였다.

서양 신부들이 작성한 〈시헌력〉이 종래의 〈대통력〉보다 훨씬 정확하고 과학적임을 알았던 성호는, 서양 천문학의 정확성에 강한 신뢰를 가지고 있었다. 특히 서양의 12중천설에서 다룬 남북세차와 동서세차에 대한 성호 이익의 경탄은 이러한 사실을 잘 말해준다. 즉 남북과 동서세차의 움직임이 매우 미세해 그 동안 이를 그대로 두고 다루지 못하였는데 서양의 천문학이 이를 자세히 다루었으므로 서양의 12중천설은 더욱 설득력을 가지고 다가올 수 있었다. 12중천은 당시 서양에서는 진부한 우주론이었으나 조선 천문학가들의 눈에는 새로운 경지였다. 12중천의 우주 형태는 성호의 한탄대로 "망원경을 구하지 못해 눈으로 직접 확인할 수 없는 것이 유감"일 정도였다.

성호 이익과 같은 인물로부터 절대적인 신뢰를 받았던 12중천설은 18세기로 접어들면서 그 생명력을 다하고 만다. 티코 브라헤로 대표되는 더욱 발전된 우주구조론이 수용되고, 게다가 서양 선교사들이 인정하지 않았던 지구의 자전을 김석문(金錫文)과 같은 뛰어난 자연학자가 주장하면서 조선 후기 천문학은 바야흐로 코페르니쿠스적 전환을 맞게 되었다.

5. 회전하는 지구와 무한한 우주

조선 후기에 등장한 지전설은 서양 천문학의 수용이 표피에만 그치지 않았음을 보여준다. 한역 서학서 가운데 지구의 자전을 설명한 것으로 로오(Jacques Rho)의 《오위역지》(五緯曆指)라는 책이 있지만, 코페르니쿠스의 지동설을 정설로 인정한 것은 아니었다. 그 밖에 대진현(戴進賢)의 《역상고성후편》(曆象考成後編)이 지전설을 기초로 한 타원궤도설을 바탕으로 태양과 달의 운동을 계산하였으나 천체관은 여전히 천동설을 채택하고 있었다. 따라서 조선 후기 지전설의 주창은 조선시대 천문학의 수준을 짐작하게도 하지만, 한편으로 서양 천문학의 세례를 받지 않고서는 불가능한 일이기도 하였다.

17세기 천체관을 진일보시킨 지전설은 김석문이 처음 주장하였던 이론이다. 연암 박지원은 그의 천체관을 '삼대환부공설'(三大丸浮空說)로 설명하면서, 지구 자전을 우리나라 최초로 주장하였던 김석문은 조선 후기 성리학자로 〈시헌력〉 도입에 주도적인 역할을 하였던 김육의 족손(族孫)이라고 하였다. 이 사실은 그의 천문학 연구가 우연한 일이 아니었음을 말해 준다. 그가 최초로 지전설을 주장하게 된 것은 일찍이 《주역》에 관심을 가지고 소강절이나 장횡거 등 성리학의 우주론을 성립시킨 사상가들의 서적을 읽으면서부터였다. 그는 이들 사상가들의 영향을 받아 삼라만상의 형성과 그 변화의 이치를 깨달았고, 또 제자백가와 천문학, 지리학까지 통달하면서 우주관에 눈을 뜨기 시작하였다.

'삼대환부공설'이라는 김석문의 천체관은 《역학이십사도해》(易學二十四圖解)라는 그의 저작에 실려 있는데, 여기서 김석문은 자신의 지전론의 근원이 주렴계와 장횡거의 우주론, 그리고 로(Jacques Rho)의 《오위역지》를 바탕으로 하였음을 밝혀 놓았다. 김석문은 지구를 중심으로 부동천인 태극천이 가장 외곽에 자리 잡고 있으며, 태허라고 불리는 천체 공간 사이에 경성천, 진성(토성), 세성, 형혹, 태백, 월륜이 366회전 하는 지구를 중심으로 회전하고 있다고 설명하였다. 그가 말한 우주 모형은 《오위역지》에서 소개된 티코 브라헤의 천체 모형과도 거의 흡사하지만, 지구가 1년에 366회전 한다는 지전설의 독창적인 것이다. "회전하는 모든 사물의 움직임에는 반드시 기가 있으며, 이 기가 항성이나 은하를 움직이게 하는 것이지 하늘의 운행에 따라 움직이는 것은 아니다"는 장횡거의 논리를 자신의 지전론에 대입시키고, 나아가 《오위역지》에 있는 티코 브라헤의 천동설을 뒤집어 버렸다.

실로 탁견이라 하지 않을 수 없는 김석문의 지전설이지만, 한계점도 있다. 그의 자전설은 천문 관측을 통해 자연과학적 논리로 체계화한 것이 아니고, 사변적인 성리학적 우주론의 미비점을 보충하기 위한 것이었다. 또 일정한 시기를 주기로 인류의 역사와 문명과 자연현상까지도 흥망성쇠를 되풀이한다는 순환론적 역사철학을 주장하는 전근대적 역사철학도 우주관 속에 녹아들어 있다.

새로운 조선 후기 우주관에는 지전설 외에도 지원설이 있다. 지구가 둥글다고 인식하는 지원설은 서구식 세계지도의 전래와 함께 들어왔다. 사각형의 방형의 형태로 인식하고 있었던 땅의 형태가 구형으로 확실하게 변한 것은 서양 선교사인 마테오 리치의 영향이 가장 컸다. 그는 방형이라는 것은 실제 형체를 말하는 것이 아니라 "조용하여 옮겨 다니지 않는 성질을 말하는 것"이라 전제하고, "땅과 바다는 본래 원형으로 이 둘이 합해 일구(一球)를 이루며 일구는 천구의 한가운데 있다"고 주장하여 땅의 구형을 입증하고자 하였다. 이러한 지원설은 마테오 리치가 작성한 세계지도인 〈곤여만국전도〉(坤輿萬國全圖)와 함께 그의 저작인 《건곤체의》(乾坤體義) 〈천지혼의설〉(天地渾儀說)에 실려 있는데, 이 책은 일찍이 이익의 《성호사설》에도 소개된 한역 서학서로서, 천지혼의설과 지구 및 각 중천들 간의 거리, 그리고 태양 및 지구, 달의 크기를 비교 측정하는 내용이 담겨 있다.

서양의 지원설을 받아들인 성호 이익은 우주의 중심에 둥근 지구가 있다고 생각하였다. "지구 아래와 위에 사람이 살고 있다는 말을 서양 사람들에 의하여 비로소 자세히 알게 되었다"고 고백한 성호는, 중세적인 우주관과 지역관에서 탈피한 상당히 진보적인 세계관을 지닌 사상가였다. 조선 후기 대표적인 천문학자이며 유학자인 이재 황윤석도 일찍이 외암 이간의 〈천지변설〉(天地辨說)에 나오는 천지도에 그려진 네모난 땅의 형태는 분명히 잘못되었다고 지적하면서 "하늘은 땅 밖의 큰 원이고, 땅은 하늘 안의 작은 원이다. 원으로써 원을 감싸는 것은 이치와 형세가 서로 마땅한 것이다"라고 언급하였다. 또한 그는 "서양 역법에 이르기를, 땅은 역시 둥글다고 하였으니 무엇을 더 말하겠는가? 한영숙과 신백겸의 천지설이 하늘이 둥글다는 사실은 제대로 알았으나 땅도 둥글다는 사실에는 어두웠으니 땅을 육면의 형체로 그린 것은 분명 틀렸다. 이간이 천문도를 그리면서 육면체로 그렸는데, 이것은 네모의 귀퉁이만 조금 제거하였던 것일 뿐이고, 땅 역시 원형으로 그려야 됨을 알지 못한 것이다"라며 땅이 둥글다는 사실을 자신 있게 주장하였다.

한편, 김석문에 이어서 지전설을 주장하였던 담헌 홍대용은 자신의 우주관을 우주무한론으로까지 펼쳤다. 당대 최고의 유학자인 김원행의 제자이기도 한 홍대용은 북학파 실학자로 유명한 박지원과도 깊은 친분이 있었는데, 박지원의 《열하일기》도 홍대용의 북경

방문기에서 영향을 받아 지어진 작품이라 알려진다. 그가 과학에 대해 남다른 관심을 갖게 된 것은 1766년 초 북경을 방문하여 서양과학에 접하면서부터였다. 서양과학에 눈을 뜬 홍대용은 이후 기존의 천체관에 회의를 품으며, 그를 유명하게 만든 중요한 이론인 지전설과 우주무한론을 제시하기에 이르렀다.

홍대용을 유명하게 만든 지전설은 《의산문답》에 실려 전해지는데, 그는 여기서 "지구는 회전하면서 하루에 일주한다. 땅 둘레는 9만 리이고 하루는 12시이다. 이 9만 리의 거리를 12시간에 달리기 때문에 그 움직임은 벼락보다 빠르고 포환보다 신속하다"라고 하여, 김석문과 유사한 내용의 지전설을 주장하였다. 사실 홍대용의 우주관에서 가장 주목할 만한 것은 이와 같은 지전설이라기보다는 지구가 우주의 중심이 아니라는 '무한우주론'이다. "우주의 뭇 별들은 각각 하나의 세계를 가지고 있고 끝없는 세계가 공계에 흩어져 있는데, 오직 지구만이 중심에 있다는 것은 있을 수 없다"는 그의 무한우주론은 그 이전에는 찾아볼 수 없는 실로 대담하고도 독창적인 것이었다. 물론 고대 선야설이 무한의 공간을 상정하기도 하고 장횡거의 우주관도 이와 비슷한 면이 있었지만, 홍대용처럼 파격적인 주장을 펼쳤다고 할 정도는 아니다. 따라서 "지구로 칠정의 중심이라 한다면 옳은 말이지만, 이것이 바로 여러 성계의 중심이라 한다면 이것이야말로 우물에 앉아 하늘 보는 소견이다"는 홍대용의 우주관은 탈지구중심론이라는, 실로 대담하기 이를 데 없는 인식론적 대전환을 제기하였다는 측면과 함께 과학적으로 상당한 평가를 받는다.

조선 후기의 지전설과 지원설은 단순히 우주관만 변화시킨 것은 아니었다. 특히 지원설은 세계의 중심이 어느 한 곳에만 정해진 것이 아니라는 사실을 깨닫게 해준 우주관이었다. 따라서 지원설의 수용은 곧바로 중국이 세계의 중심이라는 화이론적 세계관의 변화를 의미하였다. 예컨대 담헌 홍대용이 "이 지구 세계를 태허에 비교한다면 미세한 티끌만큼도 안 되며, 저 중국을 지구 세계와 비교한다면 십 수분의 일밖에 되지 않는다"고 하여 중국 중심의 세계관을 비판하였던 것도 이러한 천문관의 변화와 무관하지 않았다. 17세기부터 시작된 서양식 천문서적과 지리서에서 촉발된 새로운 지식은 탈중화주의적 세계관의 형성과 함께 조선시대 사람들이 알지 못하였던 서양 각국과 아시아 여러 나라에 대한 지식을 급속히 확장시켜주는 데 적잖이 공헌하였다.

참고문헌

김석문, 《역학이십사도해》(易學二十四圖解).
홍대용, 《담헌서》(湛軒書).

민영규, 〈17세기 이조학인(李朝學人)의 지동설 연구〉, 《동방학지》 23, 1981.
이용범, 《중세 서양과학의 조선 전래》, 동국대출판부, 1988.
유경로, 《한국천문학사 연구》, 녹두, 1999.
정성희, 《우리조상은 하늘을 어떻게 이해했는가》, 책세상, 2000.
——, 《조선후기 우주관과 역법의 이해》, 지식산업사, 2005.

공교육과 사교육, 그리고 대안교육

박 연 호
광주교육대학교 교수

조선시대는 우리 교육사의 전개 속에서 어떤 위치를 차지하고 있을까? 조선인들은 교육적으로 무엇을 이루고자 하였으며, 실제로 이룬 것과 이루지 못한 것은 무엇이었던가? 그래서 결국 무엇을 교육적 유산으로, 무엇을 한계이자 이후의 과제로 다음 세대에게 남겨 주었을까?

1. 공교육 기회의 양적 확대

2008년 8월 25일자 《위클리 조선》은 커버스토리의 제목을 "교육에 모든 것을 바치고도 아무것도 못 건지는 딱한 민족"이라고 붙였다. 이 제목은 '한국 학부모의 교육열'의 높이와 '현실적 결과' 사이의 격차를 매우 과장되기는 하지만 잘 표현하였다. '지독하다'고 수

식될 정도의 한국인의 교육열은 언제부터 형성되었을까? 필자는 《고려사》〈선거지〉 첫머리의 다음 기술을 주목하고 싶다.

> 삼국 이전에는 과거제가 없었고, 우리 태조 임금께서 학교를 세우는 일을 제일 먼저 하셨으나 과거제로 관료를 선발하는 일은 겨를이 없어 미처 하시지 못했다. 그러다가 광종 임금께서 쌍기의 건의를 채택하여 과거제로 관료를 선발하였으며, 이후 비로소 '글 바람'[文風]이 일어나게 되었다. 대저 그 제도는 당의 제도를 모범으로 하였으며, 학교로는 국자학·태학·사문학이 있고, 또 구재(九齋)·동서학당·율학·서학·산학이 있었는데, 다 국자감의 통제를 받았다.

958년의 과거제 시행과 함께 불기 시작하였다는 '글 바람'은 바로 최초의 집단적 교육열의 발흥이었다. 그리고 이후 과거제가 순조롭게 정착되면서 그 준비를 위한 학교들이 차례차례 설립되었고, 아무런 노력 없이 순전히 조상의 덕으로 벼슬을 얻는 음서(蔭敍)보다 공개적인 경쟁시험을 거쳐 자신이 쌓은 교양을 입증함으로써 벼슬할 권리를 쟁취하는 과거 급제를 더 명예롭게 여기는 사회 통념이 강화되어 갔다.

그러나 고려 사회의 교육 기회는 지역적으로는 수도 개경, 신분적으로는 문벌 귀족에게 집중되어 있었고, 지방의 한미한 사족 및 향리·양인층에게는 매우 제한적으로만 제공되었다. 이러한 사정은 위의 〈선거지〉가 학교의 종류를 열거하면서 향교를 언급하지 않은 데서 드러나기도 하고, 무엇보다도 지방의 공교육 기관인 향교의 숫자가 30개 정도로 적었다는 사실이 방증한다.

고려보다 문치주의를 강화한 조선왕조는 '유학적 가치의 추구'[崇儒重道]를 국가의 이념적 기조로 설정하고, 집권적 양반관료체제를 이끌어 인재들을 양성하며, 나아가 일반 서민층을 교화한다는 목표 아래 학교제도의 정비와 확충에 착수하였다. 정도전이 지은 태조의 즉위 교서는 이러한 방침을 '성균관과 향교의 학생 수를 늘려 더 많은 인재를 양성'하는 것으로 천명하였다.

이처럼 학교교육의 진흥이 공식적으로 천명되기는 하였으나 구체적이고 강제력을 지닌 추진책이 마련되기까지는 이렇다 할 성과를 거둘 수 없었다. 특히 향교교육의 진흥이 그러하였는데, 이 문제는 지방 수령(守令)의 임무 일곱 가지 가운데 '학교교육의 진흥'을 구체적으로 명시함으로써 획기적인 진전이 이룩되었다. 그 결과 조선왕조는 고려시대에 비해 교육 기회를 비약적으로 확대시킬 수 있었다.

양적인 측면에서 고려 말의 관립학교 수는 수도 개경에 국자감 하나, 학당 둘, 지방에 30개 정도의 향교가 전부였다. 조선왕조 개창 후 1세기 쯤 지나 간행된 《경국대전》을 기준으로 하였을 때, 조선은 수도 한양에 성균관 하나, 학당 넷, 지방에 330개의 향교를 갖게 되었다. 학당은 갑절, 향교는 무려 열 배 이상 증가한 것이다.

학교의 수만 늘어난 것이 아니라 학생 수도 크게 늘어났다. 고려의 국자감 정원은 인종조의 학식에 900명으로 규정되어 있으나 이 것은 그대로 믿기 어렵다. 왜냐하면 북송의 왕안석이 1068년(고려 문종 22)에 신법의 하나로 삼사제(三舍制)를 시행하면서 태학을 확장하고 학생 정원을 늘렸는데, 그 규모가 외사생(外舍生) 600, 내사생(內舍生) 200, 상사생(上舍生) 100명으로 모두 900명이었기 때문이다. 인종조의 학식은 당의 국자감 또는 북송의 삼사제를 모델로 삼았을 것이므로, 그 정원 900명은 제도 수용 초기의 원대한 목표 설정이라면 모를까, 실제 운영 상황에 대한 기술이라고 보기는 어렵 다. 인종 8년(1130) 7월 국자감생들의 상서 내용 및 조선시대 성균관 운영과의 연속성을 두루 고려한다면 현실성 있는 정원 규모는 200 명을 넘지 않았을 것이다. 학당 생도의 정원도 합쳐서 200, 300명 정도였을 것이다. 향교 교생의 수는 《세종실록지리지》에 가장 많은 정원을 가진 유수관의 50명을 기준으로 계산해도 1,500명을 크게 벗 어나지 않았을 것으로 추산된다.

이에 비해 조선왕조의 성균관 유생 정원은 200명, 학당은 전부 합 쳐 400명, 향교는 1만 5천 명 정도였다. 향교 교생의 수 1만 5천 명은 만 15세 이하의 동몽(童蒙)과 정원 외의 재학생인 액외생(額外生)을 계산하지 않은 숫자다. 인조대에 조정의 논의를 보면 교생의 수를 4만여 명이라 하고, 액외생의 규모가 정원의 두 배로 늘어났다고도 하였다. 그러므로 이때쯤이면 전체 취학 인구가 고려 말의 20배는 족히 넘었으리라고 필자는 추산한다.

2. 경쟁의 격화와 사교육 성행

고려시대에 사인들이 선호한 과거 시험은 둘이었다. 하나는 주로 작시·작문 능력을 테스트하는 제술업이었고, 다른 하나는 유교 경 전에 대한 이해와 암송 정도를 테스트하는 명경업이었다. 양대업이 라고 불렀지만, 두 시험에 대한 사회적 평판은 시간이 흐를수록 크게 벌어졌다. 제술업 출신자들이 관계 진출 후 상대적으로 일도 잘하고 고위직에 오른 사람도 많아서 제술업을 훨씬 더 알아주었던 것이다. 선발인원도 9대1 정도로 제술업이 많았다. 자연히 고려의 사인들은 어려서부터 작시·작문 공부에 몰두하게 되었는데, 이러한 학풍을 사장학(詞章學)이라고 한다.

작시·작문 교육은 소수의 인원을 대상으로 한 집중적인 첨삭 지도가 효과적이었기 때문에, 많은 수의 학생들에게 경전을 위주로 가르치는 학교교육은 제술업에 뜻을 둔 사람들에게 별로 인기가 없었다. 이러한 교육 수요에 부응해서 생겨난 것이 사립학교인 12도였고, 그 가운데 가장 성공한 것이 제술업 시험관을 지낸 최충의 문헌공도였다. '무릇 의관자제로서 응거하려는 자들은 반드시 이 도에 속하여 공부하였다'고 할 정도로 문헌공도의 구재(九齋)는 개경의 과거 준비 교육을 장악하다시피 하였다.

그러나 고려 말, 원 간섭기에 성리학이 수용되면서 이러한 학풍과 교육적 관행에 대한 비판이 커지기 시작하였다. 성리학적 시각에서 볼 때 사장학은 '부화하기만 할 뿐 알맹이가 없는'[浮華無實] 공부 또는 '벌레의 모습이나 세밀하게 묘사하는 보잘것없는 기예'[彫蟲小技]라고 하여 유학의 정도로부터 벗어난 것이었다. 그들의 입장은 경학(經學)이야말로 근본적인 공부라는 것이었다. 그랬기 때문에 성리학을 통치이념으로 하는 조선왕조가 수립되자 사장학 우위의 양대업 체제와 구재를 그대로 놓아둘 수 없었다.

신왕조의 과거제 개혁은 제술업과 명경업을 합쳐 문과(文科)라는 단일 시험으로 만들고, 없었던 무과(武科)를 신설하여 사족 자제들이 주로 응시하는 시험을 고려의 양대업으로부터 문·무 양과 체제로 개편하는 것이었다. 그 결과 작시·작문 공부에만 매달리던 제술업 응시자들이 이제는 경서 공부도 해야 하였고, 경전을 정확히 해석하고 암송하는 데 열중하던 명경업 응시자들이 작시·작문 공부도 해야 하였을 것이다. 개혁의 효과는 양쪽에 균등하게 작용하였을 것 같지만, 제술업의 위상이 압도적 우위에 있었던 현실을 감안하면, 사장학을 억제하고 그만큼 경학의 소양을 강화하는 데에 정책 의도가 있었다고 보아야 한다. 또 왕조 정부는 경학을 가르치는 학교, 특히 지방의 향교 수를 '1읍 1교'의 원칙에 입각해 330개까지 확충하기로 하고, 학생 정원도 대폭 늘리는 등 '교육기회의 양적 확대주의'를 천명하고 실제로 추진하였다.

그러나 경학적 소양을 전보다 강화하였다고는 하나 《경국대전》에 규정된 문과의 시험 과목을 보면 전체적으로 여전히 작시·작문에 능한 응시자가 합격에 유리하게 되어 있었다. 이른바 '경국대전 체제'는 이후 조선왕조가 붕괴할 때까지 그 기본적인 골격이 근본적인 변화를 겪지 않았기 때문에, 경학 공부는 과거 준비와 관련해서는 사장학보다 중시될 가능성이 없었다. 제도적인 차원에서 경학을 지원하기 위해 할 수 있는 일도 더 이상 없었다.

다른 한편, 과거 급제와 관직 획득을 둘러싼 경쟁은 이전보다 훨씬 격화되어 가고 있었다. 그 원인 가운데 하나는 지배 신분층의 규모가 늘어난 반면, 이들에게 줄 관직은 그만큼 늘어나지 않는다는 데 있었다. 이런 문제를 해결하기 위해 고려시대에는 5품 이상의 관원이면 그 자손이 음서(蔭敍)의 특혜를 받을 수 있었는데, 신왕조

성립 후 3품 이상의 관원으로 기준이 높아졌다.

또 다른 요인은 과거에 응시하고자 하는 후보자 집단, 즉 학생 집단의 증가였다. 생원시의 경우, 대체로 고려 말에 고작 100여 명 정도였던 응시자 수가 불과 40년 만에 40, 50배에 이르는 4천에서 5천 명으로 늘어났고, 또 이 숫자의 거의 배에 이르는 학생 집단이 저변에 존재하였다. 이것은 선초인 1430년 무렵의 상황을 말한 것이고, 1476년 완성된 《경국대전》의 규정이 실현되었다면 전국에서 공부하는 학생집단의 규모는 약 3만 명 정도로 추산된다. 인조대에는 교생 수만 4만여 명으로 파악되었다고 이미 언급하였다.

잠재적 과거 응시자 집단인 학생층의 폭발적 증가는 경쟁의 격화를 불러왔다. 경쟁에서 이기기 위해서는 남보다 앞서야 한다. 요즘 학교에 다니는 자녀를 둔 대한민국 부모들을 괴롭히는 것 가운데 하나는 과도한 사교육비 부담이다. 사교육비란 '공교육비 이외에 학부모가 학교교육을 위하여 자의에 따라 추가로 지출하는 경비'를 가리킨다. 그 종류는 교재비, 부교재비, 학용품비, 과외비 따위가 있는데, 특히 학원비 등의 과외비 규모가 너무 커서 사회·경제적 문제가 된다.

요즈음의 사교육비 지출은 수험생들의 입장에서 볼 때 누구에게나 비슷한 조건으로 제공되는 학교교육 외에 학원 강의나 개인 과외 등의 도움을 받아 경쟁에서 앞서 나가기 위해 이루어진다. 그러나 조선시대의 사교육은 대체로 부실한 공교육에 대신 선택한 다른 유형의 과거 준비 교육에 가까웠다.

우선 1444년 예조에서 '문과와 생원시 전형 절차'에 대해 보고한 바를 보면, 수도 한양은 물론 지방에도 아예 어떤 관립 학교에도 적을 두지 않고 사사로이 공부하는 사람들이 있었음을 알 수 있다.

1. 응시자들 중 생원·진사 외에 승음(承蔭)하여 승보한 생도는 성균관에서, 학당 생도는 각각 그 부의 학관이 식년마다 생도의 연령과 공부한 경서, 제술 실적을 모두 그 이름 아래 기록하여 본조에 보고하게 한다. 현직 관원과 '사사로이 공부하는 자'[私自讀書者]는 각기 '주거지의 학당'[部學]에서 서식에 의거하여 공부한 경서와 제술 실적을 평가하여 이름을 기록하여 본조에 보고하게 한다. 그러면 한성부에 조회한 연후에 응시자 등록을 허락한다. 또 지방의 향교 생도와 '사사로이 공부하는 자'는 각기 주거지의 수령이 역시 예에 따라 공부한 경서와 제술 실적을 교관(敎官)과 학장(學長)이 평가한 도목장(都目狀)을 작성하여 관찰사에게 보고하게 한다. 그러면 관찰사가 도회소(都會所)에 이첩하여 응시자 등록을 허락한다. 관리로서 사사로운 정에 따라 거짓 보고한 자와 생도로서 자격이 안 되는데 응시자 등록을 시도한 자는 법에 따라 죄를 다스린다.(《세종실록》 26년 2월 갑신)

이 부류는 조선시대에 비로소 등장한 것이 아니라 아마 고려시대부터 존재해 왔을 것이다. 이들을 실록은 '사사로이 공부하는 자'로 부르고 있다.

그런가 하면 조정의 고관이 관립학교에 자식을 보냈으나 휴강 등이 잦아 배울 것을 제대로 배우지 못함을 알고, 오늘날로 치면 학원이나 독선생에게 배우는 쪽으로 방향을 튼 경우도 있다.

경연에 나아갔다. 강(講)을 마치자 대사간 박계성이 아뢰었다. "사부
학당의 관원들이 수업을 자주 빼먹어 유생들이 배울 곳이 없게 되었으
니 매우 불가합니다."

영사 윤호가 말했다. "신에게 어린 아들이 있어 일찍이 동부학당에
취학하게 하였는데, 날마다 학업을 폐지하므로 사제(私第)에 나아가
독서하게 하였습니다. 제가 이런 일을 겪어 본 탓에 사부학당의 교육이
느슨하고 형편없음을 알고 있습니다."(《성종실록》 14년 2월 경인)

교육 당국인 예조 스스로 경기 지역 향교 교관이나 생도들의 수준
을 매우 낮은 것으로 파악하였고, 그래서 유생들이 서울의 학교로
취학하거나 '사사로이 공부하는 것'(私自讀書)을 부득이한 선택으로
받아들이고 있음을 시사하는 기사도 있다.

또 각 고을의 유생은 향교의 교생 명부(名簿)를 상고하여 시험에 나
아가는 것을 허락하라고 명하셨습니다마는, 경기의 훈도(訓導)는 거의
다 용렬한 무리이므로 배울 만한 자가 적어서, 훈도에게서 수업하기를
부끄러워하고 혼자 글을 읽거나 성균관·학당에 취학하므로 향교의
교생 명부에는 쓸 만한 자가 적으니, 토착인이라면 모두 시험에 나아가
게 하는 것이 어떠하겠습니까?(《중종실록》 23년 9월 임오)

경기 지역이 이러하였다면 다른 지방에도 이와 유사한 현상이 있
었을 것이다. 지방의 향교와 그 교관에 비해 서울의 학당·성균관
및 그 교관은 확실히 사정이 나앗겠지만, 서울 사람들 기준에서 보
면 불만스럽기는 마찬가지였던 것 같다.

지사 김극픽이 아뢰었다. "사유(師儒)로서 마땅한 사람을 골라 임명하여 장기간 근무하게 하는 것이 좋겠습니다. 그런데 지금 성균관·학당의 관원은 자주 바뀌기 때문에 유생들이 처음부터 끝까지 한 교관에게서 가르침을 받을 수가 없습니다. 그런 까닭에 부형들이 관학에서는 제대로 교육받을 수 없다고 하여 그 자제로 하여금 모두 사사로이 여염(閭閻)의 잘 가르치는 사람에게 배우게 합니다. 이래서 유생을 교육하는 일이 점점 어설프게 되었습니다."

임금이 말씀하셨다. "늙고 병든 사람을 둘 곳이 없으므로 성균관 관원으로 임명한다. 이래서 학교는 여사(餘事)가 되었으니, 어찌 인재를 성취시킬 수 있겠는가?"(《중종실록》 22년 9월 기묘)

현재 전해지는 사료에 이들이 받은 사교육에 관한 자세한 정보와 비용에 관한 구체적인 언급이 없어 요즘처럼 계량적으로 사교육비의 규모에 관해 논하기는 매우 어렵다. 그러나 서울과 지방 모두 관립학교를 다니지 않고 사교육을 받는 사람들은 조선시대에도 분명히 존재하였다. 그리고 그저 존재한 정도가 아니라 그 사교육은 관립학교의 공교육보다 더 신뢰할 수 있는 양질의 교육을 베풀었을 것이고, 아마 양적으로도 공교육을 압도하였을 것이다.

3. 대안교육 — 서원의 등장과 발전

위에서 논한 공교육과 사교육은 학교 설립이나 운영의 주체만 다를 뿐 거기서 베푼 교육의 성격은 완전히 동질적이었다. 그것은 과거 준비 교육이었다. 그런데 오늘날에는 대안학교(代案學校)라고 하여 공교육의 문제점을 보완하는 교육, 구체적으로 말해 억압적인 입시교육에서 벗어나 좀 더 다양하고 자유로우며 자연친화적인 교육을 받을 수 있도록 가르치는 학교가 존재한다. 혹시 조선시대에도 그런 학교가 있었을까? 있었다. 누구나 익숙하게 알고 있는 서원이 당시에는 일종의 대안학교였다.

일찍이 오천석은 그의 《한국 신교육사》에서 1886년 설립된 배재학당이 최초의 근대학교라고 주장하고, '크게 되려는 사람은 마땅히 남에게 봉사하는 사람이 되어야 한다'는 학당훈을 들어 "과거 교육의 목적이 자신의 영달과 기껏해야 가문을 빛내는 것에 불과한 것에 비해 이러한 교육 이념을 제시한 것은 획기적인 것이었다"고 그 교육사상사적 의의를 높이 평가한 바 있다. 그러나 배재학당의 교훈은 공적 가치에 속하고 '개인의 영달과 가문의 영광'은 사적 동기에 해당하는 것이기 때문에, 둘을 같은 기준에서 비교하는 것은 잘못된 것이다.

사실 대다수의 사람들이 사적 동기를 가지고 교육을 받고자 하는 현상은 예나 지금이나 마찬가지다. 그때 그들이 주목하는 것은 교육의 수단적 가치다. 그러나 그것이 교육에서 문제되는 유일한 가치도 아니고 최고의 가치도 아니다. 교육제도를 운영하는 모든 사회는 시대 상황에 따른 변천은 있을지언정 언제나 공적 가치 또는 이상이라 할 만한 것을 가지고 있는 법이다. 또 그 공적 가치 또는 이상은 수단적 가치와 구별되는 것, 교육의 본질적 가치라고 할 만한 것을 포함하기 마련이다.

성리학 수용 이전인 고려시대에는 국가가 바라는 인재상을 '문장화국지사'(文章華國之士), 성리학 수용 이후에는 '경명행수지사'(經明行修之士)로 표현하곤 하였다. 조선시대에 경명행수의 이상에 충실하고자 하였던 사람들은, 선초의 제도 정비가 일단락 된 뒤 과거를 둘러싼 경쟁의 격화와 함께 그 이상이 점점 실종되어 가는 상황에서, 《소학》(小學)의 독서와 일상적 실천을 위시하여 '위기지학(爲己之學) 운동'이라 부를 만한 장기간에 걸친 집단적 노력을 전개하였다. 위기지학은 《논어》에서 유래한 용어다.

> 선생님께서 말씀하셨다. "옛날에 공부하던 사람들은 자기를 위해 공부했는데, 요즘 사람들은 남을 위해 공부한다."(《논어》 헌문 제14, 25)

> 정자가 말씀하셨다. "위기란 '자신의 정신적 성장'[得之於己]을 추구하는 것이다. 위인이란 '남들로부터의 인정'을 추구하는 것이다."
> 정자가 말씀하셨다. "옛날의 학자들은 자기 자신을 위해 공부했으나, 결국은 세상을 개선시키는 일[成物]에 이바지했다. 오늘날의 학자들은 남들로부터 인정받기 위해서 공부하지만, 그 귀결은 '자기 상실'[喪己]일 뿐이다."

두 공부 태도가 가져다주는 결과에 대한 북송의 성리학자 정이(程頤)의 주석을 보면 묘한 아이러니가 있다. 위기지학은 개인의 정신적 성장에 관심을 기울인다는 점에서 일견 사적 주관적 세계에 매몰될 위험이 있지 않을까 염려된다. 하지만 그 관심은 가장 보편적 가치와 내적인 관련을 맺고 있기 때문에 오히려 정신적 성장을 가져다준다. 반면, 위인지학은 타인의 평가에 신경을 쓴다는 점에서 매우 사회적인 태도인 것처럼 보인다. 하지만 자기 안에 있는 인간의 보편적 자아에 대한 관심이 결여되어 있는 사회성이 귀착하는 바는 자기 상실일 뿐이라는 것이다.

16세기의 위기지학 운동은 '과거라는 경쟁시험으로부터 해방된 공부와 교육'을 실천할 수 있는 새로운 스타일의 학교를 세우는 쪽으로 나아갔다. 서원이 그것이다. 초기 서원의 성격과 확산에 가장 큰 영향을 끼친 인물을 꼽는다면 단연 이황일 것이다. 그는 최초의 서원인 백운동서원의 사액을 실현시켰고, 10여 개에 이르는 초기 서원의 설립에 관여하였다.

그는 과거공부를 어떻게 생각하였을까? 그는 과거공부 자체를 부정하거나 배척하지는 않았다. 다만, 그것이 공부하는 사람의 마음에 미치는 효과는 아무래도 위기지학을 방해하는 쪽으로 작용할 가능성이 많다고 보아 서원에서의 과거 준비는 배척하였다. "과거를 보고자 한다면 그 준비는 개인적으로 하거나 아니면 관학에 가서 하면 된다. 서원에 와서 과거 준비 시켜 달라고 하지는 말라. 서원은 위기지학을 위해 존재한다." 이것이 그의 입장이었다. 결국 그는 한 학교에서 위기지학과 위인지학의 '조화로운 통일'을 이룩하는 것은 불가능하다고 본 대신, '위기지학→서원, 과거 준비→기존의 학교'라는 이원적 처리로 둘의 공존과 균형을 꾀하였던 셈이다.

이황이 한 일을 오늘날의 교육 상황에 대입해서 생각해 보자. '좋은 대학에 가고 싶어 하는 사람들이 입시 경쟁에서 성공하려고 애쓰는 것을 막을 도리는 없다. 그런 준비를 잘 시켜 주는 교육을 원하는 사람은 일반 인문계 고교, 그 가운데서도 명문고로 가면 된다.

또 경제적 능력에 따라서 학원이나 족집게 과외를 활용할 수도 있다. 그러나 입시로부터 해방된, 제대로 된 교육을 원한다면 서원이라는 대안학교로 오라. 굳이 어느 한 쪽을 부정하거나 폐할 필요는 없다. 둘의 병존으로 두 종류의 관심과 수요에 부응하면서 균형을 유지하면 그만이다. 그러나 한 학교에서 두 가지를 다 하는 것은 불가능하다.'

오늘날 누가 이황과 같은 아이디어를 갖고 대안학교를 설립하면 어떻게 될까? 학생 모집이 원활하게 잘 될까? 유사한 학교들이 전국에 우후죽순처럼 생겨날까? 그런 일이 일어날 것 같지는 않다. 그런데 조선 사회에는 그런 일이 일어났다. 향교는 900년이라는 긴 세월을 거쳐 겨우 군(郡)마다 하나 설립되는 성장을 보였는 데 비해, 서원은 불과 300년 만에 군마다 2개소나 될 정도로 융성하였다. 극성기에는 전국적으로 650에서 700개소에 이르렀다고 하니까 말이다. 현대인의 눈으로 보면 참으로 경이로운 현상이다.

어떻게 이런 일이 일어날 수 있었을까? 서원의 양적 융성은 사족 유생들이 '향교와 서원 양쪽에 다 적(籍)을 둘 수 있었기에 가능'하였던 것 같다. 이것은 오늘날의 전일제 학교교육 체제에서는 불가능하다. 그렇기에 동일한 학교에서 '공적 가치'와 '사적 동기'의 공존과 균형, 한편으로는 교과를 교과의 성격에 부합하게 가르치면서 동시에 입시도 준비시키는 교육을 모색해야 하는 우리의 상황과 과업은 조선시대의 그것보다 더 어렵고 버거울 수밖에 없다.

4. 조선시대 교육의 성과와 한계

고려왕조와 비교하였을 때 조선왕조의 교육이 이룩한 성과는 크게 두 가지다. 하나는 공교육 기회를 전체적으로 20배 이상 확대시켰다는 것이다. 일본의 식민지가 되기 직전인 1908년에 출판된 《증보문헌비고》의 학교고(學校考)는 이 점에서 조선인들이 얼마나 자부심을 가지고 있었는지를 잘 보여주며, 이와 같은 자부는 결코 근거 없는 허풍이 아니었다.

> 이 땅에 학교가 존재한 지는 매우 오래되었다. 여기서 신라와 고려의 경우를 상세히 기술할 여유는 없으나, 확실한 것은 우리 조선 왕조보다 학교 제도가 번성한 시대는 없었다는 사실이다.

그러나 1876년 개항 이후 조선에 입국해 교육사업을 통해 선교의 발판을 다지려고 하였던 서양 선교사들의 근대적인 기준으로 보면 그 성과는 신분적 성적 차별의 테두리 안에서의 성취라는 점에서 명백한 한계를 가지고 있었다. 먼저 인구의 절반을 차지하는 여성이 제도적 교육으로부터 완전히 소외되어 있었으며, 천민들은 남·여 모두 교육과 무관한 삶을 살고 있었다. 양인 또는 평민들은 향교에 입학할 수 있었다고는 하나 문호 자체가 워낙 좁았고, 입학의 목적도 공부보다 '군역 면제'에 있었다. 평민들은 염불보다 잿밥에 더 마음이 가 있었던 셈이다.

요컨대 조선 사회의 교육 기회는 양반층과 중인층 남자들의 독점물이었다. 그럼에도 조선왕조가 공교육 기회의 양적 확대 정책을 추진하고 그것이 실현됨으로써 교육열이 지속되고 그 사회적 저변을 확대해 올 수 있었다는 점을 과소평가해서는 안 된다. 아무튼 양반층과 중인층 남자들 이외의 사람들에게 교육의 기회를 허용하고 또 실질적으로 보장하는 것이 개항 이후 교육 근대화의 과제가 되었다.

조선왕조의 교육이 이룩한 다른 성과는 서원이라는 새로운 스타일의 학교를 선보인 것이다. 단순히 사학이라는 점만 놓고 본다면 고려시대에도 문헌공도를 비롯한 12도가 있었다. 그러나 고려의 12도는 '과거시험 준비 위주의 교육'을 추구하였다는 점에서 그 당시의 관학과 크게 다를 바가 없었다. 서원은 그와는 대조적으로 '과거로부터 해방된 교육과 학문'을 표방한 대안학교에 가까웠다. 서원은 유교식 교육체제로부터 나올 수 있는 가장 높은 수준의 교육적 이상과 그것을 실현할 수 있는 교육조직이 어떤 것인가를 가시적으로 보여주었다.

그럼에도 그것은 유교식 교육 시스템을 벗어날 수 없는 이상이요 조직이었다는 점에서 한계를 갖는다. 또 그러한 이상이 실현된 정도, 위기지학의 정신이 조선의 교육적 학문적 실천에 얼마나 깊이 침윤되었는지에 대해서도 의문의 여지가 있다. 개항 후 유교 문명 바깥에서 온 서양 선교사들의 눈에 비친 평균적으로 교육 받은 조선인의 모습은, 물론 그들이 겪어본 제한된 부류의 사람들과 접촉한데 토대를 둔 것임을 감안해야 하겠지만, 근대화와 같은 발전적 변화를 주도하기는커녕 근대적인 세계 속에서 살아남기조차 어려울 정도로 현실적인 지식과 적응력을 결여하고 있었다.

하나의 시스템을 판정하는 가장 좋은 방법은 그 시스템의 최종 산물을 검사하는 것이다. 그러니 교육받은 평균적인 조선인을 뜯어보자. 그는 모종의 지적인 총명함과 세련됨을 지니고 있다. 그의 기억력은 특히 잘 훈련되어 있다. 그는 정말 잘 갈게 만들어진 맷돌, 그러나 갈 거리가 없는 맷돌처럼 보인다. 그는 어떻게 보면 성인의 지적 소화력을 갖고 있지만, 실지로는 겨우 어린아이의 지식만을 갖고 있다. 그리고 그의 경우에 실망스러운 점은 그가 어찌나 자부심이 강한지 소크라테스 같은 사람조차도 그의 무지를 자각시킬 수 없을 정도라는 점이다. 그는 모든 현대적인 것에 대해 색맹이다. 그의 눈은 과거, 특히 중국의 과거에 고정되어 있다. 그는 고대로부터 내려온 전통과 관습의 노예이다. 그의 사고는 폭이 넓지도 독창적이지도 않다.(Daniel L. Gifford, "Education in the capital of Korea", *The Korean Repository* 3, 1989)

그들은 심지어 그들이 자랑으로 삼는 도덕과 윤리의 측면에서도 결함투성이인 사람들이었다. 그들이 숭상하는 예의는 형식주의에 빠져 있었고, 그들의 의식에는 타인에 대한 사심 없는 우애가 결여되어 있었다.

자기와 같은 신분의 사람들에게 둘러싸여 있을 때 그는 유난스럽게 공손을 떨고 그것은 확실히 매력도 있다. 그러나 잠시라도 속지 말라. 그 속에는 진심이 거의 들어 있지 않다. 어떤 조선인이 아무 유보 조건 없이 다른 조선인을 신뢰하겠는가? 그는 자기보다 사회적 지위가 낮은 사람에 대해서는 인도의 브라만 계급이나 갖고 있을 온갖 경멸감을 다 갖고 있다. 또 그는 헛된 자부심을 갖고 있어 정직한 육체노동을 할 바엔 차라리 굶는 쪽을 택한다. 그 삶을 지배하는 원칙은 이기적인 개인주의에 가까운 것으로 그의 가슴에는 사심 없는 공덕심(公德心)이라든지 이웃에 대한 참된 사랑이 들어설 자리가 거의 없다.

한문이라는 문자 매체는 배우기에 어렵고 시간이 많이 드는 것이어서 신분 간의 격차와 단절을 유지하고 강화시키는 측면이 있었다. 근대적 국가의 국민을 형성시키려면 동일한 언어를 사용하는 문화 공동체의 일원으로서의 자신들의 감정과 사고를 자연스럽게 표현해 주는 자국어, 자국 문자의 교육으로 방향을 전환해야 하였다. 그러나 이러한 방향 전환의 필요성을 느끼고 그것을 실천하기 위해 먼저 애쓴 사람들은 당시 유교 지식인들이 아니라 외국인인 서양 선교사들이었다.

가장 중요한 문제가 여기서 떠오른다. 우리가 어떻게 하면 사람들로 하여금 한문을 버리고 순수한 조선어를 찾게 만들 수 있을까? 한문은 한반도에 흘러들어온 모든 문학적 아이디어들을 실어 나른 매체였다. 현존하는 민중의 종교, 혹은 적어도 공인된 종교인 유교는 한문에 뿌리를 박고 있다. 한자라는 표의문자와 그 공부는 조선의 지배계급과 피지배계급 사이에 큰 장벽을 형성하고 있고, 지배계급은 그 장벽이 무너져 내리는 것을 보고 싶어 하지 않을 것이다.(*The Korea Review* 4, 1904, pp. 449–450)

조선에 있는 모든 외국인들은 조선인들에게 그들이 그토록 오래 집착해 온 한문보다 그들 자신의 언어가 사고를 표현하는 훨씬 더 좋은 매체임을 설득하는 일에 전력을 기울여야 한다. 조선인들이 한문에 집착하는 한 그들의 문학에는 자연스러움이나 활력, 예리함이 있을 수 없다. 이것은 일상의 대화를 한문으로 옮겨 썼을 때의 어색함만 보면 금방 알아차릴 수 있다.(*The Korea Review* 4, 1904, p.448)

유교 문명 이외의 문명들이 존재하고, 서구 문명이 유교 문명보다 더 우월한 물질적 힘을 가지고 있다는 것이 명백해졌을 때, 그래서 그 힘을 가지기 위해 정부가 과거제와 유교식 학교체제의 포기를 선언한 상황에서도 종래의 유교식 학교와 그 교육은 크게 달라지지 않았다. 거기서 가르치고 배운, 한문으로 된 유가 경전과 역사서는 19세기 말의 현실 세계에 대한 근대적인 지식을 제공할 수 없었다.

아침부터 저녁까지 이 젊은이들은 중국의 고전들을 큰 소리로 읽기도 하고, 붓으로 쓰기도 하며, 훈장님에게 그 내용을 암송해 보이기도 하면서 시간을 보낸다. 그 고전들은 고대 성현들의 가르침과 사이비 역사로 가득했지만, 1896년에 그들이 살고 있는 세상을 이해하도록 그들을 이끌어 주는 아이디어는 거의 없었다. 그리고 가장 피상적인 방식으로라도 조선인들을 아는 사람은 이 나라의 유서 깊은 교육 시스템 속에 무엇인가 근본적으로 결여된 것이 있음을 틀림없이 알아차릴 것이다.(*The Korean Repository* 3, p.187)

그 결과 적어도 공식적 제도로서의 조선의 유교식 학교와 교육은 서서히 사람들의 현실적 삶과 유리되면서 역사적 유물이 되어가는 과정을 밟았다. 그와 함께 조선시대의 유교식 학교교육이 추구하고

도달하고자 했던 공적 가치, 특히 국가적 필요를 넘어서는 수준의
보편적 이상이나 가치 기준도 낡은 것으로 치부되고 잊혀 갔다. 그
러나 다른 한편, 교육에 대한 관심과 열의는 살아남았을 뿐만 아니
라 더욱 높아졌다. 보편적 이상과 가치의 부재, 그리고 사적 동기의
불균형적 강화, 이것들이 우리 시대 교육의 근본적인 문제를 발생시
키는 뿌리가 되었다.

참고문헌

박연호, 《논문으로 읽는 교육사》, 문음사, 2006.
와타나베 마나부/ 교육사학회 옮김, 《와타나베의 한국교육사》, 문음사, 2010.
이성무, 《한국의 과거제도》, 집문당, 1994.
이원재, 《과거공부를 알아야 우리 교육이 보인다》, 문음사, 2001.

사회적 성공의 사다리, 과거 급제

최 진 옥
한국학중앙연구원 교수

1. 과거를 보는 이유

교육이 사회 문제의 중요 쟁점이 되고 있는 것은 한국에서 교육의 궁극적인 목적이 사회적 성공, 즉 출세와 깊은 관련이 있기 때문이다. 많은 사람들이 안정적인 생활을 누리고 사회적으로 성공하기 위해서는 좋은 학교, 좋은 직장을 다녀야 한다고 생각하고 있다. 직업의 종류만 해도 수천 가지며 인생의 목표가 제각각인 오늘날과 달리 조선시대의 남자들은 성공을 위해서 무엇을 해야 했는가? 그 해답을 과거에서 찾아본다.

개인의 성공이 곧 문중의 영달과 직결되었던 시대에 이 두 가지 목적을 동시에 충족시킬 수 있었던 가장 확실한 방법은 과거 합격자와 관직 진출자를 지속적으로 배출하는 것이었다. 관직에 나가기 위해서는 과거에 합격하여야 하였기 때문에 과거는 인생 최고의 목표가 되기도 하였다. 설혹 관직을 제수 받지 못하여도 과거에 합격한

사실만으로도 사회적인 영예와 지위를 누릴 수 있어 과거는 매력적
일 수밖에 없었다.

조선시대에 관리가 되는 길은 과거 이외에도 있었다. 부조(父祖)
의 음덕으로 관직에 나가는 음사(蔭仕)와 학덕과 지위가 있는 사람
의 천거로도 관리가 될 수 있었다. 그러나 요직을 거치거나 고위직
으로 승진을 하려면 과거 합격이 가장 유리하였기 때문에 과거가
가장 중요한 통로였다. 처음 관리가 되고자 하는 사람뿐 아니라 이
미 관직에 종사하고 있는 사람들도 과거를 보았는데, 고속 승진이
가능하였기 때문이다.

또한 과거에 합격하였다는 사실 그 자체만으로도 사회적으로 인
정을 받을 수 있었다. 관직 진출이 보장되지 않는 생원 진사시에 응
시하는 사람이 그치지 않았고 40, 50대 합격자도 상당수였던 만큼
평생을 과거 준비로 보내는 사람들이 많았다는 것은 과거를 보아야
하는 이유를 충분히 말해준다.

과거 가운데에도 문과 급제가 최고로 영광스러운 일이었다. 생원
진사시 합격도 향촌사회에서 사족으로서 지위와 명망을 얻을 수 있
었다. 선비로서의 자기 성취, 개인의 성공, 가문의 영광, 정치적 성
장, 사회적 지위 확보, 명문가와의 혼인 등 다양한 요인들을 충족시
킬 수 있는 기재가 과거에 합격하는 것이다. 따라서 조선시대 남자
들에게 과거란 인생을 거는 중대사였고, 인생에서 과거가 차지하는
비중은 절대적이었다.

또한 국가 운영의 차원에서 보면 과거는 필요한 인재를 시험이라
는 제도를 통해 선발한다는 특징을 지녔다. 특정 세력과 관련되거나

기득권을 갖지 않은 사람들을 뽑을 수 있다는 장점도 있다. 물론 시기에 따라 당색이나 신분적인 제약 속에서 과거가 운영되는 경우도 있지만, 기본적인 이념은 국가가 필요한 인재를 능력 본위로 충원한다는 점이다.

과거 이외에 부조의 음덕이나 그 밖의 경로를 통해 관직에 진출하였다 해도, 고위직이나 청요직에 오르려면 반드시 문과에 합격해야 하였다. 이러한 면에서 조선왕조의 인력 충원의 기본적인 철학은 능력을 중시하였다는 점이다. 실제로 합격자들의 성향을 보면 양반층의 확대 재생산이라는 측면이 강하지만, 기저에 흐르는 기본 정신은 유교를 기본 이념으로 하는 조선왕조의 이데올로기에 충실한 인간을 교육하고 선발하는 데 기본 목적이 있다고 하겠다.

필요한 인력을 확보하여야 하는 국가나 정치 사회적인 욕구를 충족시키고자 하는 응시자들의 이해관계가 과거라는 선발제도를 통해 만나고 있다. 이러한 점이 조선왕조 500여 년 동안 과거제를 시행하게 된 원인이며, 과거는 선비들의 인생의 목표가 되기에 충분하였다.

2. 성공의 사다리는 몇 갈래인가

조선시대에 관리가 되기 위해서 보아야 하였던 과거에는 문과, 무과, 잡과가 있다. 문관으로 나가려면 문과에 합격하여야 하고 무관으로 진출하고자 하면 무과에 합격하여야 한다. 역관이나 의관, 율관, 음양관과 같은 기술관으로 종사하고자 하면 잡과에 합격하여야 한다.

　이처럼 과거의 길이 다르지만 그 길의 선택은 꿈이나 능력, 인생관에 따라 정해지는 것이 아니었다. 신분제적 성격이 강하였던 조선 사회에서 진로의 선택이 개인의 성향에 따라 좌우되지 않고 사회적인 가치와 인식, 가문과 문중, 뜻을 같이 하는 정치적 집단의 이해에 의해 지배를 받았다.

　과거의 종류에 따라 지원자와 합격자들의 사회적인 지위에 편차가 심하였다. 문과는 양반들이 인생의 최고목표로 삼았던 만큼 가장 우위에 있었다. 고위 문관으로 나아갈 수 있는 지름길이 문과 급제이기 때문이다. 양반의 다른 한 축인 무관들의 사회적 지위와 인식은 문반에 미치지 못하였다. 국가의 정책적인 면에서나 사회적으로나 무(武)보다는 문(文)을 숭상하였던 까닭에 조선의 양반들은 자연히 문과를 선호하였고 사회적인 지위도 달랐다. 특히 임진왜란 시기에 하층신분의 무과 응시를 조장하고 합격선을 낮추기까지 하였던 정책 때문에 조선 후기의 무과 출신자의 사회적 신분이 하향되는 경향이 생기자 문과와 더욱 차별화되었다. 문무관 이외의 기술관을 위한 시험인 잡과에 역과, 의과, 율과, 운과가 있었지만, 사회적 인식이 낮아 주로 중인계층이 응시하였다.

　문과에 미치지는 못해도 유교적 소양과 학문을 익힌 양반 사대부들은 관직 진출과 직접적인 관계가 없는 생원진사시에도 전력을 다하였다. 합격자에게는 생원·진사라는 칭호만 주어졌다. 생원진사시에 합격하면 성균관에 입학할 자격이 주어졌고, 성균관에서 일정 기간 수학한 다음 문과에 응시할 수 있었다. 그러나 중후기로 갈수록 문과 응시 자격요건의 충족과는 무관하게 운영되었다. 생원이나 진사만으로도 향촌사회에서 사족으로서 대우를 받았고 양반으로 행세하는 데 부족함이 없었기 때문에 많은 선비들이 생원·진사만이라도 되고 싶어 하였고, 생원진사시 합격 자체가 목표가 되기도 하였다.

대체로 신분이나 문지에 따라 응시하는 과거의 종류가 달랐으나 양반 사대부들에게 주어진 가장 확실한 성공의 길은 문과에 급제하는 것이다. 학문과 도덕의 숭상을 최고의 가치로 여겼던 선비들에게 문과 급제가 최우선이고 차선책이 생원진사시 합격이다. 가문의 전통에 따라 무과에 응시하기도 하지만 문을 숭상하였던 대부분의 선비들은 문과와 생원진사시를 목표로 하였다. 이는 이들이 남긴 기록을 중심으로 연구가 이루어졌기 때문이기도 하지만 구조적으로 문관에게 유리한 관직체계가 이를 뒷받침해 주고 있다. 일단 과거에 합격하면 사회적 지위나 명예가 보장되었다고 볼 수 있다. 그러면 과거시험의 기회는 언제 주어졌는가?

시험은 3년에 한 번씩 정기적으로 시행되는 식년시와, 국가에 경사가 생겼을 때 임시로 실시되는 증광시가 있다. 식년시는 간지로 자·오·묘·유년(子·午·卯·酉年)에 실시되어 그 시기가 일정하다. 따라서 예측이 가능하다. 그러나 국가에 경사가 있을 때 설행되는 증광시는 사전에 예측 가능성이 떨어진다. 식년시에 한 번 떨어지면 다음 시험까지 3년을 기다려야 하는 상황에서 증광시는 과거 응시의 기회가 증대되는 것이다. 따라서 증광시 설행에 관한 정보는 성공의 사다리를 타는 데 아주 중요하다.

그러면 증광시 설행은 전혀 예측 불가능하였을까? 증광시는 태종의 즉위를 기념하기 위해 처음 설행되어, 선조 이전에는 즉위 기념으로 즉위 원년에만 설행되었다. 선조 22년에 종계를 바로 잡은 것을 개국과 같은 경사라 하여 증광시를 설행한 뒤에는 국가의 각종 대소 경사를 기념하기 위한 명목으로 자주 설행되었다. 선조 이전에 설행된 증광시가 8회였는데, 선조 이후에는 59회가 시행되었다.

증광시 설행 이유를 보면 존호·휘호·시호·묘호 등을 올린 것을 기념하기 위해, 부묘·세실 등 상을 마치고 종묘에 위패가 모셔지는 것을 기념하기 위해, 세자·세손의 탄생과 입학, 가례, 책봉 등을 기념하기 위해, 중전 책봉, 국왕 즉위 30년 이상 경축, 왕·왕비·세자의 환후 평복 기념, 역적 토벌의 경우 등이 있었다. 주로 왕실의 보존과 관련된 왕실 예(禮)가 주를 이루었다.

증광시 이외의 비정기시험으로 별시, 정시, 알성시, 중시, 춘당대시, 진현시, 발영시 등 별시라는 명목의 각종 특별시험이 있었다. 별시는 문과와 무과에만 해당되고, 사전 예측이 불충분하여 시험 정보를 쉽게 얻을 수 있었던 특정 계층에게 유리하였다. 별시 가운데에 지방민을 위한 시험으로 외방별시, 외방정시, 도과(道科)가 있다. 현량과(賢良科), 충량시(忠良試), 구현과(求賢科) 등은 특별한 목적으로 1회만 시행되었다. 이와 같이 다양한 명목의 특별시험이 자주 설행됨으로써 과거는 양반관료층의 신분 재생산 통로가 되었다.

사회적 통념상 성공의 사다리로서 기능과 역할을 하였던 시험은 문과와 생원진사시라고 할 수 있다. 문과는 조선의 지배층이 인생의 목표로 삼았던 과거며, 실제로 중앙정계에 진출하기 위해서 필요하

였고, 생원진사시는 지방사회에서 사족으로서 지위를 유지하고 인
정받는 데 부족함이 없었다.

3. 과거를 보는 데 자격이 필요한가

어떠한 시험이든 시험을 보려면 거기에 상당한 자격조건이 있게
마련이다. 그 자격이란 시험을 치르는 목적에 맞게 합당한 요건을
갖춘 사람들을 뽑기 위한 장치이기도 하다.
과거 응시자의 자격에 대해서 《경국대전》에 구체적으로 언급되
어 있다.

> 문과는 정3품 당하관인 통훈대부 이하, 무과는 어모장군 이하만이
> 응시할 수 있고, 생원진사시는 정5품 통덕랑 이하만이 응시하도록 한
> 다. 지방의 수령은 생원진사시에 응시하지 못한다.
> 죄를 범하여 영구히 임용될 수 없게 된 자와 국가 재정을 횡령한 관
> 리의 아들, 재가하였거나 실행한 부녀의 아들과 손자, 서얼 자손은 문
> 과와 생원진사시에 응시하지 못한다.
> 해당 도에 살고 있지 않은 자나 조사로서 현직에 있는 자는 향시에
> 응시하지 못한다. 만약 왕명을 받아서 휴가를 받은 사람은 이 제한을
> 받지 아니한다. 이는 문무과에 같이 적용한다.

위의 내용은 오늘날 각종 시험의 자격조건과는 상당히 차이가 있
다. 첫째는 문·무과는 이미 관직체계 안으로 들어온 사람인 경우
정3품 당하관 이하만 응시하도록 하였고, 지방의 수령은 지방 사족

들과 생원진사시에서 경쟁하지 못하도록 하였다. 현직 관리에게는 향시를 보지 못하게 하였다. 둘째는 죄를 지은 사람과 재가금지법과 관련된 사항이다. 셋째가 서얼 자손에게 문과와 생원진사시에 응시하지 못하도록 하였다.

응시자의 자격요건이라기보다는 결격사유의 성격이 강하며, 이미 관직에 나간 사람들에 대한 응시제한 규정으로, 주로 신분상의 문제와 유교윤리에 입각한 제약이라고 할 수 있다.

응시자격의 제한은 사유에 따라 제한 범위가 달랐다. 영구히 임용될 수 없는 죄를 지은 경우에는 본인에 한하고, 장리의 경우는 아들, 재가실행녀는 아들과 손자의 2대에 걸치고, 서얼은 자손대대로 문과와 생원진사시에 응시하지 못하도록 되어 있다. 《경국대전》에 명문화되어 있지는 않지만 향리의 자손도 제한을 받았다. 이러한 조건은 서얼에 관한 것을 제외하고는 조선 후기에 가서도 개정이나 보완 없이 그대로 지켜졌다.

서얼의 경우 급제 사례가 없었던 것은 아니다. 세조 때 유자광이 왕의 허락을 받아 응시하여 합격한 경우처럼, 정치적인 조치가 있는 경우에는 예외가 있었다. 서얼의 과거 응시에 관한 조정의 논의는 명종 8년(1553)에 이루어져, 양첩소생의 손자대에 허통하도록 하였다. 단 유학이라는 직역을 쓰지 못하도록 하였다. 인조대에는 범위가 확대되어 천첩 소생도 응시할 수 있었는데, 증손대부터 적용되게 하였다. 현종 원년(1660)에 허통 직역을 쓰는 것이 법제화되어 《속대전》에서 서얼의 아들은 업유·업무를 직역으로 쓰고, 업유·업무의 자와 손은 유학을 쓰도록 하였다.

과거를 보는 데 필요한 자격이라기보다는 볼 수 없는 요건을 법제화한 규정이다. 응시자의 신분에 대해서도 서얼 이외에는 법제적으로 명확한 규정이 없다. 그렇다고 해서 아무나 과거를 보았던 것은 아니다. 교육의 기회균등이 이루어지지 않은 사회에서 교육을 받을 수 있는 여건과 과거 준비에 전념할 수 있도록 경제적인 뒷받침이 없이는 과거에 응시해서 합격하기가 쉽지 않았기 때문이다.

4. 과거시험은 언제, 어디서, 어떻게 보았는가

과거에 뜻을 둔 선비들의 이목은 과거에 집중된다. 자신이 응시하든 안 하든 언제 무슨 시험이 있는지, 시관이 누구인지, 시제는 무엇인지에 대한 정보를 얻고자 관심의 끈을 놓지 않았다.

기본적으로 조선시대 과거는 3년에 한 번씩 정기적으로 실시되었고, 이를 식년시라고 한다. 식년시에는 국가에서 시행하는 모든 종류의 과거, 즉 문과와 무과, 생원진사시, 잡과가 모두 설행된다.

식년시의 시험날짜는 고정적이었을까? 시험시기는 《경국대전》에 초시는 전년 가을에 보고, 복시와 전시는 그 해 초봄에 본다고 정해져 있다. 가을과 초봄으로 되어 있을 뿐 구체적으로 언급되어 있지 않다. 식년시가 실시된 예를 보면 초시는 8월 15일 전후에, 복시는 2월 18일에서 22일 사이가 가장 많았다. 사정에 따라 식년에 초시와 복시를 함께 치르는 경우도 상당수 있었다. 증광시는 국가에 경사가 있을 때 설행되는 부정기시험이기 때문에, 시험시기가 일정하지 않으나 한여름과 한겨울은 피하였다.

초시는 거주지에서 치른다. 지방민은 해당 도에서 보고, 서울 거주자는 한성에서 보았다. 그래서 지방에서 치르는 초시는 향시라 하고, 서울은 한성시라 하였다. 성균관에서 공부하는 학생들은 성균관에서 시험을 볼 수 있었는데 이를 관시라고 한다. 향시·한성시·관시를 통해 240명을 선발한다. 각 지방의 향시는 도별로 실시되어 도내 주요 읍에서 돌아가며 치렀다.

초시 합격자들을 대상으로 서울에서 회시, 즉 복시를 보아 33명을 선발하였다. 초시와 복시의 간격은 식년시와 증광시가 달랐다. 식년시는 5, 6개월 정도 간격이 있었는 데 비해 증광시는 설행 사유가 발생하면 대략 1, 2개월 안에 복시까지 설행되어 시험일정이 식년시보다 훨씬 단축되었다.

복시 장소는 17세기 이후에는 예조와 성균관에서 주로 보았다. 시험은 두 곳에서 나누어 치르는데, 이를 분소법이라 한다. 세종대부터 시작된 제도로 시관의 자제나 친척 또는 부자가 함께 시험을 볼 경우에 생기는 폐단을 없애기 위해 상피제를 둔 것이다. 시험의 관리와 고시의 정밀을 기하는 데 편리하였다.

문과는 복시에 합격한 뒤 어전에서 마지막 단계인 전시를 보았다. 전시는 최종시험이지만 등락과는 관계없이 등위를 결정하는 시험이다. 복시에 합격한 33명의 최종 등위가 결정된다. 각종 별시는 초시와 전시 또는 1회의 시험으로 결정되었다.

생원진사시는 초시와 복시만 운영되었다. 생원시보다 진사시가 이틀 먼저 시행되어, 능력이 있는 사람은 한 해에 생원시와 진사시에 모두 합격하기도 하였다.

과거에 응시하려면 먼저 녹명소(錄名所)에서 녹명을 해야 한다. 녹명할 때에 응시자의 성명, 본관, 거주지와 부·조·증조·외조의 관직과 이름, 본관을 기록한 사조단자(四祖單子)를 제출해야 한다. 16세기 후반 이후에는 사조단자 이외에 보단자(保單子)를 제출하도록 하였다. 6품 이상의 관원이 서압(署押)한 일종의 신원보증서다. 사조 안에 종9품 이상의 관원이 없는 경우에 지방 응시자는 경재소 관원 3명의 추천서를 제출해야 하고, 서울의 응시자는 해당 부의 관원 3명의 추천을 받아야 하였다. 복시에서는 이 밖에 《경국대전》과 가례를 강경하고 합격한 조흘첩을 제출해야 한다. 알성시와 정시의 경우에는 녹명하지 않았다.

시험지는 응시자들 각자가 구입해야 하였다. 시험지의 질과 크기도 규정되어 있었다. 시험지 끝에 본인의 관직·이름·본관·거주지와 부·조·증조의 관직과 이름, 외조의 관직과 이름·본관 등을 쓰고 누구인지 알아볼 수 없도록 봉미(封彌)를 하였다.

시험과목은 문과 초시는 제술시험으로, 초장에서는 5경과 4서의 의의(疑·義)나 논(論) 가운데에서 2편, 중장은 부(賦), 송(頌), 명(銘), 잠(箴), 기(記) 가운데에서 1편, 표(表)와 전(箋) 가운데에서 1편, 종장은 대책(對策) 1편이다. 문과 복시의 초장은 강서 시험으로 사서와 삼경을 보인다. 중장과 초장은 제술시험으로 초시와 같다. 전시는 대책(對策), 표(表), 전(箋), 잠(箴), 송(頌), 제(制), 조(詔) 가운데 1편이다. 후기에는 논·부·명 가운데 1편으로 간소화되었다.

시험과목은 식년시와 증광시가 같다. 이 밖의 비정기시험은 초장·종장·회강으로 진행된다. 초장과 종장은 모두 제술로, 초장은 논·표·전 가운데 1편이며, 종장은 대책 1편이다. 회강은 강경으로 사서를 배강해야 한다. 경우에 따라 회강이 제외되기도 하였다.

생원시의 시험과목은 사서의(四書疑) 1편과 오경의(五經義) 1편이었다. 사서의는 《논어》, 《맹자》, 《대학》, 《중용》 가운데 한 문제를 내어 논문을 짓게 하는 것이다. 오경의는 《시경》, 《서경》, 《주역》, 《예기》, 《춘추》의 훈의(訓義)에 관한 것을 각 1편씩 출제하였다. 진사시는 시 1편, 부 1편이었다. 후기에 가면 생원시는 의(疑)와 의(義) 가운데에서 1편, 진사시는 시와 부 가운데에서 택일하도록 하였다. 이는 복시에서도 같았다.

시험 당일 예문관·성균관·숭문원·교서관의 관원이 녹명책을 들고 점호하는 대로 시험장에 들어간다. 부정 입장을 막기 위해 금란관이 배치된다. 시험장 입장이 끝나면 입문관은 수험생들을 6자 간격으로 앉히고, 금란관은 문을 잠궈 잡인들의 접근을 막았다.

시간은 날이 길면 오시, 짧으면 미시까지다. 수험생들은 답안 작성이 끝나면 답안지를 수권소(收券所)에 낸다. 답안지는 봉미관(封彌官), 등록관(謄錄官), 사동관(査同官), 지동관(枝同官)의 손을 거쳐 시관(試官)에게 넘긴다. 시관이 채점을 하여 상, 중, 하, 이상, 이중, 이하, 삼상, 삼중, 삼하의 9등급으로 나뉘어 차례를 매긴다.

합격정원은 초시에서는 지역별로 할당되었다. 문과 초시의 정원은 한성시 40명, 향시 150명, 관시 50명이다. 향시에는 경상도 30명, 충청도·전라도 각 25명, 경기도 20명, 강원도·평안도 각 15명, 황해도·함경도 각 10명씩 할당하여 서울과 각 도별 정원을 달리하였다.

초시 합격자 240명을 대상으로 문과는 복시에서 33명을 뽑은 뒤

전시를 통해 최종 급제자를 정한다. 전시는 어전에서 치르며 당락과
는 무관하고 과차만 정하였다. 갑과 3인, 을과 7인, 병과 23인으로
등제하여 총 33명이 문과 급제자가 된다.

생원진사시의 초시 인원은 한성시 200명, 경상도 100명, 충청도·
전라도 각 90명, 경기도 60명, 강원도·평안도 각 45명, 황해도·함
경도 각 35명이다. 각각 700명의 초시 합격자가 복시를 거쳐 각 100
명이 최종 합격의 영예를 누린다.

5. 영광의 길 — 합격과 출사

모든 절차가 끝나면 합격자를 발표한다. 이를 출방이라 한다. 최
종 합격자 수는 문과가 33명, 생원진사시에 각 100명을 대상으로 등
위별로 순위가 정해진다. 1등을 장원이라 하고 다른 합격자보다 우
대하였다. 문과의 경우 갑과의 2등을 방안(榜眼), 3등을 탐화(探花)
라고도 불렀다. 등위별 합격자 수는 시험에 따라 다르다. 문과는 갑
과 3명, 을과 7명, 병과 23명이며, 생원진사시는 1등에 5명, 2등에
25명, 3등에 70명이다.

출방은 대개 복시가 끝나고 2, 3일 안에 이루어지며, 출방 후 5일
에서 10일 안에 국왕이 합격자에게 합격증을 수여하는 방방의(放榜
儀)라는 의식이 행해진다. 문과는 국왕과 종친, 문무백관이 참여하
고, 생원진사시는 국왕만 참석한다. 방방관은 문과는 이조 정랑, 생
원진사시는 예조 정랑이 하였다. 방방의 장소는 주로 근정전이었는
데, 임진왜란으로 소실된 뒤에는 대부분 인정전에서 행해졌고, 숭정

전이나 명전전에서도 행해졌다. 고종 초에 경복궁이 중건되자 다시 근정전에서 행해졌다.

문과는 홍패, 생원진사시는 백패를 수여한다. 홍패와 백패는 교지로 내려지는데, 합격자의 관등과 성명, 등위를 기재하고 보인과 날짜를 기입한다. 홍패식과 백패식의 양식이 《경국대전》에 법제화되어 있다. 홍패를 나누어 준 뒤 꽃과 주과를 내리고, 갑과 3명에게는 개(蓋)를 내린다.

방방의가 끝나면 나라에서 은영연(恩榮宴)을 베풀어 주었다. 은영연 다음날 급제자들은 국왕에게 사은례(謝恩禮)를 올리고, 그 다음날에는 문묘에 가서 알성례(謁聖禮)를 올린다. 그 다음에는 악수(樂手), 광대, 재인을 대동하고 3일 동안 시가를 돌아다니는 유가(遊街)를 행하였다. 지방 출신은 귀향하면 수령과 향리들의 환영을 받고 유가하였다.

과거에 합격한 사람들에게 국가는 어떠한 대우를 해주었을까? 문과에서 갑과 제1인에게는 종6품직을 주고, 나머지는 정7품직을 주며, 을과는 정8품계, 병과는 정9품계를 준다. 갑과 급제자만 바로 실직에 제수되었는데, 문과 급제자 가운데 16퍼센트 정도가 이에 속한다. 이들에게 제수된 관직은 부사, 주부, 정언, 부교리, 부수찬, 감찰 등이다. 갑과 이외의 등위에 있는 사람들은 승문원·성균관·교서관에 분관된다. 업무 성격보다는 학맥이나 문지에 따라 좌우되는 경향이 강하였다.

과거 합격 이전에 이미 품계를 가지고 있던 사람에게는 갑과 제1인에게는 4계를 올려주고 나머지는 3계를 올려주는 등, 등위에 따라 차등을 두어 품계를 올려주었다.

생원시와 진사시에 합격한 사람에게는 생원·진사라는 칭호 이외에는 따로 품계를 주지 않았다. 생원진사시는 문과의 예비시험 성격을 띠었기 때문에 합격해도 실제 관리에 임용되지는 않았다.

6. 정치 사회적 엘리트 집단의 실태

조선 사회를 이해하는 지름길은 정치·사회를 지배하였던 핵심 지배 엘리트들의 성향을 이해하는 데에서 출발한다. 중앙과 지방에서 지배적인 영향력을 발휘하였던 문과 급제자와 생원·진사들에 대한 실태 파악이 필요한 이유다. 문과는 중앙 관계에 진출하여 지배층의 상층부에 오르는 통로였고, 생원진사시 합격은 지방 사족으로서의 지위를 누릴 수 있는 지름길이었다.

성공의 사다리를 통과한 사람들은 얼마나 되었나? 조선시대 전 시기를 통해 문과 급제자는 1만 4684명이며, 생원진사시 합격자는 4만 7997명으로 추정한다. 생원·진사의 수를 추정한 것은 〈사마방목〉이 전량 전해지지 않기 때문이다. 조선왕조 500여 년 동안의 인원이라는 점에서 과거급제는 희소성 면에서도 최고로 영예로운 일이었다.

최고 관직으로 진출이 가능하였던 문과 급제자들의 신분상 출신 배경은 크게 관직과 품계 소유자, 생원, 진사, 유학으로 구분된다. 생원이 19퍼센트, 진사가 17퍼센트, 유학이 37퍼센트, 관직·품계 소유자가 27퍼센트, 기타 0.3퍼센트다. 이러한 분포는 시기나 시험

종류에 따라 달라지는데, 관직·품계 소유자가 급제하는 비율은 15
세기에는 34퍼센트, 16세기 25퍼센트, 17세기 46퍼센트, 18세기 32
퍼센트, 19세기 11퍼센트에 이른다. 시험 종류로 보면 식년시보다
증광시나 비정기 문과에서 관인층의 급제율이 증가한다. 17, 18세기
에 관인층이 증가하는 현상은 증광시와 별시 설행의 증가와 관련이
있다.

합격자에 관한 실태 파악은 예문관에서 합격자의 성명, 자, 생년,
본관, 거주지, 부모의 관직과 성명, 양친 생존여부, 형제의 이름 등을
기록한 방목에 수록된 내용을 통해 가능하다.

급제자들의 출신 배경이 혈연적 지역적으로 집중되는 현상을 볼
수 있다. 문과 급제자들의 혈연적인 배경은 전주이씨, 파평윤씨, 안
동권씨, 남양홍씨, 안동김씨, 청주한씨, 연안이씨, 밀양박씨, 광산김
씨, 여흥민씨에서 가장 많이 배출되었다. 이들 성관은 조선 전 시기
를 통해 급제자를 많이 배출하여 조선 지배층의 핵심을 이루었다.
시기에 따라 변화가 없었던 것은 아니어서, 조선 초에는 문화유씨,
창녕성씨, 진주강씨, 광주이씨, 밀양박씨 등에서 급제자가 많이 배
출되었다.

전주이씨의 경우 15세기에는 미미하였으나 16세기 이후에는 가
장 많은 급제자를 배출하였다. 이는 왕실의 성으로 자손이 번창한데
다, 적서의 구별 없이 응시가 가능하였던 것도 한 원인이라고 할 수
있다. 왕실과의 혼인이나 공신책봉과 같은 정치적인 요인이 급제자
수의 증가에 영향을 미치기도 하였다. 순조·헌종·철종대의 외척
이었던 안동김씨의 경우 19세기에 전주이씨 다음으로 많은 급제자

를 배출하였고, 고종 때는 여흥민씨가 많은 급제자를 배출하였다.

급제자들의 거주지역 분포를 보면 서울에 집중되어 있다. 그 다음이 경상도, 충청도, 평안도, 경기도, 전라도, 강원도, 황해도, 함경도 순이다. 전 시기에 걸쳐 문과는 44퍼센트가 서울 출신이고, 다음이 평안도의 정주(定州), 평양(平壤), 안주(安州) 출신이 많다. 평양을 제외하고는 18세기 이후에 집중되는 현상을 보인다. 정주의 경우 17세기에는 단 2명이었는데 18세기 이후에 215명으로 늘어났고, 안주의 경우는 18세기 이후에만 60명의 급제자를 배출하였다. 평양에는 생원이나 진사, 관직자 등이 있으나, 정주·안주의 급제자들은 대부분 유학 신분이었다. 평양은 생원·진사를 500명 이상 배출한 곳으로 재지사족의 기반이 튼튼한 지역이지만, 정주와 안주는 사족세가 큰 지역이 아니다. 안동 거주 급제자가 154명인 것과 비교하면 18세기 이후 두 지역의 성장세가 괄목할 만하다. 평안도 지역의 성장은 국방상 주요 지역으로 평안도민의 인심을 수용하는 의미에서 인조대 이후 지역민을 대상으로 하는 비정기 문과가 설행되었다는 점과 경제적인 발전으로 인한 부의 축적과도 연관이 된다.

서울 거주자는 식년시보다 증광시와 별시에서 높은 점유율을 보인다. 특히 각종 별시에 서울 출신이 많은데, 이는 문과 비정기시험이 서울 거주자에게 유리하게 운영되었기 때문이다.

참고문헌

김창현, 《조선초기 문과급제자 연구》, 일조각, 1999.

원창애, 《조선시대 문과급제자연구》, 한국정신문화연구원 한국학대학원 박사학
　　　위논문, 1997.

──, 〈조선시대 문과급제자의 관직 진출 양상〉, 《조선시대사학보》 43, 2007.

이성무, 《한국의 과거제도》, 집문당, 1994.

조좌호, 《한국 과저제도사 연구》, 범우사, 1996.

차미희, 《조선시대 문과제도 연구》, 국학자료원, 1999.

최진옥, 《조선시대 생원 진사 연구》, 집문당, 1998.

한국정신문화연구원, 《역주 경국대전》, 1985.

조선시대 세자교육

이 기 순
홍익대 역사교육과 교수

1. 원자 교육과 교재

조선왕조에서 군주는 국가의 운명을 좌우하는 구심점이었다. 따라서 왕위계승권자인 세자를 어떻게 교육시킬 것인가에 대한 관심도 높았다. 조선왕조는 유교입국(儒敎立國)을 국정 운영 목표로 삼았다. 특히 성리학에서는 수기(修己)를 치인(治人)의 전제조건으로 인식하였다. 내적으로는 성인(聖人)의 지극한 덕을 갖추어서 밖으로 베푸는 것이 곧 왕정(王政)의 목표라고 생각하였다.(內聖外王論) 군신간에는 성학군주(聖學君主)가 되기 위한 학습과 수양이 국가 경영의 관건이라는 공감대가 형성되었다.

왕실에서 비빈(妃嬪)이 잉태하면 임신 3개월부터 태교가 시작되었다. 아침에는 성현(聖賢)의 말씀을 태아에게 들려주어 지적 능력의 성장을 도와주었다. 때때로 가야금과 거문고의 음률을 들려주어 정서 함양에도 신경을 썼다. 잉태한 왕비는 십장생도(十長生圖)를 보면서 자수를 놓고, 아기에게 줄 누비옷을 손수 만들도록 하였다. 이 과정에서 필요로 하는 정교한 손재주와 섬세함, 정성, 집중력이 태교에 도움이 된다고 생각하였다.

임산부는 단음식과 육류 대신에 콩으로 만든 음식을 먹어서 태아의 두뇌가 잘 발달할 수 있도록 하고, 채소와 김, 미역, 새우, 생선을 많이 섭취하여 신체가 골고루 발달할 수 있도록 하였다. 특별한 영양식으로 용봉탕(잉어·오골계·쇠고기·전복·해삼이 주재료)이 산모에게 제공되었다. '임금의 물고기'라고 하는 잉어는 건강한 왕자를 출산하려는 임산부에게 귀한 영양식으로 인식되었다.

원자(元子)가 태어나면 원자를 보호하고 양육하는 보양청(輔養廳)을 설치한다. 원자를 양육하는 유모는 젖이 풍부하고 심성이 고운 여자로, 대왕대비가 직접 뽑는다. 그 밖에도 자식을 많이 키워보고 검소한 사람, 외모가 단정하고 품성과 행실이 양순(良順)한 사람, 말이 적은 사람이 유모의 적격자로 인식되었다. 원자의 유모에게는 종1품 '봉보부인'(奉保夫人) 작호를 내려주고 우대하였다.

원자 나이가 4세 정도가 되면 보양청은 강학청(講學廳)으로 바뀐다. 강학청은 원자가 먹을 음식과 옷, 서책의 공급을 관장한다.

원자가 글을 배울 나이가 되면 왕과 보양관, 신료들이 함께 강학할 교재를 논의해서 결정한다. 원자의 강학에는 다음과 같은 교재가 주로 사용되었다.

① 《천자문》(千字文) : 한문 초학자를 위한 교과서 겸 습자 교본으로 중국 양(梁)나라 주흥사(周興嗣)가 저술

② 《유합》(類合) : 성종 때 서거정(徐居正)이 지은 한자 입문서

③ 《훈몽자회》(訓蒙字會) : 중종 때 최세진(崔世珍)이 지은 한자 학습서로, 생활 주변에서 흔히 볼 수 있는 사물에 대한 글자로 구성되었으며 한글로 뜻과 음을 달았음

④ 《소학》(小學) : 송나라 유자징(劉子澄)이 지은 아동용 윤리 학습서로 원자 교육의 필수 교재

⑤ 《동몽선습》(童蒙先習) : 중종 때 박세무(朴世茂)가 지은 책으로, 오륜(五倫)을 설명하고, 이어서 중국의 삼황오제(三皇五帝)부터 명대까지의 역사와 한국의 단군에서부터 조선시대까지 역사를 약술

⑥ 《효경》(孝經) : 공자(孔子)가 제자인 증자(曾子)에게 전한 효가 덕(德)의 근본임을 밝힌 논설을 수록한 책으로 세자교육의 필수 교재

⑦ 《격몽요결》(擊蒙要訣) : 선조 때 이이(李珥)가 지은 책으로, 학생들에게 뜻을 세우고 몸을 삼가는 방법과 부모를 모시고 남을 대하는 방법을 가르쳐, 바로 마음을 닦고 도를 향하는 기초를 세우도록 노력하게 하기 위한 책

강학 교재는 초학의 원자가 문자 학습을 통해서[교재 ①②③] 사고력의 기초를 닦고, 가족과 사회생활에 필요한 도리를 알아서[교재 ④⑤⑥⑦] 성학의 길로 입문하는 것을 돕는 데 저술의 목적이 있다.

국왕이 생각하는 원자 교육의 목표는 중종의 계잠(戒箴)에 잘 나타나 있다.(《중종실록》 권27, 중종 12년 4월 13일) 중종은 원자가 매일 어진 스승과 만나서 경전과 사서를 탐독하라고 당부하였다.[務崇經史]

 - 일찍 일어나고 밤이 되면 잠을 자되 학문에 힘쓰기를 게을리 하지

말라.

- 스승을 존대하고 도(道)를 즐기며, 선(善)을 좋아하고 인(仁)에 힘쓰라.
- 성색(聲色:음악과 女色)을 가까이 하지 말고 재물을 늘리려 하지 말라.
- 예(禮)가 아닌 것은 보지도 말고, 듣지도 말며, 예가 아닌 말은 하지 말고, 예가 아닌 행동을 하지 말라.
- 소인의 무리와 가깝게 지내지 말고 난잡한 놀이를 즐기지 말라.
- 뜻을 고상하고 원대하게 세우되 금석(金石)처럼 굳게 하라.
- 임금에게 충성하고 어버이에게 효도하며 형제간에 우애하되, 날마다 문안하고 수시로 음식을 보살펴라.
- 사벽(邪僻)한 행동을 버리기에 힘을 쓰고 이단(異端)을 숭상하지 말라.
- 사사로운 욕심에 빠지지 말고 착하고 공정한 마음을 보존하라.
- 환관(宦官)들의 말을 듣지 말고 행동의 처음과 끝을 조심하라.

중종은 원자에게 '규칙적인 생활 습관, 면학, 성색을 멀리하고, 시청언동(視聽言動)을 신중하게 하고, 사람을 가려서 사귀고, 높은 뜻을 품고, 충·효와 우애를 실천하고, 이단을 멀리하고, 공정한 마음을 보존하고, 환관을 멀리하라'고 충고하였다.

원자의 학습능력을 향상시키기 위한 여러 가지 배려가 있었다. 학습에 들어가기 전에 조청을 먹여서 머리를 맑게 하거나, 콩으로 된 음식 등 영양식으로 학습능력을 높이고자 하였다. 책 한 권을 마치면 왕과 왕비를 모시고 배강(背講; 암송 평가)을 통해 학습 성취도를 점검하였다. 또한 원자 또래의 아이들로 배동(陪童)을 선발하여 함께 놀면서 공부하도록 하였다.

2. 세자 책봉과 시강원의 설립

세자 책봉 절차가 끝나면 성균관 입학례를 거행한다. 입학례는 세
자가 성균관에 가서 공자를 모신 대성전(大成殿)에 참배하고[酌獻
禮], 명륜당에서 성균관 박사에게 제자로서 예를 행하고 가르침을
청하는[束脩禮] 상징적인 절차다. 입학례를 마친 세자는 성균관의
학생들처럼, 스승에게 갖추어야 할 의식을 거행하게 된다. 이러한
의식 절차는 왕이 유교적 가치관을 충실하게 따르겠다는 것을 대내
외에 선포하는 것으로 중요한 의미가 있다.

체계적인 유교 교육을 위한 세자교육제도는 고대부터 있었다. 고
구려 영류왕 때 태자를 당나라 국학에 입학시켰다는 기록과 태학과
경당에서 유교 경전과 무예를 교육하였던 것을 감안할 때, 태자에게
도 유교 경전과 무예 교육을 시켰을 것이다. 백제에서는 개국 초부
터 왕위계승이 순조롭게 진행된 점으로 보아 체계적인 태자 교육이
이루어졌을 가능성이 높다. 신라에서도 당의 문물을 수용하면서 태
자 교육을 강화한 것으로 보이며, 선덕여왕 때는 왕실의 자제를 당
의 국학에 유학 보냈고, 문무왕은 동궁을 세워 본격적으로 태자 교
육을 실시하였다.

고려 태조도 태자 교육에 각별한 노력을 기울여 태자사(太子師)
를 임명하였고, 성종 때는 태자를 위한 별도의 교육기구 설립을 논
의하였다. 태자를 위한 교육제도가 확립된 것은 '태자첨사부'(太子

詹事府)를 설치한 현종·문종대다. 태자첨사부 소속 관리 가운데 태사(太師)부터 빈객(賓客)까지는 겸직이었으며, 좌·우유덕(左右諭德) 이하 관리가 태자 교육을 전담하였다. 원의 간섭기에는 태자궁이 세자궁으로 격하되었으나 태자의 교육을 위한 직제가 폐지된 적은 없었다. 고려에서 귀족 자제를 대상으로 한 국학에서 《효경》이나 '육경'(六經)을 강의하였다는 기록을 감안하면 세자교육에도 이런 교재가 사용되었을 것이다.

조선시대의 세자교육은 시강원(侍講院)에서 주도하였다. 세자를 위한 교육의 장을 '서연'(書筵)이라 하고, 국왕을 위한 교육의 장을 '경연'(經筵)이라 하였으며, 서연과 경연은 연속성을 가지고 진행이 되었다. 세자교육은 나라의 장래와 왕실의 안정이 달려 있는 문제였으므로 세자로 책봉된 뒤에는 본격적으로 제왕학(帝王學) 수련이 시작되었다. 세자의 학문을 '예학'(睿學)이라 별칭하고, 세자교육을 전담할 기구로 '세자시강원'(世子侍講院)을 따로 설치하였다.

세자의 정치적 위상을 감안하여 경호를 담당하는 기관으로 병조 소속의 '세자익위사'(世子翊衛司; 별칭 桂坊)가 있었으며, 익위사의 관리는 무예에 능하고 활과 화살, 칼로 무장하는 것이 관례였다. 세손의 호위를 위해서는 세손위종사(世孫衛從司)를 설치하였으며, 위종사의 관리는 문반과 무반 관원이 겸직하였다. 익위사와 위종사의 관원은 정7품 이하 관원을 임명하였으며, 무사히 근무를 마치면 6품으로 승진할 수 있는 특전을 부여받았다. 이들은 세자나 세손이 국왕이 되면 특별히 고위직에 발탁되는 경우도 있었다.

3. 시강원의 구성과 운영

시강원의 설립 목적은 세자에게 유교 경전과 역사를 강의하고 유교 도덕을 가르치는 데[掌侍講經史 規風道義] 있었다. 세자의 사부(師傅)는 영의정과 좌·우의정이 겸직하였으나, 강학(講學)은 주로 빈객(賓客) 이하의 보덕(輔德), 필선(弼善), 문학(文學), 사서(司書), 설서(說書) 등 10여 명의 전임 관료들이 담당하였다. 세자의 교육을 위한 세자시강원의 직제가 공식화된 것은 세조대였고, 세손의 교육을 위한 세손 강서원(世孫 講書院)은 세종대에 단종의 교육을 위해 처음 설치되었다. 시강원의 보조기구로 세자교육에 필요한 책을 보관하는 장서각(藏書閣)이 있었다.

세자교육을 담당하는 시강관은 신중하게 선발하였다. 시강관은 세자의 학습뿐만 아니라 인격 형성에 대해서도 전적인 책임을 지는 막중한 임무를 띤다. 시강관은 조선 초기에는 국왕이 공신을 임명하는 경우도 있었으나 경학(經學)에 조예가 깊은 문관을 선발하였다. 17세기 사림정치기(士林政治期)에는 문관(文官)보다 사림의 지지를 받는 산림(山林)을 초빙하는 관직(贊善, 進善, 諮議)을 별설해서 성학 교육을 강화하였다. 시강관은 삼망제(三望制)로 선발하였으며, 부패한 관리의 자손은 시강관이 될 수 없었다. 또 상피제(相避制)를 적용하여 왕실의 친인척은 시강관으로 선발하지 않았다.

시강관의 일차적 임무는 세자에게 학문을 가르치고 인격 형성을 돕는 일이며, 세자가 참석하는 행사에 참여해서 세자의 지도자 수업을 보필해야 하였다. 또한 세자를 수행하는 환관이나 궁인을 엄격히 선발해서 그들에게 유학교육을 시켰다.

국왕의 하루는 네 범주로 나뉘어 바쁘게 생활하였다. 아침에는 신하로부터 정무 보고를 듣고, 낮에는 방문객을 맞으며, 저녁에는 조정의 법령을 검토하고, 밤에는 자신의 마음을 닦는 활동을 반복하였다. 국왕의 일상에 비해서 세자의 생활은 단순하였다. 세자는 조석으로 웃어른께 문안하고, 열심히 공부하는 것이 주 임무였다. 세자의 일상생활은 대부분 공부의 연속으로 원칙적으로는 1일 5회의 수업[朝講, 晝講, 夕講, 召對, 夜對]을 받아야 하였다.

일상생활에서 세자에게 제일 강조하는 덕목은 '효행'(孝行)이었다. 가부장제(家父長制) 가족원들이 부모를 봉양하고, 공경하며, 조상에게 봉제사(奉祭祀)하는 일이 의무화되면서 효사상이 사회규범으로 굳어졌다. 효를 실천해야만 국가를 다스릴 수 있다는 논리에 따라서 세자의 최고 덕목으로 효행을 강조하였다.

세자는 국왕의 능행(陵幸; 임금이 능에 거둥함)과 강무(講武; 조선시대 국왕의 친림 아래 거행된 군사훈련을 겸한 수렵대회)에 동행함으로써 군통수권 업무와 민간사정을 알도록 배려하였다. 또한 활쏘기와 말타기 교육을 통해서 심신(心身)을 수련하고 무예(武藝)에 관한 기본 능력을 연마하도록 하였다. 국왕은 세자의 식사를 점검하여 편식과 비만에 유의하였다. 동궁(東宮) 내시 내훈에 '편식과 비만은 바보를 만든다'라고 하여 내관들은 세자의 올바른 식습관 형성에 각별히 신경을 쓰도록 하였다.

세조는 군주의 입장에서 세자[睿宗]가 지녀야 할 행실과 품성을 제시하였다.(《세조실록》권14, 세조 4년 10월 8일) 세자는 한결같은 덕을 유지하고[恒德], 신을 공경하며[敬神], 부모의 뜻을 계승[善述]해야 한다고 하였다. 참소를 막고[杜讒], 간언은 수용하며[納諫], 사람을 가려서 쓰고[用人], 사치하지 말며[勿侈], 환관을 조심해서 부리며[使宦], 형벌을 신중하게 하며[愼刑], 학문과 무예를 익혀야[文武] 한다는 내용이었다. 세조는 문무 교육이 모두 중요하다고만 강조하였을 뿐 성학의 중요성을 거론하지는 않았다.

사림정치를 정착시키기 위해서 이황(李滉)은 1568년(선조 1)에 선조에게 성학정치론(聖學政治論)을 강조하는 '무진육조소'(戊辰六條疏)를 올렸다.(이황, 《도산전서》 1권)

그 내용은 '명종을 이어 왕위에 오른 선조가 왕통을 튼튼히 하여 인(仁)과 효(孝)를 온전히 할 것, 소인배의 참소를 막아 왕실의 어른을 잘 모실 것, 제왕의 학문을 두텁게 하여 정치의 근본으로 삼을 것, 성리학의 학문을 밝혀 인심을 바르게 할 것, 사람의 머리에 해당하는 국왕이 복심(腹心)인 대신을 신임하여 이목(耳目)인 언관(言官)의 뜻이 통하게 할 것, 정성을 다해 수양하고 반성하여 하늘의 사랑을 받아야 한다는 것이었다. 이황은 세조와 달리 '성학'을 연마하여 그것으로 정치의 근본을 삼아야[敦聖學以立治本]함을 지적함으로써 성학군주론이 사림정치 확산의 관건임을 명확히 하였다.

4. 시강원의 교육방식

시강원의 강의 방식은 법강(法講)과 회강(會講)으로 구분한다. 법강은 평상시에 거행하는 정규 강의며, 강의시간에 따라 조강(朝講), 주강(晝講), 석강(夕講)으로 구분하고, 수시로 하는 비정규 강의로 소대(召對)와 야대(夜對)가 있었다. 배우는 과목 수에 따라 단강(單講), 겸강(兼講), 중강(重講)으로 구분하기도 한다.

법강에서는 주로 경서를 가르쳐 덕성을 함양하게 하고, 소대나 야대에서는 중국과 조선의 역사서를 가르쳐 역사적 지식과 안목을 갖추게 하는 데 주력하였다. 법강 때에는 당번을 맡은 시강관 외에도 사간원과 사헌부 관리 각 1명, 익위사 관원 1명이 함께 참여하였다.

회강은 사부(師傅)를 비롯한 시강원의 관원이 참석한 가운데 회강례를 거행하고, 세자가 그동안 배운 경서와 역사서를 복습하고 평가하는 강의를 말한다. 회강의 횟수는 세종대에는 매월 3회, 인조 때는 매월 2회 실시하였고, 국왕이 직접 참석하여 세자의 학문을 점검하기도 하였다. 회강은 사부가 주도하는 공개 강의 행사였다. 회강은 교육방법은 세자가 이전에 공부한 내용을 얼마나 외우고 있는가를 평가하거나, 교재를 보면서 독해 능력을 평가한다. 세자의 회강은 11세가 넘어야 실시하였다.

국가에 대사가 있는 날, 국왕과 왕비의 생일, 스승이 돌아가셨을 때, 사형 집행이 있는 날은 강의를 쉬는 정연일(停筵日)이었다. 이때에도 효와 인(仁)을 체인하는 교육의 연장이었다. 세자 서연은 공식적인 방학은 없고, 날씨가 무더울 때는 소대와 야대만 개최하기도 하였다.

조선 후기 시강원에서 사용한 교재를 내용별로 분류하면 아래와 같다.

조선 후기 시강원의 주요 강학 교재

분류	중국인 편간 책	한국인 편간 책
입문서	소학, 효경	효경소학초해, 효경소학초략, 동몽선습, 삼강행실
경서	대학, 논어, 맹자, 중용, 시경, 서경, 주역	
역사서	통감, 사략, 송감	조감, 자성편, 국조보감, 갱장록, 모훈집요
성리학서	심경, 근사록, 대학혹문, 역학계몽, 대학연의	고경중마방초, 성학집요, 주자서절요, 주서백선
문장서		육주약선, 팔자백선

* 김문식·김정호, 《조선의 왕세자 교육》, 김영사, 2003, 240쪽을 참고하여 작성함.

시강원의 교육은 효도와 오륜(五倫)을 익히는 입문서로부터 시작된다. 다음 단계는 경서(經書)와 역사서로 본격적인 학문 연마에 들어가며, 경서와 역사서 학습이 어느 정도 마무리되면 성리학서와 문장서 학습을 병행한다.

입문 단계에서는 《효경》, 《소학》을 위주로 강학하다가, 경서와 역사서를 택하여 본격적인 학문 연마에 들어갔다. 특별히 세자교육을 위해 새롭게 편찬된 책이 많이 포함되었다. 국왕의 행적 가운데 모범이 되는 사례를 모아서 편집한 교재도 있었다. 영조대에 편찬한 《조감》(祖鑑)이나 《자성편》(自省篇), 정조대에 편찬한 《갱장록》(羹墻錄)과 《국조보감》(國朝寶鑑), 순조대에 편찬한 《모훈집요》(謨訓輯要)가 이에 해당된다. 이는 세자가 선왕의 행적을 익히고 실천함으로써 조선 왕실의 전통을 계승해 가도록 하기 위해서였다. 이 밖에도 신하들이 국왕의 교육을 위해 편찬한 《고경중마방》(古鏡重

磨方)이나 《성학집요》, 성리학 관련 서적을 요약한 《주자서절요》
(朱子書節要)와 《주서백선》(朱書百選), 당·송대 문장가의 글을 요
약한 《육주약선》(陸奏約選)과 《팔자백선》(八子百選) 등을 시강원
교재로 활용하였다.

중국 역사서로는 《통감》(通鑑), 《사략》(史略), 《송감》(宋鑑)이,
조선 역사서로는 《조감》, 《자성편》, 《국조보감》 등을 사용하였다.
세자에게 역사서를 반복 교육하는 것은 역사적 현상을 살핌으로써
인간과 정치에 대한 안목을 키우려는 목적이 있었다. 4서 3경과 같
은 유교의 경전을 수학하는 한편으로는 《대학혹문》(大學惑問), 《역
학계몽》(易學啓蒙), 《대학연의》(大學衍義)와 같은 성리학 연구서를
겸강함으로써 성리학에 대한 이해를 넓혔다.

이이는 《격몽요결》에서 학문의 목표를 성인(聖人)이 되는 것에
두고 공부하는 순서와 방법을 다음과 같이 소개하였다.

먼저 《소학》을 읽어 부모·형·임금·어른·스승·친우와의
도리를, 《대학》과 《대학혹문》을 읽어 이치를 탐구하고 마음을 바로
하며 자기를 수양하고 남을 다스리는 도를, 《논어》를 읽어 인(仁)을
구하여 자기를 위하고 본원(本源)이 되는 것을 함양할 것을, 《맹자》
를 읽어 의(義)와 이익을 밝게 분별하여 인욕(人慾)을 막고 천리(天
理)를 보존할 것을, 《중용》을 읽어 성정(性情)의 덕이 미루어 극진
하게 하는 공력과 바른 자리에 길러내는 오묘함을, 《시경》을 읽어
성정의 그릇됨과 올바름 및 선을 드러내고 악을 경계함을, 《예경》
을 읽어 하늘의 도를 이치에 따라 적절하게 드러내는 것과 사람이
지켜야 할 법칙의 정해진 제도를, 《서경》을 읽어 중국 고대의 요순

과 우왕·탕왕·문왕이 천하를 다스린 큰 줄기와 법을, 《역경》을 읽어 길흉·존망·진퇴·소장(消長)의 조짐을, 《춘추》를 읽어 성인이 선(善)을 상주고 악을 벌하며 어떤 것은 누르고 어떤 것은 높여 뜻대로 다루는 글과 뜻을 체득하여 실천하라고 하였다. 위 책들을 반복 숙독한 다음에 《근사록》(近思錄), 《가례》(家禮), 《이정전서》(二程全書), 《주자대전》(朱子大全), 《주자어류》(朱子語類)와 기타 성리설을 읽어 의리를 몸에 익히고, 여력이 있으면 역사서를 읽어 식견을 키우되 이단과 잡류의 책은 읽지 못하게 하였다.

이이가 제시한 성리학적 학습 절차와 목표는 조선 후기 시강원 교육에 많은 영향을 미쳤다. 특히 세자교육의 목표를 구체적으로 제시한 이황의 《성학십도》(聖學十圖)와 이이의 《성학집요》(聖學輯要)는 세자교육의 기본 지침서로써 활용되었다. 《성학십도》는 '성학'의 근본을 학문과 수양에 집중하고 있다면, 《성학집요》는 '성학'의 체계를 수양론에 기초하면서 제가(齊家)와 치국(治國)으로 나가는 경세론의 구체적 과제를 제시하고 있다.

세자의 학습 성과에 대한 평가와 실습교육의 절차도 마련되었다. 세자의 학습을 점검하는 공식적인 평가는 고강(考講)이라 하며, 5일마다 한 번씩 성적을 평가하여 성취도를 기록하였다. 고강의 방법으로는 책장을 덮어놓고 암송을 하는 배강(背講)과 책을 펼쳐 놓고 보면서 음을 읽거나 문장의 뜻을 해석하는 임강(臨講)이 있었다. 고강을 할 때에는 고생(告栍; 경서의 글귀를 적은 대나무를 뽑아서 암송 부분을 결정하는 방법)을 이용하는 경우가 많았다. 이렇게 함으로써 세자가 배운 부분 전체를 철저히 복습하도록 유도하였다. 평가 결과는 국왕에 보고하여 학습 성과를 점검하도록 하였다.

세자는 군사훈련 때 실습으로 국왕을 수행하여 강무(講武) 경험을 쌓기도 하였다. 강무는 사냥을 통해 군사훈련을 하며, 또 잡은 짐승을 종묘와 사직에 올리고 함께 잔치를 열어 화합을 도모하는 정치행위였다. 세자는 강무를 통해 장차 자신이 다스리게 될 국토를 돌아보며 국토와 백성에 대한 애정을 함양하게 된다. 조선 후기에는 국왕이 강무를 통해 군사훈련을 하는 경우는 없었고, 대신에 국왕이 왕릉에 행차할 때 군대를 동원하여 군사훈련을 하는 방식으로 대신하였다.

조선은 농업국가였으므로 농업을 장려하기 위해 친경례(親耕禮)와 관예례(觀刈禮)를 거행하여 농사짓는 시범을 보였다. 친경례나 관예례는 국왕이 주관하는 행사였고, 세자는 국왕을 수행하여 이 행사에 참여하였다. 이 행사는 장차 나라를 다스릴 세자가 농사의 중요성과 어려움을 체득할 수 있는 기회였다. 궁중에서만 자라나 일반 백성의 생활을 모르던 세자에게 농경 실습의 기회를 제공하였던 것이다.

5. 조선시대 세자교육의 한계점

조선시대 세자교육에서 부족하였던 점을 지적하면 다음과 같다. 인간의 자율성이나 감수성, 창의성 강화 훈련이 부족하였다. 인간과 사회 문제의 해결을 지나치게 도덕결정론[道德理性]의 관점에서 접근하였다. 사회문제 해결을 위한 윤리적 방안의 모색은 있었지만 법률적 제도적 모색이 부족하였다. 사회·정치·역사와 같은 '사실세계'의 문제[外王/經世論]를 '가치세계'의 문제[內聖/修養論]로 접근한 한계가 있다.

국제 정세에 대한 안목을 높이는 훈련이 부족하였다. 국가간의 역학관계 속에서 소국(小國)의 생존전략에 대한 안목을 키워주지 못하였다. 중국과의 외교관계에 함몰되어 서양 제국주의 세력의 동진전략에 대한 이해를 키우지 못한 것이 조선 말의 국권 상실이라는 비극을 초래하였다.

사회적 갈등을 해소할 만한 역량을 키워주기에는 한계가 있었다. 《국조보감》에 통치의 성공사례뿐만 아니라 실패사례를 제시하여 교훈을 얻을 수 있었으면 하는 아쉬움이 크다. 또 역사 교육에서 당대사에 대한 교육이 부족하였다. 경연에서 정치적 과제에 대한 논의가 있기는 하지만, 세자 즉위 이전에 정치적 갈등을 해소할 수 있는 능력을 키워주는 교육이 부족하였다.

경제정책을 이해할 수 있는 교육 내용의 부재가 아쉽다. 18세기 후반에 시장경제체제로 전환한 영국은 국가 총생산성[國富]이 획기적으로 증대되었으며, 이것이 국제 경쟁력 강화로 이어졌다. 우리나라의 경우에도 '북학파'의 상공업 진흥책을 정부가 정책으로 수용하였더라면 국가의 경쟁력 향상에 도움이 되었을 것이다. 사회 전체의 인식이 그러하였듯이, 군주의 경제적 안목을 키울 수 있는 교과과정이 없었던 점이 아쉽다.

과학기술정책에 대한 교육 내용의 부재가 아쉽다. 적어도 19세기 이후, 서양에 '과학혁명의 시대'가 도래한 시점부터라도 조선의 세

자교육과정에 과학기술정책에 관한 내용이 포함되었으면 좋았을 것
이다.

전체적으로 세자교육이 인문학 교육에 치중하여 사회과학, 자연
과학에 대한 교육이 부족하였던 점을 지적할 수 있겠다. 창의성과
감수성을 지닌 지성인 양성이라는 교육적 관점에서 볼 때 조선의
세자교육은 미흡한 점이 있었다.

참고문헌

《시강원지》(侍講院志), 규장각도서 No. 907.

금장태, 《한국유학의 탐구》, 서울대학교출판부, 1999.
김문식·김정호, 《조선의 왕세자 교육》, 김영사, 2003.
김문식, 〈세종의 특별한 자식 교육법〉, 《선비문화》, 남명학연구원, 2004.
김종수, 〈《효종동궁일기》(孝宗東宮日記)를 통해 본 서연(書筵) 양상〉, 《규장각》
　　　　31, 서울대학교 규장각 한국학연구원, 2007.
김형찬, 〈내성외왕(內聖外王)을 향한 두 가지 길〉, 《철학연구》 34, 2007.
성태용, 〈진정한 내성외왕의 학을 위한 제안〉, 《오늘의 동양사상》 3, 예문동양사
　　　　상연구원, 2000.
송종서, 〈신유가(新儒家)의 '현대화'론에 대한 비판적 고찰〉, 《양명학》 15, 2005.
신명호, 《조선의 왕》, 가람기획, 1998.
윤　정, 〈숙종~영조대의 세자교육과 소학〉, 《규장각》 27, 2004.
이기순, 〈조선시대 시강원에 관한 일연구〉, 《홍익사학》 3, 1986.
이석규, 〈조선초기 서연 연구〉, 《역사학보》 1986.
──────, 〈조선초기 왕세자 교육에 나타난 인성교육〉, 《사회과교육》 41-4, 한국사
　　　　회과교육연구학회, 2002.
정재훈, 〈세종의 왕자 교육〉, 《한국사상과 문화》, 한국사상문화학회, 2005.

외국어 교재와 역관

이 상 규

선문대 강사

1. 사대교린을 수행하는 실무자 역관

오늘날 국제회의 통역사는 국가간 정상회담이나 국제회의, 기업 간 상담 등 여러 곳에서 통역을 담당하는 사람을 가리킨다. 한국도 어떤 나라 이상으로 외국어 교육에 힘을 쏟고 있어서 통역번역대학원에 진학하여 국제회의 통역사를 꿈꾸는 이들이 많다고 한다. 이 대학원을 졸업하면 정부부처나 공·사기업, 또는 자유직으로 통역 관계의 일을 맡게 된다.

세계화 시대는 한두 개의 외국어를 모국어 수준으로 구사할 것을 요구하고, 졸업 후 대우 수준을 생각한다면 통역사는 젊은이들이 꿈꾸는 직업 가운데 하나임에 틀림없다. 통역사는 연사가 달성하려는 목적이 무엇이고, 그가 어떤 지위에 있고, 회의 참석자 가운데 누가 큰 영향력을 행사하느냐 등을 판단하는 것, 즉 상황을 정확하게 이해해야 제대로 통역을 할 수 있다고 한다. 그러기 위해서 해당 외국어 말고도 전문 분야의 지식을 그때그때 습득해야 하며, 점차 자신이 취미 또는 전문지식을 바탕으로 그 분야에서 통역을 담당할 만한 능력을 갖추어 나가야 한다.

오늘날 국제회의 통역사라는 직업이 조선시대로 치면 역관과 비슷하다. 역관이 되려면 10세 전후에 사역원에 입학하여 중국어, 몽골어, 일본어, 여진어 가운데 한두 개를 배워서 20세가 넘으면 역관시험에 응시하였다. 이토록 어린 나이에 사역원에 들어간 것은 역관은 중인층이라, 중인 범주 속에서 직업을 선택해야 하였기 때문이다. 16세기 이후로 중인층이 굳어져 가면서 점차 같은 역관이나 의관, 산관, 천문관, 화원 등을 지망하였고, 세습의 경향이 짙어져 갔다. 정식 역관이 되려면 잡과시험의 한 분야인 역과에 합격해야 하였다.

조선시대의 역관이 오늘날 국제회의 통역사(정식 명칭)와 다른 점은 관리였다는 것이다. 통역사가 정부 부처나 사기업 또는 자유직으로 일하는 것이나, 역관이 사대교린정책의 현장에서 통역하는 것은 비슷하지만, 이쪽의 의사를 전달하고 주선하기도 하고 때로는 일정한 책임 범위 안에서 결정권을 가졌다는 점에서 외교관으로도 표현할 수 있겠다.

사대교린정책은 대외관계를 규정하는 큰 틀로서, 조선은 문화를 전수받아서 큰 나라로 모시는 중국한테는 사대하였고, 영토가 강대하더라도 문화가 하등하다고 여긴 몽골·일본·여진에게는 교린책을 썼다. 사대교린정책으로 성리학을 국시로 하는 조선은 몇 번의 위기를 맞기도 하였지만, 왕조를 500년 동안 지속하였다. 과연 조선이 중국에 사대해서 명분이나 실리면에서 어떤 성적표를 받았는지 깊이 생각해 볼 필요는 있다. 몽골·일본·여진에게 취한 교린정책도 마찬가지다. 어쨌든 조선의 왕과 관료, 그리고 재야의 지식층은 사대교린을 일관되게 시행하였으며, 크게 의심하지 않고 유지해 온 것이 사실이다.

2. 조선시대 외국어 교재

1) 사역원의 외국어 교육

사역원은 외국어 교육을 담당하는 관청이었다. 태조조에 설치된 사역원은 고려말 몽골어 역관을 양성하였던 통문관의 제도를 계승한 것이다. 사역원은 문관이 겸직하는 도제조 1명, 제조 1명, 교수 2명을 제외하고, 교수 2명과 훈도 10명이 역관으로서 생도에게 외국어 교육을 담당하였다. 외국어 과목도 삼국시대부터 중시된 중국 관계 때문에 중국어(한학)가 단연 중요시되었고, 13세기 이후 중시된 몽골어(몽학)가 다음 순위였고, 일본어(왜학), 여진어(여진학)가 다음을 이었다. 4개 외국어 순위는 국초부터 변화가 없다가, 1667년(현종 8)에 여진어(학)가 청어로 명칭이 바뀌고 1765년(영조 41)에는 청어가 몽골어보다 우위로 올라가는 변화가 있었다.

역과에서 선발하는 인원은 중국어 전공이 13명이고 나머지 전공은 모두 2명이었다. 왕조 500여 년 동안 변함없이 13:2:2:2의 비율로 역관을 뽑았지만, 그것이 시기별로 외교관계의 비중을 고려한 인원은 아니었던 것 같다. 무엇보다도 몽골어는 17세기 이후로 외교사행이나 국내의 역관 근무지 수를 따져보면 청학 전공과 왜학 전공에 훨씬 뒤지는데도 같은 2명이었다. 사대교린정책이 어떤 측면에서 관념적인 원칙에서 변화가 적었다는 측면도 인정 되지만, 세기별로 외교관계의 축이 달라지는 점도 앞으로 밝혀져야 하겠다. 양국관계사, 역관의 수요 변화 등과 같은 요소를 비교해서 살펴볼 필요가 있는 것이다.

역관을 선발하는 시험도 문·무과나 생원진사시에 비해서 3년마다 실시되는 식년시와 증광시로 나뉘어 거의 일정하게 시행되었다. 역과가 포함된 잡과(雜科)는 문무과나 생원진사시에 비해서 덜 강조되었기 때문에, 실록에서 관련 기사를 찾기 어렵다. 조선의 지배층은 문자 그대로 잡과는 잡학이 전공하는 것으로 생각하였다.

역관을 선발하는 시험은 1차 초시(향시 포함), 2차 복시(覆試)로 시행되었고, 시기에 따라 수험서의 변동이 있었다. 외국어 구사 능력을 시험하는 것이 우선이었으므로, 해당 외국어의 언어 변천에 따라 수험서가 달라지게 마련이었다. 오히려 언어 변천을 반영한 어학서가 적었다는 인상이 든다.

시험 방법은 강서(講書), 사자(寫字), 역어(譯語) 세 가지였다. 강서는 15세기로 한정한다면 경서나 역사서를 읽고 뜻을 풀이하고 《노걸대》(老乞大), 《박통사》(朴通事), 《직해소학》(直解小學)은 책을 보지 않은 채 특정 구절을 암송하는 시험이었다. 사자(寫字)는 몽골어·일본어·여진어 생도에게 부과된 시험이었다. 역어(譯語)는 관리로서 갖추어야 할 소양을 측정하는 시험으로 4개 전공 모두 실시되었고, 법전의 구절을 해당 외국어로 말하는 시험이었다.

2) 17세기 이후 일본어 교재 《첩해신어》와 역관 강우성

사역원에서 4개 외국어를 교육하였던 만큼 각기 해당 외국어 교재의 성격과 변천을 서술해야 하지만, 필자의 능력상 일본어 전공에 주력해서 서술하려고 한다. 되도록 일본어 교재에 반영된 역사상을 추출하고, 역관으로 근무하면서 생도 교육을 위해 교재를 편찬하였다는 성격도 드러내고자 한다.

15세기부터 임란 전까지 사용된 일본어 교재는 법전에 14종으로 규정되어 있었다. 《경국대전》에 실린 《이로하》(伊路波), 《소식》(消息), 《서격》(書格) 등은 대다수가 해당 언어를 사용하던 나라나 민족으로부터 수입한 아동교육용 책이었다고 한다. 이러한 견해는 어학자들의 핍진한 연구에서 얻어진 것인데, 근래 탁월한 자료 전산화 덕분에 《승정원일기》에서 증명이 된다. 17세기 일본어 역관으로 최고 명성을 가졌던 홍희남(洪喜男)은 1655년(효종 6)에, 당시 어학서가 일본의 옛날 이야기를 옮겨 적은 문어체(文語體) 교재여서 일본인과 상대하였을 때 말이 통할 리가 만무하니, 상용 언어로서 교재를 편성해야 한다고 건의하였다.

이 가운데 《이로하》라는 책이 유일하게 오늘날까지 전한다. 히라가나와 가타가나로 47개의 일본어 문자를 표기하고, 이외 음은 같으나 글자가 다른 이체자를 실어 놓았다. 또 특별하게 쓰는 글자류를 모아 놓았고, 서간문체로 긴 분량으로 제시하였다. 17세기 후반부터 전대의 일본어 교재를 대체한 《첩해신어》(捷解新語)에도 이런 서간문체가 실려 있다. 서간문의 형식을 익히면서 일본의 풍속, 인사, 농사 등도 배우게 하는 의도가 있었던 책이다.

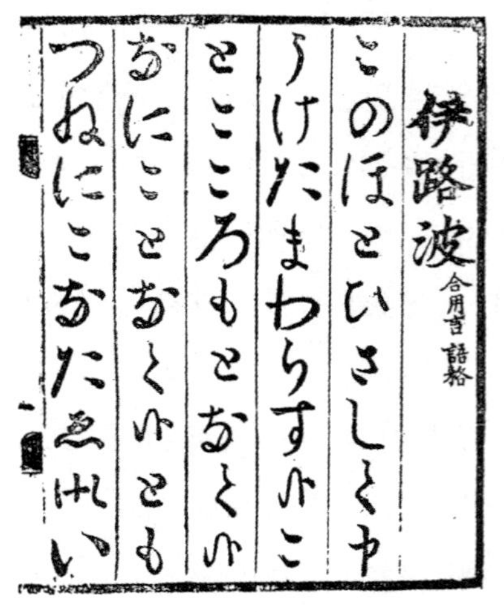

《이로하》(伊路波)

《이로하》를 비롯한 다른 13종의 없어진 왜학서를 일본의 역대 문헌과 비교하여 조사한 결과, 당시 일본어의 회화체와 문장체를 익히는 교재였으며, 역관이 일본인 사자와 나누는 실제적 외교 장면과는 거리가 멀었다. 전란으로 없어져 거의 책제목만 알려진 것을 일본의 역대 기록(《國書總目錄》)에서 찾아 왜학서의 성격을 밝히는 것은 대단히 어려운 작업으로 보인다. 어학 분야에서 이룩한 값진 연구 성과를 한 차원 높이기 위해서는 15, 16세기 역관들의 활동을 면밀하게 드러내는 속에서 그들의 통역 능력을 교재의 내용과 비교분석하는 시각이 필요하다고 생각한다. 또 현대의 통번역 이론을 접목해서 해당국의 아동용 교재로 추정하는 왜학서를 역관이 통역의 실제에서 갖추어야 할 다양한 어학적 요소로 원용해서 이해할 수도 있지 않을까 생각한다.

15세기 일본어 교재는 임진왜란으로 상당 부분 유실된 것으로 알려졌다. 유실되었다면 17세기 후반 《첩해신어》가 대체한 시기까지 사역원에서 어떤 교재가 쓰였는지도 미지수다.

이처럼 왜학서의 현황을 이해하는 것은 대단히 어려운 실정이지만, 역설적으로 임진왜란을 거치면서 역관들의 외국어 경험은 대단

히 풍부해졌다. 실습보다 좋은 교육이 없다고 하지 않던가. 임진왜
란 7년만이 아니라 전란 후 주둔한 명나라 장수들한테 접반사가 배
정되었고 그 접반사를 수행하는 일본어 역관이 배치되었다. 다른 역
관도 마찬가지다. 전란 때에는 접반사로 나간 우리 관리의 의사를
통역해 주는 것이었는데, 허다하게 명의 관리들이 드나들어서 그들
을 응대하기 위한 접반사 일행의 수요가 아주 커졌다. 침략군의 선
봉이었던 고니시 유키나가(小西行長)가 시종일관 주장하였던 강화
때문에 명 관리를 수행하는 횟수가 잦아졌다. 우리 조정에서도 관리
를 파견하여 명과 일본의 진영을 드나들면서 교섭하도록 하였고, 거
기에는 한학·왜학 등의 역관이 통역을 담당하도록 되어 있었다.

　목숨이 오가는 급박한 상황 속에서 역관들의 통역 역량은 극대화
되었을 것이다. 전쟁이 다소 소강상태로 접어들자 임란 전부터 예의
주시해 오던 여진의 사정을 여진학 역관을 여러 차례 파견하여 탐지
하였다. 이러 외중에 역관을 포로로 잡아 처형하겠다며 오랫동안 감
금하는 일도 일어났다. 왜학 역관의 경우도 전란 중에 파견되었던
병신통신사 덕분에 어학적 능력이 높아지는 계기가 되었다.

　다시 말해, 2세기 가량 동몽학습서를 수입해 외국어 훈련을 시키
는 수준에서, 임진왜란 발발로 역관을 유례없이 총동원하여 통역을
맡김으로써 어학적 역량이 가장 높아지게 되었다. 거의 이름만 남은
교재를 놓고 외국어 교육을 논하던 빈약함에서 벗어나, 전시에 체득
된 외국어 역량은 충분히 강조할 만하다. 17, 18세기에 걸쳐 4개 전공
공통으로 어학 교재가 교체되었는데, 정작 임란 이후 교체된 시기까
지 공백으로 남게 된 사정은 자세히 알려지지 않았다. 어학 교재의

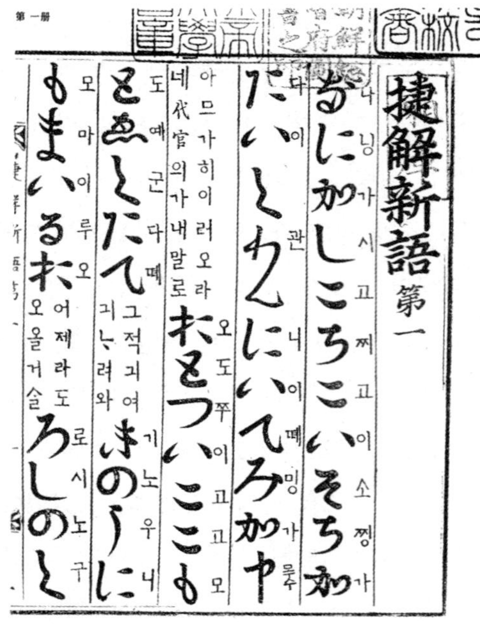

《첩해신어》(捷解新語)

소재는 불분명하나 외국어 역량은 최고조에 올랐다는 것이 어학교재 변천기의 시대상이라 할 것이다.

다음으로 17세기 이후 유일한 일본어 수험서였던 《첩해신어》(捷解新語)가 등장하는 시대적 흐름을 살펴보고 교재의 특성을 알아보기로 한다. 《첩해신어》의 의미는 일본어를 빠른 시간 안에 터득한다는 뜻으로, 18세기 중반에 몽골어 교재로 채택되는 《첩해몽어》와 같은 맥락이다. 일본어는 14종의 교재가 모두 없어지고 1676년에 《첩해신어》 1종으로 대체되었고, 몽골어도 16종 가운데 남은 5종의 교과서는 시의성을 상실하여 《노걸대》를 제외하고 《첩해몽어》로 대체되었다.

《첩해신어》는 무엇보다도 임란 중에 포로로 끌려간 경험이 있는 역관 강우성(康遇聖)이 편찬하였다는 점이 강조되어야 한다. 강우성은 오늘날 회계사 격인 주학(籌學) 집안에서 태어나 임란 중에 포로로 끌려가 1600년 도쿠가와 이에야스가 패권을 장악하는 계기가 된

세키가하라(關ヶ原) 전투에 참전하기도 하였다. 귀환한 시점은 알 수 없으나 1606년(선조 39)에 본래 가업인 주학으로 합격하고, 다시 3년 뒤에 일본 피로인 경험을 살려 일본어 역관 시험에 합격하였다.

피로인 출신을 일본어 역관으로 채용하여 능숙한 외국어 실력을 살리자는 논의가 있었을 법한데, 실제로 강우성 말고도 형언길(邢彦吉), 박언황(朴彦璜), 윤대선(尹大銑) 정도가 알려져 있다. 형언길은 서리 형부수(邢富壽)의 아들로 임란 초기에 사로잡혀서 왜장을 따라 무로츠(室津)에서 가서 살다가 1596년(선조 29)에 병신통신사 일행이 왔을 때 간절한 뜻을 비쳐서 사행의 역관 이언서(李彦瑞)가 은 3냥을 몸값으로 주고 돌아올 수 있었다. 생년은 알 수 없으나, 귀환한 시점은 강우성보다 훨씬 빠르다. 방목 누락으로 형언길이 역과에 급제한 연도는 알 수 없지만, 1624년 회답사에서 상통사로 당초 지명되었다가 부친상을 당해 강우성으로 교체되기도 하였다. 일본 학계에서 문위행(問慰行; [渡海]譯官使)의 시초로 지목되는 1629년(인조 7) 사행에서 그가 당상역관으로, 최의길(崔義吉)이 당하역관으로 해서 사절단이 파견되었다.

박언황은 1604년 사명당이 일본 적정을 탐지하기 위해 파견되는 사절에 역관으로 갔고, 1624년 회답겸쇄환사에도 파견되었던 인물이다. 윤대선은 《역과방목》에 누락되어 있으나 1624년에 동래부 훈도로 근무하였고, 1636년 통신사의 차상통사로 파견되기도 하였다.

요컨대 일본에 끌려갔다 돌아온 사람들 가운데 일본어 역관이 된 비율이 그다지 높다고 보기는 힘들다. 이미 성리학 규범이 강화되어 오랑캐 나라에 끌려갔다는 것이 병자호란의 환향녀와 대비되기로 자랑스러울 것이 없었다. 피로인으로 돌아온 사람들 가운데 바닷가 근처에 살면서 가혹한 세금을 견디다 못해 자살하는 사례가 보고되기도 하였다. 강우성이나 형언길, 박언황은 모두 한성 일대에 살았던 것 같고, 특히 강우성은 이미 중인 신분의 범주인 주학 가문이었다. 다시 말해 성리학 질서와 신분의식 속에서 개인의 특이한 경험을 국가가 쉬 채택해 줄 수 있었을까 의구심이 드는 대목이다.

강우성이 편찬한 《첩해신어》가 역과에 정식으로 채택된 것은 1670년대지만, 그가 동래부 훈도로 근무한 1610년대 이미 원고가 만들어지기 시작하였다. 기록에 강우성이 동래부 훈도로 5번 파견되었다고 하지만, 실제로 3번 정도가 확인이 된다. 그는 1613년(광해군 5)부터 1615년(광해군 7)까지 동래부 훈도로 근무하면서 왜인들을 상대한 경험을 원고로 작성하고, 그의 탁월한 현지 일본어 실력을 가미하여 《첩해신어》의 초고를 만들었다. 1권에서 4권까지 실린 내용이 광해군대 동래부 훈도로 근무한 경험이 반영된 것이다.

쓰시마번 사자가 왜관에 도착하여 머무는 동안 동래부에서 하선연(下船宴), 다례(茶禮), 공무역(公貿易), 사무역(私貿易), 상선연(上船宴) 등이 시행된다. 이 과정을 훈도가 왜관을 방문해서 일본 사자를 만나는 장면에서 공무역의 결제수단인 목면(木綿)을 지급하는 것까지 주객간 대화로 들어 있다.

특히 4권에 실린 목면 지급을 둘러싸고 훈도와 사자가 실랑이를 벌이는 장면에서 책의 성립 시기를 대략 짐작할 수 있다. 사자가 진상품을 바치면 우리가 일본이 따로 요청한 물건까지 현금성이 높은 목면으로 환산하여 지급하도록 되어 있었는데, 17세기 전반까지 미

지급분이 늘어나는 추세였다. 목면 적체가 생긴 요인으로는 1609년(광해군 1) 국교 재개 때 목면 지급 규정이 분명하게 정해져 있지 않았고, 1610년대부터 쓰시마번 사자가 도해한 횟수가 급증하였으며, 조선의 목화 농사가 흉작을 보여 품질이 나빠진 것을 든다. 거기다 광해군이 1615년부터 궁궐 공사에 드는 막대한 비용을 일부 왜관 공무역용 목면을 끌어다 쓴 점도 있다. 훈도가 목면이 제대로 지급되지 못한 사정을 설명하고 품질을 문제 삼아 자꾸 물리치는 일이 없도록 사자에게 애원을 하는 장면이 나온다. 이런 대화가 강우성이 훈도로 근무한 1610년대부터 생겨난 현상이므로, 어학 교재에 나타난 역사상으로 대비하여 그 성립 시기를 추정하였다.

4권에서 8권의 내용에는 쓰시마번 사자가 통신사를 요청하는 것부터 통신사의 전 과정이 묘사되어 있다. 저자 강우성은 1617, 1624, 1636년 사행에서 모두 상통사로 파견되었으므로, 이 부분의 성립 시기는 자연히 병자통신사 귀환한 1637년 이후가 될 수밖에 없다. 그보다는 강우성이 병자통신사에 파견되었을 때 당상역관 홍희남(洪喜男)과 함께 쓰시마 번주가 신뢰하는 인물로 드러난다는 사실을 성립 시기로 더 부각시켜야 한다. 당시 쓰시마 번주가 조선 사신을 안내하는 일거수일투족이 막부한테 심한 견제를 받고 있어, 막부의 감시를 피해 몰래 홍희남과 강우성과 비밀스럽게 의사를 전달하였다. 이렇게 부각된 강우성의 면모가 5권부터 8권까지에 나온다.

이 밖에 통신사가 지나친 물화를 받아오는 것을 경계하여 막부 장군에게 답례품으로 받은 은을 금절하(今絶河)의 얕은 강물에 두고 오는 장면 또한 1636년 통신사에서 처음 생겨났다. 쓰시마 번주는 조선 사신을 안내하면서 한치라도 오점이 생기면 쓰시마번의 지위가 위태로울 지경이어서, 막부의 눈을 피해 홍희남이나 강우성 같은 노련한 역관에게 조심조심 전갈하던 처지였다. 이런 현장을 누구보다도 일선에서 관찰하였던 강우성이 은을 두고 오는 장면을 교재에다 옮겨 실은 것으로 이해하였다.

그런데, 15, 16세기 사용되었던 일본어 교재 14종 가운데《첩해신어》1권만으로 역관을 선발할 수 있었을까 의문이 든다. 다른 전공에 비해 그 수가 적기 때문이다. 그럼에도 아동훈몽서를 가지고 공부하는 수준에서 조일 관계의 두 가지 현장인 왜관과 통신사를 축으로 현장 중심의 회화를 강조한 것은 분명 진전된 것임에 틀림없다. 강우성이 일본에 끌려가서 배우고 느낀 현지 언어와 생활 풍습을 어학 교재로 반영하고, 대화 무대도 왜학 역관이 주로 근무할 현장 환경으로 설정한 것이 《첩해신어》의 특징이라 하겠다.

하지만 조일외교의 중요 무대였던 문위행(問慰行)이 교재에 들어 있지 않다. 문위행은 역관들이 정·부사가 되어 쓰시마 번주의 애경사가 있을 때 파견되는 외교사절로서, 정묘호란 후 후금의 강한 압박 아래 있던 1629년(인조 7)부터 처음 시행되었다. 강우성은 1650년대 초반까지 역관으로 근무하였고, 중도에 문위행으로 지명되기도 하였으나 질병으로 파견되지는 못하였다. 이것도 유력한 이유가 되겠지만, 초고가 만들어졌을 것으로 추정되는 1630년대까지 문위행이 제도로서 정착되었다고 보기 어려운 점도 무시할 수 없다. 원인이야 어떻든 1860년대까지 조일외교를 지탱한 하나의 축이었던 문위행이 왜학 교재에 들어가지 못한 것은 아쉬움이 크다.

《첩해신어》 외에 일본어 학습서로 쓰였던 책이 《왜어유해》(倭語類解)이다. 이 책을 편성한 사람은 18세기 전반 일본어 역관으로 이름을 날린 홍순명(洪舜明)이다. 이 책은 법전에 교재로 등재되지는 않았지만 1780년대 교서관에서 간행되었다. 일본어 사전의 성격을 갖는 책으로, 생도 시절에

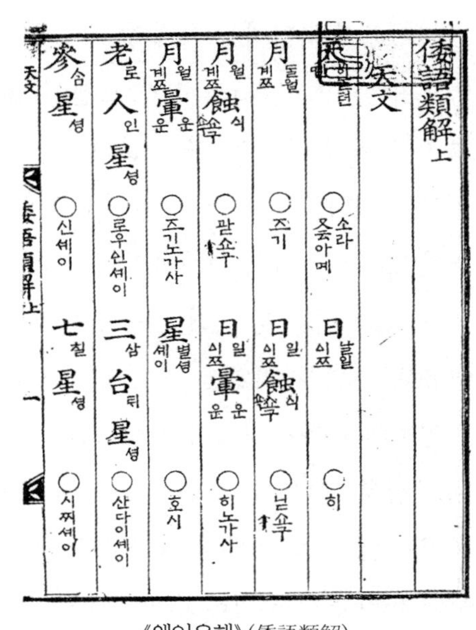

《왜어유해》(倭語類解)

공부할 때나 역관이 되어서도 언제나 찾아볼 수 있는 참고서이다.

처음에는 어학 분야에서 이 책이 역관의 손에서 편찬된 것을 염두에 두지 않고, 간행시기가 1780년대라는 점을 강조하였다. 간행에 참여한 인물들이 역과에 입격한 시기를 가지고 출판된 시기를 추정한 것이다. 더불어 편찬자는 홍순명이고 편찬한 시기는 1710년 이전이라고 보았다. 그 근거로서 쓰시마번(對馬藩)의 유학자로서 조선 관계에 오랫동안 종사한 아메노모리 호슈(雨森芳洲)가 부산 왜관에서 유학해서 조선어 공부에 열중한 시기가 1703년에서 1705년 사이라는 점을 들었다. 아메노모리가 조선어를 공부할 때 조선인 역관 홍순명이 난해한 말을 물으면 가르쳐주고 잘못된 것을 고쳐주었다는 《통문관지》 기사를 인용하였다.

하지만 홍순명이 역과에 합격하기도 전에 왜관을 드나들 수는 없었으며, 정작 아메노모리가 조선어 공부할 때 선생은 오만창(吳萬昌)이란 역관이었다. 다시 말해 《통문관지》 내용에 어딘가 착간이 있는 것이다. 홍순명은 1705년에 역관이 되어서 1709년에 동래부의 역관으로 근무하기 시작하였다. 그가 1719년 통신사의 역관으로 다녀온 것을 비롯해, 여러 경험을 쌓은 1720, 1730년대에 들어서 《왜어유해》를 편성하였을 것으로 추정된다.

영조대 탕평정치기의 재상이었던 조현명(趙顯命)은 주류 사회에서 잡류로 인식되던 역관을 그 전문성과 경험을 높이 사서 일대기를 적어 주었다. 덕분에 자칫 흐릿한 채 남아 있었을 홍순명의 경력이 분명해졌다. 다시 말해 《왜어유해》는 다른 전공의 《역어유해》(譯語類解), 《동문유해》(同文類解), 《몽어유해》(蒙語類解)에 이어지는 책이며, 1720, 1730년대 홍순명의 손에서 원고로 만들어졌다.

역관들의 통역 불가론이 제기되면서 1763년 통신 정사 조엄(趙曮)은 역관 가운데 전담자를 정하여 사행 중에 〈왜물명책자〉(倭物名冊子)를 일본인에게 묻고 틀린 점을 교정 받도록 지시하였다. 다시 1780년대 말에 가서야 이 책은 국가의 비용으로 간행되기에 이르렀다. 비록 다른 전공과는 달리 역과 시험에 수험서로 쓰였다는 기록은 없지만, 국가에서 비용을 들여 역관들이 참고하는 사전으로 기능하였을 것이다.

3. 역관은 외국어 실력만 중요하지 않았다

왜학 교재 2권만으로 역관이 현장에서 원활하게 통역을 할 수 있었을까 의문이 든다. 암기과목 공부하듯이 어린 나이부터 통째로 왼다면 판에 박힌 대화는 가능하였겠지만, 일본인과 대화하면서 그 나라의 문물이나 내력을 모르고서는 원활하게 대화하기 힘들었을 것이다. 거꾸로 동래부에 있던 왜관에서 일본인들이 조선어를 배우기 위해 《심청전》을 비롯한 국문소설 목록이 발견되는 것을 보면, 우리 쪽에도 그랬을 개연성이 있다.

예나 지금이나 직업 외교관은 상대방과 교섭할 때 직접적으로 의사를 표명하기는 어려웠을 것이다. 한번 말을 잘못해서 국가에 큰 손해를 끼치고 자신도 처벌을 면하기 어려울 것이기 때문이다.

그나마 일본어 교육이 어떤 방식으로 되었는가를 알려면 국사편찬위원회에 소장된 《천녕현씨고문서》(川寧玄氏古文書)를 보아야 한다. 합격자들의 답안지인 시권(試券)을 보면, 그 일부분이나마 알 수 있다. 중국어 외 3개 전공은 교재의 지정된 구절을 옮겨다 쓰는 시험이었다. 물론 암송해서 쓰는 시험이다. 《첩해신어》를 훑어보면 자체가 현대어하고는 상당히 차이 나는 문어체다. 책의 뒷부분에 들어 있는 서간문까지도 당시 일본인들이 대화하고 의사 표현하는 수단이 오늘날처럼 언문일치가 아니었음을 반증해 준다.

오히려 《경국대전》을 해당 외국어로 옮겨서 말하는 시험은 더 회화 실력을 진단할 수 있지 않았을까. 법전의 구절을 외국어로 말하는

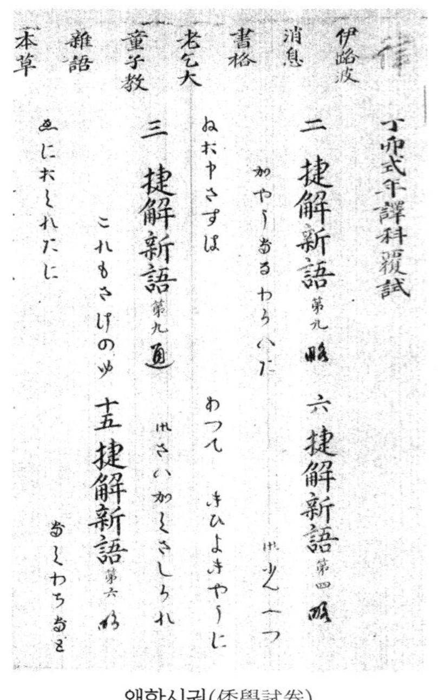

왜학시권(倭學試券)

것은 법전에 국가제도가 집적되어 있는 것이기에, 관리의 기본 소양을 알아보는 데 주안점이 있었을 것이다. 그러면서도 입으로 말하는 시험이므로 발음이나 어휘가 정확한지, 호흡이 알맞은지 따위를 심사하였을 것이다.

오늘날 통번역대학원의 수업방식을 알면 조선시대 외국어 교육을 이해하는 데에 도움이 될 것이다. 그럼에도 자료의 빈곤 때문에 미상인 점이 많다. 통역하면서 발생하는 수많은 상황에 적절하게 대처하려면 《첩해신어》를 암송하는 것만으로 불가능하였을 것이다. 역관이 되어 일본인을 상대하면서 회화 실력이 늘고 대화하는 기술도 더불어 나아졌을 것이다.

역관들의 통역이 제대로 이루어지지 않는다는 지적은 곳곳에 보인다. 양반 관료가 하는 지적이므로, 말 그대로 통역을 잘하지 못한다는 말인지, 역관들이 사행을 가서 돈 버는 무역의 길만 치중한다고 비하하는 말인지 따져 보아야 한다. 양자가 교묘하게 뒤섞여 있기도 하지만, 실제 역관 자질을 문제 삼았던 경우 또한 적지 않았다. 문헌에도 왜관무역이나 청나라 사행에서 얻어지는 이득이 감소하여 역관 지망자가 적다는 기록이 있다. 중인 자제 가운데서도 똑똑한 생도가 지원해야 믿을 만한 역관으로 길러지지 않겠는가.

국가도 소폭으로 일본어 교육을 진작시키려고 하였다. 숙종대에 민정중(閔鼎重)이 사역원 도제조에 있을 때, 이전의 학습 방법을 지양하고 어린 생도들에게 대화체 교재로써 문답식으로 공부하는 방식을 권장한 적이 있다. 《첩해신어》와 같은 교재가 출판되자 관록 있는 역관들이 대화체 학습법인 우어청(偶語廳) 방식을 건의하였던 것으로 여겨진다. 현지인을 채용해서 교사로 삼는 방법도 채택되기는 하였으나 지속적으로 권장되지 않았다.

《왜어유해》가 간행된 무렵에 쓰시마번에서 책을 사들여 와서 학습서로 활용하기도 하였다. 왜학 역관 최기령(崔麒齡)이 쓰시마섬을 통해 사들여 온 《인어대방》(隣語大方)을 1790년(정조 14)에 국내에서 다시 인쇄한 일이 있었다. 현지어와 우리 교재에 격차가 생겨서 제대로 통역이 이루어지지 않는 현상을 극복하려는 시도였다.

이와 같이 사역원이 뒤떨어진 외국어 학습을 진작시키기 위해 대책을 강구하거나, 역관 자신들이 교재를 사들여 왔다는 것을 어떻게 받아들여야 할까? 거꾸로 사역원의 외국어 교육이 평상시에 원활하지 않았다는 반증이 될 수도 있다. 당위적 명제만으로 역관들이 외국어 실력을 열심히 연마하고 공무에 진력하기를 바랄 수만은 없었던 것이 현실이었다. 국가가 평시에 적절한 생계대책을 마련해 주고 본업에 충실할 것을 권장해야 함에도 사실은 그렇지 못하였다.

역관을 기술관이라 해서 전문적인 능력을 가진 사람들로 좋게 표현할 수 있겠지만, 뒤집어 놓고 보면 신분제 사회에서 중인이라는 잡류를 벗어날 수는 없었다. 양반 아래 신분으로 자기들의 특권을 유지하기 위해서 중인의 범위 안에서 직업을 세습하는 경향이 생겨났다. 물론 중인 범주 안에서 의관, 역관, 산관 등에서 이루어지는 선택적 세습이었다. 이런 중인층 안에서 관직을 두드러지게 배출한 파(派)가 나왔다. 남양홍씨·천녕현씨의 특정 계열이 그러한 예다.

결국 명역이 되기 위해서는, 아니 일본어 역관으로 이름을 남기기 위해서는 일종의 중인 명가에서 태어나 어학 실력도 갖추어야 하였지만, 결국 직무 판단력, 후배 역관들이 믿고 따르게 하는 신망, 상대방(쓰시마) 사람들의 지지가 있어야 하였다. 이들은 양반 관료들의 기존 인식 속에서도 치부에만 열중하는 부류가 아니라, 국가의 다급한 일을 구제하고 국가간의 외교원리를 터득한 사람들이었다. 이들의 국가 장래를 근심하고 다른 사람들을 저절로 수그러지게 하는 사람됨이 명역의 전범으로 남았다.

참고문헌

김한식, 《한일 통역과 번역》, 한국문화사, 2003.
송기중, 〈《경국대전》에 보이는 역학서 서명에 대하여〉(1·2), 《국어학》 14·16, 국어학회, 탑출판사.
이기문, 〈성종판(成宗板) 《이로하》(伊路波)에 대하여〉, 《도서》 8, 1965.
이상규, 〈역관 홍순명(洪舜明)의 경력과 저작 《왜어유해》(倭語類解)〉, 《조선시대의 사상과 문화》, 집문당, 2003.
———, 〈17세기 초중반 왜학역관 강우성(康遇聖)의 활동〉, 《한일관계사연구》 24, 경인문화사, 2006.

정 광, 〈《첩해신어》 성립시기에 관한 몇 가지 문제〉, 《유창균(兪昌均)박사환갑
　　　기념논문집》, 1984.

Maurice Courant, *Bibliographie coreenne*, 1894; 모리스 꾸랑/ 이희재 번역, 《한국서
　　　지》, 일조각, 1994.
小倉進平/ 河野六郎 補注, 《增訂補注 朝鮮語學史》(復刻版), 西田書店, 1986.
森田 武, 〈《捷解新語》成立の時期について〉, 《國語國文》第24卷 第3號, 京都大
　　　學國文學會, 1955.
大友信一, 〈《捷解新語》の成立時期私見〉, 《文藝硏究》 26, 日本文藝硏究會, 1957.

　흔히 '고생 끝에 낙이 온다'고 말한다. 삶에서 고생은 긴 과정으로 이어지는 수고로움이라면 낙은 끝자락에 맛보는 짧은 기쁨이라고 말할 수 있다. 그런데 짧은 기쁨이 마약처럼 우리를 강하게 끌어당길 수도 있기 때문에 몇 십 년의 고생조차 마다하지 않는 일이 벌어지게 된다.

　다른 일도 그러하겠지만 공부하는 일은 특히 고생스러운 일이다. 조금만 몰두가 지나치면 몸·마음을 해치기 십상이다. 더욱이 관심의 갈래를 달리하는 여러 사람들이 함께 먹고 자면서 읽고, 묻고, 따지고, 부대끼는 일은 매우 고생스런 일이다. 그렇지만 조선사회연구회 회원들은 학문의 기쁨에 이끌려 20년이 넘도록 이성무 선생님을 모시고, 매 여름과 겨울마다 더위와 추위를 벗 삼아, 긴 시간 동안 발표와 토론에 많은 힘을 기울여왔다. 마음이 고생스러운 것은 물론이고 몸 또한 매우 고생스러웠으니, 특히 오랜 시간 한 자리를 버티어야 했던 엉덩이가 더욱 그러하였다.

우리는 이제껏 고생과 기쁨을 함께한 보람으로 《조선 사회 이렇게 본다》라는 책을 펴내게 되었다. 20주년을 기념하는 목적으로 규모를 갖추어 책을 계획하고 출판하는 과정에 여러 곡절이 없을 수 없으니, 편집과 출판에 관여한 분들의 고생이 매우 많았다. 이들의 수고를 밑거름으로 많은 이들이 이처럼 잘 다듬어진 책을 보고 읽는 기쁨을 누리게 되었으니, 그 공로가 대단하다.

마지막으로 여러 필자를 비롯하여 기획, 편집, 출판에 관여한 모든 분들에게 다시 한 번 고마운 마음을 전한다.

2010. 8. 14
필자를 대표하여 조선사회연구회 회장 최봉영 씀

조선사회연구회

조선사회연구회는 1989년 한국정신문화연구원(현 한국학중앙연구원) 부설 한국학대학원 재학생과 졸업생을 중심으로 조선사회를 더욱 깊이 있게 연구하기 위해서 만들어진 모임 이다. 그 동안 이성무 교수의 지도 아래 매년 여름과 겨울, 두 차례의 학술모임을 가지면서 수십 명의 학자들이 조선시대의 정치, 경제, 사회, 교육, 국방, 문화 등에 걸쳐 다양한 주제 와 방법으로써 많은 연구를 이룩해왔다.

필자소개(글 실린 순)

이성무_ 한국역사문화연구원장

신명호_ 부경대 사학과 교수

원창애_ 한국학중앙연구원 선임연구원

김재명_ 원광대 역사교육과 교수

임선빈_ 한국학중앙연구원 전임연구원

이민원_ 동아역사연구소장, 원광대 초빙교수

이남희_ 원광대 한국문화학과 교수

송양섭_ 충남대 국사학과 교수

이순구_ 국사편찬위원회 편사연구관

임민혁_ 한국학중앙연구원 전임연구원

이왕무_ 한국학중앙연구원 전임연구원

이미선_ 한국학중앙연구원 한국학대학원 박사과정수료

최봉영_ 한국항공대 교수

김문택_ 서울역사박물관 학예연구사

김학수_ 한국학중앙연구원 책임연구원

김해영_ 경상대 역사교육과 교수

이종길_ 동아대 법학전문대학원 교수

장영민_ 상지대 교수

이영춘_ 국사편찬위원회 편사연구관

김상기_ 충남대 국사학과 교수

양수지_ 홍익대 교수

정해은_ 한국학중앙연구원 선임연구원

권오영_ 한국학중앙연구원 교수

김봉곤_ 순천대 HK연구교수

차기진_ 양업교회사연구소장

정성희_ 실학박물관 학예연구사

박연호_ 광주교육대학교 교수

최진옥_ 한국학중앙연구원 교수

이기순_ 홍익대 역사교육과 교수

이상규_ 선문대 강사